Eske Bockelmann
Im Takt des Geldes

Eske Bockelmann

Im Takt des Geldes

Zur Genese modernen Denkens

zu Klampen!

Für A.
für B.
und für C.
(und für D. natürlich auch)

Die Fertigstellung des Manuskripts wurde unterstützt
durch die Stiftung Niedersachsen.

Erste Auflage 2004
© zu Klampen Verlag
Röse 21 · D-31832 Springe
e-mail: info@zuklampen.de
www.zuklampen.de
Satz: thielenVERLAGSBÜRO, Hannover
Druck: Clausen & Bosse, Leck
Umschlag: Hugo Thielen, Hannover

ISBN 3-934920-37-3

Bibliografische Information Der Deutschen Bibliothek
Die Deutsche Bibliothek verzeichnet diese Publikation in der
Deutschen Nationalbibliografie; detaillierte bibliografische
Daten sind im Internet über ‹http://dnb.ddb.de› abrufbar.

INHALT

Dieses Buch 9

Erstes Kapitel

I
Eintritt 12
Bürgersteig 17
Rhythmus (gr.-lat.) 21
Eine Schranke 27
Dionysisches und Weltgeist 30
Und natürlich Natur 34
Ein klassischer Irrweg 35

II
Befund 41
Experimente 43
Ein unscheinbarer Reflex 50
Zwei und drei und potenziert 52
Reflex und Klang 61
Musik, taktrhythmisch 65
Verse, akzentmetrisch 70

III
Evidenz gegen Geschichte 76
Gesetz vs. Proportion 81
Das geschichtliche Apriori 89
Rhythmik in Mittelalter und Renaissance 94
Epoche 103
1618, 1624 110
Ein offenes Rätsel 124

Zweites Kapitel

I
Das Rätsel des Neuen 128
Wo nicht zu suchen ist 131
Was außerdem nicht sein kann 137
Einiges Vage von der Neuzeit 139
Zahlendes Publikum 141
Dur und Moll 145
Ad infinitum 149

II
Drei Bestimmungen 157
Das BEDING, zum Ersten 159
Das BEDING, zum Zweiten 162
Geld? 164
Betonung als Inhalt 166
Reine Synthesis 172
Die Synthesis am Geld 176

III
Eine einzigartige Abstraktion 184
Geld entsteht - was entsteht da? 189
Antike: Ökonomie ohne »Wirtschaft« 194
Mittelalter: ein europäischer Sonderweg 204
Das ›lange‹ 16. Jahrhundert 213
Absoluter Wert 223
Die Übertragung 229

Drittes Kapitel

I
Anstoß 234
Innen und Außen 238
Vom Denken 241
Wohin? 243

seven chances 246
Ansichten einer Revolution 250
Gesetz, Experiment und Fortschritt 269

II
Was ist revolutionär? 279
Programm: Empirie 281
Ein Apriori für die Dinge selbst 286
Mathematik als Apriori 292
Reine Zahlen 297
Ursprung einer reinen Welt 305
Die Welt aus 0 und 1 309

III
Calculus, Analysis, Funktion 312
Die Wissenschaft und der erste Beweger 318
impetus ohne Sklaven 326
Das Dreieck des Oresmius 331
Galileos Linien 337
Funktion und Variable 345
da capo: Gesetz, Experiment und Fortschritt 351

Viertes Kapitel

I
Die Wissenschaft im Plural 362
Kleiner Katalog der Formen 368
Noch einmal: wohin? 370
Die Neuzeit der Philosophie 372
Mystik 378
Subjekt-Objekt 386
Descartes' *Regulae*, Descartes' *Discours* 390

II
Der methodische Zweifel 397
Reguläre Erkenntnis 405

Denken in zweierlei Form 407
Denken und Sein 411
Die andere Seite 415
Wachs ohne Merkmal 424
Einheit der neuzeitlichen Philosophie 428

III
Einen Schritt weiter: Spinoza 435
Und vollendet: Leibniz 444
Monade 451
Kontinuum und Potenzierung 456
Fülle des Inhalts 464
Und immer weiter 471
Von absoluter Erkenntnis 478

Zum Schluss 487

Literaturverzeichnis 490

Anmerkungen 493

DIESES BUCH

ist die Geschichte einer Entdeckung. So, wie einmal ganze Länder zu entdecken waren, die noch niemand betreten hatte, oder wie Röntgen auf eine Strahlung gerät, so unvorstellbar bis dahin, dass er staunend nur den Namen des Geheimnisses für sie findet, *ein großes X*, so habe auch ich hier Mitteilung zu machen von etwas tief, tief Unbekanntem. Der erste Fund zwar ist mir fast so nebenbei zugefallen, wie man in einer alten, oft geöffneten Kiste kramt und wieder ein Ding in Händen hält, ein wohlvertrautes Stück, an dessen Konturen der Blick nur für diesmal etwas irritierend Befremdliches entdeckt. Unter dem längeren Verweilen schärfen sich die Konturen und, was all die Zeit vorher unsichtbar geblieben war, jetzt erweist sich das Stück als unvorstellbar fein geschliffener Schlüssel, zu einem Tor, von dem bislang keiner zu sagen weiß, von dessen Existenz niemand etwas ahnt und von dem selbst unabsehbar ist, wo es wird aufzufinden sein. Und doch war bereits abzusehen, dass sich *weit* dehnen musste, was dahinter lag.

Es ist mehr als nur ein neu entdecktes Land, es ist die geschichtliche Landschaft der gesamten Neuzeit – und damit unserer genauen Gegenwart. Sicher, die liegt uns offen vor Augen, und nichts an ihr scheint verborgen, man glaubt sie aufgeklärt bis in den letzten Winkel. Das scharfe Licht aber, in dem sie hier erscheint, macht sie durchsichtig auf eine so grundsätzlich veränderte Form wie Röntgens *X-rays* den Körper eines Menschen; nur dass diese Form, anders als die Knochenhand, nie zuvor hat sichtbar werden können. So geringfügig klein das Ding, wie es mir zunächst in die Finger kam, so umfassend war nun, was sich dadurch erschloss. Nichts, was in der gegenwärtigen Welt davon unberührt wäre, nichts in ihr, so phantastisch das auch klingen mag, was es nicht ins Innerste bestimmte.

Ich werde nun nicht – und könnte es auch nicht – auch nur vorläufig umreißen, was es hier zu entdecken gilt. Dessen *Name*, seine *kürzeste* Bestimmung, ist dieses Buch. Und der Leser, er sei schon jetzt darauf hingewiesen, wird sich die Sache nicht einfacher machen können, als sie mir geworden ist. Ganz wird er sie erst durchmessen müssen, bevor er sie ganz ermisst. Den frühesten Fund zwar wird ihm das Erste Kapitel an die Hand geben, eines Rätsels Lösung das Zweite, aber das Dritte wird neue Zumutungen an ihn stellen, und erst wenn er die Zumutungen des Vierten in aller Schärfe empfindet, wird er verstanden haben, was ihm das Erste erzählt. Auf Schritt und Tritt wird er Unbekanntes, Neues zu gewahren haben und gerade in dem, was sich ihm sonst so vollständig von selbst versteht und worüber sich jeder so vollständig sicher ist, dass er keinen Gedanken mehr darauf verschwendet oder, wenn er es tut, ungefährdet immer nur auf dieselben gediegenen Gewissheiten stößt. Die gelten hier nicht mehr. Das Alltäglichste gerade wird zum Gebiet dessen, was jedem nun als etwas vollständig Ungewohntes, ja allem Anschein nach Undenkbares entgegentritt. Es wird verschrecken wie alles Unerhörte; und doch birgt es den Reiz, hineinzuführen in unbekannte Lande. Ein zugleich gefährlicher Reiz: Denn was hier entdeckt ist, es hat nicht seiner Entdeckung geharrt, es hat sich ihr aktiv und energisch und über Jahrhunderte hinweg erfolgreich *widersetzt* – auch davon wird das Buch handeln. Diesen Widerstand schürt eine große Kraft, die der Leser ebenso wohl empfinden wird; denn was immer er hier liest, es weist auch auf ihn selbst. Keine geringere Kraft gilt es deshalb aufzuwenden, um vorzudringen zu dem, was sich mit Hilfe jener verborgen hält.

Dieses Buch versucht den kürzesten Weg zu weisen durch ein unabsehbar weites Gelände, das sich durch und durch vertraut und doch unendlich fremd nun vor uns dehnt. Nicht jeden Flecken auf dieser Weite kann der Weg berühren, doch war es meine Mühe und meine Freude, ihn mit allen *notwendigen* Windungen so zu legen, dass von den entscheidenden Erhebungen aus zuletzt Überblick gewonnen ist über das Ganze. Dieser Blick aber, der unsere Wirklichkeit so tief verändert zeigt, er wird selbst, indem er dies Verborgenste entdeckt, auch diese Wirklichkeit verändern.

ERSTES KAPITEL

Wir sprachen über Rhythmus im allgemeinen und kamen darin überein, dass sich über solche Dinge nicht denken lasse.

Johann Peter Eckermann:
Gespräche mit Goethe, 6. April 1829

I

EINTRITT

Vom Rhythmus versteht jeder alles, weil er von Rhythmus nichts *verstehen* muss, um ihn vollständig zu kennen, nämlich zu empfinden. Was Rhythmus ist, muss ich deshalb niemandem erklären. Jeder weiß davon genug, selbst wenn ihm schwer fallen sollte zu sagen, *was* er da weiß. Jeder weiß genau so viel davon, wie er für alle Fälle nötig hat: eben um Rhythmus zu *empfinden*. Dies, nichts anderes entscheidet hier, denn wenn es entschieden *hat*, wenn ein Hörender etwas *als rhythmisch* empfindet, ist Rhythmus einfach *da*, niemand braucht zu rätseln und zu raten, es bedarf keiner Definition und keines Gelehrten, keiner Erklärungen, die jemand dazu abgibt. Rhythmus ist ebenso gedankenlos und ohne alle bewusste Anstrengung zu verstehen *wie die Zeit*. Und doch, wie bei ihr verliert sich alles Einfache im selben Augenblick, da man versucht, sich Rechenschaft darüber abzulegen. Eben dies aber habe ich vor zu tun.

Am Rhythmus, nicht an der Zeit. Denn beide sind sehr wohl zu trennen, wie eng verflochten sie sonst auch sein mögen. Erschwert und zumindest verschleiert wird ihre Unterscheidung, wo Rhythmus ganz zum *objektiven* Phänomen genommen wird: als der zeitlich strukturierte Ablauf einer Sache. Natürlich hat es sein Recht, vom Rhythmus eines Films zu sprechen, vom Rhythmus eines Tags, eines Gesprächs oder einer bestimmten S-Bahn-Linie. Sie alle lassen sich in Zeitangaben fassen, im zeitlichen Verhältnis ihrer Teile und Abschnitte, aber in diesen Zeitangaben sind sie auch schon *vollständig* gefasst, keine rhythmische *Empfindung* muss mich außerdem durchzucken, wenn die S-Bahn pünktlich einfährt. Nichts spricht also zwar dagegen, den objektiven Zeitablauf von was auch immer dessen Rhythmus zu nennen, aber es klärt mir nichts von dem, weshalb man überhaupt von Rhythmus spricht: seine Unterscheidung nämlich von dem, was einmal *nicht* rhythmisch ist. Wenn jede periodische Wiederholung, das Tuckern eines Motors oder der Wechsel von Tag und Nacht als solche rhythmisch sind, und nicht nur alles Periodische, sondern was immer sich geordnet bewegt oder, interessanter noch und bei weitem häufiger, was sich *nicht* geordnet bewegt, was sich also nur überhaupt verändert, alles eben, was zeitlich »strukturiert« verläuft, dann heißt rhythmisch zuletzt *alles, was nicht verharrt*. Auf diese Weise jedoch wird Rhythmus als nichts Anderes definiert als Zeit selbst: Wo immer Zeit sein soll, hat sich etwas zu verändern, und wo sich etwas verändert, da hat es seine Zeit. Eine Bewegung deshalb als »Rhythmus« zu fassen, sagt ihr nur auf den Kopf zu, dass sie in der Zeit verlaufe und »zeitlich« sei – *zeitliche Bewegung*: eine Tautologie.

Forscher, die sich ihrer bedienen, beginnen ihre Erklärungen zum Rhythmus etwa damit, dass sie den Herzschlag beschreiben, als dessen Impulsgeber den Sinusknoten erwähnen und weiter die Muskelzellen, die sich notfalls selbst den Impuls geben; dann sprechen sie allgemein von den Nervenzellen mit ihrem Feuern von Signalen und stehen alsbald, da sich ohnehin jede Zelle teilt, da sie wird und vergeht und weil sich am Lebenden letztlich alles, sofern es nicht mausetot ist, irgendwie rührt, bewegt und verändert, vor dem erstaunlichen Schluss: Rhythmus sei »Prinzip des Lebens«. Andere sehen auch darin noch nicht genug der Ehre, denn nach demselben Lebens-»Prinzip« hält ja auch die toteste Materie nicht still. Moleküle kennen die unermüdliche Brownsche Bewegung, die erst auf einem erzwungenen Nullpunkt zur Ruhe käme, Atome machen es ihnen nach, und schon die Elektronen verweilen so wenig an einem festen Ort, dass sie nur noch statistisch irgendwo anzutreffen sind. Entsprechend rüttelt es und schüttelt sich, driftet, rast und zittert es bis ins immer Kleinere vor sich hin, hinunter bis zu den Quarks und weiter zu allen im Moment noch unnennbaren Teil-Teil-Teilchen. Wie aber im Kleinen, so erst recht im Großen: Die Planeten im Sonnensystem, die Sonnensysteme in der Galaxis, die Galaxien im Universum, die Universen im Multiversum und all das zuletzt noch, wie es heißt, im großen Auf und Ab von *Big Bang* zu *Big Bang* – allüberall Bewegung und, zumindest im mittleren Größenbereich, je toter, desto regelmäßiger und folglich, wenn es denn wäre, um so viel rhythmischer. Wer will, selbstverständlich, der mag all das, und also die gesamte Welt von vorn bis hinten und von *top* zu *bottom*, »Rhythmus« nennen, *weil alles sich bewegt*: der Kosmos als einziger großer Tanz, als Fest und Jubel. Wem ein Eisklumpen wie der Uranus oder die Ringe des Saturn als Eiswüsten zerschroteter Materie eine solche Vorstellung nicht abkühlen, dem mag das Bild Freude machen. Ich bestreite jedoch, dass es mehr leistet, als den Begriffen »Bewegung«, »Veränderung« oder »Zeit« einen weiteren nur gleichbedeutend an die Seite zu stellen. Und wenn sich »Rhythmus« jedenfalls dadurch von ihnen unterscheiden soll, dass er deren *Binnen*struktur meint, den Ablauf einer Gesamtbewegung *im Einzelnen*, die besonderen Zustände *innerhalb* anhaltender Veränderungen, einen *bestimmten* Verlauf in der Zeit, gut, so hätte er seine gewisse Anschaulichkeit. Rhythmus aber zum *Prinzip* erheben, ob des Lebens oder des Kosmos, heißt bloß der theoretisch dürftigen Tatsache staunende Göttlichkeit zusprechen, dass sich überhaupt etwas bewegt und nicht nichts. Es mag ein Wunder sein. Die Freude, es auf das *eine* Wort zu bringen, als wären die Millionen und Abermillionen Arten von Bewegung, da das Wort es will, nur Abkömmlinge dieses *Einen*, von »Rhythmus«, teile ich nicht.

Ich werde von *demjenigen* Rhythmus sprechen, an den man zu allererst denkt, wenn man seinen Namen sagt: Rhythmus, den man beim Hören wahrnimmt, Rhythmus, den man mit Klängen verbindet und mit Tanz, den wir an Musik wahrnehmen und an Versen, der in die Glieder fahren kann, der ins Ohr geht oder den man mit Fingern auf die Tischplatte trommelt. Es ist das, was man, indem man es hört, *als* rhythmisch *empfindet*: eine Sache also der *Wahrnehmung*, *subjektiver* Rhythmus.

Schon das macht ihn ungeeignet zu einer Metaphysik des Kosmischen oder des »Lebens« *qua* Bewegung. Sollte ich einmal gelangweilt dasitzen und es erklingt ein Stück im Salsa-Rhythmus, wird er mich zum Tanzen treiben: Er tut seine subjektive Wirkung mittels Wahrnehmung. Anders, wenn es still bleibt: Dann helfen mir sämtliche Millionen Rhythmen nichts, in denen da jeden Augenblick meine Zellen zucken, pulsieren und feuern oder in denen die Atome meines Lehnsessels das tollste Spektakel aufführen. Wenn sie an meiner statt tanzen, schön für sie –

ich selber habe nichts davon, für mich ist es so viel, als gäbe es sie nicht. Dass ich von ihnen weiß und manches über ihre Beweglichkeit gelernt habe, ändert nichts daran, dass sich der Sessel, auf dem ich sitze, keinen Millimeter von der Stelle rührt. Mögen auch die Moleküle rasen, *daraus* werden niemandem Ekstasen. Die des Rhythmus hängen an etwas Anderem. Und eben *dies Andere* bestimmt seinen einfachen und genauen Unterschied zur *Zeit*.

Der Zeit entkommt bekanntlich nichts und niemand. Da alles, was sich regt, sich in ihr bewegt, ist auch alles, was wir wahrnehmen, ausnahmslos zeitlich, immer und in jedem Fall zeitlich. Bei keinem Klang etwa, den wir vernehmen, ließe sich die Frage stellen: Ist er nun zeitlich oder nicht? Verläuft er *in* der Zeit oder *außerhalb* von ihr? Ein solches Außerhalb der Zeit gibt es für uns nicht, und in Bezug auf Zeit wäre die Unterscheidung grundsätzlich ohne Sinn. Für den Rhythmus dagegen ist sie entscheidend: Ist dies oder jenes *rhythmisch* oder *nicht*? Jeden Klang beurteilen wir unwillkürlich danach, ob wir ihn *als rhythmisch* empfinden, bei jedem Klang unterscheiden wir, *indem wir ihn hören*, ob er uns rhythmisch ist *oder eben nicht*. Wann immer wir etwas hören, treffen wir diese Unterscheidung, unablässig und unwillkürlich fällen wir darüber unser Urteil, ohne dass wir darauf achten, ohne dass wir dies Urteilen überhaupt bemerken müssten. Die gewisse Resonanz, die ein als rhythmisch wahrgenommener Klang in uns findet, anders als ein nicht-rhythmischer, mag das eine oder andere Mal nur gering sein und mag oft genug wie ungehört in uns verhallen, wenn wir nicht bewusst auf sie achten. Aber es gibt sie und sie ist es zugleich, mit der uns Rhythmus bis zur Ekstase ergreifen kann. Das vermag die Zeit als solche nicht, kein Sonnenumlauf vermag es und kein Urknall, von dem wir nichts hören.

Dies Urteil nach *rhythmisch* oder *nicht-rhythmisch* ist auch keine Frage des Geschmacks. Geschmack darf entscheiden, ob wir einen *bestimmten* Rhythmus mehr goutieren als einen anderen, ob jemand zwar diesen Rhythmus mag, aber jenen anderen nicht, Tango eher als Salsa. In der *grundsätzlichen* Unterscheidung nach rhythmisch oder nicht entscheidet dagegen kein Gutdünken, nicht Lust und Laune, sie zeigt sich vielmehr klar bestimmt. Vielleicht *mögen* wir den Rhythmus eines gängigen Musikstückes nicht, trotzdem wissen wir, dass es *Rhythmus* ist. Jemand hört Musik – und »weiß«: Das ist rhythmisch; er hört das Geräusch eines Staubsaugers – und »weiß«: nicht rhythmisch. Das Zusammenknüllen von Papier, das Herunterfallen einer Zahnbürste, die Bewegung von Blättern im Wind, alles Mögliche ergibt Klänge und Geräusche, die zwar ihre zeitliche Struktur aufweisen, an denen wir aber nichts empfinden, was uns rhythmisch wäre. Wie sollte es auch anders sein, natürlich: Es gibt rhythmische genausogut wie nicht-rhythmische Klänge. Nichts daran scheint schwierig, nichts geheimnisvoll.

Und doch sind die Geheimnisse, die darin liegen, tief genug, dass sie selbst den Geheimrat Goethe, einen Großmeister des sprachlichen Rhythmus, in Desperation haben stürzen können. Und nicht, dass sie sich seit seinen Zeiten geklärt hätten. Im Gegenteil, der durchaus klägliche »Stand der Forschung« lautet heutzutage so:

Vorerst muss man sich damit abfinden, dass es eine Übereinkunft über den Begriff des Rhythmus nicht mehr gibt. Das betrifft auch die Termini Metrum, Takt, Periode usw. Sie sind heute unbestimmter und vager, als sie es je zuvor waren. »Es ist bekannt, wie ungeheuer schwer es für uns heute ist (wer wollte es nicht zugeben?), mit diesen Termini richtig zu verfahren, sie objektiv gültig zu interpretieren und gegeneinander abzugrenzen«. Jede Studie über den Gegenstand stimmt dem zu. Und diejenigen, die vorschnell versuchen, aufzuräumen und klarzustellen, vermehren die Unzahl der schon vorhandenen Definitionen um eine weitere.[1]

Oder machen sich so davon, dass sie die Frage nach der Rhythmus*wahrnehmung*, was man als rhythmisch also *empfindet*, im Namen strenger Wissenschaft einerseits als bloß »populäre« Deutung und andererseits als zu schwierig abtun: »Ein Handicap für die naturwissenschaftliche Forschung ist, dass Rhythmus in populärer Lesart eine subjektive Komponente hat und damit zwangsläufig auf methodisches Glatteis führt.«[2] Also weg mit der »subjektiven Komponente« – und Pech für den Rhythmus! Von einer Fläche, die derart rutschig und unsicher ist, heißt es naturwissenschaftlich fernbleiben: Betreten verboten! Wir aber werden uns nun auf diese Fläche begeben – und ich kann den Leser nur ganz in diesem Sinne warnen: Es gibt genug Gelegenheit auszugleiten. Aber man *muss* nicht stürzen.

BÜRGERSTEIG

Das Kapitel »Rhythmus« in Elias Canettis *Masse und Macht* beginnt so:

Der Rhythmus ist ursprünglich ein Rhythmus der Füße. Jeder Mensch geht, und da er auf zwei Beinen geht und mit seinen Füßen abwechselnd am Boden aufschlägt, da er nur weiterkommt, wenn er immer wieder aufschlägt, entsteht, ob er es beabsichtigt oder nicht, ein rhythmisches Geräusch. Die beiden Füße treten nie mit genau derselben Kraft auf. Der Unterschied zwischen ihnen kann größer oder kleiner sein, je nach persönlicher Anlage oder Laune. Man kann aber auch rascher oder langsamer gehen, man kann laufen, plötzlich stillstehen oder springen.

Immer hat der Mensch auf die Schritte anderer Menschen gehört, er war sicher mehr auf sie bedacht als auf die eigenen. Auch die Tiere hatten ihren wohlvertrauten Gang. Von ihren Rhythmen waren viele reicher und vernehmlicher als die der Menschen. Huftiere flohen in Herden davon wie Regimenter aus lauter Trommlern. Die Kenntnis der Tiere, von denen er umgeben war, die ihn bedrohten und auf die er Jagd machte, war das älteste Wissen des Menschen. Im Rhythmus ihrer Bewegung lernte er sie kennen. Die früheste Schrift, die er lesen lernte, war die der Spuren: Es war eine Art von rhythmischer Notenschrift, die es immer gab; sie prägte sich von selber dem weichen Boden ein, und der Mensch, der sie las, verband mit ihr das Geräusch ihrer Entstehung.[3]

Dieses Abenteuer-Idyll muss ich leider stören. Ein Bürger des 20. Jahrhunderts geht auf dem Trottoir, hört das *tok tok* seiner Absätze und empfindet daran Rhythmus. Unwillkürlich empfindet er es, und so unwillkürlich, wie sich diese Empfindung bei ihm einstellt, so sicher meint er, sie müsse den frühesten und ursprünglichsten Bedingungen der Menschheit entstammen, solchen, die ihn, den Bürger, mit dem Jäger und Sammler prähistorischer Zeiten verbinden, nein, kürzer noch: Bedingungen, »die es« ganz einfach schon »immer gab«.

Das bürgerliche Wissen hält sich ja gerne für »das älteste Wissen des Menschen«. Und allerdings, wo auch gäbe es zu diesem Glauben eher Anlass als beim Rhythmus? Rhythmus zu empfinden wird man ja nicht gelehrt, man bekommt es nicht erst durch Übungen beigebracht, die Empfindung, etwas sei rhythmisch, stellt sich unwillkürlich ein und ist so tiefe, so allernatürlichste Natur, dass man gar nicht umhin kommt, sie deshalb auch den *Tiefen* der Natur zuzuschreiben. Keine Überlegung, die hinter sie zurückgreifen, kein Gedanke, von dem sie sich ableiten, kein Diskurs, dem sie sich verdanken könnte. Sie lässt sich nur hinnehmen, und gerade darin, dass sie in dieser Weise unhintergehbar ist, liegt ihre strikte Natürlichkeit. Die aber zwingt zu der Überzeugung, sie wäre auch *ewig* wie die Natur: Das Maß, *wie* weit zurückliegenden Zeiten sie Canetti deshalb zuschreibt, gibt nur das Maß wieder, wie sehr sie uns *natürlich* ist. Uneingeschränkt zu allen Zeiten soll es sie so gegeben haben wie für uns – das heißt: So uneingeschränkt ist sie unserer Wahrnehmung *a priori*.

Daher Canettis Ursprungsmythos vom Rhythmus in seiner ganzen unbekümmerten Ungeschichtlichkeit. Aber noch einmal: Hat das Absehen von Geschichte in diesem Fall, selbst wenn man vielleicht anders konstruieren wollte als mit den Füßen, nicht sein gutes Recht? Gehen wir einmal mit Canetti und setzen voraus, jeder Mensch – Indianer und Old Shatterhand ausgenommen – werde beim Gehen unweigerlich, »ob er es beabsichtigt oder nicht«, ein Geräusch verursachen. Ergibt sich dann nicht wirklich und notwendig, jenseits aller geschichtlichen Entwicklung und Unterschiede, »ein rhythmisches Geräusch«? Sicherlich, laut Voraussetzung, ein *Geräusch* – was aber macht es zu einem *rhythmischen*? Laut Canetti gilt: Das Geräusch *ist* schon rhythmisch. Es soll seinen Rhythmus als die Eigenschaft, nicht bloß *irgendein*, sondern *rhythmischer* Klang zu sein, offenbar fix und fertig in sich tragen, denn eben damit soll es Rhythmus ja »ursprünglich«, wie es heißt, auf die Welt bringen. So die Logik von Canettis Ursprungsmythos: Da entsteht ein Geräusch, und *weil* dieses Geräusch schon *als solches* rhythmisch wäre, soll *mit ihm* zugleich Rhythmus entsprungen sein. Und den Menschen, da sie Geräusch und in ihm Rhythmus hören, würde es auf diese Weise eine »ursprünglich«-erste Kenntnis von Rhythmus einprägen. Nur: Wer hätte die Menschen gelehrt, erst genau *dieses* Geräusch als rhythmisch zu erkennen und nicht schon das Rauschen der Blätter oder das Plätschern des Bachs?

Wem jetzt die Antwort einfällt: *Weil das eine Geräusch rhythmisch ist und die beiden anderen nicht,* der eben trifft – wie Canetti selbst – genau die Unterscheidung, die doch erst »ursprünglich« hergeleitet werden soll: Die Bestimmung »rhythmisch« und also die Unterscheidung nach rhythmisch oder nicht sollte das *Ergebnis* der Herleitung sein und wird es aber nur, indem sie dafür in aller Pracht schon *vorausgesetzt* wird. Canettis eingängige Herleitung stellt die Dinge ganz einfach auf den Kopf. Die Dinge tragen zwar allerlei Unterschiede an sich, wenn sie auf die Welt kommen und solange sie auf der Welt sind, aber sie geben nicht die kategorialen Unterscheidungen vor, mit denen dann die Menschen sie belegen. Kein Geräusch trägt die Aufschrift mit sich herum: *Mich empfinde und beurteile unbedingt als rhythmisch!* oder: *Mich empfinde und beurteile um Himmels willen keinesfalls als rhythmisch!* Eine solche Unterscheidung geht nicht von den Dingen aus, sondern notwendig von den Menschen, die sie vornehmen. Und die Erkenntnis, dass es sich mit dergleichen so verhält, ist inzwischen steinalt; nur just beim Rhythmus hat sie sich noch keinmal einstellen wollen. Seltsam genug.

Indem Canetti von der Entstehung eines *spezifisch* rhythmischen Klangs schreibt, hat er notwendig die Unterscheidung zwischen rhythmischen und nicht-rhythmischen Geräuschen getroffen, und er *muss* sie treffen: eben weil unsere Empfindung es tut. Sie nimmt diese Unterscheidung nicht bloß begrifflich, sondern ohne Unterlass *real* vor, indem sie auf einen Klang, den sie als rhythmisch wahrnimmt, in einer Weise reagiert, die sich bei anderen Klängen nicht einstellt. Deshalb ist kein Ton, kein Geräusch, kein Ereignis je *als solches* rhythmisch, keines *kann* es von sich aus sein. Man muss sie schon *als* rhythmisch *empfinden,* damit sie überhaupt erst zu *Rhythmus* werden, nämlich *bestimmt* werden. Andererseits: Was liegt daran? Ob er jetzt im

Klang selbst liegt oder erst des Subjekts bedarf, das ihn dann erst im Klang wahrnimmt – was ist damit gewonnen? Denn eines ist doch ganz sicher nicht zu bestreiten, nämlich dass *wir* – nur Vorsicht: das »wir« ist ein verfängliches Pronomen –, dass also wir das Geräusch von Schritten tatsächlich als rhythmisch empfinden. Geradeso wie Canetti. Zu fragen ist deshalb vor allem, *welche Art* von Klang oder Geräusch wir als rhythmisch empfinden. Wodurch ist jener Klang charakterisiert, dass sich bei uns diese Empfindung einstellt – und zwar derart fraglos und »ursprünglich«, dass jedermann die Annahme zwingend erscheint, »der Mensch« und »jeder Mensch« müsse es von den Ursprüngen an stets genauso empfunden haben wie wir?

Canetti beschreibt es so: Erstens, der Mensch »geht«, indem er »immer wieder« mit den Füßen »am Boden aufschlägt« – das also ergibt eine Folge von Tönen, die mit etwa gleichem Zeitabstand erklingen. Zweitens: Der Mensch geht »auf zwei Beinen«, »abwechselnd« mit dem einen und mit dem anderen Fuß auftretend, aber mit dem einen »nie mit genau derselben Kraft« wie mit dem anderen – die Töne werden also zweiwertig nach ihrer Stärke geschieden, stärker der eine und schwächer der andere, und sie folgen in dieser Abstufung stärker/schwächer abwechselnd aufeinander. Und drittens besteht noch die Möglichkeit unterschiedlicher Tempi, Pausen und Modulationen. Canettis Ursprungsmythos vom Rhythmus beschreibt also das folgende »Geräusch«: eine modulierbare Folge von Tönen in gleichen Zeitabständen, die nach stärker und schwächer betont abwechseln.

Diese Art Klang ist in unseren Ohren zweifellos rhythmisch, wir empfinden ihn als rhythmisch, er geht uns als Rhythmus ein, so unwillkürlich, wie uns eben das *tok tok* gehender Füße mit einem leichten Abwechseln nach *tik* und *tak* ins Ohr geht. Aber: Was wir auf diese Weise als rhythmisch empfinden und was Canetti auf diese Weise beschreibt, das – der Leser mag es mir zunächst einfach glauben – ist nicht etwa ein für allemal Rhythmus, ist nicht Rhythmus im allgemeinen, nicht an und für sich Rhythmus, sondern es ist die einfachste Spielart nur einer *ganz bestimmten Art* von Rhythmus: des *Taktrhythmus*. Und diesen gibt es nicht seit Menschen- oder Tieresgedenken, sondern erst seit

Beginn der Neuzeit. So spät erst, und zunächst nur in den Gesellschaften Mittel- und Westeuropas, beginnt man *dies* als Rhythmus zu empfinden, beginnt Taktrhythmus »der« Rhythmus zu werden, setzt es ein, dass Menschen Rhythmus unwillkürlich nach dem *tik-tak* von betont und unbetont, nach gleichen Zeiteinheiten und das eben heißt: nach *Takten* hören – so wie Canetti und so wie wir heute recht ausnahmslos alle.

RHYTHMUS (gr.-lat.)

Eine solche Feststellung, die ich bitte belegen möge, hat sehr weit reichende Folgen – und recht verwirrende außerdem.

Denn sie bedeutet: So wie *wir* Rhythmus empfinden, haben ihn Menschen *nicht* schon immer, ursprünglich und allerorten empfunden. Und sie bedeutet: Ein Geräusch, das *uns* rhythmisch ist, und wäre es ein ursprünglichstes wie dasjenige gehender Füße oder klopfender Herzen, ist nicht einfach von sich aus und schon immer ein *rhythmisches*, sondern *wird* es erst und nur dann, wenn es Menschen wahrnehmen, die nach *dieser* Art von Rhythmus wahrnehmen, Menschen, deren Rhythmuswahrnehmung wie die unsere *taktrhythmisch* bestimmt ist. Und das beginnt sie erst gegen Ende des 16. Jahrhunderts zu sein.

Das ist eine Vorstellung, gegen die sich alles in uns sträubt. Schon dass ein bestimmter Rhythmus nicht einfach nur objektiv im Klang selbst liegen soll, dass also Klänge nicht schon von sich aus rhythmisch *sein*, sondern es durch uns *werden* sollen, widerstrebt uns zutiefst. Und umso mehr also, dass dieselben Klänge, die *wir* als rhythmisch hören, den Menschen früherer Zeiten *nicht* rhythmisch geklungen hätten. Das ist etwas, was wir uns ganz grundsätzlich nicht vorstellen können, und kein Zufall deshalb, wenn auch Canetti nicht umhin konnte, Rhythmus irrtümlich erstens dem Klang selbst und zweitens in eben der Art, wie *wir* ihn wahrnehmen, allen Zeiten zuzuschreiben. Dies ist ein Irrtum, der *jedem* unterläuft, überall wird man auf ihn treffen, nicht nur in der eigenen Überzeugung, in dem, wie man selbst darüber denkt, sondern bei jedem anderen ebenso – selbst dort, wo ausgesprochene Spezialisten über Rhythmus geschrieben haben. Dass Taktrhythmus, »unser« Rhythmus, erst etwa zu Beginn des 17. Jahrhunderts aufkommt, gehört zwar inzwischen – aber auch das noch nicht sehr lange – zum musikgeschichtlichen Handbuchwissen,[4] trotzdem ist es, auch unter wohlstudierten Musikwissenschaftlern, so gut wie unbekannt. Bemerkenswert genug: Es ist festgestellt, steht fest, und *bleibt* doch unvorstellbar.

Es wird wichtig sein, sich schon hier, vor allem Kommenden, Rechenschaft über die Irritation abzulegen, die ein solcher Gedanke auslöst: dass dieses Allernatürlichste, Rhythmus, weder in den Dingen selbst, also einfach im Klang liegen soll, noch in unserer allgemeinen menschlichen Natur – wenn nicht gar in der Natur als solcher. Wie denn soll sich unsere Wahrnehmung, dass irgendetwas, zum Beispiel etwas so Eingängiges wie das *tok tok* von Schritten für uns einfach und natürlich rhythmisch ist, wie soll sich diese Wahrnehmung damit vertragen, dass für Menschen früherer Zeiten dasselbe *nicht*, sondern dass für sie etwas *grundsätzlich* anderes rhythmisch war?

Das muss absurd erscheinen, ausgeschlossen, eine Unmöglichkeit, es ist uns in einem sehr ernst zu nehmenden Sinne *nicht denkbar*. Dennoch ist die Erkenntnis, dass es sich so verhält, zwingend und fürs erste nicht einmal schwierig zu gewinnen. Man braucht dafür gar nicht erst zurückschreiten bis zu den Jägern und Sammlern; der kleinere Zeitsprung in die Antike wird vollauf genügen.

»Ursprünglich«, so meinte Canetti, sei Rhythmus ein Rhythmus der Füße; ursprünglich jedenfalls ist »Rhythmus« ein Wort der Griechen. Über eine indogermanische Wurzel mit dem deutschen Wort »Strom« verwandt, leitet es sich – vermutlich – von dem griechischen Verbum »rhéein« ab, »fließen«; man kennt es aus Heraklits berühmtestem Satz. Rhythmus heißt daher zunächst jede Bewegung, dann vor allem das Zeitmaß und Ebenmaß einer Bewegung; weiter aber nicht nur das Ebenmaß einer Bewegung, sondern Ebenmaß allgemein, auch räumlicher Verhältnisse, der Gestalt eines Gefäßes oder gar der seelischen Verfassung. Sicher, in ehrwürdigen alten bis hin zu allerneuesten Wörterbüchern, ebenso in jederart Übersetzungen antiker griechischer Schriften findet man für das Wort »Rhythmos« geläufig auch die Bedeutung »Takt« angegeben; doch schon diese Übersetzung gründet auf demselben Irrtum, Rhythmus müsste auf immer das gewesen sein, was er für uns ist. Will man das Wort in seiner antiken Bedeutung fassen und so, dass es nicht sogleich falsch mit unserem modernen Begriff von Rhythmus in eins gesetzt wird, so wäre es am genauesten zu übersetzen mit »Proportion«.[5] Das also *heißt* »Rhythmus« ursprünglich; und es verweist darauf, was Rhythmus in der Antike war, was dort *überhaupt* als rhythmisch empfunden wurde.

Aristoxenos definiert es – im vierten vorchristlichen Jahrhundert – als »Ordnung von Zeiten« und erklärt diese Ordnung als das Verhältnis zeitlicher Größen. Und zwar so, dass es eine bestimmte kürzeste Einheit gibt, den sogenannten *chronos protos*, und dass Töne – oder jeweils auch die Bewegungen beim Tanz – mindestens so lange dauern wie diese »ersten Zeiten«, auch Kürzen genannt, oder aber ein Vielfaches davon. Unter Beachtung der Proportion ihrer unterschiedlichen Dauer werden die Töne dann zu größeren Folgen zusammengesetzt. Diese Folgen können ganze Verse umfassen, oder aber noch einmal zusammengesetzt sein aus den sogenannten »Füßen«, von denen erst wiederum mehrere die größere Folge etwa eines Verses ergeben. Jeder Fuß umfasst jeweils zwei proportional aufeinander bezogene Teile, zu denen die Töne – bei Versen sind es die Silben – zusammenzutreten haben. Diese zwei Teile werden entweder Arsis und Basis oder geläufiger Arsis und Thesis genannt, Hebung und Senkung.

Und schon scheint sich Canetti bestätigt zu finden: Rhythmus ursprünglich ein Rhythmus der »Füße«, und diese zweiwertig geschieden nach Hebung und Senkung, stärker und schwächer. Nur dass die *antiken* Begriffe von Hebung und Senkung genau das *nicht* meinen. Sie sprechen von der puren *Bewegung* des Hebens und Senkens, einer Bewegung, die begleitend zu dem, was an Tönen erklang, etwa mit den Händen oder durchaus auch mit den Füßen vollzogen wurde und die allein zur Skansion, zur Bestimmung der *Dauer* jener Zeiteinheiten diente. Ein *Geräusch*, das sich bei diesem Skandieren zwar durch das Aufsetzen des Fußes oder Zusammenklatschen der Hände ergeben konnte, begleitete dabei weder die Hebung noch die Senkung von Arm oder Bein. Denn Hebung, das war nichts als die Zeit, in der sich Fuß oder Hand nach oben bewegten, und Senkung entsprechend die Zeit ihrer Bewegung nach unten. Während der Dauer dieses Hebens und Senkens also ergab sich kein Geräusch, sondern wenn sich eines ergab, so allein *nach* der *Senkung*: wenn der skandierende Fuß aufsetzte. So haben Hebung und Senkung in der Antike auch nicht den mindesten Zusammenhang mit einer möglicherweise wechselnden Lautstärke dieses Geräuschs, ihnen, den »ursprünglichen« Begriffen, ist eine Unterscheidung nach stärker und schwächer vollständig fremd, und wenn sie sich auf die Bewegung von Füßen bezogen, so allein auf deren Bewegung als die *erfüllte Dauer* und nicht auf das Geräusch, das allenfalls den Abschluss dieser Bewegung bezeichnen konnte.

Genausowenig haben die »Füße« des antiken Rhythmus etwas mit Canettis im Taktrhythmus dahingehenden Füßen zu tun – so wenig wie zum Beispiel der Versfuß des Daktylus mit dem Schnipsen von Fingern. »Daktylus« heißt zwar »Finger« und ist ein »Fuß«, aber er bezeichnet den Fuß aus einer Länge und zwei Kürzen nicht wegen irgendwelcher Geräusche, die sich mit den Fingern oder Füßen erzeugen lassen, sondern weil die drei Glieder eines Fingers, vom Handteller aus gesehen, gerade diese *Proportion* aufweisen: lang-kurz-kurz; man betrachte einmal den eigenen Zeigefinger, sofern er klassisch genug gewachsen ist. Griechisch ist also durchaus zu sagen, diese Abfolge der Fingerglieder sei der »Rhythmus« eines Fingers.

In der Aufteilung nach Arsis und Thesis waren verschiedene Proportionen möglich. Zunächst einmal das *gleiche* Verhältnis; das konnte der Daktylus ergeben, da er zusammengesetzt war aus einem langen Element, der Arsis, und zwei kurzen, der Thesis, und da eine Länge etwa als doppelt so lang empfunden wurde wie eine Kürze, ihr Zeitwert also dem von zwei Kürzen entsprach. Das *Verhältnis* also ist hier »gleich«, ein Verhältnis von 2:2; nicht gleich allerdings waren die *Teile*, die in diesem gleichen Verhältnis aufgefasst wurden: eine Länge als Hebung, zwei Kürzen als Senkung. *Zweifaches* Verhältnis ergibt sich, wenn sich die Zeitwerte der unter Arsis und Thesis verbundenen Klangteile wie 2:1 oder wie 1:2 verhalten, *anderthalbfaches* Verhältnis bei 3:2 oder 2:3; Verhältnisse wie 3:1 oder 4:3 sind unter bestimmten Bedingungen möglich. Außerdem gibt es »*alogoi*« genannte, nicht ganzzahlig zu fassende Verhältnisse, in denen die Arsis zwar länger als die Thesis, aber nicht ganz doppelt so lang ist wie sie. Gerade von einem der häufigsten Verse der Antike, dem epischen Hexameter, heißt es, in seinen Daktylen sei die Länge jeweils nur etwa anderthalbmal so lang wie eine Kürze, so dass der Versfuß hier also statt des »gleichen« Verhältnisses ein Verhältnis von ungefähr $1^1/_2 : 2$ ergibt. Ein Fuß im antiken Rhythmus ist die Einheit einer solchen *rein zeitlich* bestimmten Proportion.

Der antike Rhythmus ist mit diesem kurzen Abriss keineswegs erschöpfend bestimmt, aber bestimmt genug, um die Frage zu beantworten: Was hat diese Art Rhythmus mit dem Taktrhythmus gemein? Die Antwort lautet: Nichts. Und was haben Griechen empfunden, wenn sie vor sich hingegangen sind und das Geräusch ihrer Sandalen hörten? Keinen Rhythmus. Der Unterschied zwischen dem, was Rhythmus für *uns*, und dem, was er für die *Antike* ist, lässt sich knapp – noch nicht vollständig – in drei Punkten fassen.

Erstens: Das Abwechseln der Elemente nach *betont* und *unbetont*, entscheidende Bestimmung des Taktrhythmus, ist dem griechischen Rhythmus fremd; der hat weder überhaupt etwas mit der Unterscheidung von betont gegen unbetont zu tun, noch würde er sich mit der *grundsätzlichen Festlegung* auf das Abwechseln vertragen – auch nicht auf das Abwechseln von lang und kurz.

Zweitens: Der Taktrhythmus setzt *gleiche* Zeiteinheiten, auf die sich zwar Töne von mancherlei unterschiedlicher Dauer verteilen können, die diesen Tönen aber wie ein Raster vorgegeben sind oder unterlegt werden; damit sie nach Takten gehen, müssen sich die Töne in ein Raster gleicher Zeiteinheiten einfügen. Der griechische Rhythmus dagegen geht mit Klang- oder Bewegungselementen *ungleicher* Dauer um, ihrer Unterscheidung nach lang und kurz. Zwar können in ihm ohne weiteres einmal mehrere lange Elemente aufeinanderfolgen oder mehrere kurze, aber erst ihre Unterscheidung nach der Dauer, und dass sie *nicht* wie ein Raster aneinandergereiht, sondern zu Gruppen aus lang *und* kurz verbunden sind, ergibt hier überhaupt erst Rhythmus. Eine Folge nur gleichlanger Töne hatte nichts Rhythmisches.

Drittens: Im Taktrhythmus müssen die Töne, die erklingen, nicht jeweils die gesamte Zeiteinheit ausfüllen, die man als Taktteil empfindet. Beim Geräusch des Gehens genügt es, dass der Absatz nur einen kurzen Schlag tut und dass die Zeit, bis der andere Fuß auftritt, jeweils geräuschlos verstreicht. Was im Taktrhythmus als Element empfunden wird, ist diese gleichsam *leere* Zeiteinheit: Die Pause zwischen dem einen *tok* und dem nächsten hören wir als Bestandteil des rhythmischen Elements so gut, als würde über die gesamte Zeiteinheit hinweg ein Ton erklingen. Für die Griechen der Antike gab es das nicht. Rhythmus ist dort nur, was wirklich erklingt, der erfüllte Klang, er ist die Bestimmung eines Klangkontinuums oder einer kontinuierlichen Bewegung; daher auch das vom Fließen abgeleitete Wort. Eine Pause ließ ihn abbrechen, eine Folge von bloßem Klopfen, womit *wir* es uns so schön rhythmisch machen können, hatte für ein griechisches Ohr nichts von Rhythmus. Nur der erfüllte Klang oder die verlaufende Bewegung wurde zu rhythmischen Gestalten aufgebaut.

Wie also hätten die Griechen gehen müssen, um Canettis Ursprungsmythos zu erfüllen und mit den Füßen ein Geräusch zu machen, das *ihnen* unwillkürlich rhythmisch gewesen wäre? Sie hätten darauf achten müssen, die Füße nicht wohlgesittet jeweils vom Boden zu heben, sondern konsequent mit ihnen über den Boden zu schlurfen, damit jeder Schritt einen anhaltenden Schleifton ergäbe und nicht bloß ein *tok*; außerdem darauf, ihre Schritte, gleichgültig ob stärker oder schwächer, unterschiedlich lang zu machen, und zwar nicht einfach abwechselnd einen langen Schleifschritt mit links und einen kurzen Schleifschritt mit rechts, sondern lang und kurz nach durchaus komplizierteren Mustern, zum Beispiel dem eines Galliambus: kurz kurz lang kurz lang kurz lang lang kurz kurz lang kurz kurz kurz kurz kurz. Ein solcher Gang würde im Ministerium für *silly walks* sicher freundliche Anerkennung finden; doch dass die Griechen in dieser Weise vor sich hin gegangen wären, sollte man deshalb nicht ernsthaft annehmen.

EINE SCHRANKE

Trotzdem haben sie natürlich Rhythmus empfunden und, wie überliefert ist, durchaus auch sehr heftig – nur eben eine grundsätzlich *andere Art* von Rhythmus als wir. Daraus ist zweierlei zu schließen: nicht nur, dass *sie* nicht dasselbe als rhythmisch empfunden haben, was *uns* rhythmisch ist, sondern umgekehrt auch, dass *wir* nicht mehr als rhythmisch empfinden, was *ihnen* rhythmisch war. Und das lässt sich ja unschwer überprüfen. Auch wenn wir den antiken Hörern nichts mehr von unserer Musik vorspielen können, um sie nach ihrer Rhythmusempfindung zu fragen, so können wir doch umgekehrt uns selbst etwas vom antiken Rhythmus zu Gehör bringen.

Wie er geklungen hat, das vorzuführen, mögen ein paar Verse dienen. Die folgenden zählen zu einer der geläufigsten Versart bei den Griechen, dem iambischen Trimeter, und nur der einfacheren Lesbarkeit halber zitiere ich nicht griechische, sondern solche auf Latein. Versbau und Rhythmus waren für die römische Antike – jedenfalls zu der Zeit, aus der diese Verse stammen – grundsätzlich die gleichen wie für die griechische, und was also an den folgenden Versen, aus der siebzehnten Epode des Horaz, rhythmisch war, war es für Römer ebenso wie für die Griechen. Die Frage ist nur, ob es für uns noch immer rhythmisch ist.

> Unxere matres Iliae addictum feris
> Alitibus atque canibus homicidam Hectorem,
> Postquam relictis moenibus rex procidit
> Heu pervicacis ad pedes Achillei.[6]

Vier makellose iambische Trimeter, gedichtet nicht nach Akzenten, wie wir es von unseren Versen gewohnt sind, sondern allein nach der Abfolge von lang und kurz. Um sie richtig zu lesen, muss man also wissen, welche Silbe lang und welche kurz ist, und dafür setze ich sie noch einmal her, durch Punkte in Silben getrennt und alle lang zu sprechenden Silben unterstrichen; jede nicht unterstrichene Silbe ist kurz, etwa halb so lang zu sprechen wie die langen. Verschliffene Silben deute ich etwas grob nur durch einen Apostroph an.

Un.xe.re ma.tres I.li.a'd.dic.tum fe.ris
A.li.ti.bus at.que ca.ni.bus ho.mi.ci.d'Hec.to.rem,
Post.quam re.lic.tis moe.ni.bus rex pro.ci.dit
Heu per.vi.ca.cis ad pe.des A.chil.le.i.

Es ergibt sich diese Abfolge langer und kurzer Elemente:

− − ∪ − − − ∪ − − − ∪ −
− ∪ ∪ ∪ − ∪ ∪ ∪ ∪ ∪ ∪ − − ∪ ∪
− − ∪ − − − ∪ − − − ∪ ∪
− − ∪ − ∪ − ∪ − ∪ − ∪ −

In dieser Abfolge war es für griechische und römische Ohren rhythmisch. Und für die unseren? Uns, so würde ich behaupten, ist es schon unfasslich, wie diese vier Reihen aus Längen und Kürzen auch nur viermal der gleiche Vers sein sollen, viermal ein iambischer Trimeter, hörbar viermal die gleiche rhythmische Einheit. Aber vielleicht helfen ja ein paar Erklärungen, und es wird uns schließlich doch noch fasslich – und am Ende gar rhythmisch.

Die Verse heißen Trimeter, weil sie nach drei wiederkehrenden Füßen gehört wurden. Diese Füße haben jedoch, wie es dem antiken Rhythmus entspricht, nicht einfach *eine* bestimmt festgelegte Abfolge von lang und kurz, sondern unterschiedliche solcher Abfolgen wurden jeweils als der gleiche eine Fuß aufgefasst. Innerhalb der zitierten Verse sind es fünf verschiedene; ich notiere sie in der Reihenfolge ihres Vorkommens und unterteile sie bereits nach Arsis und Thesis: | − − : ∪ − |, | − ∪ ∪ : ∪ − |, | ∪ ∪ ∪ : ∪ ∪ ∪ |, | ∪ − : ∪ − |; am Versschluss ergibt sich, durch die dort grundsätzlich freie Quantität des letzten Elements, zweimal auch | − − : ∪ ∪ |. Das also sind fünf der möglichen Folgen von lang und kurz, die im Trimeter einen Iambus ausmachen, sind also buchstäblich fünf Iamben – man mag daran nebenbei erkennen, wie wenig die Einheit »Fuß« in der Antike etwas mit dem zu tun hat, was wir heute an neuzeitlichen Gedichten noch immer Versfuß nennen. Das einzige Element, das in einem solchen antiken Iambus festliegt, ist die Kürze zu Beginn der Thesis. Die Proportion, die sich zwischen Arsis und Thesis ergibt, ist entweder 4:3 oder 3:3; am Versende kann die Thesis auch auf

2 *tempora* verkürzt werden.[7] Und nun spreche man sich diese Versfüße einmal vor: lang-lang kurz-lang, lang-kurz-kurz kurz-lang, kurz-kurz-kurz kurz-kurz-kurz, kurz-lang kurz-lang, lang-lang kurz-kurz. Und frage sich, ob man sie alle fünf als die gleiche Einheit wahrnimmt, als Proportion, und vor allem: ob man sie als rhythmisch empfindet.

Aber vielleicht kann ja das Experiment nur an den vollständigen Versen gelingen. Also stehen sie hier noch einmal, in *einem* Fluss, nicht in Versfüße zerschnitten, und damit auch die Sprache nichts an der rhythmischen Auffassung behindern kann, lediglich auf die Silben »lang« und »kurz« gebracht, rein als diejenige *zeitliche* Folge, die doch nach antiker Wahrnehmung die *rhythmische* war:

lang lang kurz lang lang lang kurz lang lang lang kurz lang
lang kurz kurz kurz lang kurz kurz kurz kurz kurz kurz lang
                                                                                                                  lang kurz kurz
lang lang kurz lang lang lang kurz lang lang lang kurz kurz
lang lang kurz lang kurz lang kurz lang kurz lang kurz lang

Hören wir darin Rhythmus? Nein. Gelingt es uns auch nur irgendwie, daran die Empfindung von Rhythmus zu gewinnen? Sicher nicht. Oder muss man doch noch die Sprachakzente der Originalverse hinzuhören, damit es uns ins Ohr geht? Ein letzter Versuch:

Un.xé.re má.tres I.li.a'd.díc.tum fé.ris
A.lí.ti.bus át.que cá.ni.bus ho.mi.cí.d'Héc.to.rem,
Póst.quam re.líc.tis móe.ni.bus rex pró.ci.dit
Héu per.vi.cá.cis ad pé.des A.chíl.le.i.

lang **láng** kurz **láng** lang **láng** kurz lang **láng** lang **kúrz** lang
lang **kúrz** kurz kurz **láng** kurz **kúrz** kurz kurz kurz kurz
                                                                                                                 láng láng kurz kurz
láng lang kurz **láng** lang **láng** kurz lang lang **láng** kurz kurz
láng lang kurz **láng** kurz lang **kúrz** lang kurz **láng** kurz lang

Nein, es wird nur heillos – aber nicht rhythmisch.

Nichts will helfen: Wir mögen uns mit den antiken Versen noch so viele Mühe geben, wir mögen mit dem besten Willen anerkennen, dass sie Rhythmus gewesen sind, wir mögen unser Gehör darin schulen, jene Zeitproportionen überhaupt einmal genau wahrzunehmen, schließlich mögen wir uns gar irgendwie hineinhören und ihren Klang goutieren; jene spezifische Rhythmusempfindung aber, die wir doch sonst so natürlich und selbstverständlich in uns verspüren, wenn wir Takte hören, stellt sich nicht ein. Und das liegt nicht daran, dass wir zu wenig vom antiken Rhythmus wüssten oder dass uns bloß die Übung abginge; es liegt auch nicht an der Sprache, am Lateinischen oder Griechischen – denn in der Fassung mit dem einfachen »lang« und »kurz« verwehrt sich uns der Rhythmus genauso wie im lateinischen Wortlaut. Was für die Menschen der Antike rhythmisch war, können wir der Überlieferung entsprechend rekonstruieren, können wir im Klang der überlieferten Verse konstatieren, aber wir können es selbst nicht mehr als rhythmisch *empfinden*: weil uns *diese* Rhythmuswahrnehmung fehlt – weil uns eine *andere* Rhythmuswahrnehmung bestimmt.

DIONYSISCHES UND WELTGEIST

Was »ursprünglich« einmal Rhythmus war, ist es also für uns *nicht mehr*. Und umgekehrt: Was für uns Rhythmus ist, war es *nicht schon immer*. Das ist eine so einfache Erkenntnis, dass mit den antiken Versen fast schon zu viel Aufwand für sie getrieben scheint. Denn selbst die kursorische Erinnerung etwa an traditionelle fernöstliche Musik würde für den Nachweis genügen, dass Rhythmus nicht immer, überall und für alle Menschen Taktrhythmus war. Aber je einfacher und trivialer die Erkenntnis, umso bemerkenswerter, dass sie Canetti entgangen ist – und nicht nur ihm.

Jeder, wie gesagt, setzt ja unwillkürlich voraus – »ob er es beabsichtigt oder nicht« –, dass, was ihm rhythmisch ist, schon als solches Rhythmus wäre – zeitlos, natürlich, ewig. Der Grund, weshalb wir dies glauben, ist zunächst bis zur Tautologie trivial: Jeder kann nur das als rhythmisch empfinden, was er als rhythmisch empfindet, was also *seiner* Rhythmuswahrnehmung entspricht. Selbst wenn er weiß, dass Rhythmus auch etwas grundsätzlich Anderes sein kann als für ihn, entzieht es sich noch immer seiner Vorstellung, nämlich seinen Möglichkeiten der Rhythmuswahrnehmung. Irgendeine *andere* Art von Rhythmus als die »unsere« zu empfinden gelingt uns so wenig, wie wir es eben an den antiken Versen bemerken mussten; insofern aber *gibt* es für uns auch keine andere. Unsere Rhythmuswahrnehmung schließt die Wahrnehmung einer anderen Art von Rhythmus aus; und nicht nur die Wahrnehmung, sondern unwillkürlich und mit großem Nachdruck auch den *Gedanken*.

Der Gedanke, dass Menschen etwas grundsätzlich Anderes als Rhythmus könnten empfunden haben, als wir es tun, verwehrt sich uns, so einfach die Feststellung auch zu treffen wäre. Die Frage, ob wir unsere Rhythmuswahrnehmung *zu Recht* allen Zeiten vor uns unterstellen, stellen wir uns gar nicht erst, so selbstverständlich und unwillkürlich unterstellen wir unseren Rhythmus als den einzig möglichen. Und das heißt: So weit reicht der Zwang, den die Rhythmusempfindung über uns ausübt. Dieser Zwang hat Macht auch über die *Reflexion*.

Nietzsche zum Beispiel erkennt ihn – und zeigt sich ihm sogleich unterworfen:

Der Rhythmus ist ein Zwang; er erzeugt eine unüberwindliche Lust, nachzugeben, mit einzustimmen; nicht nur der Schritt der Füsse, auch die Seele selber geht dem Tacte nach, – wahrscheinlich, so schloss man, auch die Seele der Götter![8]

Und schon hat Nietzsche zwingend auch geschlossen, Rhythmus ginge immer »dem Tacte nach«. Anders als Canetti will er nicht den Ursprung *von* Rhythmus, sondern umgekehrt Rhythmus *zu* einem Ursprung erklären, und zwar zum »Ursprunge der Poesie«: Alle Poesie und alle Verse entsprängen dem Rhythmus und seinem Zwang. Da es aber nur den *einen*, nur Rhythmus »dem Tacte nach« geben soll, müssten nach Nietzsches blinder Überzeugung auch die Verse und die Musik der Antike, von der er hier spricht, nach »dem Tacte« gegangen sein – was sie nicht taten.

Und so schreibt immerhin Nietzsche, Professor der klassischen Philologie und zudem einer der wenigen seiner Zeit, die irgendwann einmal doch etwas von der tiefen Kluft zwischen antikem Rhythmus und moderner Taktrhythmik erkennen.[9] Dem

Zwang, den Nietzsche beschreibt, vermag er sich zuweilen als Philologe, nicht jedoch in seiner philosophischem Erkenntnis zu entziehen. Seine Annahme mag ja durchaus zutreffen, Versdichtung werde ihren Ursprung in »jener elementaren Ueberwältigung haben, welche der Mensch an sich beim Hören der Musik erfährt« und die es sicher nicht erst seit Neuzeit und Taktrhythmus gibt. Aber fehl geht er in dem unbedachten Glauben, die Überwältigung müsse immer an *dieser* Art Rhythmus erfahren worden sein, es müsse »der« Rhythmus, es müsse immer dieselbe *Art* von Rhythmus gewesen sein, so elementar wie jene Überwältigung selbst. »Narren des Rhythmus« seien wir »noch jetzt, nach Jahrtausende langer Arbeit«, gar nichts habe sich da geändert seit den Zeiten des Ursprungs. Diesen Ursprung aber finden wir nicht etwa geschichtlich vor, wir glauben ihn allein an *unserer*, an der uns *gegenwärtigen* Überwältigung zu empfinden; an ihr empfinden wir dies zwingend Unwillkürliche, das wir ebenso zwingend deshalb als ursprünglich missverstehen und als »Ursprung« in die Zeiten zurückverlegen.

Längst bevor es Philosophen gab, gestand man der Musik die Kraft zu die Affecte zu entladen, die Seele zu reinigen, die ferocia animi zu mildern – und zwar gerade durch das Rhythmische in der Musik. Wenn die richtige Spannung und Harmonie der Seele verloren gegangen war, musste man tanzen, *in dem Tacte des Sängers, – das war das Rezept dieser Heilkunst*

– aber kein Rezept hilft gegen die blinde Annahme, »das Rhythmische« ginge stets »in dem Tacte«, wäre immer schon »das rhythmische Tiktak« gewesen, wie Nietzsche dann noch ausdrücklich schreibt: also Taktrhythmus. Dass in der Antike nichts nach Takten, nichts nach dem Tiktak von betont und unbetont ging, als Philologe *weiß* es Nietzsche; dem Philosophen jedoch will das gar nichts helfen.

Nein, alles geschichtliche Wissen verliert seine Kraft, wenn man aus diesem Zwang der Gegenwart konstruiert. Hegel bestimmt in seinen »Vorlesungen über die Ästhetik«, wie es sich mit dem Rhythmus grundsätzlich verhalten müsse.

Dritter Teil, Dritter Abschnitt, Zweites Kapitel: Die Musik
2. *Besondere Bestimmtheit der musikalischen Ausdrucksmittel*
  a. Zeitmaß, Takt, Rhythmus
Was nun zunächst *die rein* zeitliche *Seite des musikalischen Hörens betrifft, so haben wir* erstens *von der Notwendigkeit zu sprechen, dass in der Musik die Zeit überhaupt das Herrschende sei;* zweitens *vom Takt als dem bloß verständig geregelten Zeitmaß;* drittens *vom Rhythmus, welcher diese abstrakte Regel zu beleben anfängt, indem er bestimmte Taktteile hervorhebt, andere dagegen zurücktreten lässt.*[10]

Zeit, Takt, Rhythmus, das geht in einem dahin, als könne es gar nicht anders sein, als ergäben sich Takt und Rhythmus allein schon daraus, dass Musik in der Zeit verläuft. Takte, das sind hier fürs erste die gleichen und leeren Zeiteinheiten, Rhythmus heißt dann deren Ordnung nach betont/unbetont, nach hervorgehoben gegen nicht-hervorgehoben, und das macht insgesamt: den Taktrhythmus. Er, der so strikt der Neuzeit angehört und keiner Zeit vorher, wird von Hegel mit derselben Notwendigkeit als der ewig-eine Rhythmus vorausgesetzt, mit der sich etwa der Weltgeist ausgerechnet im preußischen Staat verwirklicht haben soll.

Selbst der große Philosoph der Geschichte und des absoluten Wissens will in diesem Punkt also von Geschichte absolut nichts wissen, so wenig wie der philosophierende DJ heutiger Tage, der von den Bum-Bum-Taktschlägen des Techno – »Techno wird über das Bum-Bum zusammengehalten« – gleich einmal weiß, dass »die Neandertaler« es schon vor Urzeiten »auf hohle Bäume geklopft« hätten und der ganze Unterschied zu heute darin bestünde: »Technomusik macht das elektronisch.«[11]

Und wem wollte das nicht einleuchten? Wer kann es sich heute denn anders vorstellen, als dass Trommeln, die geschlagen werden, notwendig im Takt schlügen? Als dass ein urwüchsiger Mensch, indem er irgendwelches Bum Bum macht, damit unweigerlich den Taktschlag eingehalten hätte? Als dass die Weltmusik, wie sie heute heißt und heute fast ausschließlich nach Takten erklingt, deshalb schon zu ethnotümlichen Urzeiten nach Takten hätte gehen müssen? Der zwingende Irrtum einer Gleichung *Rhythmus = Taktrhythmus* findet sich ganz allgemein –

bis hinauf oder bis hinab zu den Philosophen, die da, ganz Empfindung, nur glauben in sich hineinhorchen zu müssen, um das, worauf sie dort so unhintergehbar treffen, sogleich für das Ewig-Natürliche zu halten.

UND NATÜRLICH NATUR

Nun sprechen hier auch Philosophen allerdings als Laien; wissen es die Fachleute besser?

Nein, die unternehmen es gar zu *beweisen*, dass es so sein müsse, wie es schon die Philosophen glauben; dass nämlich, »was unsre Vorfahren die *Weise*, die Römer *Numerus* und die Griechen *Rhythmus* nannten«, »auf eignen, in der Natur gegründeten Principien beruhe«.[12] So schreibt zur gleichen Zeit etwa, als Hegel seine Vorlesungen zur Ästhetik hält, Johann August Apel in seinen zwei großen Bänden »Metrik«. Auch Apel weiß zwar, dass griechische Verse nach Längen und Kürzen gebaut sind – das ist immerhin ausführlich und unmissverständlich überliefert –, und er bemerkt sehr wohl auch den eigenartigen Ausschluss, der sich dadurch ergibt, dass *wir* Rhythmus inzwischen anders wahrnehmen als etwa die Griechen. Zu Apels Zeiten nämlich erging es einem Leser antiker Verse schon genauso wie uns heute – ich erinnere an unser kleines Experiment mit den Trimetern –:

Denn er bemüht sich vergebens mit dem Gehör dieses Schema singbar zu finden, und gleichwohl kann er sich nicht abläugnen, dass jene Stelle des Sophokles ein Vers sey, und das metrische Schema den Rhythmus jenes Verses bezeichne.

Leider also: Der moderne und Apels Zeitgenosse »bemüht sich vergebens«, das als Rhythmus zu empfinden, was ein antiker Sophokles aber, ebenso sicher wie Horaz, als den Rhythmus seiner Verse gedichtet hat. Was kann man daraus nur schließen? Dass Rhythmus hier und dort *nicht dasselbe* sind; dass sich, was Rhythmus hier ist und dort war, historisch *gewandelt* hat. Folglich kann Rhythmus auch nicht auf einem Naturgesetz gründen, und man dürfte also auf keinen Fall ansetzen, »dass der Bau des Verses auf eigenthümlichen, in seiner Natur gegründeten Gesetzen beruhe«.

Doch genau diese ewig eine Natur »*des*« Verses unternimmt Apel *trotzdem* zu beweisen und scheut sich nicht, dafür die notwendige Schlussfolgerung zu verkehren und gegen den Zeitenlauf zu wenden: Wenn *wir* an den Versen so, wie Sophokles sie gedichtet hat, nicht Rhythmus empfinden, kann Sophokles seine Verse folglich nicht so gedichtet haben, wie er sie gedichtet hat, sondern so, wie *wir* sie als rhythmisch empfinden! Wenn die Rhythmusempfindung von Sophokles und die Rhythmusempfindung von uns Heutigen aufeinanderprallen und nicht zueinander passen wollen, was ist daraus zu lernen? Dass *unsere* Rhythmusempfindung die *einzig-ewig richtige* ist! Und schon erstrahlt für Apel Glanz und Gloria »unserer Theorie, dass sie beweiset, in allen Rhythmen sey Takt, Rhythmus ohne Takt lasse sich dem Wesen des Rhythmus nach nicht denken«.

Und zwar nicht *denken*, weil nicht anders *empfinden*. So groß ist die Kraft unserer, der jeweils eigenen Rhythmuswahrnehmung, dass sie den Gedanken an eine andere nicht bloß ausschließt oder gar nicht erst aufkommen lässt, sondern ihn selbst dort, wo er einmal explizit und wissenschaftlich aufkommt, gewaltsam von seinem Ziel ablenkt und absurd verdreht. Derselbe Apel, der sich bei Rhythmus nichts als den Takt denken kann, *weiß* ja zur selben Zeit, dass Sophokles seine Verse anders, *nicht* so gedichtet hat, wie es jenem hochverehrten *einen* »Wesen des Rhythmus« entspricht. Und trotzdem, *gegen dieses bessere Wissen*, unternimmt Apel unbeirrt den haltlosen Beweis, die Verse des Sophokles müssten genau demjenigen »Wesen von Rhythmus«, dem sie zuverlässig nicht entsprachen, entsprechen.

EIN KLASSISCHER IRRWEG

Bezwingend sind hier Wahrnehmung und Reflexion also ineinander verschränkt: die unwillkürliche Wahrnehmung von Rhythmus und das ebenso unwillkürlich täuschende Denken über ihn. Der Zwang der je eigenen Rhythmuswahrnehmung zeigt sich wirksam zum einen als *Schranke*: Weil wir Rhythmus zwingend nach Takten wahrnehmen, können wir uns Rhythmus nicht anders als nach Takten denken. Zugleich aber ist der

Zwang wirksam als *Übergriff*: Wenn wir Rhythmus zwingend nach Takten denken, legen wir unser Taktwesen unwillkürlich auch auf Bereiche, die einer anderen Art von Rhythmus zugehörten; wir hören und denken auch solche Rhythmen danach, die zu ihrer Zeit nichts mit Takten zu tun hatten. Das heißt, wir täuschen uns und fälschen sie.

Das will ich nur ein wenig ausführlicher dokumentieren; denn für alles Folgende liegt sehr viel daran, die Mächtigkeit dieser Täuschung zu erkennen. Wie Canettis Ursprungsmythos ist auch Apels Lehre nur ein Beispiel unter unzähligen, und Apel nicht etwa ein einzeln verloren Irrender, sondern der ganz normale, vollgültige Vertreter einer Wissenschaft, die hier über mehrere Jahrhunderte hinweg nichts anderes hat wissen wollen.

Wie die antiken Verse zu *ihrer* Zeit gelesen wurden, ist genau überliefert: nach ihrem Rhythmus der zeitlichen Proportionen, nach lang und kurz. Wie aber müssten sie nach dem, was Apel und neben anderen die gesamte Wissenschaft der klassischen Philologie sich anheischig gemacht haben zu beweisen, *ein für allemal* gelesen werden? Wie in der Neuzeit: indem der alte Rhythmus durch den neuzeitlichen *ersetzt* wird. Die Abfolge von lang und kurz etwa des antiken iambischen Trimeter empfindet unser neuzeitliches Ohr nicht mehr als rhythmisch; als rhythmisch empfindet es die taktgemäße Abfolge von betont und unbetont. Wie also werden unserem neuzeitlichen Ohr die antiken Verse rhythmisch? Indem wir *deren* Rhythmus missachten und *unseren* Rhythmus hineinlegen. Das heißt: indem wir die Grundlage des originalen, des antiken Rhythmus, nämlich die Länge und Kürze der Silben für gleichgültig nehmen und stattdessen das wechselnde betont/unbetont auf die Silben schlagen. Ein Verfahren ist das, als würde sich nun wirklich Canettis bürgerlicher Urmensch aufmachen und mit dem rhythmischen Geräusch seiner Absätze über diese Verse hinwegtrampeln, gleichgültig gegen die Unebenheiten ihres geschmeidigen Bodens, mit seinen Hufen »eine Art von rhythmischer Notenschrift« hineinhämmernd, die es bei Gott nicht immer gab und die sich keineswegs »von selber« diesem »weichen Boden« einprägt, sondern die »der Mensch, der sie las«, nein, der sie *neuzeitlich* liest, durchaus mit einigem Nachdruck und mit einiger Gewalt erst von sich aus hineinzuzwingen hat: *seinem* rhythmischen Zwang gehorchend.

Die einzige Freiheit, die ihm der Taktrhythmus dabei lässt, ist die: ob eines oder ob zwei unbetonte Elemente zwischen die betonten treten; auf diese Freiheit werde ich noch zu sprechen kommen. Wenn also ein antiker Vers so lautete:

Parturient montes, nascetur ridiculus mus,

so ist sein originaler Rhythmus nach lang und kurz:

| – ∪ ∪ | – – | – – | – – | – ∪ ∪ | – – |

und die Wortakzente, die ja rhythmisch indifferent waren, verteilen sich so auf die Silben:

Par.tú.ri.ent món.tes, nas.cé.tur ri.dí.cu.lus mús.

Wir aber, neuzeitlich und taktrhythmisch, machen daraus:

PAR.tu.ri.**ENT** mon.**TES**, nas.**CE**.tur **RI**.di.cu.**LUS** mus.

So wird es *uns* rhythmisch, und deshalb und auf diese Weise machen wir, nämlich »wir« seit Beginn der Neuzeit, die antiken Verse zu Versen *nach dem Taktwesen*, nach betont und unbetont. Diejenigen Betonungen, die *uns* ein Geräusch zu einem rhythmischen machen, legen wir hinein, und die Akzente, welche die Sprache für sich tragen würde, unterdrücken wir – falls sie nicht zufällig, wie bei »nas.**cé**.tur«, mit den hineingelegten zusammenfallen. So ist die Übung seit Beginn des 17. Jahrhunderts, so lernt es, wer denn noch eine antike Sprache lernt, bis heute in Schule und Universität, und so sind im Laufe der Jahrhunderte wahrlich »Regimenter aus lauter Trommlern« über die armen Hexameter gejagt worden, und jeder hat seine Ikten darauf geschlagen – so heißen diese neuzeitlich hinzugefügten Betonungen: von *ictus*, der Schlag.

Diese Übung ist historisch aufs brutalste falsch, und dennoch ist sie legitim, verständlich, hat sie ihr unvermeidliches Recht: eben *weil* wir Rhythmus nunmehr anders empfinden als die Menschen der Antike. Wenn wir ihre Verse also überhaupt noch rhythmisch wahrnehmen wollen, können wir gar nicht anders, als denjenigen Rhythmus daraufzuschlagen, der *uns* nun einmal als einziger ins Ohr geht – nach jenem Zwang, über den wir nichts vermögen und von dem wir auch nichts weiter wissen. Gerade aber, weil er uns unbewusst bleibt, schlägt er auch alles Wissen, das daran hängt, mit spezifischer Blindheit. Wissenschaft nämlich, die ehrwürdigste klassische Philologie, hat jenes Iktieren ja nicht bloß als einen bewussten Notbehelf empfohlen, um unseren Mangel an antiker Rhythmuswahrnehmung auszugleichen, – und ein solcher Notbehelf *ist* das Iktieren und als dieser Notbehelf hat es sein Recht –; sondern sie hat behauptet, schon die Griechen und Römer selbst hätten ihre Verse so gesprochen, hätten so iktiert wie wir. Statt nach ihren Längen und Kürzen und ihrem natürlichen Wortakzent zu sprechen:

át.qu'íl.lud pró.no práe.ceps á.gi.tur de.cúr.su,

hätten auch die antiken Dichter so auf ihren Versen herumgetrampelt:

AT.qu'il.**LUD** pro.**NO** prae.**CEPS** a.gi.**TUR** de.**CUR**.su.

Man mache sich für einen Moment klar, was damit behauptet ist: Die Griechen und Römer hätten also mühevoll und sorgsam ihre Verse nach Länge und Kürze der Silben gedichtet, kompliziert wie etwa in den vorgeführten Trimetern und so, wie es nun einmal aufs genaueste belegt, überliefert und an den Versen festzustellen ist; aber Rhythmus hätten dieselben Griechen und Römer gerade *nicht* an diesen Längen und Kürzen empfunden, sondern an irgendwelchen recht unabhängig davon auf die Silben geschlagenen Betonungen – von denen nebenbei absolut *nichts überliefert* ist. Das ist etwa so, als wollte man die archäologisch eindeutige Feststellung, dass die Römer zur Heizung ihrer Thermen kunstvolle Hypokausten angelegt haben, mit der Behauptung zieren, die Wärme wäre aber von einer Zentralheizung gekommen.

Natürlich ist das Unsinn und, so möchte man meinen, auf Anhieb als Unsinn zu erkennen. Trotzdem ist diese Lehre aufgekommen, und nicht nur aufgekommen, sie war über Jahrhunderte hinweg die geltende wissenschaftliche Doktrin, hartnäckig gegen vereinzelte Kritik verteidigt, blindwütig gegen die antike Überlieferung verfochten, gewaltsam in die antiken Schriften hineingelesen und von angesehenen Oxford-Gelehrten hineingefälscht, und erst vor wenigen Jahren ist es gelungen, diese Lehre mitsamt ihren Fehlschlüssen Stück für Stück so zu widerlegen, dass sie endlich offiziell abgedankt hat – was keineswegs heißt, dass sie nicht allenthalben weiter tradiert würde.[13] Einzig aufgrund des Reflexes, der uns »Rhythmus ohne Takt [...] nicht denken« lässt, hat sich eine gesamte Wissenschaft gegen die Überlieferung vergangen, hat eine Philologie, die alles schriftlich belegt vorfindet und sich – eben philologisch – an diese Belege zu halten hätte, gegen jedes bessere Wissen verstoßen, hat sie jahrhundertelang allen Scharfsinn aufgeboten, um die einfachste Logik zu verkehren: dass ein Sophokles, der nach dem antiken Rhythmus dichtet, nicht nach dem neuzeitlichen gedichtet haben kann.

Die klassische Philologie ist buchstäblich also dieser historischen Fälschung überwiesen, der falschen Pro- beziehungsweise Retrojektion des neuzeitlichen Taktrhythmus in die früheren Zeiten. Gesprochen, über die antiken Verse gelegt hat man die Ikten seit Beginn des 17. Jahrhunderts, die wissenschaftliche Lehre, dieses betont/unbetont wäre antik, wird aufgestellt, sobald sich die Philologie zu einer eigenen Wissenschaft mausert, kaum einer widerspricht der Lehre, und selbst Nietzsche, der ihren Fehler bereits erkennt, kommt nicht ab davon, trotzdem an die Ewig-Einigkeit des Taktrhythmus zu glauben. Nach jahrhundertelanger Geltung erst hat diese eine unter den Philologien kleinlaut ihre Iktustheorie nun zurückgenommen und hat freundlich anerkannt, dass Griechen und Römer ihre Verse doch wirklich und wahrhaftig so gedichtet und wahrgenommen haben, wie *sie* Rhythmus empfanden und nicht wie *wir* es tun. Welch erfreulicher Rückschritt der Wissenschaft!

Die Iktustheorie und ihre Geschichte ist also ein Beleg für die Gewalt, mit der sich unser Denken allgemein und nachhaltig selbst gegen offensichtlichen Unsinn und beschämende Kurzschlüsse immunisiert, wenn es darum geht, denjenigen Rhythmus, den es als einzigen wahrzunehmen vermag, auch als den einzig-ewigen zu behaupten. Und nicht bloß immun zeigt sich hier das Denken, es nimmt die fälschenden Konstruktionen ja nicht bloß passiv hin, sondern führt sie aktiv und gegen erheblichen sachlichen Widerstand von sich aus auf: selbst in der Form wissenschaftlicher, rationaler, zuweilen höchst anspruchsvoller – und trotzdem hinfälliger – Argumente. Der Reflex, die jeweils eigene Rhythmuswahrnehmung für die einzige und notwendig ewig-natürliche zu halten, verdrängt nicht nur mühelos alle Reflexion, die dem entgegenstehen müsste, sondern treibt aktiv noch die mühsam gesuchtesten Reflexionen hervor, damit sie den Widerstand brechen und stattdessen bestätigen: Es muss *immer* so gewesen sein, wie es *für uns* ist.

So tief reicht da ein unerkannter, unwillkürlicher Zwang.

II

BEFUND

Um diesen Zwang, um seine Mächtigkeit, um seine Reichweite wird es hier gehen.

Dass er sich nicht nur in der klassischen Philologie ausgetobt hat, lässt sich leicht vermuten; Canettis zwingende Überzeugung, schon die frühesten Wilden hätten nach Takten gehört, hat es ja bereits vorgeführt. Tatsächlich verfährt die Wissenschaft auch allenthalben sonst mit älteren Versen so, wie es die klassische Philologie mit den ihren getan hat, und unterstellt ihnen regelmäßig, was auch immer die alte Überlieferung dagegen sagen mag, in irgendeiner Form den Rhythmus nach betont und unbetont. Ob ägyptisch, ob hebräisch, vorarabisch oder syrisch, altisländisch und phönizisch, es muss sein: nach Takten rhythmisch! Hier und da hat man inzwischen eingesehen, wie willkürlich und falsch diese Unterstellung getroffen war, und hat sie stillschweigend eingezogen. Doch es gibt auch den umgekehrten Fall, dass ein sorgsamer Gelehrter dieselbe Unterstellung für bestimmte Verse schon einmal umständlich widerlegt hatte und dass sich seine bessere Einsicht inzwischen doch ohne jedes Argument wieder ersetzt findet durch das alte Lied vom Takt- oder Akzentrhythmus.[14] Und nicht nur den Versen aller Zeiten wurden und werden Takte mit ihrem betont/unbetont unterstellt – für die älteren Zeiten jeweils zu Unrecht –, sondern dem Bereich des Rhythmischen ja durchaus allgemein. Selbst in den Darstellungen zur Musikgeschichte, wo die Widerlegung am sichersten zu treffen ist, findet sich Canettis Irrtum noch immer weitaus häufiger vertreten als das so schwer anzuerkennende Gegenteil: die strikte Neuzeitlichkeit des Taktrhythmus.

Den ganzen Umfang dieser wohlmeinenden Geschichtsfälschung zu dokumentieren, wäre nicht unnützlich, aber endlos, und ich muss darauf verzichten. Wichtiger ist nun endlich ein Beweis dafür, *dass* der Taktrhythmus wirklich erst der Neuzeit angehört und keiner Zeit vorher. Doch dieser Beweis verlangt es zuvor noch, einiges andere zu klären und festzuhalten.

Zunächst diesen merkwürdigen Befund: Taktrhythmus, ein Phänomen, dessen geschichtliches Auftreten bekannt und belegt ist, wird dennoch mit großer Gewalt zugleich für ungeschichtlich, für überzeitlich konstant erklärt. Wenn es auf allen Gebieten sonst undenkbar ist, von Geschichte abzusehen, hier offenkundig ist es unmöglich, der Geschichte ins Auge zu blicken. Und das nicht bloß wegen des verständlich geringen Interesses, auf das etwa die Versgeschichte oder allgemein auch die theoretische Befassung mit Rhythmus stößt – jene ist zu entlegen und dieser ist einem zu nahe, als dass man sich darüber Gedanken machen wollte –, auch nicht auf Grund einer Jahrhunderte währenden Gedankenlosigkeit der Wissenschaft, die sich diesen Dingen nicht genug gewidmet hätte. Denn im Gegenteil, aktiv, mit großer Mühe und selbst mit klarem Bewusstsein von dieser Anstrengung setzt sich ja der Glaube an den ewig-einen Rhythmus gegen alle eindeutige Überlieferung durch. Das geschichtlich Untergegangene – hier also die älteren Arten von Rhythmus und von Rhythmuswahrnehmung – wird nicht allein getilgt und einer *damnatio memoriae* unterworfen, also bloß negiert, als hätte es dergleichen nie gegeben, sondern es wird etwas positiv an seine Stelle gesetzt, was neuzeitlich und was *uns* selbstverständlich ist. Das Neuzeitliche wird retrojiziert, wird dem Alten imputiert, als wäre dieses schon immer gleich dem Neuen gewesen. Und all dies, da wir unwillkürlich, wo wir Rhythmus erwarten, diesen *unseren* Rhythmus *hineinlegen* – unwillkürlich: also auch ohne uns darüber bewusst zu werden.

An Taktrhythmus und taktrhythmischer Wahrnehmung verbirgt sich demzufolge etwas, das sich unserem Wissen und unserem Bewusstsein nachdrücklich *entzieht* – etwas, das sehr bestimmend und nicht wenig tief in uns liegen muss. Denn wenn wir von irgendetwas entschieden werden sagen wollen, dass es zu unserer innersten und unwillkürlichsten Natur gehört, so sicherlich von der Empfindung des Rhythmus. Da aber *sie* auf diese Weise so tief in unsere Natur reicht, muss auch *dasjenige* tief in diese Natur hineinreichen, was sie gleichwohl *geschichtlich bedingt*.

Etwas, das uns innerste und unhintergehbare Natur ist, erweist sich verwirrender Weise als geschichtlich: *Damit aber muss es hintergehbar werden.* Es muss die Bedingungen solcher unhintergehbaren Natur aufdecken lassen, es muss dorthin geleiten, wo Geschichte am mächtigsten, wo sie nämlich blind wirkt, wo sich das geschichtlich Bedingende ausblendet, als wäre es nicht Geschichte, sondern Natur selbst.

EXPERIMENTE

Um dorthin vorzudringen, kann ich dem Leser eine Reihe kleiner, vorsichtiger und mühsamer Schritte nicht ersparen, von denen er kaum den Eindruck gewinnen wird, dass sie sich auch nur um weniges auf dieses Ziel hinbewegen. Trotzdem, es sind die ersten und in dieser Hinsicht auch die wichtigsten Schritte, und der Leser mag sich von ihrer zunächst überwältigenden Belanglosigkeit nicht beirren lassen. Sie verfolgen für jetzt lediglich die Beantwortung der einfachen Frage: *Was* wirkt da rhythmisch in uns, was gibt sich uns am Rhythmus so zwingend *unwillkürlich* vor und was also ist es, was sich uns daran so nachhaltig *verbirgt*.

Die Verfolgung dieser Frage führt durch ein Gestrüpp stachelig trockener Einzelheiten, und so gerne ich sie wenigstens zum Teil umgehen würde, ich muss den Leser bitten, sich jetzt die Mühe zu machen, die sich bisher noch nie jemand gemacht hat, und mit mir auf diesen einfachen und doch nur schwer, Schritt für Schritt zu durchmessenden Grund hinabzusteigen, auch wenn noch nicht absehbar sein sollte, wozu es dient und was alles sich auf diesem Grund erhebt.

Dieser Grund, der »Urgrund« nicht von Rhythmus an und für sich, sondern des *unseren*, des Taktrhythmus, ist seinerseits zum einen so gut wie unerschlossen, zum anderen aber ist auch er weitläufig bekannt und erforscht und hat durchaus nichts Verborgenes oder Geheimnisvolles an sich – ein Widerspruch, der nicht zufällig denjenigen wiederholt, den ich gerade bei der Geschichtlichkeit des Taktrhythmus festgestellt habe. Genauso wie dort sicher bekannt ist, dass Rhythmus nicht zu allen Zeiten nach Takten ging, und trotzdem selbst die wissenschaftlich angestrengteste Reflexion nichts davon wissen will, genauso geht es nun mit dem, was diesen Irrtum und Widerspruch *bedingt*. Was da rhythmisch in uns wirkt und wovon unsere, die taktrhythmische Wahrnehmung bewirkt wird, das hat man längst festgestellt, auf die anerkannt wissenschaftlichste Weise nachgewiesen und untersucht, und spätestens seit dem Jahre 1951, seit Herbert Woodrows zusammenfassendem Artikel im *Handbook of Experimental Psychology*, gehört es wiederum zum Handbuchwissen.[15] Doch wie geläufig, wie durchaus alltäglich es auch sein mag, dort, wo es ihre ahistorischen Theorien vom Rhythmus berührt und im übrigen auch umstürzen würde, versteifen sich die Einzelwissenschaften sofort wider besseres Wissen darauf, dass es dieses so sicher Nachgewiesene nicht geben könne und nicht geben dürfe; es wäre, wie zuverlässig auch untersucht, dennoch – so schreiben sie wörtlich – eine »Chimäre«. Seltsamer Fall. Also, endlich: Was ist das für eine chimärische Alltäglichkeit, was ist das für ein allbekanntes Geheimnis?

Eine ganz einfache Tatsache: Nehmen wir das Tropfen eines Wasserhahns oder das Ticken eines Weckers. Wenn sie so schön gleichmäßig vor sich hin picken, hören wir ihr *tap tap tap* oder *tik tik tik* stets so, als würde es von schwer nach leicht hin und her schwingen, als würden die einzelnen Töne wie sanft auch immer nach betont und unbetont abwechseln. Eine harmlose Beobachtung; gleichwohl trifft sie ins Zentrum dessen, was sich in unserer Rhythmuswahrnehmung verbirgt und was dort so unwillkürlich und zwingend wirksam ist.

Schon im Jahre 1885 hat sie ein Herr Georg Dietze gemacht – nicht als erster – und in einem wahrnehmungspsychologischen Experiment eingehend beschrieben. Dietze hatte mit seinen Experimenten durchaus nicht nach rhythmischen Bestimmungen geforscht, sondern verfolgte eine andere Frage, er suchte »nach der Anzahl von Vorstellungen, welche gleichzeitig im Bewusstsein anwesend sein können«.[16] Eine Frage, die Bedeutung hat für unsere *Zeitwahrnehmung*, genauer: für unsere Wahrnehmung von Gegenwart.

Damit uns jeder gerade gegenwärtige Augenblick nicht einfach nur zu einem ausdehnungslosen Nullpunkt zwischen zwei unendlichen Reichen schrumpft, zwischen dem jüngst Vergangenen, das nicht mehr, und dem unmittelbar Zukünftigen, das noch nicht ist, muss unsere Wahrnehmung, muss unser Gedächtnis oder unser »Bewusstsein«, wie Dietze sagt, mehr als nur diesen absolut gegenwärtigen Zeit- und Nullpunkt *überspannen*. Damit die Gegenwart für uns nicht bloß *nichts* ist, sondern überhaupt Ausdehnung und Inhalt gewinnt, muss sich unsere Wahrnehmung die aktuellen Inhalte jeweils eines gewissen Zeit*raums* gegenwärtig halten. Dieser Raum von gleichzeitig gegenwärtigen Denk- oder Wahrnehmungsinhalten wird heute allgemein die Aufmerksamkeitsspanne genannt, und ihre Ausdehnung festzustellen, war Dietzes Ziel mit seinen »Untersuchungen über den Umfang des Bewusstseins«.

Für entsprechende Experimente empfahl sich ihm dabei die Wahrnehmung des Gehörs, da er glaubte, »wegen der sehr kurzen Nachwirkung der Eindrücke auf diesem Sinnesgebiete« werde sich hier die Anzahl gleichzeitig umfasster Inhalte besonders prägnant feststellen lassen. Dietze untersuchte den »Bewusstseinsumfang« daher »bei regelmässig auf einander folgenden Schalleindrücken« – und geriet damit unversehens auf das Gebiet unserer Rhythmuswahrnehmung. Er spielte seinen Versuchspersonen jeweils eine bestimmte Anzahl von gleichmäßig aufeinander folgenden, identischen Tönen vor und untersuchte dann, ob sie diese Anzahl korrekt wiedererkannten beziehungsweise eine Abweichung von ihr richtig vermerkten, wenn er ihnen anschließend weitere Folgen mit entweder derselben Anzahl oder mit einer leicht davon abweichenden vorspielte. Wenn die Ausgangsfolge zum Beispiel 15 Töne umfasste, bekamen die Versuchspersonen daraufhin etwa Folgen mit 14, 15 oder 16 Tönen zu hören und hatten dann anzugeben, ob diese der Ausgangsfolge entsprächen oder nicht – all das natürlich, ohne dass die Probanden mitzählen durften. Als Töne verwendete Dietze die jeweils mit gleichem Zeitabstand aufeinanderfolgenden und völlig identischen Schläge eines Metronoms.

Die einfache Versuchsanordnung verwendete also dasselbe Tonmaterial, dem sich auch Canettis Fußgänger ausgesetzt findet: ein gleichmäßig fallendes *tok tok tok*. Nur dass hier anders als bei Canetti, wo es hieß, die Töne ergäben sich »nie mit genau derselben Kraft«, jedes *tok* nun sehr wohl eines wie das andere exakt mit derselben Kraft erklingt. Dafür sorgte bei Dietze noch das Metronom, bei jüngeren Experimenten dann eine elektronische Apparatur.

Dietzes Probanden hörten also Reihen identischer, gleichmäßig fallender Töne, um zu prüfen, wieviele sie davon ohne Zählen korrekt im »Bewusstsein« halten würden. Und das zeitigte nebenbei ganz erstaunliche Einsichten: nämlich erstens dass die stets mit derselben Lautstärke erklingenden Töne »nie mit gleicher Energie appercipirt werden«.[17] Sie werden vielmehr *trotz* ihrer Identität geradeso gehört, wie es Canetti dem Klang der Füße zuschreibt: »nie mit genau derselben Kraft«, sondern: *abwechselnd nach betont und unbetont*. Und das eben nicht, weil dieser Unterschied im Erklingenden selbst läge, sondern *obwohl* die Töne selbst ja gerade *keinen* Unterschied aufweisen.

Wie kann es dazu kommen? Was kann diesen Unterschied bewirken? Wer oder was *macht* diesen Unterschied? Es kann nicht anders sein: Der *Wahrnehmende* selbst macht ihn. *Er* muss, wenn er die Töne hört, die Unterscheidung nach betont und unbetont in die Töne *hineinlegen*. Eine einfache Schlussfolgerung, die bei Woodrow so lautet:

Wenn die Folge aus Stimuli besteht, die physikalisch identisch sind und in zeitlicher Gleichförmigkeit aufeinanderfolgen, muss jede wahrgenommene Gruppenbildung, wenn man von dem Einfluss der Abfolgegeschwindigkeit absieht, subjektiven Faktoren geschuldet sein. Vorausgesetzt, das Tempo, mit dem die Folge abläuft, ist weder zu langsam noch zu schnell, wird das Subjekt normalerweise eine Folge von Gruppen wahrnehmen, wobei jeweils ein Glied jeder Gruppe einen Akzent trägt.[18]

Das »Subjekt« legt unwillkürlich einen *Akzent* auf jeweils einen von zwei benachbarten Tönen, die es damit zugleich, durch das *Verhältnis* von betont gegen unbetont, zu einer *Gruppe* verbindet, einer Zweier-Gruppe aus akzentuiertem und nicht-akzentuiertem Ton. Weder die Akzente liegen schon objektiv im Klang noch diese Verbindung der Töne. Was der Wahrnehmende so hört, *als ob es im Klang läge*, der Unterschied und die Verbindung der Töne nach betont und unbetont, ist etwas, das er selbst erst in seiner Wahrnehmung der Töne *bildet*, was er sich also –

banal gesprochen – *einbildet*. Die Töne, von denen jeder geradeso klingt wie der andere, hört der Wahrnehmende *nicht* so, wie sie objektiv klingen, er hört sie *nicht* identisch, sondern unterschieden nach betont und unbetont. *Er* also unterscheidet sie danach, *er* bringt den Unterschied hervor: indem *er* ihn wahrnimmt.

Gleichwohl gilt, dass er die Töne damit tatsächlich als betont und unbetont *hört*. Für ihn also *sind* sie es – auch wenn sie es objektiv *nicht* sind. Der Wahrnehmende hört den Unterschied von betont und unbetont in den Tönen, als wären *sie* danach unterschieden, als wären sie objektiv und für sich genommen unterschiedlich. Und weil er sie so *hört*, muss er glauben, sie würden auch objektiv so *erklingen*, muss er glauben, die Betonung und Unterscheidung der Töne wären Bestimmungen, die in deren Klang lägen und die er ihrem Klang lediglich entnähme. Er vermerkt nichts davon, dass, was er hört, nicht gleich dem ist, was objektiv erklingt, – zumindest vermerkt er nichts davon, solange er das Gehörte nicht auf irgendeine Weise objektiv überprüft. Die Unterscheidung, die seine Wahrnehmung in dem Gehörten *bewirkt*, macht zugleich vollständig den *Inhalt* seiner Wahrnehmung aus.

Wir treffen hier also auf eine Art akustischer Täuschung, vergleichbar in etwa dem Vorgang bei optischen Täuschungen. In einem der bekanntesten Beispiele, einem Stern aus Linien, durch den rechts und links vom Mittelpunkt zwei Parallelen gezogen sind, sehen wir diese Parallelen beispielsweise gekrümmt, obwohl sie objektiv aufs vollkommenste gerade gezogen sind.

Entsprechend verhält es sich mit dem betont/unbetont in den identisch erklingenden Töne: Wir nehmen etwas *Anderes* wahr, als was objektiv vorliegt, unsere Wahrnehmung gibt uns das objektiv Gegebene in einer *fest bestimmten* Weise *verändert* wieder. Und zwar eben *unwillkürlich* verändert: Wer die identisch aufeinanderfolgenden Tönen nach betont/unbetont abwechseln hört, der hört sie in dieser Weise genauso zwingend unwillkürlich, wie er die geraden Parallelen gekrümmt sieht: »ob er es beabsichtigt oder nicht«. Und eben weil er sie ohne Absicht und unbewusst so hört, wird er sich sagen müssen, es wären die Töne selbst, die »nie mit genau derselben Kraft« erklingen. Er muss überzeugt sein, er spräche nur von dem, was objektiv erklingt, und muss nicht ahnen, dass er außerdem von etwas spricht, das erst seine Wahrnehmung dabei leistet.

Wie verbindlich sich dieses betont/unbetont einstellt, hat schon Dietze vermerken müssen. Es gelingt seinen Probanden gar nicht, die identischen Töne anders als in den betont/unbetont-Gruppen wahrzunehmen,

selbst dann nicht, wenn absichtlich eine Verbindung der gegebenen Vorstellungen in Gruppen zu vermeiden gesucht wird. Die bei unseren Versuchen erhaltenen Resultate weisen deutlich darauf hin, dass auch in diesem Fall eine Gruppierung der Vorstellungen zu je zweien nicht umgangen werden kann.

So *zwingend* also ist die Täuschung – und das heißt: diese *Leistung* unserer Wahrnehmung. Denn unsere Wahrnehmung *wird* dabei nicht getäuscht. Die Veränderung, die sie an den ununterschieden gleichen und getrennten Tönen vollzieht, ist ja etwas, das sie selbst und *aktiv* leistet. Die »Gruppierung der Vorstellungen zu je zweien« macht sich nicht von allein, liegt nicht schon in den Tönen vor, sondern muss durch den Wahrnehmenden erst aktiv geleistet werden. Nur dass er von dieser Tätigkeit seiner Wahrnehmung nichts bemerkt, zumindest eben nicht, *dass* da seine Wahrnehmung aktiv eingreift. Er bemerkt lediglich die *Wirkung* dieses Eingreifens, nämlich dass *für ihn* die Töne zu Gruppen verbunden und nach betont/unbetont unterschieden *sind*. Und diese Wirkung ergibt sich ihm unvermeidlich, unumgänglich, zwingend unwillkürlich. Sie ergibt sich ihm in einer Art *Reflex*.

Und nun: *Mit diesem Reflex*, durch seine Gruppenbildung nach betont/unbetont, wird ihm die Tonfolge zugleich *rhythmisch*, empfindet er sie als *rhythmisch gegliedert*. Auch das hat Dietze vermerkt:

Im Verlaufe der nach der geschilderten Methode angestellten Untersuchung zeigte sich, dass das Bewusstsein die Zusammenfassung der auf einander folgenden Eindrücke sich dadurch erleichtert, dass es dieselben rhythmisch gliedert, *indem es die in einer Reihe enthaltenen Eindrücke in Gruppen ordnet.*[19]

Indem unsere Wahrnehmung – nach Dietzes Begriff unser »Bewusstsein« – die Töne zu Gruppen verbindet, empfinden wir die Tonfolge *als rhythmisch*: also *indem* wir die Töne unwillkürlich nach betont/unbetont unterscheiden und damit in Gruppen ordnen. Sowohl jene *Gliederung* der Töne, als auch die Eigenschaft dieser Gliederung, *rhythmisch* zu sein, ist etwas, das allein unsere Wahrnehmung leistet – *in einem und demselben Vorgang*. Gliederung *und* Rhythmus bestehen und ergeben sich allein mittels und innerhalb unserer Wahrnehmung: als Leistung unserer Wahrnehmung.

Der Umstand, dass relativ am leichtesten eine gerade Anzahl von Eindrücken zusammengefasst werden kann, weist deutlich auf den Einfluss der rhythmischen Gliederung der Reihen hin.[20]

Und damit hat sich aus einer so harmlosen Beobachtung wie der am tropfenden Wasserhahn oder tickenden Wecker so viel ergeben: In uns wirkt ein zwingend starker, unwillkürlicher Reflex, ein *Reflex rhythmischer Gliederung*, der sich daran feststellen lässt, dass wir unverbundene, nicht unterschiedene, nur gleichmäßig aufeinanderfolgende Töne, einfach indem wir sie hören – indem sie also zu unseren »Gehörsvorstellungen« oder »Eindrücken« werden, wie Dietze es nennt –, unwillkürlich in eine Folge von Tönen verwandeln, die in Gruppen nach betont und unbetont abwechseln und verbunden sind und die wir damit zugleich als rhythmisch empfinden. Wenn wir solche Töne hören, das gleichmäßige *tok tok tok* eines Metronoms oder unserer Absätze auf dem Trottoir, *machen* wir also aus ihrem Geräusch, ob wir es beabsichtigen oder nicht, ein *rhythmisches* Geräusch. Und werden dann schwören wollen, dieser Rhythmus läge schon immer im Geräusch selbst.

EIN UNSCHEINBARER REFLEX

Das scheinen nun recht karge Künste: ein *tok tok* ins *tik-tak* zu verwandeln. Davon soll irgendetwas abhängen? Und dafür bedarf es großartig wahrnehmungspsychologischer Experimente?

Nein, dafür braucht es lediglich etwas wie das Geräusch von Schritten – die sind schon Experiment genug. Die *Erfahrung* des rhythmischen Wechsels von betont und unbetont ist etwas durch und durch Alltägliches. Und zwar alltäglich auch in dem Sinn, dass wir uns ihrer nicht ein einziges Mal bewusst werden müssen. Sie ergibt sich allenthalben, selbstverständlich und unbemerkt, wir hören den Wechsel, und nichts muss uns daran auffallen. Sowenig es uns frappiert, etwas Grünes grün zu sehen, so wenig frappiert uns, Töne nach betont/unbetont abwechseln zu hören, einfach deshalb, weil wir glauben müssen, dies Abwechseln würde ebenso in den Tönen stecken wie das Chlorophyll in den Blättern. Lediglich zu der wie auch immer geringfügigen Erkenntnis, dass dies *nicht* der Fall ist oder jedenfalls nicht der Fall sein muss, taugen die Experimente; dazu bedarf es ihrer.

Wir hören die gleichmäßig fallenden Töne und *reagieren* damit, sie auf diese Weise verändert zu hören und sie auf diese Weise als rhythmisch zu empfinden. Ich nenne diese Reaktion unseren *taktrhythmischen Reflex*. Seine Wirkungsweise ist, aufs kürzeste gesagt, diese: Er setzt je zwei Klangelemente gegeneinander in das Hervorhebungsverhältnis. Und genau damit, so einfach und so abstrakt, konstituiert er vollständig das, was für *uns* Rhythmus ist: den *Taktrhythmus*.

Auch das wird man sich zunächst nicht vorstellen wollen: dass der gesamte, vielgestaltige Taktrhythmus auf dieser unscheinbaren Reaktion gründen soll. Er, der so reich ist an tausendfältig unterschiedlichen Einzelrhythmen, der so unabsehbar viele Varianten bilden und der so unwiderstehlich mitreißende Gewalt über uns gewinnen kann, er scheint schlecht bei dem bisschen *tik-tak* sein Genügen zu finden. Und allerdings, um die Verbindung zwischen all diesen tausendfältigen Rhythmen und jenem einfachen Reflex herzustellen, gibt es noch manches zu klären. Für den Moment jedoch ist vor allem einmal festzuhalten, dass es erstens diesen Reflex *gibt*; und nun zweitens, worin er *genau* besteht.

Er *unterscheidet* die Töne und er *verbindet* sie damit zu Gruppen. Unterscheiden und Verbinden zerfallen nicht in zwei getrennte Leistungen, sondern sind *eine*: Unser Reflex verbindet die Töne, *indem* er sie unterscheidet. Beides ineins besteht darin, dass wir die Töne *aufeinander beziehen*, dass wir sie zueinander in ein *Verhältnis* setzen. Und zwar in das Verhältnis der *Hervorhebung*: Wir beziehen je zwei Töne aufeinander, indem wir den einen hervorheben *gegenüber* dem anderen. Wir setzen den einen Ton als betont über den anderen, der damit *insofern*, gegenüber dem ersteren, unbetont ist. *Beide* Bestimmungen, nach denen unser Reflex die Töne unterscheidet, »betont« und »unbetont«, sind damit *Verhältnisbestimmungen*; sowohl das »betont«, das stets die Betonung *gegenüber* etwas anderem ausdrückt, als auch das »unbetont«, das hier durch den Bezug auf das betonte Element genau nur dasjenige Element benennt, *gegenüber welchem* jenes andere Element betont wird. Ich werde diese beiden Bestimmungen des zweiwertigen Verhältnisses »betont« gegen »unbetont« oder besser »hervorgehoben« gegenüber »nicht-hervorgehoben« die *Hervorhebungsbestimmungen* nennen. Unser Reflex bezieht Töne aufeinander, indem er sie in dieses Verhältnis setzt, je zwei Töne mit diesen Verhältnisbestimmungen belegt, sie also *nach* diesen Bestimmungen unterscheidet.

Auf diese Weise schließt er die Töne zu *Gruppen* zusammen, das heißt, er macht sie zu *Elementen* von Gruppen. Auch was ein solches Element ist, wird ihm nicht objektiv einfach durch den

Klang vorgegeben, auch darüber bestimmt erst unser Reflex: Er *macht* Einheiten *zu Elementen* seiner Gruppenbildung, *indem* er je zwei zueinander in Entsprechung setzt. Diese Einheiten sind ihm nicht unmittelbar nur Töne, die tatsächlich erklingen, sondern es sind – auch das zeigen ja die Experimente – diejenigen bloß *zeitlichen* Einheiten, die auf irgendeine Weise durch Töne *begrenzt* werden. Unser Rhythmusreflex macht zu Elementen die zwar irgendwie akustisch markierten und akustisch füllbaren, aber als solche *leeren*, einander *gleichen* Zeiteinheiten.

Worauf wir bei diesem scheinbar so geringfügigen Reflex stoßen, es besteht erkenntnistheoretisch gesprochen also in einer synthetischen Leistung, in einer *Synthesis*, die wir in unserer Wahrnehmung unwillkürlich vornehmen.[21] Synthesis ist sie in dreierlei Hinsicht: Sie *macht* etwas überhaupt erst zu ihren Elementen; *verbindet* diese zu Gruppen; und dies, indem sie zwischen ihnen das Hervorhebungsverhältnis *herstellt*. Diese drei Momente bilden die einheitliche Leistung unseres Rhythmusreflexes. Ich nenne sie die Synthesis nach dem Hervorhebungsverhältnis, Takt-Synthesis oder, wenn auch im Bewusstsein, dass der menschliche Denkapparat neben ihr noch zahllose andere synthetische Leistungen vollbringt, vereinfachend auch nur »die Synthesis«.

ZWEI UND DREI UND POTENZIERT

Gut also: Diese synthetische Leistung ist wirksam in unserer Wahrnehmung; aber ist sie deshalb auch für den Taktrhythmus verantwortlich? Noch scheinen ihre Möglichkeiten arg bescheiden: beschränkt auf das eintönige Schlagen eines Metronoms. Doch das täuscht. Was sie leistet, ist zwar tatsächlich nur jene zweiwertige Verbindung von Elementen; trifft diese aber auf reichere Klänge, entwickelt sie eine Virtuosität, dass zuletzt tatsächlich der gesamte Kosmos des Taktrhythmus durch sie aufgespannt und getragen wird.

»Wir können uns im Falle regelmäßig auf einander folgender Gehörsvorstellungen nie davon frei machen, die Eindrücke wenigstens zu Gruppen von je zwei unter einander zu verbinden«

– so hatte Dietze den »Einfluss der rhythmischen Gliederung« aufs knappste zusammengefasst.[22] Doch er sagt zu Recht: »*wenigstens* zu Gruppen von je zwei«. Die Zweier-Gruppe, betont/unbetont oder unbetont/betont, ist nur die einfachste und gleichsam grundlegende Form, zu der es unser Reflex bringt. Daraus aber ergeben sich weitere Formen der Gruppenbildung, auch diese strikt gebunden an das zweiwertige Hervorhebungsverhältnis und aus ihm abzuleiten, doch führen sie dazu, dass sich das einfache Abwechseln von betont und unbetont zu einer hohen Komplexität der Formen erhebt.

Gehen wir noch einmal von dem aus, was sich im Experiment mit den identischen, gleichmäßig aufeinander folgenden Tönen feststellen lässt. Üblicherweise zwar hören wir sie in jenen Zweier-Gruppen, doch können sich uns auch *Dreier*-Gruppen ergeben. Statt des – sich durchwegs leichter einstellenden – **EINS**-*zwei* **EINS**-*zwei* beziehungsweise *eins*-**ZWEI** *eins*-**ZWEI** können wir die Töne auch hören, als gingen sie im Dreier, im Walzertakt: **EINS**-*zwei-drei* **EINS**-*zwei-drei*. Wenn wir sie *so* hören, unterscheiden wir die Elemente noch immer nach den lediglich *zwei* Werten des Hervorhebungsverhältnisses, betont und unbetont, nur tritt zu dem unbetonten Element *ein zweites* hinzu.

Kann auch ein drittes unbetontes folgen, ein viertes oder ein fünftes? **EINS**-*zwei-drei-vier* oder **EINS**-*zwei-drei-vier-fünf*? Nein, daraus würde sogleich **EINS**-*zwei* **DREI**-*vier* und so fort, unser Reflex ist festgelegt auf jene *zwei Möglichkeiten*: die Gruppe aus zwei oder die Gruppe aus drei Elementen. Diese *Wahl* also unterliegt in gewissem Maß unserer Willkür: In den Experimenten – und der Leser mag sie jederzeit an einem geeigneten Klangmaterial nachvollziehen – gelingt es den Probanden in der Regel ohne große Mühe, zwischen beiden Möglichkeiten gleichsam umzuschalten, die Töne *entweder* in Zweier- *oder* in Dreier-Gruppen zu hören. Für welche von beiden wir uns entscheiden, ist uns nicht ausschließlich durch unseren Reflex vorgegeben; er jedoch gibt uns die Wahl als solche vor.

Zweier- und Dreier-Gruppe sind seine gleichsam *elementaren Gruppen* – seine *einzigen*: In keinem Fall ordnet er zu einem betonten Element mehr als zwei unbetonte oder etwa ein betontes zweites. Das klingt noch immer belanglos, ist aber von großer,

großer Bedeutung, denn an nichts wird sich genauer bestimmen lassen, wie die taktrhythmische Synthesis in uns arbeitet. Mit Hilfe dieser beiden Fragen: Wie kann sich aus dem *zwei*wertigen Hervorhebungsverhältnis eine Gruppe mit *drei* Elementen ergeben? Und weshalb ist keine elementare Gruppe mit *mehr* als drei Elementen möglich?

Die Antwort auf die letztere Frage fällt nicht schwer. Die Takt-Synthesis nimmt ihre Gruppenbildung ja nicht bloß je einmal vor, nur an *einem* Paar von Tönen, um anschließend bei den nächsten sogleich wieder zu pausieren; nein, sie wird fortlaufend über die gesamte Tonreihe hinweg wirksam. Wenn wir eine geeignete Folge von Tönen hören, verbindet sie jeweils *alle* zu Gruppen und belegt sie auch fortlaufend alle mit ihrer Unterscheidung von hervorgehoben gegen nicht-hervorgehoben. Ich deute es einmal graphisch an. Eine gleichmäßige Folge identischer Töne sähe beispielsweise so aus:

... *x x x x x x x x x x* ...

Und nun wirkt unsere taktrhythmische Synthesis ein und macht daraus – ich kürze die unhandlichen Begriffe »*h*ervorgehoben« und »*n*icht-hervorgehoben« entsprechend ab –:

... ***h**-n **h**-n **h**-n **h**-n **h**-n* ...

Sollte sie nun statt der Zweier-Gruppen solche aus vier Elementen bilden, oder eine andere Gruppe von *mehr als drei*, müsste sie jeweils mindestens zwei Elemente überspringen und für diese Zeit gleichsam aussetzen:

... ***h**-n x x **h**-n x x **h**-n* ...

Ein solches Aussetzen und Überspringen widerspräche jedoch der reflexhaften Einwirkung der Synthesis, die hier, kontinuierlich einwirkend, vielmehr die fortgesetzte Folge von Zweier-Gruppen ergibt: ***h**-n **h**-n **h**-n*, oder, ebenso möglich: *n-**h** n-**h** n-**h***.

Oder aber von Dreier-Gruppen:

... ***h**-n n **h**-n n **h**-n n **h**-* ...

Wie aber kommt es *dazu*? Der Takt-Synthesis widerspricht zwar das Überspringen von zwei Elementen, da sie ja gerade als deren

Verbindung arbeitet. Nicht aber widerspricht ihr, *aus demselben Grund*, das Überspringen von nur *einem* Element. Eben *weil* ihr Hervorhebungsverhältnis zweiwertig ist, kann sie es nur auf *jeweils zwei* Elemente legen, kann sie also *nur* bei jeweils zwei Elementen wirksam werden. Ein *einzelnes* Element, wenn aus irgendeinem Grund kein benachbartes Element für die Gruppenbildung zur Verfügung steht, lässt sich folglich, so ganz alleine, nicht mehr zu einer Gruppe verbinden – womit auch? Auf ein einzelnes Element also kann die Synthesis in diesem Sinne nicht zugreifen: Sie muss es tatsächlich überspringen – und es ergibt sich die Dreier-Gruppe:

... *h-n* x *h-n* x *h-n* x ...

Wenn diese Erklärung zutrifft, besteht also ein gewisser Unterschied zwischen den beiden nicht betonten Elementen, der auch wahrzunehmen sein müsste: Das eine von ihnen ist Element der Hervorhebungsgruppe *h-n*, das andere, da es nicht zum Element einer solchen synthetischen Gruppe gemacht wird, steht gewissermaßen für sich. Es wird ganz einfach nicht hervorgehoben, während das andere, als Bestandteil der Gruppe *h-n*, nicht-hervorgehoben ist *im synthetischen Verhältnis* zu dem *h*-Element, nämlich bestimmt ist als dasjenige, *gegenüber welchem* dies *h*-Element hervorgehoben wird. Der Unterschied scheint spitzfindig und abstrakt, und doch er gehört in aller Wirklichkeit zum Inhalt – und damit zur Leistung – unserer Wahrnehmung. Den Fall, dass wir Töne in der Dreier-Gruppe hören, hat Woodrow so beschrieben:

Eine Folge, die in deutlichem Walzer-Rhythmus gehört wird, kann zusätzlich zu dem Hauptakzent auf dem ersten Element einen sehr leichten Akzent auf dem dritten Element haben.

Unsere Synthesis setzt erstes und zweites Element ins Hervorhebungsverhältnis: ***h-n***, wir hören das erste betont gegenüber dem zweiten und hören dieses zweite also in gewisser Weise ›gedrückt‹ gegenüber dem ersten. Das dritte Element dagegen wird durch die Synthesis übergangen, also weder betont noch ›gedrückt‹, und damit kann es uns, wenn auch nur sehr leicht, stärker scheinen als das zweite, ›gedrückte‹: **EINS**-zwei DREI. Man mag sich einmal einen solchen Walzer-Takt still vor sich hinsummen und wird sehr wohl den leichten Unterschied zwischen »zwei« und »DREI« empfinden.

Die Dreier-Gruppe erweist sich auf diese Weise als bedingter *Sonderfall* der genuinen Zweier-Gruppe, und das erklärt, weshalb sie sich uns nicht ebenso leicht ergibt wie diese. Denn dafür, dass die Synthesis ein Element überspringt, müssen offenkundig besondere Bedingungen eintreten. Eine einfachste nur wäre die, dass wir innerhalb der Wahlmöglichkeit zwischen Zweier- und Dreier-Gruppe diese hören *wollen*; eine andere, wichtigere Bedingung werde ich noch nennen.

Doch damit sind die Möglichkeiten, sind Kraft und Wirksamkeit der taktrhythmischen Synthesis noch lange nicht erschöpft. Sie verbindet nicht allein Elemente zu Gruppen, sondern nimmt diese Gruppen wiederum zu Elementen, zu den Elementen *fortgesetzter* Gruppenbildung: Sie verbindet sie weiter zu *potenzierten* Gruppen.

Auch das hat Dietze wider sein Erwarten in seinen Experimenten erkennen müssen. Er hatte lediglich die Frage untersuchen wollen, bis zu welcher maximalen Anzahl wir Töne als Einheit behalten können. Zu erwarten stand: Je größer die Anzahl, umso schwerer müsse es fallen. Eine Folge von 15 würden wir nicht mehr so leicht behalten wie eine von 14, eine von 16 wiederum schlechter als die mit 15, und so weiter fort, bis möglicherweise mit 20 der Punkt erreicht wäre, wo wir uns eine Folge gar nicht mehr als Einheit würden merken können. Die Experimente ergaben jedoch etwas ganz anderes. Eine Folge von 16 Tönen fassen wir zum Beispiel sehr gut auf, während uns eine Folge von 11 oder 13 schier gar nicht eingehen will.

Dietze wurde also darauf gestoßen, dass wir eine Tonfolge nicht nur unwillkürlich zu zweien und dreien, sondern zu noch größeren Gruppen verbinden, wenn sie jeweils *eine bestimmte Anzahl* von Tönen aufweisen: nämlich eine solche, die durch *dieselbe Art* der Gruppenbildung vorgegeben wird. Dietze hatte zunächst festgestellt, »dass relativ am leichtesten eine gerade Anzahl von Eindrücken zusammengefasst werden kann«: jede Abfolge von mehreren Zweier-Gruppen, das kann nicht überraschen. Weiter jedoch, so zeigte sich, besitzen »einen besonderen Vorzug die Zahlen 4, 6, 8, 16«.[23] Wie das? Die Zahlen 4, 6 und

8 überraschen noch immer nicht, sofern sie lediglich die Reihe der geraden Zahlen über die Zwei hinaus fortzusetzen scheinen. Ginge es jedoch nur um die fortgesetzte Zweier-Reihe, um zwei *und* zwei *und* zwei und entsprechend weiter, so müssten nach 4, 6 und 8 einfach die nächsten geraden Zahlen 10, 12 und 14 folgen. Die aber bereiten unserer Wahrnehmung durchaus Schwierigkeiten, größere jedenfalls als die uns leicht eingängige 16. Also liegt die Sache etwas komplizierter, als dass nur die Geradzahligkeit herrschen würde.

Der Sprung von der 8 zur 16 zeigt, dass keine arithmetische, sondern die geometrische Reihe vorliegt, also nicht die Aneinanderreihung und damit die *Addition* von Zweier-Gruppen, sondern deren *Potenzierung*. Schon eine Gruppe aus vier Tönen nämlich schließen wir nicht dadurch zusammen, dass wir bloß zwei elementare Zweier-Gruppen bilden würden, erst 1-2 und dann noch einmal 3-4, sondern dadurch, dass wir diese beiden Gruppen noch einmal zu Elementen einer höheren, einer *potenzierten* Zweier-Gruppe machen, sie also beide noch zu einer höheren *Gruppe aus* 1-2 *und* 3-4 *verbinden*. Deren erstes Element wird das 1-2, ihr zweites das 3-4. Aber es geht noch weiter: Eine solche Gruppe aus nunmehr zwei Untergruppen und insgesamt vier Elementen verbinden wir wiederum mit einer entsprechenden nächsten, sofern eine solche folgt, und es ergibt sich eine Gruppe aus zweimal zwei Zweier-Gruppen, also von acht Elementen; und eine weitere *solche* Gruppe, mit der vorangegangenen verbunden, ergibt eine Gruppe von sechzehn – insgesamt also die Reihe: 2, 4, 8, 16.

Darin fehlt nun aber die Zahl 6 aus Dietzes Vorzugsreihe – wie kommt es zu ihr? Sie ergibt sich, indem wir nicht Zweier, sondern *Dreier*-Gruppen potenzieren, also entweder zwei Dreier-Gruppen als Elemente zu einer potenzierten Zweier-Gruppe verbinden – (1-2 3)-(4-5 6) – oder drei Zweier-Gruppen zu einer potenzierten Dreier-Gruppe – (1-2)-(3-4) (5-6). So kommt es jeweils zur synthetischen Verbindung von sechs Elementen.

Dieser Dreier-Potenzierung sind des weiteren allerdings sehr enge Grenzen gezogen. Eine Gruppe aus neun zu bilden, also aus *drei*mal *drei* Elementen, gelingt uns zwar, wie die Taktmusik zeigen wird, ist jedoch gegenüber den Gruppen nach Zweier-Potenzen schon deutlich erschwert. Der Grund dafür liegt ja inzwischen auf der Hand: Da sich die Bildung einer Dreier-Gruppe aus der Zweier-Gruppe als Sonderfall ableitet und bestimmten, notwendig erschwerenden Bedingungen unterliegt, muss sich auch diese Erschwernis potenzieren, sobald wir die Gruppenbildung potenziert vornehmen. Deshalb fällt es uns zwar verhältnismäßig leicht, die *elementare* Dreier-Gruppe zu bilden, verliert sich diese Fähigkeit jedoch in der Potenzierung sehr rasch. Die Dominanz der Zweier-Gruppe schon auf elementarer Ebene vergrößert sich bei der potenzierten Gruppenbildung alsbald bis zur ausschließlichen Herrschaft der Zwei. Von einer *ungeraden* Anzahl von Elementen wird deshalb lediglich die Drei, keine andere mehr, die darüber liegt, vergleichbar gut zusammen-, und das heißt ja zugleich: aufgefasst.

Unser Reflex vermag also jede Gruppe, die er geschlossen hat, wiederum *derselben* elementaren Gruppenbildung zu unterwerfen, sie zu einer Gruppe *aus* Gruppen zu verbinden. Das heißt, er agiert nicht nur auf *einer* Ebene von Elementen, sondern *gleichzeitig auf mehreren* übereinander – potenziert. Und das nicht in bloß leerer Rechnerei, sondern so, dass es konkret den Inhalt unserer Wahrnehmung formt. Auch die Verbindung von je zwei Gruppen zu einer potenzierten müssen wir ja dadurch herstellen, dass wir beide nach dem *Hervorhebungsverhältnis* aufeinander beziehen, also sie auch danach *unterscheiden*. Mit folgender Wirkung:

In einer subjektiven Gruppenbildung von vier Elementen, mit einem Akzent auf dem ersten Element, neigt das dritte Element dazu, einen schwächeren, sekundären Akzent zu erhalten.

Beide Akzente, den Akzent auf dem ersten und auf dem dritten Element: **1**-2 **3**-4, hören wir »subjektiv«, geleistet durch unseren Wahrnehmungsreflex. Warum aber den ersten stärker als den zweiten? Aus eben dem Grund, dass wir tatsächlich die erste der zwei *Gruppen* aus *h* und *n* wiederum – potenzierend – nach dem Hervorhebungsverhältnis auf die zweite beziehen, und also die eine gegen die andere *hervorheben*. Und das heißt, wir hören den *Akzent* der einen *stärker als* den der anderen. Die Hervorhebung wird von unserer Synthesis nicht bloß *innerhalb* der Gruppen zwischen den Elementen vorgenommen, sondern zugleich *zwi-*

schen den Gruppen *als* Elementen. Die Hervorhebung ergibt sich nicht nur auf *einer* Ebene von Elementen, sondern ebenfalls potenziert auf mehreren zur gleichen Zeit; hier auf zweien:

```
         1     2     3     4
         •
         •           •
I.       h  -  n     h  -  n
II.      h     -     n
```

Aber tatsächlich auch auf mehreren Ebenen, unsere Synthesis macht nicht bei zweien halt. Ich zitiere noch einmal Dietze – und erinnere, dass er unter »Vorstellungen« die Klangelemente versteht, sofern sie in die Wahrnehmung eingegangen und dort präsent sind.

Complicirter ist der Verlauf einer längeren Reihe von Vorstellungen, deren Auffassung durch die Vereinigung der Vorstellungen zu umfangreicheren Gruppen ermöglicht wird. Die erste Vorstellung einer jeden Gruppe wird mit größerer Energie appercipirt als die übrigen zu der Gruppe verbundenen Vorstellungen. Aber auch innerhalb der letzteren ist die Energie der Apperception eine verschiedene und abhängig von der Art der beobachteten Gruppeneintheilung. Werden z. B. in einer Reihe gegebener Eindrücke je 8 zu einer Gruppe verbunden, so wird in der Regel innerhalb einer jeden derselben am stärksten der erste Eindruck, mit geringerer Energie der fünfte, noch schwächer der dritte und siebente Eindruck, am schwächsten werden die übrigen Eindrücke appercipirt, was in der verschiedenen Hebung und Senkung der einzelnen Taktschläge bei der rhythmischen Gliederung der Reihe unmittelbar subjektiv wahrzunehmen ist.[24]

Ich skizziere das Beschriebene, indem ich die Gruppenbildung nach dem Hervorhebungsverhältnis andeute:

```
      1     2     3     4     5     6     7     8
      •
      •                       •
      •           •           •           •
I.    h  -  n     h  -  n     h  -  n     h  -  n
II.   h     -     n           h     -     n
III.  h                 -                 n
```

Die Gruppen aus den Elementen 1 bis 4 und diejenigen aus den Elementen 5 bis 8 verhalten sich jeweils wie die schon beschriebene Vierer-Gruppe mit ihrem sekundären Akzent, also erstens wird jeweils die 1 hervorgehoben gegenüber der 2, die 3 gegenüber der 4 und so weiter – Ebene I –, und zweitens die 1 hervorgehoben gegenüber der 3 und die 5 gegenüber der 7 – Ebene II. Bis hierher also sind 1 und 5 stärker hervorgehoben, 3 und 7 schwächer, alle übrigen gar nicht. Aber auch diese beiden Vierer-Gruppen werden noch aufeinander bezogen und entsprechend also *deren* hervorgehobene Elemente, Element 1 und 5, noch einmal gegeneinander abgesetzt – Ebene III. Und auf diese Weise bewirkt die Synthesis nach dem Hervorhebungsverhältnis genau diejenige Staffelung der »Eindrucksstärke«, die Dietze festgestellt hatte: Am stärksten hören wir Element 1, weniger stark Element 5, schwächer noch 3 und 7, und die übrigen Elemente ganz einfach *nicht*-hervorgehoben.

Doch auch bei zweifach potenzierter Wirkung hat es mit der Kraft unserer rhythmischen Synthesis noch nicht sein Ende. Es wird sich zeigen, dass wir auf dieselbe Weise ohne weiteres etwa bis zu einer fünffachen Potenzierung fortfahren können – Zeugnis der außerordentlichen Kraft, mit der jene Synthesis in uns wirkt. Man mache sich nur für einen Moment einmal ihr komplexes Verfahren bewusst: Sie fasst die klangliche Elementefolge nicht bloß jeweils eins plus eins in Häppchen von je zweien zusammen, die sie des weiteren unverbunden eines neben dem anderen stehen ließe; sondern *zur gleichen Zeit*, da sie zwei Töne oder allgemeiner zwei Zeiteinheiten zu Elementen macht und sie zu einer Gruppe schließt, macht sie diese Gruppe noch einmal zu einem Element, und während die nächsten Einheiten nachfolgen und sie jede von ihnen erneut zu Elementen und zu einer Gruppe zusammenschließt, bezieht sie diese neue Gruppe zurück auf jene erste, und so wiederholt sie an allen weiteren Einheiten, die nachfolgen, nicht nur deren jeweiliges Zusammenfassen und Aufeinanderbeziehen, sondern leistet von ihnen außerdem immer noch einmal den Bezug zurück auf alle bereits hergestellten Verbindungen. Mit Bestimmungen von der denkbar größten Einfachheit, dem *h-n* des Hervorhebungsverhältnisses, durchwirkt sie so eine gesamte Klangfolge, spannt diese zur

Einheit zusammen und macht alles das zu *ihrem* Zusammenhang, ordnet es zu einem großen Verlauf in sich je wieder gleich durchwirkter Teile und ergibt so die merkwürdige Arithmetik der Zweierpotenzen, nach der wir Klang und leere Zeit zu Elementen und Gruppen schließen. Und mit alledem – auch das – macht sie es uns zugleich *rhythmisch*.

REFLEX UND KLANG

Wenn man es so beschreibt, klingt alles nur hoch abstrakt und mathematisch leer – und soll doch unsere so gar nicht abstrakte, so gar nicht leere Rhythmusempfindung begründen. Es klingt kompliziert, rechnerisch und vor allem sehr viel bewusster, als wir es je empfinden. Für unsere Ohren macht sich doch alles von selbst: Wir *hören* Rhythmus ganz einfach und wüssten nicht, dass wir dabei irgendetwas zu *leisten* hätten. Was wir hören und empfinden, ist unseren Ohren unmittelbar Klang, Fülle, Inhalt, es sind nicht diese leeren Zeiteinheiten, kein gleichsam technisches Verhältnis, nicht diese Mathematik der potenzierten Zwei. Und doch leisten wir eben sie.

Wenn wir es nun aber tun, wie kommt es von da zu all dem rhythmischen Reichtum, den wir kennen? Wie von dem kargen betont/unbetont zu den Zehntausenden von Rhythmen nach dem Takt? Wie von dem trockenen *tik-tak* zur Ekstase eines Tanzes?

Um das zu klären, bedarf es noch einmal gleichsam technischer Information darüber, wie sich jene synthetische Leistung in uns verhält, und zwar darüber, wie sie auf Klang *reagiert*. Was ich bisher von ihrer Wirksamkeit beschrieben habe, spielte tatsächlich nur in einem experimentell bereinigten Bereich stur gleichgültiger, gleichsam abstrakter Klänge. Aber das aus dem einfachen Grund, weil sich beim Hören dieser gleichgültig identischen Töne besonders klar unterscheiden lässt, was objektiver Klang und was dagegen Leistung jener Synthesis ist. Das heißt nicht, dass sie allein unter solch klinisch reinen Verhältnissen wirksam würde und sonst unterbliebe. Sie wirkt auch, wenn die Töne und Abstände nicht jeweils die identischen sind.

Und in diesem Fall vermag sie sehr wohl auch auf die möglichen *Unterschiede* in den Tönen zu reagieren und lässt sie sich durch eine entsprechende Differenzierung der Töne womöglich gar in ihrer Wirksamkeit bestärken. Die Takt-Synthesis wird ja durchaus nicht bei jedem beliebigen Klang wirksam, es gibt genug Töne und Geräusche auf der Welt, von denen sie *nicht* auf den Plan gerufen wird und die wir folglich nicht taktrhythmisch hören – und deshalb auch nicht als rhythmisch empfinden. *Wenn* sie jedoch durch eine Klangfolge hervorgerufen wird, wenn sie also bei einem ihr entsprechenden Klang wirksam wird, und wäre der noch so reich und vielfältig in sich gestaltet, so heftet sie ihre Bestimmungen h und n nach Möglichkeit an die *objektiven* Unterschiede der Klangelemente und wird dadurch auch in sich, genauer: in unserer Wahrnehmung, reicher und vielfältig.

Es bereitet mir einige Pein, diese Dinge nicht am Klang selbst vorführen zu können. Aber ein Buch, und wenn es von nichts sonst als von Klängen handeln wollte, bleibt in dieser Hinsicht stumm und kann nur hoffen, mit seinen beschreibenden Worten, wo der Leser den Klang vielleicht selbst in sich trägt, auch genug davon zu evozieren. Ich sage also schlicht: Jeder weiß, auf wieviel tausenderlei Weise allein die uns geläufige Takt-Musik in sich gestaltet und unterschieden sein kann. Wie unser Taktreflex auf *alle* diese unzähligen Möglichkeiten reagiert und von ihnen geleitet wird, diese Frage zu erschöpfen versuche ich erst gar nicht. Aber es gibt ein paar Fälle, die untersucht sind, sich leicht beschreiben lassen und die alles Grundsätzliche über das Verhalten unserer Takt-Synthesis zu erkennen geben.

Der einfachste Fall: Wir hören Töne, die in gleichmäßigem Abstand aufeinander folgen, aber nun tatsächlich abwechselnd der eine lauter und der andere leiser:

Wenn zum Beispiel, bei gleichen zeitlichen Abständen und nicht zu hohem Tempo, jeder zweite Ton lauter ist als die anderen, neigen wir dazu, die Tonfolge in Zweier-Gruppen zu hören mit dem lauteren Ton zu Beginn der Gruppe.[25]

Dass wir diese objektiv nach lauter und leiser abwechselnden Töne in Gruppen hören, wird niemanden verwundern, eher wird man fragen, ob es dazu überhaupt der Wirksamkeit unserer Synthesis bedarf. Ja: Denn auch hier machen sich die Gruppen nicht von allein, sondern verbindet *sie* die Töne. Auch wenn es das objektive Abwechseln der Töne nach lauter und leiser nahelegt, dass wir sie in Gruppen *aus* lauter und leiser verbinden, die *Verbindung selbst* ist gleichwohl noch zu leisten, der Klang enthält sie noch immer nicht von sich aus und objektiv, das Zusammenschließen der Elemente zu Gruppen ist auch hier erst Sache und Leistung des Wahrnehmenden. Dass wir sie *leisten* und nicht einfach im Klang liegend nur vorfinden, hat aber zusätzlich noch seinen deutlichen Beweis: da wir die Gruppen *in einer bestimmten Reihenfolge* auffassen, und zwar hier in der Reihenfolge *h-n* statt der ebenfalls möglichen *n-h*, einer Gruppe in der umgekehrten Abfolge leiser-lauter. Wir belegen also die abwechselnd leiseren und lauteren Töne mit unserem synthetischen betont/unbetont, indem wir sie zu Gruppen *dieser* Abfolge verbinden.

Dass die Reihenfolge einer Gruppe auch in diesem Fall durch unsere Wahrnehmung festgelegt und deshalb nicht zufällig ist, beweist auch der zweite einfache Fall: Wenn wir wiederum objektiv nach lauter und leiser abwechselnde Töne hören, aber diesmal in unterschiedlichen Abständen.

Wenn das Zeitintervall, das auf den schwächeren Ton folgt, verkürzt wird, während dasjenige, das ihm vorangeht, zunimmt, dann wird ein Punkt erreicht, von dem an man den Eindruck hat, die Gruppe würde mit dem schwächeren Ton beginnen und der lautere wäre der zweite. Mit anderen Worten, der Rhythmus schlägt um von trochäisch zu jambisch.

Noch immer ertönen die Töne objektiv der eine lauter, der andere leiser. Unsere Gruppenbildung jedoch verkehrt die Abfolge *h-n* in die entgegengesetzte Abfolge *n-h*. Auch das kann sich nicht einfach objektiv im Klang machen, sondern muss notwendig subjektiv, durch unsere Wahrnehmung geleistet werden. *Objektive und subjektive Bestimmungen spielen auf solche Weise also zusammen*: indem die Takt-Synthesis *ihre* Verhältnisbestimmungen, das *h* und *n*, an *objektive* Bestimmungen *heftet*. Sie heftet – wenig überraschend – die Hervorhebung, also ihre Bestimmung *h*, an den objektiv *lauteren* Ton und ihre Bestimmung *n* an den objektiv *leiseren*. Von diesem Zusammenspiel bemerken wir und nehmen wir nichts wahr als das einfache betont/unbetont. In unserer Wahrnehmung *verschmelzen* die zwei *Arten* von Bestimmungen zu *einer*: Die objektiv lauteren Töne hören wir ganz einfach *als* die hervorgehobenen gegenüber den objektiv leiseren *als* den nicht-hervorgehobenen. Wir hören die Gruppe *h-n* bestehend aus *lautem und leisem* Ton.

Ein dritter Fall. Wir hören nun wieder Töne von identischer Lautstärke, auch der Abstand vom Beginn des einen Tons zum nächsten ist jeweils gleich, aber die Töne selbst sind nun abwechselnd einer länger, einer kürzer. Was hören wir?

Was die Wirkung der relativen Dauer des Stimulus betrifft, wenn Tonstärke und zeitliche Abstände einheitlich sind, so steht die Wahrscheinlichkeit in dem Fall, dass jeder zweite Ton länger ist, zu Gunsten einer jambischen Gruppenbildung, das heißt, der längere Ton wird zum jeweils zweiten Element der Gruppe. Normalerweise scheint dieser längere Ton auch stärker zu sein (obwohl physikalisch von derselben Stärke wie der kürzere Ton).

Hier also heftet die Synthesis ihre Bestimmung *h* an das längere Element, ihr *n* an das kürzere, und verbindet beide zu einer Gruppe der Abfolge *n-h*.

Und so weiter und so fort: Es gibt unzählige Möglichkeiten, wie Töne unterschieden, wie Klänge zusammen- und nebeneinandergesetzt, mit welchen Klängen also die Zeiteinheiten erfüllt sein können, die unsere Synthesis zu ihren Elementen macht. Sie reagiert so darauf, dass sie sich durch die Unterschiede in den Klangelementen nach Möglichkeit *binden*, nämlich dazu bringen lässt, ihre Hervorhebungsbestimmungen an *bestimmte einzelne* dieser Klangelemente zu heften – in den simplen Fällen, die ich angeführt habe, die Hervorhebung einmal an den stärkeren, das anderemal an den längeren von je zwei Tönen. Dies übrigens ist eine weitere der Bedingungen, unter welcher die Synthesis ein einzelnes Element überspringt, so dass sich die Dreier-Gruppe ergibt: Wenn etwa nach einer Zweier-Gruppe *h-n* das *h* der nächsten Gruppe statt an das unmittelbar folgende Element erst an das jeweils übernächste *gebunden* wird.

Das Zusammenspiel von Klang und taktrhythmischem Reflex ist zugleich also die Voraussetzung dafür, dass die Takt-Synthesis überhaupt auch auf dem emphatisch eigensten und reichsten

Gebiet von Rhythmus wirksam werden kann, dem Gebiet der so weit nur möglich *entfalteten* Klänge – in der Musik.

MUSIK, TAKTRHYTHMISCH

Dass es Musik gibt, die nach Takten gespielt wird, brauche ich nicht zu belegen. Zu beweisen aber habe ich, dass die beschriebene, bisher noch so karg scheinende synthetische Leistung tatsächlich daran beteiligt und dabei wirksam, ja, dass sie vor allem *konstitutiv* ist dafür, wenn wir Musik nach Takten hören. Das lässt sich mittlerweile ohne große Mühe beweisen.

Was es heißt, wenn Musik nach Takten geht, ist ja längst bekannt und festgestellt; die drei folgenden Punkte fassen es knapp zusammen:

Erstens: In Taktmusik verteilt sich der Klang auf jeweils *gleiche*, für sich genommen *leere Zeiteinheiten*, die sogenannten Taktschläge oder Taktteile. Wir unterscheiden »gute« und »schlechte« Taktteile: Die »guten« empfinden wir als *betont* gegenüber den »schlechten« als *unbetont*.[26]

Zweitens: Die Takte, die sich aus solchen Taktteilen zusammensetzen, lassen sich in genau zwei Taktgeschlechter einteilen: »Gerade« Takte bestehen oder setzen sich zusammen aus *Zweier-Gruppen* von je einem betonten und einem unbetonten Taktteil, »ungerade« Takte aus *Dreier-Gruppen* von einem betonten und zwei unbetonten Taktteilen.

Drittens: In Takten aus mehreren solcher Elementargruppen wird diese *Gruppenbildung potenziert*. So hören wir zum Beispiel einen Vier-Viertel-Takt nicht bloß als die Folge 1-2 3-4, sondern wir empfinden den »guten« Taktteil 1 außerdem noch hervorgehoben gegenüber dem »guten« Taktteil 3. Wir hören also: **1**-2 **3**-4. Die Betonung auf der 3 wird daher auch als sekundärer oder Nebenakzent bezeichnet. Entsprechend unterscheidet man etwa bei einem Sechs-Achtel-Takt die Betonungen auf der 1 und der 4: **1**-2 3 **4**-5 6. Und all diese Betonungen hören wir, auch wenn die Töne, die auf den entsprechenden Taktteilen liegen, jeder genauso laut gespielt wird wie die anderen.

Diese drei Punkte umreißen genau, was die rhythmische Grundlage aller Musik nach Takten ausmacht. Man wird nicht übersehen können: Es ist aufs Haar dasjenige, was unser *taktrhythmischer Reflex* leistet und bewirkt. Es ist, was uns dieser Reflex nachweisbar als rhythmisch *vorgibt*.

So recht alle Musik, die in der Neuzeit komponiert wurde oder heute produziert wird, hält sich an diese vom Taktreflex vorgegebene Gesetzmäßigkeit – und das eben heißt: an Takte. Natürlich gibt es auch Ausnahmen: traditionell gespielte Musik entlegener, der westlichen Welt lange Zeit noch entzogener Kulturen; oder die sogenannte »alte«, *vor* Neuzeit und Barock entstandene Musik – sofern sie heute in einer rhythmisch zuverlässigen Rekonstruktion gespielt wird! –; oder wiederum moderne Musik, die sich seit Beginn des zwanzigsten Jahrhunderts verschiedentlich vom Taktwesen zu lösen wagte, Musik in Clustern, aleatorische Musik, Free Jazz und anderes, was nicht eben zur Hauptmasse einer Musik gehört, die doch sonst wahrlich in Massen gehört wird. Bei solcher »anderen«, nicht nach Takten verlaufenden Musik mag es für unsere Ohren sogar einen eigenen Reiz ausmachen, dass sich ihr Rhythmus endlich einmal den sonst unentrinnbaren Takten entzieht. Es kann Musiker auch reizen, wenigstens die Festlegung auf Zweier- oder Dreier-Gruppe zu durchbrechen und stattdessen Fünfer- oder Siebenertakte zu spielen. Aber auch das führt nur dazu, dass entweder, wie in dem dafür bekanntesten Stück *Take five*, ein Fünfer-Takt jeweils aus Zweier- *plus* Dreier-Gruppe zusammengesetzt wird und sich also doch an die Gesetzmäßigkeit hält; oder dass wir ein solches Stück tatsächlich nicht mehr nach Takten hören.

Wenn wir aber eine bestimmte Musik *nicht* nach Takten hören können, weil sie sich der Gesetzmäßigkeit des Takthörens verweigert oder diese Gesetzmäßigkeit schlichtweg nicht kennt, dann stellt sich in uns auch nicht diese sonst so klare Empfindung des Rhythmischen ein. Solche Musik gibt unserem Ohr keinen rhythmischen Halt, sie scheint uns entweder in einem gleichsam rhythmuslosen Fließen zu verlaufen – das uns gerade deshalb auch angenehm sein kann –, oder in einer Konfusion, die wir bestenfalls als polyrhythmisch oder sonst nur noch als unrhythmisch bezeichnen können. Solche Musik jedoch ist heute die strikte Ausnahme, Musik, die sich dem geltenden Rhythmus und der herrschenden Rhythmuswahrnehmung entschieden und hörbar entzieht. Die heute weitaus überwiegende Musik, alle für unsere Ohren *rhythmische* Musik, hält sich zuverlässig an die genannten drei Punkte, das heißt also: an die Vorgaben unserer taktrhythmischen Synthesis.

Deren zwingende Kraft zeigt sich an solcher Musik so nachdrücklich wie nirgends sonst, und insbesondere noch einmal in der Potenzierung der Gruppen. Diese schlägt sich hier nicht allein in der unterschiedlich hinzugehörten Akzentschwere »guter« Taktteile nieder, also zwischen einzelnen Taktteilen. Großflächig entfaltet sie ihre Wirkung außerdem erstens in der Bildung musikalischer *Perioden* und zweitens in der *Teilung* der Notenwerte.

Musikalische Perioden, so heißen etwa die Melodien und ihre Abschnitte, Themen, harmonische Einheiten über der jeweils selben Tonart, Motive, Phrasen. Alle diese Perioden fügen sich in der uns vertrauten Musik regelmäßig einer ganz bestimmten *Anzahl* von Takten ein, und das umso zuverlässiger, je weniger es solche Musik unternimmt, sich kunstvoll vom Eingängigen zu entfernen; am sichersten also zum Beispiel in Schlager, Rock oder Techno. Und zwar fügen sich diese Perioden vornehmlich in eine Anzahl von 2, von 4, 8, 16 oder gar von 32 Takten: Sie gehorchen der Gruppenbildung nach den Zweier-Potenzen.

Dass es sich so verhält, können wir nicht anders als für natürlich halten, für belanglos, unumgänglich, für besonders eingängig eben, durchaus keiner Erklärung, ja, nicht einmal eines Grundes bedürftig. Und doch gehört es spezifisch und ausschließlich zur *Takt*musik und lässt sich allein als Wirkung der Takt-Synthesis und deren zweiwertiger Gruppenbildung erklären. Selbst bei einer heute gängigen Melodie von nur acht Vier-Viertel-Takten – solche achttaktigen Themen gehören erst etwa seit Beethoven zur musikalischen Regel – muss diese Synthesis bereits fünffach potenziert einwirken.

Dasselbe Maß an Potenzierung zeigt unsere Musik jedoch nicht nur beim *Zusammenfügen* größerer Gruppen, sondern ebenso bei der *Teilung* ihrer Einheiten, der Einheiten, *aus denen* sie sich zusammenfügt. Das sind die Notenwerte. Auch sie werden von uns nach den Zweier-Potenzen, je nachdem, zusammengefügt oder eben geteilt: die ganze Note in zwei Halbe, diese in zwei Viertel, und diese weiter in jeweils zwei Achtel, Sechzehntel, Zweiunddreißigstel und Vierundsechzigstel. Neben ihre Zweier-Teilung kann jeweils noch die Teilung in sogenannte Triolen treten, als der Sonderfall, welcher dementsprechend auch eine besondere Notation verlangt, dass ein Notenwert in *drei* kleinere Werte geteilt wird: die Dreier-Gruppe. Andere Teilungen, Quintole, Septole und so weiter, lassen sich selbstverständlich vorschreiben und spielen, finden aber in Takten nur die seltene Verwendung als freiere Füllung eines einzelnen Notenwertes. Das Selbstverständliche und Verbindliche dagegen ist die Teilung der Noten nach Zweierpotenzen, und nichts anderes vielleicht charakterisiert die Taktmusik so zwingend als eben sie. Auch dies Charakteristikum müssen wir für natürlich halten, für das Einfachste, für ganz einfach sinnvoll. Und doch hat es seinen Sinn *nur* im Taktrhythmus, ist es nur in *ihm* auch einfach und ist es nur *seiner* Natur gemäß.

Ein weiterer Irrtum liegt nahe: Da die Musik nun einmal so eingerichtet ist – mit ihren Taktteilen, ihrem betont/unbetont, ihren Notenteilung und so fort –, bedürfte es der synthetischen Leistung im Hörenden gar nicht mehr, um all dies wahrzunehmen, sondern es läge einfach und objektiv schon in der musikalischen Struktur. Aber allein dass Musik überhaupt nach Takten eingerichtet *wurde* und weiterhin eingerichtet *wird*, setzt bereits die Wirksamkeit des Reflexes voraus: in den Menschen, die solche Musik machen und sie überhaupt in dieser Weise einrichten, und immer auch in denen, die solche Musik wahrnehmen: damit sie, bei jedem einzelnen Hörvorgang, die Takte überhaupt hören und sie als rhythmisch empfinden können.

Nichts mag unwahrscheinlicher klingen als diese Behauptung: dass jemand, der über jenen Reflex nicht verfügt, auch keine Takte hören und keinen Taktrhythmus empfinden würde. Und doch ist diese Behauptung zwingend wahr und von großer Bedeutung. Jede, noch die am simpelsten auf Takte gebrachte Musik bedarf stets, um in diesem Sinne unwillkürlich als rhythmisch gehört zu werden, eines Gehörs, das die taktrhythmische Synthesis erbringt und also die entsprechende Gruppenbildung vornimmt. Anders zerfiele die Musik seinem Gehör in bloß leer aufeinanderfolgende Brocken oder sie zerfaserte in übereinanderliegende Klänge, die für den Hörenden auch nur der zeitlichen Beziehungen zueinander entbehrten – geschweige denn, dass sie uns eingehen und rhythmische Empfindungen wecken wollten und dass sie uns anders fasslich würden als beispielsweise eine Periode aus siebzehn Tönen.

Außerdem gilt, dass jede, noch die einfachste, sturste und stumpfste Taktmusik, um nur irgendwie Musik und kein bloßes Metronom zu sein, eine entscheidende und sehr spezifische Freiheit des Taktrhythmus nutzt: eine Freiheit, die den Taktrhythmus einerseits zu seinen unzählig möglichen Einzelgestaltungen befähigt und die andererseits wiederum im Hörenden die unwillkürliche Wirksamkeit genau derjenigen Synthesis voraussetzt, der auch ein *tok tok* genügt, um es ins *tik-tak* zu verwandeln. Diese charakteristische Freiheit des Taktrhythmus besteht darin, dass jene Synthesis die *Einheiten* der Taktteile ja selber *schafft* und vorgibt: *Sie* gibt mit ihnen ein Raster vor, auf das sich die Töne nur noch zu verteilen haben, ja, auf das wiederum sie selbst die Töne zu verteilen sucht. Und nicht nur *ein* solches Raster gibt sie vor, sondern, über- und untereinander gestaffelt, deren mehrere.[27] Diese Raster schafft sie beim Hören nicht ins Leere hinein, sondern in Reaktion auf den Klang, versucht sie an den Klangelementen festzumachen und umgekehrt die Klangelemente ins passende Raster zu fügen. Die Klangelemente geben ihr damit lediglich die *Dauer* der Rastereinheiten vor, nicht die Rasterung selbst, nicht die Zweiwertigkeit der Gruppen, nicht das Hervorhebungsverhältnis dieser Zweiwertigkeit und nicht dessen Möglichkeit zur Dreier-Gruppe. All dies ist vielmehr den Klangelementen bereits im Hörenden vorgegeben, als das sichere Bett, in das sich die Töne nur noch fallen zu lassen brauchen.

Durch das taktrhythmische Gehör sind die Töne also davon befreit, selbst diese Einheiten zu *sein*; sie haben sich ihnen lediglich *einzufügen*. Ein außerordentlich wichtiger Unterschied: Nicht die Töne sind die Einheiten, sondern die Art der Einteilung in Einheiten besteht schon, bevor die Töne erklingen: im Wahrnehmenden. An den Tönen muss sein Taktreflex nur wenigstens eines seiner Raster befestigen können, und soweit diese

Bedingung erfüllt ist, haben die Töne des weiteren alle Freiheit, sich über das Raster zu verteilen, wie sie nur immer mögen, ja sich auch davon zu lösen und ungebunden darüber hinwegzuspielen. Von den Tönen müssen nur überhaupt *irgendwelche*, ob in der Hauptstimme oder einer dezentesten Begleitung, dem Taktraster der Synthesis Anhalt geben, das jeweilige Raster auf Zweier- oder Dreier-Gruppe verpflichten, und die Töne haben im übrigen dann freie Wahl, welche und wieviele Raster-Elemente sie wie vollständig belegen wollen.

Und sonst bleibt einem Klang noch immer die Möglichkeit, sich *nicht* auf das Raster bringen zu lassen. Was geschieht dann mit Raster, Einheiten und Synthesis? Nun, wie es sich für einen Reflex gehört, wenn ihn kein entsprechender Reiz auf den Plan ruft: Er unterbleibt. Es kommt nicht zur taktrhythmischen Synthesis, nicht zu ihren Einheiten und Gruppen und nicht zu den Rastern aus betont/unbetont. Es kommt zu keinem Taktrhythmus – und das heißt: Wir empfinden den Klang ganz einfach *nicht* unwillkürlich als rhythmisch.

VERSE, AKZENTMETRISCH

Machen wir nun ein kleines Experiment – mit einem Satz ganz normaler Prosa:
Golch und Flubis, das sind zwei Gaukler aus der Titanei.
Sie haben den Satz gelesen, wundern sich vielleicht über die Namen, rätseln, welche Nation sich neuerdings zur Titanei ernannt haben mag, doch über all das mögen Sie sich rasch beruhigen: Es sind nur zwei Gaukler. Und nun lassen wir den Satz eine Weile liegen, bevor uns das Experiment zu ihm zurückkehren heißt.

Es geht um die Sprache. Denn nicht nur in Musik, auch an diesem Klangbereich des Rhythmus, dem komplexesten neben der Musik, zeigt sich der Taktreflex am Werk: an der Sprache in Versen. Wohlgemerkt, nicht in allen Versen, nicht in den Versen aller Zeiten und Kulturen, aber in den neuzeitlichen *Versen nach betont und unbetont*: in den alternierenden, akzentuierenden, syllabotonischen, dynamisch-prosodischen oder wie man sie sonst immer genannt haben mag – mir sollen sie kurz und knapp Akzentverse heißen. Auch wenn so gut wie alles, was heute an Lyrik entsteht, nicht mehr zu ihnen, sondern zu den sogenannten freien Versen zählt, zu Versen, an denen sich kein Versmaß, und das heißt hier, an denen sich eben nicht der rhythmische Wechsel von betont und unbetont einstellen will und auch nicht einstellen soll: die Akzentverse, in denen dies jedoch geschieht –

>   Die schönsten Dinge sind in Nacht
>   Wie in ein Weckglas eingemacht;
>   Man muss den Deckel schrauben:
>   Da duften sie, da steigen sie,
>   Da wallen sie, da reigen sie
>   Und schmecken süß wie Trauben.

– noch immer empfinden wir sie als den Inbegriff von rhythmischer Sprache.

Was Akzentverse ausmacht und was alle ihre Versmaße bestimmt, lässt sich noch kürzer als bei der Taktmusik zusammenfassen, in zwei Punkten:

Erstens: Die Silben verteilen sich auf Einheiten, die nach *betont* und *unbetont* geschieden werden.

Zweitens: Deren Abfolge kennt genau zwei Möglichkeiten: das strikte Abwechseln von betonten und unbetonten Elementen in *Zweier-Gruppen* oder die Ordnung in *Dreier-Gruppen* aus einem betonten und zwei unbetonten Elementen.[28]

Diese beiden Punkte umreißen genau, wonach Akzentverse grundsätzlich bestimmt sind. Nicht zu übersehen: Wiederum ist es das, was unser taktrhythmischer Reflex leistet, bewirkt und vorgibt – auch hier. Lediglich der dritte Punkt, der noch bei der Musik firmierte, ist nicht ausgeführt, die potenzierte Gruppenbildung. Nicht dass sie in Akzentversen völlig fehlen würde, doch vermag sie in ihnen nur sehr eingeschränkt zu wirken: zum einen auf Grund der üblicherweise recht knapp bemessenen Länge von Versen, also der geringen Zahl von Elementen innerhalb einer Folge; und zum anderen auf Grund ihres besonderen Klangmaterials, eben der Sprache. Ich deute diese Dinge nur an.

Sprache unterscheidet sich als Klangmaterial von dem der Musik ganz grundsätzlich dadurch, dass es in seinem zeitlichen

Verlauf eben *nicht frei* und uneingeschränkt formbar ist. Die Klang*elemente* der Sprache sind die Silben, und diese sind nicht beliebig im Verhältnis zueinander zu kürzen oder zu längen, sie haben in jeder Sprache ihren ganz bestimmten, vorgegebenen Klang, der nur innerhalb sehr eng gezogener Grenzen zu variieren ist, wenn er nicht aufhören soll, Sprache und verständlich zu sein. *Gesprochene* Sprache, solange sie nicht als Gesang unmittelbar musikalisch verwendet wird, ist rhythmisch nicht frei zu formen, sondern gibt Elemente mit recht genau und für einen muttersprachlichen Hörer recht empfindlich festgelegten klanglichen Eigenschaften vor. Sprache muss der Takt-Synthesis also durchwegs mehr Widerstand bieten als die Musik, allein schon dadurch, dass es die Synthesis bei den Silben nie mit gleichen Zeiteinheiten zu tun bekommt, sondern mit Elementen von durchaus unterschiedlicher Dauer.[29]

Nun gehören zu dem, was den Klang einer Silbe ausmacht, neben Vokallänge, Konsonanten und vielem anderen auch die *Akzente* der Sprache und die unterschiedliche *Gewichtung* der Silben gegeneinander. Also trifft unsere rhythmische Synthesis bei der Sprache auf ein Klangmaterial, dessen Elemente teilweise – ähnlich wie bei den Experimenten mit lauteren und leiseren Tönen – bereits objektiv nach schwerer und leichter unterschieden sind. Und daher wird die Synthesis, wo sie an Sprache wirksam wird, auf diese Bestimmungen *reagieren*, indem sie sich so weit wie möglich an sie heftet und *ihre* Hervorhebung auch auf eine *sprachlich* betonte oder stärker gewichtete Silbe legt. Wo ihr das gelingt, *verschmelzen* wieder diejenigen Hervorhebungsbestimmungen, die wir *synthetisch* an die Silben heften, mit den *sprachlich* gegebenen Akzenten, und beides, Sprachakzent und synthetische Hervorhebungsbestimmung, ist für uns, die Wahrnehmenden, in denen sich diese Verschmelzung ja vollzieht, nicht mehr zu unterscheiden. Beides nehmen wir ja als *Betonungen* wahr, zuverlässig müssen wir deshalb wieder den Irrtum hegen, *alle* jene Betonungen, die man in einem Vers wahrnimmt, lägen irgendwie schon objektiv im Klang der Sprache. Genau so wird man es in ausnahmslos jedem Metrikbuch, -aufsatz oder -artikel behauptet finden: dass jenes betont/unbetont, das wir in solchen Versen als Versmaß hören, in nichts anderem bestünde als in der sprachlichen Betont- und Unbetontheit der *Silben*.

Kehren wir nun aber zurück zu unserem kleinen Experiment und dem schönen Satz:

> Golch und Flubis, das sind zwei Gaukler aus der Titanei.

Diesmal aber fahre man fort und lese ihn ein weiteres Mal:

> Golch und Flubis, das sind zwei
> Gaukler aus der Titanei.

Zweimal derselbe Satz, und doch klingt er nicht zweimal gleich. Was hat sich verändert, wie klingt er *jetzt*? Er erfährt eine leichte Unterbrechung, und dadurch tritt ein Reim hervor. Aber nicht der Reim ist entscheidend, sondern dass der Satz nun *rhythmisch* wird, dass sich darin nun ein leichtes Auf und Ab von betont und unbetont einstellt, das beim ersten Mal fehlte. Dort, in der Prosalesung, hörte man allenfalls diese Betonungen:

> **Golch** und **Flu**bis, das sind zwei **Gau**kler aus der Tita**nei**.

Beim zweiten Mal aber hören wir im selben Satz regelmäßig Betonungen auf jeder zweiten Silbe:

> **Golch** und **Flu**bis, **das** sind **zwei** / **Gau**kler **aus** der Ti**ta**nei.
>
> **X** x **X** x **X** x **X** / **X** x **X** x **X** x **X**

Was hat sich verändert? Es sind nicht bloß *mehr* Silben betont als vorher, sondern wir hören nunmehr *alle* Silben systematisch *nach betont und unbetont abwechseln*; und eben damit wird uns der Satz auf eine spezifische Weise, die in der Prosalesung fehlte, *rhythmisch*. Die Verwandlung, die sich für unser Ohr zwischen den beiden Leseweisen vollzieht, besteht darin, dass sich in der ersten Version nicht und in der zweiten Version sehr wohl der Rhythmus nach betont/unbetont einstellt: Er fehlt das eine Mal demselben Satz, an dem er das andere Mal hervortritt.

Das Experiment zeigt also recht einfach und rasch, dass nicht schon die Silben und die Sprache als solche den Rhythmus mit seinem regelmäßigen Auf und Ab der Betonungen in sich tragen können, den wir an Akzentversen wahrnehmen. Die Akzente in normaler *Prosa* reichen keinesfalls dafür aus, all die Betonungen zu begründen, die uns in einem solchen Vers vernehmbar werden. Dafür muss wiederum unsere taktrhythmische Synthesis wirksam hinzutreten. Weshalb sie dies das eine Mal tut, beim Vers, beim Prosaklang von Sprache dagegen unterbleibt, ist ein kleines Geheimnis, wirklich kein großes Geheimnis, das ich an anderer Stelle geklärt habe.[30] Jedenfalls sind bei der Wahrnehmung von Akzentversen *zwei Arten* von Betonungen beteiligt: Die Sprache hat die *ihren*, Akzente, die sie in Prosa trägt und dort auf recht bewegliche, unterschiedliche Weise tragen kann; wir haben sie in der ersten Fassung des Satzes gehört. Auf diese Silbenfolge mit ihren Sprachakzenten aber legen wir – unter bestimmten Bedingungen, die unseren rhythmischen Reflex auf den Plan rufen – zusätzlich *dessen* regelmäßige Folge von betont und unbetont. Unsere Wahrnehmung versucht dabei diese ihre *synthetischen* Betonungen unwillkürlich an die *sprachlich* gegebenen zu heften, möglichst also so, dass diese mit jenen übereinstimmen, dass also beide Arten von Betonung *zusammenfallen*. Wo dies nicht möglich ist, treten daher die synthetischen Betonungen *zusätzlich* zu den sprachlichen auf – zuweilen gar *abweichend* von ihnen. Und so *wird* dasselbe Stück Sprache, das eben noch Prosa war, rhythmisch und Vers: indem es unser Reflex rhythmisch *macht*.

Ein Dichter, der Akzentverse schreibt, hat die Silbenfolge in seinen Worten demnach so zu wählen, dass sie sich dem Rhythmusreflex entsprechend fügt, ihm sicher genug Anhalt bietet und ihn überhaupt auf den Plan ruft. Dass ein Dichter *dies* tut, wenn er Sprache auf ein Versmaß nach betont und unbetont bringt, davon muss er nichts wissen und davon hat bisher auch sicher noch kein Dichter etwas geahnt. Trotzdem tut er genau das, wenn er darauf achtet, dass ihm die Sprache das betont/unbetont ergibt. Er hat sich dabei auf nichts anderes zu verlassen als auf sein Gehör, wo Reflex und Synthesis genauso unwillkürlich wirken und wo deren Wirkung genauso unwillkürlich *da ist* wie später beim Leser. Und auf Grund dieses jeweils gleichen Reflexes in der Wahrnehmung von Dichter *und* Leser hören sie solche Verse gleichermaßen rhythmisch: im systematischen Abwechseln, einem Versmaß von betont und unbetont.

Das rhythmische Aushören von Sprache, das durch entsprechende Anordnung der Silben dem Rhythmusreflex sicheren Anhalt bietet, kann sehr schön gelingen:

> Und drunten seh ich am Strand, so frisch
> Wie spielende Doggen, die Wellen
> Sich tummeln rings mit Geklaff und Gezisch,
> Und glänzende Flocken schnellen.

Aber es kann selbst einer doppelten Dichtergewalt wie der von Schiller und Goethe auch peinlich misslingen – wie in ihrem Xenion »*Literaturbriefe*«:

> Auch Nicolai schrieb an dem trefflichen Werk? Ich
> will's glauben;
> Mancher Gemeinplatz auch steht in dem trefflichen Werk.

Wer trifft hier auf Anhieb die von den Dichtern erhofften je sechs Betonungen in Hexameter und Pentameter? Gerade an miesen Versen empfindet man – besser als an den gelungenen –, wie sehr die Sprache, um Vers zu werden, darauf angewiesen ist, dass wir die entsprechenden, die taktrhythmischen Betonungen erst noch in ihre Silben *hineinlegen* – sie liegen nicht schon drin. Bei guten Versen macht es sich wie von selbst, bei den schlechteren kracht es und knackt es oder will einfach nicht gelingen.

Sprache, der gesprochene Klang einer Sprache, *muss* ja nicht in der Lage sein, den Reflex unserer taktrhythmischen Synthesis sicher auf den Plan zu rufen. Das verweigert sie vielmehr in den allermeisten Fällen, nämlich überall dort, wo wir alltäglich, wo wir in Prosa sprechen oder schreiben. Ja, es gibt Sprachen, deren Sprechklang sich grundsätzlich gegen jene Synthesis sperrt: Die romanischen Sprachen beispielsweise kennen keine Akzentverse. Nur Sprachen wie die englische oder die deutsche, die sich in ihrer Silbenfolge so anordnen und vor allem in dieser Anordnung auch so sprechen lassen, dass der Reflex wirkt, lassen sich damit auch in Akzentverse bringen. Doch selbst dort kann die Sache noch unsicher bleiben – so sehr, dass selbst Goethe über ihrer Schwierigkeit verzweifeln wollte.

III

EVIDENZ GEGEN GESCHICHTE

Ein bescheidener, unscheinbarer Reflex bestimmt auf diese Weise über eine ganze Welt von Rhythmus: über *unsere* rhythmische Welt. Er ist ihre mächtige Voraussetzung, er bewirkt sie, sie ersteht allein unter seiner Wirksamkeit. Unscheinbar ist er als der *Reflex*: der wirkt, auch ohne dass wir das mindeste von ihm wüssten. Aber gerade als dies *unbewusst, unwillkürlich* Wirksame ist er von solch bedeutender Kraft. Und ist er dasjenige, was sich am Taktrhythmus *verbirgt*.

Denn das, wonach wir gesucht hatten, das, *was da rhythmisch in uns wirkt*, was sich uns am Taktrhythmus so zwingend unwillkürlich vorgibt, dass Canetti umstandslos vom Rhythmus der ersten Menschen glaubte sprechen zu können, und was sich unserer Erkenntnis eben dadurch so nachhaltig entzieht: das genau ist dieser Reflex taktrhythmischer Synthesis. Wann immer wir Rhythmus, nicht nur hören, sondern auch bloß erwarten, uns vorstellen, über ihn nachdenken, gibt uns dieser Reflex unwillkürlich, ohne unser willentliches, wissentliches Zutun, also so, *als gäbe es ihn nicht*, seine taktrhythmischen Bestimmungen vor. Wenn Canetti über den Ursprung von Rhythmus sinniert oder Nietzsche über den der Poesie, legt ihnen der Reflex zwingend das *tik-tak* ins Ohr. Wenn sich Hegel ins Wesen des Rhythmus vertieft, erheben sich vor seinem inneren Ohr reflexhaft zuverlässig die Taktteile in ihrem Hervorhebungsverhältnis. Wenn ein Philologe antike Verse liest, zwingt ihn der Reflex dazu, deren Silben geschichtswidrig mit dem abwechselnden betont und unbetont zu belegen.

Also ist es dieser Reflex auch, der die *historischen* Schwierigkeiten bereitet, von denen die Rede war; ist *er* jenes Neuzeitliche, das wir nachträglich über das Ältere legen, als wäre dieses schon immer gleich dem Neuen gewesen. Die Geschichtsfälschung selbst ergibt sich reflexhaft durch ihn. Er, der sich gegen jede solche Aufklärung massiv zur Wehr setzt, allein dadurch, dass er wirkt: weil er sich eben damit als gegebene Natur setzt, er macht die historischen Schwierigkeiten, da *er selbst*, was er durch seine bloße Natur leugnet, *historisch entstanden sein muss*. Dieser Reflex ist nicht ewig-menschlichen Wesens.

Das zu glauben, sträubt sich alle innere Evidenz unseres Empfindens. Der Leser sollte sich nicht wundern, falls er kaum an die Existenz dieses Reflexes glauben will oder wenigstens Taktrhythmus und Musik nicht von ihm mag abhängen sehen. Ich bin mir im Klaren darüber – vom eigenen Beispiel belehrt, belehrt durch die jahrhundertalten Irrtümer der Rhythmustheorie, aber auch durch zahllose Gespräche über das Thema –, dass uns noch der genaueste Nachweis von Existenz und Wirkung dieses Reflexes keine Vorstellung davon zu lehren vermag, wie weit er an bestimmten Hörvorgängen beteiligt sein muss. Hörvorgänge, die sich für uns ganz *von selbst* machen, Klänge, die uns einfach nur *sie selbst* zu sein scheinen, wir können uns in ihnen keine Leistung *unserer selbst* vorstellen, da wir nun einmal nichts von Anstrengung und Leistung in uns bemerken.

Umso schwieriger, geradezu unerträglich nun die Vorstellung seiner Geschichtlichkeit: dass *wir* diesen Reflex in uns tragen, die Menschen ihn aber *nicht schon immer* in sich getragen hätten. Wer den inneren Widerstand gegen eine solche Vorstellung so recht aktuell empfinden will, braucht nur einmal sein Audiogerät einzuschalten und irgendein Stück populärer Musik abzuspielen. Ohne weiteres wird er den zumeist recht wohl markierten Taktschlag darin wahrnehmen, der Rhythmus geht ihm unmittelbar ein, und ebenso unmittelbar ist ihm evident: All das ist so *einfach* wie nur möglich; das zu hören, *kann* doch gar keine eigene, aktive Leistung beim Hören erfordern; es *kann* gar keine noch einfachere Grundlage für Rhythmus geben als die Takte; also *können* sie auch gar nichts anderes sein als Grundlage und Charakteristikum von *Rhythmus überhaupt*. Die Evidenz des Unmittelbaren und Einfachen am Rhythmusgefühl scheint jede Möglichkeit auszuschließen, dass da etwas zu leisten statt einfach gegeben wäre. Und so widerstreitet sie erst recht der Vorstellung, diese *einfache Gegebenheit* von Rhythmus könne gar veränderlich, sie könne *geschichtlich bedingt* sein.

Meine fällige Entgegnung, dass gerade diese Evidenz erst Leistung und Ergebnis des sich so einfach, eben unwillkürlich einstellenden Reflexes ist – ein Reflex *macht* eben alles einfach, worauf er sich erstreckt, indem er uns genau *dies* einfach macht –, wird wenig verfangen. Jeder Einwand, dass es ohne ihn dies Einfache nicht gäbe oder es eben deshalb nicht einfach wäre, wird mit aller Sicherheit nur den Gegeneinwand hervorrufen: Gerade die »primitive« und ursprünglichste Musik ginge doch aber nach Takten! Und zum Beleg für die Berechtigung eines solch unumstößlichen Glaubens wird man dann mit großer Zuverlässigkeit auf die afrikanischen Trommeln verweisen – Musterbeispiel einer ursprünglich-primitiv gedachten Musik und sicherer Anlass für die Offenbarung: Na, wenn es *da* nicht im Taktschlag geht!

Nein, tatsächlich, das tut es nicht. Selbstverständlich gibt es heute auch Afrikaner, die nach Takten trommeln, doch für die Rhythmus*geschichte* ist das nicht aufschlussreicher als die Improvisation eines Deutschen auf dem Didgeridoo. Nein, für das Argument, der Taktschlag sei der Ursprung alles Rhythmischen, könnten allein die »ursprünglichen« Rhythmen zählen, also die *traditionell* gespielten Trommeln Afrikas. Und die gehen nicht nach Takten. Sie gehen vielmehr so entschieden nicht danach, dass sie geradezu als Paradebeispiel für eine *andere Art* von Rhythmik dienen können.

So zum Beispiel hat sie Robert Jourdain im Rhythmuskapitel seines Buches »Music, Brain, and Ecstasy« verwendet. In Schnitt-Gegenschnitt-Technik stellt er dort ein europäisches Orchesterkonzert dem traditionellen afrikanischen Trommelspiel gegenüber.

Es ist acht Uhr abends. Unter dem winterlich verhangenen Himmel Wiens versammelt sich eine Menschenmenge vor einem Konzertsaal. Sie kamen, um ein schon festes Ritual an Weihnachten zu begehen, die Aufführung des »Nussknackers«. Am gleichen Tag zur selben Zeit findet sich eine andere Gruppe von Menschen zusammen, um Musik zu lauschen, allerdings nicht in Wien, sondern etwa sechstausend Kilometer weiter südlich in Zentralafrika. Etwa hundert Bauern haben sich auf dem zentralen Platz ihres Dorfes versammelt. Es ist die Zusammenkunft eines der traditionellen Naturvölker, bei

denen ein Großteil der gesamten Weltmusik noch heute praktiziert und konsumiert wird.
Im Norden und im Süden beginnt im selben Moment die Musik.
In Wien *beginnt die »Miniatur Ouvertüre«. Einige im Publikum klopfen diskret und lautlos den Takt mit dem Fuß. EINS-zwei, EINS-zwei, EINS-zwei.*
In dem afrikanischen Dorf *schlägt die Trommel folgendes Muster: EINS-zwei-drei-vier-fünf, EINS-zwei-drei, EINS-zwei-drei, EINS-zwei-drei-vier-fünf. Die Herumstehenden tanzen begeistert mit.*
In Wien *ist es jetzt Zeit für den »Marsch«: EINS-zwei-DREI-vier, EINS-zwei-DREI-vier.*
Im Dorf *schlägt ein zweiter Trommler ein EINS-zwei-EINS-zwei-drei-EINS-zwei-EINS-zwei-drei-EINS-zwei gegen das unterschiedliche Muster des ersten Trommlers.*
In Wien *erklingt der »Tanz der Rohrflöten«: EINS-zwei, EINS-zwei.*
Im Dorf *vermischt sich der Gesang von Frauen mit den Trommeln, setzt ein, setzt aus, in immer neuen Varianten.*
In Wien *neigt sich der »Nussknacker« seinem Ende zu. Waldhörner stimmen den »Blumenwalzer« an: EINS-zwei-drei, EINS-zwei-drei.*
Im Dorf *hat sich ein weiterer Trommler der Versammlung zugesellt: EINS-zwei-drei-VIER, EINS-zwei-drei-VIER. Er stimmt in die Trommeln ein, fängt aber auf einem anderen Schlag an. Das Fest dauert an bis weit in die Nacht.*
Was geschieht an beiden Plätzen? Beim Wiener Konzert ist alles bis zum höchsten Maße der Verfeinerung gesteigert – der Konzertsaal, die Instrumente, die Noten, die Proben, die Ausbildung der Musiker. Die Musik selbst erblüht durch erlesene Melodien, Harmonien und geschickte Orchestrierung. In seiner rhythmischen Entwicklung scheint die Musik jedoch wie ein Baby, das mit einem Löffel gegen einen Topf schlägt. Die afrikanischen Dorfbewohner scheinen währenddessen trotz Mangels an technologischem Know-how den Rhythmus hoch entwickelt zu haben. Nur wenige der Wiener Musiker könnten mit ihren rhythmischen Fähigkeiten mithalten.
Aber nicht so schnell.[31]

Nein, nicht so schnell; denn es geht nicht jeweils um *dieselben* rhythmischen Fähigkeiten, die nur beidemale unterschiedlich hoch entwickelt wären, sondern es geht hier und dort um grundsätzlich unterschiedliche *Arten* von Rhythmus: »in Wien« um denjenigen der Taktwahrnehmung, »im Dorf« – nun, um eine Rhythmik, die eben *nicht* der Taktwahrnehmung entspringt und ihr deshalb auch nicht gehorcht. Was »in Wien« hochentwickelt-primitiv und »im Dorf« primitiv-hochentwickelt erscheint, gehört »zwei sehr unterschiedlichen Vorstellungen von Rhythmus« an, wie Jourdain schreibt, oder, wie richtiger zu sagen wäre, nicht bloß unterschiedlichen »Vorstellungen«, sondern einer bis in die Tiefen der synthetischen Leistungen hinein unterschiedlichen *Wahrnehmung* von Rhythmus.

Worin besteht der Unterschied zwischen beiden? Es fällt offenbar nicht leicht, das zu bestimmen, denn Jourdain gerät damit in einige – die übliche – Not. Schon seine Beschreibung des Taktrhythmus bleibt wie allermeistens grob unscharf und unvollständig:

Auf der einen Seite gibt es die bekannte Vorstellung von Rhythmus als Muster betonter Schläge. Diese Abfolgen können sich von einem Moment zum nächsten ändern und lassen sich durch Synkopen und andere Kunstgriffe modifizieren und damit abwechslungsreicher gestalten. Für den Großteil der populären Musik weltweit ist dies der vorherrschende Begriff von Rhythmus.

So viel oder wenig zu »Wien« und dem Taktrhythmus. Schwieriger noch wird es mit dem »Dorf« und seiner Rhythmik jenseits von Takten.

Die zweite Auffassung von Rhythmus ist so unterschiedlich, dass sie auf den ersten Blick gar nichts mit Rhythmus zu tun zu haben scheint.

Nämlich genau dann nicht, wenn man unter Rhythmus zwingend und unwillkürlich bereits *Takt*rhythmus versteht. Diese zweite »Auffassung«, nein, diese andere *Art* von Rhythmus fasst Jourdain nicht zu Unrecht als eine von zeitlich irgendwie strukturierten Abläufen. Wodurch sie sich spezifisch bestimme, vermag er lediglich negativ anzugeben: *nicht* durch Takte.

Es ist der Rhythmus eines Langstreckenläufers oder eines Stabhochspringers, der Rhythmus von Wasserfontänen und Wind, der Rhythmus der segelnden Schwalbe oder des schleichenden Tigers. Es ist auch der Rhythmus der Sprache. Dieser Form des Rhythmus fehlen die in Takte eingeteilten wiederholten und gleichmäßigen Akzente.
Eine Negation, die zweifellos zutrifft. Doch was weiß man damit von dieser »anderen« Rhythmik? Jourdain versucht es mit einem bildhaften Vergleich:
In der Musik wird diese Art von Rhythmik durch die Abfolge unregelmäßiger Klangfiguren gebildet, die sich auf wechselnde Art miteinander verbinden wie die Teile eines Gemäldes, die sich manchmal in exquisitem Gleichgewicht befinden, manchmal die Kräfte vereinigen, um zu kreisen, unterzutauchen oder herumzuwirbeln.[32]
Ein schöner Vergleich; aber er klärt nicht genug.

GESETZ VS. PROPORTION

Die klare Überzeugung, die wiederum *jeder* haben wird – und die selbstverständlich auch ich lange Zeit gehegt habe –, Musik müsse nach Takten gehen und zwar, dank deren schlagender Einfachheit, gerade am »Ursprung« und je primitiver umso zwingender, diese Überzeugung zeigt sich stets ungetrübt von aller genaueren Kenntnis der Musik und ihrer Geschichte – übrigens auch bei Musikwissenschaftlern. Weidlich hat man sich einmal über die Scholastiker lustig gemacht, die behaupteten, Fliegen hätten acht Beine, nur weil es bei Aristoteles – *ipse dixit* – so stand; wie dumm von den Scholastikern, nicht einfach selber nachzuzählen! Nun, heute ersparen es sich die Wissenschaftler des Rhythmus auf dieselbe Weise, der älteren Musik auf die Füße zu schauen, und wissen auch ohne das, einfach weil sie es wissen, wie die gegangen sein muss: »Das Vorhandensein von Schlaginstrumenten in einer Kultur beweist das taktgemäße Musizieren« – solange man zum Beispiel noch nichts Genaueres von den Afrikanern gehört hat. »Das Zusammenspiel mehrerer Musiker ohne Takt ist unmöglich« – weswegen man zum Beispiel nichts vom Gregorianischen Gesang wissen darf. »Tanzformen, die von Musik begleitet werden, erfordern den gemeinsamen Taktschlag« – weshalb wir auf alles Anderslautende verzichten können, was die Antike dazu aufgeschrieben hat. Folglich »scheint es so zu sein, dass so ziemlich jede Musikkultur der Erde das Taktprinzip kennt und anwendet.« Ja, so scheint es, solange man sich den Autismus selbstgenügsam-zirkulärer Voraussetzungen leistet – und *nicht* nachschaut.

Tief ist der Graben, der die Takt- von jeder anderen Rhythmik trennt, so tief, dass kaum noch von der einen zur anderen Seite zu gelangen ist. Was also liegt da drüben, fern von uns und unseren Takten, was erstreckt sich da weit in unserem Rücken? Nicht bloß die Trommeln des traditionellen Afrika erklingen dort, nicht bloß Musik und Verse der Antike, dort tönt die Rhythmik zahlloser älterer Traditionen, europäischer und außereuropäischer Kulturen, näherer und fernerer Zeiten. Das rhythmische Reich jenseits der Takte ist ja keines der einheitlich *einen*, »der« anderen Rhythmik, es umfasst deren viele, jede geschieden von den übrigen durch eigene Besonderheit. Aber es liegt ihnen *eine* wichtige Bestimmung zugrunde, die sie verbindet und die sie *alle*, jede für sich, *gemeinsam* vom Taktrhythmus unterscheidet.

Beschrieben wurde sie bisher nur ein einziges Mal – von Thrasybulos Georgiades, einem Musiktheoretiker des zwanzigsten Jahrhunderts, und auch von ihm nur am Beispiel einer einzelnen Rhythmik, einer, die er den »griechischen Rhythmus« nannte. Damit meinte Georgiades zum einen den *antiken* Rhythmus, den er mit aller philologischen Schärfe aus den überlieferten Zeugnissen rekonstruiert hatte. Zum anderen aber war dem gebürtigen Griechen die gleiche Rhythmik noch unmittelbar präsent, da manche streng traditionellen Gesangs- und Tanzformen sie bis in das Griechenland seiner Gegenwart bewahrt hatten. An ihnen verfügte Georgiades, wie er nachwies, über lebendige, hörbare Beispiele eben jener Art von Rhythmik, die auch in der griechischen Antike gegolten hatte. Andererseits, als Einwohner des zwanzigsten Jahrhunderts, verfügte er selbstverständlich *auch* über die Taktwahrnehmung: eine Kenntnis des Alten sowohl wie des Neuen, die ihn wie keinen Musiktheoretiker zuvor befähigte zu zeigen, was die beiden Welten trennt.

Beginnen wir noch einmal mit unserer, derjenigen des Taktrhythmus. Dessen spezifische Rasterbildung macht Georgiades anschaulich im Bild eines Gerüstes.

Dieses Gerüst kann man sich als ein System von Punkten in gleichen Abständen vorstellen. Einige besondere Punkte darunter werden durch ihr höheres Gewicht hervorgehoben. [...] Ähnlich gliedert man subjektiv ein objektiv gleichmäßiges Schlagen (tik-tik) in tik-tak oder gar in tik-tak-tok. Die Auswahl findet nämlich nach einem Gesetz statt, das auch subjektiv als Gesetz auffassbar ist. Es kann nichts anderes als die Ordnung der Abwechslung der Punkte mit verschiedenem Gewicht bestimmen. [...] Es kann sich auf höhere Überordnungen ausdehnen, wenn nur das Prinzip der gleichen Abstände bei der jeweiligen Überordnung gewahrt bleibt. Das bedeutet, dass als Generationsprinzip höherer Ordnung nur Vielfache von 2 und 3 (z. B. 2x2, 2x3, 3x3, 3x2) angewendet werden können, dass also die höheren Rangordnungen durch Multiplikation von 2 und 3, durch zusammenfassende Unterordnung, nicht aber durch Addition (wie 2+3), durch Nebenordnung entstehen können. Durch dasselbe Prinzip werden auch die Unterteilungen der ursprünglichen Einheiten ersten Grades möglich, also die Achtel, Sechzehntel usw., sei es in der üblichen Form, durch Zweiteilung, oder in Triolenform, wenn die 3 als Grundlage verwendet wird.[33]

Wir kennen diese Verhältnisse bereits, zur besseren Anschauung aber hilft vielleicht eine kleine Grafik. Sie zeigt das »Gerüst« mit vier übereinander liegenden Ebenen, an die nach oben und nach unten jeweils noch einige weitere anzuschließen wären. Auf jeder dieser Ebenen werden durch Punkte in gleichen Abständen Elemente gleicher Länge abgeteilt, und diese Elemente – Georgiades spricht nur von den Punkten, da die Elemente ja nicht durch Klang gefüllt sein müssen, da die Markierung der Trennpunkte also genügt – werden verbunden, indem sie gegeneinander hervorgehoben werden. Die Grafik zeigt dabei allein den Fall, dass auf jeder Ebene die Zweier-Gruppe wirksam ist; die Dreier-Gruppierung bedürfte einer entsprechend veränderten

Darstellung. Jedes Element wird »nach unten« in derselben Weise in zwei verbundene und gegeneinander hervorgehobene Elemente *aufgeteilt,* wie es »nach oben« mit einem benachbarten Element zur Gruppe aus hervorgehoben gegen nicht-hervorgehoben *verbunden* wird. Die Hervorhebung selbst ist angedeutet durch eine stärkere Linie auf Elementenebene, das Einwirken der Synthesis durch die gebogenen Linien, die sich von Element zu Element spannen, das Ergebnis ihres Einwirkens aber durch die Senkrechten: die vielfache Rasterung der Zeit in abwechselnd gegeneinander hervorgehobene Elemente gleicher Dauer.

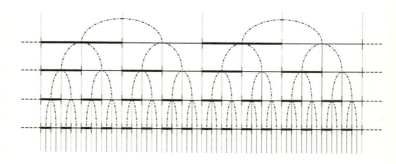

Diese Ordnung oder das *System,* die auf diese Weise entstehen, nämlich *in die Zeit gewirkt werden,* sind in ihrer Gesamtheit die Leistung unserer taktrhythmischen Synthesis – sie *sind* das, was sie *leistet.* Und Georgiades sagt nun zu Recht, all das finde *nach einem Gesetz* statt, einem Gesetz, das er richtig auch mit dem Reflex des *tik-tak* in Verbindung bringt und als *subjektiv* erkennt, als Leistung des Subjekts, nicht objektive Gegebenheit im rhythmischen Klang. Es ist das Gesetz, *als welches* die Synthesis wirkt.

So weit also die uns geläufigen und wohl bekannten Verhältnisse. Wie aber verhält es sich mit der *anderen* Rhythmik?

Hier verlangt das zugrundeliegende Prinzip nicht eine Differenzierung der Betonungen, sondern die der Dauer, der Quantität, wie man sagt. Genauer ausgedrückt: hier liegen zugrunde nicht untereinander gleich entfernte Punkte als bloße Abgrenzungen der Zeiteinheit, sondern die Dauer der Zeitein-

heit selbst, die erfüllte Zeit. Während vorher ein fertiges aber neutrales, gleichmäßiges Maschensystem als Punktnetz vor mir lag, das ich durch die Schwergewichtsdifferenzierung gliederte, bin ich hier an ein solches Netz nicht gebunden. Vielmehr, da ich hier erfüllte Zeiten selbst untereinander vergleichen soll, muss ich verschiedene Dauer verwenden. Es werden in erster Linie die einzeitige Kürze, deren Dauer Chronos protos genannt wird, und die zweizeitige Länge benützt. Ihre Aufeinanderfolge unterliegt keinem Zwang einer periodischen Wiederkehr, denn dieser besteht nur bei Voraussetzung des Prinzips der bloßen Zeitabsteckung durch Punkte in gleichen Abständen und der damit verbundenen Schwergewichtsdifferenzierung. [...] Bei der Quantitätsrhythmik [...] erfasse ich die aus dem Nebeneinanderstellen von Längen und Kürzen entstehende Gestalt, indem ich von der einen zu der nächsten erfüllten Zeit fortschreite, ohne dass damit ein Bedürfnis nach zusammenfassender Unterordnung unter höhere Einheiten entsteht, ja, bei der Eigenart des Ausgangsprinzips, entstehen kann.

Denn dies »Bedürfnis nach zusammenfassender Unterordnung unter höhere Einheiten« *wäre* ja bereits wieder jenes Andere, das subjektive Gesetz, welches in der Taktrhythmik herrscht.

Aber noch einmal: Was also ist der entscheidende Unterschied zwischen beiden Arten von Rhythmus, zwischen der Takt- oder »Schwergewichtsrhythmik« auf der einen Seite und der »Quantitätsrhythmik« auf der anderen?

Das wesentliche Kriterium [...] ist, ob die Gliederung als durch die bloße Zeitabsteckung oder durch die erfüllte Zeit stattfindend empfunden wird.

Bei der Quantitätsrhythmik wird die Zeit durch die verwendeten Elemente, Längen und Kürzen, völlig bestimmt. Indem sie primär durch die körperhafte Ausdehnung der Elemente erfüllt wird, wird sie durch deren Grenzen – Beginn und Ende – auch abgesteckt, gegliedert. Hier gehen wir gleichsam mit undurchdringlichen festen Körpern um. [...] Anders bei der Schwergewichtsrhythmik [sc. der Taktrhythmik]. *Ihre Durchführung ist nicht, wie bei der Quantitätsrhythmik, identisch mit der Verwirklichung einer besonderen Gestalt, sondern bedeutet zu-*

nächst weiter nichts als die Festlegung einer abstrakten, allgemeinen Gesetzmäßigkeit. Wenn ich z. B. im Sinne der Quantitätsrhythmik von Trochäen spreche, stelle ich mir ebensowohl die Zeitgliederung (durch drei Einheiten) als auch ihre Erfüllung [durch eine lange und eine halb so lange Einheit] *vor. Wenn ich aber von 3/4-Takt spreche, stelle ich mir nur ein Gesetz der Zeitgliederung, ein noch leeres Schema vor, das über einen wirklichen, die Zeit erfüllenden Rhythmus nichts aussagt. Es liegt ein Punktnetz vor, worauf ich die verschiedensten Zeichnungen durchführen kann. Diese Scheidung zwischen Gesetz und besonderer Ausfüllung entspricht der Schwergewichtsrhythmik.*

Also der Taktrhythmik: Durch das Hinzutreten der Rasterung scheidet sie, was vorher untrennbar Eines war, das eine nicht anders denkbar als im anderen. In eins mit der »Zeiterfüllung« war die »Zeitgliederung« gegeben, sie bestanden nicht getrennt, und daher fehlte auch die Begriffsunterscheidung, hatte die Abgrenzung der einen von der anderen kein Recht und keinen Sinn. Es gab nicht »Zeiterfüllung« als etwas, was in eine andere, leer zu denkende Zeit eintrat, als Material, das ein vorgegebenes Hohlmaß erst noch mit Körper, mit Füllung versah, es gab die Zeit nicht als etwas, was absolut für sich bestand und dann eben gefüllt werden konnte oder nicht.

Hier also stoßen wir auf den subjektiven Grund von Zeit: Nur ein zeiterfüllter Vorgang selbst war Zeit, sie war Körper, war *Substanz*.

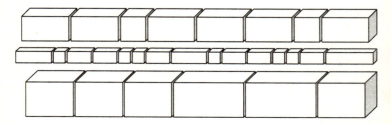

Eine Grafik, die dem gerecht werden will, hat es daher einfach. Sie hat nichts weiter zu tun, als Körper nebeneinander zu setzen und allenfalls darauf zu achten, dass deren Größen in Proportion zueinander stehen. Diese drei Quader-Reihen beispielsweise sind so gewählt, dass sie den Tondauern dreier synchron gespielter Trommeln afrikanischer Tradition entsprechen. Eine leichte Verzeichnung entsteht nur dadurch, dass die einzelnen Blöcke zur Verdeutlichung des Körperhaften ein wenig auseinander gerückt sind, anstatt jeweils unmittelbar aneinander anzuschließen. Im proportionalen Verhältnis erschienen sie so:

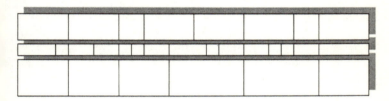

Diese *materiale* Zeit aber, wie ich sie nennen möchte, wird zerfällt in dem Moment, da die Takt-Synthesis hinzutritt, und die ehemals körperlichen Zeitteile in ihre Raster *einspannt*. So wird die Zeit selbst in etwas verwandelt, was sie vorher nicht war und nicht sein konnte. Wenn sich sonst die Gliederung der Zeit in eins mit den erfüllten Zeitgrößen ergab, so kehrt sich dies Verhältnis nunmehr um, indem es überhaupt erst zu einem Verhältnis *auseinandertritt*, ja, *aktiv aufgespalten wird*: Die Subjekte geben nun gesetzmäßig eine Zeitgliederung vor, ein Raster leerer Zeitelemente, geschieden nach hervorgehoben und nicht-hervorgehoben; und die Zeitgrößen, die Klangelemente, haben sich nun, getrennt davon, jenem Raster als Füllung einzufügen und sich dessen Gesetzmäßigkeit anzupassen. In der Taktrhythmik gilt:
Die Zeitgliederung verwirklicht sich als abstraktes, vorhergegebenes Gesetz. Sie hat sich von der besonderen, sichtbaren Gestalt freigemacht und in unsichtbare, »entmaterialisierte« Gesetzmäßigkeit verwandelt. Die Zeiterfüllung muss sich nun diesem Gesetz fügen; sie kann nicht mehr wie bei der Quantitätsrhythmik frei walten […]. Sie muss die höhere Instanz der Zeitgliederung, die von der Zeiterfüllung abstrahierte Schwergewichtsordnung anerkennen.
»Abstrahiert« ist diese taktrhythmische Ordnung nach betont/unbetont tatsächlich, nämlich abstrahiert von den Elemen-

ten erfüllter Zeit. Aber nicht in dem Sinn, dass sie an ihnen als Abstraktion *gewonnen*, dass sie also *deren* Abstraktion wäre, so wie der Begriff »Pferd« von den Pferden abstrahiert ist, die sich auf Erden tummeln. Sondern so, dass die Schwergewichts- oder Taktordnung als Gesetzmäßigkeit *für sich* besteht, nämlich *unabhängig* von den materialen Elementen, *absolut* von ihnen, die *sie* nunmehr an *sich* bindet.

Indem der Takt-Reflex eben diese abstrakte Ordnung hervorbringt, scheidet er den Rhythmus in zwei »Komponenten« oder »Faktoren«, wie Georgiades sie nennt: in den vorgängigen »Hintergrund«, das gesetzmäßige Elementeraster, das rhythmische Metrum, das der Reflex hervorbringt; und in einen »Vordergrund«, die Klangelemente, die sich auf dieses Raster verteilen müssen, ihm dadurch erst Körper verleihen und so den bestimmten, besonderen Einzelrhythmus *innerhalb* des Rasters ergeben.

Die einzelnen Elemente des Vordergrunds müssen sich dem dynamischen Prinzip [sc. des Taktrhythmus] *unterordnen. Das bedeutet aber nicht, dass Zeitgliederung* [= das Takteraster] *und Zeiterfüllung* [= die erklingenden Töne, die »Elemente des Vordergrunds«] *zusammenfallen müssen* [dass zum Beispiel ein Vier-Viertel-Takt immer buchstäblich mit vier Viertelnoten gefüllt sein müsste]. *Die Zeiterfüllung kann sich vielmehr die mannigfaltigsten Zusammenstellungen erlauben* [in einem Vier-Viertel-Takt zum Beispiel die Zusammenstellung einer punktierten Halben mit zwei Achteln]. *Denn wir erfassen die zwei Komponenten als zwei selbständige Faktoren, die oft sogar einander widerstreiten. Hier eröffnet sich die Welt der Synkopen, der Punktierungen, die Welt der Polyphonie, der komplementären Rhythmik.*

Und die Welt der taktrhythmischen Notenteilungen:

Hier ist der einzelne Zeitwert unbegrenzt teilbar oder multiplizierbar, als Teil eines größeren fassbar.

Was er – man beachte – nach der *anderen* Rhythmik *nicht* war und wiederum nicht sein konnte:

In der Quantitätsrhythmik sind die einzelnen Elemente in sich geschlossene rhythmische Glieder […]. *Deswegen sind sie auch nicht nach Belieben teilbar und kontrahierbar (Prinzip der Unteilbarkeit des Chronos protos). Hier entsteht kein*

Ineinander von Zeitwerten, wie bei den synkopischen Bildungen; denn hier fehlt die höhere vorhergegebene Einheit, die ihnen Sinn verleihen würde.

Dass sie hier *fehlt*, entscheidet: sie, die jeweils »höhere vorhergegebene Einheit«, bestimmend in der Form des Rasters, vorgeben durch Reflex. *Er* fehlt in der Quantitätsrhythmik, und durch *sein* Fehlen fehlte ihr, was er und was also das Subjekt, in dem er wirkt, reflexhaft leistet, die Rasterung der Zeit nach dem Hervorhebungsverhältnis. Deshalb baut diese ältere oder »andere« Rhythmik ihre Gestalten *notwendig* aus körperlich gefassten Gliedern auf.

Das bedeutet umgekehrt: Da, wo es nach Takten rhythmisch wird, muss dieser Reflex *hinzugetreten*, muss er im Subjekt wirksam sein. Sobald er aber wirksam ist, verkehrt er die älteren rhythmischen Verhältnisse, zu denen er hinzutritt, ins Gegenteil: Dort baute sich Rhythmus von unten auf, hier leitet er sich von oben ab. Dort waren es feste Elemente, die sich variabel verbinden ließen, hier ist fest die Verbindung, in welche die Elemente variabel eingehen. Dort fügten sich Bausteine zu einer Ordnung, hier fügen sich Variablen einem Gesetz.

DAS GESCHICHTLICHE APRIORI

Dies ist es, was den »griechischen« so grundsätzlich vom Taktrhythmus trennt. Aber eben nicht nur den »griechischen«, sondern *alle* traditionellen Rhythmiken, die einmal nicht nach Takten gingen. Dies ihr *gemeinsames* Kriterium, dies die zwei Welten, als welche sie und der Taktrhythmus sich unversöhnlich gegenüberstehen: dort die Proportion materialer Größen und hier das abstrakte Verlaufsgesetz, das ihnen vorgegeben wird.

In dieser Entgegensetzung spielt der Begriff des »Gesetzes« seine wichtige Rolle, und das mag irritieren: Waltet im antiken Rhythmus denn *kein* Gesetz? Verläuft ein griechischer Vers etwa *nicht* gesetzmäßig? Sagt denn »Gesetz« irgendetwas anderes als »Ordnung«, »Regelmäßigkeit«, vielleicht »Periodizität« – und sollte es die nur im Taktrhythmus geben? Nein, Regelmäßigkeit und Ordnung gibt es auch in der griechischen und in anderen Rhythmiken; trotzdem aber folgt keine von ihnen einem Gesetz. Dieser Begriff spricht sehr viel spezifischer, und es ist der Mühe wert, ihn von dem der »Regel« einmal abzugrenzen. Wir werden es später noch sehr gut brauchen können.

Bei einem Fußballspiel gilt die *Regel*, dass es als Tor zählt, wenn der Ball beim Verlassen des Spielfeldes die Linie zwischen den Torpfosten überquert. Als *Gesetz* dagegen gilt, dass der Ball, wenn er fliegt, annähernd auf der Bahn einer Parabel wieder auf die Erde zurückfällt. Ein erster Unterschied wäre demnach: Die Regel könnte auch anders lauten; kein Reglement und kein Schiedsrichter dagegen vermöchten an dem Gesetz zu rütteln. Aber das ist noch nicht das Entscheidende. Übertragen wir beides auf den Rhythmus, und zwar der leichteren Darstellung wegen wieder auf die Verse. Für ein Stück griechischen Rhythmus, einen alkäischen Vers, gilt beispielsweise die *Regel*, er habe folgende Reihenfolge langer und kurzer Silben aufzuweisen:

lang lang kurz lang lang lang kurz kurz lang kurz
lang/kurz

Bei einem anderen, dem Galliambus, sieht die Regel, vereinfacht, diese Reihenfolge vor:

kurz kurz lang kurz lang kurz lang lang kurz kurz lang
kurz kurz kurz kurz kurz/lang

Und so gibt es unzählige weitere Regeln, nach denen antike Verse gebaut sein konnten – ohne irgendein Gesetz, das noch *über* all diesen Regeln walten würde. Vergleichen wir damit »unsere« Versmaße *nach betont und unbetont* aus der neuzeitlichen Ära. Zum Beispiel an den Versen:

Im Hochwald sonngesegnet
Hat's lange nicht geregnet.

x **X** x **X** x **X** x

Oder:

Freudiges, freundlich im Herzen gehegt,
Nicht von verratenden Lippen geregt,

Selig geborgen in schweigender Brust,
Bleibt mir die köstlichste Blüte der Lust.

X x x **X** x x **X** x x **X**

Oder:

Es möchte kein Hund so länger leben!

x **X** x x **X** x **X** x **X** x

Auch hier könnte eine lange Liste weiterer Muster und Regeln folgen, nach denen *diese* Verse, die Verse nach betont und unbetont, gebaut sein können. Ein Unterschied zu den antiken Verhältnissen wäre aber stets der folgende: Für *jedes* von den Akzentvers-Maßen gilt vorweg eine und dieselbe *Gesetzmäßigkeit*. Wir kennen sie inzwischen, aber sie lässt sich leicht auch an den Beispielen ablesen – nämlich erstens: Betonte und unbetonte Elemente müssen abwechseln; und zweitens: Von unbetonten Elementen können auch zwei aufeinander folgen. So lautet das *Gesetz*, dem *alle* weiteren möglichen Regelungen in den *uns rhythmischen* Versen unterstellt sind – wir wissen bereits, wodurch. Nichts dergleichen gibt es folglich in der Antike oder in irgendeiner anderen Rhythmik als der unseren. Eine Notwendigkeit wie die, dass dort etwa auf ein langes Element stets ein kurzes folgen müsste und auf ein kurzes ein langes oder allenfalls ein zweites kurzes, *damit es rhythmisch wird*, eine solche *verpflichtende* und *allgemeine* Notwendigkeit hat nicht bestanden – man vergleiche das alkäische und galliambische Versmaß – und hätte keinen Sinn gehabt.

Ein *Gesetz* wirkt, was Rhythmus betrifft, *allein* bei den Takten. Zwar kann eine Tonfolge auch dann noch zusätzlich nach Regeln festgelegt sein, doch damit sie sich in den Taktrhythmus fügt, also wirklich taktrhythmisch gehört werden kann, muss sie selbst und müssen auch diese Regeln dem taktrhythmischen Gesetz *gehorchen*. Regeln gelten stets nur von Fall zu Fall, für eine *bestimmte* Versart, für einen *bestimmten* Einzelrhythmus, ebenso wie sie beispielsweise auch für Sprachen und ihre Grammatik einschlägig sind. Im Deutschen etwa besteht die Regel, Adjektive seien *vor* ein dazugehöriges Substantiv zu stellen. Aber es gibt kein Gesetz, das Sprachen *allgemein* darauf festlegen würde, einem Substantiv ein Adjektiv vorangehen zu lassen oder auch nur überhaupt Adjektive zu *haben*. Es gibt in der Sprache oder über alle Sprachen hinweg keine Gesetze, die für alle gelten würden und die es den Einzelsprachen nur noch überließen, *innerhalb* solcher Gesetzmäßigkeit ihre je eigenen Regeln aufzustellen. Nach solchen Universalien der menschlichen Sprache wurde lange, lange gefahndet; gefunden haben sie sich nicht.

Der Begriff des Gesetzes ist in diesem Sinn also sehr genau zu nehmen und durchaus genauer, als es einer gängigen Verwendung entspricht. Mit ihm ist etwas *sehr* Spezifisches gesagt. Gerade deshalb aber hat ihn die Wissenschaft, interessierte Ungenauigkeit walten lassend, geschickt missbrauchen können für ihren haltlosen Beweis, Rhythmus könne grundsätzlich und überzeitlich nur *der eine* sein, müsse nach Takten gehen und wäre nie nach etwas anderem gegangen.

Gottfried Hermann, einer der großen klassischen Philologen, hat diesen Beweis zu Beginn seines Hauptwerks angestrengt, in den »Elementa doctrinae metricae« aus dem Jahre 1816.[34] Das Eingangskapitel handelt explizit »De numero et versibus in universum«, von Rhythmus und Versen *im allgemeinen*: Es soll eine *allen* Versen und *dem* Rhythmus *überhaupt* gemeinsame Bestimmung festgestellt werden. Dafür geht Hermann von einem zu rhythmisierenden Substrat aus; dies sei entweder eine Abfolge von Zeiteinheiten oder, räumlich gedacht, eine zusammenhängende Folge von Abständen: »vel successio temporum vel continuitas spatiorum«. Damit diese Folgen *rhythmisch* werden und nicht bloß *irgendwelche* Folgen sind, müssten sie *geordnet* sein – und wenn aber geordnet, so würde man fragen wollen: *wie?* Hermann aber fragt: *wodurch?* Und schon, allein damit, ist alles entschieden und Hermann hat sich die gewünschte Antwort unvermerkt bereits in die Tasche gespielt: Ja – jeder Rhythmus müsse nach Takten gehen.

Wie das? Die Frage: »*Wodurch wird Rhythmus überhaupt geordnet?*« macht zwei falsche, aber scheinbar unvorgreifliche Voraussetzungen, die dem Fragenden alles fertig an die Hand liefern, was er für seinen Irrtum braucht. Die erste Voraussetzung: Es gibt so etwas wie *Rhythmus überhaupt* – Rhythmus wäre grundsätzlich *einer*, transzendentale *Einheit*, keiner Veränderung unterworfen und keiner Geschichte. Die zweite Voraussetzung: Es gibt etwas, *wodurch* dieser Rhythmus überhaupt geordnet würde. Was kann das sein? Da dies Etwas »Rhythmus überhaupt« bestimmen soll, muss es also »dem« Rhythmus *insgesamt vorgeordnet* sein und damit *jeder* möglichen Ausformungen von Rhythmus die *ihm*, diesem Etwas *eigene* Ordnung bestimmend vorgeben. Ein solcherart bestimmendes Etwas aber kann tatsächlich nur eines sein: »Id autem apertum est non nisi in *lege* quadam inesse« – es kann offensichtlich nur in einem *Gesetz* bestehen. Durch ein *Gesetz* aber wird einzig und allein der *Takt*rhythmus bestimmt, kein anderer. Also braucht Hermann, sobald er nur den Begriff des Gesetzes in Händen hält, die Sache lediglich fertig durchzubuchstabieren, kommt dann vom Gesetz folgerichtig und zielgenau auf die Takte und damit, nach der scheinbar unverfänglichen Voraussetzung Nr. 1, zu dem strahlend falschen Ergebnis: *Rhythmus überhaupt* ginge, *qua Gesetz*, nach Takten.

So machtvoll ist der Begriff des Gesetzes. So genau nämlich lässt sich allein unter der Voraussetzung, dass Rhythmus durch ein Gesetz geregelt sei, schließen und feststellen, dass er *dann* notwendig Taktrhythmus sein müsse. Dieser Beweisgang ließe sich nunmehr sehr fruchtbar zu einem ganzen kleinen Kurs in Logik entfalten, doch werden wir zu diesem Thema ohnehin zurückkehren müssen, und deshalb deute ich die Beweisschritte nur in aller Kürze an:[35] Falls Rhythmus nach einem Gesetz verläuft, muss er – erstens – auf *gleichen, leeren Zeiteinheiten* beruhen; denn ein Gesetz bedingt Elemente, auf die es zugreift, die als solche *keine Unterschiede* aufweisen dürfen, also zum einen *einheitlich* und zum anderen *inhaltlich unbestimmt* sein müssen. Zweitens müssen diese Zeiteinheiten durch *Hervorhebung* von jeweils einer gegenüber den benachbarten zu größeren Einheiten geschlossen werden; denn nur so werden gleiche Zeiteinheiten *als solche*, nicht erst durch ihren zusätzlichen Inhalt, durch das Gesetz *bestimmt*, nämlich unterschieden; anders gäbe es überhaupt keine Einwirkung des Gesetzes. Und schon hat man die Grundbestimmungen des Taktrhythmus beisammen.

Nun aber ein wenig weiter. Hermann macht sich anlässlich des rhythmischen Gesetzes auch Gedanken darüber, wie es dazu kommt, woher es stammt. Und er findet: »lex illa, quod attinet ad rationem, qua constituit atque ordinat tempora vel spatia, *innata* nobis sit necesse est, quam a priori definitam philosophi vocant« – jenes Gesetz muss darin, wie es Zeiteinheiten oder Abstände festlegt und ordnet, uns notwendig *angeboren* sein, philosophisch gesprochen *a priori*.

Übertragen wir diesen Schluss einmal vorsichtig darauf, was *wir* inzwischen vom Rhythmus wissen: Der taktrhythmische Reflex gibt *seinem* Rhythmus tatsächlich ein Verlaufsgesetz vor und er wirkt, als dieses Gesetz, zweifellos *a priori* im Subjekt. Denn *a priori* heißt im erkenntnistheoretischen Sinn: von vornherein, vor aller Erfahrung gegeben, aller Wahrnehmung und allem Denken vorgeordnet – etwas, was auf den Taktreflex zweifellos zutrifft. Wir entnehmen ihn nicht dem Wahrgenommenen, sondern er gibt sich, wo er denn wirkt, unserer Wahrnehmung jeweils wie schon immer vor, *wie angeboren*. Noch bevor wir das *tok tok* unserer Absätze wahrnehmen, ist da der Reflex, der es uns ins betont/unbetont eines *tik-tak* verwandeln wird. Er liegt, wo er in den Subjekten wirkt, apriorisch in ihnen; und muss sie so dazu verleiten, Taktrhythmus insgesamt zum rhythmischen Apriori zu erheben: zur Bestimmung von Rhythmus überhaupt.

Und doch *ist* er eben dies nicht, *gibt* es nicht diesen »Rhythmus überhaupt«, der zu allen Zeiten und *in universum* der grundlegend selbe gewesen wäre, gibt es ältere Rhythmiken, die jenes Gesetz *nicht* kannten und also nicht Taktrhythmus waren. Folglich hat es auch dieses *Gesetz* nicht immer gegeben. Und folglich – und jetzt wird es langsam gefährlich –, gab es auch nicht immer schon diesen Reflex: Er ist den Menschen *nicht* angeboren – dieses *Apriori* selbst ist *geschichtlich entstanden*.

RHYTHMIK IN MITTELALTER UND RENAISSANCE

Wie kann das sein? Wie um Himmels willen ließe sich so etwas vorstellen? Wie will irgendjemand feststellen, welche Reflexe die Menschen einmal hatten und welche nicht?

Es lässt sich feststellen. Es lässt sich sogar vorführen, wie der Taktreflex in den Menschen jener Zeit *beginnt*, wirksam zu werden, ein historisch erstes Mal – nachdem es ihn bis dato ganz einfach nicht gegeben hatte. Doch bevor wir dorthin gelangen, müssen wir uns erst einmal vergewissern, *dass* es ihn wirklich zu Zeiten *nicht* gab und *wie lange* seine Absenz währte.

Um nur insgesamt zu belegen, dass der taktrhythmische Reflex den Menschen einmal unbekannt war, würde der Blick auf die griechische Antike genügen, aber ich will sie nicht noch einmal bemühen. Zu weit klafft der historische Abstand zwischen jener fernen Zeit und dieser neuen, in der es mit »unserem« Rhythmus beginnt, und zu mächtig ist jenes Apriori darin, uns den Taktrhythmus stets als die naturgegebene Form von Rhythmus vorzugaukeln. Ich werde den Abstand daher überbrücken, indem ich zeige, wie lange noch in jüngeren Zeiten, in der europäischen Musik des Mittelalters und der Renaissance all jene bekannten Bestimmungen, welche den Taktrhythmus und für uns also Rhythmus überhaupt ausmachen, *fehlen*; und dass stattdessen auch dort – eben deshalb – die *materiale* Auffassung der Zeitgrößen galt.

Aber ich will den ungeduldigen Leser warnen. Von dem, was folgt, wird er keinen zusätzlichen Aufschluss über den Takt und seinen Reflex erhalten, nichts, was er für den Fortgang dieses Buches unabdingbar benötigte. Er wird lediglich von rhythmischen Verhältnissen erfahren, die den unseren vollständig fremd sind und die uns vorzustellen deshalb sehr schwer fällt. Am einfachsten wäre es, der Leser würde an dieser Stelle zum Hörer, nähme eine Aufnahme etwa von Werken des großen Renaissance-Komponisten Josquin Desprez zur Hand, aber eine verlässliche Aufnahme wie die des Hilliard-Ensembles, und würde wahrnehmen, wie in dieser Musik zwar offensichtlich rhythmische Gliederung, aber eben keine taktrhythmische komponiert ist. Leider taugen nicht alle Aufnahmen älterer Musik zu solcher Anschauung, man darf sich vielmehr nicht wundern, wenn die meisten – ähnlich, wie sich die klassische Philologie ihren Versen gegenüber verhält – auch die alte Musik gnadenlos auf Takte bringen. Immerhin liegen seit einiger Zeit genug Einspielungen vor, die den historischen Abstand zu den vergangenen rhythmischen Verhältnissen kennen und zu wahren wissen – was mir bei weitem wichtiger scheint, als die alten Instrumente zu benutzen, sie aber nach dem neuzeitlichen Takt zu traktieren. Wer von älterer Rhythmik nun aber gar nichts hören will, mag den folgenden Abschnitt ohne Not überspringen.

Erlaubt man es sich, die verschiedenen rhythmischen Traditionen, die sich in der europäischen Musik jener Zeiten herausgebildet haben, jedenfalls so grob einzuteilen, wie es mein rascher Überblick verlangt, lassen sich diese drei Typen benennen: der bloß sprachlich gebundene Rhythmus, der modale und schließlich der mensurale.[36]

Der erstere, kennzeichnend für die frühen Monodien bis etwa zum Gregorianischen Gesang, verzichtet für unsere – hier durchaus unangemessenen – Begriffe auf eine rhythmische Regelung des Zeitverlaufs, insofern er die Tondauern lediglich an den Sprachduktus bindet, indem er also die Töne so lang oder so kurz nimmt, wie es den jeweils gesungenen Silben im Sprachverlauf oder möglicherweise ihrer Bedeutung entspricht. Er mag sie zuweilen *ad libitum* durch Verzierungen längen, und es können auch mehrere Töne einer Silbe unterlegt werden, mit jeweils etwa gleichwertiger Dauer, die aber danach variieren kann, ob ein Ton lediglich einem verzierenden Lauf angehört oder aber frei trägt. Die Absenz von Zeitraster und Betonungswechsel liegt hier auf der Hand.

Modale Rhythmik ist etwa Mitte des 13. Jahrhunderts ausführlich beschrieben worden durch Johannes de Garlandia; in Gebrauch war sie schon Jahrhunderte früher. Sie beruht auf der Unterscheidung von lang und kurz, von *longa* (L) und *brevis* (B), und auf den folgenden sechs Möglichkeiten, wie diese beiden Quantitäten aufeinander folgen können:[37]

1. L B L ...   3. L B B L ...
2. B L B ...   4. B B L B B ...
6. B B B ...   5. L L L ...

Wohlgemerkt, diese Abfolgen sind durch kein gemeinsames Gesetz festgelegt, sie sind Modelle, sind Muster, Gestalten je eigenen Rechts. Und sie haben, nebenbei gesagt, nichts mit Akzenten, nichts mit irgendeiner Festlegung von betont und unbetont zu tun.[38] Sie liegen den verschiedenen Modi zu Grunde, aus denen sich der deswegen so genannte modale Rhythmus zusammensetzt. Das erste Muster zum Beispiel, L B L, wird so zu einem *Modus perfectus*: L B L B L, oder so zu einem *Modus imperfectus:* L B L B. Die *longa* gilt jeweils zwei Zeiteinheiten, die *brevis* eine, und es ergibt sich die Proportionenfolge: 2 + 1 + 2 + 1 (+ 2). Anders, wenn eine der Möglichkeiten drei bis fünf verwendet wird, wo jeweils mindestens zwei Werte der gleichen Gattung aufeinander folgen. Dann nämlich *verändert* sich ihre Dauer. Ein *Modus perfectus* nach dem dritten Muster lautete in Noten einfach L B B L B B L, auszuführen war er jedoch so: 3 + 1 + 2 + 3 + 1 + 2 + 2. Von den zwei aufeinanderfolgen *breves* wird jeweils die letztere auf zwei Zeiteinheiten gelängt und die vorangehende *longa* erhält entsprechend den Wert, der diesen beiden zusammen entspricht, also drei *tempora*. Die letzte *longa* dagegen bleibt zweizeitig – und damit von gleicher Länge wie die unmittelbar vorangehende *brevis*.

Uns kann es bloß als kurios erscheinen, dass man hier lediglich die *zwei* Werte *longa* und *brevis* notiert, wo man doch *drei* verschiedene Notendauern spielt, und umgekehrt, dass man sowohl *longae* also auch *breves* unterschiedlich lang spielen kann, ohne dass sich dies in der Notation niederschlagen würde. Für uns, für unsere Rhythmuswahrnehmung hat das keinen Sinn. Aber es hatte seinen Sinn nach der proportionalen Rhythmuswahrnehmung. Nach ihr *müssen* die Werte in diesen Fällen gegeneinander verändert werden, damit sich nicht je *gleiche* Zeitgrößen gegenüberstehen, die beiden Kürzen als je einfache *tempora* und als je zwei *tempora* die Länge neben den zwei Kürzen.[39] Gerade das, was uns bloß kurios erscheinen kann, die Veränderung der Notenwerte gegenüber ihrer unveränderten Notation, ergibt sich also unmittelbar aus jener proportionalen Wahrnehmung. Es setzt *diese* Wahrnehmung voraus; und schließt strikt die taktrhythmische aus.

Aus diesen modalen Voraussetzungen entwickelt sich dann die Rhythmik der *Mensuralnotation*. Sie ist es, welche die europäische Musik das spätere Mittelalter hindurch bis in die Renaissance hinein bestimmen wird, und ihr muss deshalb besonderes Augenmerk gelten. Denn sie bleibt in Geltung bis zu jenem Moment, da sie historisch dem neuen, dem Taktrhythmus unmittelbar zu weichen hat.

Auch in der mensuralen Rhythmik gibt es eine Art Grundschlag, *tactus* genannt, und diesem wird der neuzeitliche Takt, der ihn verdrängt, zwar den Namen entlehnen, doch sonst verbindet die beiden nichts. So wenig, wie es Arsis und Thesis der Antike waren, ist der mensurale *tactus* bereits jener Taktschlag, der die Zeit vorweg rastert, sondern im *tactus* zeigt sich die Zeitwahrnehmung nach wie vor gebunden an eine Zeit-*Substanz*. Zeit und Zeitgrößen sind auch in der Epoche der *musica mensurabilis* noch immer nicht abtrennbar von ihrem *Körper* aus Klang, Vorgang, Bewegung.

Die absolute, stetige, homogene und unendliche Zeit Isaac Newtons war dem Mittelalter unbekannt. Zeit war nur als Zahl oder Maß einer bestimmten Bewegung oder eines bestimmten Vorgangs begreiflich: »Tempus est numerus (mensura) motus.« [Zeit ist Zahl/Rhythmus (Maß) einer Bewegung] Ein musikalischer Zeitwert ist ein Notenwert, bezogen auf eine Zeitdauer. Sofern also eine Zeitdauer als Maß eines Vorgangs verstanden wird, entsteht ein musikalischer Zeitwert durch Beziehung eines Notenwertes auf einen Vorgang. Der Vorgang, als dessen Maß der Notenwert der Brevis recta zu einem Zeitwert wird, ist nach Franco die Vox prolata oder genauer: das Minimum in plenitudine vocis. [...] Die vox prolata ist nicht Ausfüllung eines Stücks leerer Zeit, sondern Zeit entsteht erst als Maß der vox prolata.[40]

Diese *vox prolata*, »der hervorgebrachte Stimmklang«, wird als reales Minimum verstanden, als *von Natur aus* nicht mehr weiter teilbar: »Est quod est indivisibile naturaliter.« Sie ist diejenige Dauer, welche die Stimme beim Erklingen mindestens braucht, um überhaupt volle Stimme, und also, um überhaupt Zeit zu sein. Eine solche Vorstellung ist uns fremd. Die Vorstellung eines – im übrigen recht ausgedehnten – Klangatoms, eines nicht mehr teilbaren Zeitkörpers, fehlt uns, ist uns unverständlich und hat für uns nicht das mindeste mit Rhythmus zu tun. Bis zum Aufkommen des Takthörens aber ist diese *materiale Gebundenheit* der Zeit das Natürliche, Grundlage von Rhythmus, und wäre umgekehrt das *uns* Selbstverständliche undenkbar gewesen, die beliebige Teilbarkeit der Zeit. *Wir* können jeden Klang, auch den der Stimme, noch auf das kürzeste *tok*, *tik* oder *tak* verkürzen, und trotzdem ist es uns Klang und kann es uns zu einem rhythmischen Element werden. Nicht so im Mittelalter und bis zum Anbruch der Neuzeit.

Wir haben also eine ähnliche Rhythmenbestimmung wie in der griechischen Musik vor uns; die kleinste Maßeinheit der Mensuraltheorie entspricht dem chronos protos *des Aristoxenos.*[41]

Auch wenn ein Notenwert etwa in Minuten oder Sekunden gemessen wurde, war mit der Messung nicht ein absolut gedachtes Zeitkontinuum vorausgesetzt:

Die Minute oder Sekunde war dann als Bruchteil des Maßes der Sonnen- und Mondbewegung zu verstehen, nicht als ein durch Konvention festgesetztes Maß der absoluten Zeit.[42]

Aufschlussreich etwa die Einteilung, nach der im 14. Jahrhundert Johannes Verulus de Anagnia einmal die Dauer der *brevis* angibt, des grundlegenden Notenwertes seiner Zeit. Danach umfasst ein Tag vier Quadranten, ein Quadrant sechs Stunden, eine Stunde vier Punkte, ein Punkt zehn Momente, ein Moment zwölf Unzen und eine Unze schließlich 54 Atome. Die *brevis* einer bestimmten Notenteilung habe danach einer Unze entsprochen, einer Achtel Minute oder gut sieben Sekunden, während dem kleinsten, nicht weiter teilbaren Notenwert die Dauer von sechs Atomen zukam, einer knappen Sekunde.[43] Man sieht, die materiale Bindung des Zeitverlaufs geht Hand in Hand mit einem Tempo, das unseren Ohren unvorstellbar langsam vorkommt.

Aber nicht nur der kürzeste Wert blieb in dieser Weise körperlich, unteilbar aufgefasst, jeder der Notenwerte, ausgehend von der *longa*, hatte seine »naturaliter« ihm zukommende Länge. Auch das gibt es für uns und im Taktrhythmus nicht mehr. Wir halten es für natürlich, dass eine »ganze« Note in einem langsamen Stück beispielsweise drei Sekunden dauert, in einem schnellen dagegen nur eine Drittelsekunde. Oder anders, eine Achtelnote kann für uns bei einem langsamen Tempo länger dauern als eine ganze Note bei einem schnellen. Im Taktrhythmus haben die Notenwerte nicht für sich genommen ihre feste Dauer, sondern leiten sie ihre Dauer ganz vom Gesamttempo des Taktschlags ab. Solche Relativität war dem proportionalen Hören undenkbar: Im mensuralen Rhythmus *hat* die *longa* ihre bestimmte Länge und so auch, je nach Notenteilung, die *brevis*. Wenn im alten *tactus* ein – nach unserem Verständnis – höheres Tempo angeschlagen werden sollte, dann wurden nicht *longa* und *brevis* einfach kürzer genommen, sondern dann mussten kleinere Teile dieser Noten, dann musste etwa der nächstkürzere Notenwert gesetzt werden.

Jeder Notenwert hatte die ihm namentlich zukommende, feste, gleichsam eben körperliche Dauer – nicht in dem Sinn, dass sie wie unsere Atomzeit an irgendeiner Stelle absolut gemessen und darauf hin normiert worden wäre, aber doch mit der Genauigkeit der bloßen Zeitempfindung. Die mag immer etwas schwankend sein, sie war jedoch, wie man aus Zeitangaben in mittelalterlichen Traktaten rekonstruieren konnte, jahrhundertelang verblüffend konstant. Und verlässlich genug: Als man zum Beispiel im 15. Jahrhundert auf die Idee kam, Puls und Notenwerte zu Messzwecken aufeinander zu beziehen, da diente nicht etwa die normale Pulsfrequenz dazu, die Dauer der Noten zu bemessen, sondern umgekehrt ein bestimmter Notenwert zum festen Maßstab für den jeweiligen Puls. Den Puls direkt nach fest empfundenen Notenwerten messen zu wollen, nach »der« Viertel oder »der« Halben, das wäre heute, unter der Herrschaft der taktrhythmischen Wahrnehmung, ein geradezu schildbürgerlich-lachhaftes Unterfangen.

Gerade aus dieser materialen Gebundenheit der Zeitwerte und ihrem gleichsam körperlich festen Bestand resultierte jedoch die von der modalen Rhythmik bekannte, mit dem Taktwesen unverträgliche Beweglichkeit auch der mensuralen Notenwerte. Nach unserer taktrhythmischen Wahrnehmung haben die einzelnen Notenwerte zwar keine feststehende Dauer, stehen aber in einem konstanten *Verhältnis* zueinander: Die halbe Note ist stets die Hälfte der Ganzen, die Viertel stets Hälfte der Halben, die Achtel stets Hälfte der Viertel, *und so immer weiter*. Man wird sich fragen: Was denn auch sonst? So ist es einfach, so ist es natürlich, wie sollte es anders sein? Im mensuralen *tactus* jedoch *ist* es anders. Eine *semibrevis* ist dort, auch wenn es der Name falsch vermuten ließe, nicht ein für alle Mal die Hälfte einer *brevis*. Auch die *brevis* etwa wird *ungleich* in zwei *semibreves* unterteilt, von denen eine *ein*, die andere *zwei* Drittel der *brevis* erhält. Die *brevis* wird also nicht zwei-, sondern dreigeteilt – eine Teilung, die hier im übrigen den Namen *tempus perfectum* trägt, wogegen sie der Taktrhythmus nur als Sonderfall mittels Triolennotation erzwingen kann; und es entsteht damit kein Notenwert, der seine Dauer aufgrund gesetzmäßiger Ableitung erhielte, sondern es entstehen gleichsam körperliche Bestandteile der *brevis*, des größeren Wertes, die sich zu diesem jeweils wieder zusammenfügen.

Doch selbst wenn auf solche Weise festgelegt war, wie *longa* in *breves* und *brevis* in *semibreves* geteilt werden, geht es doch bei der mensuralen Notenteilung nicht einfach »*immer so weiter*«, sie lässt sich nicht wie im Taktrhythmus gesetzmäßig fortsetzen, zu immer kleineren, auf dieselbe Weise geteilten Werten. Für viele Jahrhunderte hatte es überhaupt nur *longa* und *brevis* gegeben, kleinere Werte erschienen zunächst lediglich im rhythmisch freien Laufwerk. Erst langsam hat die weitere Unterteilung der *brevis* zu einer selbständigen Notengattung geführt, eben der *semibrevis*, und es brauchte wiederum seine Zeit, bis sich aus dieser eine noch kleinere ergab.

Mit dem 13. Jahrhundert trat dann neben die Dreiteilung der *brevis* auch ihre mögliche Zweiteilung, *tempus imperfectum* genannt. Eine *brevis* war damit, »unvollkommen«, auch in *zwei* gleichlange *semibreves* zu teilen, so wie früher schon die *longa* den Wert von nur zwei statt drei *breves* haben konnte. Doch auch diese Zweiwertigkeit in der Notenteilung hat mit der des Taktrhythmus nichts zu tun. Jede weitere Unterteilung blieb noch immer auf die vollkommene, die Dreiteilung verpflichtet. Eine *brevis* aus zwei *semibreves* konnte nun also 1/2 + 1/2 geteilt werden; falls diese Teilung jedoch fortgeführt wurde, *drittelte* man die beiden Hälften wiederum und teilte eine *brevis* entweder so in drei *semibreves* auf: 3/6 + 2/6 + 1/6, oder aber so in vier: 2/6 + 1/6 + 2/6 + 1/6. Diese Art der Teilung konnte auch vorgeschrieben werden bei nur zwei *semibreves*, die zusammen eine *brevis* bilden sollten, und es kam zu 5/6 + 1/6. Eine *semibrevis* wie diese letztere, hier nur noch ein Fünftel der ersteren, wurde von den *semibreves* längerer Dauer dann namentlich als *minima* unterschieden und spaltete sich *auf diese Weise* schließlich als eigene Notengattung ab.

Die *ars nova* des Philippe de Vitry hat diese Verhältnisse im zweiten Viertel des 14. Jahrhunderts ratifiziert, indem sie nunmehr zwischen allen bestehenden Notengattungen, zwischen *longa* und *brevis*, *brevis* und *semibrevis* und schließlich *semibrevis* und *minima* dieselben Möglichkeiten der Teilung zuließ. Jeweils war es nun möglich, den größeren Notenwert nach der perfekten Proportion in drei zu teilen oder nach der imperfekten in zwei. Aber auch damit war es nicht endlich takt- und gesetzmäßig. Für jedes Musikstück wurde die Teilung eigens festgelegt, doch nicht etwa einheitlich von *longa* bis *minima* entweder auf perfekte oder auf imperfekte Teilung, sondern von jeder bestimmten Notengattung gesondert zu ihrer nächsten. Wurde etwa die *longa* perfekt in *breves* geteilt, also gedrittelt, so konnte die *brevis* unabhängig davon auch imperfekt in *semibreves* geteilt werden, also nach der Zweierteilung, und die *semibrevis* wieder perfekt, dreigeteilt, in *minimae*. Und selbst diese jeweilige Festlegung von Notengattung zu Notengattung konnte jeweils noch während des Verlaufs eines Musikstücks geändert werden, von der Dreierteilung auf Zweier- und von dieser wieder zurück auf Dreierteilung und so fort: Zeitverhältnisse, wie sie im Taktrhythmus unvorstellbar sind.

Die Zeitverhältnisse des mensuralen *tactus* müssen also *uns* unvorstellbar anmuten: unvorstellbar komplex. Unbegreiflich simpel dagegen die Art ihrer Notation, in der so vieles nicht explizit festgelegt wurde, sondern zusätzlichen Regeln anheim gegeben war: zum Beispiel noch, dass ein Notenwert einen vorangehenden oder nachfolgenden nächstgrößeren Wert »imperfizierte«, ihn zum zweizeitigen verkürzte, um selber dessen dritter Zeitteil zu werden; oder dass er, gegen solche Imperfektion, einen gleichen Notenwert zur Verdopplung seiner Dauer »alterierte«; oder dass andere Noten zwischen die zusammengehörigen Stücke eines unterteilten Notenwertes eintreten konnten, ohne deren Verbindung aufzuheben; und anderes mehr. All dies hat eine einfache Grundlage: jene ältere Rhythmuswahrnehmung, die den Zeitverlauf aus proportional aufeinander bezogenen Größen aufbaute. Aus ihr ergab sich das mensurale Rhythmusgebäude ganz natürlich, ihr wurde nicht schwer, es aufzuführen, ihr konnte es nicht anders sein als von den klarsten Maßen.

Nur mit unserer, der taktrhythmisch-gesetzmäßigen Rasterung der Zeit, verträgt es sich nicht: Vor *deren Art* von Einfachheit wird es kompliziert und unverständlich. Alle Merkmale mensuraler Rhythmik widerstreiten deren Gesetz und hätten unter ihm keinen Sinn: *Es gäbe sie nicht*, wenn dies Gesetz gewirkt hätte. Noch zur Zeit der mensuralen Rhythmik also, davon zeugt jedes einzelne ihrer Merkmale, kann es nicht wirksam gewesen sein; und *so lange* folglich kann es auch den Reflex der taktrhythmischen Synthesis noch nicht gegeben haben. Denn wo sie auftritt, da verwandelt sie den Rhythmus der Proportionen *notwendig* in einen Rhythmus nach Takten.

EPOCHE

Und das hat sie historisch getan.

An die Stelle der Mensuren hat sie das gesetzt, was seitdem den Rhythmus vorgibt: die Takte, die wir so durchaus für naturgegeben-ewig halten. Die lange Ewigkeit der material gebundenen Rhythmiken bricht erst ab mit dem Beginn der europäischen Neuzeit, verdrängt von dem, was zugleich mit dieser Neuzeit Epoche macht. Innerhalb kürzester Zeit setzen sich in Europa die taktrhythmischen gegen die mensuralen Bestimmungen durch und vernichten, was nur je bis dahin Rhythmus war. Die Rasterung nach leeren Zeiteinheiten mit ihrer Bindung an das Verhältnis von betont/unbetont, noch nie hatte es dergleichen gegeben, erst jetzt unterwerfen sie sich die Musik von den kleinsten Notenwerten bis hinauf zum Verlauf der Perioden. Den gesamten Rhythmus unterwerfen sie einem einzigen, mächtigen, *ihrem* Gesetz; und dieses schließt – so prinzipiell und so sehr auf diesen einen Schlag, auf den Taktschlag hin, wie es Georgiades beschrieben hat – sämtliche Charakteristika der älteren Verhältnisse aus. In der gesamten uns greifbaren Geschichte des Rhythmus reicht kein Epochenbruch so tief wie der, den das Aufkommen des Takts bewirkt.

Wie hat er sich vollzogen? Man wird erwarten: tumultuarisch, ein Einzug sozusagen mit Pauken und Trompeten – ein Gewitter von Traktaten, die für ihn streiten oder gegen ihn wettern, das

Gegeneinander von Schulen, die eine Lanze brechen für das Neue oder erbittert gegen das moderne Zeug zu Felde ziehen, ein Kampf der Kirchen um die Rettung ihrer Musik vor diesem weltlichen Angriff, ein großer Reformator, der ihn trotzdem durchficht, die begeisterten Nachahmer, die ihm mit wehenden Fahnen nachfolgen, und die Legionen der Rückständigen, die sich irgendwann einmal doch geschlagen geben müssen.

So ließe sich wohl vermuten – wo immerhin ein gesamtes rhythmisches *Prinzip* bestritten und vernichtet wird durch ein anderes, unerhört neues. Doch wundersam: Nichts von alledem geschieht. Von diesem epochemachenden Umschlagen in den Taktrhythmus vernimmt man – *nichts*. Nichts wird davon geschrieen, nichts davon geredet, nichts davon notiert, es macht keinen Lärm, es vollzieht sich – soweit man davon in der Musik sprechen kann – lautlos: wie von selbst. Niemand ruft da zu etwas auf, niemand erkennt es, niemand weiß davon.

Buchstäblich: *Niemand* weiß von einer Neuerung – und das für sehr, sehr lange Zeit. Noch zwei Jahrhunderte später hatte Johann August Apel für seine blinde Überzeugung, »dass Rhythmus zu allen Zeiten *einer* sei« und »auf eignen, in der Natur gegründeten Principien beruhe«, das folgende schlagende Argument gegen die richtige historische Erkenntnis zur Hand:

Nimmt man an, die erste Musik sey taktlos, und mithin der Takt eine Erfindung der neuern Zeit gewesen, so hätte diese neue Erscheinung ohne allen Zweifel Epoche in der Geschichte der Musik gemacht. Eine ähnliche Erscheinung, die nur die Veränderung der herrschenden Taktart in der kirchlichen Musik betraf, macht wirklich Epoche und blieb unvergesslich. Es war die Einführung des Gregorischen Gesanges an die Stelle des Ambrosischen […]. Allein nirgends findet man in der Geschichte der Musik einen Zeitpunkt bemerkt, wo aus taktlosen Rhythmen ein Uebergang zu dem gleichmässigen Takt statt gefunden habe. Der Takt erschien also niemals als etwas neues, zuvor noch unerhörtes, und so darf man wohl auch für historisch ausgemacht annehmen, dass er von Anfang an den Rhythmen eigenthümlich gewesen sey.[44]

So durfte Apel für ausgemacht annehmen, weil bis zu seiner Zeit tatsächlich noch immer niemand wusste, dass da überhaupt ein

»Uebergang« stattgefunden hatte. Sehr wohl wusste man beispielsweise von »der Einführung des Gregorischen Gesanges an die Stelle des Ambrosischen« und durfte von ihr rühmen, sie sei unvergesslich geblieben, habe Epoche gemacht. Auch geht Apel nicht darin fehl, dass ein Übergang zum Taktrhythmus, sollte es ihn denn gegeben haben, tiefer reichen muss, als es lediglich die rhythmischen Unterschiede zwischen ambrosianischem und gregorianischem Gesang tun – Unterschiede, die sich Apel falschzirkelschlüssig nicht anders als solche der »Taktart«, also *innerhalb* des Taktrhythmus vorzustellen vermag. Verständlich deshalb das Argumentum *a potiori*, wenn schon dies Geringere Epoche gemacht hat, müsste jenes Tiefergehende es umso eher gemacht haben. Weil sich aber eine Nachricht davon »nirgends findet«, so darf Apel schließen, der Taktrhythmus wäre niemals historisch *neu* gewesen, es hätte ihn *schon immer* gegeben und alles, was je Rhythmus war, könnte allenfalls »Veränderungen der herrschenden Takt*art*« gekannt haben, aber niemals etwas anderes als Takte.

Merkwürdiger Fall: Nichts also ist überliefert von einer Neuerung, einer Reform oder gar einer glänzenden »Erfindung« – als die sich Apel das Aufkommen des Taktrhythmus einzig vorstellen kann. Nicht die Zeit des Umschlags selbst weiß etwas davon, das 17. Jahrhundert, nicht später das 18. und nicht das 19. Jahrhundert. Erst im zwanzigsten gelingt es endlich, die Vorgänge, deren Bedeutung zu der Zeit, da sie sich vollziehen, niemandem bewusst wird, nachträglich zu rekonstruieren – an Hand der überlieferten Musik selbst:

In der Geschichte der europäischen Rhythmik beanspruchen die Liederbücher von Giovanni Giacomo Gastoldi (1591), Thomas Morley (1595) und Hans Leo Haßler (1596) einen besonderen Rang. [...] Um welchen Tanz handelt es sich dort? Gastoldi nennt ihn ohne nähere Bezeichnung schlicht Balletto, *Morley nach seinem Vorbild* Ballett. *Auch bei Haßler fehlt ein Name, denn es ist für die Zeitgenossen einfach der* Tanz, *für Ausländer wohl die* Allemande. *All das war um 1600 nichts Neues. Neu kann also nur die musikalische Behandlung gewesen sein. Und hier beobachtet man in der Tat etwas, was bisher nicht die Regel war: einen Melodieaufbau nur mit*

Hilfe von Zweitakt- und Viertaktgruppen. [...] Grundsätzlich fällt auf den Taktanfang der Schritt des einen Fußes, auf die Taktmitte das Nachziehen des anderen. Die beiden Stillstände dazwischen sind »unbetont«. Es gibt nun die europäische 4/4-Takt-Ordnung: Hauptakzent auf 1, Nebenakzent auf 3, Tonlosigkeit auf 2 und 4. Wir haben in der Tanzmusik als neues Phänomen den Akzentstufentakt.[45]

Dies der Name, den Heinrich Besseler für den neuzeitlichen Takt gefunden hat, für den Takt nach dem potenzierten Hervorhebungsverhältnis: **1** 2 3 4.

Und der *ist* damals ein »neues Phänomen«. Getanzt hatte man auch früher, früher auch schon die Füße gesetzt, aber jetzt wird dem Setzen der Füße mit einem Mal das Raster aus betont/unbetont unterlegt. Es liegt nicht einfach »ursprünglich« in den Füßen, sondern *jetzt erst* wird es in die Schritte der Füße gelegt, jetzt zum ersten Mal auch als *dieses* Rhythmische empfunden. An ein einfaches *tok tok* wie dasjenige der Schritte heftet sich der Reflex des betont/unbetont eben besonders leicht, deshalb tut er seine aufkommende Wirkung zu allererst am Tanz. Doch das ist nur der Anfang.

Der hiermit umschriebene Akzentstufentakt *erscheint seit 1591 in der Tanzmusik. Aber nicht nur dort. Es gehört zu den Merkmalen des Stilwandels, dass Europa nun von der Mensurgruppe zum Takt übergeht. Er hat nicht überall sofort die abgestufte, mannigfache Form wie bei der Tanzmusik, sondern als Hauptmerkmal nur den regelmäßig wiederkehrenden Druckakzent zu Anfang. Im Takt verkörpert sich ein neues Ordnungsprinzip der Musik. Für die vokale Monodie der Italiener seit 1600 hat das die* [sc. moderne] *Stiluntersuchung ans Licht gebracht. Es gilt vor allem in der Instrumentalmusik, deren Schwerpunkt in Deutschland und England lag. Auch in der Kirche herrscht nun der Taktrhythmus, wie man aus dem Spätwerk des 1613 verstorbenen Giovanni Gabrieli schließen darf. Sogar der Palestrinastil wird davon erfasst, denn Monteverdis Messe von 1610 im* stile antico *hält zwar äußerlich an der alten Technik fest, erfüllt sie jedoch mit dem Taktrhythmus des 17. Jahrhunderts.*[46]

Innerhalb so überaus kurzer Zeit durchdringt der Taktrhythmus die gesamte europäische Musik. Das aber ist kein bloßer Stilwandel, wie Besseler meint, kein Wandel, der sich auf der Ebene des Stils hielte, auch nicht bloße Weiterentwicklung etwa der Komplexität in den Mensuren, nicht die Einführung einer *novissima ars* anstelle der *ars nova*. Mit dem *Hinzutreten* der Akzentstufen, mit dem nunmehr sich vorgebenden Gesetz der »Zeitgliederung« nach betont/unbetont vollzieht sich vielmehr jener tiefe prinzipielle Bruch *historisch*, den Georgiades *der Sache nach* beschrieben hat.

Und doch vollzieht er sich gleichsam lautlos, geräuschlos, unbemerkt. Dieses Neue, wie radikal es auch mit dem Alten brechen wird, es kommt auf, als wäre es nichts Neues, setzt sich durch, ohne dass es von jemandem durchgesetzt würde, dringt ein in die Musik, ohne dass sich die Musiker darüber Rechenschaft ablegten. Ihrem *Bewusstsein* nach hält sich noch immer in einem *stile antico*, was sie spielen, und schon aber gehorcht es dem neuen Gesetz. Dies setzt sich durch, selbst wo man ihm Widerstand leistet – hilflosen Widerstand.

Der Gruppentakt, der stets die gleiche Zahl von Notenwerten zusammenfasst und den regelmäßigen Wechsel von betonten und unbetonten Taktteilen aufstellt, setzte sich auch in der vokalen Literatur durch. Anfangs suchte man seinem Einfluss durch Fortlassen der Taktstriche oder durch kleine Orientierungsstriche in den Vokalstimmen zu begegnen, doch führten die anwachsenden Schwierigkeiten, die sich bei der Aufführung für die Sänger ergaben, bald zur Abgrenzung der Notenwerte in allen Stimmen, zur Einführung der Taktstriche in die Vokalstimmen. In der zweiten Hälfte des 17. Jahrhunderts ist diese Umbildung des Notenbildes in der Chor- und Sololiteratur zum Abschluss gekommen. Wir finden in den Stimmen das moderne Notierungsbild und in der Literatur eine Rhythmik, die nicht mehr frei aus der durch Taktzeichen und Taktschlag [sc. des alten *tactus*] *geregelten Dauer der Notenwerte die Musik aufbaut, sondern die mit der Metrik, mit dem Einordnen der Schwerpunkte in den Gruppentakt rechnet, die akzentuierende Silben nach dem Akzent oder Taktstrich einstellt.*[47]

Ein Einordnen, das notwendig ein »aktiv-synthetisches Hören« voraussetzt, wie Besseler sehr richtig erkennt: eben jene unwillkürliche, aktive Synthesis in den Hörenden, die taktrhythmische Synthesis, die es vorher, ablesbar am Verlauf der älteren Musik, nicht gegeben hatte – nicht gegeben haben kann. Für die Zeit *vor* Aufkommen des neuzeitlichen Takts gilt:

Wir beobachten hier kein aktiv-synthetisches Mitgehen, sondern ruhiges, mehr passives Lauschen: das Hinnehmen der Musik in ihrer Objektivität. Dieser Gegenpol zum neuzeitlich-aktiven Musikhören sei als »Vernehmen« bezeichnet.[48]

Ein schöner Name für jene ältere Form rhythmischer Wahrnehmung. Diese aber ist es insgesamt, es ist dies »Vernehmen«, was nun abgelöst wird, nicht bloß ein musikalischer Stil. *Das Hören selbst* hat sich verändert, und das auf eine sehr knapp anzugebende Weise: dadurch, dass in ihm nun jene Synthesis aktiv wird. Damals *beginnt* sie zu wirken. Sie, die es bis dahin nicht gegeben hatte, beginnt damals zum ersten Mal in den Subjekten wirksam zu werden.

Sie setzt ein mit einem durchaus geringeren Grad an Wirksamkeit, der jedoch alsbald zunimmt. Sie gewinnt historisch rasch an Stärke, und stetig erweitert sich ihre Kraft, das musikalische Material zu durchdringen.

Im 18. Jahrhundert entwickelt sich das aktiv-synthetische Hören Schritt für Schritt, um schließlich alle Bezirke der Musik zu umspannen. Um 1720 kannte man das Halbsatzthema mit vier Takten, wenn auch noch keineswegs als den Hauptthementyp. Aber die dort vorliegende Paarigkeit setzte sich beim Melodieaufbau mehr und mehr durch. [...]

Der Halbsatz-Themenbau mit acht Takten, im Menuett üblich, wurde wohl in den Jahren um 1760 allgemein zur Norm. Damals erschien als Vertreter der jungen Generation Joseph Haydn [...]. Auch der etwa gleichaltrige Johann Christian Bach, in Mailand ausgebildet und in London tätig, verwendet als Grundlage überall den Achttakter. Er gilt nun als der von der Natur gegebene Baustein, nicht nur für Themen, sondern für die gesamte Musik. Auf den Achttakter zielt nun auch die Synthesis beim Hören. Aber man hat keinen Namen für diese grundlegende Einheit. Das Wort »Periode« fehlt

noch 1767 im »Dictionnaire de musique« von Jean Jacques Rousseau. [...]
Die Synthesis beim Hören hat sich demnach zu solcher Kraft entwickelt, dass sie um 1780 acht Takte als Einheit umspannen und eine solche Achttaktperiode zu den übrigen in Beziehung setzen kann.[49]

Die Geschichte des Taktrhythmus ist die Geschichte *dieser Synthesis* – und das Entstehen des Taktrhythmus notwendig *ihr* Entstehen. Es ist also keine »Erfindung«, kein Programm, kein Diskurs, was den Rhythmus revolutioniert, sondern das historische Aufkommen dieses *Reflexes*. Und *deshalb* muss der Übergang zum Taktrhythmus so lautlos vonstatten gehen, deshalb *muss* er sich vollziehen, ohne dass jemand von ihm *weiß*: weil dasjenige selbst *unbewusst* ist, was da neu aufkommt. Der veränderte Rhythmus verdankt sich keiner Idee, keiner objektiven Entwicklung der Musik, nicht der Leistung eines genialen Musikers, nicht der einer ganzen Gruppe von Meistern, er wird überhaupt nicht Gegenstand einer Reform, weil er nicht *bewusster* Gegenstand einer Entwicklung ist. Niemand weiß von dem Neuen, da niemand es bewusst zu leisten hat: dank der unwillkürlichen Synthesis. Niemand hat dies Neue zu entwickeln, da es sich von selbst macht: im Reflex. Niemand erkennt es als das Neue, da es sich unwillkürlich vorgibt: als bloße Natur. Deshalb hat da niemand bewusst einzugreifen, niemand etwas zu initiieren, deshalb bedarf es keines neuen Gregor, keines neuen Philippe de Vitry, können sich keine verfeindeten Kompositionsschulen darüber in die Haare geraten, kann keine Kirche Protest einlegen oder einen Prozess dagegen führen.

Der Bruch, der sich damals historisch vollzieht, reicht tief hinein in die Musik und durchschneidet ihre Geschichte, *aber er geht nicht von ihr aus*. Er vollzieht sich nicht bloß musikalisch, sondern liegt auf diese Weise sehr viel tiefer. Wenn also eine vergleichsweise geringfügige Veränderung wie die vom ambrosianischen zum gregorianischen Gesang sichtbar Epoche gemacht hat, dann tut es die ungleich radikalere zum Taktrhythmus eben deshalb *nicht*, *weil* sie sich so sehr viel tiefer vollzieht. Der Taktrhythmus macht so tiefgreifend Epoche, nicht *obwohl* es keiner bemerkt, sondern weil das, was den Bruch bewirkt, so tief reicht, *dass* ihn keiner bemerken kann.

Die taktrhythmische Synthesis ist das Neue und bewirkt das Neue. Der Taktrhythmus setzt sich so unwillkürlich durch, wie die Synthesis wirkt. Und so unwillkürlich sie als solche wirksam ist, so unwillkürlich muss sie auch *beginnen*, wirksam zu werden. Genausowenig, wie wir selbst üblicherweise etwas vom Wirken dieser Synthesis in uns wissen und ebensowenig davon, wann sie in *uns* zu wirken beginnt, so wenig wissen auch diejenigen davon, in denen es mit dieser Synthesis historisch überhaupt erst seinen Anfang nimmt. Das bedeutet aber, dass der Taktrhythmus *von Anfang an* nicht als das Neue empfunden wird, das er ist, sondern als ewige Natur: so, wie er inzwischen *uns* erscheint – hinauf bis in die potenzierte, für den Taktrhythmus so charakteristische Gruppenbildung:

Schon 1752 erklärte Joseph Riepel, ausgehend vom Menuett, eine Taktordnung nach Potenzen der Zahl 2 als die »natürliche«: »Denn 4, 8, 16 und wohl auch 32 Täcte sind diejenigen, welche unserer Natur dergestalt eingepflanzet, dass es uns schwer scheinet, eine andere Ordnung (mit Vergnügen) anzuhören«.[50]

So wird Geschichte zu Natur.

1618, 1624

Und das nicht erst anderthalb Jahrhunderte nach Aufkommen des Taktreflexes, sondern vom ersten Augenblick an: schon bei demjenigen, der den Taktrhythmus als allererster beschreibt. Es ist kein Geringerer als René Descartes.

Als junger Mann, im Jahre 1618, verfasst er einen kleinen Traktat, sein *Musicae Compendium*, wo er in einem kurz gefassten Kapitel »De Numero vel Tempore in Sonis observando« die historisch erste Beschreibung des Taktrhythmus gibt.[51] Sämtliche vergleichbaren Zeugnisse, die früher liegen, alle, die sich vor dem *Compendium* mit Rhythmus befasst haben, beschreiben ausnahmslos einen anderen, proportionalen, material gebundenen Rhythmus. Keine Schrift vorher kennt den neuzeitlichen Takt, ja mehr noch, selbst spätere Schriften, musikalische Traktate, die erst Jahrzehnte nach Descartes' *Compendium* entstehen – es wird postum erst 1650 gedruckt –, behandeln Rhythmus noch immer in den Begriffen und nach den Verhältnissen von Mensur und Proportion, ohne ihn bereits nach der Taktlogik zu fassen.[52]

Das *Compendium musicae* entsteht also *inmitten der Zeit des Übergangs* zur neuzeitlich taktrhythmischen Rhythmuswahrnehmung. Ein kostbares Dokument: Es gewährt Einblick in das rhythmische Innenleben eben jener Zeit, zu der sich dieser Umschlag vollzieht, es dokumentiert, wie ein Zeitgenosse dieser Vorgänge Rhythmus empfindet. Und dafür ist nicht nur aufschlussreich, worüber dieser Zeitgenosse schreibt, sondern ebenso, wovon er schweigt.

Denn Descartes *weiß nichts von einer Neuerung*, weiß von keinem Übergang, weiß von keinem älteren Stand des Rhythmus: Er weiß *nur* noch vom Taktrhythmus. Eben erst, in eben diesen Jahren ist der Mensuralrhythmus dabei, abgelöst zu werden, noch ist er allenthalben präsent, und doch schreibt Descartes *nichts* von ihm, sondern schreibt, als gäbe es gar nichts mehr davon: Er *kennt* ihn nicht mehr. Die rhythmische Revolution, die sich zu seinen Lebzeiten vollzieht, für Descartes ist sie bereits *vollzogen*, vollendet und vergangen, und zwar so unvermerkt wie für jeden anderen. Descartes schreibt vom Rhythmus ohne jeden Hinweis, dass da etwas einzuführen wäre oder neu eingeführt worden sei, der Taktrhythmus ist für Descartes schon so bruchlos da, als hätte es immer nur *diese* Art Rhythmus gegeben. Schon Descartes schreibt von Rhythmus, wie später ein Gottfried Hermann, als von *Rhythmus überhaupt*; und doch ist das, was er so beschreibt, historisch zum ersten Mal *Takt*rhythmus.

Niemand vorher hat ihn beschrieben, auf niemanden kann sich die Darstellung berufen, niemandem folgt Descartes darin als sich selbst; er beschreibt also, was unmittelbar für ihn Rhythmus ist. Und daran ist bemerkenswert, nicht nur dass er den Taktrhythmus als erster, sondern dass er ihn sogleich *vollständig* beschreibt, in *allen* seinen Bestimmungen – *noch bevor der Taktrhythmus* in dieser Weise musikalisch *vollständig durchgesetzt ist*.

Descartes beginnt sein *Compendium* mit einer Handvoll *praenotata*, Axiomen über das Wesen der menschlichen Wahrnehmung. Aus ihnen, aus nicht mehr als dreien davon,[53] leitet er dann kurzerhand *das* Wesen des Rhythmus ab, ohne einen Gedanken, dass Rhythmus jemals etwas Anderes sein könne und etwas Anderes war. Aber zum erstenmal – das ist bemerkenswert – geht eine Darstellung des Rhythmus nicht mehr vom *Gegenstand* der Wahrnehmung aus, einem für rhythmisch erachteten Ding oder Klang, sondern von der *Wahrnehmung selbst*. Ein bedeutend neues Vorgehen, so neu, wie es die neue, veränderte Wahrnehmung nun offenbar verlangt. Nach Descartes' Axiomen bestimmt unsere Wahrnehmung aktiv über die Kriterien, nach denen sie etwas leicht und, wie später auch Riepel sagen wird, mit Vergnügen auffasst. Und zwar fasse sie ein Objekt umso leichter auf, erstens, je geringer der Unterschied seiner Teile sei; das heiße zweitens, wenn die Teile des Objekts in einem möglichst großen, und schließlich drittens, wenn sie in einem ganzzahligen Verhältnis zueinander stehen. Dies Verhältnis nennt Descartes noch immer selbstverständlich *proportio*, und wenn er nicht anders fortführe, könnte man seine Prinzipien noch immer auch mit dem proportionalen, mensuralen Rhythmus für verträglich halten. Descartes jedoch deutet sie so, dass sie ihm die *takt*rhythmischen Bestimmungen liefern. Diese ergeben sich also *nicht* stringent aus den *praenotata*, und *trotzdem* legt Descartes sie in einer Klarheit und Folgerichtigkeit dar, die des großen Denkers würdig ist.

Tempus in Sonis debet constare aequalibus partibus –

»*Die Zeit muss bei den Tönen aus gleichen Teilen bestehen –*«, so der Eingangssatz des Rhythmuskapitels und so auch die erste Bestimmung des Taktrhythmus: *gleiche Zeiteinheiten* als Grundlage.

vel partibus quae sint in proportione dupla vel tripla, nec ulterius fit progressio

»*oder aus Teilen, die im doppelten oder dreifachen Verhältnis stehen, und darüber geht es nicht hinaus*«. Das ist die Festlegung auf Zweier- und Dreier-Gruppe, 1:2 und 1:3, Einheiten aus zwei oder maximal drei gleichen Elementen; »und darüber geht es nicht hinaus«: Sie sind die *einzigen* elementaren Gruppen – des Taktrhythmus. Noch ließe sich die Zweier- und Dreier-Teilung an dieser Stelle mensural deuten, als imperfekte und perfekte Teilung, aber nicht mehr, wenn Descartes fortfährt:

Sed dices, possunt 4or notas contra unam ponere vel 8

»*Aber du wirst sagen, man kann auch vier oder acht Noten gegen eine setzen.*« Schon also geht es im Anschluss an die beiden elementaren Gruppen weiter mit der Reihe der Zweier-Potenzen, ein Spezifikum des Taktrhythmus, aber unmöglich unter den mensuralen Verhältnissen. Descartes erkennt darin sogar die *Potenzierung der elementaren Gruppe*, da er erklärt, für die Teilung durch vier oder acht werde kein neues Verhältnis eingeführt, sondern die Zweier-Teilung lediglich mit sich selbst multipliziert: »est tantum proportio dupla multiplicata«. Die potenzierte Gruppenbildung wird bei Descartes also, wie dann üblich, allein mit der *Zweier*-Teilung fortgesetzt und spart die Dreier-Teilung aus. Auf Zweier- und Dreier-Gruppe jedenfalls basieren die nur insgesamt *zwei Taktarten*, auf welche die Musik durch das Takt-Gesetz verpflichtet ist:

Ex his duobus proportionum generibus in tempore orta sunt duo genera mensurarum in Musica

Die Takte heißen noch immer *mensurae*, doch nunmehr erhalten sie etwas, was sie aufs entschiedenste vom mensuralen *tactus* trennt: die *Hervorhebung* bestimmter Taktteile, eine größere *intensio*, die sich laut Descartes so einstellt,

ut initio cujusque battutae distinctius sonus emittatur,

»*dass der Ton am Anfang eines jeden Takts hervorgehoben wird*«. Damit, mit der gesetzmäßigen *Betonung* bestimmter Zeiteinheiten, ist die spezifische Beschreibung des Taktrhythmus vollständig. Die Hervorhebung jeweils der ersten Zeiteinheit, von zweien im Zweier- oder von dreien im Dreier-Takt, das taktrhythmische Verlaufsgesetz des Betonungswechsels mit jeweils einer oder mit zwei Unbetonten: hier sind sie zum historisch ersten Mal beschrieben.

Für uns versteht sich dieses Abwechseln von betont und unbetont zutiefst von selbst. Und für Descartes? Schon ganz genauso:

> *quod naturaliter observant cantores et qui ludunt instrumentis*

»*Das beachten die Sänger und Instrumentalisten ganz natürlich*«. Weshalb sie es beachten, dafür gibt es für Descartes keine andere Begründung als gegebene Natur: Es stellt sich »*natürlich*« ein, *naturaliter*. Bis wenige Jahre zuvor hatte es sich noch nie eingestellt, gerade erst ist es historisch aufgekommen, gerade erst setzt es sich an die Stelle vollständig anderer Verhältnisse und weiß doch von keinem Entstehen, weiß von keiner Veränderung, es scheint Natur von allem Anfang an. Es gibt sich Descartes, der dem geschichtlichen Hervortreten dieses eben deshalb *nicht* Naturgegebenen unmittelbar beiwohnt und also unendlich viel näher steht als wir, schon genauso vollständig und naturgegeben vor wie eben uns.

Und genauso wie wir, die deshalb blind davon überzeugt sind, der Rhythmus nach Takten läge in der Natur der Sache statt daran, wie uns die Wahrnehmung diese Sache vermittelt, kann es sich schon Descartes nicht mehr anders vorstellen, als dass der Rhythmus, den wir hören und empfinden, einfach objektiv im Klang läge, unabhängig von dem, der ihn hört. Descartes' Erklärung dafür, dass Rhythmus »naturaliter« nach dem betont/unbetont verlaufe, heißt demnach:

Sicher ist nämlich, dass der Klang alle Körper ringsum in Erschütterung versetzt, wie man es bei Glocken und bei Donner feststellen kann; den Grund dafür zu suchen, überlasse ich den Naturgelehrten. Doch da dem offensichtlich so ist und da wie erwähnt der Ton am Anfang jedes Taktes hervorgehoben und stärker gespielt wird, so muss man sagen, dass auch er unser Gemüt stärker erschüttert, durch welches wir zur Bewegung angeregt werden. Daraus folgt, dass auch wilde Tiere nach dem Takt tanzen können, wenn sie es gelehrt und daran gewöhnt werden, weil es dazu nur eines natürlichen Antriebs bedarf.

Eine wilde Behauptung: Noch der am besten abgerichtete Tanzbär tanzt nicht nach Takten, und nicht einmal du, guter Kuckuck, wo es bei deinem Ruf doch so natürlich nahe läge, hältst den Takt fein innen, auch wenn es das schöne Lied aus des Knaben Wunderhorn der Fabel wegen behaupten muss. Immerhin: Anders als bei Canetti, wo die Menschen den Taktrhythmus von den Tieren lernen sollen, lässt ihn Descartes die Menschen umgekehrt den Tieren beibringen und bekennt damit ein, sowenig es sich mit seiner mechanischen Schalldruck-Erklärung verträgt, dass dort Menschen *ihren* Rhythmus erst auf die Tiere übertragen müssten, dass den Tieren die Takte also durchaus nicht – einfach mittels der klanglichen Erschütterung – »von Natur aus« eingehen.

Dass es mit dieser Erschütterung durch die Schallwellen, dass es mit der bloßen physikalischen Klangwirkung nicht getan ist, erkennt Descartes nämlich andererseits sehr wohl. Er, der erste, der den Taktrhythmus beschreibt, erkennt ja auch als erster, dass unsere Wahrnehmung daran *aktiv* beteiligt ist, dass da nicht einfach nur Klänge in unseren *sensus* fallen und ihn mehr oder weniger erschüttern, sondern dass dieser *sensus* selbst *wirksam* wird, eine Art *imaginatio* entfaltet, wie Descartes sagt, eine Einbildungskraft, die jene rhythmische Klangordnung »aktiv-synthetisch« herstellt. Descartes, der klare Denker auch hier, beschreibt in einer Genauigkeit, die ihm für Jahrhunderte keiner nachmachen wird, was wir beim taktrhythmischen Hören unwillkürlich leisten, zeichnet nach, wie wir jeweils zwei Zeiteinheiten zu einer Gruppe zusammenfassen und jeweils alle nachfolgenden Gruppen zurückbeziehen auf die früheren und mit diesen wiederum zu potenzierten Zweiergruppen verbinden, zu Perioden nach den Zweierpotenzen.

Diese so beschaffene Proportion [sc. der Zweier- und Dreier-Gruppe] *wird aber sehr häufig in den Gliedern einer Melodie eingehalten, damit sie unsere Wahrnehmung so unterstützen kann, dass wir uns, während wir eben noch die letzte Zeiteinheit hören, dessen erinnern, was in der ersten war und was in der übrigen Melodie. Das geschieht, wenn die gesamte Melodie entweder aus 8, 16, 32 oder 64 Gliedern besteht, so dass also alle Teilungen von der zweifachen Proportion ausgehen.*

Während wir nämlich die zwei ersten Glieder hören, nehmen wir sie als Einheit wahr, und während wir noch das dritte Glied dazu hören, verbinden wir es mit jenen [zwei] ersten, so dass eine dreifache Proportion entsteht; daraufhin, während wir das vierte hören, verbinden wir dieses mit dem dritten, so dass wir sie als Einheit wahrnehmen; dann verbinden wir wiederum die zwei ersten mit den zwei letzten, so dass wir diese vier zugleich als Einheit wahrnehmen; und so schreitet unsere Einbildungskraft fort bis zum Ende, wo sie schließlich die ganze Melodie als eine einzige Einheit aus vielen gleichen Gliedern auffasst.

Wie staunenswert genau beschreibt Descartes hier die Wirksamkeit der Synthesis! Und wie nachdrücklich also belegt er, dass diese Synthesis *in ihm* wirksam ist. *Durch sie* wird ihm Rhythmus – *vollständig* und *natürlich* – Taktrhythmus. Die Musikwissenschaft nämlich hat mit Erstaunen quittiert, dass Descartes bereits von einer Periodenbildung spricht, die bis zur Zweierpotenz 64 reicht, lange bevor in der Musik ähnlich weitgestreckte Perioden verwirklicht wurden. Es ist aber kein Wunder: Descartes wird zum Prophet solcher Perioden ganz einfach deshalb, weil er die potenzierte Gruppenbildung nicht erst der Musik zu entnehmen braucht, sondern sie nach dem Reflex *selbst bildet*. Um sie zu kennen, braucht er deshalb nicht erst auf ihren Niederschlag und ihre Verwirklichung in der Musik, sondern braucht er nur in sich selbst zu hören.

Und aus demselben Grund gibt es für ihn keinen älteren Stand von Rhythmus mehr, obwohl dieser in der Musik jener Zeit sehr wohl noch nachwirkt. Genauso tief, wie uns die Empfindung für den antiken Rhythmus verloren ist, ist schon für Descartes die des mensuralen verloren. Wer nach der taktrhythmischen Synthesis hört, der hört eben unwillkürlich *ihren* und *nur* ihren Rhythmus, empfindet *diesen* als rhythmisch und kann nur *ihn* sich noch als Rhythmus vorstellen. Das gilt für Hegel, für Nietzsche, Canetti, gilt für jeden von uns; und gilt auch schon für den Zeitgenossen jenes Umschlags, für Descartes. Vom alten, dem noch nicht von jener Synthesis durchwirkten Rhythmus ist für denjenigen nichts mehr vorhanden, in dem die Synthesis wirkt: eben deshalb, weil sie wirkt. Deshalb verdrängt dieses Neue das Alte so gründlich, als hätte es dies nie gegeben. Über solche Kraft verfügt es selbst im Moment seines frühesten Hervortretens – eine geschichtsvernichtende, eine geradezu furchterregende Kraft!

Ein zweites Dokument noch soll sie belegen, eine weitere zeitgenössische Schrift, an der vielleicht schärfer noch als an Descartes' *Compendium* deutlich wird, wie sich der Wandel zur taktrhythmischen Wahrnehmung, wie sich also das Hervortreten des Taktreflexes historisch vollzieht; ich wüsste kein eindrücklicheres Zeugnis für dessen historisches Wirksam-*Werden*.

Es ist die Schrift, mit der ein deutscher Dichter die *Akzentverse* einführt. Dies Gründungsdokument »unseres« Rhythmus in deutschen Versen, das *Buch von der Deutschen Poeterey*, hat Martin Opitz 1624 verfasst und im selben Jahr veröffentlicht. Und darin schreibt er als erster, von nun an seien Verse nach betont und unbetont zu dichten. Er vollzieht also ganz offen und bewusst den *Übergang* zu Akzentversen, zu einer Versart, die es nach seinen eigenen Worten bis dahin nicht gegeben, die er selbst bis dahin nicht gekannt habe.[54]

Als erstes eine Frage am Rande: Weshalb vollzieht sich die Einführung der Akzentverse nicht ebenso geräuschlos von selbst wie die des Taktrhythmus in der Musik? Weshalb muss Opitz das Neue überhaupt *einführen*? Weshalb also gibt es bei den Versen eine *Reform*, die es in der Musik gerade nicht hat geben können?

Die Notwendigkeit, die neue Rhythmik erstens selbst *als etwas Neues* zu erkennen und dies Neue zweitens der *Beachtung* anderer zu empfehlen, ergibt sich wiederum aus dem anders gearteten, nicht wie in der Musik frei formbaren Klangmaterial, auf das der Taktreflex bei den Versen trifft. Da deren Klangelemente, die Silben der Sprache, für sich bereits Betonungen tragen und da die taktrhythmische Synthesis auf solche klanglich gegebenen Betonungen reagiert, hat also der Dichter, der taktrhythmisch wahrnimmt, darauf zu *achten*, dass er die Silben in eine Abfolge bringt, die sich mit *ihren* Betonungen an die Möglichkeiten des Betonungsrasters der *Synthesis* hält, in eine Abfolge also, die sich dem synthetisch-gesetzmäßigen Wechsel von betont und unbetont *einfügt* und ihn zuverlässig *bindet*. Diese *Beachtung* der taktrhythmischen Gesetzmäßigkeit muss der Dichter insofern *bewusst* vollziehen, ihrer hat er sich bewusst zu werden, auch wenn er sonst von einem Reflex nichts, aber auch gar nichts weiß – er bemerkt ja dessen Wirkung. Zu der Zeit, da dieser Reflex überhaupt erst aufkommt, gibt es folglich für die Dichter, anders als für die Musiker, den historischen Augenblick, da sie sich dieser Beachtung bewusst zu *werden* haben. Das kann je nach Sprache etwas früher oder später erfolgen, eben weil es hier auf das sprachlich vorgeprägte Klangmaterial ankommt und auf die unterschiedliche Nachgiebigkeit, mit der die Sprachen eine Einwirkung der Synthesis auf ihr Klangmaterial zulassen. In den romanischen Sprachen kommt es nie zu einer Akzentmetrik, im Englischen dagegen sehr früh – der erste Beleg, George Gascoignes *Certaine notes of instruction concerning the making of verse or rime in English*, stammt aus dem Jahre 1575. Im Deutschen braucht es dafür bis zum Jahre 1624.

Damals dekretiert Martin Opitz mit den folgenden dürren Worten eine bis dahin vollkommen unerhörte, neue Art von Versbau:

Nachmals ist auch ein jeder verß entweder ein iambicus oder trochaicus; nicht zwar das wir auff art der griechen vnnd lateiner eine gewisse grösse [sc. Länge oder Kürze] *der sylben können inn acht nemen; sondern das wir aus den accenten vnnd dem thone erkennen / welche sylbe hoch vnnd welche niedrig gesetzt soll werden.*[55]

»Nachmals«, *von nun an* also soll es nach betont und unbetont gehen; bisher hat es dies nicht getan. »Ein *jeder* verß« soll danach gehen; es gilt also *grundsätzlich*. Und *gesetzmäßig* soll es gehen; als »iambicus« so:

die erste sylbe niedrig / die andere hoch / die dritte niedrig / die vierde hoch / vnd so fortan /

und als »trochaicus« so:

die erste sylbe hoch / die andere niedrig / die dritte hoch / etc.

Ein aufschlussreiches »*etc.*«, »*vnd so fortan*«. Man wird sich erinnern, dass eine Folge antiker Jamben – und für Trochäen und alle übrigen Versfüße gilt das Gleiche – mit dieser Art regelmäßigem Auf und Ab, selbst wenn man es in das lang und kurz der Antike übertragen würde, keinerlei Verwandtschaft hat.

Opitz benötigt aber für die *neue* Art von Versverlauf zwei Namen, und die nimmt er, zu seiner Zeit nicht anders denkbar, aus der Antike, auch wenn er die Begriffe dafür entschieden umdeuten muss. Wie aber kommt Opitz auf diese Art von Versbau?

Wiewol nun meines wissens noch niemand / ich auch vor der zeit selber nicht / dieses genawe in acht genommen / scheinet es doch so hoch von nöthen zue sein / als hoch von nöthen ist / das die Lateiner nach den quantitatibus oder grössen der sylben jhre verse richten vnd reguliren.

Opitz weiß von keinem Vorgänger, kann sich auf keine Autorität berufen, ja mehr noch, *er selbst* hat bisher *nicht* nach Akzenten, sondern *anders* gedichtet. Und trotzdem, obwohl es »vor der zeit« anders war und Opitz es anders *kannte*, empfindet er *jetzt* mit einem Mal zwingenden Anlass zu *diesem*, einem *neuen*, ihm bisher selbst noch unbekannten Versbau. Und dieser Anlass lautet schlicht und unhintergehbar: Es scheinet »hoch von nöthen« zu sein – mehr vermag Opitz nicht dazu zu sagen. Kein Zwang der Tradition lastet auf ihm, kein Zwang der Konvention, überhaupt kein Zwang von außen, auch von der Sprache kann er nicht ausgehen, denn weder hatte die deutsche Sprache bis dahin je nach Akzentmetrik verlangt, noch wandelt sich damals ihr Klangbild in irgendeiner Weise, die eine veränderte Behandlung in Versen erfordern könnte.[56] Nein, eine *innere* Nötigung muss es sein, auf die sich Opitz beruft, ein Zwang, den er nunmehr unwillkürlich und unwiderstehlich *empfindet*.

Aber dass er ihn *erst jetzt* empfindet, dass ihm das Neue erst vonnöten *wird*, dass also der Zwang damals erst in ihm *aufkommt*, es lässt sich hier wunderbar genau belegen. Opitz hatte sich der Dichtkunst ja nicht erst mit der Niederschrift seiner *Poeterey* zugewandt, sondern schon all die Jahren zuvor fleißig Verse geschrieben. Und zwar selbstverständlich Verse der Art, wie bis dahin alle sie gedichtet hatten: rein silbenzählend, *ohne* jede Festlegung der Akzente. Neben ihrer Reimbindung sind diese Verse also allein festgelegt in der *Anzahl* ihrer Silben – und selbst die konnte, im freien Knittelvers etwa, schwanken. Rein silbenzählende Alexandriner lauten zum Beispiel so:

Der Tugent klarer glanz / welcher deinen aufgang /
Mehr dan andrer mittag / vnvergleichlich gezieret /⁵⁷

Oder auch:

Venus die hat Juno nicht vermocht zue obsiegen

Keine Festlegung nach einem gesetzmäßigen betont/unbetont, kein Zwang zu einer bestimmten Abfolge der Akzente: So wurden diese Verse gedichtet, so wurden sie gehört, so wurden sie gelesen und goutiert. Die Sprachakzente durften so frei fallen, wie sie mochten, und ebenso natürlich – wir würden heute sagen: wie Prosa – waren sie auch zu lesen. Solche Verse hatten alle und so auch Opitz gedichtet, auch er bis dahin ohne alle Nötigung, die Sprachakzente in ein gesetzmäßiges betont/unbetont einzupassen. *Das* aber ändert sich. Zu der Zeit, da er schließlich die *Poeterey* verfasst, scheint ihm das betont/unbetont mit einem Mal »so hoch von nöthen«, dass es nicht anders mehr sein kann; und er gibt ein Beispiel für diese Notwendigkeit.

Denn es gar einen übelen klang hat:
  Venus die hat Juno nicht vermocht zue obsiegen;
weil Venus *vnd* Juno *Jambische / vermocht ein Trochéisch wort sein soll.*

Der Vers ist ein Alexandriner so makellos trefflichen Klangs, wie ihn ein rein silbenzählender Vers nur immer haben kann – und wie ihn Opitz immerhin bis eben noch selbst verwendet hatte. Nunmehr aber hat derselbe Vers für Opitz »einen übelen klang«, warum? Weil es jetzt so heißen soll:

Ven**us** die **hat** J**u**no nicht ver**mocht** zue ob**sie**gen;

und weil deshalb statt *Vénus* »jambisch« *Venús* gesprochen werden soll oder umgekehrt statt *vermócht* »trochéisch« *vérmocht*. Auf diese Weise ergibt sich zweifellos ein übler, nämlich sprachwidriger Klang, doch wie kommt es dazu? Allein dadurch, dass es da jambisch oder trochäisch zugehen »*soll*«!

Wer aber schreibt *das* vor, woher kommt dieses *Sollen*? Opitz stellt doch gerade erst selbst die Forderung auf, dass es »nachmals« nach betont/unbetont, »Jambisch« oder »Trochéisch«, zugehen *soll* – und begründet dieses Sollen in seinem Beispielvers womit? Damit, dass es dies Sollen einfach schon gibt! Er *weiß* – so sagt er selbst: »meines Wissens« –, dass bis dato niemand, dass auch er selbst dies Sollen nicht empfunden und nicht beachtet hat; doch jetzt mit einem Mal *ist es da* – und Opitz vermag es nur noch hinzunehmen, vermag nur noch darauf hinzuweisen, *dass* es da ist. Denn nun *hört* er danach, ob er will oder nicht, jetzt *gibt* es für ihn mit einem Mal die Nötigung, gibt es jenes Sollen, das bei dem bisher so schönen, rein silbenzählenden Vers den Missklang nunmehr *erzeugt*. Ausdrücklich liegt der »übele klang« ja nicht schon im Vers, liegt er dort nicht schon in der Sprache und ihren Silben. Nein, dass zum Sprachklang vielmehr eine Betonungsfolge *hinzutritt*, die von diesem Sprachklang abweicht, dass *Vénus* zu *Venus* und *vermócht* zu ***vermocht*** werden soll, das erst *macht* den üblen Klang.

Es ist nicht zu übersehen: Der Missklang, den Opitz hier empfindet, das Sollen, das den Missklang *bewirkt*, und das gesetzmäßige betont/unbetont, *womit* es ihn bewirkt, entstehen zwingend unwillkürlich – als Werk des taktrhythmischen Reflexes. Er ist es, den Opitz als Nötigung lediglich konstatieren kann und begründen nur, indem er sich hinstellt und sagt: Da, man *hört* es doch! Opitz beruft sich auf ein Sollen, das den gesetzmäßigen Verlauf nach betont/unbetont erzwingt – aber ja *bisher nicht* erzwungen hat! Opitz beruft sich also auf einen Zwang, den er zwar *erst jetzt* empfindet, aber nunmehr so unwillkürlich und unhintergehbar, dass er sich schon nicht mehr vorzustellen vermag, ein anderer könne diesen selben Zwang nicht empfinden. Deshalb hält er es für ausreichend, den alten Alexandriner von Venus und Juno einfach hinzuschreiben, und schon müsse ihn jeder in eben dem üblen Klang hören, mit denselben sprachwidrig-*zusätzlichen* Betonungen, also nach demselben unwillkürlichen Sollen von betont/unbetont, welches Opitz nun selbst empfindet – als wäre es nie anders gewesen.

Keine fünf Jahre vor Niederschrift der *Poeterey* hatte Opitz noch einem Freund, Julius Zinkgref, die Manuskripte seiner bisherigen Gedichte zur Veröffentlichung überlassen. Zinkgref säumte zunächst, ließ die Gedichte liegen und beförderte sie erst im Jahre 1624, ohne erneute Rücksprache mit Opitz zu halten, zum Druck – inzwischen aber sehr zum Ärger ihres Dichters.

Denn eben *jetzt* genügten ihm die eigenen rein silbenzählenden Verse nicht mehr, jetzt erhielten sie in seinen Ohren mit einem Mal jenen »übelen klang«, den er an dem Venus/Juno-Vers verzeichnet. Opitz beeilt sich deshalb, erstens die *Poeterey* zu verfassen und sich darin empfindlich gegen die Edition seines Freundes zu verwahren, und zweitens seine Gedichte noch einmal selbst drucken zu lassen. Und dafür überarbeitet er sie, indem er sie systematisch auf das betont/unbetont stimmt: *Er nimmt an den eigenen Versen eben die Revision vor, die sich inzwischen in seiner Rhythmuswahrnehmung vollzogen hat.*

Auch Opitz also kannte noch den älteren Rhythmus, er selbst hat nach ihm gehört, er selbst hatte seine früheren Verse nach ihm eingerichtet; doch nun, innerhalb so kurzer Zeit, sind sie ihm zu Artefakten eines *vergangenen* Rhythmus geworden, sie vertragen sich nicht mehr mit dem veränderten *neuen*, sie vertragen sich nicht mit der Wirksamkeit von Opitz' veränderter Wahrnehmung; und so passt er ihr seine Verse nachträglich an. Jetzt achtet er darauf, dass sie sich durchgängig nach dem Wechsel von betont und unbetont lesen lassen, ohne dass es zu sprachwidrigen Betonungen durch eben diesen Wechsel kommt. Opitz schreibt seine Verse, die bisher nicht akzentmetrisch waren, zu Akzentversen um. Es lässt sich wohl verfolgen, dass diese älteren Verse schon vor ihrer Überarbeitung kontinuierlich, je näher sie dem Jahre 1624 lagen, umso seltener der Leseweise nach betont/unbetont Anstoß boten, aber doch bieten sie ihn bis ganz zuletzt.[58] In einem letzten Umschlagen erst wird die Leistung der taktrhythmischen Synthesis so zwingend, dass sich Opitz der Nötigung, die ihm eine veränderte Behandlung der Verssprache abverlangt, unwiderruflich bewusst wird.

Ein staunenswerter Einblick also, den Opitz' Schrift eröffnet: darauf, wie sich der Taktreflex innerhalb der bereits vorgerückten Lebenszeit eines Menschen durchsetzt und, sobald er sich durchgesetzt hat, damit sofort auch zu unhintergehbarer Natur geworden ist.

Nur ein kurzer Blick noch darauf, wie es damit weitergeht. Opitz' *Poeterey* dringt mit ihrer Feststellung, das betont/unbetont sei »hoch von nöthen«, alsbald durch – anders als manche anderen Vorschläge zu veränderter Skansion, die im 16. Jahrhundert ergingen und sang- und klanglos untergegangen waren. Sehr rasch und ganz allgemein werden seitdem im Deutschen Akzentverse gedichtet, und das kann nur sein, wenn jenes »Sollen« tatsächlich so, wie es Opitz gedankenlos voraussetzte, allgemein schon stark genug empfunden wurde. Noch nicht *völlig* und *ausnahmslos* allgemein, denn einem bedeutenden und gefeierten Dichter wie Rudolf Georg Weckherlin will die neue Notwendigkeit Jahrzehnte lang *nicht* einleuchten – bis schließlich auch er sich daran macht, seine älteren Verse für eine Neuausgabe entsprechend umzuarbeiten. Der Reflex also *wird* allgemein, und unwiderstehlich werden die Zeugnisse des alten Rhythmus, die älteren Verse, jetzt entweder dem neuen angepasst und nach ihm umgedeutet oder aber sie verfallen dem Verdikt des üblen Klangs. Davon zeugt noch immer ein Schimpfwort wie das von den »Knittelversen«: So hat das 18. Jahrhundert nachträglich die Paarreimverse der Zeit »vor Opitz« verächtlich gemacht – einfach weil diese armen, früher einmal schönen Gebilde sich dem neuzeitlichen Alternieren nach betont und unbetont sperren und da es ihnen nachträglich nur noch mit dem Holzhammer beigebracht werden kann. Und da sie nun schon diesen Schaden leiden, brauchten sie für den Spott, *sie* würden diesen Knüttel schwingen, nicht zu sorgen.

Opitz führt die Beachtung des Wechsels von betont und unbetont in die deutschen Verse ein, kennt zunächst also nur die elementare Form der Zweier-Gruppe, wenige Jahre später erkennt August Buchner, dass sich mit der neuen Festlegung aufs betont/unbetont auch der »daktylisch« genannte Fall verträgt, dass zu einer Betonten *zwei* Unbetonte treten,[59] und mit dieser Dreier-Gruppe sind die Akzentverse im Deutschen schon fertig so eingeführt, wie es sie noch heute gibt. Ihr Aufkommen hat die Wissenschaft deshalb zu einer Schöpfung von Opitz und Buchner erklärt, zum Ergebnis ihrer *Reform*. Doch Opitz und Buchner haben sich das neue rhythmische Prinzip und den neuen Versbau, den es verlangt, weder ausgedacht noch auch nur ausdenken *können*. Geleistet wird beides durch den neu entstandenen Reflex und wäre ohne ihn unmöglich. Opitz und Buchner vermerken lediglich seine Wirkung, entdecken, wie sich ihr Gehör, wie sich ihnen dadurch Klang und Wahrnehmung verändert hat, und werden sich als erste darüber bewusst, wie dem in der Sprachbehandlung beim Dichten nachzukommen ist. Sie geben dem bewusst nach, was ihnen der taktrhythmische Reflex unbewusst vorgibt; aber sie schaffen ihn nicht.

Fragt sich also, was ihn schafft.

EIN OFFENES RÄTSEL

Er wirkt in uns, wir finden ihn vor, wir haben ihn hinzunehmen, wie man etwa die Elektrizität hinzunehmen hat. Aber anders als sie, die sich schon zu Urzeiten am Bernstein, dem griechischen *elektron* feststellen ließ, wirkt dieser Reflex eben nicht zu allen physikalischen Zeiten, sondern erst seit Beginn des 17. Jahrhunderts, und auch das nicht auf einen Schlag überall auf der Welt, sondern zunächst allein in den Gesellschaften des mittleren und westlichen Europa. Also muss er selbst durch etwas *geschichtlich* bewirkt *werden* – wodurch?

Was *er* bewirkt, ist schon jetzt bedeutend genug. Er bestimmt unsere rhythmische Wahrnehmung, unser ganzes natürliches Empfinden für Rhythmus. Auf ihm gründet die gesamte Musik nach Takten, durch ihn allein *wird* sie zu einer solchen Musik, vom Barock eines Bach bis zum Bum Bum des Techno. Er gibt vor, wie sie rhythmisch zu verlaufen hat, welche Möglichkeiten des Verlaufs es gibt, und dass wir *diese* als rhythmisch hören. Und nicht nur, dass die Taktmusik *jetzt* auf ihm gründet, dass er jeweils *jetzt* die stete und notwendige Voraussetzung ist für das Hören nach Takten, er hat diese Musik weltweit auch durchgesetzt. Auf ihm erhebt sich die Welt der Akzentverse, von Shakespeare bis zu Morgenstern, von Goethe bis zum Rap, er leistet das Versmaß aus betont und unbetont, welches die freien Verse dann allenfalls aufgeben können, er macht – für uns – den Unterschied zwischen Prosa und Vers. Er wirkt in die Sprache, durchwirkt unsere Welt mit der unabsehbaren Vielzahl seiner rhythmischen Alltäglichkeiten, die Wassertropfen fallen durch ihn in Zweier-Gruppen, der Herzschlag will uns seinetwegen rhythmisch klingen und so noch jedes *tok tok tok* bis hinab zu dem unserer Füße.

Doch er erzeugt nicht nur den unüberblickbaren Reichtum dieser Wahrnehmungen, er erzeugt zugleich das trügerische *Bewusstsein*, all das wäre bloß objektiv gegebene Natur, ein Bewusstsein, das sich selbst den reflektiertesten Beweisgängen der Wissenschaft fälschend einbeschreibt. So bestimmt der Taktreflex auch unser *Denken* auf eine recht grundsätzliche Weise und bannt es gerade hier, bei Dingen, die so tief in unser Innerstes reichen, auf einen krud vorkritischen Stand – vorkritisch in dem Sinn, dass das Denken hier weit, weit hinter der Wendung durch Kants Kritiken zurückbleibt. Dort war immerhin erkannt, dass unser Denken seine Gegenstände ganz allgemein nach Bestimmungen fasst, die es nicht schlichtweg in ihnen vorfindet, sondern die es selbst ihnen vorgibt und nach denen es sie zu *seinen* Gegenständen macht. Kant allerdings – und viele tun es heute noch – hält diese Bestimmungen, die Kategorien, für apriorisch konstant, für transzendental der Geschichte enthoben. Während sich *dieses* Apriori, von der zutiefst unwillkürlichen Empfindung des Rhythmischen bis zur angestrengt bewusstesten Reflexion darüber, selbst nun als geschichtlich erweist.

Welche Geschichte also bringt es hervor?

ZWEITES KAPITEL

So wie die Seele im Körper wirkt er wie jede Substanz und ist doch selber immateriell; er verleiht Bewegung, und doch kann man nicht sagen, dass er existiert; er bringt Formen hervor, und hat doch selber keine Form; er ist weder Quantität noch Qualität, hat nicht Wo oder Wann, keine Lage und kein Äußeres. Wenn ich sagen wollte, er ist der wesenhafte Schatten von etwas, das nicht ist, würde ich die Sache nicht eher verwirren als sie erklären und Sie und mich nicht in einem tieferen Dunkel zurücklassen als vorher?

Daniel Defoe: An Essay Upon the Public Credit

I

DAS RÄTSEL DES NEUEN

So weit kommt man, dorthin also gerät man, wenn man sich bei der Frage nach dem Rhythmus nicht alsogleich mit dem Getrappel seiner Füße zufriedengibt. Man stößt da auf einen Reflex, von dem man sonst nichts weiß und von dem erstaunlich Wenige wissen; man trifft auf eine unwillkürliche Leistung, mit der sich unsere Wahrnehmung eine spezifische Art von Rhythmus, *ihre* spezifische Weise, Klang als rhythmisch zu empfinden, überhaupt erst *schafft*. Und dann gerät man auf die unangenehme Tatsache, dass es diesen Reflex nicht schon immer gegeben hat, dass die Menschen nicht schon immer nach ihm wahrnahmen, und sieht sich deshalb zuletzt vor dem Anspruch, den *historischen Grund* dafür zu finden, weshalb sie – von einer bestimmten Zeit an und als Insassen einer bestimmten Gesellschaft – eben diesen Reflex entwickeln.

Sicher, es bestünde genug Anlass, nun auch den Rest dieses Buches, wenn nicht eine ganze Phalanx von Büchern damit zu bestreiten, dass ich die neu gewonnene Erkenntnis über Rhythmus nur weiter ausführe. Seit Jahrhunderten hat sie sich nicht einstellen wollen, seit Jahrhunderten hat sie sich mit großer Kraft allen verwehrt, die in diese Dinge einzudringen suchten, und entsprechend grundsätzlich wäre nunmehr alles, was jene bisher über Rhythmus verzeichnet haben, und vieles mehr noch, was ihnen weder je in den Blick geriet noch auch geraten konnte, *neu* zu betrachten, zu beschreiben, aufzuschließen. Die Liebe, die ich zum Rhyhtmischen hege, könnte mich wohl dazu bestimmen. Drängender aber verlangt etwas Anderes nach Aufschluss: Es ist dort etwas bedeutsam *Neues* entstanden – und stellt so vor eines der tiefsten Rätsel, dasjenige seiner Entstehung.

Das ist allemal eine schwierige Frage: Wie entsteht aus dem, was ist, etwas, was in dem nicht war? Natürlich gibt es einfache Varianten: Man nimmt etwas Ton in die Hand, formt ein Männchen daraus und schon ist ein neues Männchen in der Welt. Oder so: Jede kleinste Bewegung und Veränderung lässt unablässig etwas Neues entstehen, jeden Sekundenbruchteil ergibt sich ein neuer Zustand der Welt. Doch so einfach wird es mit der Erklärung des Taktreflexes nicht gehen: Was mit ihm entsteht, lässt sich nicht mit Händen greifen, und was mit ihm aufkommt, ist nicht im nächsten Augenblick wieder vergangen, es dauert an, er selbst und folglich auch das, wodurch er bedingt sein muss. Beides hat seine Gegenwart bis heute.

Leicht also wird sich die Frage, wie *dieses* Neue entsteht, nicht beantworten lassen. *Wie* seltsam aber und schwierig, das liegt daran: Dies Neue ist ein *Reflex*. Man stelle sich nur für einen Moment vor, was es entsprechend hieße, wenn ein Phänomen wie die optischen Täuschungen nachweislich erst um das Jahr 1600 Wirklichkeit würde; wenn sich herausstellte, ein Reflex wie der, dass wir jene zwei schnurgeraden Parallelen gekrümmt sehen, wäre erst in jüngerer Zeit aufgekommen und die Menschen hätten die Linien bis dahin stets genau so gerade gesehen, wie sie es objektiv sind. Und nun wäre nach etwas zu fahnden, das den Menschen diesen Reflex abfordert; etwas, das die Menschen auf irgendeine Weise, von der sie nichts wissen, dazu bringt, diesen Reflex zu entwickeln; und etwas, das die Menschen erst von jener Zeit an dazu gebracht haben dürfte. Es müssten geschichtliche Bedingungen ausgemacht werden, die erst zu jener Zeit und zunächst nur in Westeuropa eintraten, Bedingungen aber, mächtig genug, dass sie seitdem in Kraft sind bis heute: überaus gewichtige Bedingungen also – und doch müssten sie zugleich nur für diesen kleinen, unscheinbaren Reflex zuständig sein, für eine winzige Krümmung in unserem Auge, für eine geringe Abweichung, die unser Sehen an dem Gesehenen vornimmt. Die Neuzeit als notwendige Bedingung für eine optische Täuschung: So seltsam stellt sich das historische Problem, vor welches der taktrhythmische Reflex stellt.

Käme jemand auf die Idee, optische Täuschungen geschichtlich herzuleiten? Oder hätte, wer es allenfalls versuchte, die Hoffnung, zu einem klaren Ergebnis zu gelangen? Und falls es gelänge, gäbe es Anlass zu glauben, dass damit Neues und Wichtiges über die Neuzeit zu Tage käme? Ohne Zweifel: dreimal nein. Aber dreimal *Ja* muss es heißen, wenn wir dieselben Fragen statt auf optische Täuschungen auf den taktrhythmischen Reflex beziehen. Wodurch es geschichtlich zu *ihm* kommt, diese Frage stellt sich *notwendig*: Denn dort *ist* etwas geschichtlich entstanden. Die Frage verspricht außerdem ein *klares* Ergebnis: Zu scharf sind die Konturen dieses Neuen. Und sie verspricht *bedeutenden* Aufschluss: Zu tief reicht dieses Neue in uns und zu weit reichen die Wirkungen, die es zeitigt.

Drei außerordentlich wichtige Punkte. Noch einmal *erstens*: Das historische *Auftreten* des Taktreflexes ist sehr klar umrissen, sehr viel klarer als bei den meisten epochalen Veränderungen. Bis heute darf man zum Beispiel darum streiten, wann das Mittelalter beginnt, – während der Taktreflex deutlich innerhalb einer eng umgrenzten Zeitspanne auftritt und sich dabei aufs klarste absetzt von der Zeit, die vor seinem Erscheinen liegt. Er ist nicht schon in früheren Formen der Rhythmuswahrnehmung keimhaft angelegt, ist keine bloße Verbindung aus solchen früheren Formen, entwickelt sich aus keiner von ihnen, sondern tritt an ihre Stelle, sie selber aktiv negierend und verdrängend, neu und selbstherrlich, als hätte er keine Vorgeschichte.

Zweitens: Auch *was* er ist, worin er für sich genommen besteht, lässt sich aufs genaueste abgrenzen. Er besteht durchaus *positiv*, in deutlich umrissener Gestalt. Definit tritt er auf, nicht erst zu definieren. Ihn zu bestimmen, ist keine Sache der Festlegung und Konvention, er hat nicht die in alle Richtungen ausfransenden Konturen, denen bloß definitorisch eine klare Naht anzuschneidern ist wie so vielen anderen geschichtlichen Phänomenen. Was zum Beispiel ist das Mittelalter? Worin genau besteht der Feudalismus? Ist es noch Feudalismus, wenn die Fronhofverfassung ihr Ende gefunden hat, oder bedeutet es sein Ende erst, wenn die frühesten Börsen aufkommen? Mit solch unscharfen Übergängen hat es die Geschichtsschreibung üblicherweise zu tun – ohne doch vor ihnen zu kapitulieren –, mit Übergängen, in denen sich das Neue nur gleichsam *à la longue* gegen das Vorherige abgrenzt und nirgends rein von ihm abzulösen ist. Der taktrhythmische Reflex dagegen tritt auf, so klar umrissen und fassbar wie ein neu gekaufter Ball. Darüber, wann die Neuzeit angebrochen ist, mag man ohne Ende rechten können: Der Reflex ist ein positives Datum – klar bestimmbar danach, worin er besteht, und eigentümlich klar bestimmbar danach, seit wann er wirkt.

Und *drittens*: Dass ein solcher, so tief in uns wirksamer Reflex entsteht – und so auch das, wodurch er entsteht –, es muss von *Bedeutung* sein, für die *Neuzeit* und für unsere genaue *Gegenwart*. Ich habe genannt, was er bewirkt und was er bewirkt hat, und seine geschichtliche Wirkung ist uns ja noch immer eine unmittelbar gegenwärtige. Jede unserer Empfindungen, dass *jetzt* etwas rhythmisch ist, verdankt sich *seiner* Gegenwart. Und also muss, ebenso tief wirkungsvoll, wie es diese Empfindung sein kann, auch das noch immer unsere Gegenwart bestimmen, was ihn bedingt.

Nach *diesem* Ursprung ist nun zu suchen.

WO NICHT ZU SUCHEN IST

Doch muss die Suche danach zu allererst klären, wo sie *nicht* stattzufinden hat. Denn vor allem anderen gilt es eine lange Reihe von Erklärungen *auszuschließen* – Erklärungen, die sich mit großer Sicherheit aufdrängen, mit derselben Sicherheit aber fehlleiten und den Blick zuverlässig verstellen würden, solange sie nicht vollständig aus dem Feld geräumt sind. Jedem nämlich werden sofort tausend naheliegende Dinge einfallen, denen sich Taktrhythmus ursprünglich verdanken könnte: wenn schon nicht den Füßen, so doch dem Tanz, wenn nicht den Trommeln, so doch dem Herzschlag, wenn nicht der Antike, so doch unserem allerfrühesten Leben im Busch.

Kann es anders sein? Herzen schlagen im Takt, oder etwa nicht? Man tanzt, macht Schritte, und was soll sich ergeben außer Takten? Mechanische Uhren, machen sie nicht schön ihr *tik* und *tak*? Und Glocken, die läuten, Motoren, die laufen, Maschinen, die rattern, das Stoß um Stoß, wenn Frau und Mann – sind das nicht Erklärungen zuhauf?

Wohl, wohl, aber keine davon trifft. Das abzusehen, würde bereits das Wenige genügen, was ich bis jetzt dargelegt habe, und trotzdem drängen sie sich unabweisbar auf. Sie stellen sich selbst wie nach einem Reflex ein und wollen so schnell nicht locker lassen. Also müssen sie zunächst einmal fallen, und um ihrer ledig zu werden, werde ich mich auf eine Art vorläufiger Suche begeben mit dem Ziel, das Gebiet, auf dem die richtige Erklärung liegen muss beziehungsweise umgekehrt nicht liegen kann, großräumig abzustecken. Mit den Erklärungen, die ich dafür ausschließen werde, habe ich mich teils selber ratlos und allzu lange aufgehalten, sie sind mir in Gesprächen und in Briefen über diese Dinge immer und immer wieder vorgetragen worden und lassen sich teils auf Grund dessen, womit die Wissenschaft bisher zum Rhythmus aufgewartet hat, unschwer absehen. Absehen lässt sich auch dies: Da der Taktrhythmus als solcher bereits über Jahrhunderte der Anlass zu offenbar unausbleiblichen Fehlschlüssen war, so müssen sich die Fehlschlüsse bei der Frage seiner *Genese* nicht minder überzeugend einstellen. In der Tat wird man finden, dass die Sache ganz eigentümliche Schwierigkeiten bereit hält.

Das Einfachste und doch vielleicht schon Schwerste zuerst: Der taktrhythmische Reflex ist unbewusst – *also kann er nicht in einem bewussten Akt geschaffen werden*. Sein Entstehen kann sich keinem auf ihn gerichteten Akt des Bewusstseins verdanken.

Mit dieser knappen Tatsache ist auf einen Schlag der Großteil all jener Erklärungen vom Tisch, die sonst rasch für eine Neuerung gefunden sind: dass jemand draufgekommen sei, die Idee gehabt, das Fragliche *er*funden habe. Ein Reflex aber lässt sich nicht ausdenken. Oder: Was man sich ausdenkt, wird nicht deshalb zum Reflex. Einmal angenommen, es käme jemand auf den Gedanken, wie hübsch es sich ließe, gerade Linien unter Umständen für gekrümmt anzusehen: Weder er selbst, der die Idee hätte, noch irgendein anderer würde die Linien daraufhin tatsächlich gekrümmt sehen. Und sollten sich die Menschen selbst über viele Generationen hinweg immer wieder auf dieselbe Idee versteifen, keine Evolution könnte dafür sorgen, dass aus der Idee ein Reflex wird. Nein, dies unbewusste, unwillkürlich wirksame Neue kann kein Geistesblitz hervorgeschleudert, keine Lehre kann es verbreitet und kein noch so langwieriger Diskurs kann es erarbeitet haben. Niemand hätte es auch nur *weiterge-*

ben können, keiner es sich vom anderen abschauen. So wie der Taktreflex im historischen Ablauf auch tatsächlich nicht zum Gegenstand irgendwelcher Überlegungen gemacht wurde, die ihn dann in die Existenz befördert hätten, *konnte* er gar nicht dazu gemacht werden.

Zum Gegenstand der Reflexion kann der Taktreflex erst *nachträglich* werden: nachdem er bereits *da* ist. So wie im vorliegenden Buch: Er kann nur konstatiert werden als das bereits Entstandene, bereits *unwillkürlich* Gegebene, als das in diesem Sinne eben *positive Unbewusste*, wie es ein großer Erforscher der Neuzeit postuliert hat.[60] Entstehen kann der Reflex nicht durch Reflexion, eben weil er dem Bewusstsein als solchem *a priori*, ihm unhintergehbar vorgegeben ist. Deshalb kann er ihm nicht *entstammen*, und alle nur denkbaren Erklärungen seines Ursprungs aus Daten der Bewusstseinsgeschichte, sei es einer Stil-, einer Geistes-, einer Ideen- oder einer beliebig noch weiter gefassten Diskursgeschichte, scheiden damit aus. Das ist schon sehr viel.

Es folge sofort eine zweite und nicht minder weitreichend grundsätzliche Überlegung. Ich erinnere zunächst daran, dass die zur Lösung anstehende Frage *nicht* lautet: Wie kommt es historisch zum Taktrhythmus? Dieses Rätsel ist bereits gelöst, zum Taktrhythmus kommt es durch das Aufkommen der Takt-Synthesis, durch sie kommt es zum taktrhythmischen Hören und damit insbesondere zu der diesem Hören entsprechenden Musik und Versdichtung. Es liegt viel daran, sich *diese Abfolge* von Bedingendem und Bedingtem vor Augen zu halten. Eine ganze weitere Gruppe von Fehl-Erklärungen lässt sich damit aus der Welt schaffen, dass man nur dies noch einmal festhält: Der Reflex bewirkt den Taktrhythmus und nicht umgekehrt der Taktrhythmus den Reflex.

Ganz offensichtlich aber liegt uns diese entgegengesetzte Vermutung sehr viel näher, dass sich zuerst einmal die *Musik* verändert hätte, sie wäre im Laufe ihrer Entwicklung irgendwann eben auf Takte geraten, die Menschen, die in dieser Musik Takte zu hören bekamen, hätten sich dadurch an Takte gewöhnt und deshalb über kurz oder lang auch jenen Taktreflex entwickelt, den wir inzwischen experimentell so fein analysieren und feststellen können. Diese logische und zeitliche Abfolge bietet sich bequem an und ist doch völlig ausgeschlossen. Sie ist ausgeschlossen, da *keine* Musik bereits nach Takten laufen kann, da sie weder nach Takten gespielt noch nach Takten gehört würde, *solange jener Reflex nicht in Hörern und Musikern wirksam ist.* Er ist die unabdingbare *Voraussetzung* für solche Musik, er *führt* zu solcher Musik, bedingt und ermöglicht sie überhaupt erst, kann sich also nicht erst *als Folge* aus ihr ableiten. Weder Musik noch irgendein anderer Klang geht eben von sich aus und objektiv nach Takten, da Takte grundsätzlich nur als *subjektive* Leistung existieren, nämlich als Leistung der Takt-Synthesis in den wahrnehmenden Subjekten. Weder Musik noch irgendein anderer Klang kann also nach Takten gehen, nämlich wahrgenommen werden, *bevor* da nicht der Taktreflex am Wirken ist.

Dieselbe Überlegung ist aber noch strenger zu formulieren und so, dass das seltsam Unwahrscheinliche der einmal nötigen, richtigen Erklärung nun doch bedrohlich zu werden beginnt: *Der Taktreflex kann nicht durch dasselbe objektive Material bedingt werden, an dem er wirksam wird.* Nicht das Material der Wahrnehmung, auf welches er reagiert, *kein irgendwie gearteter Klang* also kann ihn als solchen ins Leben gerufen haben. Die Takt-Synthesis kann nicht historisch dadurch entstehen, dass Menschen bestimmte Klänge zu hören bekamen, auch dann nicht, wenn es Klänge gewesen wären, die wir inzwischen anstandslos nach Takten hören.

Um diese Überlegung anschaulich zu machen, mag noch einmal der fiktive Vergleich mit den optischen Täuschungen helfen. Der naheliegenden Annahme, unser Takthören wäre durch eifriges Hören von Taktklängen entstanden – in Musik, in Versen oder in irgendwelchen Geräuschen –, entspräche dann, dass der Reflex, auf welchem die optische Täuschung beruht, durch das Betrachten derjenigen optischen Reize *entstanden* wäre, auf die derselbe Reflex, nun da es ihn gibt, *reagiert*. Das hieße also: Wer die Graphiken, die uns heute täuschen, früher einmal *ohne* optische Täuschung betrachtet hätte, hätte durch dies Betrachten früher oder später den Reflex entwickelt, sich nun doch einmal optisch zu täuschen. Die beiden schnurgeraden Parallelen über dem Strahlenkranz würde er so gerade sehen, wie sie sind, bis er darüber begänne, sie *eben deshalb* gekrümmt zu sehen – eine absurde Annahme, die den wirklichen Ablauf ganz offensichtlich auf den Kopf stellt. Die beiden Geraden, man könnte sie zehnmal, man könnte sie hundertmal, man könnte sie unendlich viele Male so gerade sehen, wie sie nun einmal sind, niemals würde man sie *deshalb* schließlich falsch gekrümmt sehen müssen. Man kann nicht *dadurch*, dass man ein bestimmtes Bild sieht, dazu gebracht werden, es *anders* zu sehen, als man es sieht. Die Linien *nicht* gerade zu sehen, sondern sie aktiv und unwillkürlich für gekrümmt zu halten, kann nicht seine Ursache darin haben, *dass* wir sie gerade sehen.

Oder nehmen wir den umgekehrten Fall an, wir bekämen, in einer sonst gleichen Graphik, die beiden Parallelen nicht in gerader Linienführung, sondern *objektiv gekrümmt* gezeigt. Und wieder sähen wir sie so oft und so lange, bis wir uns schließlich daran gewöhnt hätten, bei einem solchen Bild gekrümmte Linien zu *erwarten*.[61] Würden wir uns infolgedessen täuschen lassen, sobald man uns wider Erwarten die Graphik mit den *geraden* Linien zeigte? Würden wir diese nun für gekrümmt halten, weil wir es gewohnt wären, an ihrer Stelle sonst gekrümmte Linien zu sehen? Nein, das ganze Gegenteil: Wir nähmen nur umso empfindlicher die *Abweichung* vom Erwarteten wahr, diesmal also die objektive Geradheit der Linien. Man mag jahrelang Tag für Tag an demselben alten Holzzaun entlanggehen, einer langen Reihe verkrümmter Staken: Wenn eines Tages auch nur ein einziger davon durch einen neuen, geraden ersetzt ist, werden wir diesen nicht etwa gewohnheitsmäßig immer noch für alt und gekrümmt halten, sobald er uns ins Auge fällt, nein, es wird uns umso mehr ins Auge stechen, dass er gegen die Erwartung *verstößt*, dass er *objektiv gerade* ist.

So auch beim Hören und bei den Takten. Man könnte sein Leben lang unter dem Klang von lauter *tok tok toks* verbringen und würde daran nicht den Reflex gewinnen, sie gerade *nicht* als *toks* zu hören, sondern als *tik-tak* – sie also unwillkürlich und aktiv ins *tik-tak* zu ändern. Deshalb kann man auch nicht am Herzschlag lernen, ihn in Takten zu hören, nämlich nicht nur als sein gleichmäßiges Pochen, sondern als ein Hin-und-her-Schwingen zwischen *EINS* und *zwei*. Auch nicht umgekehrt, wenn man allenthalben vom *tik tak* umgeben wäre, von Klängen, die objektiv etwa nach laut und leise abwechseln. Auch dies *laut-leise* würde man ja objektiv hören, und nichts brächte einen deshalb dazu, Klänge, die einmal nicht nach *tik* und *tak* abwechseln, *trotzdem* so zu hören: Was ein bloßes *tok tok tok* wäre, *bliebe* uns bloßes *tok tok tok*.

Noch einmal das Grundlegende dieser Überlegung: Der Taktreflex ist synthetische Leistung. Das heißt, er *verändert* das objektive Material, welches in unsere Wahrnehmung eingeht, innerhalb dieser Wahrnehmung in einer bestimmten Weise. Könnte demnach die Bedingung dafür, dass Menschen jenen Reflex entwickeln, im objektiven Material liegen, so hätten sie erst, noch ohne den Reflex, das Material objektiv »richtig« wahrnehmen müssen, um am gleichen Material zu lernen, es dann mit Hilfe eines Reflexes subjektiv zu »verfälschen«. Das kann nicht sein. Unsere Wahrnehmung kann nicht dadurch, *dass* sie etwas wahrnimmt, dass sie das Wahrgenommene zunächst nach seinen objektiven Bestimmungen auffasst, dazu gebracht werden, es *nicht* nach diesen Bestimmungen wahrzunehmen, sondern stattdessen einen Reflex zu entwickeln, der diese Bestimmungen bestimmt verändert.

Wie paradox der notwendige Schluss daraus auch anmuten mag, man hat sich ihm zu stellen: Die *Bedingung* dafür, dass wir einen solchen Reflex entwickeln, kann nicht demselben Gebiet zugehören, in dem er *wirkt*. Nicht dem Gebiet optischer Reize bei jener Täuschung, nicht dem Gebiet der Klänge beim taktrhythmischen Reflex; allgemein und genauer aber: überhaupt *nicht auf dem Gebiet der sinnlichen Wahrnehmung*. Der Reflex legt sich auf die Wahrnehmung, aber entspringt nicht ihr, auf die er sich legt.

Eine außerordentlich weitreichende Erkenntnis. Sie besagt, dass der Reflex, nicht dem Bereich entstammend, wo er wirkt, aus einem *anderen* Bereich auf den des Wahrnehmens *übertragen* werden muss. Ich nenne dies das Übertragungsargument.

Es schneidet alle Versuche ab, die historische Bedingung für den Taktreflex dort zu suchen, wo man ihn *zu allererst* geneigt wäre zu vermuten: auf dem Gebiet der Wahrnehmung selbst. So erübrigt, nein, so verbietet sich die Suche nach dem »Ursprung«

jenes Reflexes auf dem Gebiet der Wahrnehmung. Man hat nicht in der Musik zu fahnden, nicht in den Versen, nicht in der Sprache – sie alle hatten auch schon lange vor Aufkommen des Taktrhythmus ihre Akzente und Betonungen, aber diese in freier Verteilung, und ohne dass sich je aus ihnen die gesetzmäßige Ordnung nach betont/unbetont ergeben hätte. Und nicht nur *diese* drei rhythmischen Sparten, *alle* Arten von Klängen und Geräuschen müssen als mögliche Ursache ausgeschlossen werden. Nicht die mechanischen Uhren mit ihrem Ticken können ihn bewirkt haben, nicht das Schlagen der Turmuhren, ihre lauten Glocken so wenig wie die ersten am Körper getragenen Unruhen. Keine Maschine könnte es leisten mit ihrem monotonen Lärm, und hätte sie auch über Jahrhunderte jede Gasse und alle Fluren damit erfüllt, kein Arbeitsrhythmus, wie treulich er auch den Takt eingehalten hätte, und kein Kanonendonner, wäre er auch so säuberlich taktierend ausgezählt worden wie ein Stück Barockmusik.

WAS AUSSERDEM NICHT SEIN KANN

Also hat man in der Suche etwas tiefer zu gehen.

Da nun mit einem Schlag all die Dinge ausgeschlossen sind, die wir nach Takten wahrzunehmen vermögen; da ausgeschlossen ist, dass da irgendetwas einmal nach Takten geklungen und uns *dadurch* den Taktreflex antrainiert hätte; da also die Möglichkeit ausgeschlossen ist, dass wir erst einmal Takte gehört und daran den Reflex gewonnen hätten, nach Takten zu hören: Gibt es denn nicht Erscheinungen genug, denen wir die *Zweiwertigkeit als solche* entnehmen könnten, um uns *diese* anzutrainieren? Die zweiseitige Symmetrie unseres Körpers etwa, zu der ja die Zweizahl unserer Füße ebenso gehört wie die unserer Ohren; vielleicht die Zweiwertigkeit des Herzschlags in seiner Abfolge von Kontraktion und Expansion, von Puls und Ruhe; oder allgemeiner noch, und wie man es häufig in lexikalischen Erklärungen zum Rhythmus lesen kann, das so allgemeine Phänomen von Anspannung und Entspannung, nicht nur beim Ein- und Ausatmen, sondern bei der Tätigkeit jedes Muskels, von seinem kleinsten Zucken bis hin zu den Bewegungen im sexuellen Akt, mit seinem Höhepunkt auch und seinem Ermatten?

Oder sollte man nicht noch weiter gehen können und sich durchaus von den bloß körperlichen Gegebenheiten lösen? Teilen wir denn die Welt nicht allenthalben in Gegensatzpaare auf: in *oben* und *unten*, *rechts* und *links*, *vorne* und *hinten* – weshalb denn nicht genauso deshalb in *betont* und *unbetont*? Ist nicht die Welt und sind nicht unsere Gedanken voll von Dingen gegensätzlicher Zweisamkeit: Frau und Mann, Tag und Nacht, sommers wie winters, Ebbe und Flut, Himmel und Hölle, Leben und Tod? Und spricht die chinesische Weisheit nicht von alters her von Yin und Yang?

O ja, von alters her – und nicht erst seit dem 17. Jahrhundert. Lange Zeit vorher schon sind Chinesen darauf gekommen, die Welt nach Yin und Yang zu teilen und zu verbinden; aber das hat sie nicht darauf gebracht, den taktrhythmischen Reflex zu entwickeln, ihre Musik nach Takten zu spielen oder ihre Verse nach betont und unbetont zu dichten. Und Himmel und Hölle? Gibt es seit dem Christentum. Leben und Tod? Seit der ersten lebenden Zelle. Tag und Nacht? Von Anbeginn unseres Sonnensystems.

Das ist die Crux bei dem Griff in die kosmischen, tief natürlichen und ewig-menschlichen Gegebenheiten: Aus ihnen ist keine historische Erklärung zu ziehen. Sie mögen den traulich-anheimelnden Klang von Tiefe haben, aber das bedeutet hier nichts weiter, als dass sie auf derselben Ebene liegen wie Canettis Füße. Auch ein alter Römer trug ein schlagend Herz in seiner Brust – aber nicht den Taktreflex; auch der griechische Diskuswerfer hat seine Muskeln gespürt – aber nicht den Drang, nach Takten zu hören; und wie lange schon paaren sich Mann und Frau – und sollten erst im 17. Jahrhundert darüber dem betont und unbetont verfallen sein?

Nein, es ist nichts mit den großen Konstanten, denn es ist eben nichts mit dem alten Aberglauben, Rhythmus müsse auf immer und ewig Taktrhythmus gewesen sein. Die *geschichtliche* Erklärung erfordert offensichtlich etwas Anderes. Dass nicht die Körperfunktionen den rhythmischen Urgrund abgeben können, obwohl es im Laufe des 20. Jahrhundert oft und oft behauptet wurde, ja weiterhin behauptet wird, das war schon zu Woodrows Zeiten nachgewiesen. Und dass der Taktreflex auch sämtlichen anderen überzeitlichen Phänomenen der Zweisamkeit nicht entspringen kann, das beweist die historische Überlegung – nicht sie allein, wie sich noch zeigen wird, doch würde sie vollauf genügen: Die historischen Bedingungen, nach denen hier zu suchen ist, können nicht irgendwelchen Urzeiten zugehören, sondern müssen sich selbst erst um 1600 herausbilden.

Also bedarf es eines Blicks in diese Zeit.

EINIGES VAGE VON DER NEUZEIT

Mit ihr nimmt die lange, bis heute währende Epoche der *Neuzeit* ihren Anfang, oder vorsichtiger gesagt, da man sich auch darüber immer nicht hat einigen wollen: Irgendwann im näheren Umkreis jenes Jahrhunderts beginnt die Neuzeit – die *europäische* Neuzeit.

Zweierlei spricht dafür, das Entstehen des Takt-Reflexes mit *diesem* Neuanfang in engeren Zusammenhang zu bringen: Erstens, dass der Reflex genau in denjenigen westeuropäischen Gesellschaften aufkommt und zunächst *nur* in ihnen, in denen es auch zu dieser nicht zufällig so genannten Neuzeit kommt. Und zweitens, dass eine Neuerung und Veränderung, die sich so tief in den Menschen vollzieht wie die Entwicklung eines solchen Reflexes, von einer ebenso tief eingreifenden geschichtlichen Veränderung ausgehen muss, einer geschichtlichen Veränderung also durchaus von der Mächtigkeit, wie sie der europäischen Neuzeit ihren Ehrentitel eingetragen hat. Mit ihr wird der Taktreflex zumindest also in diesem einfachen Sinn zusammenhängen: dass die Bedingungen für *sein* Entstehen zu den Bedingungen auch für das Aufkommen dieser Neuzeit gehören, dessen, was auch an *ihr* so tiefgreifend neu ist.

Also wäre einmal zu fragen: Was ist das Neue an ihr? Und einmal: Wodurch wird es hervorgetrieben?

Über diese Fragen wurde in den letzten Jahrzehnten umfangreich und detailliert geforscht und viel wurde zur Klärung der ersteren, bemerkenswert wenig aber zur Klärung der letzteren

Frage gewonnen. Bei all der unüberblickbaren Menge von Daten und Einzelerkenntnissen zu den Vorgängen, in denen sich der Übergang zur Neuzeit vollzieht, blieb die Erkenntnis ihres genetischen Zusammenhangs durchaus unbestimmt. Man vermochte wohl zu sagen, dass alles irgendwie *zusammen*-, nicht aber, wie irgendetwas vom anderen *ab*hängt. Es gehört hier nachgerade zum wissenschaftlich guten Ton, keinesfalls eine bedingende Abfolge festzustellen, die sich nicht genausogut umkehren ließe, und statt dessen allenfalls von Wechselwirkung zu sprechen. Als würde jede bestimmtere Feststellung, dass dies von jenem bedingt werde, den Despotismus einer Monokausalität auf den Plan rufen. Ich dagegen finde es nicht ausreichend, wenn der genetische Zusammenhang der Neuzeit zum Beispiel so zusammengefasst wird:

Die Säkularisierung der Religion, die Auflösung der tradierten Gemeinschaftsbeziehungen und die »Individualisierung« der Gesellschaft zerstören die alte Ordnung und damit die Sicherheit für den einzelnen Menschen, der sich nun auf sich selbst gestellt sieht.[62]

Diesem Satz würde es nichts verschlagen, wenn er die Abhängigkeiten in genau entgegengesetzter Richtung verlaufen ließe und nicht der Auflösung der tradierten Gemeinschaftsbeziehungen die Zerstörung der alten Ordnung anlastete, sondern umgekehrt dieser Zerstörung jene Auflösung: Die eine *ist* schon durchaus die andere, »die alte Ordnung« nur ein anderer Name für die »tradierten Gemeinschaftsbeziehungen«, und wenn sich die einzelnen Menschen auf Grund der »Individualisierung« auf sich selbst gestellt sehen sollen, dann ist damit nur doppelt gesagt, die Individualisierung habe die Menschen damals individualisiert. Anstelle eines Begründungszusammenhangs die Tautologie der Phänomene, und dass sich etwas verändert hat, wird damit erklärt, dass sich etwas verändert habe.

Angesichts der veränderten Einstellung zur Welt und der neuen gesellschaftlichen Situation erwächst auch eine neue Haltung gegenüber der Wirtschaft.[63]

Alles stimmt idealerweise zusammen – man weiß nur nicht wodurch. Auf der einen Seite verändert sich eine Einstellung, und schon erwächst auf der anderen Seite die passende Haltung –

oder war vielleicht zuerst die Haltung da und erst später hat sich ihr die Einstellung angepasst? Wer mag das sagen? Von Angesicht zu Angesicht stehen sich die beiden gegenüber, ein rechtes Vis-à-Vis der Phänomene, eine prästabilierte Harmonie der Veränderungen – und alles zusammen irgendwie der Umbruch in die Neuzeit.

So vielfältig also das Material, das zu ihr zusammengetragen wurde, so einfältig der Glaube, man müsse das Zusammengetragene nur noch einmal allgemeiner sagen und schon wäre man ihm auf den Grund gekommen, anstatt mit der Erkenntnis auf Grund gefahren. Das Sediment, das so zustande kommt, reicht dann keinen Fingerbreit über das hinaus, was man deshalb so im Allgemeinen über den Beginn moderner Gesellschaft weiß: Verlust der Mitte, der Einheit, des Glaubens und so fort. Das reicht nicht. In dieser Hinsicht verhält es sich mit der Neuzeit wie mit der Takt-Synthesis selbst: daraus, dass man ihre Erscheinungsformen addiert, springt noch nicht hervor, was ihr Erscheinen selbst bedingt.

ZAHLENDES PUBLIKUM

Auch die Takt-Synthesis passt natürlich *prima vista*, wenn man es denn so auffassen will, in die Reihe gängig bekannter Neuzeit-Phänomene. Immerhin bewirkt sie, dass das Hören zu einem *aktiven* Vorgang wird, worin der Hörende *selbst* Bestimmungen setzt. Mit der Takt-Synthesis wirkt der Einzelne an dem, was er individuell wahrnimmt, prägend mit. Zugleich ist dieses Prägen offenbar in *jedem* Einzelnen aktiv, ist es gesellschaftsweit den Einzelnen *gemeinsam*, so dass es ihnen nicht nur als dies Individuelle, sondern zugleich als etwas gesellschaftsweit *Allgemeines* zugehört. Insofern trägt jeder Einzelne in der Form der Takt-Synthesis etwas gesellschaftlich Verbindliches in sich, und doch er als der jeweils Einzelne. Das passt, wenn man so will, sehr wohl zur »Individualisierung der Gesellschaft«, und doch wäre damit nichts weiter festgestellt, als dass ein Zusammenhang besteht, nicht, woraus er sich entwickelt. Die Allgemeinheit eines Phänomens »Individualisierung« bedeutet ja nicht, dass es sich selbst aktiv als Prinzip durchsetzen würde, als läge in einem göttlichen Plan: *Es werde Individualisierung!* und daraufhin würde sie sich auf alles stürzen, was ihr in die Quere kommt, und sich in lauter Phänomenen der Individualisierung inkarnieren. Solange nicht erkannt ist, was seinen Zusammenhang bedingt, bleibt ein solches Prinzip bloß die Zusammenfassung irgendwelcher Einzelphänomene. Nur weil es allgemeiner spricht als sie, ist es noch lange nicht das tiefer liegende Ursprüngliche oder selbst gar Sphäre des Ursprungs.

Deshalb einmal ein Beispiel, wie die Takt-Synthesis nicht allein eingebettet ist in den allgemeinsten und prinzipiellen Zusammenhang einer epochalen Entwicklung, sondern sich – möglicherweise – auch mit recht spezifisch greifbaren Veränderungen verbinden ließe, die zur Zeit ihres Entstehens vor sich gehen.

Vom Blickpunkt des musikalischen Hörens erscheint die Epochenwende um 1600 von vornherein bedeutsam. Damals entstand eine Bühnenkunst in profaner und geistlicher Form, bald Oper und Oratorium genannt. Sie führte 1637 zum Bau von stehenden Theatern für die Öffentlichkeit. Das war etwas Neues. Denn traditionell gab es bisher jene Hoffeste, die seit dem 15. Jahrhundert von Fall zu Fall veranstaltet wurden und bis zum 18. Jahrhundert fortlebten. Ihr Wesen liegt darin, dass nicht nur Berufskräfte etwas vorführen, sondern dass außerdem der Adel selber aktiv teilnimmt: durch Turnier und Ritterspiel, Maskeraden, Umzüge, Wasserfahrten usw. [...] Das Operntheater seit 1637 rechnet nicht mehr mit der aktiven Teilnahme des Besuchers. Ihm wird vielmehr ein Werk vorgeführt, das er rein hörend aufnehmen soll. Auf dieser Grundlage beruht der nun allmählich durchgestaltete Haupttypus der Oper. Sie ist ein Kunstwerk, das von Berufsmusikern dargeboten und von den Besuchern angehört wird. Da jeder eine Eintrittskarte kaufen kann, handelt es sich um ein »Publikum« im Sinne der Neuzeit.[64]

Jeder, der sich mit dem Kauf seiner Eintrittskarte diesem Publikum inkorporiert, nimmt nicht mehr aktiv an dem Fest teil, sondern wird dessen passiver Teilhaber. Das frühere Fest tritt auseinander in Darbietung und Wahrnehmung, in die aktiv Aufführenden und die passiv nur noch Wahrnehmenden. Doch eben dadurch wird dieses Wahrnehmen selbst zur Aktion, wird es für die Aufführung seinerseits so notwendig wie der Auftritt der Akteure. Die Aufführung wahrzunehmen, wird zum notwendigen Gegenstück zu ihrer aktiven Darbietung, denn was die Akteure aufführen, fügt sich ausschließlich in den Zuhörern und Zuschauern zu dem aufgeführten Werk zusammen. Ihnen also fällt die aktiv-synthetische Funktion zu, das Dargebotene zu hören und zu sehen und es insofern überhaupt erst zur Darbietung zu schließen. Das Wahrnehmen, diese allgemeinere Synthese des Aufgeführten, wird zu einer isolierten Aktion: getrennt und ausgeschlossen von den Akteuren auf der Bühne, die damit zugleich aber ausgeschlossen sind von der Wahrnehmung ihres Werks. Durch die davon ausgeschlossenen Zuschauer erst *wird* es zu einem *Werk*. Es wird nicht mehr begangen wie das Fest, sondern als solches erarbeitet, vorgeführt, der Wahrnehmung dargeboten. Als das Fest zur Aufführung mutiert, tritt es auseinander in die *getrennten* Funktionen des Aufführens und des Wahrnehmens, und damit ergibt nur deren *Verbindung* wieder die Gesamtheit einer Aufführung. Zwischen beiden Funktionen nimmt dasjenige, wovon sie sich abtrennen, als Mittelglied jeweils eine besondere Form der Festigkeit an: das in sich abgeschlossene Werk und das feste Theatergebäude, wo sich die Träger der Funktionen zusammenzufinden haben, Akteure und Zuschauer in separierten Bereichen. Das Theatergebäude ist die petrifizierte Einrichtung der beiden getrennten Funktionen als solcher, Trennung von Bühne und Zuschauerraum.

Die Zuschauer gehören damit nur noch *allgemein* zu der Aufführung, als das Publikum, nicht dass sie, wie der Adlige aufgrund seiner Stellung bei Hofe, noch als die bestimmten *Einzelnen* in das Fest eingingen. Diese Verallgemeinerung der Zuschauenden zum einheitlichen Publikum aber ergibt sich ineins damit, dass nun der Einzelne jeweils darüber zu befinden hat, ob er teilnimmt oder nicht. Nur indem er nicht als der bestimmte Einzelne bereits Teil der Aufführung ist, nämlich der benötigte, vorgesehene Akteur, kann er individuell darüber befinden, teilzunehmen oder nicht. Die Einrichtung fester Opernhäuser hat folglich eine ganz bestimmte gesellschaftliche Voraussetzung: dass sich das gesellschaftliche Privileg, welches den Adligen in gewisser Weise vorab zum Teilnehmer des Festes macht, auf den überträgt, der des Privilegs nicht durch die vorgegebene Ordnung teilhaftig ist, sondern indem er über Geld verfügt – über jenes gesellschaftlich Allgemeine, das sich auch in die Teilnahme verwandeln lässt. Die Besucher kaufen eine Eintrittskarte, als Zahlende werden sie zum Publikum, als dieses werden sie zu Zuschauern und passiven Teilnehmern, denen das getrennt von ihnen erarbeitete Stück dargeboten wird; und damit wiederum wird ihre passive Funktion, das Stück wahrzunehmen, zu der aktiv bestimmenden, das Stück in der Wahrnehmung erst zu diesem Werk zu machen.

All das hat einige Analogien zur Takt-Synthesis: Im Akt des Wahrnehmens bestimmt auch sie das Wahrgenommene *aktiv*, ist sie notwendige Funktion dafür, dass das objektiv Gegebene erst zu dem *so* Wahrgenommenen wird – ohne Synthesis keine Takte und ohne Publikum kein Werk; auch durch die Takt-Synthesis treten zwei Bereiche funktional auseinander, Zeiterfüllung und Zeitgliederung, deren *Trennung* zugleich auf ihrer beider *Verbindung* beruht – so wie Akteure und Zuschauer in der Oper; die Takt-Synthesis ist sowohl *individuelle* Leistung als auch *gesellschaftlich* Allgemeines, ebenso wie die individuelle Kaufentscheidung des Opernbesuchers zugleich sein Aufgehen im allgemeinen Publikum bedeutet, einem Publikum im modernen, im neuzeitlichen Sinn, das auf der Allgemeinheit eben dieser Möglichkeit beruht, mittels Geld individuell über den Besuch der öffentlichen Veranstaltung zu entscheiden; und schließlich passt die Ersetzung des Adelsprivilegs durch den Geldzugriff aufs genaueste in »die Auflösung der tradierten Gemeinschaftsbeziehungen« und die Zerstörung der alten Ordnung.

Aber könnte die Takt-Synthesis auf diese Weise *bewirkt* werden? Kann der Reflex, Zeiteinheiten nach betont/unbetont zu unterscheiden, daran eingeübt werden, dass man im Zuschauerraum sitzt, anstatt auf der Bühne zu stehen? Und wenn einer Opern nicht leiden kann oder wenn ihm einfach das Geld dazu fehlt, sie zu besuchen, könnten die festen Opernhäuser dann irgendeine Wirkung auf ihn tun? Ihre *Musik*, wie wir inzwischen wissen, ganz sicher nicht. Oder sollte man deshalb eher die festen Bauten für *Schauspiele* in Betracht ziehen, wie sie von 1576 an entstehen und die allein in London, wo 1599 auch Shakespeares *Globe Theatre* eröffnet wird, alsbald über achttausend Zuschauer fassen konnten?[65] Doch Theaterbauten kannte auch die Antike, auch sie kannte die Trennung von Szene und Zuschauerplätzen – daran also kann es nicht liegen. Nein: Auch für den Fall, dass die Analogien zwischen Takt-Synthesis und modernem Publikum etwas bedeuten sollten, sie sind doch zu locker und zu weit gespannt, als dass hier die bedingende Einwirkung des einen auf das andere denkbar wäre.

DUR UND MOLL

Wo also fände sich, bei gleicher historischer Nähe, eine *engere* Verbindung zur Takt-Synthesis? Die engste besteht ohne Zweifel zu einem anderen Neubeginn im musikalischen Hören: demjenigen der Dur-Moll-Tonalität. Auch sie tritt erst etwa um 1600 auf und ist ein strikt neuzeitlich-europäisches, nicht das überzeitliche Phänomen, das man in ihr vermuten könnte. Sie richtet sich zur selben Zeit ein wie das Takthören und wie das Takthören beruht sie auf einer unwillkürlichen Leistung des Wahrnehmenden, des Hörers.

Was ist neu an Dur und Moll? Nicht die Tonarten als solche; die gleichen Tonleitern wie in Dur und Moll, also ihre bestimmt festgelegten Abfolgen von Ganz- und Halbtönen, finden sich schon – allerdings nur neben anderen – in Mittelalter oder Antike. Neu ist, dass sie jeweils auf eine Grundtonart bezogen werden, auf die sogenannte Tonika, und dass erst dieser Bezug den Tonarten ihren spezifischen harmonischen Wert verleiht. Es ist dieser Bezug, den die *Hörenden* bei der Dur-Moll-Tonalität zu *leisten* haben und den sie *unwillkürlich* leisten; den sie aber erst mit dem historischen Aufkommen dieser Art Tonalität zu leisten *beginnen* und vorher also nicht geleistet haben.

Die Tonika ist dabei nicht etwa eine einzeln herausgehobene Tonart, die sich durch eine besondere Tonleiter von den übrigen unterschiede, sondern jede Tonart kann zur Tonika werden und insofern ist die Tonika eine Tonart wie jede andere. Ihre Besonderheit liegt allein darin, dass ein Musikstück mit ihr *beginnt*, sie ist die jeweils beliebige Tonart, mit der ein Musikstück einsetzt. Und diese empfinden wir als eine *Grund*tonart, eben die so genannte Tonika, ganz gleichgültig welche Tonart es ist, ob nun C-dur oder dis-moll. Dass wir sie als Grundtonart empfinden, heißt, dass wir *zu ihr* alle folgenden Tonarten, welche das Musikstück des weiteren durchlaufen mag, *in Beziehung* setzen. Von diesem Rückbeziehen wissen wir nichts und müssen wir nichts bemerken, so wenig wie von dem Rückbeziehen, welches wir in der Takt-Synthesis vornehmen. Und doch tut es in unserem Hören große Wirkung, und zwar darin, dass wir jede andere Tonart unwillkürlich in einer gewissen Spannung oder in einem bestimmten Abstand zur Grundtonart empfinden, ihr näher oder ferner, ihr mehr oder weniger verwandt. Am nächsten empfinden wir etwa Tonarten über der fünften oder der vierten Stufe der Tonika, die Dominante oder Subdominante – Begriffe, von denen keiner gehört haben muss, um gleichwohl das zu hören und zu empfinden, was sie bloß technisch beschreiben: die spezifische Spannung zwischen den Tonarten, ihre Spannung *in Bezug* auf die jeweils angeschlagene Grundtonart und das Bestreben, das man in Form dieser Spannung empfindet, zur Tonika zurückzukehren.

All das besteht nun nicht einfach objektiv zwischen den Tonarten und *kann* wiederum gar nicht objektiv im Klang liegen, wie verbindlich *wir* es auch wahrnehmen mögen. Das Beziehen der Tonarten aufeinander können diese nicht selber leisten, das müssen schon wir tun, aktiv, und auch dies ist eine *unwillkürliche* Leistung unseres Wahrnehmens – eine damals *neue* Leistung: Sie ist das entscheidende Charakteristikum, das entscheidend Neue an Dur und Moll, oder genauer, an der tonikabezogenen Tonalität. Mit ihr nimmt es ebenfalls etwa um 1600 seinen Anfang, folglich muss auch *diese* synthetische Leistung, dies unwillkürliche Beziehen erst damals wirksam geworden sein – ganz so wie dasjenige der taktrhythmischen Synthesis.

Doch darin, dass beide synthetische Leistungen sind, unwillkürlich und unbewusst, beide sich revolutionierend in der Musik auswirken und historisch zur gleichen Zeit auftreten, besteht nicht ihre einzige Gemeinsamkeit. Die Übereinstimmung reicht vielmehr so tief, wie es zwischen zwei unterschiedlichen Wahrnehmungsbereichen wie dem Rhythmus und der Harmonik überhaupt nur möglich ist: die *Art* der synthetischen Leistung ist verwandt. Die tonikabezogene Tonalität spannt ja eine Art leeres Beziehungsgefüge auf, in das die jeweiligen Tonarten dann wie in ein fertiges Gerüst eingesetzt werden. Das Gefüge etwa von Tonika, Dominante und Subdominante besteht, mittels jener Wahrnehmungsleistung, gleichsam fest in sich, und die entsprechenden Tonarten, welche ein Musikstück durchläuft, haben dann lediglich noch ihre funktionalen Plätze in diesem leer aufgespannten Gerüst einzunehmen: Falls C-dur zur Tonika wird, werden G- und F-dur zu Dominante und Subdominante, falls Ges-dur die Grundtonart wird, gehen diese anderen Funktionen auf Des- und H-dur über. Über jedem der zwölf Halbtöne einer Oktave spannen wir so das gesamte Beziehungsgefüge der Tonartfunktionen auf, gleichgültig über welchem dieser Töne, gleichgültig also über welcher Grundtonart, nicht nur über C oder Ges, sondern mit C angefangen über Des, D, Es und E alle Tonarten hindurch bis wieder hin zum C.

Folgerichtig, da die tonikabezogene Tonalität alle Tonarten gleichermaßen in ihr Funktionsgefüge aufnimmt, empfinden die Musiker mit ihrem historischen Aufkommen mit einem Mal auch die Notwendigkeit, die Notenabstände auf eine temperierte Stimmung zu bringen, die ein entsprechendes Durchwandern der Tonarten überhaupt erst ermöglicht: Man kennt Bachs Sammlung für das »wohltemperierte« Klavier als ein schon relativ spätes, aber sicher das berühmteste Zeugnis für diesen neuen historischen Stand des Hörens. Die Bemühungen um die temperierte Stimmung, worin die Tonintervalle innerhalb der Oktave so ausgeglichen werden, dass das sogenannte Pythagoräische Komma nicht mehr zu Reibungen beim Übergang von Tonart zu Tonart führt,[66] setzen in der zweiten Hälfte des 16. Jahrhunderts ein, als genaue Folge der veränderten Tonalität, und das heißt: als Folge dessen, dass der neu entstandene Wahrnehmungsreflex des Tonikabezugs zu jener veränderten Tonalität führt.

Diese wird zu Recht – und das benennt den entscheidenden Gegensatz zu jeder früheren Harmonik – *funktional* genannt, im selben Sinn, in dem das neuzeitliche Taktwesen den Namen einer *funktionalen* Rhythmik führt.[67] Beide nämlich beruhen auf einem funktionalen Gefüge, einem *Gesetz* funktionaler Beziehungen, das dem Klangmaterial bereits in sich fest vorgegeben wird – allein durch die Wahrnehmung der Hörenden, geleistet in unwillkürlicher Synthesis. In der Dur-Moll-Tonalität wirkt sie am harmonischen Material, den Tonhöhen und ihrem Zusammenklang, im Taktwesen an den bloßen Zeitgrößen; beide Male aber so, dass sie ihrem Material ein leeres Beziehungssystem vorgibt, hier das der tonika-tonalen Verhältnisse und dort das der Zeiteinheiten nach dem Hervorhebungsverhältnis. Wie entscheidend die Taktrhythmik durch dies Beziehungssystem definiert und von allen anderen unterschieden wird, habe ich gezeigt, und genau dieses Charakteristikum nun teilt sie mit der neuzeitlichen Tonalität. In so bedeutendem Sinn also müssen die synthetischen Leistungen, auf denen beide beruhen, miteinander verwandt sein – denkbar wäre sogar: miteinander identisch. Es wäre möglich, dass es jeweils *dieselbe* funktionale Synthesis ist, die hier und dort wirkt; und dass die Unterschiede ihrer Wirkungsweise, hier rhythmisch, dort harmonisch, sich allein durch das unterschiedliche Material ergeben, an dem sie jeweils wirkt und entsprechend unterschiedlich auch wirken muss: dort an der vorgefundenen Vielzahl der Tonhöhen, hier an der Einlinigkeit des Zeitverlaufs; dort an der vertikalen Gleichzeitigkeit des Harmonischen, hier an der horizontalen Abfolge des Rhythmus.

Mag die Identität beider Syntheseis jedoch nur Spekulation sein, kein Zweifel besteht, dass beide eng zueinander gehören. Aber, zurück zu unserer Ausgangsfrage: *Entsteht* deshalb die eine aus der anderen? Kann wiederum, bei aller Verwandtschaft, das Entstehen der einen das Entstehen der anderen *bedingen*? Kann das Aufeinanderbeziehen der Tonarten das Aufeinanderbeziehen von Zeiteinheiten *zur Folge* haben?

Für den Fall, dass beides *dieselbe* Leistung ist, unterschiedlich nur auf Grund ihres unterschiedlichen Wirkungsbereichs, wären beide Leistungen identisch, sie wären *eine*, nicht bedingend die eine die andere, und die Frage nach ihrer Genese bliebe ungelöst noch immer die alte: Wodurch kommt es zu dieser einen Leistung? Und für den anderen Fall, dass beide getrennt je eigene Leistungen wären, könnte ihre Verwandtschaft, wenn sie denn das Zeichen eines genetischen Zusammenhangs ist, allenfalls einen *gemeinsamen Ursprung* belegen, und wiederum bliebe es bei der alten Frage: *Welchen?* Worin besteht dieser Ursprung?

Wenn vorhin also Publikum und Taktreflex zu weit voneinander entfernt schienen, als dass das eine die Ursprungsbedingung des anderen hätte sein können, so liegen Tonalität und Takte nun offensichtlich zu nahe beieinander.

AD INFINITUM

Vielleicht aber genügt nur ein kleiner Schritt zurück: Wenn die Takt-Synthesis schon nicht einem verwandten Phänomen neuzeitlichen *Hörens* entspringen kann, weshalb nicht dem eines neuzeitlich veränderten *Sehens*? Es ist eine ernsthaft zu prüfende Möglichkeit, auf die ich hingewiesen wurde, das Aufkommen des Takthörens auf die Entwicklung der Zentralperspektive zurückzuführen. Worin bestünde in diesem Fall das Verbindende?

Anders als in allen Rhythmiken zuvor, die sich aus einzelnen rhythmischen Gestalten aufbauen, ist im Taktrhythmus ein gesetzmäßiger Verlauf vorgegeben, die leere Reihe der nach dem Hervorhebungsverhältnis verbundenen Zeiteinheiten, in welche die jeweiligen Klangelemente jeweils erst einzutreten und sich nach Möglichkeit zu verteilen haben. Und diese nur in sich strukturierte Reihe dehnt sich virtuell unendlich, sie hat anders als die älteren Rhythmiken mit ihren körperlich aufgefassten Bausteinen nicht deren stets mitgegebene Abgrenzungen. Sie ist ein leerer Verlauf und als solcher virtuell ohne Grenze.

Darin verhält sie sich der Zentralperspektive analog. Diese spannt ihr Liniennetz auf, konstruiert leere Raumeinheiten, in die sich dann dargestellte Landschaft, Gebäude und Menschen einzufügen haben, und mit diesen Raumeinheiten gibt sie einen Verlauf ins Unendliche vor, hinein in jenen zentralen Punkt, nach dem sie heißt und in welchem die verschwindend immer kleiner werdenden Einheiten nur in einem gleichsam technischen Sinn das Ende ihrer Sichtbarkeit finden. Er ist der Punkt ihrer virtuellen Unendlichkeit. Der strukturelle Verlauf, den die Zentralperspektive vorgibt, die leeren, auf diesen Punkt hin sich verjüngenden Kästchen sind soweit also durchaus den isochronen, sich virtuell ins Unendliche reihenden Einheiten, welche die taktrhythmische Synthesis vorgibt, analog. Den Kästchen des perspektivischen Liniengitters würde lediglich – aber immerhin – die Unterscheidung nach hervorgehoben gegen nicht-hervorgehoben fehlen, welcher sich die Gruppenbildung und damit die Reihung bei der Takt-Synthesis überhaupt erst verdankt; und entsprechend kennt die Zentralperspektive auch keine Gruppierung in jeweils zwei oder auch mehr zusammengehörige Kästchen.

Ein genetischer Zusammenhang aber ließe sich denken. Die Zentralperspektive zu meistern, ist zwar zum einen ein bloß technisches, ein zeichentechnisches Problem, das da seine Lösung findet. Doch damit überhaupt eine Lösung gesucht wird, muss zuvor das *Problem* entstanden sein, für das sie gefunden wird. Für das Mittelalter nämlich *war* da kein Problem, hat es keines gegeben und konnte es deshalb auch keine zentralperspektivische Lösung erfordern. Auch die temperierte Stimmung in der Musik verlangte die technische Bewältigung eines Problems, doch *stellte* es sich erst, als ein verändertes Hören dies zum Problem *machte*. So bei der Perspektive: Solange die mittelalterliche Bilddarstellung das Größenverhältnis ihrer Gegenstände hierarchisch nach der ihnen jeweils zukommenden Bedeutung festlegte, konnte eine perspektivische Raumkonstruktion, die *diese* Realität missachtete, gar nicht erst in den Blick geraten. Dafür musste sich zunächst die Art des Sehens selbst verändert haben, oder, noch allgemeiner gesprochen, die Art des Denkens, ein *weiter* gefasster Zusammenhang des Wahrnehmens musste sich verändert, musste sich neu ergeben haben, ein Zusammenhang, der die Art des Sehen mit einschloss. Und sollte in ihn nicht auch das aufkommende Takthören zu rechnen sein?

Die erste Zeichnung in Zentralperspektive hat Brunelleschi angefertigt, und zwar zu Beginn – nein, nicht des 17., sondern des 15. Jahrhunderts. Knapp zwei Jahrhunderte müssten also vergangen sein, bis sich jene Veränderung endlich ins Hören vorgearbeitet hätte. Das Übertragungsargument wäre zweifellos erfüllt, nur dass die Übertragung einen etwas großen Zeitraum benötigt hätte. Aber auch der mag sich ja erklären lassen, vielleicht läge es einfach an der neuzeitlich häufiger zu beobachtenden

Verspätung, mit welcher die Musik als akustische Kunst und ewiger Nachzügler Stilepochen erst dann übernimmt, wenn diese in sichtbaren Künsten wie Architektur und Malerei längst in Blüte stehen: ein trägeres Reagieren des Hörsinns, dem der optische, je tiefer es in die Neuzeit geht, um so entschiedener den Rang abläuft. Angenommen also, die Verspätung *wäre* zu erklären, auf diese oder irgendeine andere Weise, die entscheidende Frage jedoch bleibt noch immer: Wie wäre die Übertragung vom Optischen ins Akustische denkbar, ob nun verspätet oder nicht? Wie könnte die perspektivische Konstruktion fortwirken auf das Gehör? Wie wäre eine solche *Wirkung* überhaupt vorstellbar?

Ich unterbreche an dieser Stelle für einen kurzen Moment und nutze den Fall für ein Beispiel dafür, wie rasch man damit fertig sein kann, sich das Aufkommen und Fortwirken von etwas Neuem zu erklären, und wie schnell sich hier Erklärungen einstellen, die auf Erklärung bloß verzichten.

Von der Zentralperspektive ist eine schöne Ursprungsszene überliefert. Brunelleschi experimentiert mit seiner neu entwickelten Technik und malt nach ihr ein erstes Mal das Baptisterium vor dem Florentiner Dom, spiegelverkehrt allerdings. Er nimmt die fertige Bildtafel, durchbohrt sie in der Mitte mit einem Guckloch und bittet eines schönen Tages ein paar Freunde darum, vor dem Baptisterium zusammenzukommen. Dort führt er sie an genau dieselbe Stelle, von der aus er das Bild gemalt hatte, und nun soll jeder die Bildtafel einmal mit der nicht bemalten Rückseite vor das Gesicht halten und durch das Guckloch hindurch auf das Baptisterium blicken. Jeder, der es tut, sieht auf diese Weise also nur das wirkliche Gebäude und nichts von dem Gemälde, durch welches er blickt und dessen Bildseite ja von ihm ab- und dem Baptisterium zugewandt ist. Nach einer kurzen Zeit des Betrachtens jedoch lässt Brunelleschi seine Freunde einen Spiegel vor das Bild halten, der ihnen folglich die Sicht auf das Baptisterium nimmt und den Blick stattdessen zurücklenkt auf das Gemälde, durch das sie blicken. Jetzt also sehen die Freunde das *Bild* und nicht mehr das *Gebäude selbst* – und siehe da, dennoch haben sie exakt dasselbe vor Augen, was sie vorhin in der Wirklichkeit gesehen hatten, beidemale das Baptisterium in vollendet realer Ansicht: So genau war dem Maler die

Illusion dank der neuen Zentralperspektive gelungen. Um die Illusion zu erhöhen, soll er gar den Himmel seines Gemäldes mit Silber ausgelegt und dies so blank poliert haben, dass sich darin der wirkliche Himmel mit seinen im Wind dahinziehenden Wolken spiegelte.

Eine schöne Vorführung und wirkungsvoll, ohne Zweifel. Arthur Zajonc beurteilt den Erfolg von Brunelleschis Experiment deshalb so:

So verblüffend war die Wirkung, dass ihre Konsequenzen die Malerei bis ins 20. Jahrhundert hinein maßgeblich bestimmten.[68]

Jene Verblüffung hatte *diese* Konsequenzen? Weil Brunelleschis Freunde damals so verblüfft waren, hat sich die Malerei bis ins 20. Jahrhundert der Zentralperspektive bedient? Und wenn die Wirkung weniger verblüffend ausgefallen wäre, so hätte die Malerei früher aufgehört, danach zu arbeiten? Schwerlich. Auf Brunelleschis Freunde mag das Experiment seine atemberaubende Wirkung getan haben, doch damit ist *ihr* Erstaunen nicht schon jener gesamten Menschheit intabuliert, die es deshalb bis ins 20. Jahrhundert hinein bewahren sollte. Die Wirkung, die das erste Auftreten der Zentralperspektive tut, ist nicht einfach identisch mit dem *Fortwirken*, das sie die Jahrhunderte hindurch findet, ihr Fortwirken nicht die Wirkung eines schönen Tages. Zajonc setzt beides kurzerhand ineins: Das *Auftreten* des Neuen soll bereits dessen gesamte *Konsequenzen* einschließen. Dass es seinen Anfang nimmt, soll unmittelbar erklären, weshalb es fortbesteht; nur weil da etwas mit einem *coup d'effet* auftritt, soll es auch geblieben sein – wie ein Felsblock, der vom Himmel gefallen ist und nun liegen bleibt, bis jemand auf die Idee käme, ihn wieder wegzuschaffen.

In Dingen des Denkens und der Wahrnehmung geht es so plump nicht zu. Hier müssen die *Bedingungen* ihres Fortwirkens mit denen ihres Entstehens *verbunden* sein. Die gleichen Bedingungen, die derlei Neues hervortreiben, die es in diesem Sinne überhaupt erst erforderlich, zum Problem und einer Lösung bedürftig machen, *sie* müssen auf die eine oder andere Weise fortdauern, um das Neue selbst fortdauern zu lassen. Dieses ist so wenig unmittelbar der Grund seines Fortbestehens, als es für sich selbst schon der Grund seines Entstehens sein kann. Und damit verweist auch die Frage nach den *Wirkungen* von derlei Neuem zurück auf die Frage, *wodurch* es entstand. Wie die Zentralperspektive hat weiterwirken können – und zwar vielleicht, falls es denn zutreffen sollte, bis in das veränderte Hören hinein –, lässt sich daher nicht von der anderen Frage lösen, wodurch auch *ihr* Aufkommen bedingt ist, wodurch sie Brunelleschi zum Problem wurde und was ihn also drängte, die Lösung dafür zu finden. Da überlegt Zajonc das Folgende:

Warum war noch niemand vor ihm darauf gekommen? Mehr als Euklids Theorie des Sehens war dazu nicht erforderlich, und die war seit Jahrhunderten bekannt. Und dennoch hatte etwas gefehlt, nicht irgendeine neue Entdeckung, sondern ein neuer Geist, eine neue wissenschaftliche Art zu sehen.[69]

Nun ja, irgendwie so etwas muss es wohl sein: Die Zentralperspektive wäre auch früher unschwer zu erlangen gewesen, nur hatte das Problem, welches sie löste, noch nicht bestanden. Und damit es entstand, musste eine bestimmte »Art zu sehen« neu entstanden sein, *diese* hatte es vorher nicht gegeben, und dass es sie *jetzt* und *neu* gab, ergab zugleich die Bedingung dafür, dass Brunelleschi »darauf gekommen« ist, und natürlich nicht er allein, da ein »neuer Geist« schlecht nur einen Einzelnen überkommen kann, nein, die neue Art zu sehen war offenbar allgemein genug, dass die neue Perspektive auch *allgemein* einleuchtete, dass sie allgemein vonnöten und allgemein verwendet wurde – bis ins 20. Jahrhundert hinein. Und nun mag man sich wundern: Gerade noch sollte sich die Zentralperspektive für Zajonc einem schönen einzelnen Vorkommnis verdanken – und nun einem gesamten neuen Geist? Eben noch sollte nur das spezifisch Kleinste gewirkt haben – und nun das unbestimmt Allgemeinste?

Den Sprung aus jenem in dieses, ihn wird man in Erklärungen für etwas historisch Neues häufig vollzogen sehen. Er fällt deshalb so leicht, weil das eine für sich genommen exakt so wenig erklärt wie das andere, das ganz Allgemeine hier und das nur Besondere da. Zu erkennen und zu erklären wäre, wie beide einander bedingen und ineinander vermittelt sind, hier dagegen werden sie nur unvermittelt einander gegenübergestellt, einmal das

Einzelne als das unmittelbar Allgemeine, Brunelleschis hübsches Experiment selbst als Inbegriff seiner langwährenden Konsequenzen; einmal das Allgemeine als unmittelbare Gegebenheit, dem das Einzelne nur irgendwie zurechnen und subsumiert werden soll: »ein neuer Geist«. Und schon sind Allgemeines und Besonderes kurzgeschlossen, ohne dass ihr Zusammenhang noch je eine Erklärung finden müsste.

Gewarnt also vor solcherlei Kurzschlüssen kehren wir zurück zu der Frage, wie die Zentralperspektive nicht etwa allgemein ihr Fortdauern, sondern wie sie insbesondere die Takt-Synthesis zur Wirkung haben könnte.

Zwischen beiden Phänomenen besteht eine gewisse *Analogie*, ihre virtuelle Bewegung ins Unendliche, und diese Analogie war Anlass zu der Vermutung, das eine könnte das andere bewirkt haben, die Menschen müssten also an der Zentralperspektive den taktrhythmischen Reflex einüben und auf irgendeine Weise an ihr gewinnen. Wie aber das? Sollte man sich bei häufiger Betrachtung des perspektivischen Liniengitters daran gewöhnen können, *je zwei Elemente zu verbinden*, indem man sie gegeneinander unterscheidet? Keinesfalls. Und außerdem, wie wenige Menschen, die den taktrhythmischen Reflex entwickelt haben und nicht zufällig auch Maler waren, bekamen denn jenes Liniengitter überhaupt vor Augen? Die meisten sahen lediglich Gemälde und späterhin ja auch zahllose Photographien, in denen die Zentralperspektive beachtet ist. Nur: Bekommen die Menschen auf diesen Gemälden perspektivisch etwas anderes geboten als mit jedem normalen Blick in die Wirklichkeit? Nein, eben nicht, Brunelleschis Experiment hatte nicht umsonst seine Beweiskraft: Die Zentralperspektive *wiederholt* ja lediglich diejenige, nach der wir ohnehin sehen. Wie also wäre an solchen Gemälden und Photos perspektivisch je etwas zu gewinnen gewesen, was nicht jeder andere Blick ebenso bieten würde? Auf keine Weise.

So schnell ist man am Ende der Möglichkeiten, wie sich die Zentralperspektive in den Taktreflex hätte übertragen können. Denn soweit besteht ihrer beider Verbindung in *nichts als* ihrer Analogie. Aus der Analogie der Phänomene allein aber ergibt sich nicht die reale Möglichkeit ihrer Übertragung. Eine analoge und insofern metaphorische Verbindung unmittelbar für wirkungskräftig anzusehen, wäre deren krude *Hypostasis*: der idealistische Irrtum, das geistige Band bestünde notwendig real. Sowenig ein Einzelphänomen wie die Zentralperspektive unmittelbar die eigene Fortdauer bewirken kann, so wenig kann seine Übereinstimmung mit einem anderen unmittelbar dieses bewirkt haben.

Wie also steht es mit unserer Suche, wohin noch greifen, wo noch weiter tasten? Es muss sein: bei allgemeineren historischen Erscheinungen. Zum Beispiel: bei der Wissenschaft – war bei der Zentralperspektive nicht die Rede vom neuen *wissenschaftlichen* Sehen, und könnte nicht dieses –? Oder: bei der *Säkularisierung* – denken wir nur zurück an die »Auflösung der tradierten Gemeinschaftsbeziehungen« und »Individualisierung der Gesellschaft«: Ein neuer Geist gegenüber der Kirche, passt er nicht vortrefflich zur neuen Konstruktion des Unendlichen? Die Transzendenz, bisher exklusives Reich der Religion, wird dem Zugriff der Menschen unterworfen, die Unendlichkeit wird erreichbar im Schnittpunkt der zentralperspektivischen Fluchtlinien, die ehrwürdige Dreifaltigkeit des mensuralen *tempus perfectum* weicht dem rhythmischen Verlauf nach einem Menschengesetz *ad infinitum*, mit dem der Taktrhythmus nach Möglichkeit nun Ernst macht – ja, es passt.

Aber, immer noch einmal: *Wodurch* passt es? *Woher* die analoge Stimmigkeit? *Auf welche Weise* sollte sich die vom Himmel auf Erden geholte Unendlichkeit in dem Reflex nach betont/unbetont niederschlagen? Wie käme unser Denkapparat darauf, Infinität gerade durch zweiwertiges Unterscheiden von Elementen herzustellen? Wie sollten um der säkularisierten Unendlichkeit willen Gläubige und Ungläubige gleichermaßen abfallen von vom alten mensuralen *tactus*? Weshalb die Kirchen- *und* die weltliche Musik einfallen in die neuen Takte? Und was hätte die weltlich offenere Reflexion der Menschen es nötig, sich in einen Reflex zusammenzuziehen, von dem niemand etwas *weiß*?

Ich breche die vorläufige Suche an dieser Stelle ab. Nicht, dass sie keine Ergebnisse erbracht hätte – es waren außerordentlich wichtige dabei – oder dass nicht noch weitere zu erlangen wären. Doch es taugt nichts, den Wald neuzeitlicher Phänomene zu durchkämmen und Baum für Baum darauf hin abzuklopfen, ob nicht noch dieser oder jener den hohlen Klang einer Analogie von sich gibt, und darauf zu hoffen, dass einem letzten schließlich die Takt-Synthesis in voller Gestalt aus der Krone fiele. Es bliebe diese Art Blindekuh-Spiel, weiterhin von den Phänomenen auszugehen und an ihnen nach der Verästelung zu suchen, an welcher die Synthesis hängt. Je enger eines mit ihr verwandt wäre, umso sicherer würde es sich allenfalls eines gemeinsamen Ursprungs mit ihr erfreuen können, also nicht selbst dieser Ursprung sein. Und je weiter entfernt es von ihr läge, umso weniger gäbe es zu erkennen, wo die Verbindung zu ihr, wo die genetische Linie ansetzen mag.

Die Suche, die etwas finden will, hat nicht von den gedachten Ursprungsphänomenen auszugehen, sondern umgekehrt von dem, was da seinen Ursprung sucht: von der Takt-Synthesis selbst. *Ihre* Bestimmungen, die Bestimmungen ihres historischen Auftretens und die ihrer funktionalen Wirksamkeit, gilt es zu entwickeln. In ihnen, genau genug gefasst, müssen sich auch die Bestimmungen dessen abzeichnen, woraus sie entspringt: der Sphäre ihres Ursprungs.

II

DREI BESTIMMUNGEN

Erstens: worin die Takt-Synthesis besteht; zweitens: dass sie aufkommt in den westeuropäischen Gesellschaften zu Beginn des 17. Jahrhunderts; und drittens: dass sie, inzwischen weltweit, wirksam ist bis heute; das sind drei mächtige Bestimmungen, die endlich werden bestimmen lassen, wodurch die Synthesis und ihr Auftreten bedingt sind. Ich will dies Gesuchte für den Moment einmal abkürzend nur das »BEDING« nennen. Auch dieses BEDING muss, wie die Takt-Synthesis selbst, den drei Bestimmungen genügen; es muss noch heute in Kraft sein – und inzwischen vermutlich sehr viel kräftiger als zum Zeitpunkt seines ersten Auftretens –; muss selbst erst damals hervorgetreten sein; und muss genau die Leistung enthalten, es muss genau jene Leistung unwillkürlich bedingen, in welcher die Synthesis besteht.

Es sind drei Bestimmungen von unterschiedlicher Qualität. Den beiden *geschichtlich* mächtigen – der Bestimmung einer historischen Vergangenheit und der Bestimmung einer historischen Kontinuität und Gegenwart – steht diejenige gegenüber, die allein den *Gehalt* der Synthesis angibt. Von allen dreien ist diese letztere am schärfsten gefasst, sie stellt die Suche daher vor die höchsten Anforderungen – und vor durchaus befremdliche. Sie setzt ja voraus, dass das BEDING der Takt-Synthesis die Menschen dazu bringt, in einem Reflex je zwei Elemente nach einem rein zweiwertigen Verhältnis miteinander zu verbinden und gegeneinander zu unterscheiden. Befremdlich ist daran nicht nur der hochabstrakte Gehalt dieser Leistung, sondern dass sie uns bis ins Innerste natürlich erscheint, wie angeboren, und dennoch durch etwas ihr Äußerliches – das folglich auch uns selbst äußerlich sein und als etwas Äußerliches gegenübertreten muss – geschichtlich erst hervorgetrieben wird. Ihre große Schärfe aber gewinnt diese Bestimmung durch die gleichsam mathematische Exaktheit, mit der sie zu treffen ist.

Was den beiden anderen Bestimmungen an solcherart schneidender Präzision fehlt, machen sie wett durch ihre geschichtliche *Mächtigkeit*: die lange Kontinuität über die letzten vier Jahrhunderte hinweg, die strenge Scheidung von allen früheren Zeiten und die unmittelbare Gegenwart. Es gibt lediglich einen Punkt der Ungenauigkeit oder des Ungeklärten, an dem sie laborieren. Nicht etwa, dass das genaue Datum fehlen würde, an welchem die Synthesis ein erstes Mal auftritt. Der Zeitraum, innerhalb dessen sich ihr Auftreten vollzieht, ist ja vielmehr erstaunlich eng umgrenzt, vor allem gemessen daran, wie tief sich dies Neue den Menschen eingesenkt haben muss, bevor es als Reflex seine greifbare Wirkung tun konnte. Ungeklärt ist etwas Anderes. Die empirischen Experimente, die uns jene Wirkung bezeugen, nämlich Musik und Verse, sie bezeugen uns zwar, wann und wo die Takt-Synthesis aufkommt und dass sie sich *allgemein* durchsetzt. Aber sie können nicht bezeugen, *wie tief* diese Allgemeinheit zu Beginn reichte: wie vollständig also *alle* Menschen in den damaligen Gesellschaften von ihr ergriffen wurden. Musikübung und Verse jener Zeit sind uns allein in Form schriftlicher Zeugnisse erhalten, und diese repräsentieren lediglich einen bestimmten Ausschnitt der Gesellschaft, belegen also auch nur für diesen Ausschnitt das Wirksamwerden des Reflexes. Trotzdem, soweit diese Zeugnisse immerhin reichen, zeigen sie die Synthesis tatsächlich als das allgemeine Phänomen, das sie auch heute ist. Lediglich, ob sie es im Zeitraum ihres ersten Auftretens auch bei denjenigen Teilen der Bevölkerung war, deren Musikübung nicht in Kompositionen und deren Verse nicht in Büchern ihren Niederschlag fanden, steht dahin. Wenn sich diese Bevölkerungsteile ausnahmsweise doch einmal in gedruckten Versen zu Wort melden, auf Flugblättern etwa, zu denen im dreißigjährigen Krieg Veranlassung genug bestand, so fehlen solchen Versen anfangs zumeist noch alle Kennzeichen einer akzentmetrischen Regelung. Aber auch das lässt keine zwingenden Schlüsse zu: Wenn jemand *heute* vorübergehend zum Dichter wird, für den Anlass eines Richtfestes oder einer Geburtstagsfeier, so klingen seine Verse in der Regel nicht anders.

Nicht einmal heute lässt sich mit Sicherheit sagen, ob wirklich *alle* Menschen dieser Erde nach Takten hören. Niemand hat bisher Frau für Frau und Mann für Mann darauf hin untersucht, ob sie über jenen Reflex verfügen. Wie weit auch immer die Taktmusik heute zu einer Weltmusik wurde, es lässt sich kaum abschließend sagen, ob nicht irgendein verborgener Winkel vielleicht doch noch ein paar exotische Menschen beherbergt, denen der Reflex so unbekannt ist wie den Menschen des Mittelalters. Gleichwohl steht fest, dass ihn die Menschen heute *ganz allgemein* entwickeln, anders wäre weder die ubiquitäre Präsenz der Taktmusik denkbar noch auch der seit Jahrhunderten verfochtene und unangefochtene Glaube, diese unsere Rhythmusempfindung wäre die einzig natürliche, wäre anthropologisch konstant und kenne keine Ausnahme: eben weil eine Ausnahme allenfalls *Ausnahme* wäre.

Zumindest in dieser *Art* von Allgemeinheit muss die Takt-Synthesis auch zu ihrem Beginn verbreitet gewesen sein. Dafür stehen nicht nur die schriftlichen Zeugnisse ein, sondern dafür spricht auch die Kontinuität, mit der sich jene Rhythmusempfindung, die inzwischen die unsere ist, von ihrem frühesten Auftreten an bis zu diesem heute erreichten Stand weltweiter Allgemeinheit durchgehalten und ausgebreitet hat. Sie mag sich anfangs beschränkt haben, erstens insgesamt ja auf Westeuropa, und darin zweitens auf bestimmte Schichten der Bevölkerung, die städtischen zumal; doch *innerhalb* dieser noch eingeschränkten Verbreitung hat sie bestanden, so allgemein und konstant und im Schein pur gegebener Natur, wie heute.

DAS *BEDING*, ZUM ERSTEN

Nun aber heißt es, jene drei Bestimmungen durchzuführen und ihnen die positive Kontur dessen abzugewinnen, wodurch die Takt-Synthesis bedingt wird.

Ein Erstes noch einmal vorweg: Wir wissen aktuell nicht, wie wir uns diesen Reflex aneignen. Dass wir es nicht wissen, versteht sich insofern ja von selbst, als wir anders gar nicht danach zu suchen hätten. Aber es verdient festgehalten zu werden: Dasjenige, wonach wir suchen, ist offenbar nicht absehbar. Das bedeutet nicht, dass jenes BEDING selbst etwas Unsichtbares sein müsste, ungreifbar oder sonderlich geheimnisvoll – was es immerhin *auch* sein mag –; sondern unabsehbar und fürs erste ungreifbar muss sein, auf welche Weise es jenen Reflex in uns hervorruft, wie es sich in ihn *überträgt*.

Denken wir noch einmal an die optischen Täuschungen. Wir können sie konstatieren, wir können feststellen, dass sie sich uns durch einen bestimmten Reflex ergeben, aber wir wissen nicht im mindesten, wie wir zu diesem Reflex kommen; deshalb müssen wir ihn für angeboren halten. Ebenso beim taktrhythmischen Reflex: Auch ihn hält für angeboren, wer überhaupt von ihm weiß, und man weiß eben deshalb in der Regel nichts von ihm, weil man bei keinerlei Gelegenheit bemerkt, dass man ihn aufnehmen, dass ihn etwas in uns hervorrufen würde, *dass* sich also *etwas* in diesen Reflex überträgt. So unwillkürlich er seine Wirkung tut, so unwillkürlich und gleichsam unbeachtet muss er sich in uns auch *ausprägen* zum Reflex. Von der Übertragung, in der dies vor sich gehen muss, wissen und bemerken wir nichts; und dennoch muss es sie geben.

Die Erkenntnis, dass sich da etwas unserer Erkenntnis entzieht, hilft nun aber nichts dazu, dem gesuchten BEDING näher zu kommen, im Gegenteil zeigt sich dies damit selbst nur der direkten Erkenntnis entzogen. Aber es hilft darauf vorzubereiten, dass uns dies BEDING, wenn es denn gefunden ist, wird *erstaunen* müssen, dass uns seine Übertragung in den taktrhythmischen Reflex fürs erste so wenig vorstellbar sein wird, wie wir uns im Moment dessen Entstehen vorstellen können: uns vorstellen, dass er *nicht* angeboren ist.

Damit aber genug der negativen Eingrenzung: Was bestimmt das BEDING der Takt-Synthesis *positiv*?

- Es muss zum einen *gesellschaftlich bedingt* sein, zum anderen aber auf jeden *Einzelnen* wirken. Die Synthesis entwickelt sich in Jedem für sich, so wie Jeder etwa die Sprache einzeln für sich und zugleich im Zusammenhang mit anderen zu entwickeln hat. Entsprechend muss Jeden *einzeln*, aber *allgemein* Jeden auch das betreffen, wodurch er sie zu leisten beginnt.
- Es muss ihm innerhalb seines *Lebenszusammenhangs* gegenübertreten. Die Synthesis kann nicht angeboren sein, und es kann nicht zum ontogenetischen Programm eines Menschen

gehören, sie zu entwickeln – dies im Gegensatz zur Sprache. Das BEDING muss selbst erst dem entwickelten, nicht schon vorgeburtlichen Leben eines Menschen zugehören und des weiteren vor allem einem so weit fortgeschrittenen Lebenszusammenhang, dass bereits gesellschaftliche Spezifika in ihn eingehen.
- Es muss sich im Lebenszusammenhang eines Jeden *notwendig* einstellen, und zwar ebenso notwendig und zuverlässig, um nicht zu sagen unentrinnbar, wie sich in Jedem offenbar notwendig und zuverlässig die Synthesis einrichtet – so zuverlässig, *als ob* sie angeboren wäre. Es muss sich allen Einzelnen so sicher vorgeben wie ihr genetischer Code, ohne doch einer zu sein.
- Es muss in ihrem Leben eine durchaus *bestimmende* Rolle spielen, damit es in ihnen etwas so tief Unwillkürliches wie die Synthesis hervorrufen kann *und* damit es dies so zuverlässig tut, dass die Synthesis wie angeboren erscheint.
- Es muss diese Rolle zugleich jedoch *unbemerkt* spielen, unauffällig und natürlich, es muss in seiner ganzen Notwendigkeit vorgegeben sein *wie Natur*. Und insofern *alltäglich* – in einem doppelten Sinn:
- Es muss, wie gesagt, *allgemein* Jeder damit zu tun bekommen, nicht bloß der Einzelne je nach Kontingenz seines bestimmten Lebensweges (wobei allenfalls in der Frühzeit eine soziale Sonderung etwa nach Stadt und Land ins Gewicht fallen könnte). Und es kann nichts Spektakuläres an sich haben, es muss zu seiner Zeit ebenso *selbstverständlich* geworden sein, wie es Taktreflex und Taktrhythmus sind, nicht exquisiter Bestandteil eines je besonderen Lebens, sondern allgemeine Voraussetzung eines jeden. So alltäglich wie die Luft, die alle einatmen und doch Jeder für sich, oder wie Jeder nur seinen eigenen Hunger verspürt, aber alle anderen dem Bedürfnis zu essen ebenso unterliegen.
- Diese Allgemeinheit vom Grad einer nachgerade physiologischen Notwendigkeit kann der Synthesis aber eben *nicht physiologisch* zukommen. Ihr BEDING kann nicht etwas allen nur je für sich Gemeinsames sein wie etwa die menschliche Physis, keine Gemeinsamkeit wie die, dass jeder zwei Hände und

seinen Geburtstag hat oder sich ernähren muss. Da es gesellschaftlich bedingt ist, muss es zu dem *gesellschaftlich Gemeinsamen* gehören. Innerhalb dessen aber kann es nur dann in jenem Grad von Allgemeinheit, der es mit den physiologischen Notwendigkeiten auf eine Stufe stellt, auch notwendig werden, wenn es *für* dieses *Gemeinsame* eben *notwendig* ist, wenn es also die *gesellschaftliche Verbindung* der Menschen selber auch *leistet*.

DAS *BEDING*, ZUM ZWEITEN

Das BEDING der Takt-Synthesis als bestimmender Teil der gesellschaftlichen Vermittlung – mit dieser Erkenntnis ist bereits auf kurze Distanz sehr viel gewonnen, so viel, dass sich bereits jetzt sagen ließe, was dies BEDING ist. Doch steht noch aus, was sich darüber dem Übertragungsargument entnehmen lässt – auch das wird von Bedeutung sein.
- Das BEDING kann die synthetischen Bestimmungen – Verbindung und Unterscheidung nach dem Hervorhebungsverhältnis – nicht selbst tragen und an sich aufweisen. Es muss etwas sein, das sie den Menschen *abfordert*. So viel ergibt sich erstens daraus, dass wir diese Bestimmungen gerade dann *nicht aktiv* leisten müssten, wenn sie an irgendeinem Ding bereits gegeben wären. Aber zweitens genauer: Kein Ding *kann* diese Bestimmungen enthalten. Das Verbinden und Unterscheiden von Elementen nach einem reinen vorgegebenen Verhältnis, sind Bestimmungen, die *zwischen* Dingen *hergestellt* werden, Bestimmungen, die diesen Dingen also nicht schon objektiv zugehören *können*, sondern die stets subjektiv jeweils von Menschen zu leisten sind. Und deshalb kann auch das BEDING diese synthetischen Bestimmungen nicht selbst enthalten, sondern muss es sie den Menschen abverlangen. Es muss Menschen vor die *Erfordernis* stellen, diese Leistung zu erbringen.
- Daher kann das BEDING selber kein Ding sein, nicht Gegenstand der Wahrnehmung oder irgendwie statisch gegeben. Es muss vielmehr auf einer *Handlung* beruhen – einer Handlung, in der jene Art von Verbindung zwischen Dingen notwendig

und aktiv hergestellt werden muss, einer Handlung also, die es erfordert, Dinge in solcher Verbindung aufeinander zu beziehen. Diese Handlung wird sich zwar an Dingen *vollziehen* müssen, sie mag solche Dinge voraussetzen und auf sie angewiesen sein, sie mag selbst auch zum Gegenstand der Wahrnehmung werden können und so hörbar, sichtbar, wahrnehmbar sein wie nur immer möglich. Doch nicht darin, nicht in den Dingen und nicht in ihrer Wahrnehmbarkeit kann das BEDING liegen, sondern allein in der Handlung *als solcher.*
– Und diese Handlung muss uns schließlich jenes *funktionale* Beziehen abverlangen: jenes zweiwertige Verbinden und Unterscheiden von Elementen, das Aufeinanderbeziehen nach Bestimmungen, die in dem, was da elementeweise aufeinander bezogen wird, nicht schon als solche gegeben sind, die vielmehr *in diesem Beziehen* erst *gesetzt werden.*

Allein aus einer solch funktionalen Handlung kann jene Funktion hervorgehen; die Synthesis nur aus einer Handlung, die *solches* Beziehen erfordert; und, da diese Handlung nicht nur den je einzelnen Menschen, sondern ihrer gesellschaftlichen Vermittlung zugehören muss, aus einem *Zusammenhang* dieser Handlungen.

Ihm muss die Synthesis entstammen.

Dieser *Handlungszusammenhang* also, er muss in dem, was er dem Einzelnen an synthetischer Leistung abverlangt, unbewusst sein, die Leistung, die er erfordert, muss selbstverständlich sein bis zur Unwillkür, und *dass* er sie erfordert, bewusster Reflexion entzogen. Er muss zum Bereich der allgemeinsten Notwendigkeit gehören, insofern seine bestimmende und zugleich alltägliche Rolle spielen, und dies als Teil, als bestimmendes Moment der gesellschaftlichen Vermittlung. Als dies Moment aber darf er erst um den Beginn des 17. Jahrhunderts hervortreten. Die gesellschaftliche Vermittlung selbst muss um diese Zeit also von einer älteren Form in eine spezifisch neuzeitliche umschlagen, in eine Form, die sich seitdem jedoch erhalten hat, die sich seitdem muss durchgehalten haben bis heute, ja, die von Westeuropa aus, wo sie damals zuerst auftritt, globalisiert inzwischen die ganze Welt umspannt. So lauten, knapp zusammengefasst, die Bedingungen für das BEDING.

Einen solchen Übergang in einen neuen, historisch bis dahin nirgends gegebenen Vermittlungszusammenhang *gibt* es: den Übergang von den weit gefasst feudalistischen in geldwirtschaftliche Verhältnisse. Diese bestehen ohne Frage *bis heute* und nunmehr auch *weltweit*. In ihnen wird der Umgang mit Geld alltäglich, wird er bestimmend und notwendig, hat er seine Allgemeinheit und schafft er sie. Er vermittelt die Menschen durch eine Handlung: Kaufen und Verkaufen, und auf dem Stand einer Geldwirtschaft tut er dies in einem gesellschaftsweit allgemeinen Zusammenhang dieser Handlungen: dem Markt. Das Moment aber, welches in diesen Verhältnissen bestimmend wird, und dasjenige zugleich, worin die Ursprungsbedingung der Synthesis liegen muss, es ist, als die Funktion dieser Handlungen, das Geld.

GELD?

Ich bin mir bewusst: Die schönsten und eingängigsten Erklärungen für den Taktrhythmus habe ich ausgeschlagen, wollte nichts vom Herzschlag wissen, nichts vom Beischlaf und nichts auch nur von der Musik, und nun werde ich mit *dieser* Erklärung ganz gewiss keinen Glauben finden.

Meine rechtzeitig noch lancierte Voraussage, das schließlich aufgefundene BEDING werde uns notwendig in Erstaunen versetzen, wird nichts helfen. Das Geld als Ursprung des Taktrhythmus kann nicht bloß erstaunen, kann auch nicht nur befremden, es muss Widerwillen erregen. Es ist eine Zumutung: Dieses Äußerlichste soll jenes Innerste bedingen? Jenes Innerste verraten werden an Gesellschaft und Kommerz? Die natürlichste Empfindung verlegt ins kälteste Kalkül? Das kann nicht sein – das *darf* nicht sein!

Und wie ist es denn auch hergeleitet worden! Eben noch habe ich mit einem Federzug ganze Legionen anschaulicher Erklärungen gestrichen, und jetzt soll sich die Sache irgendwie im luftleeren Raum vollziehen? Eben noch sollte eine Analogie für gar nichts gelten, aber jetzt gälte mit einem Mal ein »Zusammenhang«? Dort war nirgends eine Übertragung möglich und nun soll sie absehbar sein beim Geld? Zahlendes Publikum lag dem

Takt zu fern, und nun soll Geld ihm näher liegen? Antike, Yin und Yang hießen vorhin noch zu alt, aber dass es auch antikes Geld gibt, soll jetzt nicht mehr zählen? Ein wenig Allgemeinheit hier, ein bisschen Gesellschaft da, und schon wären die Takte beisammen? Wer denkt denn beim Rhythmus an Geld, und wer beim Geld an Rhythmus? Was hätte um Himmels willen Geld mit betont und unbetont zu tun? Und wie könnte, und wie sollte –

Das wird sich alles klären. Zunächst jedoch zum Rhythmus dies: Ich liefere ihn nicht aus, dem Geld nicht und nichts sonst. Die rhythmische Empfindung, von deren Macht Nietzsche schreibt, sie entsteht ja nicht erst mit Aufkommen der Takte – an keiner Feststellung kann mir mehr gelegen sein –, sondern sie mag tatsächlich, wer weiß das, so alt sein wie der *homo sapiens*. Doch diesem Rhythmusempfinden, dieser alten Gabe und diesem tiefen Zwang, wird mit den Takten eine historisch *neue* Leistung aufgesattelt, es wird ihr in späten Jahrhunderten der Menschengeschichte *neu* unterworfen, ja, diese Leistung dringt in das Rhythmusempfinden ein wie ein Virus in die Zelle, indem sie es zwingt, nunmehr nur noch *ihresgleichen* zu produzieren: betont und unbetont. Anders als die biologische Zelle aber, die über der Reproduktion des Eindringlings zugrunde geht, lebt das Rhythmusempfinden fort, verliert darüber nicht seine Kraft und nicht seine Tiefe, nur wird es nun so gesteuert, wie die neue Leistung will, nach ihr hat es nun zu funktionieren, in Formen zu arbeiten, die *ihr* entsprechen. Diese Leistung des Takthörens ist nicht *allgemein* Rhythmus und ist nicht *allgemein* das Rhythmusempfinden, sondern wirkt lediglich, sehr bestimmend, in es hinein. Nicht Rhythmus und Rhythmusempfindung also leite ich her, sondern allein jene genaue Leistung, die ihnen nicht entstammt, ihnen nicht genuin zugehört, sondern sich ihnen gebieterisch auferlegt. Und *sie* ist es, dieses spezifische Produkt neuzeitlicher Gesellschaften, die ich tatsächlich auf das Geld zurückführe.

Wie aber das? Auch der Beweisgang meiner Herleitung verdient nicht die Schmähungen, die ich ihm eben zuteil werden ließ. Mit Bedacht habe ich ihn bisher so verknappt, dass er sich nun dem Vorwurf aussetzt, erhebliche Lücken aufzuweisen. Jeder einzelne Punkt wäre sehr viel breiter auszuführen, und mancher logische Zwischenschritt ist ausgespart, der die Schlussfolgerungen besser sichtbar mit den Prämissen verbunden hätte. Ich habe die Herleitung gewissermaßen nur im Knochengerüst gegeben – doch mit allen Muskeln und Fasern hätte sie nichts Anderes ergeben, in aller Ausführlichkeit würde sie zu keinem anderen Ergebnis führen. Und nur diese Aufgabe sollte sie bis jetzt erfüllen: die Spur zu legen dorthin, wo die Suche fündig wird. Sie zeichnet den Weg nach, auf dem ich selbst dorthin gelangt bin; und nun ließe sich sehr wohl Punkt für Punkt bei ihr verweilen, bis die Spur beweiskräftig gesichert ist.

Doch gebrauche ich sie nicht zum Beweis und führe sie deshalb nicht bis zu voller Schlüssigkeit aus, da ich sie nicht zum Beweis *benötige*: Etwas Anderes nämlich wird mir dazu dienen. Es gibt einen zweiten Gang von Überlegungen, der direkter verläuft und unmittelbar zwingend schließt. Er allerdings setzt dort an, wo die Sache ihre größten Schwierigkeiten hat: an der Funktionsbestimmung der Synthesis und ihrer Übertragung. Er beweist, dass es das Geld ist, dem der Taktreflex entstammt, indem er beweist, dass es *nur* das Geld sein kann.

Diesem Nachweis sei die eben ersparte Ausführlichkeit gewidmet.

BETONUNG ALS INHALT

Für den Moment verschiebe ich also die Beantwortung der *historischen* Frage, die sich jetzt aufdrängen muss: wie nämlich Geld, von altersher bekannt, *erst* seit der Neuzeit und *nicht früher* die Rolle hat spielen können, die ich ihm zuschreibe. Ich zeige zuerst, wie es sie *überhaupt* spielen kann. Und dafür gilt es noch einmal an der Funktionsbestimmung unserer taktrhythmischen Synthesis anzusetzen.

Es hieß: In dieser Synthesis verbinden wir je zwei Elemente, indem wir sie zueinander ins Hervorhebungsverhältnis setzen, oder anders, indem wir dies Verhältnis zwischen ihnen herstellen. Diese Beschreibung allerdings bedarf in einem entscheidenden Punkt noch einer größeren Präzision. Was nehmen wir von der Synthesis wahr, *worin* nehmen wir sie wahr? Wir nehmen sie darin wahr, dass wir von zwei Tönen den einen gegenüber dem anderen hervorgehoben hören, und das mag heißen, dass wir ihn buchstäblich als *lauter* empfinden. Die größere Lautstärke des einen gegenüber der des anderen wäre in diesem Fall also der *Inhalt* des Hervorhebungsverhältnisses.

Nun ist Lautstärke keine *reine* Verhältnisbestimmung – deren wir aber bei der Synthesis bedürfen. Lautstärkegrade lassen sich zwar stets auch im Verhältnis zu anderen fassen, als lauter, leiser, sehr viel lauter, um so und so viel leiser der eine als der andere. Doch die Lautstärke eines Tons besteht nicht *allein* innerhalb eines solchen Verhältnisses, sie bedarf nicht der unmittelbaren Nachbarschaft eines anderen, lauteren oder leiseren Tons, sie bedarf nicht dieses direkten Bezugs auf eine von ihr verschiedene Lautstärke, um selbst in ihrem jeweils gegebenen Grad bestimmt zu sein. Lautstärke gehorcht daher auch keinem reinen, dem zweiwertigen Verhältnis – *laut* oder *leise* –, sie kennt vielmehr unzählige, beliebig fein vorzunehmende Abstufungen. Also kann umgekehrt das rein zweiwertige Hervorhebungsverhältnis, mit welchem die Synthesis tatsächlich arbeitet und das wir durch sie wahrnehmen, nicht in dieser abstufbaren Lautstärke *bestehen*. Es muss die Empfindung der Lautstärke vielmehr – in unserer Wahrnehmung – *als Inhalt annehmen*.

Wie ist das vorzustellen? Ich habe bereits gezeigt, dass die Synthesis ihr Hervorhebungsverhältnis an unterschiedliche der *objektiven* Klangbestimmungen von Tönen oder Silben zu heften vermag – in diesem Sinne also an unterschiedliche *inhaltliche* Bestimmungen. Wenn wir beispielsweise von je zwei Tönen, die *objektiv* nach lauter und leiser oder nach länger und kürzer abwechseln, das eine Mal den lauteren oder das andere Mal den längeren als hervorgehoben empfinden, so ist es zwar jeweils *dieselbe Hervorhebung*, die wir daran vornehmen, aber geheftet jeweils an einen *unterschiedlichen Inhalt*. Wir nehmen zum einen objektiv den Grad wahr, in dem der eine Ton lauter gespielt wird als der andere oder um wieviel der eine länger dauert als der andere, zugleich aber binden wir subjektiv an diese *graduellen* Unterschiede das *rein zweiwertige* Verhältnis der Hervorhebung, eben indem wir den einen Ton hervorgehoben hören gegenüber dem anderen. Insofern also *binden* wir hier das Hervorhebungsverhältnis an den Inhalt von Lautstärke oder Tondauer: *Es nimmt für uns – in unserer Wahrnehmung – diesen Inhalt an.*

Worin sich uns eine Betonung auch immer realisieren, in welchen klanglichen Gegebenheiten sie für uns auch immer bestehen mag – höhere Lautstärke eines Elements oder seine größere Dauer gehören nur unter anderem dazu, die Sprachwissenschaft etwa hat eine ganze Reihe weiterer Klangbestimmungen ausgemacht, durch die wir eine Silbe als betont, als Akzentsilbe wahrnehmen –, worin sich also immer Betonung realisiert, sie ist uns in diesem Sinn stets *inhaltlich* bestimmt; und mit solcher inhaltlichen Bestimmung verbindet sich die Takt-Synthesis entweder auf die genannte Weise: ihre Hervorhebung an objektive Klangbestimmungen knüpfend; oder umgekehrt: indem wir solche inhaltlichen Bestimmungen an ihre Hervorhebung knüpfen, mit ihr *assoziieren*. Das lässt sich am einfachsten wieder an Hand des Experiments erklären. Wenn wir von identischen Tönen mittels Synthesis je einen gegen den anderen hervorheben und den einen dadurch als *betont* empfinden, als lauter etwa, so stellen wir zwischen den Elementen also nicht bloß das synthetische Verhältnis her, sondern assoziieren es außerdem mit einer jener Klangbestimmungen, die wir sonst eben als Betonung kennen. Wir *füllen* das synthetische Hervorhebungsverhältnis also mit Inhalt, mit einer abstufbar *inhaltlichen* Bestimmung, die in diesem Fall ebensowenig objektiv in den Tönen gegeben ist wie jenes Verhältnis selbst. Und da wir diesen Inhalt in unserer Wahrnehmung *ergänzen*, auch wo er nicht objektiv gegeben ist, wo ihn unsere Synthesis also nicht als Klangbestimmung vorfindet, um an ihm anzuknüpfen, assoziieren wir ihn insofern *hinzu*.

Um die Funktionsbestimmung der Synthesis selbst vollständig rein zu treffen, ist es also nötig, synthetisches Verhältnis und Betonung auf diese Weise voneinander zu scheiden. Am besten deutlich wird dies, wo unsere Synthesis potenziert einwirkt und sich zur Bildung größerer Perioden aufschwingt. Solange wir noch mit einer Reihe von Einzeltönen umgehen und nur jeweils diese nach betont-unbetont verbinden, können wir allenfalls überzeugt sein, das Verhältnis, in das wir sie synthetisch gegeneinander setzen und das wir an ihnen wahrnehmen, wäre wirklich etwa größere Lautstärke des einen gegenüber dem anderen.

Nicht mehr jedoch, wenn wir zu höheren und klanglich reicher gefüllten Gruppen übergehen.

In einem Fall wie dem von Dietze beschriebenen führt die potenzierte Gruppenbildung dazu, dass wir von acht identischen Tönen jeweils die vier Elemente, die wir hervorheben, noch gegeneinander in ihrer Stärke, also in ihrem assoziierten Inhalt abstufen. In dem einfachen Fall identischer Einzeltöne bewahrt sich auch in der Potenzierung also die inhaltliche Assoziation von Lautstärke und Betonung, die wir an das Hervorhebungsverhältnis knüpfen. Eine solche Periode aus acht Elementen, um zwei weitere Male potenziert zur Periode aus acht Vier-Viertel-Takten, bilden wir geläufig auch in der Musik. Was aber geschieht dort mit unseren *Betonungen*? Ich will es an einem Beispiel zeigen, das hoffentlich bekannt genug ist, dass auch der des Notenlesens Unkundige die Melodie im Notenbild erkennt: das Hauptthema aus dem Finalsatz von Brahms' erster Symphonie.

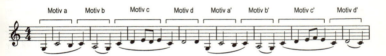

Es ist auftaktig notiert, verläuft also von unbetont nach betont und seine Elementareinheit ist die Zweiergruppe unbetont-betont. Die erste *potenzierte* Gruppe, aus *zwei* solchen Elementargruppen, aus *vier* Taktschlägen also, ist komponiert als ein Motiv aus einer Viertelnote, einer Halben und wieder einer Viertel. Die Halbe ist über zwei Taktschläge gebunden, und damit verteilen sich die Noten über das Raster aus »guten« und »schlechten« Taktteilen, das heißt aus *h*ervorgehobenen gegenüber *n*icht-hervorgehobenen Elementen, so:

Taktschläge	4		1	2	3
Notenwerte	V		H –	H	V
Synthesis	*n*		– *h*	*n* –	*h*

Das Motiv verläuft über zwei unserer synthetisch geleisteten Hervorhebungen, auf der 1 und der 3. Auf die erste kommt der Beginn der halben Note zu liegen – und wir hören sie als stärker, als betont. Auf die zweite Hervorhebung fällt dann die abschließende Viertel – diese aber hören wir durchaus *nicht* als betont, obwohl doch auch sie einen betonten, einen »guten« Taktteil einnimmt. Das Hervorhebungsverhältnis nimmt für uns in diesem Fall also *nicht den Inhalt einer Betonung* an. Unsere Wahrnehmung leistet die Takt-Synthesis zweifellos auch hier, zwischen Taktschlag 2 und 3, verbindet auch diese als Zeiteinheiten, setzt sie also zueinander in das synthetische Verhältnis. Dennoch assoziiert sie mit diesem Verhältnis hier *nicht* außerdem den sonst naheliegenden Inhalt »Betonung« oder »höhere Lautstärke«, und zwar offensichtlich deswegen, weil er sich an dieser Stelle schlecht mit dem musikalischen Verlauf des Motivs vertrüge.

Doch es geht noch weiter, auf das erste folgt ein zweites Motiv, rhythmisch identisch mit jenem ersten und nur harmonisch abgewandelt. Dieses, ich nenne es Motiv b, nimmt wiederum vier Taktschläge ein und verteilt dieselben Notenwerte darauf wie Motiv a, verläuft also über dasselbe Raster von *n–h* und ergibt dieselbe Wahrnehmung von Betonung und ausbleibender Betonung wie dieses. Wie aber verhalten sich die Motive a und b *zueinander*? Dass beide über vier Taktschläge verlaufen und in dieser Doppelung gemeinsam über acht, ist ganz der charakteristischen Periodenbildung der Taktrhythmik geschuldet, und selbst in der uns so einleuchtenden Symmetrie beider Motive, einer Art Wiederholung von Motiv a durch Motiv b, wäre ein solcher Verlauf der älteren Musik vor Aufkommen der Takte fremd gewesen. Es ist also zweifellos unsere taktrhythmische Synthesis, die auch diese beiden potenzierten, diese zwei Vierer-Gruppen noch einmal aufeinander bezieht, eine Verbindung und Periodisierung, der die Melodie durch die Symmetrie der Motive entschieden folgt und damit zugleich entgegenkommt.

Dass wir beide Motive also weiterhin nach der Synthesis aufeinander beziehen, heißt, dass wir ihre Verbindung notwendig – daher ja Symmetrie und Zweiwertigkeit – durch das *Hervorhebungsverhältnis* herstellen. Welchen *Inhalt* aber verbinden wir hier mit ihm? Könnte man sagen, wir empfänden Motiv b *betont* gegenüber Motiv a, oder Motiv a gegenüber Motiv b? Könnte man auch nur sagen, wir empfänden eines *hervorgehoben* über das andere? Wir nehmen sehr wohl ihren *Bezug aufeinander* wahr, jenen synthetischen Bezug nämlich, den wir unwillkürlich-aktiv vornehmen, denn wir spüren sehr wohl die Responsion zwischen den Motiven, ein gewisses Auf und Ab, dem sie unterliegen, das Auf bei Motiv a, das Ab bei Motiv b, und empfinden in dieser Zweiheit das Sich-Schließen einer gewissen Bewegung. Wir verspüren also sehr wohl die Zweiwertigkeit des Verhältnisses, nach dem wir beide Gruppen aufeinander beziehen, – aber wir heften daran nicht mehr die Assoziation von *Betonung*, jenes *zusätzlichen Inhalts*.

Und nun gar, wenn es noch einmal weiter geht. Es folgen zwei weitere Vierer-Gruppen, Motiv c mit einer rhythmischen Unterteilung der halben Note, Motiv d rhythmisch identisch mit Motiv a und b, doch harmonisch so gehalten, dass sich ein sogenannter Halbschluss ergibt. Wieder empfindet man die Responsion – aber Betonung, Hervorhebung dieser zwei Gruppen über die zwei ersten? Auf die Einheit dieser inzwischen vier Gruppen folgt dann eine weitere solche Einheit, Motiv a und b werden streng wiederholt, Motiv c und d in einer Weise variiert, die zu einem harmonischen Ganzschluss führt: Das achttaktige Thema schließt sich. Erneut starke Responsion, erneut das bestätigende Gefühl zweiwertiger Symmetrie – doch eine Betonung? Wenn innerhalb des ersten Motivs und zwischen den darauf folgenden noch irgendein Zweifel geblieben sein sollte, hier schließlich, zwischen den Folgen von je vier Motiven ist es fraglos, wir empfinden daran nichts mehr von Betonung oder Hervorhebung. Wir können eine solche Periode von vier Takten nicht insgesamt als *betont* oder *hervorgehoben* hören gegenüber der anderen, entsprechenden Periode.

Und doch leistet unsere Wahrnehmung auch zwischen ihnen das Verhältnis, das ich bis jetzt das Hervorhebungsverhältnis nannte, verbindet sie synthetisch auch diese Einheiten hoch potenzierter Gruppen miteinander. Wir empfinden die Verbindung, doch diese Verbindung nicht als Betonung. »Betonung« oder »Hervorhebung«, der Inhalt, mit dem wir die Synthesis bei einfacheren Klangereignissen *assoziieren*, kommt ihr also nicht *als solcher* zu, er ist nicht »*ihrer*«, wir binden ihn lediglich, wo es sich machen lässt, an sie. Das synthetische Verhältnis selbst ist folglich *ohne Inhalt*: Es ist *reines* Verhältnis.

Wenn bisher also die Leistung der Synthesis als Betonung, ja sogar, wenn sie bisher als Hervorhebung bezeichnet wurde, so traf dies zwar allgemein für den Inhalt unserer Wahrnehmung zu; für eine strenge Funktionsbestimmung der Synthesis dagegen war es unzulässig inhaltlich gesprochen. Hervorhebung und Betonung werden ihr assoziiert, die Synthesis *enthält* sie nicht. Die Synthesis ist als solche *nicht-inhaltlich*.

REINE SYNTHESIS

Als wäre es bisher nicht schon abstrakt genug zugegangen! Da mache ich erst die reiche Fülle taktrhythmischer Klänge abhängig von einem synthetischen und so sehr mageren Verhältnis – und nun soll es den letzten Hauch von Inhalt auch noch verlieren? Was ist ein nicht-inhaltliches Verhältnis? Wenn es keinen Inhalt hat, woraus besteht es dann? Worin hat es überhaupt noch irgendwelchen Bestand? Was *ist* es denn noch bei so viel Abstraktion?

Diese Abstraktion – das ist außerordentlich wichtig festzuhalten – ist keine der bloßen Analyse, sie wird nicht durch die Analyse erst an ihren Gegenstand herangetragen oder an ihm vollzogen, bis sie ihn schließlich zu einem solchen Nichts ausgedünnt hätte. Nein, es ist eine Abstraktion, welche die Analyse in ihrem Gegenstand ganz real antrifft. *In aller Wirklichkeit* bezieht unsere Wahrnehmung Elemente *nach einem nicht-inhaltlichen Verhältnis* aufeinander. Diese Elemente mögen für sich so inhaltsreich sein, wie sie immer wollen, und wir mögen zu ihrer synthetischen Verbindung so viel Inhalt assoziieren, so viel reiche Empfindung an sie knüpfen, wie uns immer möglich ist; die Verbindung selbst jedoch, der auf solche Weise ein Inhalt nur *zukommen* kann, nicht *inhäriert*, ist auf jene erstaunliche Weise leer.

Und doch kann sie nicht in *nichts* bestehen. Welch kraftvolle Wirkung tut dieser Reflex, wie wirkungsmächtig ist nicht die Taktordnung, die er leistet! Das vermöchte er niemals, er hätte keinerlei Wirkung, wenn er die Elemente durch nichts, durch keinerlei Bestimmung verbände. Er bezieht *leere* Elemente aufeinander, das wohl – so viel war bereits früher festgestellt worden; und dem *musste* entsprechen, dass er sie nach einem *leeren Verhältnis* aufeinander bezieht, also nach dem *nicht-inhaltlichen* Verhältnis. Gleichwohl muss dies Verhältnis in etwas bestehen, auf irgendeine Weise muss es *bestimmt* sein.

Begeben wir uns nun auf den Grund seiner Abstraktheit.

Es ist nicht einfach nur Verbindung, es reiht nicht bloß beliebig und beliebig viele Elemente aneinander. Es verbindet *je zwei* Elemente. Es schließt sie überhaupt erst zu solchen *Elementen*, indem es sie aufeinander bezieht, und dies, indem es sie zueinander *in Entsprechung* setzt: nicht beispielsweise eine Zeiteinheit von fünf Taktschlägen zu einer von dreien, sondern je zwei Einheiten als *gleiche* Einheiten, also etwa die Einheit *eines* Schlages zu der *eines* nächsten. Insofern also setzt es *Gleichheit, Entsprechung* der Elemente. Da es sie aber zu je zweien verbindet, setzt es zugleich mit ihrer Entsprechung die *Unterscheidung* beider Elemente. Es ist zweiwertiges Verhältnis und hat also seine *zwei* »Werte«, zwei notwendig *unterschiedene* Werte. Wären es zwei lediglich gleiche, nicht unterschiedene Werte, ergäbe das Verhältnis zwischen ihnen keine Zweiwertigkeit, und unsere Synthesis wäre nicht auf die Verbindung je zweier Elemente festgelegt, sie würde Elemente wiederum nur überhaupt verbinden und also Elemente in gleichgültig welcher Zahl.

Was sind das demnach für »Werte«? *Ihnen* gerade fehlt ja der Inhalt, ihnen musste ich ihn soeben aberkennen, ihnen musste bestritten werden, den Inhalt und die Bedeutung von »betont« und »unbetont« oder von »hervorgehoben« und »nicht-hervorgehoben« selbst schon zu tragen. Was aber bleibt von solchen Bestimmungen ohne ihren Inhalt, was vom Hervorhebungsverhältnis ohne Hervorhebung? Nun: Sie werden *reine* Verhältnisbestimmungen. Die Unterscheidung zweier nicht-inhaltlicher Werte kann allein in der Unterscheidung nach *Ja* und *Nein* bestehen, nach *1* und *0*, *markiert* und *unmarkiert* – oder, wie ich es noch nennen werde: nach *bestimmt* gegen *nicht-bestimmt*. Beide »Seiten« dieses Verhältnisses sind einzig und allein *gegeneinander* bestimmt, nicht nach einem Inhalt – wie etwa: rot die eine, blau die andere –, sondern sie bestimmen sich in nichts als der Negation der jeweils anderen: ein Ja, das nur Ja ist, *insofern* eben nicht Nein, ein Nein, das nur Nein ist, *insofern* eben nicht Ja.

Heute ist diese Art Unterscheidung aus der Aussagenlogik geläufig, mathematisch etwa unter dem Namen der Booleschen Konstanten. Deren zwei Werte »wahr« und »nicht-wahr« haben keinen Inhalt, sind in diesem Sinn leer, sind nicht-inhaltlich. Sie sind jeweils erst auf einen Inhalt zu beziehen, mit Inhalt zu füllen, so dass zum Beispiel in einer Verwendungsweise der Sprachwissenschaft ein Mensch »*wahr*«-*lebendig*, ein Stein aber »*nichtwahr*«-*lebendig* wäre; oder, noch weiter abgekürzt, hieße ein Hund + (*vierbeinig*), eine Ente – (*vierbeinig*). Das eine Mal ist die Bestimmung erfüllt, das andere Mal nicht. *Dieses* Ja und Nein, + und –, abgetrennt von jeder inhaltlichen Bestimmung, auf die sie jeweils erst bezogen werden müssen, sind die beiden Seiten des reinen Negationsverhältnisses – und damit die Seiten des überhaupt *reinen, nicht-inhaltlichen* Verhältnisses, *reiner Synthesis*.

Als reine Verhältnisbestimmungen bestehen sie nicht jede für sich, sondern beide nur *in* ihrem Verhältnis. Das ist ein entscheidender Unterschied zu *inhaltlichen* Bestimmungen, und wird bei der Verwendung von Begriffen wie »markiert« und »unmarkiert« häufig missachtet. Zwei Zaunlatten können zum Beispiel die eine markiert, die andere unmarkiert sein dadurch, dass die erstere einen roten Farbtupfer trägt. Diese Markierung wäre jedoch *inhaltlich*: Sie besteht und ist sichtbar, ob die markierte Latte nun neben einer unmarkierten steht oder neben weiteren markierten Latten oder allein auf weiter Flur. Es muss nur überhaupt Latten ohne solchen Tupfer geben, ja, sie müssen auch nur vorstellbar sein, damit die rote Farbe zur *Markierung* der Latte wird und nicht bloß eines von mehreren qualitativen Merkmalen bleibt, die der Latte zukommen, wie die Art ihres Holzes, ihre Länge oder ihr Zuschnitt. *Reine* Verhältnisbestimmungen dagegen sind keine solchen *Merkmale*, sind eben nicht qualitativ und inhaltlich, und können eben deshalb *nicht für sich* stehen. Sie bestehen *allein* in ihrer beider *Verbindung*, rein zweiwertig *aufeinander bezogen*, jeweils nur insofern *als sie selbst* bestimmt, als sie bezogen werden auf und bestimmt werden *gegen die andere*.

Entsprechung und Unterscheidung dieser beiden »Seiten« oder »Werte« lassen sich logisch zwar leicht notieren: als Plus und Minus oder durch das vorgesetzte Wörtchen »nicht« auf der

Minus-Seite: bestimmt gegen nicht-bestimmt. Welche Wirklichkeit aber haben dies Plus/Minus oder diese reine Negation in unserer Wahrnehmung, in der taktrhythmischen Synthesis? Da hilft keine Rede von entgegengesetzten Vorzeichen, von zwei gleichen Werten, die nur einmal in die eine, das andere Mal in die andere Richtung anzutragen wären. Gleichwohl muss die Unterscheidung in ihr wirksam sein. Bei aller Symmetrie – *beide* Seiten sind jeweils als die nicht-andere bestimmt – unterliegt ja ihr Verhältnis auch einer bestimmten *Asymmetrie*: Beide Seiten sind nicht beliebig zu vertauschen, sie sind nicht einander gleich wie Bild und Spiegelbild. Es macht einen Unterschied in unserer Taktwahrnehmung, ob ein Element das »hervorgehobene« ist oder das »nicht-hervorgehobene«, ob eine Gruppe von »hervorgehoben« nach »nicht-hervorgehoben« verläuft, also mit *h* beginnt und mit *n* schließt, oder umgekehrt von *n* nach *h*: Das eine der Elemente ist tatsächlich *bestimmt* als das – inhaltlich gesprochen – hervorgehobene.

Worin aber besteht dies Bestimmtsein, da es keinen Inhalt hat? Nicht-inhaltlich gefasst, und da es innerhalb des reinen Negationsverhältnisses auf der Plus-Seite, auf der Seite der Ja-Markierung liegt, kann es nur in *Bestimmtheit überhaupt* bestehen: keiner Bestimmtheit in einer gewissen Hinsicht, in Bezug auf einen gewissen Inhalt – wie etwa in dem Ausdruck + (vierbeinig) auf den Inhalt der Vierbeinigkeit –, sondern allein *Bestimmtheit in sich*. Das *h*-Element ist *bestimmt in sich*, das heißt, es ist jenseits von allem Inhalt das »bestimmte« in Bezug auf das *n*-Element als »nicht-bestimmtes«. Innerhalb ihrer Bezogenheit aufeinander ist dieses letztere *nur bezogen* auf das erstere und dieses aber zugleich *in sich geschlossene* Einheit.

Also: *In der taktrhythmischen Synthesis setzen, verbinden und unterscheiden wir je zwei Elemente nach dem reinen Verhältnis von bestimmt gegen nicht-bestimmt.*

Dies Verhältnis liegt dem Taktreflex real zu Grunde. Und damit, bis hierher verfolgt, hat seine Realität jeden Rest von Anschaulichkeit verloren – unter einem solchen reinen Verhältnis kann man sich nichts mehr *vorstellen*. Alle Vorstellung und Anschauung bindet sich an Inhalte und hat dort ihr Ende, wo es mit den Inhalten sein Ende hat, wo es in dieser Weise nicht-inhaltlich wird. Mit solcher Abstraktheit gerät die Untersuchung also in eine Schwierigkeit. Und doch ist eben diese Abstraktheit unabdingbar: immer noch einmal Ausdruck und Folge dessen, dass die Synthesis wirklich *leere* Elemente in ein entsprechend *leeres*, wenn auch eben *nicht unbestimmtes* Verhältnis setzt. Und noch einmal auch dies: In unserer Wahrnehmung *bleibt* es nicht leer, dort legt es sich auf Inhalte, auf die Klangelemente, und *assoziiert* es sich mit Inhalt. Wir nehmen es also durchaus anders wahr, als es für sich genommen wirksam ist.

Aber nun: Diese seltsame Synthesis unserer Wahrnehmung hat ihren historischen Zusammenhang, muss ihren historischen Grund und Ursprung haben. Wir müssen sie uns aneignen, wir müssen gezwungen sein, sie an einer Stelle zu leisten, von der sie sich uns überträgt in die Wahrnehmung rhythmischer, also zeitlicher Abläufe. Und diese Stelle, so habe ich hergeleitet, sei der historisch bestimmte Umgang mit Geld.

DIE SYNTHESIS AM GELD

Um dies zu bestätigen, muss sich also innerhalb des Umgangs mit Geld genau diese synthetische Leistung finden, abverlangt den Menschen durch eben diesen Umgang mit Geld und übertragbar von ihm auf die Wahrnehmung der Zeit.

Und mehr und genauer noch: Sie muss aufzufinden sein in dem, was sich am Geld *so recht von selbst versteht*, in dem, was daran so *selbstverständlich* ist, dass es keiner weiteren *Reflexion* bedarf, sondern sich so sehr ohne Willkür vollziehen lässt, wie sich die Synthesis ja auch in der Taktwahrnehmung vollzieht. Diese Leistung muss weiters darin aufzufinden sein, was sich am Geld *für jeden* versteht, nicht eigens nur dem Börsianer geläufig, einem Professor der Wirtschaftswissenschaften oder Sammler von Münzen, nicht gesondert nur dem Unternehmer, dem Arbeiter oder dem Angestellten, sondern genauso gleichmäßig allen vertraut, wie sich auch gleichmäßig in allen die Takt-Synthesis ausbildet. Und schließlich dürfen wir es auch darin aufsuchen, was sich uns *heute* am Geld von selbst versteht. Denn auch wir, zu Beginn des 21. Jahrhunderts, bilden ja die Synthesis aus, also muss sich das Geld uns noch immer unter denjenigen selben Bedingungen darbieten, die erst zu Beginn des 17. Jahrhunderts eingetreten sind und damals ein erstes Mal die Menschen dazu gebracht haben, jene Synthesis auszubilden. Diese Bedingungen dürfen also historisch nicht schon früher eingetreten sein, dürfen aber auch nichts enthalten, was erst später eintritt, nichts so Spezifisches wie etwa freie Wechselkurse, den Umgang mit Kreditkarten oder irgendwelche Derivate des Börsenhandels. Diese Einschränkungen aber vorausgesetzt, müssen wir und dürfen wir ohne Gefahr von dem ausgehen, was sich auch *für uns* am Umgang mit Geld ganz allgemein von selbst versteht. Darin muss sich jene synthetische Leistung auffinden lassen.

Dieses Selbstverständliche ist: dass *etwas etwas* kostet; so lautet, was sich *unter geldwirtschaftlichen Verhältnissen* am allgemeinsten von selbst versteht, jedem so selbstverständlich wie der Taktschlag.

Ja, das klingt läppisch genug; doch dieses doppelte *Etwas* hat es in sich.

Etwas kostet *etwas*: Es sind *zwei* Etwas, es sind genau *zwei* Einheiten, die hier zusammentreten und doch getrennt einander gegenüber stehen. Und zwar kostet eine *Ware Geld*: Das eine Etwas ist Ware, das andere Geld. Beide werden streng aufeinander bezogen: Ein Gut wird zur Ware nur, *insofern* es etwas kostet, insofern es also gegen Geld käuflich ist; und Geld ist Geld nur, *insofern* etwas es kostet, insofern sich also Ware damit kaufen lässt. Beide, Geld und Ware, sind demnach nur *als sie selbst bestimmt*, insofern sie *auf das jeweils andere bezogen* werden. Beide bestehen nur, Geld als Geld und Ware als Ware, *in Bezug* auf das andere.

Zu diesem Bezug kommt es dadurch, dass Geld und Ware gegeneinander getauscht werden – in der Handlung des Kaufens und Verkaufens. Und zwar werden sie da nicht in beliebigen Mengen das eine gegen das andere getauscht, sondern unter dem Prinzip der Äquivalenz, das heißt: der gleichen Menge an *Wert*. Wenn gekauft und verkauft wird, also Ware gegen Geld getauscht und Geld gegen Ware, dann soll sich in der Ware die *gleiche* Menge Wert verkörpern, die sich im Geld beziffert. Es sollen sich also auf beiden Seiten, auf der Seite der Ware und der des Geldes, gleiche *Einheiten* an Wert finden, und eben dadurch, durch ihre Gleichsetzung in Werteinheiten, werden Geld und Ware unablässig aufeinander bezogen.

Diese Einheiten aber, und Wert überhaupt, finden sich nicht einfach wirklich vor, sie haften nicht einfach wie die Preisschilder an den Waren oder wie die Bezifferung auf dem Geldschein, sie sind nicht sichtbar, wahrnehmbar und dinglich greifbar auf der Welt, sondern soweit nur irgend möglich das Gegenteil davon: Sie sind überhaupt als solche *inexistent*. Die Menschen müssen sie jeweils auf beiden Seiten *hinzudenken* – als etwas, das es geben *soll* und wonach sich ihre *Handlungen* recht umfänglich und streng zu richten haben, aber dennoch ein Schemen, welches, ohne dass Menschen es denken würden, einfach *nicht* wäre. Kein Tier etwa wird je einem anderen eine Frucht nehmen oder überlassen mit dem irgendwie geformten Gedanken, es habe sich in Gestalt dieser Frucht einer bestimmten Menge Werts bemächtigt oder entledigt. Ohne solches *Denken* des Werts besteht er nicht und ohne dies Denken würde keine einzige Kaufhandlung je erfolgreich zu Ende gebracht. Man muss schon wissen, wenn man etwas kauft oder verkauft, dass gezahltes Geld und erstandene Ware von gleichem Wert sein sollen, sonst klappt der Äquivalenztausch nicht, sonst kommt er nicht zustande. Jeder, der ihn bedient, muss vielmehr in der Lage sein zu wissen und zu denken, dass dieses seltsame Unding »Wert«, das kein Menschen je gesehen hat, noch je zu Gesicht bekommen wird – Preisschild oder Münze *sind* ja nicht der Wert –, trotzdem auf beiden Seiten vorhanden sein soll. Käufer und Verkäufer müssen sich ihn auf beiden Seiten, am Geld und an der Ware, *mit*denken; und nur insofern sie es tun, *gibt* es ihn.

Das heißt nicht, dass der Wert einzig und allein in diesem jeweiligen Mitgedacht-Werden bestünde und deshalb ein freies Spiel der Phantasie wäre, etwas, das sich jeder denken kann, wie er will, so viel er will – und falls er will. Nein, wenn einmal die Lebensversorgung gesellschaftsweit vom *Kauf* der benötigten Güter abhängt, dann bestehen da unzählige menschengemachte Einrichtungen, durch die die Menschen sehr wohl *gezwungen* werden, sich Güter *als Ware* für so und so viel *Geld* zu erstehen

– und sie nicht etwa ohne Geld mitgehen zu heißen. Das bedeutet, die Menschen *müssen* sich dann jeweils des Geldes bedienen, ob sie wollen oder nicht, und daran die Denkhandlung der Äquivalenz vollziehen; dafür wird *objektiv* gesorgt. Und doch müssen sie diese Handlung tatsächlich auch *subjektiv* vollziehen, müssen sie den Umgang mit Geld und Ware auf beiden Seiten jeweils mit dem *Gedanken* einer gleichen Einheit Wert *begleiten*.

Keine große Denkanstrengung – so wird man sagen. Und jedenfalls ist sie *uns* so vollständig geläufig, dass wir sie gar nicht erst als eigene Leistung bemerken. Dass *etwas etwas* kostet, ist nicht umsonst genau jenes allgemein Selbstverständlichste an den Geldverhältnissen, nach dem wir gesucht hatten, es hat für uns nun wirklich nichts Ungewöhnliches an sich. Zwar bekommt man dieses Wissen nicht schon in die Wiege gelegt und eine Zeit lang kann ein kleines Kind wohl auch zum Bäcker geschickt werden, mit abgezählten Münzen in der Hand, ohne zu wissen, was sie *bedeuten*. Aber alsbald lernt es das Kind und weiß dann – ohne *davon* zu wissen –, was es dabei zu denken hat. Und das ist nun also das Folgende: Man muss

- bei Geld und bei Ware jeweils *Einheiten von Wert* mitdenken, Geld und Ware jeweils *als* solche Einheiten denken;
- diese Einheiten »Wert« dabei *synthetisieren*, nämlich denkend – wie gedankenlos auch immer – *leisten*;
- *beide* Einheiten auf diese Weise synthetisieren, indem man sie als *gleiche, einander entsprechende* Einheiten verbindet und also aufeinander *bezieht*.

In der Selbstverständlichkeit, dass etwas etwas kostet, verbirgt sich also erstens eine *synthetische Leistung* – und zwar eine Leistung, die allgemein *Jeder* zu erbringen hat, auch ohne dass er davon wüsste. Und diese besteht zweitens darin, dass man jeweils genau *zwei* Einheiten zueinander *in Entsprechung* setzt und miteinander *verbindet*. In beidem wird man bereits, möglicherweise überrascht, aber unschwer, den Umriss der synthetischen Leistung des Taktreflexes wiedererkennen.

Aber noch nicht vollständig, das Schwierigste steht noch aus. Bisher sind da nur die *zwei Einheiten* gefunden, beide als *einander entsprechende* Einheiten, beide *aufeinander bezogen* und *mit-*

einander verbunden, aber es fehlt noch das Herzstück dieser Synthesis, die *Unterscheidung* beider Einheiten, und zwar ihre Unterscheidung im reinen Ausschließungsverhältnis von Ja und Nein, bestimmt gegen nicht-bestimmt. Und schließlich fehlt noch jede Erklärung, wie sich Einheiten, die wir am Geld zu fassen haben, auf den akustischen Zeitstrom legen können. Um diese Schwierigkeiten zu meistern, gilt es ein wenig weiter auszuholen.

Wir *verbinden* Geld und Ware, indem wir sie einander äquivalent setzen und also in beiden »Wert« denken, synthetisieren. Zugleich aber scheiden wir sie mit diesem Bezug streng voneinander in genau zwei *unterschiedliche* Etwas: in das, was etwas kostet – die Ware; und in das etwas, das sie kostet – das Geld. Wir definieren beides durch das jeweils andere, Ware durch ihren Bezug auf Geld, Geld durch seinen Bezug auf Ware, aber genau damit bestimmen wir sie beide auch als den *Ausschluss* oder die *Negation* des jeweils anderen: Geld ist in seinem Bezug auf Ware Nicht-Ware, und Ware in ihrem Bezug auf Geld Nicht-Geld. Der Ware tritt das Geld und dem Geld tritt die Ware jeweils definiert als das gegenüber, was sie selber *nicht* sind.

Betrachten wir beide Seiten dieser Verbindung *und* Negation etwas genauer.

Die Ware ist ein Gut bezogen auf Geld. *Was für ein* Gut, *welches* kann zur Ware werden? Ein Tisch, ein Bett, ein Mensch, zwölf Pferde, hundert Gramm Käse, ein Stück Land, zwei Plätze in der Oper, das Recht, an einem Ort zu wohnen, der Transport an einen anderen Ort, Verfügung über meiner Hände Arbeit, eine Meldung, ihr Verschweigen, ja selbst das zeitweilige Verfügen über das Geld anderer – und immer so weiter. Die Liste nähme kein Ende: Eine Ware kann *jeden* Inhalt annehmen, beliebig welchen, beliebig wie viel, beliebig wie wenig, beliebig wie schwer und dinghaft, beliebig wie leicht und ephemer. Es gibt keine Grenze, die bestimmte Inhalte davon ausschlösse, Ware zu werden. Ich kann mich zwar entschließen, dies Stück Papier vor mir nicht zu verkaufen, doch damit ist keine Grenze gezogen, die den Verkauf eines Stücks Papier grundsätzlich unmöglich machte. Einzelne Inhalte, Individuen von Inhalten können ausgenommen sein von einem Dasein als Ware, nicht ihre Inhalte als solche. Beliebig welcher Inhalt kann zur Ware werden – er muss nur von Menschen als Inhalt wahrgenommen und als dieser auch gebraucht, erstrebt, verwendet werden können, damit jemand bereit ist, Geld für ihn zu geben und ihn mittels Geld also in seine Verfügung zu bringen.

Die gemeinsame Eigenschaft aller Güter, sofern sie zu Ware werden, ist es folglich, nur *überhaupt* Inhalt zu sein. Sie haben *kein gemeinsames inhaltliches Merkmal*, durch das sie zu Waren bestimmt würden, eben weil es kein inhaltliches Merkmal gibt, das ein Gut davon ausschlösse. Nicht das Merkmal der Vierbeinigkeit macht ein Gut zur Ware, nicht eine bestimmte Länge, keine bestimmte Farbe, kein ausgesuchter Geschmack, nicht das Maß der Freude, die sich an seinen Gebrauch knüpft. Zu *Waren* werden sie, *gleichgültig welchen Inhalts*, allein *durch den Bezug auf Geld*: dadurch dass sie *etwas kosten*, dass sie Geld *wert* sind. Indem der Geldwert sämtliche, unbestimmt welche Inhalte zusammenfasst zu *seinen* möglichen Inhalten, nämlich sich gegen sie alle eintauschen lässt, *macht* er ihren Wert zu dem von *Inhalt nur überhaupt*: eines nur jeweils gegebenen Inhalts mit dem Bezug auf Geld.

Dies die Waren-Seite der Geld-Beziehung; nun ihr Gegenüber: Wenn Ware als Wert auf Geld bezogen wird, wenn sie also so und so viel Geld kostet, *was* ist dieser Geldwert – *worauf* wird sie da bezogen? Auf Münzen? Auf Scheine? Auf die Zahl, die ein Wechsel trägt oder die ein Konto aufweist? Zum einen: Ja, sie alle sind Geld oder können es jedenfalls sein. Genauer jedoch *sind* sie es nicht, sie *vertreten* es nur. An die Stelle dessen, worauf eine Ware bezogen wird, kann eine Münze treten oder die Zahl auf dem Konto. Beide sind sie nur gleichgültige Inkorporationen des Geldes, sie sind seine körperlichen, seine materialen Statthalter, sind Beweismittel seiner Existenz und haben seine Präsenz lediglich zu *bezeugen*: Denn unbezeugt wäre es sonst ganz einfach *nichts*. Als der *Wert*, auf den die Waren bezogen werden, ist Geld unkörperlich, hat es kein Material, hat es nicht die geringste qualitative Bestimmung, hat es *keinerlei Inhalt*. Denn sämtliche Inhalte stehen ihm ja in Gestalt der Warenwelt *gegenüber*, und damit sind diese Inhalte eben *nicht* Geld und ist Geld nicht sie. Von ihnen wird es gerade dadurch abgetrennt, dass es sich *in sie alle* tauschen lässt. Gerade die Allgemeinheit der Kaufhandlungen, diese allgemeine Gleichsetzung des Geldes mit sämtlichen möglichen Inhalten, schließt das Geld von der Warenwelt, die ihm geschlossen gegenübersteht, insgesamt aus: und damit eben von *Inhalt überhaupt*. Von uneingeschränkt und unbestimmt allem Inhalt ausgeschlossen steht es ihm als das *eine*, das *schlechthin Nicht-Inhaltliche* gegenüber. Folglich: Wenn Waren durch ihren Bezug auf Geld zu *Inhalt überhaupt* werden, so wird Geld durch seinen Bezug auf sämtliche denkbaren Waren zu *Nicht-Inhalt überhaupt*.

Dieses seltsame Unding, dieses *eine* gemeinsame Gegenüber aller Waren, wie vielgestaltig sie auch sein mögen, steht jenseits von allem Inhalt und hat keine Bestimmung als diese eine, *dass* eben *sämtliche Inhalte* als Waren auf es *bezogen*, ihm äquivalent gesetzt, gegen es getauscht werden können. Eben *dadurch* hat es keinen Inhalt, doch eben *darin* hat es seinen *Bestand*. Die Zahl auf dem Konto ist so lange Geld – und *nur* so lange –, als sie die Kraft hat, irgendwann einmal wieder gegen Ware getauscht, also auf Ware bezogen zu werden: solange sich noch etwas damit kaufen lässt. Solange also die *Kaufhandlungen* fortdauern, so lange hat Geld, das jeweils in sie eingehen muss, *in ihnen* seinen festen Bestand. Obgleich als solches ein Unstoff ohne jede inhaltliche Bestimmung, besteht es durch sie gleichwohl wie die festeste, beständigste und massivste Substanz: als *für sich bestehende, in sich bestimmte, reine Einheit*. Folglich: Wenn Waren nur jeweils gegebener Inhalt in Bezug auf Geld sind, so sind sie dies also in Bezug auf diese *reine Einheit*; und sie wiederum ist sie selbst, ist diese reine Einheit in Bezug auf jeden nur jeweils gegebenen Inhalt.

Was heißt das für unsere *Synthesis*, was heißt es für die beiden Einheiten »Wert«, die wir je auf Seiten der Ware und auf Seiten des Geldes zu leisten, zu denken, zu synthetisieren haben? Es heißt, dass wir in ihnen genau zwei *im reinen Ausschließungsverhältnis aufeinander bezogene Einheiten* denken, Einheiten, die genau darin nur als diese Einheiten bestimmt sind. Als »Wert« gedacht haben sie beide ausschließlich die Bestimmung, *nicht* die andere zu sein, werden sie allein dadurch aufeinander *bezogen*, dass sie *Negation* oder *Ausschluss* der jeweils anderen sind, im reinen Verhältnis von Ja und Nein, und ergibt sich die

Asymmetrie dieses Verhältnisses dadurch, dass die Einheit, die wir am Geld setzen, *reine*, nur *in sich bestimmte* Einheit ist – in Bezug auf die andere –, und dass diese andere, an der Ware, eben dies *nicht* ist, nicht *in sich* bestimmte, sondern eine rein nur auf jene andere *bezogene* Einheit.

So formen, auf diese Weise denken wir Geldwert und Warenwert als Einheiten in dem reinen Verhältnis von *bestimmt* gegen *nicht-bestimmt*. Im alltäglichen Umgang mit Geld *setzen, verbinden und unterscheiden wir also je zwei Elemente nach dem reinen Ausschließungsverhältnis, das als solches notwendig asymmetrisch ist*. So ist die Synthesis bestimmt, die wir am Geld zu leisten haben.

Und ganz genauso ist auch diejenige Synthesis bestimmt, die wir als die taktrhythmische kennen.

III

EINE EINZIGARTIGE ABSTRAKTION

Noch sind wir damit nicht am Ziel.

Die synthetische Leistung, die wir am Geld zu erbringen haben, und diejenige, die wir in unserem Takthören erbringen, sie sind erkennbar dieselbe – überraschend und bedeutsam genug. Aber, wie es vielleicht scheinen mag, noch nicht *genau* genug: Noch immer dehnt sich da der weite Abstand zwischen ihren Bereichen: Die Synthesis am Geld vollziehen wir an gleichgültig welchem Inhalt, an uneingeschränkt *jederlei* Inhalt; die taktrhythmische Synthesis dagegen vollziehen wir spezifisch an diesem einen: an bestimmten Zeitgrößen – und nicht, um mit ihnen Handel zu treiben. Entsprechend unterschiedlich und unvereinbar geht es beim Geld um die Transaktionen von Kaufen und Verkaufen und im Taktrhythmus um eine Wahrnehmung, die mit dergleichen so gar nichts zu tun hat. Um dieses Unterschieds willen, eines wahren Abgrunds, der zwischen beidem klafft, stellt sich deshalb noch immer die Frage, wie sich die Synthesis von dort in die Synthesis hier *übertrage*; ob also beide wirklich *identisch* sind, ob es wirklich beidemale *dieselbe* Synthesis ist, die da wirkt, und nur beidemale an jeweils unterschiedlich bestimmten Inhalten. Erst wenn diese Frage der Übertragung beantwortet ist, wird die taktrhythmische Synthesis historisch hergeleitet sein, als synthetische Leistung, die dadurch *entsteht*, dass sie am Geld nötig *wird*.

Auch das allerdings ist zuvor noch zu klären: Die beschriebene Synthesis kann ja am Geld nicht schon immer nötig gewesen sein, sobald es nur auf die Welt kommt. Die Erklärung mit dem Geld sollte ja den *historischen* Grund fürs Aufkommen jener Synthesis abgeben. Mit ihrer Übereinstimmung in den zwei Bereichen ist es also noch lange nicht getan, am Geld vielmehr muss sich nachweisen lassen, dass die Synthesis durch historische Veränderungen um die Zeit des Übergangs vom 16. zum

17. Jahrhundert erst *hervortritt*, dass sie dort tatsächlich ihre *Genese* hat. Wenn sich dies aber erweisen lässt und falls demnach festzustellen ist, wie das Geld dem Denken erst mit Beginn der Neuzeit *diese* Art von Synthesis abverlangt, wird sich danach leichter auch die Einsicht gewinnen lassen, wie dieselbe Synthesis von den Geldhandlungen auf die Rhythmuswahrnehmung *übergeht*. In dieser Reihenfolge werde ich deshalb die Herleitung der Synthesis abschließen: ihre historische Entwicklung am Geld zunächst und ihre Übertragung in den Rhythmus dann zum Schluss.

Vorher jedoch gilt es noch etwas festzuhalten: dass nämlich der Taktreflex tatsächlich *einzig und allein* aus der Synthesis am Geld hervorgehen *kann*, aus keiner anderen und aus nichts sonst. Den Beweis dafür liefert, was der hier alles entscheidende Begriff der Nicht-Inhaltlichkeit meint – also gerade das, was auf Grund seiner Abstraktheit unserer Vorstellungskraft so großen Widerstand bietet und den Eindruck erwecken mag, allein dieser hohe *Grad* an Abstraktion ließe eine Übereinstimmung zwischen Takt- und Geldwesen vortäuschen: weil man die Sache dadurch *zuwenig konkret* nähme. Nicht jedoch der Abstraktionsgrad trägt hier irgendwelche Schuld, vielmehr stoßen wir in diesem Zusammenhang ganz real auf eine bestimmte *Art* von Abstraktheit, eine durchaus einzigartige Abstraktion, die in jener Synthesis wirkt, hier wir dort. Und *diese* kann sich einzig und allein am Geld ergeben.

Selbst auf die Gefahr hin, mich unnötig zu wiederholen, werde ich die Bedeutung der Nicht-Inhaltlichkeit kurz an dem rekapitulieren, was wir von unserem Takthören wissen.

Dass die taktrhythmische Synthesis wirklich in einem strengen und bedeutenden Sinn nicht-inhaltlich arbeitet, zeigt sich an ihrer *reinen* Zweiwertigkeit, und diese tritt am deutlichsten hervor, wenn man sie mit einer *materialen* oder *qualitativen* Zweiwertigkeit vergleicht, einer Zweiwertigkeit über *inhaltlichen* Größen. Eine solche haben wir etwa im antiken Rhythmus vor uns, in der antiken Metrik. Auch dort wird ja zweiwertig gearbeitet, mit den *zwei* Werten »lang« und »kurz«, doch sind diese Werte *inhaltlich* bestimmt, jeder hat seine Erkennbarkeit, hat seinen Inhalt auch außerhalb eines unmittelbaren Bezugs auf den anderen: Eine lange Silbe erhält nicht erst dadurch ihre bestimmte Dauer, dass sie neben eine kurze tritt, und umgekehrt. Aus diesem Grund können beide Werte in grundsätzlich beliebiger Reihenfolge aufeinanderfolgen und vom Dichter kombiniert werden. Allgemein zwar muss ein Unterschied zwischen längeren und kürzeren Elementen bestehen, um beide in ihrem Gegensatz zu bestimmen, dennoch ist jedes *für sich* als lang oder kurz, in seiner Länge oder Kürze bestimmt. Aus solcher inhaltlichen Zweiwertigkeit kann sich deshalb auch kein *Verlaufsgesetz* ergeben, eben weil die Bestimmung des einen Wertes als »lang« nicht an die unmittelbare Nachbarschaft des anderen als »kurz« gebunden ist und also nicht grundsätzlich und zwingend vorgibt, dass beide nur in einer bestimmten Weise aufeinander folgen können.

Ein Verlaufsgesetz ergibt sich erst mit der *reinen* Zweiwertigkeit, einer Zweiwertigkeit, deren beide Werte *nicht-inhaltlich*, nämlich *ausschließlich* in ihrem Verhältnis gegeneinander bestimmt sind.[70] Dort hat jeder Wert nicht etwa einen von zwei unterschiedenen *Inhalten*, sondern er wird zu dem einen von zwei möglichen Werten allein dadurch, dass er als dieser eine *gebunden* ist an den jeweils ihn rein negierenden anderen. Ein Element wird da überhaupt nur nach dem Wert h oder nach dem Wert n bestimmt, *indem* es jeweils auf ein Element mit dem Gegenwert n oder h bezogen wird. Bei der zeitlichen Abfolge des Rhythmus heißt das: indem n- und h-Element jeweils aufeinander *folgen*. Hätten die Bestimmungen h und n einen Inhalt – und zwar nicht erst denjenigen, den wir ihnen assoziieren oder an den wir sie knüpfen mögen, sondern schon als solche – und wären sie insofern inhaltlich, so wäre ein h-Element auch dann als h bestimmt, wenn es ohne unmittelbaren Bezug *für sich* stünde. Und wenn dies wäre, so könnten auch mehrere h-Elemente aufeinander folgen – so wie die *langen* oder *kurzen* Elemente in antiken Versen. Das aber können die h-Elemente nicht. In der *reinen*, in diesem Sinne also notwendig *nicht-inhaltlichen* Zweiwertigkeit ist h überhaupt nur h in der *Verbindung* zu n, als h-n oder n-h; dies ihr Verlaufsgesetz. Die synthetischen Bestimmungen h und n sind als solche Produkt ihres unmittelbaren Bezug aufeinander: Es besteht ihre Verbindung und es bestehen sie *als* diese Bestimmungen *h* und *n* allein im Denken nach einer Synthesis, die ihren *Bezug* aufeinander und damit *sie* in diesem Bezug leistet.

Diese Synthesis aber können wir allein am Geld zu denken und zu leisten *lernen*. Was auch immer wir *sonst* wahrnehmen, was auch immer wir *sonst* denken, es hat seinen *Inhalt*, seine Eigenschaften, seine qualitativen Bestimmungen. Wir stoßen in dieser Welt sonst nirgends auf Nicht-Inhaltliches, wir *können* nicht darauf stoßen, nichts können wir Anlass haben, nicht-inhaltlich zu denken, nichts gibt uns auch nur die Möglichkeit, Nicht-Inhaltliches *als gegebene Einheit* zu denken. Nicht allein die Dinge der wahrnehmbaren Welt, die alle ihre Gestalt haben, ihre Farbe, ihren Geruch und Klang, auch dann, wenn sie sich in all dem verändern können und möglicherweise unablässig verändern, selbst das unsichtbar Immaterielle, das insofern *bloß* gedacht sein und nicht in wahrnehmbar äußeren Dingen bestehen mag, es ist in unserem Denken an *Vorstellung* gebunden und insofern inhaltlich. Es hat seine Merkmale, und wir denken es insofern auch für sich genommen nach inhaltlichen Bestimmungen und also selbst inhaltlich.

Daran ändert sich auch nichts dadurch, dass wir alle Inhalte zugleich relational, *im Verhältnis* zu anderen sehen, denken, uns vorstellen müssen, und dass in unserer Vorstellung und unseren Begriffen nichts Inhaltliches außerhalb solcher Bezüge auf Anderes auch nur seinen spezifisch eigenen Inhalt trüge. Denn gleichwohl besteht uns alles inhaltlich Gedachte niemals *allein* und *rein* in solchem Verhältnis, als *reine* Verhältnisbestimmungen. Wenn Christen zum Beispiel den Himmel nicht ohne Hölle denken können, so ist doch Himmel nicht nichts denn Nicht-Hölle und die Hölle nicht nichts denn Nicht-Himmel. Es mag ja schwer fallen – wie es jedes Gemälde der elysischen Gefilde mit seiner gähnenden Langeweile belegt –, eine *genauere* inhaltliche Vorstellung vom Himmel zu gewinnen, trotzdem ist die Seligkeit, die man mit ihm verbindet, nicht bloß die Absenz von etwas, das seinerseits nur in der Absenz von Seligkeit bestünde. Bei der Hölle zumindest fällt den Malern stets mehr als genug ein; *die* zumindest hat ihren reich vorstellbaren Inhalt – mit dem Himmel also mag sich wenigstens der verbinden, dass einem glücklicherweise jener Inhalt erspart bleibe.

Selbst bloße Bezugsbegriffe wie »oben« und »unten« oder »rechts« und »links« sind nicht *nur* und *ausschließlich* dieser Bezug. Ein Oben ist uns nicht *nur* das Nicht-Unten, sondern es bleibt uns als Richtung vorstellbar, auch wenn es statt gegen die Richtung nach unten gegen diejenige nach rechts unterschieden wird – oder auch gegen gar keine andere Richtung. In einem der schönen Fälle, die Oliver Sacks beschreibt – schön zumindest für den dankbaren Leser –, hat eine Frau durch Schlaganfall, ohne etwa zu erblinden, nicht bloß das linke Gesichtsfeld, sondern überhaupt den Begriff und die Vorstellung von links verloren – und doch diejenige von rechts vollständig behalten. Was vor ihr auf dem Teller liegt, sieht und isst sie nur zur Hälfte, zur rechten; sie vermag sich auch nicht nach der linken, ihr nicht wahrnehmbaren Seite zu drehen oder etwas von dort in das ihr verbliebene rechte Gesichtsfeld zu holen, selbst der Hinweis darauf, dass sich etwas links von ihr befinde, bleibt ihr unverständlich. Aber sie vermag sich nach rechts zu drehen, wenn nötig so vollständig um die eigene Achse, bis ihr die linke Seite ihres Tellers erneut *von rechts* vor Augen kommt, – um dann erneut nur den rechten Teil davon zu essen.[71]

Selbst eine so scheinbar reine Verhältnisbestimmung wie »rechts« also hat ihre Bedeutung auch ohne ein »links«, erhält ihre Bedeutung also nicht allein aus dem Gegensatz zum »links« und insofern ist sie inhaltlich, sie hat *für sich genommen* Inhalt. Und das, genau das, gilt für alles, was wir sonst wahrnehmen, für alles, was wir sonst auf Erden zu denken haben, für alles, was wir uns sonst vorstellen mögen, – außer für das Geld. Die *Inhaltlichkeit des Denkens* wird erst und einzig durch die *Abstraktion am Geld* durchbrochen, durch sie erst wird dem Denken die Form des Nicht-Inhaltlichen abverlangt und beigebracht.

Geld ist das Nicht-Inhaltliche schlechthin – oder ums Entscheidende genauer gesagt: Es *wird* historisch dazu. Es tauscht sich gegen alle Güter, macht jeden Inhalt zu demjenigen einer Ware, indem es gegen sie in den Tausch tritt, und dadurch genau tritt es schließlich allen Inhalten gegenüber, trennt es sich von ihnen ab, ohne selbst noch Inhalt zu sein. Indem es im Kaufakt jedem Inhalt gleichgesetzt wird und virtuell immer weiter jederlei Inhalten gleichzusetzen ist, wird es bezogen auf unbestimmt jeden Inhalt und eben dadurch selber zum *nicht*-inhaltlich Bestimmten, zu purer Nicht-Inhaltlichkeit, *ausschließlich* der *quantitativen* Bestimmung fähig. Nur so, durch *Abtrennung von* allem Inhalt unter gleichzeitiger *Beziehung auf* allen Inhalt, nur so und auf keine andere Weise kann sich aus unserer Welt der Inhalte etwas erheben, das nicht selbst Inhalt ist, sondern dessen reine Negation, einzig im notwendigen und universalen Bezug auf das rein in ihm Negierte, die Inhalte. Und nur so kann es zu einem Denken reiner, *nicht-inhaltlicher* Bestimmungen kommen, also *reiner Verhältnis*bestimmungen; nur so also auch zu den nicht-inhaltlichen Verhältnisbestimmungen unserer taktrhythmischen Synthesis.[72]

So leitet sie sich aus dem Geld her und *nur* aus dem Geld.

GELD ENTSTEHT – WAS ENTSTEHT DA?

Schon aber drängt die andere Frage: Geld entsteht nicht erst im 17. Jahrhundert, nicht im 16., nicht im siebten, sondern ist bedeutend älter. Trotzdem habe ich behauptet, es würde erst zu dieser späten Zeit des Umbruchs in die Neuzeit die Notwendigkeit entwickeln, in reiner Synthesis gedacht zu werden. Wie kann das gehen? Es muss sich im Geld selbst – oder genauer eben darin, wie Wert am Geld und entsprechend an den Waren gedacht wird – eine historisch entscheidende Veränderung vollzogen haben. Und diese Veränderung, so steht zu erwarten, wird sich der geläufigen Kenntnis ähnlich entziehen wie die Veränderung zur neuzeitlichen Rhythmik.

Wann entsteht Geld? Man weiß von Nahrung, die als Tauschmittel gedient habe, von Tieren, Rindern oder Kleinvieh, von jenem *pecus*, das dem lateinischen *pecunia* seinen Namen verliehen hat. Schmuckgeld hat es gegeben, und jede Art von Gerätschaften, die im wechselseitigen Tausch ihre Rolle spielten, Anker, Sicheln und Bratspieße, Dreifüße, Becken und Kessel, Löffel, Schalen und Kannen. Von solchen Gerätschaften gab es Kümmerformen in miniaturisierter Größe von offensichtlich nur symbolischer Bedeutung, etwa in der Gestalt einer doppelschneidigen Axt oder, wie andere vermuten, einer Tierhaut – so wie Tierhäute auch überhaupt als Tauschgut verwendet wurden. Und natürlich gibt es da die Edelmetalle ganz allgemein, Gold und Silber, das Elektron als Gold-Silber-Legierung, bis hinab zur Bronze. Diese Metalle wurden etwa in Barren gegossen von je einheitlichem Gewicht, wurden verwendet in Gestalt von Kügelchen oder formlosem Schrot, und sie wurden schließlich geprägt: zu Münzen.

Wo beginnt da das Geld? Bei seinen sogenannten Vorformen, bei jenen Gütern also, deren Nutzen oder Wertschätzung so allgemein war, dass sie jedem Zeitgenossen im Tausch willkommen sein mussten? Beginnt das Geld erst, wenn solche Güter symbolische Form annehmen, also etwas vertreten, das sie nicht unmittelbar selbst sind? Oder beginnt es dann, wenn ein solches Gut, nämlich Edelmetall, gemünzt wird?

Wodurch auch immer etwas zum Geld wird, es beginnt sein Dasein als Gut: Nahrung, Gerätschaft, Metall. Und diese bleiben, was sie sind, auch wenn sie zu Geld werden, sie bleiben Nahrung, bleiben Gerätschaft, sie bleiben Metall. Falls sie folglich zu Geld werden, so bleibt ihnen diese Eigenschaft durchaus äußerlich. Geld zu sein, ist keine Eigenschaft wie die des Weizenkorns, Weizenkorn zu sein, oder wie ein Hund eben ein Hund ist. Solche Güter müssen *als* Geld *benutzt werden*, damit sie, außer Güter zu sein, zugleich noch *Geld* sind. Die Eigenschaft »Geld« ist etwas, das sich an den Gütern lediglich *vollziehen* kann, und wenn solche Güter heute als Geld oder doch als seine Vorformen bezeichnet werden, so deshalb, weil sie *getauscht* wurden, weil an ihnen und mit ihnen *Tauschhandlungen* vollzogen worden sind.

Diese Tauschhandlungen jedoch müssen nun erstens nicht stets unter dem Prinzip der Äquivalenz vollzogen worden sein, unter der Setzung also, die getauschten Güter wären auf beiden Seiten von gleichem Wert. Der »Gabentausch«, wie ihn Marcel Mauss genannt und als erster ausführlich beschrieben hat,[73] war lange Zeit die einzige Form des friedlichen Austauschs, und wo nicht die einzige, so doch lange die mächtigste. Dieser Gabentausch weiß durchaus nichts von einer Äquivalenz der gegebenen und empfangenen Güter, wenn auch sehr wohl von ihrem Wert, von der Wertschätzung, die an sie geknüpft ist. Im Gabentausch werden die Güter als Geschenk gegeben, freiwillig zwar, sowohl was die Gabe selbst, als auch was ihre Erwiderung betrifft, doch zugleich in dem Sinn verpflichtend, dass es die soziale Stellung des Gebenden verlangt, die Gabe zu tun, und die Stellung des Empfangenden, sie zu erwidern. Der Gabentausch setzt also wohl Wechselseitigkeit voraus, aber er bleibt doch offen: Der Gastfreund wird mit Geschenken bedacht, bekommt etwa kostbare Schilde und Dreifüße auf den Weg in die Heimat mitgegeben, auch wenn ungewiss ist, ob er je dadurch, dass ein Gegenbesuch erfolgt, in die Lage kommen wird, dann seinerseits eine Schenkung zu tun. Ergibt sich die Gelegenheit, so ist er dazu verpflichtet, wenn er nicht der Schande oder der Feindschaft verfallen will. Doch auch wenn er die Schenkung erwidert, ist der Gabentausch damit nicht abgeschlossen. Ein erneuter Besuch bei dem ersten Geber würde diesen wiederum zur Gabe an den Gast verpflichten; und so jeweils immer weiter, ohne dass mit irgendeiner Erwiderung des Geschenks die Verpflichtung abschließend einmal abgegolten wäre. In Resten ist solcher Gabentausch noch heute geläufig, im »Mitbringsel« bei Besuchen etwa, bei der Bestückung des Gabentischs an Weihnachten oder an anderen Festtagen, die zum Schenken verpflichten, bis hin zum Werbegeschenk. Der »Wert« der Gabe ist dabei nicht völlig gleichgültig; man weiß, dass man auf ein kostbares Geburtstagsgeschenk beim Gegengeburtstag nicht mit einer Packung Kaugummi antworten kann, ohne den so Gefeierten möglicherweise zu beleidigen. Auch die Werbegeschenke achten deshalb, wie es da heißt, auf »hohe Wertanmutung«; sie können ihre Erwiderung zwar nicht einfordern, nämlich den Kundenkontakt des Beschenkten zu der Firma, die das Geschenk macht, aber den Rest von sozialer Verpflichtung, ein Geschenk nicht unerwidert zu lassen, wollen sie doch soweit möglich und durch so »hohe Wertanmutung« wie möglich für die gewünschte Reaktion mobilisieren.

Im Gabentausch also werden die Güter nicht wie Waren behandelt, die Tauschhandlung erfolgt hier nicht unter der sie begleitenden Vorstellung und Denkleistung der Tauschenden, der Wert von gegebenem und empfangenem Gut wäre *gleich*. Den Gütern gilt Wertschätzung, das wohl, und diese spielt so weit eine Rolle, als die Gegengabe – nach den Möglichkeiten des Gebenden – nicht an Kostbarkeit hinter der ursprünglichen Gabe zurückstehen sollte, sondern sie allenfalls darin überbieten. Aber die Höhe der Wertschätzung erhält damit nicht den Sinn, den Tausch durch ihre Gleichheit *abzuschließen*: dass mit Hin- und Wiedergabe der getauschten Güter Äquivalenz hergestellt und der Tausch damit vollendet würde, ohne eine weitere Verpflichtung zu hinterlassen. Im Gabentausch erweist der Gebende die Wertschätzung, die an der Gabe haftet, dem Beschenkten selbst und kann durch diese Übertragung erwarten, dass sie ihm wiederum erwiesen werde. Als Gabe folglich werden die getauschten Güter in keinem Moment zu Geld.

Anders vielleicht, wenn sie symbolische Formen annehmen und für ein bestimmtes Gut oder für eine bestimmte Menge dieses Gutes stehen. Damit sie es können, ist die Existenz von Privateigentum vorauszusetzen – so jedenfalls gibt Gunnar Heinsohn eine Erklärung der Geldentstehung, die ich hier nur sehr verkürzt wiedergebe –, und zwar Privateigentum an Boden. Dies ist ja nicht das ursprüngliche Verhältnis der Menschen zu dem Grund, auf welchem sie wandeln, vielmehr hatten sich stets mehrere in dasselbe Stück Land geteilt, und ihre verschiedenen Rechte, falls es deren gab, betrafen nicht dies Landstück als ganzes, als Eigentum, sondern allein seine jeweilige und unterschiedliche Nutzung. Wenn dagegen Land als Privateigentum beansprucht wird – ein revolutionärer Vorgang, als dessen Ursprungsmythos sich möglicherweise die Geschichte von Romulus und Remus lesen lässt: Romulus zieht mit dem Pflug erstmals eine Furche, um ein Gebiet als Privatland abzugrenzen, Remus, der dergleichen nicht kennt, ist fatalerweise auch nicht geneigt es anzuerkennen, überspringt diesen *sulcus primigenius* und wird, das erste Opfer eines wütenden Privateigentümers, vom Bruder erschlagen –, wenn also Land zu Privateigentum wird, dann stehen die Rechte zur Nutzung dieses Landes ganz auch in der Verfügung des Eigentümers, der diese Rechte nunmehr allenfalls vergeben kann. Zum Ausweis einer solchen Vergabe, welcher Art sie immer war, zum Ausweis etwa der Verpfändung eines bestimmten Stückes Land an einen anderen würde nun etwa das metallene Symbol der Doppelaxt eintreten, Symbol der amtlichen Vollzugsgewalt. Das miniaturisierte Beil stünde insofern für das vergebene oder verpfändete Land und gäbe seinem Empfänger das darauf bezogene, amtlich durchzusetzende Recht über den anderen, der gleichsam mit seinem Kopf haftete. Der Mahnerin Juno, *Iuno Moneta*, war in Rom ein Tempel geweiht, deren Priester für die Einhaltung von solcherart Tauschverpflichtung per Amtsgewalt einstanden und in dem sich noch später, als man den Namen nicht mehr recht zu deuten wusste, die römische Münzstätte befand – von ihm hat das Deutsche sein Wort für Münze und haben andere Sprachen ihr Wort für Geld.

Das wäre *eine* Erklärung, wie das Geld entstand; eine Erklärung, die ich nicht urgiere, sondern lediglich nenne. Wenn nicht auf diesem, auf irgendeinem Wege jedenfalls muss die Vorstellung von Äquivalenz oder vielmehr die Verpflichtung auf sie entstanden sein. Davon zeugen die auf Unterteilbarkeit angelegten Formen der Edelmetalle, zeugt ihr Guss in bestimmte gleiche Mengeneinheiten und davon zeugt vor allem schließlich ihre Münzung. Was aber wird aus den Gütern, wenn sie als *äquivalent* gegeneinander getauscht werden? Noch immer bleiben sie zunächst die Güter, die sie vorher waren, selbst wenn eines von ihnen nun in Edelmetall bestehen sollte. Getauscht wird Gut gegen Gut, nur dass durch ihre Gleichsetzung im Tausch nunmehr die Wertschätzung, die ihnen gilt, umgeformt wird in die Setzung, der Wert des einen sei *gleich* dem Wert des anderen. Beiden wird damit ein *Wert* zugeschrieben, und zwar Wert in einer bestimmten, nämlich in der jeweils gleichen *Menge*, der Wert wird *quantifizierbar* gedacht, als Menge *unterteilbar* und in dieser Menge den Gütern jeweils *inhärierend*. Deshalb muss auf der einen Seite der Tauschhandlungen alsbald ein Gut herausgehoben werden, das erstens mengenmäßig leicht unterteilbar und zweitens möglichst rein nur Menge ist, messbare Menge; also möglichst rein nur Material und zudem eben wertvolles, werthaltig gedachtes Material. Diese Bedingungen erfüllen nicht allein die Edelmetalle, aber sie unter dem zusätzlichen Vorteil, beständig zu sein und auch bei kleiner körperlicher Menge eine möglichst große Menge Wert zugedacht zu erhalten – insofern also zu *enthalten*. So wird zum Beispiel Getreide als ein solches Tauschgut verwendet, doch da es dabei unvermeidlich noch immer das Nahrungsmittel bleibt, als welches es schließlich seinen Gebrauch finden soll, kann es weiterhin natürlich auch verderben und damit nicht nur aufhören, zur Nahrung, sondern *eo ipso* auch als Tauschmittel zu dienen: Verdorben verliert es seinen Wert, weil es die Wertschätzung als mögliche Speise verloren hat. So wird Getreide im Tauschgeschehen denn auch einmal ersetzt durch seine Nachbildung in Silber, indem zum Beispiel der Schekel als genau die Menge Silber festgelegt wird, deren Gewicht dem von 180 Getreidekörnern entspricht. Die Menge an *Wert* steckt also – gedacht – in der Gewichtsmenge *Material*. Als *silbernes* Getreide aber kann es nicht mehr verrotten.

Der Äquivalententausch, wie immer er jeweils entstanden sein mag, führt damit zu einer Asymmetrie unter den Tauschgütern: Auf der einen Seite das eine herausgehobene Gut, leicht quantifizierbar und möglichst hoch werthaltig, auf der anderen Seite alle anderen Güter, so kompliziert gefertigt, so unhandlich oder so ungreifbar, wie sie immer sein mögen. Und mit dieser Asymmetrie nun mag man durchaus die Geschichte des Geldes beginnen lassen, mit dem Auseinandertreten der als äquivalent getauschten Güter in ein den Tauschvorgängen insbesondere zugedachtes Gut, das »Geld«, und in die Waren, zu denen die übrigen Güter werden, indem sie sich gegen jenes eintauschen lassen. Es ist lediglich die Ratifikation der Trennung aller Güter in diese zwei Klassen, wenn den Metallen ihre Aufgabe, als allgemeines Tauschgut genutzt zu werden, buchstäblich auf den Leib gedruckt wird: wenn sie zu Münzen geprägt werden.

ANTIKE: ÖKONOMIE OHNE »WIRTSCHAFT«

Das geschieht ein erstes Mal in Griechenland, noch im siebten vorchristlichen Jahrhundert, innerhalb des römischen Imperiums rund zwei Jahrhunderte später. Wir sagen: Damit ist Geld in der Welt. Doch als was ist es damit in der Welt?

Auch als Münze ist Gold noch immer Gold, Silber noch immer Silber, und es macht einen Unterschied für den Wert der Münze, ob sie aus Gold oder ob sie aus Silber ist. Ihr *Material* entscheidet, weil sie noch immer vollständig Material ist. Der

Gebrauch, der davon in den Tauschhandlungen gemacht werden soll, wird dem Material zwar zeichenhaft aufgeprägt, aber damit ist noch nicht entschieden, *wie weit* es in diesen Gebrauch kommt und sich in einem solchen Gebrauch bewährt. Das vielmehr hängt davon ab, wie weit dergleichen Tauschhandlungen reichen und wie weit die ihnen zugedachte Äquivalenz in Gestalt der Münzen ihre Geltung findet. Heute versteht es sich von selbst, dass Geld, das ich hier in Händen halte oder dort auf dem Konto habe, weltweit als Geld fungieren kann, anerkannt wird als Tauschmittel gegen Waren. Heute also besteht ein weltweiter Zusammenhang jener Tauschhandlungen, in die auf einer Seite jeweils Geld einzugehen hat und auf der anderen alle Waren dieser Welt. Zu der Zeit, da Münzen ein erstes Mal geprägt werden, muss der Äquivalententausch zwar auch bereits einige Allgemeinheit erlangt haben, Allgemeinheit zumindest innerhalb des Bereichs, in dem die Macht der Münzprägenden herrschte oder auf den sich ihr Einfluss erstreckte. Doch reicht diese Allgemeinheit in jenen frühen Zeiten nicht eben sehr weit.

Ein Beispiel: Der athenische Feldherr Timotheos hatte im Olynthischen Krieg 364 v. Chr. die Bezahlung seiner Söldner in Silber durch eine solche in Kupfer ersetzt. Die Folge war, dass er die mitziehenden Händler, bei denen sich die Söldner versorgten, erst mühsam dazu überreden musste, das Kupfer überhaupt anzunehmen. Es gelang ihm, indem er nachdrücklich versprach, die Söldner würden auch umgekehrt gezwungen, das Kupfer wieder zu akzeptieren, wenn sie ihrerseits Kriegsbeute an die Händler zu verkaufen wünschten, und alles an Kupfer, was nicht auf diese Weise wieder in Beute eingänge, werde den Händlern später, zuhause, in Silber eingelöst.[74] So wenig weit also reichte die Kraft der Münzung, so energisch mussten die an einem Tauschgeschehen Beteiligten zuweilen erst beschworen werden, den Gebrauch, dem die Münzen zugedacht waren, auch wirklich von ihnen zu machen – also dem, was als Tauschmittel gedacht war, diese Geltung überhaupt erst einzuräumen.

Nicht die Münzung entscheidet hier, die Tatsache also, dass einer bestimmten Menge Kupfer durch den Münzakt der gleiche Wert zugedacht und einbeschrieben wird, der sich nach demselben Verfahren auch in einer – kleineren – Menge Silber darstellen soll; sondern das Material entscheidet, und zwar dasjenige Material, dem der Wert *sicherer* zugedacht wird. Nicht mittels Münzung wird er dem Material zugedacht, sondern als haftend am Material – und daher in dessen *Gewicht* zu bemessen. Genau nur diese Bedeutung auch hatte die Prägung des wertvollen Materials: sein Gewicht festzulegen und es, mehr oder minder geschützt durch die Autorität des Prägenden, als Menge eines bestimmten Gewichts auszuweisen. Für sehr lange Zeit reicht die Macht der Münzprägung nicht über eine solche Form der Gewichtsangabe hinaus. In den gemünzten Metallen wird Geld nicht einfach schon ein für allemal zu Geld.

Das zeigt sich in Verhältnissen wie denen des angeführten Beispiels, es zeigt sich auch beim Handel über die engeren Grenzen des Prägeraums hinaus, wenn etwa im Ägypten der Alexanderzeit die schönsten griechischen Münzen erst einmal durch scharfe Einschläge in ihre Oberfläche darauf hin überprüft werden, ob sie auch *massiv* von demjenigen Metall sind, welches sie von außen zeigen, um dann *gewogen* statt *gezählt* zu werden; und es zeigt sich im Extrem schließlich auch darin, dass Geldverkehr und Münzwesen mit dem Ausgang der Antike immerhin insgesamt zerfallen und später neu wieder anheben müssen. Auch wie weit also *Münzen* zu Geld werden, welche Bedeutung sie als Geld erlangen, wie sie als Geld verwendet und folglich gedacht werden, lässt sich nur sagen abhängig von dem Gebrauch, den eine Gesellschaft von ihnen macht, und folglich abhängig von der Frage: Welche Art Wirtschaft liegt der jeweiligen Gesellschaft zu Grunde? Und da die Münzen in der Antike aufkommen: Welche Wirtschaft also hatte die Antike?

Sie hatte *keine*. In dem Sinn, den das Wort unweigerlich *für uns* hat, kennt die Antike keine Wirtschaft – und nicht etwa, dass ihr nur das Wort fehlen würde, dass sie also unterlassen hätte, sich ausreichend ökonomische Gedanken zu machen, oder dass ihr das begriffliche Rüstzeug gefehlt hätte, um so weit zu abstrahieren; nein, es fehlt ihr die *Sache*. »Ökonomie« ist zwar ein Wort schönsten griechischen Ursprungs und so gut ursprünglich griechisch wie das Wort »Rhythmus«, doch wie dem Rhythmus erging es auch der Ökonomie: Wort und Sache haben für uns eine Bedeutung angenommen, die sie in der Antike nicht hatten und in ihr nicht haben konnten. Bei Rhythmus denken wir unwillkürlich an Takte – trotzdem es hat sie damals nicht gegeben. Bei Wirtschaft denken wir unwillkürlich an Arbeitsmarkt, Konjunktur und ähnliches – nichts aber könnte der Antike fremder gewesen sein. Wir sprechen von Wirtschaftskreisen, von Männern der Wirtschaft, haben Wirtschaftsminister – kein Grieche hätte eine solche Vorstellung von Wirtschaft begriffen. Für uns versteht sich ganz von selbst, dass es *die* Wirtschaft gibt, als ein eigenes, gleichsam eigengesetzliches System innerhalb der Gesellschaft, das beispielsweise notwendig zu »wachsen« hat, wenn nicht allenthalben Krise herrschen soll. Nichts dergleichen gibt es in der Antike. Ökonomie ist für uns etwas, was sich weder mit dem Wort *oikonomia* noch irgendwie sonst ins Griechische oder ins Lateinische rückübersetzen ließe, so wenig wie das Wort »Takte« und so wenig wie unsere ökonomischen Begriffe – ich greife beliebig in den Kasten – von Arbeit und Einkommen, Markt und Kapital, Investition, Nutzenrechnung, Rentabilität oder vielleicht gar, *horribile dictu*, das Schlimmste für einen Römer, Innovation.

Das heißt, nicht ganz verwunderlich: Unsere neuzeitlichen Vorstellungen von Wirtschaft passen nicht zu dem, was in der Antike Wirtschaften war, und entstellen dessen Charakter, wo immer sie darauf angewandt werden. Nicht ganz verwunderlich ist dies deshalb, weil sich darin unser Verhältnis zum antiken Rhythmus wiederholt und nach meiner Herleitung recht eigentlich wiederholen muss. Denn auch unsere rhythmischen Vorstellungen passen ja nicht mehr zu denen der Antike, wir imputieren sie ihr trotzdem und tun ihr damit entschieden Unrecht. Der Begriff »Rhythmus« lässt sich zwar gut und gerne für den antiken *und* unseren neuzeitlichen verwenden, und wer »Wirtschaft« nur weit genug definiert, als jedwede Form materieller Reproduktion einer Gemeinschaft mit den vorhandenen dinglichen und geistigen Mitteln, wird selbstverständlich die antike Spielart mit demselben Wort belegen müssen wie die uns geläufige. Nach deren Muster allerdings verbinden wir »Wirtschaft« so notwendig mit *Geld*interessen und den Vorstellungen einer *Markt*vermittlung, wie sie in der Antike grundsätzlich nicht bestanden haben, dass wir eine antike »Wirtschaft« zwingend auch nach diesen modernen Verhältnisse verzeichnen, wenn wir sie uns als eine solche denken. Entsprechend erging es der Antike denn auch als Objekt der Wirtschaftswissenschaften: Grundsätzlich, und je länger, je intensiver, wurde ihr Wirtschaften nach dem Muster des uns vertrauten marktwirtschaftlichen Systems missdeutet. Und wie beim Rhythmus erstreckte und erstreckt sich folglich die Fehldeutung bis in die Wörterbücher, moderne Lexika selbst strengster wissenschaftlicher Observanz bieten marktwirtschaftlich verkehrte Übersetzungen antiker Begriffe. So wird etwa, um nur ein Beispiel zu nennen, *metadosis*, das Zuteilen des einem Jeden zukommenden Anteils, mit »Tauschhandel« übersetzt, dem blanken Gegenteil der richtigen Bedeutung, mit der Folge, dass der antike Zusammenhang ums Ganze verfehlt wird; Karl Polanyi klagt darüber: »Dieser Fehler gefährdete das gesamte Gebäude von Aristoteles' ökonomischem Denken in seinem Fundament.«[75]

Was also hat es mit der antiken Ökonomie stattdessen auf sich?

Das Wort »Ökonomie«, griechischen Ursprungs, ist zusammengesetzt aus oikos, *der Haushalt, und der vieldeutigen Wurzel* nem-, *die hier »regeln, verwalten, organisieren« bedeutet. [...] Xenophons* Oikonomikos, *in der Form eines sokratischen Dialogs abgefasst, ist ein Lehrbuch für den adligen Landbesitzer. Es beginnt mit einer langen Einleitung über die richtige Lebensweise und die sinnvolle Verwendung des Reichtums; darauf folgt ein Abschnitt über die guten Eigenschaften und Fähigkeiten, die ein Hausvater benötigt, sowie über die Schulung und Behandlung seiner Sklaven, dann ein noch längerer Teil über hausfrauliche Tugenden und die Ausbildung einer Ehefrau und schließlich als längster ein Abschnitt über Landwirtschaft.*[76]

Das ist antike Ökonomie, etwas, was nicht auf Geld- und Warenverkehr, sondern auf der richtigen Führung von Landgütern, also auf dem Ackerbau beruht – nicht nur in dem trivialen Sinn, dass letztlich alle Lebensmittel dem Boden entsprießen, sondern so, dass sich die Gesellschaft selbst auf dem Landbesitz ihrer durch *ihn* vollgültigen Mitglieder erhob. Wenn sich die antiken Verhältnisse auf irgendeine Weise zusammenfassen lassen, dann in der zwar »unbestimmten, aber sicheren Feststellung«: »dass die meisten Menschen in der Welt der Antike in der einen oder anderen Weise vom Bodenertrag lebten und dass sie selbst der Meinung waren, das Land sei die Quelle aller materiellen und moralischen Güter«[77] – das Land und nicht, wie wir es als *nexus rerum* kennen, das Geld. So Moses I. Finley in seinem maßgeblich gewordenen Buch, das er zwar »Die antike Wirtschaft« zu nennen hatte, da ein anderer zusammenfassender Begriff dafür fehlt, wo er jedoch die antiken Verhältnisse unablässig gegen unsere modernen Vorstellungen von Handel, Wandel und Wirtschaft absetzen und, da sie von vielen seiner Kollegen flächendeckend über die Antike gelegt werden, mühsam von ihnen befreien muss.

Doch was ist es dann mit dem antiken Handel? Was ist es damit, wenn man andernorts zu lesen bekommt, das Reich des 1. Jahrhunderts sei »eine einzige wirtschaftliche Einheit« gewesen, die »eng verknüpft war durch den intensiven Austausch aller möglichen landwirtschaftlichen und industriellen Güter«? Wenn es heißt, die Produktionsstätten Galliens wären »bald ernsthafte Konkurrenten auf dem Weltmarkt« geworden? Oder: Die »Metallwaren aus Ägypten fanden überall bereitwillige Abnehmer; Beispiele sind bei Ausgrabungen in Südrussland und Indien gefunden worden«?[78] Was ist es damit?

Damit werden der Antike in passgenauer Ungenauigkeit moderne Marktverhältnisse imputiert, die das, was überliefert ist, rücksichtslos verzeichnen. Sehr intensiv nämlich war der Austausch von Gütern keineswegs, zu einer wirtschaftlichen Einheit waren die alten Imperien zu keiner Sekunde geworden, und von einem Weltmarkt kann für diese Zeit schon deshalb nicht die Rede sein, weil es ihn weder weltweit, das heißt auch nur den antiken Raum umfassend gab, noch überhaupt als jenen Typus Markt, der nicht bloß buchstäblich mit seinen Buden, Ständen und Läden abgehalten wird, sondern den *wir* vielmehr beim Gedanken an die Marktlage im Sinn haben. Die überlieferten Daten werden auf diese Weise auf die heutigen Begriffe der Sache hin extrapoliert, vorschnell und falsch.

Als Warnung mag dienen, was Wheeler von der Entdeckung von 39 Terra sigillata-Scherben auf der Insel Gotland in

Schweden berichtet, die über ein Gebiet von ungefähr 400 qm verteilt waren: am Ende stellte sich heraus, dass es alles Bruchstücke ein und derselben Schale waren. Um das Jahr 400 schrieb der wohlhabende Bischof Synesios von Kyrene (im heutigen Libyen) von Alexandria aus an seinen Bruder (Epistulae 52) und bat ihn, drei leichte Sommerumhänge von einem Athener zu erwerben, von dem er, Synesios, gehört habe, dass er in Kyrene angekommen sei. »Das ist der Mann«, fügte er hinzu, »von dem Du im letzten Jahr Schuhe für mich gekauft hast, und bitte beeile Dich, damit nicht die beste Ware verkauft ist.« Das sind zwei Beispiele für »bereitwillige Abnahme« auf dem »Weltmarkt«. [...] Die Hauptstadt Rom lebte in der Kaiserzeit von Getreideimporten aus Sizilien, Spanien, Nordafrika und Ägypten, doch in Antiochia war während der Hungersnot der Jahre 362/363 n. Chr. das gewaltsame Eingreifen des Kaisers Julian nötig, damit Getreide aus den zwei binnenländischen Verwaltungsbezirken Nordsyriens herangebracht wurde, von denen der eine 80 km, der andere 160 km entfernt war.

Um ihrer Bedeutung gerecht zu werden, müssen die Begriffe »Weltmarkt« oder »eine einzige wirtschaftliche Einheit« wesentlich mehr enthalten als nur den Austausch einiger Handelswaren über weite Entfernungen; sonst wären China, Indonesien, die malayische Halbinsel und Indien auch Teile derselben Einheit und desselben Weltmarktes. Man müsste das Vorkommen ineinandergreifender Verhaltensweisen und Reaktionen auf den beherrschenden Sektoren der Wirtschaft über weite Gebiete hinweg nachweisen [...], zum Beispiel bei Lebensmittel- und Metallpreisen. Aber man kann das nicht [...]. Ein anerkannter Wirtschaftsgeograph hat auf folgendes hingewiesen: »Weder lokal begrenzter noch Fernhandel bedrohten in agrarischen Gesellschaften die Existenzgrundlage der Hauswirtschaften. Die Rolle einer modernen, zentralen Lenkung dagegen setzt extreme Arbeitsteilung voraus und die Tatsache, dass die einzelnen Haushaltungen nicht in der Lage sind, sich mit den notwendigen Gütern selbst zu versorgen.« Keine dieser Voraussetzungen war in der Antike in hinreichendem Maße erfüllt.[79]

Welche Voraussetzungen in der Antike *stattdessen* galten, ist damit in den entscheidenden Momenten benannt: Wovon alles ausgeht und worauf alles aufbaut, ist das Landgut, die Hauswirtschaft, jener *oikos*, den ein Hausherr bewirtschaften lässt und der nicht nur ihn »mit den notwendigen Gütern selbst zu versorgen« imstande ist, sondern alle, die in einen solchen *oikos* gehören und an ihm hängen, vom Hausherrn bis hinab zu den Sklaven – und das heißt eben damals alles in allem: »die meisten Menschen in der Welt der Antike«.

Entsprechend gering ist die innere Nachfrage nach Gütern, die man auf einem Markt oder sonstwo gegen Geld erstehen musste, entsprechend geringfügig also der alltägliche Umgang mit Geld – *außerordentlich* geringfügig zumal gemessen an den Verhältnissen, die uns heute geläufig sind. Niemals wurde der Binnenhandel einer Aufgabe gerecht, die wir ihm unwillkürlich versucht sind falsch modern zuzuweisen und die damals gänzlich unbekannt war, nämlich durch eine möglichst umfangreiche Anzahl gewinnbringender Transaktionen dafür zu sorgen, dass sich möglichst viele weitere, von der jeweils bereitstehenden Geldmenge abhängige Geschäftsmöglichkeiten eröffnen, kurz, dass »die Wirtschaft« floriere und viele neue Arbeitsplätze entstehen. Nicht einmal diese kennt die Antike. So wenig wie eine Wirtschaft gibt es damals das, was für uns deren Dreh- und Angelpunkt ausmacht, die Arbeitsplätze.

Immer wenn wir von einem privaten Unternehmen in der Stadt oder auf dem Lande wissen, dass es regelmäßig die Dienste einer Anzahl von Arbeitern in Anspruch nimmt, deren Status definiert ist, so sind dies Sklaven. Unternehmen, die Freie auch nur auf halbwegs dauerhafter Basis beschäftigen, sind in den Quellen einfach nicht zu finden.[80]

Daher kennt die Antike auch nicht den Ruf nach »Arbeit, Arbeit, Arbeit«, sondern diese nur als den *labor improbus*, die unehrenhafte Anstrengung und Plackerei.

Weder im Griechischen noch im Lateinischen gab es ein Wort, mit dem man die allgemeine Bedeutung von »Arbeit« oder die Vorstellung von Arbeit »als einer anerkannten sozialen Funktion« ausdrücken konnte. Die Art und die Bedingungen der Arbeit in der Antike schlossen das Aufkommen sol-

cher verallgemeinernden Vorstellungen aus, wie z. B. die Vorstellung einer Arbeiterklasse.[81]

Was es an Lohnarbeit gab, war Tagelöhnerei. Aber die ihr nachgehen mussten, die Tagelöhner oder *theten*, bildeten keine breite Schicht von Arbeitnehmern, die durch staatlich einbehaltene Anteile ihres Lohns den Großteil der gesellschaftlichen Kosten und damit die Gesellschaft überhaupt getragen hätten, sondern standen im Gegenteil am äußersten Rand der antiken Gesellschaften, einzelne Versprengte, die unter dem Schimpf lebten, nicht zu einem *oikos* zu gehören: der unterste, der tiefste denkbare Stand in einer solchen Art Gemeinwesen. Mit ihrem Bisschen Handgeld hier und da lebten sie in den Lücken, fast wäre zu sagen, lebten sie außerhalb der Gesellschaft: Freie zwar, aber noch unterhalb von Sklaven, da diese immerhin zu einem *oikos* gehörten und damit, wenn auch unfrei, gleichwohl Bestandteil dessen waren, worauf diese Gemeinwesen basierten. Dass sich ein solches Gemeinwesen etwa der Einkünfte der *theten*, seiner Parias, zum eigenen Unterhalt bedient hätte, war undenkbar, nichts Absurderes hätte man der antiken Gesellschaft vorschlagen können.

Den Geldgebrauch in der Antike charakterisieren demnach diese drei Züge: Zum einen das *geringfügige Maß* des alltäglichen Umgangs mit Geld; zweitens die *Direktheit* der getätigten Übergänge von Ware in Geld und von Geld in Ware:

Viele der täglichen Käufe und Verkäufe von weiterverarbeiteten Nahrungsmitteln und Rohstoffen sowie von Manufakturwaren wurden in allen Städten der Antike – ich möchte sagen, zum allergrößten Teil – ohne Zwischenhändler getätigt, also durch direkten Verkauf vom einzelnen Handwerker zum einzelnen Verbraucher.[82]

Und drittens, dadurch bedingt, die *Gebundenheit* des Geld*werts* an die Geld*materie*:

Es war eine Geschäftswelt, die niemals Kreditgeld in irgendeiner Form schuf oder übertragbare Wertpapiere. Geld war bare Münze, meist Silber, und ein beträchtlicher Teil davon war gehortet und in Geldtruhen vergraben, oder es lag häufig als zinslose Einlage bei Banken. Zahlungen wurden in barer Münze gemacht und nur unter besonderen Bedingungen durch einen Übertrag innerhalb einer bestimmten Bank oder in den Geldschränken einer römischen Steuerpachtgesellschaft. Im griechischen Recht waren Käufe nicht gesetzlich bindend durchgeführt, bis nicht der Kaufpreis in voller Höhe bezahlt worden war; Käufe auf Kredit wurden in Form fingierter Darlehen getätigt (und können daher normalerweise in den Quellen nicht gefunden werden). Der Geldverleih war unendlich häufig unter Griechen und Römern, [...] doch alle Verleiher mussten sich streng nach dem tatsächlich vorhandenen Betrag an Bargeld richten, der zur Verfügung stand; es gab mit anderen Worten keinerlei Verfahren zur Kreditschöpfung *mittels übertragbarer Wertpapiere. Das vollkommene Fehlen einer öffentlichen Verschuldung ist in diesem Zusammenhang ein bedeutsamer Hinweis. Kein Grieche oder Römer könnte ein moderne Definition des Geldvolumens als »der Summe der Bankverbindlichkeiten zuzüglich des baren Geldes im Publikumsbesitz der Nicht-Banken« verstanden haben.*[83]

Für unsere Frage nach der historischen Rolle des Geldes entscheidet gerade dieser Unterschied zwischen Antike und unserer Gegenwart, und wenn sich Finley zu ihm äußert, liest es sich wie ein bestellter Kommentar zu dem, was hier zu beantworten steht:

Es ist für niemanden, der in der Gegenwart und in einem westlichen kapitalistischen Land lebt, leicht, das Funktionieren einer Gesellschaft richtig zu begreifen, die zwar Geld benutzte, in der Geld aber im wesentlichen gemünztes Metall war und sonst gar nichts; letzteres bedeutet insbesondere, dass es kein Kreditgeld gab (das etwas anderes ist als einfaches Metall, das zu konventionellen Werten als Scheidemünze in Umlauf gebracht wird), und ebensowendig Papiergeld.

Für uns hat sich diese Bindung des Geldes ans Metall, an das Material der Münze, unter der Einrichtung von Kreditgeld längst verloren, in der Antike dagegen fehlt alles, was »über das einfache Leihen von Münzen hinausgeht«, es fehlen alle Einrichtungen,

*die uns aus dem späten Mittelalter und der frühen Neuzeit bekannt sind und die die Kredit*schöpfung *erlaubten, d. h. die Ausweitung der Geldmittel einer Gesellschaft durch Techni-*

ken, die es Geldverleihern oder Krediteinrichtungen ermöglichten, mit Ersatzmitteln der verschiedensten Art umzugehen, als sei es Bargeld. Insbesondere habe ich das Fehlen übertragbarer Wertpapiere herausgestellt und das damit zusammenhängende Fehlen von Börsen und Tauscheinrichtungen sowie das einer öffentlichen Verschuldung in Form von offiziellen Banknoten oder ähnlichem Papiergeld. Die wesentliche Bedeutung dieser Einrichtungen und Techniken für das Wachstum der modernen Wirtschaft ist jedem Wirtschaftshistoriker so weitgehend vertraut, dass es keiner weiteren Belege bedarf, und wenn sie in der Antike tatsächlich fehlen, so ist das ebenso grundlegend wie das Fehlen von Zünften und Zunfthäusern. Keine Aufzählung der möglichen Ausnahmen kann über diese Grundbedingung antiker Geschäftspraktiken und Finanzen hinwegtäuschen.[84]

Was es aber bedeutet, wenn Geld »im wesentlichen gemünztes Metall war und sonst gar nichts«, wird sich noch weisen.

MITTELALTER: EIN EUROPÄISCHER SONDERWEG

Über den beschränkten Stand gemünzten Metalls gelangt Geld jedenfalls für sehr lange nicht hinaus. Im Gegenteil, es fällt noch einmal dahinter zurück, als es mit dem Ende der Antike – falls man ihr Ende auf diese Vorgänge terminieren will – zu einem Zusammenbruch des Münz- und, aufs engste damit verbunden, zu einer Reduktion des Handelsverkehrs kommt. Der ungeheure Reichtum, den römische Männer wie etwa der Philosoph Seneca oder wie Petrons Trimalchio noch zuvor aufgehäuft hatten – die literarische Figur repräsentiert bei aller satirischen Überzeichnung reale Verhältnisse –, dieser Reichtum wurde in entsprechend hohen Summen von Münzen oder, was das damals ja nichts grundsätzlich anderes heißt, von Gewichtseinheiten Edelmetall angegeben und berechnet, besteht aber zur Hauptsache in der Verfügung über teils weiträumig über das Gebiet des römischen Imperiums verstreute Ländereien, über deren Produkte, über die daran gebundenen Menschen. Nie erlangt dieser Reichtum die Bedeutung einer florierenden »Wirtschaft«, eines hohen, in Geld bemessenen und die nationale Währung stärkenden Bruttosozialprodukts. Er stützt nicht die Gesellschaft, er ist nicht ihr Rückgrat, indem er durch Investitionen weitere Wertproduktion anregen würde, er erwirkt keine »starke« Ökonomie, sondern trägt allenfalls umgekehrt dazu bei, das bestehende Machtgefüge dieser Gesellschaft durch *seine* materiale Macht zu schwächen, wenn nicht gar es aufzulösen.

Ob nun dadurch oder aus anderen Gründen, seit dem 3. Jahrhundert n. Chr. bereits geht es mit dem Münzwesen, geht es mit der Bedeutung des Handels und der Städte zurück, bis Geld, Münzen und Handel, wie man so sagt, darniederliegen.

Es sollte Jahrhunderte dauern, bis erneut Ansätze einer staatlichen Münzprägung und eines regelmäßigen inländischen Geldverkehrs festzustellen waren. Zwar wurde im fränkischen Merowingerreich an Rhein, Maas und Mosel im 6. Jahrhundert die Goldmünzenprägung wiederbelebt, und zu Beginn des 8. Jahrhunderts nahm man in Dorestad an den Mündungsarmen des Rheins eine umfangreiche Silberprägung auf, als der friesische Handel seinen Aufschwung nahm. Aber erst mit den Münzreformen der karolingischen Herrscher Pippin und Karl der Große wurden die Grundlagen für die mittelalterliche Geldgeschichte gelegt.[85]

Damals ziehen die fränkischen Könige die Münzhoheit an sich, entziehen sie so den *monetarii*, die Münzen gleichsam privat prägten, und Karl, für sein immer noch größer werdendes Reich, legt anstelle der römischen *libra* ein neues einheitliches Grundgewicht fest, das *pondus Caroli*, aus dem jeweils eine festgelegte Anzahl von 240 silbernen Denaren oder Pfennigen geprägt wird, Münzen, die sich zusammen mit den bloßen *Rechengeldeinheiten* Schilling und Pfund, in denen man den Wert von Waren und umlaufenden Münzen ausdrückt, über mehrere Jahrhunderte hinweg als Silberwährung erhalten sollten.

So beginnt die Geldgeschichte des Mittelalters erneut als bloße Münzgeschichte, die für lange Zeit diejenige der Antike lediglich auf tieferer Stufe fortsetzt. Der *oikos* heißt nun Fronhof, und die Präsenz des Geldes hält sich damit in den bekannten engen Grenzen. Die Fron- oder Herrenhöfe konzentrierten zahlreiche Bauernhöfe um sich, deren leibeigene Besitzer die herrschaftlichen Felder bearbeiteten und Naturalabgaben zu leisten hatten. Nahezu autarke Wirtschaftseinheiten, die sie waren, traten sie auf dem Markt so wenig als Käufer in Erscheinung wie die Bauern als Produzenten. Im 9. Jahrhundert etwa verfügte eine reiche Abtei wie die von St. Germain-des-Prés über Geldeinnahmen, die nicht mehr als 3 % ihrer in Form von Naturalien und Arbeitsleistungen erhobenen Renteneinnahmen ausmachten.

Noch seltener wurden die Münzen, wenn man über die Rheingrenze hinausging. Hier hatte kaum ein Mensch je eine Münze zu Gesicht bekommen, geschweige denn besessen, und selbst das reiche Kloster Fulda bezahlte im Jahre 827 urbar gemachtes Land mit 8 Schwertern, 5 Stücken Tuch, 4 Stück Vieh, einem Pferd und zwei Paar Ohrringen.[86]

Das Geld kehrt so zwar wieder, doch ohne zunächst auch nur den in der Antike erreichten Stand wieder zu erlangen.

An eine Ausweitung der Geldwirtschaft war unter diesen Umständen überhaupt nicht zu denken. Selbst nach der Wiederbelebung und Ausweitung der Münzprägung im Zusammenhang mit der Silberförderung des 10. Jahrhunderts kamen die Denare als Tauschmittel fast ausschließlich dem Fernhandel zugute […]. So wurden Denare im Austausch gegen Felle, Pelze, Sklaven, Speckstein, Honig und Wachs in den Norden und Osten exportiert. Dagegen lief der Binnenhandel – vielleicht abgesehen von dem Anschlusshandel an den Fernhandel – weitgehend münzgeldlos, d. h. auf Tausch- und Abrechnungsbasis. Für Transaktionen des täglichen Bedarfs schließlich waren die Denare viel zu groß. Entsprechend sind auch im Inland, verglichen mit dem europäischen Norden und Osten verhältnismäßig wenige Münzfunde überliefert.[87]

Doch bei diesem Stand der Dinge bleibt es nicht. Nicht etwa, dass sich das Mittelalter nur wieder auf dieselbe Höhe an Geldverkehr aufgeschwungen hätte wie die antike Gesellschaft, das europäische Mittelalter nimmt einen *anderen* Verlauf. Von jenen in einem weiteren Sinn feudalen Verhältnissen, die schon die Antike bestimmten und bis dahin in unterschiedlichen Spielarten so recht weltweit herrschen – Aneignung und Wiederverteilung der grundherrschaftlich erzwungenen Produktion entlang der Linien direkter Macht –, beginnt sich zuerst ausschließlich *dieser* Teil der zivilisierten Welt zu lösen, das westliche Europa. Langsam nur und in Veränderungen, unter denen sich die direkte Machtausübung keineswegs verliert, unter denen sie sich jedoch verlagert, kommt es hier zu einer Zunahme und einer schließlich so grundlegend veränderten Bedeutung des Geldverkehrs, dass Europa zuletzt nicht nur den Feudalismus abgelegt hat, sondern eine weltweit neue und einzigartige Form der Ökonomie betreibt – einzigartig so lange, bis sie mit ihr Zug um Zug nach der westlichen zuletzt die ganze restliche Welt überzieht.

Der Weg dorthin verläuft durchaus kontingent, nicht einsinnig, stet und gesetzmäßig, es gibt keine Entwicklung, die bereits zu einem frühen Zeitpunkt unbeirrbar Kurs auf das spätere Ziel genommen hätte. Jedenfalls aber wird es erreicht – und zwar mit einem ersten Abschluss der Entwicklung zu Beginn des 17. Jahrhunderts. Um nur die wichtigsten Momente des Verlaufs dorthin zu benennen: Die Fronhofverfassung, mit der das Mittelalter beginnt, zerfällt im Laufe des 12. und 13. Jahrhunderts, und ohne dass die feudale Ordnung darüber insgesamt zerfiele, tritt darin doch etwas Neues hervor, das ihr später einmal den Garaus machen wird.

Zwischen dem 9. und dem 13. Jahrhundert griff die Leibeigenschaft schnell um sich, aber um ebendiese Zeit, als die rechtliche Stellung der Ausgebeuteten verschlechtert und gleichgeschaltet wurde, führte die Entwicklung der Warenproduktion zu einer Veränderung der Rentenform, so dass die Arbeitsrente gegen Ende des 13. Jahrhunderts (außer in England) schon weitgehend durch Geld- und Produktenrenten ersetzt war, was wiederum eine Verbesserung des rechtlichen *Status nach sich zog. Aus verschiedenen Gründen, die mit der Entwicklung der Warenproduktion zusammenhängen (unter denen die Zersplitterung der Bauernwirtschaften und das Aufkommen bäuerlichen Widerstands gegen die Ausbeutung am wichtigsten waren), ließ die direkte Aneignung von Renten, die den bäuerlichen Besitztümern auferlegt wurden, nach, aber der Gesamtbedarf an Feudalrente seitens der Feudalherren wurde durch die Ausnutzung herrschaftlicher Privilegien und die Entwicklung öffentlicher und privater Besteuerung beibehalten. Kurz, wir können sagen, dass die herrschende*

Klasse auf die eine oder andere Art, sei es durch ihre persönlichen Vorrechte oder durch die Vermittlung des Staats, ständig bemüht war, die Feudalrente, das heißt den zwangsweise angeeigneten Surplus des unmittelbaren Produzenten, zu erhöhen.[88]

Politische Vorgänge wirkten in dieselbe Richtung:

Im 9. Jahrhundert hielt sich der karolingische Magnat seine zahlreiche Gefolgschaft, indem er sie direkt aus den Erträgen seiner Landgüter ernährte. Als das riesige, aber kurzlebige Karolingerreich zerfiel und damit kleineren, besser überschaubaren Königreichen, Grafschaften und Herzogtümern Platz machte, wurden die Gefolgsleute der führenden Könige und Adligen für ihren Militärdienst mit Land belehnt, so dass die ständige Gefolgschaft, die schwerfällig und kaum zu unterhalten war, reduziert werden konnte. Aber die Belehnung von Rittern nahm ihren feudalen Oberhäuptern zwar eine administrative Belastung ab, sie entlastete die Bauern jedoch keineswegs; im Gegenteil, diese wurden noch stärker als zuvor ausgebeutet. Machtkampf und Kampf um Land sind natürlich miteinander verflochten, was aber aus dem Anwachsen der Zahl kleinerer und größerer Feudalherrn folgte, war eine Vervielfachung des Bedarfs an verschiedenen Formen der Feudalrente. Der sich ausbreitende Wirkungskreis der staatlichen Herrschaftsträger verstärkte die Belastung der Bauern noch mehr, und dazu kamen noch die steigenden Forderungen der kirchlichen Grundherren.[89]

So wird eine gesteigerte Produktion von Gütern erzwungen und zugleich ein Teil dieser gesteigerten Produktion, als sich Bauern dann wieder aus der Leibeigenschaft lösen können, frei dafür, Tauschhandlungen einzugehen. Auch in den Austausch mit Städten. Denen nämlich verleiht die Zersplitterung der souveränen Macht in Westeuropa einen ganz spezifischen Status, die entscheidende Voraussetzung für Handelsbeziehungen zwischen Stadt und Land. Anders als die Städte des Ostens lösen sie sich im westlichen Europa aus dem kontinuierlichen Zusammenhang mit der Zentralgewalt und erlangen eine Autonomie, die sie zum einen rechtlich vom Land abtrennt und die zum anderen, auf Grund des dadurch möglich und nötig gewordenen

Handels zwischen beiden Bereichen, die Entwicklung eines Kaufmannskapitals fördert, welches gerade die Preisunterschiede zwischen *getrennten* Märkten nutzt.

Noch aber bedeutet dies keinen Anstieg von »Kapital« im modernen Sinn – noch nicht einmal denjenigen der Geldmenge. Weiterhin hängt die Existenz von Geld fast ausschließlich an den Edelmetallen und also an deren materialem Vorhandensein. Im Laufe des 14. Jahrhunderts jedoch versiegt die binnenländische Silberproduktion, gerät auch der Zufluss von Gold ins Stocken, und bis zum Ende des 15. Jahrhunderts bleibt in Europa das Edelmetall erneut sehr knapp. Es ist eine lange Zeit der monetären Kontraktion, wie man sie genannt hat, die Edelmetalle fließen in weit höherem Maß nach außen ab, als sie im Innern eintreffen, und werden gerade als dies gefährdete, knappe Gut gehortet, vergraben und versteckt, aber auch erneut verarbeitet und so in jedem Fall dem Gebrauch als Geld nachhaltig entzogen.

Gleichwohl hat das Geld bis dahin bereits eine Präsenz gewonnen, dass es über solcher Kontraktion nicht wieder seine Bedeutung verliert, sondern im Gegenteil dadurch nur immer drängender wichtig wird. Seine Präsenz besteht nunmehr darin, dass ein gestiegener Anteil der Lebensbedürfnisse auf das Gelingen von Geldhandlungen *angewiesen* ist. Um sich mit den notwendigen Gütern zu versorgen, muss nun an mehr Stellen und in größerem Umfang *Geld* anstelle der naturalen Güter aufgeboten werden, muss Geld weggegeben und folglich auch eingelöst werden *können*. Die Abgabenforderungen an die Bauern in Form von Geld und der veränderte Austausch zwischen Stadt und Land haben zur Befriedigung des materialen Bedarfs den Bedarf an Geld *erhöht*. Als es folglich knapper wird – reichlich war das Mittelalter nie damit gesegnet –, steigt nur der erzwungene Hunger danach: *the great Bullion Famine*.

Reaktion und Folge sind die damals grassierenden Münzverschlechterungen, also das Senken des Feingehalts, um aus weniger Edelmetall mehr Münzen zu machen, mit der Wirkung, dass die »besseren« Münzen, da man ja das Material für wertvoll ansieht, den Münzwert also dem Material selbst inhärierend denkt, im Geldverkehr als wertvoller zurückgehalten und durch die *no-*

minal gleichwertigen, aber *material* »schlechteren« verdrängt werden. Eine andere Reaktion ist der sogenannte Bullionismus, der Versuch der Länder, vor allem den Abfluss der Edelmetalle nach draußen zu verhindern – mit spezifischen weiteren Folgen.

Denn es hält die Kaufleute dazu an, mit den vorhandenen Münzen sparsam umzugehen und zu Kreditinstrumenten wie Wechseln und Inhaber-Schuldscheinen Zuflucht zu nehmen, um Verkaufserlöse von einem Ort zum Warenkauf an einen anderen Ort zu transferieren. Dadurch aber *erweitert* sich jetzt der Bestand des Geldes, und zwar nicht sein numerischer Bestand in Material, seine *Daseinsweise* beginnt sich auszuweiten. Was weder die Antike noch irgendeine Zeit vorher kannte, hier gewinnt es langsam Wirklichkeit: das *Kreditgeld*. Gerade die sogenannte große »Krise des Feudalismus« im 14. und 15. Jahrhundert erhöht den Druck auf die Schaffung von Geld, und wo man dem längerfristig nicht in Metall und Münzen nachzukommen vermag, fallen zwar einerseits die Abgaben zurück auf den alten Stand, in Naturalien statt in Geld eingefordert zu werden, genau umgekehrt jedoch sucht sich die Notwendigkeit, über das Tauschmittel Geld zu verfügen, neue Wege, um über die eng beschränkte Verfügbarkeit des Edelmetalls hinauszugelangen. Es zwingt zu verschiedenen Formen des Kredits, also zu Verfahren, Geld als Geld zu behandeln, auch wenn es nicht material in seiner Form als Münze auftreten konnte.

Aus all diesen Kreditarten wird die Bemühung deutlich, mit dem knapper werdenden Edelmetall äußerst sparsam umzugehen – egal ob es sich um die Konzentration des Fernhandels auf den Messen oder um das Kerbholz des Krämers handelte. Dabei war die überwiegende Mehrheit dieser Kreditinstrumente noch eng mit dem vorhandenen Bargeld verbunden, das nur vorübergehend, wie beim Wechsel, durch Papier ersetzt wurde. Engpässe auf dem Gebiet des Edelmetalls mussten sich daher zwangsläufig auch im Kreditsektor widerspiegeln. Allein eine Ausweitung des bargeldlosen Zahlungsverkehrs in Form von Anweisungen auf die Konten bei Wechslern und Banken über die vorhandenen Einlagen hinaus vergrößerte die Geldmenge; und gerade dieser Bereich des Kredits wurde durch die Einschränkung der Banktätigkeit der Wechsler besonders stark betroffen. Die Zinsen schossen in die Höhe und verteuerten – zusätzlich zum Mangel an Münzen – auch noch die Kredite.[90]

Der Druck der Krise aber hat seine Richtung: Vermehrung des Geldbestands und so auch die Steigerung des über Geld abzuwickelnden Handels. Beides betreiben die europäischen Länder mit großer Energie und Härte, zum einen durch ihr Ausgreifen nach Asien und Übersee – mitsamt den bekannt wenig idyllischen Folgen für die Bevölkerung dort –, zum anderen dadurch, dass die zwei bis dahin vornehmlich *getrennten* europäischen Handelsräume nunmehr verflochten werden und das gesamte westliche Europa zu überspannen beginnen: der flandrisch-hanseatische Raum und der Mittelmeerraum um die Stadtstaaten Norditaliens. Zum ersten Mal wird Europa damit zu *einem* großen, auch im Inneren zusammenhängenden Handelsraum, zu einer wirtschaftlichen Einheit.

Und so, zu diesem historisch ersten Mal, entsteht auch das, wovon bis dahin trotz allen Handels niemals vorher die Rede sein konnte: eine Weltwirtschaft.

Im späten 15. und frühen 16. Jahrhundert tauchte ein historisches Novum auf; es entstand das, was man eine europäische Weltwirtschaft nennen kann. […] Es war ein in seiner Art einmaliges Sozialsystem, das noch heute den Grundzug des modernen Weltsystems bildet, und ist – anders als Imperien, Stadtstaaten und Nationalstaaten – eine wirtschaftliche, keine politische Entität. Ja, ihr Bereich (von genauen Grenzen wäre nur schwerlich zu reden) umfasst genaugenommen Imperien, Stadtstaaten und die aufkommenden ›Nationalstaaten‹. Es ist ein Welt*system, nicht weil es die ganze Welt umschließt, sondern weil es größer ist als jede juridisch definierte politische Einheit. Und es ist deshalb eine* Welt*wirtschaft, weil die Verbindung zwischen Teilen des Systems vor allem eine ökonomische ist – freilich durch kulturelle Bindungen zu einem gewissen Grad verstärkt, zuweilen auch […] durch politische Arrangements und Bündnisse.*[91]

Es macht die Geschichte des sogenannten ›langen‹ 16. Jahrhunderts aus, des Zeitraums etwa von 1450 bis 1620, wie die westeuropäischen Länder diese Weltwirtschaft erzwingen und sich darüber – wie mit einem gewaltigen Ruck, so hat man es genannt – das historisch erste Mal zu *kapitalistischen* Gesellschaften wandeln. Der Zufluss afrikanischen Goldes, amerikanischen Silbers und erneute Silberförderung im Innern vermehren das metallisch vorhandene Geld. Die noch immer mittelalterliche Familienhandelsgesellschaft, die ihre letzte, vollendete Gestalt in den Fuggern fand, wird überflügelt und abgelöst von Einrichtungen wie dem Genueser Asiento-System, das nicht mehr mit jenem enormen Eigenkapital an Metallgeld, sondern vornehmlich mit Wechseln arbeitet. Der Handel verläuft zunehmend bargeldlos über laufende Konten, die man bei den Wechslern hält. Ältere Instrumente wie der Inhaber-Schuldschein lösen sich von ihrer Bindung an den individuellen, namentlich festgeschriebenen Schuldner und lassen sich mit Indossament und Diskont schließlich frei weitergegeben als verrechenbares »Papier«. Zu den bereits bestehenden Börsen kommt eine große Anzahl weiterer Gründungen hinzu, sie legen den früheren Charakter von bloßen Warenmärkten ab und werden immer entschiedener zum Ort finanzieller Transaktionen, des Handels mit Geld und Kreditpapieren. Und zu den modernen, uns so selbstverständlich vertrauten Erscheinungen, die damals das historisch erste Mal auftreten, gehören nunmehr auch Staatsverschuldung und eine allgemeine, schleichende Inflation.

Die »Preisrevolution« des 16. Jahrhunderts hat man sie später genannt, und das mit Recht nicht deswegen, weil die Preise in einem Maß gestiegen wären, das uns heute revolutionär anmuten würde, sondern weil es einer Revolution gleichkam, *dass* sie kontinuierlich über diesen langen Zeitraum hinweg stiegen. Und zwar gleichmäßig in *allen* Kernländern dieser Weltwirtschaft. Auch das zeugt zum ersten Mal von einem übergreifenden *ökonomischen* Zusammenhang der beteiligten Länder, einem Zusammenhang, wie er noch nie vorher gegeben war und der sich weder allein durch die wachsende Münzmenge erklären lässt – die nimmt durchaus nicht kontinuierlich zu und erreicht auch nicht alle Länder gleichmäßig –, noch auch bloß durch die wachsende Bevölkerung und also gestiegene Nachfrage. Jetzt vielmehr, mit der beginnenden Welt*wirtschaft*, beginnt auch – und sei es erst in schwachen Anfängen – der Welt*markt* damit, die

Preise auszugleichen und zu regulieren, die *ökonomisch* verbundenen Länder nach »einem weltweiten – durch *Geld*angebot und *Geld*nachfrage bestimmten – Preisniveau«[92] auszurichten.

DAS ›LANGE‹ 16. JAHRHUNDERT

»And so by degrees all things came to be valued with money, and money the value of all things« – *und so wurden Schritt für Schritt alle Dinge mit Geld bewertet und wurde Geld der Wert aller Dinge*. Dieses Fazit zieht Edward Misselden zu Beginn des 17. Jahrhunderts.[93] Dieser Stand des Geldes, derjenige, *der sich für uns so ganz und gar von selbst versteht*, der Stand, auf dem das Geld eine »Wirtschaft« und diese Wirtschaft sich des Geldes bedient, ist zu jener Zeit historisch zum ersten Mal erreicht.

Was aber damit erreicht wird, ist kein bloßer Stand, nichts, was einmal erreicht wird, um dann stillzuhalten, sondern ist ein Zusammenhang von *Handlungen* und *Bewegungen*, der sich unablässig erneuert, sich fortsetzen und erweitern muss – ein Zusammenhang von enormer Ausdehnung und einer Durchdringungskraft, die das Größte an das Kleinste bindet und das Kleinste an das Größte. Im Großen erstreckt er sich über eine ganze *Gesellschaft*, die mehrere europäische Länder umgreift, wie unterschiedlich sie sonst verfasst sein mögen, eine Gesellschaft, »die institutionell durch den Markt, funktionell durch das Selbstinteresse konkurrierender privater Warenproduzenten und deren Arbeiten integriert ist«,[94] eine Wirtschaftsgesellschaft also, wie man sie genannt hat, die nicht mehr nur auf Märkten handelt, sondern sich über *den* Markt vermittelt. Und das heißt im Kleinen, heißt für den Einzelnen, dass ihn die Notwendigkeit, sich mit Gütern zu versorgen, allenthalben vor die Notwendigkeit stellt, sich über *Geld* zu besorgen, was er braucht, und folglich *sich* dafür *mit* Geld zu versorgen.

Wie aber will man bemessen, wann dieser Stand genau erreicht ist? Wann also wäre dieses Neue nicht mehr nur dabei, sich anzukündigen, sich vorzubereiten und in Allmählichkeit herzustellen, sondern wann ist es *da*? Lässt sich so etwas überhaupt festhalten?

Ja, es lässt sich festhalten. So weit jener Zusammenhang und so tief die Veränderungen reichen, die sich mit ihm vollziehen, so bedeutsam sind die Indizien, sind die einzelnen Veränderungen, in denen er sich vollzieht. Zu ihnen gehört natürlich etwa die Durchsetzung der neuen Kreditinstrumente, oder genauer: ihre gewisse *Vollendung*, nämlich ihre *Lösung* vom *einzelnen* Schuldner, dadurch, dass sie Geld nicht mehr *nur vorübergehend* vertreten, sondern *selber* als Geld und Tauschwert gelten. Die Vollendung der *doppelten Buchführung* etwa gehört dazu. Mit Personenkonten hatte es im 13. Jahrhundert begonnen, im folgenden Jahrhundert treten Sachkonten auf und in dessen zweiter Hälfte führt die doppelte Schreibweise, die *Loi digraphique*, zur ersten regelrechten Buchhaltung. Noch aber spiegelten die Konten nur die jeweils einzelnen Bestände, bis sie mit einem Gewinn- und Verlust- und schließlich Kapitalkonto, erstmals um die Jahre 1430/40, einen *Kreislauf* von Kapital vollziehen, »aus dem Kapitalkonto über die Bestandskonten durch das Gewinn- und Verlustkonto in das Kapitalkonto zurück«. Zu dem »System der vollkommenen und systematischen Buchhaltung, wie wir es heute verstehen«, kommt es jedoch erst durch die regelmäßige Bilanzierung nach den Büchern, »erst durch die Bilanz wird der latente Zusammenhang der einzelnen Konten untereinander offenbar«. Es ist Simon Stevin im Jahre 1608, der dies als erster für nötig erkennt und so auf den neuen und ebenso latenten Zusammenhang des Geldkreislaufs *in der Gesellschaft* reagiert.[95]

Auch das Einzelunternehmen als Rechtseinheit, die *Firma* mit Handelsnamen und selbständigem Gesellschaftsvermögen nimmt zu dieser Zeit ihre volle Gestalt an. Und so gibt es zahlreiche weitere Umstände und Vorgänge, in denen sich das Neue fassen ließe und auf Grund deren die Sozialgeschichtsschreibung zu ihrer Periodisierung jenes ›langen‹ 16. Jahrhunderts gekommen ist – und darin insbesondere zur Hervorhebung einer zweiten Hälfte etwa von 1550 an. Die meisten dieser Kriterien jedoch sind akkumulativer Natur: Sie zeugen nicht von etwas schlagartig Neuem, sondern von einem Verlauf, in dem dies Neue sich sammelt und nur nach und nach hervortritt. Ein gesellschaftsweiter Zusammenhang wie derjenige der Geldhandlungen kann sich nicht von einem Moment auf den anderen so verändern, wie man das Licht anknipst. Und trotzdem entsteht mit ihm etwas *neu*, etwas spezifisch und folgenreich und bestimmbar Neues, das nicht bloß im Strom der Zeiten zerfließt, sondern seinen Anfang hat, den Moment oder zumindest eben den enger umgrenzten Zeitraum, in dem der historische Verlauf in dies Neue *umschlägt*. Dieses Neue aber heißt: dass die Geldhandlungen, was sie bis dahin niemals waren, allgemein für die Versorgung mit dem Lebensnotwendigen *bestimmend* werden.

Ich will drei Kriterien herausgreifen, an denen sich zeigen lässt, wie dies tatsächlich, bei aller Allmählichkeit solcher Vorgänge, doch gleichsam so geschieht, als würde ein Schalter umgelegt, in einem erkennbaren historischen *Umschlag* in dies Neue.

Zum Ersten: Die Veränderung, die ich behaupte, soll ja darin bestehen, dass Ökonomie anders als in der Antike nicht mehr nur Bewirtschaftung des *oikos* umfasst, dem Märkte und Geld als Anhängsel bloß nachgeordnet sind, sondern dass Ökonomie zur »Wirtschaft« wird, zu jenem eigenen, gleichsam autonomen gesellschaftlichen Bereich, in dem die Versorgung mit Gütern bestimmend von Geld und »dem« Markt abhängt. Eine solche *Ökonomie* muss hinausreichen über die Zuständigkeit nur der Gutsherrn und hineinreichen in die Lenkung dieser gesamten Gesellschaft, nämlich in die *Politik*. Wirtschaftspolitik ist für uns eine Selbstverständlichkeit, hat aber nur Sinn, ja, ist überhaupt nur dann möglich und denkbar, wenn Ökonomie eben zur Wirtschaft geworden ist. Solange sie es nicht ist, lässt sich die Verbindung mit der Politik nicht denken; sobald aber, muss es zu *dieser* Verbindung kommen: zu »Politischer Ökonomie«.

Ende des 16. Jahrhunderts erhebt sich eben dieser Begriff ganz neu – ein Begriff, der »in dieser Zusammensetzung bis dahin undenkbar war«.[96] Das ist durchaus streng zu nehmen: Er war *undenkbar*, er *konnte* nicht gedacht werden, solange die Sache nicht bestand.

Mit diesem neuen Ausdruck »politische Ökonomie« öffnet sich [...] eine gesellschaftliche, von den Zeitgenossen erfahrene Zäsur. Denn trotz aller Unterschiede zwischen Antike und Mittelalter, trotz des immer gesehenen Zusammenhangs zwischen oikos *und* politike, *eine Verbindung derselben war bis dahin einfach nicht vorstellbar. Ökonomie und Politik gehör-*

ten verschiedenen, genau abgegrenzten Bereichen an. Dabei müssen wir uns klarmachen, wie außerordentlich schwierig es für uns ist, eben aufgrund der neuzeitlichen Entwicklung, dieses fundamentale und radikale Auseinanderfallen von öffentlich und privat, diese Trennung zwischen dem »Raum der Polis und dem Bereich des Haushaltes und der Familie, schließlich den Tätigkeiten, die der Erhaltung des Lebens dienen und denjenigen, die sich auf eine allen gemeinsame Welt richten«, überhaupt zu verstehen. Denn was immer »ökonomisch« war, nämlich notwendig zum Leben des einzelnen, auch zum Überleben der Gattung, war »privat«; damit galt es als nicht-politisch, es gehörte nicht dem Bereich des »Öffentlichen« an. Politisches Handeln hatte vielmehr umgekehrt als Voraussetzung die Verfügung über einen oikos. *Dies war gleichbedeutend damit, sich nicht um private Lebensnotwendigkeiten kümmern zu müssen.*

Um so schwieriger ist es für uns, dies zu verstehen und auseinanderzuhalten, weil im neuzeitlichen Diskurs, vor allem seit dem 17. und 18. Jahrhundert, jeder Volkskörper, jedes politische Gemeinwesen als in einem überdimensionalen oikos *durchgeführt verstanden wird.*[97]

Louis de Mayerne Turquet prägt den Begriff der »oeconomie politique« vermutlich um 1590, verwendet ihn in einem Werk, das 1611 im Druck erscheint, 1615 folgt der »Traicté de l'oeconomie politique« des Antoine de Montchrétien. Die Verbindung von Politik und Ökonomie wird nun gedacht, da sie inzwischen *real* besteht, und aus demselben Grund wird sie bereits für so *notwendig* und *selbstverständlich* erachtet, dass bereits den Zeitgenossen unverständlich bleibt, weshalb nicht *alle Zeiten* vorher in ihr gedacht haben. Genauso wie Descartes ein erstes Mal Rhythmus als Taktrhythmus beschreibt, stellt Montchrétien als erster die Sache einer politischen Ökonomie dar, und sowenig es für Descartes noch den älteren Rhythmus jenseits von Takten gab, so wenig kann sich Montchrétien die ältere, eine nicht »politische« Ökonomie mehr vorstellen. Also *wundert* er sich, dass er in der Antike nichts davon findet – genauer: bei den antiken Autoren; denn den antiken *Verhältnissen* unterstellt er die Ökonomie, die *er* kennt, sehr wohl, und zwar so blindlings, falsch und unverbrüchlich, wie man es entsprechend auch mit dem Taktrhythmus getan hat.

Er wundert sich, dass Xenophon und Aristoteles diese »mesnagerie publique«, die »oeconomie politique«, weder sahen noch behandelten. »Für meinen Teil«, so drückt er sich aus, »kann ich mich nur wundern, wie sie in ihren politischen Schriften, die im übrigen so sorgfältig geschrieben sind, diesen öffentlichen Haushalt vergessen konnten, auf den die Notwendigkeiten und Aufgaben des Staates vor allem gerichtet sein müssen«.

Er staunt, dass bei Xenophon und Aristoteles Ökonomik und Politik nicht verbunden erscheinen: »da man die Ökonomie nicht von der Politik trennen kann, ohne die Hauptsache von ihrer Gesamtheit zu reißen, und die Wissenschaft des Gütererwerbs, wie sie es nennen, für Gemeinwesen die gleiche ist wie für Familien.« [...] Montchrétien wundert sich also genau über das, worin sich die Ökonomik von der Nationalökonomie unterscheidet.

Montchrétiens Einschätzung der Ökonomik des Xenophon und Aristoteles war die Vorstellung desjenigen, der Begriffe und Anschauungen seiner eigenen Zeit auf frühere Zeiten zu übertragen versucht und sie damit verkennt.[98]

Er kennt *seine* Zeit, an ihr fasst er seine Begriffe, und in Montchrétiens Zeit also, als er den Begriff einer politischen Ökonomie *neu* zu fassen hat, fällt historisch der Umschlag der Ökonomie in eine »politische«, eine Volkswirtschaft.

Zum Zweiten: Damit das Geld in Güterversorgung und Gütervermittlung seine *bestimmende* Rolle spielen kann, muss sich seine Abhängigkeit von den Gütern und Waren umzukehren beginnen in die Abhängigkeit der Waren vom Geld. Das heißt, es muss beginnen sich von selbst zu verstehen, dass der *Einsatz von Geld* über die Vermittlung von Waren zu *Gewinn in Geld* führt, zu einem Geldgewinn, *für den* die Warenvermittlung dann überhaupt unternommen wird – selbstverständlich nicht sogleich *alle* Vermittlung *nur* um seinetwillen, aber doch, wie vage es auch klingen mag, in jenem *bestimmend* gewordenen Maß. Es heißt also, allgemein und selbstverständlich muss geworden sein, dass mit Geld Geldgewinn zu erzielen ist – was heute wie die dünnste Platitüde klingt, aber damals eben erst zu einer solchen *wird* –; dass also Geld durch seinen Einsatz nicht bloß zu Waren, nein, dass es darüber zu *mehr Geld* wird. Und wenn Geld selbstverständlich Geld abwirft, so trägt es *selbstverständlich* das, was man Zinsen nennt.

Versetzen wir uns aber in die Rolle eines die Vergangenheit erforschenden Zeitreisenden, so stellen wir fest, dass wir die Uhr gar nicht so weit zurückdrehen müssen, um eine Welt vorzufinden, in der das Zinsennehmen alles andere als selbstverständlich war. Wählen wir beispielsweise das frühe 13. Jahrhundert, plaudern wir mit einem Geistlichen oder mischen wir uns unter die eifrigen Studenten einer der neu gegründeten Universitäten, so wird man uns lehren, dass der Wucher – jede Zusatzforderung bei der Gewährung eines Darlehens – nicht nur verabscheuungswürdig und ungerecht, sondern darüber hinaus auch eine schwere Sünde sei. Gut dreihundert Jahre später, mitten im 16. Jahrhundert, befinden wir uns dann in einer Zeit des Übergangs: Der Handel kommt schon lange nicht mehr ohne zumeist versteckte Zinsforderungen aus, das Wucherverbot wird mehr und mehr angefochten und die weltliche Gesetzgebung, etwa in England oder in den niederländischen Provinzen, unternimmt erste zögerliche Schritte, Zinsgeschäfte bis zu einem vorgegebenen Höchstsatz zu erlauben. Besuchen wir die berühmte spanische Universität von Salamanca, so können wir bei Gesprächen in den dortigen Wandelgängen oder in einer der umliegenden Weinstuben erfahren, dass bereits recht viele Juristen und Theologen, die angesehenen spanischen Spätscholastiker, das Zinsennehmen in immer zahlreicheren Fällen gutheissen. Im frühen 17. Jahrhundert, ein Blick nach London oder Amsterdam mag dies bestätigen, ist dann dieser Meinungsumschwung in den führenden europäischen Handelsnationen bereits zu einem grossen Teil vollzogen: Der Zins ist als wirtschaftliche Notwendigkeit anerkannt![99]

Vollzogen und anerkannt ist also, was es bis dahin einfach nicht gegeben hatte: »die Vorstellung eines über die Münze hinausgehenden Geldbegriffs«,[100] eines Begriffs vom Geld, das seinen Wert vom materialen Dasein *löst*. Er war bisher undenkbar, weil die Verwendung von Geld nicht über diejenige von Münzen hinausreichte, weil sich der Zusammenhang der Geldhandlungen noch nicht weit genug erstreckte und weil er noch nicht genügend Intensität erlangt hatte. Im 13. Jahrhundert hatte Petrus Olivi ein frühes erstes Mal davon geschrieben, Geld könne unter bestimmten Umständen als Kapital fungieren und Zins abwerfen. Gegen Ende des 15. Jahrhunderts wird dies so begründet, dass Geld sich wie ein fruchtbares Gut verhalte: Auch ein Feld trage nur Frucht, wenn Menschen es bewirtschafteten, und deshalb habe der Eigentümer von Geld *wie* der Eigentümer eines Feldes Anspruch darauf, für die zeitweise Vergabe seines Eigentums entschädigt zu werden, *falls* ihm dadurch eben Frucht oder Gewinn entginge. So lautet die Lehre des *lucrum cessans*, vom entgehenden oder entgangenen Gewinn. Und diese Lehre wird ersetzt und wiederum ›vollendet‹ – »Höhepunkt der scholastischen Zins- und Wucherlehre« – durch Leonard Lessius, »denjenigen Theologen, dessen Ansichten zu den Themen Zins und Wucher am entschiedensten die Ankunft eines neuen Zeitalters zum Ausdruck bringen«[101] – zu Beginn des 17. Jahrhunderts.

Lessius nimmt nur eine kleine Verrückung an der älteren Lehre des *lucrum cessans* vor, und doch spiegelt sich darin das Ganze eines historischen Umschlags. Bisher war Zins die Entschädigung für eine Einbuße, die jemand durch das Verleihen seines Geldes in einem Einzelfall *tatsächlich* erlitten haben musste. Das Recht, Zins zu nehmen, war also gebunden an den einzelnen, *individuell gegebenen* Fall. Lessius dagegen setzt *allgemein* voraus und *konnte* es zu seiner Zeit inzwischen eben voraussetzen, »dass unter gewissen Rahmenbedingungen die Verfügungsgewalt über liquide Mittel mit verschiedenen Vorteilen verbunden sei, die darauf begründeten, dass mit an Ort und Stelle vorhandenem Geld Chancen wahrgenommen werden könnten, die andernfalls ungenutzt vorübergingen«.[102] In einem Fall von *carentia pecuniae*, wie ihn Lessius nennt, wenn nämlich Geld verliehen wurde und dem Verleiher deswegen fehlte, war jetzt also *allgemein* vorauszusetzen, dass ihm damit ein Gewinn entging, so wie der Gewinn nunmehr eben *allgemein* mit Geld zu erzielen war. Deshalb sollte Zins *generell* zu zahlen sein.

Damit ändert sich der Sachverhalt aber gewaltig: Was dem einzelnen Individuum widerfährt, verliert jegliche Bedeutung. Was zählt, ist einzig der Markt und der darauf bestimmte, allgemein gültige objektive Preis für den Verzicht auf Liquidität.[103]

Jetzt zählt einzig der Markt. »Der« Markt, er hat sich zu diesem Zeitpunkt historisch herausgebildet. Die Geldhandlungen müssen sich über die individuelle Gebundenheit erhoben und von ihr gelöst haben, indem sie sich verdichteten zu diesem einen Markt.

Zum Dritten: Da sie sich verdichtet haben müssen, wie ging das vonstatten, was lässt sich im Einzelnen davon nachweisen? Nichts schwieriger, so wissen die Geldhistoriker, als den sogenannten Monetarisierungsgrad einer Gesellschaft festzustellen, ihre Durchdringung mit Geld, die Präsenz, die alltägliche Reichweite des Geldes. Zuletzt aber hat Craig Muldrew in einer gründlichen Studie für das England der Zeit von 1500 bis 1750 untersucht, »welche Art von sozialen und kulturellen Beziehungen zwischen jenen Leuten existierte, die Güter kauften und verkauften«.[104] Und das schloss die Frage ein, wie weit dies Kaufen und Verkaufen in die »sozialen und kulturellen Beziehungen« hineinwirkte, wie weit dies Kaufen und Verkaufen also auch für sich genommen reichte.

Muldrews Ergebnisse sind überwältigend und eindeutig: Der Grad, in dem Geld vermittelnd in das alltägliche Leben eingreift, schnellt genau in dieser zweiten Hälfte des 16. Jahrhunderts signifikant nach oben. Die Ladungen des Binnenhandels werden umfangreicher, die Anzahl der Güter, die in einem Haushalt vorhanden sind, nimmt drastisch zu, rapide steigt die Zahl der Buden und Bierschenken, in Shrewsbury zum Beispiel »von 70 in den 1560er Jahren auf 220 in den 1620er Jahren, also um mehr als das Dreifache, während die Bevölkerung der Stadt nur fast um die Hälfte stieg, nämlich von 4700 auf 6300«.

Auch im Bereich des Einzelhandels ist diese Expansion nachvollziehbar, eindrucksvoll demonstriert durch den enormen zahlenmäßigen Anstieg und die steigende Vielfalt der Waren, die man gegen Ende des 16. Jahrhunderts in den Geschäften finden konnte. Dieser Anstieg gestaltete sich noch viel drama-

tischer als der Zuwachs der in den Haushalten vorhandenen Waren. Vor 1550 war die Anzahl produzierter Waren in den Wohnstätten der Handwerker sehr gering, bis in die 1560er Jahre sollte sie sich jedoch vervierfachen. In der Sammlung von Verlassenschaftsinventaren aus Lincolnshire war dieser Anstieg noch dramatischer als in Chesterfield. Hier stieg die durchschnittliche – auf das gesamte Sample bezogene – Anzahl der Waren in den Geschäften von 17 auf 163, was einen zehnfachen Anstieg zwischen den 1530er Jahren und dem Ende des Jahrhunderts bedeutet! In Southampton verdoppelte sich – in einem Sample aus 80 Inventaren – die Anzahl der Waren in den Geschäften innerhalb eines wesentlich kürzeren Zeitabschnittes von nur 20 Jahren. In den 1570er Jahren gab es in Southampton drei Geschäfte mit über 1000 angebotenen Waren, darunter einen Händler mit hunderten verschiedenen Arten von Tuch, Tapisserien, verschiedensten Kleidungsstücken sowie weit über 100 Büchern. Daneben gab es einen Apotheker mit über 1000 verschiedenen Sorten von Medizin, Süßwaren, Salben, Pillen und Pflastern sowie einen weiteren Kaufmann, der neben einem Lager von über 2500 Ellen Tuch noch hunderte von Messing- und Zinnkrügen, hunderte Paare Handschuhe, tausende Glasperlen, 51 Ries Papier (in etwa 25400 Bogen), 155 Hüftgürtel und 20 Fass Teer besaß. Ähnliche Geschäfte fanden sich auch in anderen kleineren Städten schon ab den 1570er Jahren.[105]

Eine Warenmenge, die in eine entsprechende Menge von Käufen und Verkäufen eingehen muss, in Geldhandlungen, die in der entsprechenden Vielzahl zu tätigen waren, damit sich das Halten einer solchen Warenmenge überhaupt lohnte. Ihr hatte also Geld in ausreichend großer Menge gegenüberzutreten. Doch dafür reichte dessen materiale Menge, nämlich die der Münzen, bei weitem nicht mehr aus: Es bedurfte eines Geldes in Form von Kredit.

Da nur begrenzte Mengen an Gold- und Silbermünzen in Umlauf waren, basierte diese ökonomische Expansion auf einer stetig steigenden Zuhilfenahme von Krediten, wovon viele – wie für eine Gesellschaft mit einem hohen Grad an Analphabetismus nicht überraschend – formlos abgewickelt wurden.

Obwohl die verschiedenen Auffassungen über Kredite in der Zeit vor dem 18. Jahrhundert sich tendenziell auf Fälle von Geldverleih konzentrieren, wurde der bei weitem überwiegende Anteil der Kredite als normativer Teil von zehntausenden von tagtäglichen Marktkäufen und Dienstleistungen gewährt. Jeder Haushalt im Lande, vom Almosenempfänger bis hin zum königlichen Haushalt, war bis zu einem gewissen Grad in die Maschen eines immer komplizierteren Netzwerks von Krediten und Obligationen eingebunden, mit denen Transaktionen kommuniziert wurden.

Kaufleute schlossen ihre Geschäfte auf Kredit ab, Handwerker arbeiteten auf Kredit und viele dieser Leute hatten wiederum Schulden bei Armen, meistens für ausständige Löhne, kleine Käufe oder erledigte Arbeiten. Im Jahre 1625 erklärte Henry Wilkinson, dass ohne die »gelegentlichen Schulden«, die für Käufe und Verkäufe notwendig waren, »das Leben des Menschen nicht besteht«.[106]

Und da in diesem Zeitraum auch die Preise stärker stiegen als die Geldmenge in Münzen, war insgesamt, von der Mitte bis zum Ende des 16. Jahrhunderts gerechnet, »die Nachfrage nach Geld wahrscheinlich um annähernd 500% gestiegen«.

Das spricht eine deutliche Sprache.

So nämlich entsteht ein *ökonomischer* Zusammenhang der Menschen untereinander, da »das Leben der Menschen« bestimmend nun über *diesen* Zusammenhang vermittelt wird:

Die Menschen waren dauernd in verstrickte Netze aus ökonomischen und sozialen Abhängigkeiten eingebunden, die ihre Haushalte durch die zahllosen Vertrauensbeziehungen in den Millionen von Abmachungen mit anderen Haushalten an ihren Wohnorten, aber auch darüber hinaus, verbanden. Obwohl die Gesellschaft durch die hierarchische Abstufung von Status, Vermögen und Patriarchat segmentiert war, so war sie doch noch immer zusammengebunden durch vertragsmäßig ausgehandelte Kreditbeziehungen, die sich über die gesamte soziale Skala erstreckten.[107]

Das gilt von England, von dem Craig Muldrew schreibt. Doch was dort gilt, gilt – zum Teil zeitlich verzögert und mit gewissen Unterschieden – von den anderen Ländern dieser europäischen

Weltwirtschaft ebenso. So hat Fernand Braudel festgestellt, »dass die soziale Konjunktur, genau wie die alltägliche Wirtschaftskonjunktur, deren Auf und Ab sie mitmacht oder aufzeigt, trotz unverkennbarer Abweichungen von Land zu Land in ganz Europa weitgehend synchron verläuft«.[108]

Was aber mit dem Verlauf des ›langen‹ 16. Jahrhunderts »weitgehend synchron« *erreicht* ist, das spricht niemand deutlicher aus als noch einmal unser Zeitzeuge Edward Misselden. In einer Schrift aus dem Jahre 1622 bestimmt er Ware und Geld als den natürlichen und den künstlichen Gegenstand des Handels. Der künstliche, das Geld, sei der Ware zwar dem Wesen nach und zeitlich nachgeordnet, dieses Verhältnis habe sich zuletzt jedoch ins Gegenteil verkehrt: Denn »so wie das Geld *jetzt* in Gebrauch ist, ist es *das Bestimmende* geworden«, *the chief.*[109]

Das ist recht erkannt und trefflich kurz gesagt; und ist die historische Bedingung dafür, dass den Menschen bei ihrem Umgang mit Geld jene spezifische *Synthesis* abverlangt wird.

ABSOLUTER WERT

Wir sind endlich an dem Punkt angelangt, auf jener Nadelspitze, wo sich die historisch veränderten Lebensbedingungen der Menschen ein erstes Mal berühren sollen mit einem bis dahin unbekannten Äußersten an Abstraktion, dem reinen Ausschließungsverhältnis. Durch die geschichtliche Veränderung der Zusammenhänge, in denen sie leben, soll den Menschen *neu* abverlangt werden, nach dessen Form zu denken. Die Welt ihres alltäglichen Lebens soll ihnen zur zwingenden Ursache dafür werden, diese selbe Welt reflexhaft in den Elementen einer bisher undenkbaren Nicht-Inhaltlichkeit zu fassen.

Haben wir diesen Punkt wirklich erreicht? Zwei Listen hatte ich aufgestellt von dem, was auf das BEDING der taktrhythmischen Synthesis würde zutreffen müssen. Die erste erweist sich unschwer als erfüllt, ich gehe ihre Bedingungen ganz rasch durch.

Wenn nur irgendetwas, dann ist der bestimmende Umgang mit Geld *gesellschaftlich bedingt*. Er gehört auf diesem historischen Stand genau nur denjenigen Gesellschaften an – oder anders: der *einen* Gesellschaft in genau denjenigen Ländern –, in welchen zur gleichen Zeit auch die Takt-Synthesis auftritt. Er betrifft jeden *Einzelnen*, aber betrifft ihn so *allgemein* wie jeden anderen in dieser Gesellschaft auch. Jeder hat sich dieses Umgangs erst im gesellschaftlich bestimmten Verlauf seines Lebens zu befleißigen. Jedem tritt er als *Notwendigkeit* gegenüber, jeder, er mag wollen oder nicht, ist darauf angewiesen, das, was er benötigt, hauptsächlich über Geld zu erlangen. Der Umgang mit Geld spielt auf diese Weise eine *bestimmende* Rolle im Leben eines Jeden, zugleich aber eine durch und durch *alltägliche* und unabdingbar *selbstverständliche*. Und schließlich gehört der Umgang mit Geld, das ja jeder an den *anderen* verdienen und an *andere* weggeben muss, zu dem, was die Menschen untereinander *gesellschaftlich* verbindet.

So weit, so gut – fast möchte man sagen: so einfach. Wie aber steht es mit der zweiten Liste, den Bestimmungen der *synthetischen Leistung*, die da unwillkürlich erbracht wird? Dafür, die Takt-Synthesis mit der Synthesis am Geld zu identifizieren, war entscheidend, dass Wert auf Seiten des Geldes als *reine, für sich bestehende und in sich bestimmte Einheit* gedacht werde, *bezogen* zwar auf alle nur denkbaren Inhalte, doch dadurch zugleich *abgelöst* von ihnen. Und nun müsste sich also gezeigt haben, dass Geld erst mit dem Übergang ins 17. Jahrhundert so gedacht werden kann, aber dann auch so gedacht werden muss.

Tatsächlich wird es sehr lange Zeit *nicht* so gedacht. Denn bis zu dem Zeitpunkt, da es zum bestimmenden Vermittler der Lebensnotwendigkeiten wird, ist sein Wert *material gebunden*. Geld war selbst noch Ware, es war Material, war bestenfalls »gemünztes Metall und sonst gar nichts«: kostbares, wertvoll gedachtes Ding, dessen Wert *allein* im Material haftend, also selbst nur *material* und *inhaltlich* gedacht werden konnte. Auch diesen materialen Wert einem Ding zuzuschreiben, war eine synthetische Denkleistung der Menschen – und keine geringe –, da auch dieser Wert nicht anders an irgendetwas existiert, als indem er ihm zugeschrieben wird. Doch ist diese Leistung verschieden von der, welche den Wert *ablöst* vom Inhalt. Der material gedachte Wert hat gar keinen anderen Halt als das Gut, als dessen

Wert er gedacht wird, keinen anderen Halt als denjenigen Inhalt also, dem er zugedacht wird, und deshalb lässt er sich von ihm nicht lösen – das heißt: nicht losgelöst von ihm denken. Er lässt sich übertragen von einem Gut aufs andere, das wohl, wenn sie nämlich als Äquivalente gegeneinander getauscht werden, als Ware gegen Ware oder, was so lange noch keinen grundsätzlichen Unterschied macht, gegen Geld. Durch die Gleichsetzung ihrer beider Werte stellt sich der Wert der Ware in der des Geldes dar und *wird* insofern dessen Wert, der sich vom Geld auf die Ware überträgt, ohne dass ihn die Geldware einbüssen würde. *Beweglich*, *übertragbar* also wird er wohl gedacht, aber doch keine Sekunde anders, als dabei an ein Gut, *dessen* Wert er ist, gebunden zu sein – selbst wenn dies Gut das Stück Metall einer Geldmünze sein sollte. Der Wert von Geld und Waren mag also durchaus ohne *spezifischen* Inhalt gedacht werden, da er in allen Gütern gleichförmig zu stecken vermag, dennoch bleibt er material und inhaltlich gedacht, da er zu denken ist nur als Bestimmung der Dinge selbst.

Davon löst sich Wert in dem historischen Moment, da das Geld bestimmende Allgemeinheit gewinnt: wenn es ein historisch erstes Mal also heißen kann, »all things came to be valued with money, and money the value of all things«. Dann beginnt Geld – in diesem für uns prägnanten Sinn – Geld zu sein, indem es *als Geld* allein noch *fungiert*. Der feste Bestand, den es bis dahin nur im wertvoll gedachten *Material* hatte, geht dann nämlich über in die bestandsfeste *Allgemeinheit des Bezugs* aller Dinge auf den Geldwert – und also in dessen für sich genommen festes Bestehen. Wenn die Handlungen des Kaufens und Verkaufens für die Versorgung bestimmende *Allgemeinheit* erlangen, ersteht damit die allgemeine *Notwendigkeit*, den Markt, zu dem es dafür gekommen sein muss, als *das Geflecht dieser Kaufhandlungen* fortzusetzen, ganz einfach deshalb, damit die Versorgung, die daran hängt, nicht ihrerseits abreißt. Die Notwendigkeit, allgemein über Geld zu verfügen, übersetzt sich so in die Allgemeinheit, mit der die Geld*funktion* auch *weiterhin* notwendig ist; und übersetzt sich damit in die Festigkeit dieser Funktion *als einer für sich bestehenden Einheit*.

Dass sie sich darüber, durch das Bestehen eines Marktes, aus dem Dasein materialen Wertes löst, ist am besten dort zu erkennen, wo der Markt dieser Notwendigkeit, die ja keine ontologische ist, nicht mehr nachkommt, sondern zusammenbricht. In Krisenzeiten hat er das schon weidlich getan, und dort »verfällt« dann das Geld als jener *nicht-materiale Wert*, Papiere, die eben noch von irgendwelchen verlässlichen Werten zeugten, sind plötzlich nichts mehr wert, es gibt nicht länger den Wert, von dem sie zeugten, und die gestörte Fortsetzung des Marktgeschehens zwingt die Menschen, auf irgendwelche »reellen« Werte zurückzugreifen, auf wertvolle Dinge wie Gold, Kunstwerke oder auch nur Zigaretten. Hier also fällt das Geld *zurück* auf die ältere Stufe *materialer* Werte. Das aber bedeutet umgekehrt, dass sich Geld bei leidlich intaktem Fortgang des Marktes ganz offensichtlich über diese Stufe *erhebt*, dass es dort folglich *abgelöst* von solch materialer Bindung besteht, fungiert – und notwendig in dieser abgelösten Form gedacht wird.

Der gesellschaftsweite Zusammenhang von Geldhandlungen, der Markt, lässt den Wert sich also vom Material lösen, macht ihn zu einem nicht-material, nicht-inhaltlich und insofern – man halte kurz die Luft an – zu *absolut* gedachtem Wert. Das heißt nicht, dass er so den sicheren Bestand materialer Werte schon zu Beginn des 17. Jahrhunderts vollständig ersetzen und überflüssig machen würde – Fort Knox hat man erst im 20. Jahrhundert für unnötig befunden. Doch über den materialen setzt sich, ähnlich wie das Geld über die Ware, die es darunter noch immer gibt, dieser neue, zwar insgesamt marktabhängige, aber als solcher nun absolute Wert. *Absoluter Wert*: Diese Bestimmung hat ihre Mucken, das ist mir nicht unbekannt und wir werden noch ausführlich mit ihnen zu tun bekommen, doch fürs erste *klingt* sie nur geheimnisvoller, als sie es – jedenfalls für unseren alltäglichen Umgang mit ihr – ist. Auch heute kennt Geld noch eine materiale Daseinsweise in Form von Münzen und Geldscheinen, doch dient sie ihm nur zu handlicher Verwendbarkeit. Nicht das Metall der Münze, nicht das Papier eines Geldscheins ist uns wertvoll, nicht in dessen vielleicht kunstvollem Druck besteht für uns sein Wert, sondern allein darin, *dass sich dieser Wert in einer Geldhandlung realisiert*, und zwar zuverlässig *wird reali-*

sieren lassen: dass wir mit diesem Etwas etwas kaufen können, was auch immer es sei und worin immer jenes handlungsmächtige erstere Etwas bestehen mag. Wir wissen sehr wohl: Wenn wir den Geldschein verlieren, ist uns auch sein *Wert* verloren, der uns die Kaufhandlung leistet; und trotzdem denken wir diesen Wert nicht in der Materie des Stücks Papier, sondern allein darin, dass sie uns seinen *Gebrauch als Wert* verbürgt. Wert ist sie uns allein *in diesem Gebrauch*, der uns auf solche materiale oder egal welche andere Weise verbürgt wird. Als Wert denken wir, in der Form einer quantifizierbar für sich bestehenden Einheit, eben diesen Gebrauch, die *Funktion* des Geldes.

So – und so einfach – denken wir Wert als *absolut*, als die quantifizierbare Einheit der Geld*funktion*. Was aber, wenn absolut, *ist* dann diese Einheit »Wert«, worin *besteht* sie, *als was* bewegen wir sie in unseren Köpfen, die da unablässig, stündlich, täglich, ein Leben lang mit ihr befasst sind? Der universelle Bezug auf Waren als Werte, den wir mit dem Geld vollziehen, scheint uns im Geldwert als ein eigenes Ding zu bestehen, als ungreifbar immaterielles, eigenschaftsloses Wesen, festesten Bestands, aber ohne allen Inhalt und, mehr und genauer noch, jenseits allen Inhalts, eben weil es jenen universellen Bezug auf die Inhalte *selbst* und abgetrennt von ihnen darstellt. Es ist also notwendig bezogen auf Inhalte und insofern das Gegenteil von absolut; zugleich aber ist es unabhängig davon, auf *welche* Inhalte es jeweils bezogen wird, *und*, indem es *nichts* darstellt als diesen Bezug, also ohne auch nur abstrakt leerer Inhalt zu sein – wie es als solcher etwa der Wert eines Goldstücks wäre –, besteht es selbst als dieser *von den Inhalten universell abgetrennte* Bezug auf sie; insofern aber absolut. Die Einheit, als die wir Wert denken, ist demnach, der bloße Bezug als Einheit genommen, reine Verhältnisbestimmung und in diesem Sinne endlich *reine Einheit*.

Dazu aber, Wert in dieser Form zu denken, kommen die Menschen allein durch jenen weitgespannten *Zusammenhang* der Tauschvorgänge von Ware in Geld und Geld in Ware, den wir *den Markt* nennen und nach dem inzwischen unsere Wirtschaft heißt. Wenn das Geflecht der Tauschhandlungen zum Markt geworden ist, nämlich so umfangreich, dass der Geldwert *seinen Bestand* in *dessen* absehbarem *Fortbestand* hat, heißt dies zugleich, dass der Marktzusammenhang, dass das Zustandekommen jener Handlungen *unabsehbar* wird, der Sicht des Einzelnen entzogen. Die Tatsache, dass »sehr viele Transaktionen mit sehr vielen beteiligten Personen und über sehr weite Distanzen abgewickelt wurden«, »die wachsende Komplexität der Kreditwerke«, »Kreditketten«, die »in relativ kurzer Zeit viel länger und komplexer wurden«, »die Komplexität dieser wortwörtlich hunderttausenden von untereinander verknüpften und zusammenhängenden Kreditbeziehungen«, die es unwahrscheinlich machten, »persönliche Kenntnisse über aktuelle Transaktionen« zu gewinnen, und es bewirkten, »dass selbst die vorsichtigste und umsichtigste Person Schwierigkeiten hatte, einen Überblick über alle ihre Verpflichtungen zu bewahren«,[110] das alles heißt, dass die Geldhandlungen insgesamt eben zum *Markt*geschehen, also für den Einzelnen *blind* und *unüberblickbar* geworden ist. Bischof Synesios wusste noch den einzelnen Mann zu bezeichnen, dem er nach seiner Ankunft in Kyrene drei Sommermäntel abgekauft wissen wollte. Wie sich Geldwert, die Warenströme und Warenpreise nunmehr vermitteln, ist unabsehbar – oder wie es »Der Kaufmann« bei Kafka sagt:

Mein Geld haben fremde Leute; ihre Verhältnisse können mir nicht deutlich sein; das Unglück, das sie treffen könnte, ahne ich nicht; wie könnte ich es abwehren!

Gerade durch seine marktumfassende Präsenz zieht sich das Geld zurück in die fremde Unüberblickbarkeit dessen, *worin* es nun fungiert. Dafür hat Adam Smith das bekannte Wort von der *invisible hand* gefunden. Die unsichtbare Vermittlung über den Markt – »anonym-eigengesetzlich«, »abstrakt-versteckt« – lässt den Wert, als der das Geld in jeder Tauschhandlung erneut anerkannt werden muss, bestimmend allgemein auftreten, durch eben diese Allgemeinheit aber sich zurückziehen aus seiner individuell gebundenen, material greifbaren Gegebenheit in die Ungreifbarkeit blinder Funktion. Da er als Wert nun durch eine unüberblickbare Gesamtheit von Tauschhandlungen erfordert und gewährleistet wird und also in dem zur Notwendigkeit verfestigten Vollzug dieser Handlungen seinen Bestand findet, vermag er sich real in die Kreditinstrumente zurückzuziehen, in die Zahlen auf dem Konto oder schließlich auf dem Chip, bei denen allein zählt, dass sie weiterhin als Geld *fungieren*, nämlich in Tauschhandlungen als Wert anerkannt werden. So wird Wert, unsichtbar und entfernt aus den Dingen, allein durch Gedächtnis und Abmachungen gesichert, auf Papier und durch Kontrakte, durch Gesetze schließlich und staatlichen Machtapparat. Gerade diese vielfältigste und undurchdringlich umfassende Abhängigkeit des Geldes, unter der es noch verlässlich als Wert fungiert, vernichtet seine abhängige Gebundenheit ans Sicht- und Überblickbare bis zu einem Absolutum: dem chimärischen Nichts einer Einheit jenseits aller Inhalte. Und so wirkt der Markt, da er den Bezug auf Inhalte gerade mit seiner Unabsehbarkeit im Einzelnen *universell* zum synthetischen Bezug von Werten macht, zugleich als diese machtvolle *Negation*.

DIE ÜBERTRAGUNG

Reine Einheit als geschichtliches Produkt – so musste ich sie nachweisen und herleiten. Und nun gilt, was bereits hergeleitet ist: Möglich und denkbar ist sie nur im asymmetrischen Ausschließungsverhältnis, als reine Verhältnisbestimmung. Geldwert ist als diese reine Einheit nur zu denken, indem wir ihn auf die Waren als Werte beziehen und diese Warenwerte wiederum auf Geld als Wert; beides jeweils bezogen aufeinander als einander entsprechende Einheiten; und mit der Asymmetrie, dass der reinen, in sich bestimmten Einheit »Wert« auf Seiten des Geldes die nur jeweils, von einer Ware aus, auf sie bezogene Einheit »Wert« gegenübersteht, rein bezogene Einheit. Dies die Form, in der kein Mensch bis dahin hatte denken müssen und keiner daher hatte denken können, die neuzeitlich *bedingte* synthetische Leistung, welche die Menschen damit aufzubringen haben: zwei auf Inhalte bezogene, selbst aber nicht-inhaltliche Einheiten im reinen Verhältnis von bestimmt gegen nicht-bestimmt. Diese Synthesis wird dem Denken, so bedingt, zur Notwendigkeit und zum Zwang.

Doch nicht allein dem *Denken* – nicht, wenn wir Denken nach dem bemessen, was üblicherweise darunter verstanden wird. Da erscheint es eingeschränkt auf das bewusste Bewegen von Begriffen, allenfalls von Vorstellungen und Bildern, wenn nicht schon diese dem Fach des Emotionalen zugeschlagen werden. Die Synthesis aber, auf die wir hier treffen, vollzieht sich zwar zweifellos im Denken, aber sie liegt nicht im Bewussten und bedarf keiner Begriffe. Mehr noch: Sie soll ja gar eingreifen ins tiefe Reich jener Empfindungen, die sich an die Rhythmuswahrnehmung heften.

Wie nun aber das? Wie löst sich dieses Skandalon? Wie – zuletzt also – vermag sich diese Synthesis zu *übertragen* auf die Wahrnehmung von Rhythmus, um dort als die Takt-Synthesis zu wirken?

Die Antwort ist nunmehr erstaunlich leicht und schnell gegeben. Ihren genuinen Bereich hat diese Synthesis im Umgang mit Geld, und ebendort haben die Menschen sie anzuwenden auf alle, *unbestimmt welche* Inhalte, haben sie die reine Einheit »Wert« auf *gleichgültig welchen* Inhalt zu beziehen: »*the value of* all *things*«. Historisch muss sich dies so vollziehen: Über die ältere und ebenfalls synthetische Leistung *materialer* Denkform, nämlich Wert *in* den Dingen zu denken und sie nach diesem *inhärent* gedachten Wert aufeinander zu beziehen, legt sich die neue, *funktionale* Leistung, ihn zu formen in die nicht-inhaltlichen Einheiten.

Ganz entsprechend der Vorgang in der Rhythmuswahrnehmung. Dort war bis dahin ebenfalls eine ältere synthetische Leistung am Werk, nach der die Menschen Klangeinheiten als *Einheiten erfüllter Zeit* proportional aufeinander bezogen, nach *inhaltlichen* Bestimmungen und also wiederum *material*. Wenn nun die funktionale Synthesis am Geld wirksam wird und dank ihrer Genese *keine Beschränkung* darin kennt, auf welche Art von Einheiten sie sich zu legen hat, legt sie sich daher notwendig auf andere synthetische Einheiten, die sie im »Denken«, dort, wo sie wirkt, bereits vorfindet und die ihrer Art des Zugriffs vor allem sehr gut nachgeben können: Die materialen, erfüllten Zeiteinheiten formt und verbindet sie nunmehr nach *ihren*, den funktionalen Bestimmungen und schafft sie damit zu den *leeren*, nach bestimmt gegen nicht-bestimmt unterschiedenen Zeiteinheiten der Taktschläge.

Dass sie sich dabei an Inhalten wie »Klang« und »Zeitgrößen« festmachen muss – nichts kann es der bedeutsamerweise ja *nicht-inhaltlichen* Denkform verwehren, nichts in ihr kann sich dagegen verwehren, auch auf *solche* Inhalte zuzugreifen. Gerade die *Übertragung* auf gleichgültig welchen Inhalt ist ja nicht nur das Wesen, sondern geradezu der *Ursprung* dieser Denkform, genau daran wird sie als diese Form notwendig, daran haben wir sie einzutrainieren, daran wird sie zum Reflex: am Geldwert als dem nicht-inhaltlichen Vermittler und Überträger unbestimmt *aller* Inhalte. Und so wie wir *hier* unwillkürlich Einheiten bilden und aufeinander beziehen, hatte schon die ältere Rhythmuswahrnehmung Einheiten gebildet, und eben diese findet die funktionale Synthesis vor, findet dort also vor, *was ihren Anforderungen entspricht*. Sie *kann* sich nicht nur auf die Rhythmuswahrnehmung legen, sie *muss* es nachgerade tun.

Wir aber dürfen endlich für einen Moment innehalten und genug haben von so viel abstraktem Beweisgang.

Er wird sich fortsetzen müssen. Zuviel noch gibt all das Unglaubliche, worauf wir hier gestoßen sind, zu rätseln auf – und nach dieser ersten Entdeckung, die ich hier berichte, wohl für lange, lange Zeit. Für jetzt aber sei es, zu weiterer Verwendung, nur kurz einmal zusammengefasst.

Eingebunden in eine Gesellschaft, in welcher Geld über die Versorgung bestimmt, müssen wir unablässig und fest gewohnheitsmäßig jeweils auf Seiten von Geld und von Ware gleiche Einheiten von Wert denken: nicht-inhaltliche Einheiten nach dem reinen Verhältnis von bestimmt gegen nicht-bestimmt. Diese Einheiten und ihre Verbindung reflektieren wir nicht, und so entzieht sich unserem Bewusstsein, *dass* wir sie denken. Wir haben sie zu leisten nicht in einem bewusst auf sie gerichteten Denkakt, sondern gleichsam nebenbei innerhalb der zahllosen Handlungen des Kaufens und Verkaufens, auf die wir um unserer Versorgung willen ein Leben lang angewiesen sind. Und dies eben innerhalb und unter der Voraussetzung eines gesellschaftsweiten Zusammenhangs solcher Handlungen, dem Markt, der gegen Ende des ›langen‹ 16. Jahrhunderts zur bestimmenden

Vermittlungssphäre der notwendigen Güter wird und der die Wertform, in der wir da zu denken haben, von derjenigen des wertvoll gedachten Materials in die Form des Bestands und Fortbestands dieses Handlungszusammenhangs selbst übergehen lässt.

Dieselbe Verbindung, Synthesis von Einheiten, die wir hier also gezwungen und *gewohnt* werden zu leisten, und zwar zu leisten an jederlei Ding, an uneingeschränkt allem nur denkbaren Inhalt, wir leisten sie eben deshalb *unwillkürlich* – und unwillkürlich deshalb auch an demjenigen Denkinhalt, den unsere Rhythmuswahrnehmung kennt und uns vorgibt: aufeinander bezogene klangerfüllte Zeitelemente. Indem wir jene Synthesis an *ihnen* vornehmen, müssen wir sie zu je zweien verbinden und zugleich gegeneinander unterscheiden nach dem reinen Verhältnis von bestimmt gegen nicht-bestimmt. Dieses Verhältnis, für sich genommen nicht-inhaltlich, *assoziieren* wir, dem Bereich des Klangs entsprechend, in den wir es dabei einwirken, mit dem zweiwertigen *Inhalt* von »Betonung« und »Hervorhebung« – soweit dies jeweils möglich ist. Darauf beruht unser aller Hören nach Takten.

Deshalb herrscht, wo das Geld regiert, nun diese Art von Rhythmus. Deshalb spielt nach Takten noch nicht die Musik der Renaissance, aber die des Barock. So wurden möglich die Beethovenschen Wunder an Taktmusik und musste es jetzt, auf dem inzwischen erreichten, einem einstmals völlig unvorstellbaren Stand weltweit wütender Abhängigkeit vom Gang der Geldgeschäfte, zur ebenso wütenden Markierung der Taktschläge kommen im großen *Bum-bum* der heute herrschenden Musik.

DRITTES KAPITEL

Die schiefe Ebene wurde zu einer Art Metronom, indem Galilei das Holzbrett mit Darmsaiten derart umwickelte, dass die in der Rinne laufende Kugel die Saiten eben noch berührte und einen Ton erzeugte. Wenn nun die Kugel ihren Weg bei einer »schweren« Note beginnt, lässt sich die Folge der von der Kugel produzierten Töne mit dem Rhythmus von Musik (einem gleichzeitig dazu gespielten Lautenstück oder einem dazu gesungenen Lied) vergleichen und durch Probieren und Verändern der Lage der Saiten schließlich in Übereinstimmung bringen. Wenn perfekte Resonanz zwischen der Musik und den Tönen der schiefen Ebene hergestellt ist, können die Streckenzuwächse für konstante Zeitintervalle ausgemessen und analysiert werden. Mit dieser musikalischen Zeitmessung erhielt Galilei Daten, aus denen sich das Quadratgesetz der Fallbewegung mit einem unwahrscheinlich anmutenden Grad von Genauigkeit ergab.

Albrecht Fölsing: Galileo Galilei

I

ANSTOSS

Am Geld bekommen die Menschen etwas zu leisten, was ihnen in Fleisch und Blut übergeht. Die rhythmische Empfindung wird ihnen durch einen Reflex bestimmt, den sie aufbringen müssen, um mit Geld umzugehen, und den sie aufbringen, indem sie dies tun. Rhythmus gebunden ans Geld – das aber ist ein Gedanke, der uns unmittelbar Pein bereitet. Und so wird man ihn mir noch lange nicht abnehmen, auch wenn ich mich selbst überzeugt halten mag, er wäre bewiesen. Ich werde ihn weiter noch beweisen müssen, und eben das werde ich im Folgenden tun.

Man erwarte nur nicht, dass die Sache dadurch einfacher, eingängiger und weniger anstößig würde. Nein, jede weitere Beschäftigung mit ihr muss das, was an ihr Anstoß erregt, nur noch tiefer ins Fleisch des Gewohnten einschneiden lassen. Die zahlreichen Zumutungen, die sie schon jetzt an das geläufige Denken stellt, versprechen, wenn man sie weiter verfolgt, nicht etwa in die altbekannten Bahnen zurückzumünden, sondern drohen, je mehr davon sichtbar wird, das Gelände nur umso weitläufiger durchfurcht und unterspült zu zeigen. Wenn sich dieser seltsame Unstoff »Wert« bis in die feinsten Kapillaren der Rhythmusempfindung verästelt, was muss er auf dem Weg dorthin nicht *noch* alles getränkt und durchdrungen haben? Wenn das Geld imstande sein soll, *diesen* Abstand zu durchmessen, den Abstand zur unwillkürlichster Empfindung, wie fern müsste etwas liegen, um sich seinem Zugriff zu *entziehen*? Und wenn es uns also Pein bereitet, Rhythmus dem Geld unterworfen zu sehen, wie sollte uns sein Zugriff an anderen Stellen, wo er bislang genausowenig zu erwarten steht, weniger peinigend sein?

Der Anstoß wird sich auf diese Weise eher noch verschärfen. Doch bevor es dazu kommt, sollten wir ein wenig bei der Frage verweilen, was eigentlich diesen Anstoß macht: *Warum* ist es uns anstößig, Rhythmus ans Geld gebunden zu sehen? Auch das scheint ganz natürlich auf der Hand zu liegen: Ist es denn nicht, als würde da ein kalter Zwang über unsere Natur gelegt, als würde sie selbst zum kalten Zwang gemacht? Wird so nicht dem Künstlichsten, dem, was am sichersten bloß menschengemacht ist, Zugriff gegeben auf das, worin wir wie in einem letzten Refugium noch unmittelbar Natur sind? Das kalte Herz aus Stein, das die Romantiker zum Bild der geldbestimmten Menschen nahmen, wird es uns so nicht wahrhaft allen gewiesen, den Finger tippend auf die Brust: Da sitzt es, da, tief drinnen – ? Ist es nicht schrecklich, die Logik des Geldes, das stählerne *gleich gegen gleich*, eindringen zu sehen in unser warmes Herzblut?

Der Anstoß, den es uns macht, das Unwillkürlichste mit dem am wenigsten Unwillkürlichen verbunden zu sehen, pocht auf *Natur* – er rührt aber aus einer Rivalität der *Zwänge*. Eine Empfindung wie die des Rhythmischen, wir *wollen* sie *zwingend* empfinden, sie *soll* sich aus nichts ableiten, soll unhintergehbar sein, unabhängig von dem, was wir wollen und beabsichtigen, sie soll uns *unmittelbar* bestimmen. Unser entschiedener Wunsch, eine solche Empfindung für nichts als *Natur* ansehen zu dürfen, ist der Wunsch, sie für unableitbar, unbedingt, also für *vollständig zwingend* zu halten. Nur dann empfinden wir sie nicht als Zwang, wenn sie ihn uneingeschränkt übt.

Wenn nun aber *Geld* sich zwingend in diese Form der Wahrnehmung münzen soll, so zeigt sie sich selbst erzwungen, bedingt, erweist sie sich als *abgeleitet*. Ihr natürlicher Zwang erscheint gelockert, nichts Letztes mehr, er zeigt sich einem anderen Zwang *unterlegen*. Und nicht einmal dieser, das Geld, kann etwas Letztes und Unhintergehbares sein. Auch das Geld hat ja seine historischen Bedingungen, unter denen es überhaupt existiert, hat seine Geschichte, in der es erst bestimmend wurde, und kann die Lücke, die es davon trennt, ewig *gewesen* zu sein, auf ewig nicht mehr schließen, selbst wenn es sich heute eingerichtet hat, als wolle es in Ewigkeit nicht mehr weichen. Der Zwang, mit dem es in uns wirkt, ist demnach nicht Natur, sondern *usurpiert* – und dadurch erst als *Zwang* empfindlich. In dem Moment, da er sich nun als bedingt und als durchbrechlich zeigt, wird es zur Schmach, ihm zu unterliegen. Solange wir nichts von seiner Bedingtheit wussten, war seine Macht vollkommen, und unangefochten konnten wir ihr gehorchen: einem legitimen, *natürlichen* Herrscher. Da aber seine Macht nicht länger gottgegeben ist und nicht mehr bloß Natur, beginnt sie uns zu quälen: Es soll sie nichts über uns einsetzen können. *Dazu* sei keinem die Macht gegeben!

Nur der Zwang, der so weit souverän unhintergehbar ist, dass wir ihn nicht als solchen empfinden, erscheint als pure Natur – und nicht als der Zwang, der er ist. Die Rhythmusempfindung will uns also gerade deshalb als pure Natur erscheinen, weil sie zwingender besteht, als dass wir sie für bedingt halten wollten, als abhängig von Bedingungen, die sich historisch verändert haben und die also veränderlich sind. Am Natürlichen der Rhythmusempfindung festhalten wollen, heißt deswegen auf einem Zwang bestehen, der größer und undurchdringlicher wäre als einer, aus dem sie sich erst *ergeben* soll. Der historische Zwang steht hinter dem natürlichen zurück, und also heißt, die Rhythmusempfindung auf eine historische Notwendigkeit zurückzuführen, ihr etwas auch von ihrem Zwingenden zu *nehmen*. Denn wenn sie sich einer historischen Notwendigkeit verdankt, so vermöchte sie ineins mit dieser auch zu vergehen.

In dem Widerstand, der sich in uns gegen die Einsicht regt, diese uns präsente Rhythmusempfindung entstamme einem historisch bestimmten Zusammenhang, zuckt daher auch der tiefe Reflex, es solle sich an dem, was ist, nichts ändern. Ebensowenig wie die Empfindung des Rhythmischen solle sich das verändern können, was allen ebenso selbstverständlich ist wie sie: die spezifische Art der Vermittlung, unter der sich die Menschen heute ihr Leben zu erhalten haben. Diese Geldvermittlung selbst müssen wir als natürlich empfinden und deshalb an ihr und ihrer Naturnotwendigkeit festhalten, da sie jedem zwingend und umfassend *vorgegeben* ist und da jedem abverlangt wird, wie sich nun weist, sie bis in jenen unwillkürlichsten Reflex hinein auch selber noch *aufzubringen*. Die Geldvermittlung ist jedem so natürlich wie die Synthesis, die sie ihm abverlangt. So unwillkürlich er nach ihr auffasst, so unwillkürlich denkt er *der Geldvermittlung gemäß* – genau das nämlich heißt hier: *gemäß seiner Natur*.

Daher gehorcht auch der *Widerstand* gegen die Einsicht, dass unser Takthören einer Art Konditionierung entspringt, dem bedingten Reflex, an solcher Konditionierung festzuhalten: entspringt also dieser Konditionierung selbst. Einem jeden wird sie fürs Überleben abverlangt mit derselben Notwendigkeit, die man an der Rhythmusempfindung nicht für bedingt halten mag. Ob er will oder nicht, findet inzwischen jeder, der hienieden seine Erdentage antritt, die Einrichtung des Geldes vor mit allen Vorgaben, denen er sich deshalb zu beugen, die er zu bedienen hat, und so bestimmend diese Einrichtung und ihre Zwänge sind, so *notwendig* scheinen sie: so bestimmend muss man an ihnen *festhalten*. Der Reflex, den sie uns abverlangen, er macht Wahrnehmung und Denken gerade dort, wo er wirkt, blind gegen ihn; da er unwillkürlich wirkt, sind Denken und Wahrnehmung in allem, was er berührt, gleichsam in sich verspiegelt: finden sie nicht heraus und *wollen* sie nicht herausfinden. Der Reflex, der sich gegen die Erkenntnis wehrt, ist unmittelbar der Reflex selbst, den es zu erkennen gilt.

Nicht also, dass er nur wirken würde am Geld und nur im Hören und dass er so auch die Verbindung beider Bereiche leistete. In dem reflexhaften Widerstand gegen diese Erkenntnis greift er darüber noch hinaus, zeigt sich wirksam auch in der Reflexion. Wenn er deshalb nun erkannt und seine zwingende Macht soweit wenigstens gebrochen ist, könnte man darin ja auch die neu eröffnete Möglichkeit erkennen, einen zwingenden Denkreflex zu durchbrechen und vorzudringen in die Erkenntnis von Zusammenhängen, die bis jetzt unter derselben Verspiegelung unerhellt blieben. Aber nein, man empfindet diese Möglichkeit nur als Drohung, als die Drohung nämlich, noch das Zwingend-Selbstverständlichste, was unserem Denken zugrundeliegt, könnte sich verändert zeigen und mit einem Mal anders zu denken sein, als es uns, das heißt: als es unserem Reflex entspricht. Man wird um die gefährdete Bindung an das unserem Denken versichernd Vertraute, man wird um seinen apriorischen Grundbestand fürchten.

Und das mit Recht. Eine Ahnung davon lässt sich schon jetzt geben, noch bevor man die Geschichte der Geld-Synthesis weiter verfolgt. Ein kleines Beispiel nur, die psychologische Trennung von Innen und Außen, die sicher zum selbstverständlich Vertrautesten in unserem Denken gehört, eine Trennung, der

Rhythmus-Empfindung und Geld-Rationalität entschieden zu gehorchen scheinen und die aber vor beider Verbindung entschieden schlecht besteht.

INNEN UND AUSSEN

Die Notwendigkeit, mit Geld umzugehen, und die Allgemeinheit, mit der sie sich ergibt, ist jedem Einzelnen vollständig *von außen* auferlegt. Nicht allein, dass sie sich einem – seit damals – weltweit sich dehnenden Markt verdankt und damit einem Zusammenhang von Handlungen, den zwar Menschen gestiftet haben, den jedoch ein Einzelner weder zu stiften noch zu durchbrechen, sondern nur als übermächtig-objektives Außen hinzunehmen vermag. Sie tritt dem Einzelnen auch in einer *äußerlichen* Notwendigkeit entgegen, in der Notwendigkeit nämlich, sein äußeres Leben zu erhalten, und zwar zwingend gebunden nun an diese Form der Vermittlung, die Vermittlung übers Geld. Den Zwang, über Geld zu verfügen, um sein Leben mittels Geld zu erhalten, findet er als Außenwelt ringsum eingerichtet vor, geschützt und aufrecht erhalten mit aller staatlichen Gewalt. Gerade indem das Geld historisch aus seiner peripheren Rolle heraustritt in die des zentralen Vermittlers der Lebensbedürfnisse, wird es zum *vollständig* Äußeren gegenüber jedem Einzelnen, da es ihn verpflichtend an blindlings alle anderen Menschen bindet, die da zu Teilnehmern des Marktes wurden. Soweit nur seine, des Geldes äußere Allgemeinheit reicht, ist es die bündige Verpflichtung eines jeden auf diese blind geschlossene Gesamtheit aller *anderen*.

Und doch, so ist jetzt zu erkennen, wird das Geld damit jedem zu einem vollständig *Inneren*. Der Reflex daran, die Synthesis, die jeder Einzelne an diesem Äußerlichsten zu leisten hat, sitzt im Innersten eines jeden: nichts reflexhaft natürlicher als die Rhythmusempfindung, nichts unvermerkt und blindlings selbstverständlicher als die Form, in der wir Geldwert denken. Geld wird zu jenem vollständig Äußerlichen nur *als* dies vollständig Innerliche, Geld als absoluter Wert wäre nicht, wenn es nicht reflexhaft zugleich in dieser Form gedacht würde. Geld wird in dieser Synthesis nicht bloß nach innen genommen, verinnerlicht, sondern gründet auf sie von Anfang an auch sein äußeres Bestehen. Risse die innere Synthesis ab, so wäre kein Geld mehr. Was es als Äußeres vollzieht, vermag es nur, da es als dasselbe Innere vollzogen wird.

Das durchbricht alle bisherige Vorstellung davon, wie innen und außen, wie Einzelner und Gesellschaft gegeneinander vermittelt sind. Was am einzeln psychologischen Subjekt durch den Zusammenhang mit anderen bedingt sei und was umgekehrt an den allgemeinen Verhältnissen durch die Eigenart des Einzelnen, das wurde auf vielerlei Weise erklärt, eins in Abhängigkeit vom anderen oder – was die Sache nicht schon klarer macht – irgendwie beide in Wechselwirkung. Fern allen Gedankens jedoch war die Möglichkeit, das eine *sei* bereits das andere.

Ich will es einmal an dem beliebten Modell durchspielen, welches Freud zwar aufgestellt, selbst aber nur zurückhaltend gebraucht hat, nach dem Modell von Es, Ich und Über-Ich. Die Rhythmusempfindung müsste auf Grund ihrer unwillkürlichen Präsenz zweifellos zum Bereich des Es zählen, und ebenso sicher zum Bereich des Über-Ich die Anforderungen, vor die sich das Ich durchs Geld hinauf und hinab bis in seine feinsten und gröbsten sozialen Verhaltensmuster hinein gestellt sieht. Zwischen beiden Bereichen hätte das modellhafte Ich nun zu vermitteln und in dieser Vermittlung sich zu festigen. Wenn nun aber die Synthesis am Geld unmittelbar identisch ist mit der taktrhythmischen, so tritt auch jenes *Über-Ich* direkt und unvermittelt bereits *im Es* auf, wie immer es durchs Ich vermittelt dorthin gelangt sein sollte. Das Es bleibt also nicht, wie es gedacht war, Bereich der ursprünglichen Triebe, die im Ich erst in Richtung Über-Ich gemodelt würden, sondern es trägt in sich noch das Äußerste an Abstraktion, was dem Über-Ich nur entstammen kann. Das Über-Ich ist schon immer allhier im Es, die Struktur des Geldes im triebhaft natürlichen Reflex. Der Ausgleich, den das Ich zu treffen hätte zwischen Es und Über-Ich, ist keiner mehr, da er längst besteht. Das Ich erarbeitet keinen Ausgleich, sondern ist kurzgeschlossen zwischen Polen, die einander vorweg ausgeglichen haben, die einander gleich sind und von denen das Ich gar keine Kraft und keinen Anlass mehr findet sich zu unterscheiden. So wird der Inbegriff von Außen, das Geld, zu einem Äußersten an Innen – unentrinnbar, umfassend, allüberall: im Es, im Ich, im Über-Ich.

Dies jedenfalls, soweit es nach dem Modell der drei Bereiche ginge. Im Alltag allerdings, auch im psychoanalytischen, wird zumeist die handlichere Unterscheidung nach Kopf und Bauch vorgezogen oder, wenn es strenger zugeht, nach Verstand und Gefühl. Selbst vor dieser Allerweltsweisheit jedoch zeigt sich die Welt nun verkehrt: Was man ganz aus dem Bauch heraus macht, das Einschwingen in den Taktrhythmus, es entspringt dem Kopf in seinem abstraktesten Wesen, dem des Geldes. Der Bauch ist nicht der Ort, wo der Kalkül aufhört und das Leben beginnt, sondern wo der Kalkül seinen zuverlässigsten Statthalter hat, das reine, binäre Verhältnis als unwillkürlichen Ordnungsreflex.

Die soziale Ordnung dagegen gelange ins psychologische Innere nur, indem sie der Einzelne internalisiere und in sich wiederhole – so geht eine soziologische Grundüberzeugung. Der Einzelne finde sich innerhalb sozialer Systeme vor, reagiere ihnen entsprechend, übe an ihnen bestimmte Ordnungsmuster ein, übernehme eine oder mehrere Rollen darin, sei mehr oder weniger erfolgreich mit ihnen, passe sie und passe sich an, und das so lange, bis er, im Ausgleich mit seinen psychologischen Bedingtheiten, ein dieser Außenwelt mehr oder weniger adäquates Verhalten an den Tag lege. Weil der äußere Zusammenhang nun einmal außerhalb des Einzelnen besteht, sieht man diesen Zusammenhang selbst für etwas nur äußerlich Gegebenes an, für jene abgetrennte Außenwelt, die allein durch Beobachtung, Reflexion und Nachvollzug ins Innere des Einzelnen zu dringen vermöchte. Er mag dies Äußere dann wiederum auch reproduzieren, stabilisieren, gewährleisten, also in Wechselwirkung mit ihm geraten, dennoch bliebe der Austausch das Geben und Nehmen zwischen zwei getrennten Welten.

Und so bliebe undenkbar, dass sich im Einzelnen eine Veränderung vollziehen könne *ineins mit* derselben Änderung im gesellschaftlichen Zusammenhang; ineins deshalb, weil es zu diesem, dem Geldzusammenhang in seiner historisch spezifischen Form, gar nicht käme, weil da erst gar nichts zusammenhinge, wenn seine Form nicht von den Einzelnen auch gedacht würde und deren Denken also unmittelbar formte. Bislang konnte man sich mit Erklärungen der Art zufrieden geben, dass zum Beispiel jemand, der in einer hierarchisch gegliederten Gesellschaft lebt, sich daran gewöhnt, auch hierarchisch zu denken; das ließ sich vorstellen. Am Geld jedoch und seiner Synthesis weist sich, wie eine bestimmte gesellschaftliche Vermittlung sich unmittelbar in Gesellschaft *und* Einzelnem vollzieht: dort als Form des Zusammenhangs von Gütern und Geld und damit eines Zusammenhangs der Menschen untereinander, hier als eine Denkform, die unwillkürlich auf alle nur denkbaren Inhalte angewandt wird und sie damit prägt.

VOM DENKEN

Doch damit nicht genug. Die Trennung nach innen und außen hat *in* diesem psychologischen Innenraum ja noch einmal statt: in der Scheidung nach bewusst und unbewusst. Auch daran rührt die Synthesis, und nicht erst, da sie sich von einem Bereich bewussten Handelns in einen Bereich unbewusster Reaktion überträgt. Sie durchbricht die Trennung bereits im Moment ihres Ursprungs.

Denn wir leisten sie an Kauf und Verkauf, und diese sind nicht allein bewusst zu vollziehen und angewiesen auf bewusste Reflexion, sondern auch die Synthesis selbst, die wir dort leisten, die Äquivalenz, die Gleichsetzung des Wertes von Ware und Geld, hat dort nichts Geheimnisvolles, sondern tritt ganz offen und unverdeckt auf: als bewusster Akt. Wir sind uns dessen bewusst, was Ware, wissen, was Geld ist, und wissen ohne weiteres auch, dass sie gleichen Werts sein sollen und danach gegeneinander getauscht werden. Alles daran scheint bewusster Denkinhalt. Und doch hat sich gezeigt, dass wir nichts von *diesem* Denkinhalt wissen: davon, in welcher *Form* wir Geld- und Warenwert in ihrem Verhältnis zueinander denken. Die synthetische Leistung, die uns dort abverlangt wird, bleibt uns als solche unbewusst, mühsam musste ich sie hier erst analysieren, um klarzustellen, dass es sie überhaupt gibt. Obgleich sie sich in unserem Denken abspielt, wird sie üblicherweise eben nicht *Gegenstand* unseres Denkens. Sie entzieht sich ihm, obgleich sie in seine tiefsten Gründe hinabreicht, dorthin, wo die natürlichste Empfindung ihren Sitz hat. Und insofern also ist sie unbewusst bereits von ihrem Anfang an, am Ort ihres Entstehens.

Auf diese Weise aber überspannt sie Bewusstsein und Unbewusstes. Wir vollziehen sie als solche unbewusst und vollziehen sie doch an unserem bewussten Umgang mit Geld. Sie ist daran beteiligt, wie unbewusst auch immer, ist also Teil auch dieses Bewusstseins, Teil der bewussten Vorgänge am Geldakt. Sie wirkt als die selber *unbewusste* Formung *bewussten* Denkens, als etwas *im Bewussten Unbewusstes*. Die Schranke zwischen beidem ist ihr keine: Sie überschreitet sie.

Doch nicht allein diese Schranke, sie überschreitet ja auch Grenzen innerhalb des Unbewussten selbst, sie wirkt nicht allein vom bewussten ins unbewusste und vom unbewussten ins bewusste Denken, sondern wirkt unmittelbar auch im Unbewussten *fort*, vom Kaufvorgang bis in die rhythmische Wahrnehmung. Sie überträgt sich vom Geldbereich, wo sie unbewusst wirkt, in einen vollständig anderen, der für keinen Augenblick den Status des Bewussten, begrifflich Verfassten hat. So rührt ihre Wirklichkeit an den Begriff des Denkens selbst.

Sie ist nicht Denk*inhalt*, und zwar deshalb nicht, da sie sich ihrerseits ja auf sämtliche Denkgegenstände, auf alle denkbaren Inhalte legt. Doch auch Denk*form* ist sie insofern nicht, als sie keinem Denkinhalt seine bestimmte Form verleiht, sowenig eben eine Ware allein dadurch eine andere Form erhält, dass sie Geld kostet. Gleichwohl wirkt sie aufs Bedeutendste in die gedachten Inhalte und deren Formung hinein, das ist unmittelbar am Taktrhythmus abzulesen und – im anderen Extrem – daran, was und in welchen Formen etwas zu Waren produziert wird. Die Synthesis selbst stellt allein den *Bezug* zwischen Inhalten her und *ist* dieser Bezug, dieses Verhältnis – dies ihr nicht-inhaltlicher Inhalt. Zugleich fordert sie unserem Denken die Formung reiner Einheit und rein bezogener Einheit ab – dies ihre nicht-formalen Formen.

Wiederum also hebt die Synthesis eine gewohnte Scheidung auf, indem sie beides umspannt und es als etwas Drittes verbindet, das sich in keinem von beidem vorgeprägt findet. Das Denken selbst also lässt sich nicht mehr nur als das Reich des Bewussten, der Begriffe und klar geschiedenen Rationalität fassen, sondern umfasst, *in alldem*, mehr als das. Vom Bewussten reicht es ins Unbewusste, von den Begriffen bis in die Wahrnehmung, vom rationalen Handeln bis in den emotionalen Reflex.

WOHIN?

Das stellt auch meine historische Herleitung der Synthesis vor eine neue Anforderung. Denn wenn die Takt-Synthesis vom Geld bedingt sein soll, muss noch bei weitem mehr davon bedingt sein. Wenn sie den Bereich dessen, was wir üblicherweise unser Denken nennen, so entschieden durchbricht und von äußeren Handlungen überspringt in die Formung selbst so innerlicher Vorgänge wie die der Rhythmuswahrnehmung, so kann sie schwerlich all das wirklich *übersprungen* haben, was – wie auch immer – *dazwischen* liegt. Wenn sie in unserem Denken solche Weiten durchmisst, wie sollte sie punktgenau ausschließlich an dieser gleichsam tiefsten Stelle landen? Wenn sie sich so wenig an die entschiedensten Scheidungen innerhalb unseres Denk- und Wahrnehmungsapparates hält, wie sollte sie sich in ihrem Ausgreifen gerade nur auf diesen einen engumgrenzten Punkt, den Rhythmus, kaprizieren? Da ihr nicht wie einem Computer-Virus einprogrammiert sein kann, wo genau sie zuzugreifen hat, im Bootsektor oder an spezifisch anderer Stelle, wie wäre es möglich, dass sie alles Übrige in dem nun so weit zu fassenden Bereich des Denkens unberührt ließe?

Am Geld hat sie immerhin die gesamte, an keiner Stelle wirksam begrenzte Welt der Waren zu überspannen, also eine ganze Welt der offen und rational durchdenkbaren, reflektierbaren Inhalte. Und darüber wächst ihr eine so gewaltige Kraft zu, dass sie unaufhaltsam noch in die verborgenste Wahrnehmung fährt – und dort eben *anders* wirkt, als indem sie Geld und Waren verbindet. Es müsste schon mit dem Teufel zugehen, wenn sie ihre Macht also nicht auch beim Durchdenken dieser selben Inhalte bewährte – das heißt: bei der *Reflexion* dieser gesamten Welt. Das Eindringen ins bewusste Denken stellt sie so wenig vor ein Hindernis wie das Eindringen ins Unbewusste, das Gebiet des

Rationalen und der Reflexion ist ihr so wenig verschlossen wie dasjenige unwillkürlicher Empfindung; und da sie schon am Geld, in ihrer genuinen Anwendung, sämtliche Inhalte zu den ihren macht, so muss es auf der Linie ihres Ausgreifens liegen, noch weitere Bereiche des Denkens unter ihre Botmäßigkeit zu zwingen.

Doch wie ließe sich das vorstellen – und wie feststellen? Als Synthesis am Geld bezieht sie sich ja bereits auf alle nur denkbaren Inhalte, nun aber müsste sie es noch auf eine *andere* Weise tun, und zwar in jenem Sinne *anders*, wie sie auch als Takt-Synthesis nicht mehr ihr genuines Geschäft betreibt und etwas Anderes leistet als Kaufhandlungen. An welcher Stelle und auf *welche* andere Weise sie dort jedoch zu wirken vermöchte, lässt sich nicht absehen, genausowenig wie einmal abzusehen war, auf welche Weise Geld und Rhythmus zusammenhängen könnten.

Wir sind also an eine Stelle geraten, an welcher der Beweisgang seine *Fortsetzung* erfordert. Die Eigentümlichkeiten unseres taktrhythmischen Wahrnehmens hatten die erste Spur gelegt, rückwärts zur Sphäre seines Ursprungs. Dieser Ursprung ist nun ausgemacht, der Gang zurück ist getan, wir wissen – oder jedenfalls halte ich für bewiesen –, dass wir unter den historisch entstandenen Verhältnissen eines Weltmarkts gezwungen sind, am Geld eine bestimmte synthetische Leistung zu erbringen, und dass sich diese Leistung innerhalb unseres – begrifflich sehr weit zu fassenden – Denkens auf andere Bereiche als die Tauschvorgänge von Kauf und Verkauf überträgt. *Ein* solcher Zielbereich der Übertragung ist uns bekannt: die Rhythmuswahrnehmung. Wohin aber mag sie sonst noch zielen?

Bisher verlief die Suche von einer manifesten Wirkung zurück zu deren Ursache. Jetzt gilt es die Richtung umzukehren und von dieser Ursache ausgehend zu fragen, welche Wirkung sie *außerdem* noch hat. Alles steht dafür, dass die Synthesis vom Ort ihres Ursprungs aus nicht nur in die *eine* uns bekannte Richtung ausstrahlt, sondern, der universalen Reichweite ihres genuinen Bereichs entsprechend, auch sonst universal zu wirken strebt, in anderen Bereichen unseres Denkens.

Falls es einen solchen, möglichst umfassenden Bereich gibt, muss er sich wiederum *historisch* auffinden lassen. Zur selben

Zeit, in der auch der Taktrhythmus entsteht, müsste sich, und zwar zunächst ausschließlich im westlichen Europa, eine historische Veränderung des Denkens feststellen lassen, eine Veränderung, die tief genug reichte, um sich einer solchen Leistung verdanken zu können, und durch die sich das Denken deutlich und *grundsätzlich* von allem früheren Denken scheiden müsste, neu gegenüber allen Zeiten vorher und machtvoll so sehr, dass es späterhin alles verdrängte, was darin früher gedacht wurde. Kurz: Es müsste sich nachgerade eine *Revolution* des Denkens vollzogen haben.

Eine solche Revolution gibt es, und man weiß von ihr. Der Taktrhythmus war im westlichen Europa ein historisch erstes Mal im Jahre 1619 beschrieben worden, im Jahre 1624 zum erstenmal seine Beachtung in deutschen Versen gefordert. »Das Wunder der 1620er Jahre«, so wird denn auch diese *andere* Revolution genannt. Von ihr spricht die Geschichte der *Naturwissenschaften*: Es ist das Wunder ihres *Entstehens*.

Man hat vom »Griechischen Wunder« gesprochen. Was die Wissenschaft betrifft, so gibt es auch ein Wunder der 1620er Jahre. An die Stelle einer Physik der Qualitäten tritt die quantitative Physik, an die Stelle des hierarchischen Kosmos ein unbestimmtes Universum aus gleichwertigen Phänomenen und oft ohne Finalität, an die Stelle der Welt unmittelbarer Wahrnehmung eine mathematisch konstruierte Welt [...]. Nichts von all dem ist seitdem untergegangen. Aber all das war damals neu, und um es hervorzubringen bedurfte es einer veritablen Revolution.[111]

Es ist das Wunder, mit dem die Naturwissenschaften historisch hervortreten. Und heißt ein Wunder eben deswegen, weil es einem auf wundersame, unerfindliche und auf die grundsätzlichste Weise *veränderten Denken* entspringt. Alexandre Koyré, einer der Großen der Wissenschaftsgeschichte, nennt sie »die vielleicht gründlichste Umwälzung des menschlichen Denkens seit der griechischen Entdeckung des Kosmos«, und hat sich nicht gescheut, geradezu von einer »*Mutation*« des Denkens zu sprechen.[112]

Das unersetzliche Verdienst des 17. Jahrhunderts ist es nicht, – ob nun besser oder schlechter – mehr gesehen zu haben als seine Vorgänger, sondern die Welt mit neuen Augen betrachtet zu haben, mit Hilfe von Prinzipien, die späterhin anerkannt bleiben sollten. Deshalb kann es und muss es der Initiator der modernen Wissenschaft heißen.[113]

Diese »*neuen Augen*«, mit denen es die Welt betrachtet und konstruiert, sie sind jenes neuzeitlich-revolutionär veränderte Denken – nach dem wir gesucht haben.

SEVEN CHANCES

Damals *entstehen* die Naturwissenschaften, und dieses Entstehen – *auch* dieses Entstehen, so folgere ich – erklärt sich mit dem der Synthesis am Geld.

Man sieht: Die Zumutung wird nicht geringer, sondern wird geradezu maßlos. Die festeste, die sicherste, die allesentscheidende Grundlage dessen, was man das heutige »Weltbild« nennt, die neuzeitliche Wissenschaft, sie soll auf einem unerhellten Denkreflex beruhen! Ein Reflex, von dem sie all die Jahrhunderte nichts wusste, ein Reflex, den sie mit dem Taktrhythmus teilt, ein Reflex, der sie ans Geldverhältnis bindet, er soll ihre Grundlage und Voraussetzung sein! Kann es einen Gedanken geben, lachhafter und aufgeblasener als diesen?

Er ist das eine so wenig wie das andere. Sieben Bedingungen müssen erfüllt sein – außer jener entscheidenden, dass sich die beschriebene Synthesis als bestimmender Kern des neuzeitlich-wissenschaftlichen Denkens müsste ausmachen lassen –, wenn es einen ursächlichen Zusammenhang zwischen Geld-Synthesis und Naturwissenschaft geben soll, sieben Bedingungen, damit die Synthesis am Geld historischer Auslöser der »Wissenschaftlichen Revolution« sein kann – des Wunders der 1620er Jahre. Die ersten vier Bedingungen liegen auf der Hand:
- Es muss historisch zur selben Zeit hervortreten wie die bereits bekannten Auswirkungen der Synthesis.
- Es muss wie sie in den Gesellschaften des westlichen Europa hervorgetreten sein und zunächst ausschließlich dort.
- Es muss sich inzwischen über die ganze Welt verbreitet haben.
- Es muss seitdem in Kraft sein bis heute.

Dass dritte und vierte Bedingung erfüllt sind, liegt auf der Hand. Die Naturwissenschaften sind heutzutage ohne jeden Zweifel in Kraft und werden heute nicht mehr nur in Europa oder, allgemeiner, nur im Westen betrieben. Weniger offensichtlich ist, dass es sie nicht schon immer gegeben hat. Die gängige Überzeugung wird auch in diesem Fall darauf bestehen, zumindest die Antike habe doch –. Und wieder müsste widersprochen werden: Nein, die Antike hat nicht. Alle Jahre erscheinen zur Zeit zwar neue Darstellungen zur Wissenschaftsgeschichte, die weit ausholen und am liebsten bis zu den Neandertalern oder mindestens eben bis zu den Vorsokratikern zurückblicken: »Der Beginn der Naturwissenschaft liegt ca. 2600 Jahre zurück.« Aber das tut er nicht. Was so lange zurückliegt und länger noch, was so alt ist wie die Menschheit und wie das Gehen auf zwei Beinen, das ist Erfahrung, Kenntnis und Kunde von der Natur, aber ist nicht *Wissenschaft*. Das Wissen von der Natur hatte nicht schon immer jene Form, die spezifisch erst mit der *Neuzeit* auftritt. Erst mit ihr gibt es Natur*wissenschaft*, erst damals kommt es zu deren spezifischer Form des Denkens, aber mit einem Erfolg wiederum, dass damit alle älteren Formen des Naturwissens zu *Vorformen* solcher Wissenschaft absinken.

Zu Beginn des 17. Jahrhunderts, und zwar genau und ausschließlich in den Gesellschaften Westeuropas, in keinem anderen Land, in keiner anderen Gegend, in keiner anderen Kultur der Welt vollzieht sich damals der Umschlag in jenes veränderte, wissenschaftliche Denken, das keine andere Epoche je gezeitigt hatte. Und er vollzieht sich dort so kraftvoll und prägnant, dass allein er genügen würde, die europäische Neuzeit historisch genau von allen früheren Epochen und der Geschichte aller übrigen Gesellschaften zu scheiden. Auf diese Trennschärfe, die *Singularität* dieser europäischen Neuerung, hat Wolfgang Krohn hingewiesen.

Da man behaupten kann, dass die Fortentwicklung des mittelalterlichen Wissens zur modernen Wissenschaft allein im westlichen Europa kontinuierlich stattgefunden hat, während die Entwicklung in den anderen Kulturen stagnierte und abriss, so kann man die komparative Frage aufwerfen, an welcher Stelle unzweideutig die Singularität der westlichen Ent-

wicklung verzeichnet werden kann. Bis zu einem Zeitpunkt verläuft die kognitive Entwicklung in den zeitlich parallelen Feudalgesellschaften, im byzantinischen Reich, in den islamischen Reichen, in Indien und China grob gesehen parallel. Im 15. Jahrhundert etwa ist China überwiegend in der Technikentwicklung voraus, der Islam in den algebraischen Teilen der Mathematik, Byzanz in der Reproduktion klassischen Wissens, der Westen in der technisch-ökonomischen Produktivität. Unabhängig davon, dass diese historischen Bewertungen nicht unumstritten sind, und unabhängig davon, in welchen Faktoren auch immer die wissenschaftliche Überlegenheit des Westens sich allmählich anbahnt – es ist zweifellos klar, dass die wissenschaftlichen Leistungen Galileis (1564–1642) und Newtons (1643–1727) ohne Parallele sind. Galilei schafft ein geschlossenes System der Kinematik, in dem im Prinzip alle mechanischen Bewegungen auf die präziseste Weise, d. i. mathematisch, bestimmt sind. Newton ergänzt dieses System um den dynamischen Teil und schafft damit die klassische Mechanik. Ähnliche deutliche Markierungen auf anderen Wissenschaftsgebieten in der Zeit zwischen diesen beiden Forschern setzen beispielsweise Kepler (1571–1630) für die Astronomie, Harvey (1578–1657) für die Physiologie, Boyle (1627–1691) für die Chemie. Es ist also genau das 17. Jahrhundert, das einen scharfen Schnitt zwischen die kulturellen Prozesse des westlichen Europa und die der anderen Kulturen legt, wie weit zurück die Innovationen im einzelnen auch zurückverfolgt werden mögen.[114]

Und damit zeigt sich bereits eine fünfte Bedingung erfüllt:
– Wenn sich da etwas dem Aufkommen der Synthesis verdanken soll, dem Aufkommen also von etwas historisch radikal Neuem, so muss es selbst radikal *neu* sein; es muss sich entschieden ablösen von allen Zeiten vorher – so wie der Taktrhythmus von jeder Rhythmik, die es vor ihm gab. Und zugleich muss dies Neue etwas *zusammenhängend, einheitlich* Neues sein – soweit es eben auf dieser *einen*, insofern *einheitlichen* synthetischen Leistung beruhen soll.

Dass die Naturwissenschaften etwas *radikal* und *einheitlich* Neues sind, das eben beweist die Trennschärfe, mit der sich ihr historisches Auftreten darstellt und die nicht zuletzt das Wort von der »Wissenschaftlichen Revolution« rechtfertigt. Darin ist nicht allein das Moment des Neuen getroffen, sondern ebenso das Moment der Einheit: dass *zusammenhängt*, was da neu entsteht. Wissenschaft, dieses *revolutionär* Neue, betätigt sich zwar auf den unterschiedlichsten Gebieten, auf unterschiedliche Weise und mit sehr unterschiedlichen Ergebnissen, aber all dies Verschiedenartige, was da revolutionär neu bedacht, betrieben und erreicht wird, es fügt sich doch zu *einer* Revolution, zu der einen, großen und groß zu schreibenden »Wissenschaftlichen Revolution«.

An die fünfte Bedingung allerdings knüpfen sich zwei weitere. Wenn tatsächlich die Geld-Synthesis das entscheidend *Neue* und so auch die zugrundeliegende *Einheit* alles dessen sein soll, was man als die Wissenschaftliche Revolution zusammenfasst, und wenn diese Synthesis aber bis jetzt nicht als Erklärung dieser Revolution zur Verfügung stand – bislang wusste man ja nichts von ihr –, so müsste zweierlei gelten:
- Das *Entstehen* der Naturwissenschaften selbst dürfte bis heute keine zureichende Erklärung gefunden haben.
- Und es dürfte noch nicht einmal erkannt worden sein, worin dies Neue *als solches* und worin also die *Einheit* der Naturwissenschaften überhaupt *besteht*.

Eine paradoxe Behauptung: Es soll erkannt sein und offen genug auf der Hand liegen, *dass* die Naturwissenschaften, der Gegenstand der Wissenschaftlichen Revolution, etwas historisch Neues und zusammenhängend Einheitliches sind; aber *was* an ihnen dies Neue ist, *was* das ihnen zugrundeliegend Gemeinsame – das sollte bis heute unbekannt sein? Eine gewagte Behauptung zudem, denn wenigen Gebieten der Geschichte wurde neuerdings mehr Aufmerksamkeit gewidmet als der Wissenschaftsgeschichte. Die Forschung hat hier reiche Ernte gehalten, hat nicht nur eine unüberblickbare Menge an einzelnen Fakten zu Tage gefördert, sondern auch eine ganze Reihe von Erklärungen ergeben. Und diese alle dürften also nicht hinreichen – wenn sich denn die Naturwissenschaften durch das Auftreten einer bislang unbekannten synthetischen Leistung erklären sollen.

Also werde ich mich, bevor noch diese Herleitung selbst zur Debatte steht, an einem Kunststück versuchen müssen: auf knappem Raum sowohl dies Entstehen der Naturwissenschaften selbst zu skizzieren als auch das Misslingen, das Unzureichende der Erklärungen, die bisher dafür aufgeboten wurden.

ANSICHTEN EINER REVOLUTION

»Wie es im 16. und 17. Jahrhundert zu einer Revolution der Wissenschaft kam, ist leichter zu verstehen als die Gründe, warum sie überhaupt stattfinden musste.« So urteilt immerhin ein weiterer Großer unter den Erforschern der Wissenschaftsgeschichte, Alistair C. Crombie. Mit dem offenen Einbekenntnis einer Schranke, an welche die Forschung hier stößt, beginnt er in seinem Standardwerk *Augustine to Galileo* das Kapitel über die »Revolution des naturwissenschaftlichen Denkens im 16. und 17. Jahrhundert«. Wie es zu der Revolution kam, genauer, worin sie *ungefähr* besteht, lässt sich rasch angeben:

Sie kam dadurch zustande, dass Fragen gestellt wurden, deren Antworten im experimentellen Bereich lagen, dass diese Fragen sich auf physikalische, nicht metaphysische Probleme richteten, dass das Interesse sich auf genaue Beobachtung der Dinge innerhalb der natürlichen Welt konzentrierte und sich mehr auf das Zusammenspiel ihrer Verhaltensweisen als auf ihre innerste Natur bezog, mehr auf naheliegende Ursachen als auf Wesensformen und ganz besonders auf alle die Aspekte der physikalischen Welt, die sich mathematisch ausdrücken lassen.[115]

Das mag klingen, als wäre die Hauptsache auch schon *erklärt*: Wissenschaft hieße einfach in dieser Weise spezifiziert die »genaue Beobachtung der Dinge«. Damit es zu ihr kam, habe man nur endlich einmal genauer hinschauen müssen. Doch Crombie selbst wendet sogleich ein:

Das Erstaunliche bei der wissenschaftlichen Revolution ist, dass sie ihre Anfangsstadien, in gewissem Sinne die allerbedeutendsten, durchmachte, ehe die neuen Messinstrumente, Teleskop und Mikroskop, Thermometer und Präzisionsuhr,

erfunden waren, die später als unerlässlich gelten für genaue und zufriedenstellende Antworten auf die Fragen, die nun in den Vordergrund wissenschaftlichen Denkens rückten.
Das Fernrohr war zwar immerhin erfunden, von Galileo nachkonstruiert und – zum ersten Mal im Jahre 1609 – wissenschaftlich verwendet worden. Zu Messungen diente es jedoch nicht vor der zweiten Hälfte des Jahrhunderts, und auf die astronomische Theorie hatte eine auf solchen Messungen beruhende Tatsache erst sehr viel später ihren Einfluss, im Jahr 1729.
Die Revolution vollzog sich in ihren Anfangsstadien viel mehr durch eine systematische Umwandlung der Denkrichtung, der Art von Fragen, die gestellt wurden, als durch eine Bereicherung der technischen Ausrüstung. Warum es zu einer solchen Umwälzung der Denkmethoden kam, ist nicht ersichtlich.[116]
Ein hartes Wort für die Wissenschaft von den Wissenschaften. Aber wenn es gilt, dann ist tatsächlich auch *diese* Bedingung – dafür, dass hier die Geld-Synthesis verantwortlich zeichnet – erfüllt: dass das *Warum* der Wissenschaftlichen Revolution bis heute nicht ersichtlich wurde. Crombie urgiert zu Recht die historische *Abfolge*: Das veränderte Denken tritt noch *vor* den Mitteln auf, deren es sich später für sein genaueres Hinschauen bedienen wird, und zeigt sich verändert, *bevor* es sich diese Mittel schafft. Also verändert es sich auch nicht *durch* genaueres Hinschauen und lässt sich die Wissenschaftliche Revolution nicht aus dem größeren Gewicht von Erfahrung und Beobachtung herleiten, sondern trägt sie nur umgekehrt zu ihm bei.
Andere Autoren stellen Galileis Kampf gegen die Autoritäten, vor allem gegen die des Aristoteles, in den Vordergrund: gegen die wissenschaftliche und philosophische Tradition, die von der Kirche aufrechterhalten und an den Universitäten gelehrt wird. Dabei legt man Wert auf die Bedeutung von Beobachtung und Erfahrung in der neuen Wissenschaft von der Natur. Natürlich bilden Beobachtung und Experiment geradezu deren Kennzeichen, natürlich finden sich in Galileis Schriften unzählige Verweise darauf, und es findet sich bittere Ironie gegenüber jenen, die ihren Augen nicht trauten, weil das, was sie sahen, der kanonischen Lehre widersprach. Die, wie Cremonini, nicht einmal durch Galileis Fernrohr sehen wollten,

aus Furcht davor, sie möchten etwas erblicken, was ihren überkommenen Theorien und Annahmen widersprechen könnte. In der Tat hat Galilei gerade dadurch der Astronomie und Kosmologie seiner Zeit einen entscheidenden Schlag versetzt, dass er ein Fernrohr baute und hindurchsah und damit sorgfältig den Mond und die Planeten beobachtete und die Jupitermonde entdeckte.

Und dennoch haben Beobachtung und Erfahrung – im Sinne der spontanen Erfahrung des gemeinen Menschenverstands – in der Begründung der neuen Wissenschaft keinen entscheidenden Part gespielt, es sei denn den eines Hindernisses.[117]

Erfahrung nicht als Auslöser, sondern geradezu als *Hindernis* der neuen Wissenschaft: das war sie nicht nur in dem heutzutage berühmtesten Ereignis jener Zeit, dem Prozess der Christenheit gegen Galileo, in dem es um die scheinbare Drehung der Sonne um die Erde ging. Dort fällt nur besonders klar in die Augen, wie die bloße Erfahrung *hindert*: Denn jeder sieht tatsächlich Tag für Tag, dass sich die Sonne – entgegen Galileos Feststellung – über den Himmel bewegt, merkt nichts davon, dass sich die Erde drehen würde, also muss ihm seine *Erfahrung* sagen, die Sonne drehe sich um die Erde. Galileo hatte seine anderslautende Beweisführung nicht bloß gegen das christliche Dogma, sondern vor allem *gegen diese Erfahrung* aufzubieten; er musste behaupten, dass sie *täuscht*.

Doch nicht nur in diesem einen Fall, auch wenn er Furore gemacht hat wie kein anderer, stand die neue Wissenschaft der Erfahrung *entgegen*, sondern mehr noch in Fällen, die genauer zum Kern jener Revolution gehören als die Erddrehung. Diese hatte Copernicus immerhin schon ein Jahrhundert *vor* Galileo behaupten können, und selbst die Antike – hier trifft es einmal zu – war bereits auf den Gedanken gekommen: Er gehört *nicht* spezifisch zur Wissenschaftlichen Revolution, wie notwendig diese auch zur Zerstörung des alten Bildes vom Kosmos führen musste. Es gibt andere Fragen, die tiefer im Zentrum des neuen Denkens liegen und in denen es ebenso streng *gegen* alle Erfahrung verfährt und sich also gegen deren hindernden Widerstand durchsetzen musste; von ihnen wird noch zu handeln sein.

Ohnehin stand, wie Tannery und Duhem festgestellt haben, solcher Erfahrung die aristotelische Physik und erst recht die der Pariser Nominalisten viel näher: Buridan und Nicolaus von Oresme kommen dem gesunden Menschenverstand sehr viel mehr entgegen als Galilei und Descartes. Nicht die Erfahrung, sondern das Experiment spielte einen großen positiven Part, und auch das erst später.[118]

Es bleibt dabei: Die »Umwälzung der Denkmethoden« steht *am Anfang* dieser Revolution. Wie es zu *ihr* kam, das also steht zu erklären, und dazu taugen Stichwörter wie »Erfahrung« und »Experiment« so wenig wie das Aufbegehren gegen die Autoritäten – das ja selbst erst aus jener Umwälzung *folgt*. Und nicht allein diese naheliegenden Erklärungen scheiden aus, *keine* der bisher gegebenen reicht ja zu; eine weitere Auswahl:

Es war nicht einfach die Fortsetzung des seit dem 13. Jahrhundert wachsenden Interesses für Beobachtung, für experimentelle und mathematische Methoden; denn die Veränderung fand mit einer völlig neuen Schnelligkeit statt und besaß eine Durchschlagskraft, die sie das gesamte abendländische Denken beherrschen ließ. Es ist auch keine hinreichende Erklärung, wenn gesagt wird, hier zeige sich einfach der Erfolg der Arbeit der scholastischen Philosophen bis zum 16. Jahrhundert an der induktiven Logik und mathematischen Philosophie oder das Ergebnis einer Wiedergeburt des Platonismus im 15. Jahrhundert. Und genausowenig kann man darin allein die Wirkung eines neuen Interesses an einigen bis dahin kaum bekannten griechischen Texten, wie denen des Archimedes, sehen, wenn auch von dort das mathematische Denken sicherlich angeregt wurde.[119]

Erklärungen, wie sie Crombie hier aufzählt und jeweils noch ausführlicher zu widerlegen weiß, geben alle der Versuchung nach, das Neue unmittelbar aus einem Alten abzuleiten. Kann doch das Neue nur dem entspringen, was schon war, und heißt doch, seine Erklärung zu finden, nichts anderes, als es mit dem zu verknüpfen, was bereits bestand, was also *vor* dem Neuen liegt. In dieser zeitlichen und logischen Kontinuität, die man stets vorauszusetzen hat, damit das Neue nicht bloß, wie es sonst heißt, »vom Himmel gefallen« ist, *muss* sich das Neue an das Alte binden, das ist wohl richtig. Doch Erklärungen wie die zitierten erklären diese Kontinuität *unmittelbar* zum Hort des Neuen – wo es sie doch gerade durchbricht.

Und das hieße: Es wäre gar nicht das Neue, was da zu erklären steht. Wenn sich die Wissenschaftliche Revolution etwa den Scholastikern verdanken sollte, wie könnte sie dann revolutionär gegen deren Philosophie verstoßen? Wenn einer Wiedergeburt des Platonismus, wie könnte sie leisten, was Platon nicht vermochte? Wenn der Wiederentdeckung des Archimedes, wie hätte Archimedes versäumt, was Galileo gelang? Jeweils, wenn da das Ältere als solches der Grund für das sein soll, was *nicht* mehr dies Ältere ist, hätte noch irgendetwas *hinzutreten* müssen, um es *jetzt* zum Neuen zu machen. Anders käme es nicht zu dem Bruch, der das Neue markiert, käme es zu nichts Neuem und käme es in diesem Fall nicht zu einer Wissenschaft, die sich weder bei Platon noch im Platonismus hatte einfinden wollen: Es wäre alles beim Alten geblieben.

Also zieht man außer diesem tatsächlich noch *andere* Ursachen heran, stellt zum Beispiel veränderte Rahmenbedingungen in Rechnung, ein aktiveres Umfeld – wie immer sich nun *das* begründen möge –, und so ergäbe sich das Neue aus der neuen Konstellation, in die das Alte eingetreten wäre, aus der *Addition* gegebener Umstände. Oder man wertet das Neue einfach als Ergebnis einer irgendwie »inneren« Entwicklung, die keiner äußeren Faktoren bedürfte – also auch keiner weiteren Erklärung. Wenn sich etwa der Platonismus jener Zeit, Gegner des Aristotelismus, durch das genannte »mathematische Denken« auszeichnete, durch die Überzeugung nämlich, der Mathematik komme in der Physik reale Bedeutung und erklärende Kraft zu, und wenn Galileo in dieser Hinsicht zweifellos Platoniker war und zudem eben die mathematischen Schriften des Archimedes tatsächlich über alles schätzte, dann würde eine solche Erklärung lauten: Zur Wissenschaftlichen Revolution sei es gekommen, weil Platonismus und Mathematik durch Galileo einfach *ihrer immanenten Entwicklungslogik folgend* vorangebracht worden wären, also nach einer Notwendigkeit, die sich früher oder später ohnehin habe realisieren *müssen*, und folglich nach einer Notwendigkeit, die ihren Grund allein in der eigenen Notwendigkeit hätte – ein hübscher, sauberer Zirkel.

Und das sind auch schon die zwei Alternativen, auf die sich so recht alle Erklärungen verteilt haben, um so die »Kontroverse über die ›externalistische‹ oder ›internalistische‹ Interpretation der Wissenschaft«[120] zu entfachen, einen Streit, der seit dem frühen 20. Jahrhundert wütet und bis heute kein Ende und keine Lösung gefunden hat. Die Wissenschaftsgeschichte plagt sich darin – nicht überraschend – mit einer strikten Trennung nach *Innen* und *Außen*.

Für gewöhnlich wird in der Wissenschaftsforschung die Diskussion über externe und interne Entwicklungsfaktoren durchgeführt, indem eine Zuordnung von sozialen Strukturen zum Externalismus und eine Zuordnung kognitiver Faktoren zum Internalismus getroffen wird.[121]

Außen, da liegt die Gesellschaft, und innen, da liegt das Denken; und dann soll das folgende Ausschließungsverhältnis gelten:

Alle Momente der Wissenschaft, die kognitiv sind, sind nicht soziologisch; alle soziologischen Elemente sind nicht kognitiv. Auf dieses Axiom geht die fragwürdige Arbeitsteilung zurück, die zwischen der Wissenschaftstheorie und der Wissenschaftssoziologie des 20. Jahrhunderts stattgefunden hat.[122]

»Externalistisch« heißt demnach eine Interpretation, die überzeugt ist von der Einwirkung eines soziologisch bestimmten Außen – und zwar in genau jener Form, die sich vor der Wirklichkeit der Geld-Synthesis so schlecht halten ließ: Gesellschaftliche Anforderungen würden zwar dafür sorgen, dass sich der Einzelne nach ihnen richte und sie beachte, blieben ihm als solche jedoch stets äußerlich – kein Gedanke, dass er sie bereits in Formen seiner *Kognition* in sich tragen könnte. »Internalistisch« dagegen heißen Interpretationen, die eine solche Einwirkung von außen nur schlicht negieren: Das Innen der Wissenschaft und aller Wissenschaftler, ihre Kognition, verbliebe ganz bei sich, nähme ihre innere Entwicklung, ohne von solchem Außen berührt zu sein. So geht der »Glaube, dass der Mensch einfach immer intelligenter wurde, bis eines Tages einige wenige große Entdecker und Pioniere erschienen und Wissenschaft als das letzte Stadium eines einlinigen intellektuellen Aufstiegs produzierten.« Aber:

Man begreift dann nicht, dass das menschliche Denken sich auf vielen und verschiedenen Wegen entwickelt hat – unter denen der wissenschaftliche nur einer ist; und man vergisst, wie verwunderlich es ist, dass Wissenschaft überhaupt entstand und insbesondere in einer bestimmten Epoche unter bestimmten soziologischen Bedingungen [...], nämlich in der modernen westlichen Zivilisation.[123]

Die internalistische Deutung sagt nur: Früher oder später hat es ja so kommen müssen – folglich gibt es auch nichts weiter zu erklären und nichts weiter zu belegen. Dass eine »Entwicklung« stattgefunden *hat*, beweist, dass sie stattfinden *musste*. Für Internalisten steht der Entwicklungsgang fest, von Anfang an und bis in alle Zukunft hinein, und alle »äußeren«, gesellschaftlichen Gegebenheiten und Motive, auf welche die Gegenpartei so viel Wert legt, sind ihnen nichts weiter als »äußerliche Bedingungen dafür [...], die von den Griechen begonnenen wissenschaftlichen Fragestellungen weiterzutreiben«.[124] Seit antiken Urzeiten soll es – wieder einmal – nur die *eine* Wissenschaft mit ihrer *einen* Entwicklung geben, und die mag zwar das eine Mal intensiver, das andere Mal weniger intensiv vorangetrieben werden, mag sich gesellschaftlich bedingt zu Zeiten mehr diesem, zu anderen Zeiten mehr jenem Gebiet zuneigen, ist aber dennoch insgesamt vorgezeichnet, sie spult nur ihr unvermeidliches Programm ab, stetig geht es voran, auf dem *einen* nur möglichen Weg, den die Forscher nur Schritt für Schritt abzuschreiten haben, Fronsklaven der großen einen Entwicklung voran.

Und das *Neue* an der Wissenschaft, die Revolution, die da stattgefunden hat? Sie würde sich *so* ins überzeitliche Kontinuum fügen müssen: Wie es etwa zur Entwicklung eines Kindes gehört, früher oder später mit Sprechen zu beginnen, müsste es eben zur Entwicklung der Menschheit gehören, dass auch sie früher oder später erwachsen wird und auf die Wissenschaft verfällt. Was soll man da noch erklären? Entwicklung eben – und außerdem allenfalls: Phylogenese gleich Ontogenese. So wie sich die Menschen heutzutage naturwissenschaftliches Denken aneignen, hätten sie es auch stammesgeschichtlich einmal tun müssen.[125] Es war in ihnen *angelegt* – wie hätten sie es sonst *entwickeln* können? Und dass also das Neue auftritt, wird schlicht zum Allerältesten, zur Veranlagung des Menschenstammes erklärt – zur angeborenen *Natur*. Dass es erst *geschichtlich* auftritt, dafür hat ganz der Begriff der »Entwicklung« einzustehen: Die braucht nun einmal ihre Zeit. Und wenn man folglich begründen will, weshalb es gerade das 17. Jahrhundert war, bleibt nur der Blick zum Himmel und, mit weit ausholender Geste, der Hinweis auf die damalige Großwetterlage – selbst bei Thomas S. Kuhn, bei dem man sich vielleicht genauere Einsicht in die Wissenschaftliche Revolution erwartet hätte: »Ein Faktor bei der Wandlung der klassischen Wissenschaften war zweifellos das neue geistige Klima – zunächst Hermetisch, dann korpuskular –, in dem sie seit 1500 betrieben wurden.«[126] Das neue geistige Klima als Ursache des neuen Geistes, Wissenschaftsgeschichte auf dem Niveau von Bauernregeln: Die Sonne scheint, weil das Wetter gut ist.

Auf die Großwetterlage berufen sich nicht minder gern auch die Erklärungen der *additiven* und damit stets auf *externalistische* Momente angewiesenen Spielart – als internalistische dürften sie ja nur die *eine* mögliche Entwicklung kennen. Besonders beliebt und naheliegend die Berufung auf eine neue Dynamik, die in der damaligen Gesellschaft aufgekommen sei und, wie ein ausgedehntes Sturmtief, alles mit sich gerissen hätte. Auch damit versteht sich eigentlich von selbst, dass alles mögliche Alte vorangetrieben wurde ins Neue: *Ist* es doch zweifellos vorangetrieben *worden*, also muss es auch die dazugehörige Dynamik gegeben haben, die darin bestand, dass –. Oder man beruft sich auf eine neue Haltung zur Praxis – für die Erklärung der neuen Praxis:

Das »praktische Denken«, die vita activa *trete an die Stelle der ϑεωρία, der* vita contemplativa, *die bisher als vornehmste geistige Tätigkeit galt. Der neuzeitliche Mensch suche die Natur zu beherrschen, während der antike und mittelalterliche sie vor allem betrachtet habe. Aus dem menschlichen Macht- und Tatendrang sei die mechanistische Tendenz der klassischen, also galileischen, cartesischen, hobbesschen Physik zu erklären. Denn die* scientia activa *und* operativa *ziele darauf ab, den Menschen zum »Herrn und Besitzer der Natur« zu machen. Als bloßer Ausfluss dieser Attitüde, als*

bloße Anwendung dieser Denkkategorien des homo faber *sei die mechanistische Tendenz zu deuten; und die cartesische, erst recht die Wissenschaft Galileis sei nichts anderes als jene des Handwerkers oder des Ingenieurs.*
Diese Erklärung ist, so glaube ich, nicht ganz triftig. Natürlich ist die neuzeitliche Philosophie, Ethik und Religion praxisbetonter als die antike und die mittelalterliche. Und auch die neuzeitliche Wissenschaft ist dies – ich denke an die cartesische Physik und ihre Vergleiche mit Rollen, Stricken und Hebeln. Und doch ist die Attitüde des Naturbeherrschers weniger die des Descartes oder des Galilei als vielmehr diejenige Bacons, der in der Wissenschaftsgeschichte eine ganz andere Stellung einnimmt. Galilei und Descartes sind jedoch nicht Männer des Handwerks oder der mechanischen Künste; sie haben kaum je etwas Handfesteres als ein Gedankengebäude errichtet. Die neue Ballistik wurde nicht von Kanonieren und Kugelgießern, sondern gegen deren Widerstand durchgesetzt. Und Galilei lernte sein Geschäft nicht von Leuten, die in den Zeughäusern und Werften Venedigs schufteten, ganz im Gegenteil: er lehrte sie das ihre.[127]

Von den klimatischen Bedingungen einmal abgesehen, lautet also die genauere und durchaus überlegte Erklärung, die Koyré hier kritisiert – am prominentesten wurde sie vorgetragen von Edgar Zilsel,[128] dem die Wissenschaftsgeschichte sonst höchst wichtige Einsichten verdankt und auf den ich deshalb noch zurückkommen werde –, die Wissenschaftliche Revolution habe ihren Grund in der neuen *Verbindung* von mindestens zwei älteren Traditionen: derjenigen der handwerklichen Künstler, Baumeister und Mechaniker mit derjenigen der scholastischen Gelehrten. *Beide* Teile, die da zusammenkommen sollen, sind also *nicht* neu, doch indem sie zusammengekommen seien, hätten sie als Drittes, Gemeinsames, das Neue aus sich entlassen. Weil die Gelehrten begonnen hätten, wie Handwerker mit praktischen Problemen umzugehen, wäre ihre theoretische Begabung dazu gedrängt worden, für diese Probleme auch theoretische Lösungen zu finden – auf welche die ganz untheoretischen Handwerker nie gekommen wären.

Wiederum müsste es ein wenig platterdings zugehen: Theorie und Praxis, die wundersamerweise bis dahin so ganz nur für sich dahingelebt hatten, ohne dass ein Theoretiker je etwas von Praxis und ein Praktiker je etwas von Theorie gehört hätte, sie kämen für ein erstes Mal zusammen und sogleich entfährt ihnen die Stichflamme der Wissenschaftlichen Revolution. Die gesellschaftlichen Veränderungen der Zeit hätten lediglich die soziale Trennwand zwischen Theoretikern und Praktikern aufheben müssen, in der Personalunion Galileo hätten sie das veränderte Denken entzündet, und so würde gelten: Alt *plus* Alt macht Neu. Denker, die *nicht* bereits naturwissenschaftlich dachten, und Handwerker, die bislang genausogut *ohne* dieses neue Denken auskamen, sie werfen beide zusammen, was ihnen fehlt, und schon ergibt sich aus dem doppelten Mangel das Positive, das beiderseits gefehlt hatte: das Neue.

Nein, die *Addition* des Alten ergibt in keinem Fall das Neue, und wie wenig sie in *diesem* Fall den historischen Gegebenheiten Rechnung trägt, hat Koyré bereits ausgesprochen. Doch Zilsels These eröffnet zugleich das Feld der dezidiert soziologischen oder eben »externalistischen« Erklärungen. Dass die Wissenschaftliche Revolution etwas mit den gesellschaftlichen Veränderungen im Europa jener Zeit zu tun hat, ist schwerlich zu übersehen; fragt sich nur, *was*. Dass alles irgendwie zusammenhängt und zueinander *passt*, heißt ja auch hier nicht, dass der Zusammenhang als solcher schon die Erklärung dafür wäre, wie er zustande kommt. Dass und wie eines übergeht ins andere und sich zu diesem großen Zusammenhang fügt, ist leicht zu sehen:

In den sozialen und wirtschaftlichen Bedingungen des 16. und 17. Jahrhunderts waren bestimmt viele Beweggründe und Gelegenheiten gegeben, die der Wissenschaft Anreiz geben konnten. Zu Beginn des 16. Jahrhunderts zeigten berühmte Gelehrte ein lebhaftes Interesse am Studium der technischen Vorgänge im Handwerk; dadurch kam zum Geist des Philosophen die Geschicklichkeit des Handwerkers. Luis Vives befürwortete in De Tradendis Disciplinis *(1531) ein ernsthaftes Studium der Künste des Kochens, Bauens, des Kleidermachens; er forderte mit Nachdruck, dass Scholaren nicht auf die Handwerker herabsehen dürften und sich nicht zu schä-*

men brauchten, wenn diese ihnen die Geheimnisse ihres Handwerks beibrächten. Zwei Jahre später regte Rabelais an, dass es für einen jungen Prinzen eigens den Ausbildungszweig geben müsse, zu lernen, wie die Gegenstände des gewöhnlichen Lebens gemacht werden. [...] Es war ein bezeichnender Fortschritt, dass im 16. Jahrhundert auch Abhandlungen gelehrter Männer über die verschiedenen technischen Prozesse berichteten, darunter De Re Metallica *(1556) von Georg Bauer (1490–1555), der sich Agricola nannte, über Bergbau und Metallurgie, Abhandlungen von Besson, Biringuccio, Ramelli und Zonca im frühen 17. Jahrhundert. Dieses Interesse an der technischen Beherrschung der verschiedenen Handwerke ist bei Francis Bacon (1561-1626) sehr klar ausgedrückt, zunächst in* The Advancement of Learning *(1605), später in dem* Novum Organum. *[...] Im 16. Jahrhundert wurden Mathematiker wie Thomas Hood (1582-1598) und Simon Stevin (1548–1620) von den Regierungen eigens angestellt, um Probleme der Schiffahrt und des Festungsbaues zu lösen. Im letzten Teil des 17. Jahrhunderts interessierte sich sogar die Royal Society für die Technik verschiedener Handwerke in der Hoffnung, dass die gesammelten Informationen den Spekulationen der Scholaren eine solide Grundlage verschaffen könnten, aber auch von praktischem Wert für die Mechanik und die Handwerker selbst sein würden. So wurden Abhandlungen über verschiedene Gegenstände gesammelt; Evelyn schrieb einen* Discourse of Forest – Trees and the Propaganda of Timber, *Petty schrieb über das Färben, Boyle einen Aufsatz mit dem Titel:* That the Goods of Mankind may be much increased by the Naturalist's Insight into Trades. *[...]*
Es gibt gewiss auch Beispiele dafür, dass dieses lebhafte Interesse der Gelehrten an technischen Fragen die Wissenschaftler zu fundamentalen Fragen führte. Tartaglia (1500–1557) kam durch den Versuch, den Abschusswinkel zu berechnen, der die größte Schussweite ergab, zur Kritik an der gesamten aristotelischen Bewegungstheorie; er bemühte sich um neue mathematische Formulierungen, die aber erst von Galilei gefunden wurden.[129]

Und so weiter: Von der Verbindung »Geist des Philosophen – Geschicklichkeit des Handwerkers« an scheint alles kontinuierlich hinzuwirken auf das gemeinsame große Ziel: die neuzeitliche Wissenschaft. Gesellschaftlich geleitete Anforderungen an das, was die Einzelnen leisten sollten, und das Interesse der Einzelnen an dem, was gesellschaftlich von Nutzen sein könnte, alles fügt sich zusammen und streckt sich teleologisch nach dem, was Galileo – erster Schluss- und Höhepunkt dieser *gesellschaftlichen* Entwicklung – dann einlöst. Doch Crombie weiß auch, dass das eine keineswegs das andere zu bedingen vermag: das Interesse nicht die Fähigkeit, es zu bedienen.

Die Existenz von Motiven und Gelegenheiten – auch wenn sie wissenschaftliche Grundprobleme in den Vordergrund schoben – erklärt noch nicht die intellektuelle Umschichtung, die den Forschern die Lösung dieser Probleme möglich machte.

Ja: dass sie *möglich* ist, *das* ist das Neue; die *Fähigkeit*, entsprechend neu zu denken; die Fähigkeit, die Probleme in spezifisch *veränderter* Weise zu stellen. Und über *sie* ist mit einem Interesse, welches sich später durch sie bedient sehen wird, durchaus nichts gesagt. Also auch nichts über das Entscheidende an der Wissenschaftliche Revolution: das, was an ihrem Anfang steht.

Trotzdem, die schlagende Tatsache, dass sich Wissenschaft nicht unabhängig von der Gesellschaft bewegt, in der sie betrieben wird – immerhin *entsteht* sie ja *in* ganz bestimmten Gesellschaften und also strikt gebunden an sie –, zwingt dazu, das veränderte Denken aus diesem Außen abzuleiten, bisher allerdings nur »externalistisch«, und das heißt eben: allzu unmittelbar.

Für den Externalisten sind diese [sc. die mechanistischen Überzeugungen des 17. Jahrhunderts] *ein Produkt aus technischen Erfahrungen, ökonomischen Interessen, politischen Verhältnissen und begrifflichen Traditionen. Die Technologien bestimmen die wissenschaftlichen Instrumente (das Fernrohr, das Mikroskop, die Uhr, die Waage usw.); die ökonomischen Interessen bestimmen die Problem- und Objektfelder (aus dem Handel folgen die Orientierungs- und Transportwissenschaften Astronomie, Magnetismus, Geodäsie usw., aus der Produktion entstammen Mechanik und Chemie); die Entdeckung neuer Erdteile zwingt zur Akzeptation empiri-*

scher Forschungsstrategien in der Geographie, der Biologie und Medizin; die politischen Verhältnisse bestimmen die Erklärungsideale (die Eichung wissenschaftlicher Begriffe durch quantifizierte Bestimmungen, die Suche nach nomologischen Systemen); die begrifflichen Traditionen stellen analytische Trennungen bereit, die auch in den neu herausgebildeten Wissenschaftssprachen zweckmäßig sind (z. B. Masse als die Quantität der Materie, die Trägheit oder der Impuls).

Das ist schon richtig, genau so *müsste* sich die Wissenschaftliche Revolution erklären, wenn es denn direkt externalistisch zuginge. Nur leider stimmt *historisch* nichts davon. Um von hinten anzufangen: Die analytischen Trennungen der neuen Wissenschaftssprache werden gerade *nicht* von den begrifflichen Traditionen bereit gestellt, Begriffe wie »Trägheit« und »Impuls« *durchbrechen* vielmehr, was sich in jenen Traditionen fand. Die Eichung wissenschaftlicher Begriffe durch quantifizierte Bestimmungen erfüllt erst *später* politische Vorgaben, während umgekehrt die Suche nach nomologischen Systemen *älter* ist als die neuzeitliche Wissenschaft. Empirisches Vorgehen allein, welches die geographischen Entdeckungen da angeblich zu akzeptieren zwingen, begründet noch keine Wissenschaft, und wie sich die Wissenschaft zur Erfindung wissenschaftlicher Instrumente verhält, ist auch schon genannt. Die Mechanik eines Galileo entstammt durchaus nicht der Produktion, und selbst wenn Technologie und Interessen, ökonomische oder andere, etwas über neu zu entwickelnde Fähigkeiten des Denkens vermöchten, so stünde doch fest: In *diesem* Fall waren sie nicht daran beteiligt. Denn:

Trotz des engen Zusammenhangs der Stadtentwicklung mit den neuen Technologien sind es keine typisch städtischen Bedürfnisse gewesen, die diese Entwicklung vorangetrieben haben. Die neuzeitliche Wissenschaft hat sich überwiegend dort entwickelt, wo sie für die ökonomische Reproduktion und politische Stabilität gerade keine entscheidende Rolle gespielt hat. Das ökonomische Rückgrat der Städte war die zünftige Produktion, nicht die neue Technologie der Ingenieure. Das militärische Rückgrat der Fürsten und Patrizier waren die Söldner-Heere, nicht die genialen Konstruktionen von Eroberungswaffen. Die überragenden konstruktiven Leistungen

Leonardos u. a. sind zu seiner Zeit unausführbar und die galileische Ballistik hat keinen Kanonenschuss präziser gemacht. Selbst unter Colbert, dem Finanzminister und Organisator des französischen Absolutismus unter Ludwig XIV., waren die technischen Innovationen auf wenige Bereiche der Gesellschaft beschränkt, auf das Befestigungswesen, den Transport, die Luxusprodukte und den Instrumentenbau.[130]
Dankenswert klare Worte: Die Wissenschaftliche Revolution vollzieht sich nicht auf Gebieten, wo sie gesellschaftlich von Nutzen gewesen wäre. Mit dem, was sie leistet, *wird* sie zwar eingehen in das, was die Gesellschaft dann weiterhin bestimmt, doch bevor es dazu kommt, sind selbst Bemühungen, welche die Forscher wirklich einmal dezidiert auf gesellschaftlich erwünschte Projekte wenden, verloren. Ich gebe ein Beispiel.

Galileo kämpft lange Zeit hartnäckig um einen Preis, den der spanische König Philipp 1598 ausgeschrieben hatte: für die Entwicklung eines Verfahrens, mit dem sich die geographische Länge auch auf hoher See zuverlässig bestimmen ließe. Im Interesse von Seefahrt und Handel war dies dem König immerhin 6000 Dukaten in Gold und noch einmal 2000 Dukaten jährliche Leibrente wert, die den Gewinner erwarteten. Galileo arbeitet eifrig daran, indem er die Beobachtung der von ihm entdeckten Jupitermonde so weit verfeinert, dass sich diese per Fernrohr schließlich wie eine Uhr ablesen ließen; und damit auch rechenfaule Seeleute damit zurechtkämen, konstruiert er eigens einen bewundernswerten Rechenschieber, das *Gioviolabio*, mit dem sich die Stellung der Jupitermonde ohne Schwierigkeit in die jeweilige geographische Länge übersetzen ließ. Blieb nur noch das Problem zu lösen, wie man auf hohem und bewegtem Wasser ein Fernrohr so ruhig würde handhaben können, dass man die Monde, falls man sie denn vor lauter schwankenden Planken überhaupt ins Visier bekam, nicht in der nächsten Sekunde wieder daraus verlor. Galileo entwirft einen Helm, dem binokular zwei meterlange Fernrohre angeflanscht sind, eine monströse 3 D-Brille aus Metall, die ihren Träger in ein urweltlich-übergroßes Insekt verwandelt haben muss, lässt auf Deck des Schiffes einen Wasserbottich anlegen, in diesen eine schwimmende Plattform einsetzen und auf dieser zuletzt den helmbewehrten Beobachter des Jupiter Platz nehmen. Der spanische Hof sah sich von der Praktikabilität solcher Maßnahmen nicht recht überzeugt und versagte Galileo den Preis; erst sehr viel später, 1761, und inzwischen von der britischen Admiralität ausgelobt, erntet ihn ein John Harrison. Nur die heimische, die toskanische Marine würdigte die Mühen ihres Hofmathematikers, ließ die Bottiche auf Schiffen einbauen – und nach ersten Proben alsbald wieder entfernen. Tatsächlich, auf diese Weise war die Schiffahrt nicht zu revolutionieren – und noch weniger die Wissenschaft: Hätte Galileo nur solche, wie immer auch geniale Pläne in die Welt gesetzt, er hätte zur Wissenschaftlichen Revolution kein Iota beigetragen.

So versagt also auch die externalistische Deutung – wo ihr Gegenstück nur jede Erklärung versagt. Belege, auf die sich beide Seiten berufen, *widerlegen* nur immer die *Gegenseite*, die sei's rein innere, sei's rein äußere Deutung – »was allerdings nichts anderes heißt, als dass sowohl die relative Abhängigkeit der Forschung von sozialen Problemen und Erwartungen wie auch die relative Unabhängigkeit eben dieser Forschung demonstriert werden kann.«[131] Relativ abhängig und zugleich relativ unabhängig – folglich gälte es offenbar von der starren Ausschließung des Innen vom Außen und des Außen vom Innen endlich einmal zu lassen: das Außen *als* Innen und das Innen *als* Außen zu erkennen. Aber wie? Solange das nicht abzusehen ist, bleibt nur, mit beidem das Jonglieren zu beginnen.

So wiederum – zum Abschluss – Thomas S. Kuhn, indem er sagt: *teils* in-, *teils* extern. Seine Theorie von der »Struktur wissenschaftlicher Revolutionen« – griffig geworden in dem Begriff des Paradigmenwechsels – scheint Kuhn zu prädestinieren, die Ursachen auch dieser, der einen bedeutendsten, großgeschriebenen Wissenschaftlichen Revolution aufzuklären. Nur: Auch Kuhn erkennt an, dass sie noch immer keine Erklärung gefunden hat, und verzichtet deshalb ausdrücklich auf »den Versuch, deren außerordentlich komplexe Ursachen zu erklären«. Aber findet es schon einmal »interessant, wie sich die Ursprungsfrage verändert, wenn die zu erklärenden Entwicklungen unterteilt werden.«[132]

Also *unterteilt* er die Wissenschaften: in solche, die internalistisch, und solche, die externalistisch zu erklären seien – ein nicht eben erfolgversprechendes Verfahren, wenn doch auch Kuhn längst weiß, dass *weder* die eine *noch* die andere Deutung trägt. Nun sollen sie irgendwie *beide* zutreffen, *sowohl – als auch*, und *trotzdem* jede für sich. Internalistisch zu deuten wären laut Kuhn die sogenannten »klassischen« oder »mathematischen« Wissenschaften, diejenigen, die es schon immer, spätestens eben seit der Antike gegeben habe und die aufgrund ihrer mathematischen Ausrichtung nicht groß nach draußen schauen müssten, um sich gleichwohl – was auch sonst – zu »entwickeln«; und in der Wissenschaftlichen Revolution hätten sie lediglich also eine etwas *stärkere* Entwicklung durchlaufen, eine Art Wandlung. Neben ihnen aber wären alle übrigen Wissenschaften, die sich etwa mit Magnetismus, Elektrizität und Chemie beschäftigen, im 17. Jahrhundert überhaupt erst neu entstanden und seien als empirische, als die nach ihrem Hauptpropagator auch »Baconisch« genannten Wissenschaften von dem Blick nach *draußen* bestimmt: externalistisch. Kuhn kreuzt also die Einteilung nach Innen und Außen mit einer Einteilung nach Alt und Neu – und das, indem er rasch noch ein Entwicklungsgesetz aufstellt: Eine jede Wissenschaft würde sich in ihren frühen Lebensjahren *von außen bestimmen* lassen, mit vorgerücktem Alter jedoch von dem bunten Treiben da draußen abwenden, in sich gehen und nur noch die selbstversunkene *innere Entwicklung* kennen: so der immergleiche Lebenslauf einer Wissenschaft, egal, auf welchem Gebiet sie arbeitet.

Danach [sc. nach Kuhn] *sind am Beginn der Entwicklung eines neuen Gebietes gesellschaftliche Bedürfnisse und Werte für die bearbeiteten Probleme wesentlich. In diesem Stadium sind auch die zur Lösung von Problemen verwandten Begriffe weitgehend bestimmt vom jeweiligen Alltagsverstand, von einer herrschenden philosophischen Tradition oder von den angesehensten zeitgenössischen Wissenschaften. Beispiele sind die im 17. Jahrhundert entstandenen neuen Gebiete und einige der modernen Sozialwissenschaften. Doch nach Kuhn* [so Kuhn] *unterscheidet sich die spätere Entwicklung eines Fachgebiets davon wesentlich, und zwar dergestalt, wie es sich in der Entwicklung der klassischen Wissenschaften während der Wissenschaftlichen Revolution mindestens schon abzeichnete. Die Vertreter einer ausgereiften Wissenschaft sind ausgebildet in einem differenzierten System herkömmlicher Theorie und instrumenteller, mathematischer und verbaler Methoden. Demgemäß bilden sie eine besondere Subkultur, deren Mitglieder das einzige Publikum und die einzige Instanz für ihre Arbeiten auf diesem Gebiet sind. Die Probleme, mit denen sie sich speziell beschäftigten, werden nicht mehr von der übrigen Gesellschaft gestellt, sondern durch wissenschaftliche Antriebe zur Erweiterung und Erhöhung der Übereinstimmung zwischen den bestehenden Theorien und der Natur. Und die zur Lösung dieser Probleme angewandten Begriffe sind gewöhnlich sehr eng verwandt mit denen, die in der Ausbildung für das Fachgebiet vorkommen. Kurz, im Vergleich zu anderen schöpferischen Berufen sind die Vertreter einer ausgereiften Wissenschaft in wirksamer Weise vom kulturellen Milieu getrennt, in dem sich ihr außerberufliches Leben abspielt.*[133]

Was hier Kuhn von der stetig angestrebten »Erweiterung und Erhöhung der Übereinstimmung zwischen den bestehenden Theorien und der Natur«, was er von Fachgebiet, Ausbildung und wirksamer Abschließung der Wissenschaft von einem breiteren, außerwissenschaftlichen Publikum sagt, trifft offensichtlich zu – nur eben nicht auf die *all-ewig allgemeine* Geschichte von Wissensgebieten, sondern einzig und allein auf die *neuzeitliche* Wissenschaft! Also auf die, deren *Entstehen* im 17. Jahrhundert zu *erklären* und nicht durch die Behauptung ihres ewig-gleichen Bestehens und Sich-Entwickelns geradewegs zu *leugnen* ist. Kuhn, Theoretiker der sich in Paradigmen revolutionierenden Wissenschaft, erliegt hier seinem großen Fund so weit, dass er jene eine Revolution, in der es überhaupt erst zu solcher Wissenschaft kommt, umdeutet zu einer der zahlreichen Revolutionen *innerhalb* der bereits *bestehenden* Wissenschaften. Die Struktur der heutigen Wissenschaft, die es erst seit damals gibt, soll sich ableiten aus derselben Struktur, die es schon immer gegeben hätte; der Anfang, den es mit dem paradigmengeleiteten Gang von Wissenschaften nimmt, soll sich erklären aus eben diesem Gang. Das Herzuleitende wird vorausgesetzt, um sich selbst daraus herzuleiten. Gerade das also, was er zu erklären unternimmt, vermag sich Kuhn nicht vorzustellen: dass es Wissenschaft und ihre typische Entwicklung einmal *noch nicht gegeben hat.* Er setzt Wissenschaft für alle Zeiten voraus, und so muss seine Erklärung zirkulär werden, unrettbar in sich verspiegelt.

Folglich kann es auch mit der ganzen schönen Einteilerei nicht klappen. Eine »klassische« mathematisch ausgerichtete Wissenschaft sei zum Beispiel die Mechanik, die Lehre von der Bewegung der Körper auf Bahnen, und Kuhn nennt sie ausdrücklich eine seiner klassisch-*antiken* Wissenschaften, die sich ganz intern vor sich hin entwickeln würden. Und doch ist die Mechanik alles andere als antik, es *gibt* sie *nicht* in der Antike und unbekannt ist sie selbst noch der Renaissance: Sie ist vielmehr der Inbegriff der *neuen* Wissenschaft. »*Naissance d'une science nouvelle*«, so nennt die Wissenschaftsgeschichte das Auftreten der Mechanik in den 1620er Jahren. Die Antike kennt nur eine *Statik*, und das weiß Kuhn sehr wohl – nur eben an anderer Stelle. Trotzdem, *gegen besseres Wissen*, verleugnet er dies Musterbeispiel der *neuzeitlichen* Wissenschaft zu einer urältesten, auf dass sie ihm die Trennung und Einteilung nach Außen und Innen, nach empirisch und mathematisch ermögliche: »Ihre Wandlung im 17. Jahrhundert [...] lässt sich zwanglos im wesentlichen als Fortsetzung einer antiken und mittelalterlichen Tradition in einer neuen geistigen Atmosphäre sehen.«[134] Neu wäre da also nicht die Mechanik, sondern nur wieder die »Atmosphäre«, und nichts daran »zwanglos« als die Geschichtsfälschung, die Kuhn da zum besten gibt.

Selbst Kuhn. Er, der andere Erklärungen trefflich in die Schranken weist und auf eine eigene von vornherein verzichtet, verfällt den Schwierigkeiten bereits, wenn er sich lediglich in die richtige Richtung vorzutasten glaubt. Wo es dann nicht passt, spricht Kuhn auch schnell von Ausnahmen – damit den Baconischen Wissenschaften das empirische Außen reserviert bleibe, sollen etwa die mathematischen aufs Experiment verzichtet haben und also wären Galileo und Newton, die nun einmal – Pech! – nachweislich experimentiert haben, *Ausnahmen*.[135] Wenn aber *diese* beiden nicht in die Erklärung passen, dann passt die gesamte Wissenschaftliche Revolution nicht hinein. Und schließlich, letztes Mittel im Streit der Schulen, murmelt Kuhn noch etwas von ausgleichenden Einflüssen, welche die internal-klassischen und die

external-empirischen Wissenschaften aufeinander ausgeübt hätten. Wolfgang Krohn sagt, was ein solcher Ausgleich leistet:
In der Literatur werden im Anschluss an diese Kontroversen zwischen den sogenannten materialistischen und den sogenannten idealistischen Interpretationen schließlich regelmäßig Kompromisse angeboten, in denen Kategorien wie Wechselwirkung, Rückwirkung oder Interdependenz ins Zentrum gerückt werden – Kategorien, mit denen bei mehr als drei Faktoren aus Komplexitätsgründen sicherlich gar nichts mehr erklärt wird, sondern der zu überwindende Ausgangspunkt – die historistische Datenkollektion – wieder erreicht wird.[136]
Die Datenkollektion – ja, mit ihr endet bisher alle angestrengte Suche. Gewiss, eine überaus reichhaltige Kollektion, die da inzwischen zusammengekommen ist, ein Reichtum an Fakten, den kaum noch ein Einzelner zu überblicken vermag, ein ausgebreitetes Wissen, das willig bereitliegt, um zum Ausgangspunkt zu werden für die richtige Erkenntnis – die sich trotzdem nicht einstellen will. Alles, was da sonst noch erklärend aufgeboten wurde, durch Merton etwa der Puritanismus, durch Max Weber die Entzauberung der Welt, durch Popkin ein neuer Skeptizismus, die Emanzipation vom Totalitätsanspruch der Naturphilosophie durch Gjertsen, Auflösung der Dichotomie Natur-Kultur durch Hoykaas, die Produktion einer künstlichen Natur durch Merchant, durch Hall ein neuer Rationalismus, durch Grant und McMullin die Abkehr vom mittelalterlichen Nominalismus, durch Dijksterhuis und andere schließlich die Mechanisierung des Weltbildes und vor allem seine Mathematisierung: All das hält entweder als solches nicht stand oder greift isolierend lediglich eine einzelne Erscheinung des Neuen heraus, um sie, immer untriftig, zur Ursache aller anderen zu erklären.

Damit aber ist nicht nur diese *Ursache* unerkannt, sondern notwendig auch das verursachte Neue selbst: Was genau ist *das spezifisch Neue* dieser Revolution? Die Datenkollektion weiß davon nur zu sagen, all die einzelnen Leistungen, Änderungen und Neuerungen der Zeit, wenn auch keine für sich schon eine Revolution, wären doch *insgesamt* das Neue: das Neue als Sammlung und Sammelsurium. So aber bleibt die *Einheit* ausgeblendet, die es doch so unverkennbar hat, zeitlich, räumlich und der Sache nach, und damit verliert sich auch die Vorstellung von dieser Revolution selbst, es fehlt der genaue Begriff dessen, was doch so eindringlich nach Erkenntnis seiner Ursachen und seines Gegenstands verlangt. Ganze Kongresse, die mit Titeln antreten wie »Aspekte der Wissenschaftlichen Revolution«, als stünde dieses große Ganze längst unerschüttert fest und nur noch die Kleinarbeit wäre zu leisten, sie erarbeiten unermüdlich zwar solche einzelnen Aspekte, wissen aber zuletzt nicht mehr: die Aspekte *wovon*? Kopfschüttelnd geraten sie immer wieder vor die aporetische Frage: Hat es überhaupt gegeben, was wir da in seinen Aspekten sammeln und untersuchen? Gibt es überhaupt die Wissenschaftliche Revolution?

GESETZ, EXPERIMENT UND FORTSCHRITT

Es gibt sie. Dass sich ihre große Evidenz verliert, nicht nur verblasst, sondern sich geradezu in Luft auflöst, hat diesen erstaunlichen Grund, dass das Neue an ihr noch keinem Blick scharf genug erschienen ist. *Was* ist daran die Revolution? Unübersehbar, dass es da etwas gibt. Doch auf die Frage, was es sei, stellen sich immer regelmäßig nur die Angaben ein, was wann geschah, die Daten hier einer Entdeckung, die Umstände dort eines Briefwechsels oder die Vorgeschichte hier eines technischen Verfahrens. Inmitten von Kartographie und Metallgewinnung, Luftpumpe und Mathematik weiß man das bestimmend Neue immer weniger auszumachen, findet sich damit ab und nimmt schließlich alles nur in allem. Doch das ist damals vielleicht mehr, aber es ist nicht anders neu als in anderen Jahrhunderten auch.

Gleichwohl *gibt* es das revolutionär Neue *dieses* Jahrhunderts: etwas, das es niemals vorher gegeben hatte und das sich aber fortsetzen sollte bis heute. Es hat seine klaren Kennzeichen, und zumindest *diese* sind schon genau bestimmt worden. Weshalb jedoch sind sie dann so weit unbekannt, dass sie in den bekannten Erklärungen so gar keine Rolle spielen, und weshalb folglich sind sie nicht dazu genutzt worden, das Neue selbst zu bestimmen? Ich antworte darauf: Wenn hier tatsächlich der Zusammenhang waltet, den ich behaupte, ein Zusammenhang mit dem Geld und *seiner* Revolution, dann allerdings steht es nicht anders zu erwarten, dann *können* sich diese Kennzeichen nicht als etwas Neues eingeprägt und glaubhaft gemacht haben. Dann nämlich muss es hier ebenso gehen wie in der Geschichte des Rhythmus auch: Das Neue, das spezifisch Neuzeitliche muss erscheinen, *als wäre es immer gewesen*, als hätte es zu allen Zeiten bestanden: *nicht* neu, sondern natürlich, menschheitlich *ewig* – oder zumindest doch antik. Es ist nicht vorstellbar als dieses *Neue*, es wird unwillkürlich und unvermeidlich weiterhin als das naturgegeben *Alte* gedacht, selbst dann, *wenn es bereits als dies Neue festgestellt wurde.*

Der Leser sollte sich also nicht wundern, wenn ihm die folgenden *Kennzeichen des Neuen*, wie ich sie nannte, drei Kriterien, drei erst neuzeitlich auftretende Erscheinungen, in denen es sich manifestiert, uralt erscheinen wollen. Edgar Zilsel kommt das Verdienst zu, sie in ihrer Neuheit erkannt und beschrieben zu haben, und Wolfgang Krohn, dass er Zilsels Aufsätze neu herausgab und damit wieder auf sie aufmerksam gemacht hat. Ihre entscheidende Erkenntnis fasst Krohn in einem einzigen Satz zusammen:

In der Wissenschaft werden Gesetze *der Natur gesucht, die Suche geschieht* experimentell, *die Forschungsergebnisse gelten als* Fortschritte *gegenüber den bisherigen Kenntnissen.*[137]

Drei »Kennzeichen der Wissenschaft«: *Gesetz, Experiment, Fortschritt.* Alle drei scheinen alt, scheinen naturnotwendig, und sind doch *neu.* Sie sind *gemeinsame* Kennzeichen dieser neuen Wissenschaft, alle drei verdanken sich *demselben* Ursprung.

Worum also geht es bei ihnen, und inwiefern sind sie neu?

Der Gedanke des Fortschreitens, der Gedanke also einer voranschreitenden *Entwicklung* ist uns auf eine Weise selbstverständlich und gleichsam notwendig, dass wir uns kaum vorstellen können, wie ohne ihn auszukommen wäre. Auch die Wissenschaft selbst *erklären* wir uns ja notwendig und unwillkürlich als Ergebnis einer Entwicklung, sie scheint uns notwendig ein *Fortschritt* gegenüber den früheren Zeiten. Und doch ist eben dieser Gedanke, es gäbe eine allgemeine Entwicklung in Form des Fortschritts – derselbe Gedanke also, der unwillkürlich auch zur Herleitung von Wissenschaft herangezogen wird –, nicht älter *als diese Wissenschaft selbst*. Er entsteht mit ihr, er *gehört* zu ihr, er ist *Teil* jenes neuzeitlich veränderten Denkens, auf dem sie gründet. Und das heißt auch, er ist Teil *des zu Erklärenden* und keinesfalls bereits dessen Erklärung.

Edgar Zilsel, dem hier das Wort gebührt, beschreibt ihn so:
Der moderne Wissenschaftler sieht auf die Wissenschaft wie auf ein großes Gebäude, Stein um Stein errichtet durch das Werk seiner Vorgänger und seiner zeitgenössischen Kollegen – ein Gefüge, das seine Nachfolger fortsetzen, wenn auch nie vollenden werden. An dieser Arbeit will er sich beteiligen. Seine Absicht ist entweder das bloß theoretische Ziel der Errichtung des Bauwerkes, oder er folgt der utilitaristischen Auffassung, die den Fortschritt der Wissenschaft mit dem Fortschritt der Zivilisation verbindet und dabei den Vorteil der Menschheit durch die praktische Anwendung der Theorien im Sinn hat. [...] Wissenschaft wird also sowohl in theoretischer als auch in utilitaristischer Interpretation als das Ergebnis einer Zusammenarbeit zu einem unpersönlichen Zweck aufgefasst, als eine Zusammenarbeit, an der alle Wissenschaftler der Vergangenheit, Gegenwart und Zukunft teilhaben.
Heute erscheint diese Auffassung oder dieses Ideal nahezu als selbstverständlich. Jedoch hat sie kein brahmanischer, buddhistischer, moslemischer oder katholischer Scholastiker, kein konfuzianischer Gelehrter oder Humanist der Renaissance, kein Philosoph oder Rhetor des klassischen Altertums je erreicht. Es ist ein spezifisches Charakteristikum des wissenschaftlichen Geistes der modernen, westlichen Zivilisation und erscheint erstmals voll entfaltet in den Werken von Francis Bacon.[138]

Das ist wiederum schön deutlich.

Bereits im 16. Jahrhundert beginnen zwar die ›gehobenen Handwerker‹, Künstler wie Albrecht Dürer, Unterweisungen in der von ihnen geübten Kunst gelegentlich mit dem Gedanken zu verbinden, nicht nur dass sie andere auf diese Weise fördern, sondern dass andere dieselbe Kunst noch verbessern könnten; ein Späterer werde »weitersuchen und gar viel mehr finden, als ich jetzt andeuten kann.«[139] Noch aber beschränken sich dergleichen Äußerungen auf die Techniken nur einer jeweils bestimmten einzelnen Kunst und Kunstfertigkeit. Der Gedanke des Fortschritts, eines *allgemeinen* Fortschritts, ist anderen Wesens.

Er denkt den Fortschritt als *universal* in seiner Ausdehnung, *alle* Bereiche betreffend, durch jeden Beitrag der Einzelnen *insgesamt* befördert: Fortschritt als die *eine, einheitliche* Entwicklung. Was immer jemand für sich genommen leistet, es trägt zu diesem Fortschritt bei, es geht in ihn ein, wird Bestandteil der großen, *gemeinsamen* Entwicklung voran. Um 1600 benennt Simon Stevin, ein Name, den wir bereits kennen, ein erstes Mal die neu gedachten Aufgaben des einzelnen ›Künstlers‹ und Forschers in aller knappen Genauigkeit: »Korrektur seiner Irrtümer und die Hinzufügung anderer neuer Erfindungen, die der Öffentlichkeit gewinnbringend sind«; das heißt *Verbesserung* des Wissens, seine *Erweiterung* und seine Ausrichtung auf die *Allgemeinheit*. Diese Allgemeinheit gilt zugleich als *Ziel* des Fortschritts und als seine *Voraussetzung*: »gemeinsame Anstrengung und die Arbeit vieler Menschen« seien erforderlich, damit »der Irrtum oder die Nachlässigkeit des einen durch die Genauigkeit des anderen ausgeglichen wird«.[140]

Fortschritt ist also der Gedanke eines *Projekts*: des virtuell alle betreffenden und auf virtuell alles bezüglichen Projekts sich stetig verbessernden und erweiternden Wissens. Es ist das Projekt *Wissenschaft*.[141] Hier genau prägt sich historisch ihr *Begriff*: eben dies Projekt umfassender Geltung zu sein, bei dem nicht festgelegt ist, *was* es im einzelnen erkennen wird, welches Ziel es je erreichen soll, sondern einzig und allein, dass es darin einem *Entwicklungsgang* folgt, dem *einen*, steten Gang *voran*. In ihn, so ist die Vorstellung, gehen alle Neuerungen, Veränderungen ein; das heißt, was immer sich verändert, wird in dieser *Form* einheitlicher Entwicklung *gedacht*. Hier also *entsteht*, hier wird zum historisch ersten Mal gedacht und projektiert, was Wissenschaft heißt – und was Kuhn in seiner berühmtesten Studie zutreffend auch »normale Wissenschaft« nennt:

eine Forschung, die fest auf einer oder mehreren wissenschaftlichen Leistungen der Vergangenheit beruht, Leistungen, die von einer bestimmten wissenschaftlichen Gemeinschaft eine Zeitlang als Grundlagen für ihre weitere Arbeit anerkannt werden […] neuartig genug, um eine beständige Gruppe von

Anhängern anzuziehen, [...] offen genug, um der neuen Gruppe von Fachleuten alle möglichen ungelösten Probleme zu stellen. Leistungen mit diesen beiden Merkmalen werde ich von nun an als »Paradigmata« bezeichnen, ein Ausdruck, der eng mit dem der »normalen Wissenschaft« zusammenhängt.[142]

Ein solches Paradigma ist gebunden an ebensolche »normale Wissenschaft«, und beide angewiesen auf die *scientific group* als ihren Träger, auf die wissenschaftliche Gemeinschaft und Gruppe von Fachleuten, die auf ihrem Forschungsgebiet bestimmte Grundannahmen teilen, das »Paradigma«, und die ihre Arbeit als »normale Wissenschaft« verrichten, das heißt, indem sie innerhalb des Paradigma eben dessen *Fortschritt* betreiben – möglicherweise so weit, dass es einmal aufgegeben und in ein anderes überführt werden muss.

Der Erfolg eines Paradigmas [...] ist am Anfang weitgehend eine Verheißung von Erfolg, die in ausgesuchten und noch unvollständigen Beispielen liegt. Die normale Wissenschaft besteht in der Verwirklichung jener Verheißung, einer Verwirklichung, die durch Erweiterung *der Kenntnis der vom Paradigma als besonders aufschlussreich dargestellten Fakten, durch* Verbesserung *des Zusammenspiels dieser Fakten mit den Voraussagen des Paradigmas sowie durch* weitere Artikulierung *des Paradigmas selbst herbeigeführt wird.*[143]

Es geht um den Komparativ, ums Weiterkommen, um den Fortschritt. *Er* ist die Verheißung, als welche ihn die Menschen nicht etwa im bisher Erreichten vorfinden, sondern selbst erst setzen, in *ihm* liegt die Bedeutung der jeweiligen, für sich genommen durchaus beliebigen, nämlich austauschbaren und immer wieder tatsächlich ausgetauschten Paradigmata. Sie sind nie für sich genommen einfach »richtig« oder »wahr«: »Paradigmata erlangen ihren Status, weil sie bei der Lösung einiger Probleme, welche ein Kreis von Fachleuten als brennend erkannt hat, erfolgreicher sind als die mit ihnen konkurrierenden.« *Erfolgreicher in der Konkurrenz*: so lautet der spezifische Komparativ namens »Fortschritt«.

Diese Konkurrenz also muss historisch bestehen, *sie* muss es geben, damit Wissenschaft Wissenschaft ist und ein Paradigma ein Paradigma. Die *Physik* des Aristoteles etwa oder der *Almagest* des Ptolemäus waren schon deshalb weder das eine noch das andere – selbst wenn es Kuhn in krassem Widerspruch zur eigenen Theorie[144] behauptet –, da sie nicht der Arbeit einer *scientific group* ausgesetzt waren, nicht also »normaler Wissenschaft« und deren Bemühen um Verbesserung: nicht dem Projekt »Fortschritt«. Man mag sie immer Wissen nennen und in ihnen die großartigen Leistungen erkennen, die sie sind, auch mögen sie für eine weitaus längere Zeit herangezogen und »geglaubt« worden sein, als dies einem Paradigma moderner Wissenschaft je vergönnt war. Dennoch war diese Art von Wissen nicht Ergebnis und nicht Gegenstand eines *gesellschaftlichen*, nämlich eines als gesellschaftsweit *gedachten* und schließlich gesellschaftsweit auch *betriebenen Projekts*. Dieses Projekt, das Projekt von Wissenschaft, Fortschritt und darin der Arbeit an den Paradigmata, ersteht erst mit der Neuzeit.

Experimente sind eines seiner Mittel: Sie dienen jener »Erweiterung der Kenntnis der vom Paradigma als besonders aufschlussreich dargestellten Fakten« sowie »Verbesserung des Zusammenspiels dieser Fakten mit den Voraussagen des Paradigmas«, indem sie solche Fakten, den jeweils gegebenen Untersuchungsgegenstand, *auf eben diese Voraussagen hin* überprüfen. An sie, an die sogenannten Paradigmata also und damit an die Existenz von Wissenschaft und deren »normalen« Gang sind auch die Experimente gebunden. Ihr Begriff sagt insofern mehr – oder in einem bestimmten Sinn auch *weniger* – als die allgemeineren Worte »Erfahrung« oder »Empirie«, da er spezifischer spricht als sie. Er meint eine bestimmte *Form* der Erfahrung. Und dass diese Form damals neu ist, dass sie spezifisch zur Wissenschaft und in die Neuzeit gehört, das ist von den Experimenten, ist von *diesem* »Kennzeichen der Wissenschaft« am ehesten bekannt und geläufig – so dass ich es für den Moment nicht weiter ausführen muss.

Anders bei jenem ersten und wichtigsten: dem *Gesetz*. »In der Wissenschaft werden *Gesetze* der Natur gesucht«: so knapp und harmlos lässt sich sagen, was eine abgrundtiefe Kluft aufreißt zwischen Neuzeit und allen Zeiten zuvor. Eine solche Kluft, wer sich erinnern mag, hat der Begriff des Gesetzes auch in die Rhythmusgeschichte gesprengt.

Und nun zuerst und zum wiederholten Male: Nein, auch *Naturgesetze* kannte die Antike nicht. Wiederum muss es heißen, dass kein brahmanischer, kein buddhistischer, kein moslemischer oder katholischer Scholastiker, kein konfuzianischer Gelehrter oder Humanist der Renaissance, kein Philosoph oder Rhetor des klassischen Altertums sie je gekannt hat und keiner sich auch nur etwas darunter hätte vorstellen können. Man bekommt heute zwar selbst in den besten Werken zur Wissenschaftsgeschichte zu lesen, dass die neuzeitliche Wissenschaft lediglich *erfolgreicher* nach Naturgesetzen geforscht hätte als frühere Zeiten, zum Beispiel so: »Die mathematische Abstraktion machte neue Klassifizierungen der Erfahrung und die Entdeckung neuer Kausalgesetze möglich.«[145] Aber das täuscht: Es waren nicht etwa nach einer Reihe von früher entdeckten Gesetzen nunmehr *neue*, die da aufgestellt wurden, sondern es waren zum erstenmal überhaupt *Gesetze*. Und nicht etwa, dass Antike und Mittelalter lediglich weniger Naturgesetze *entdeckt* hätten, sie haben gar nicht erst danach *gesucht*. Und nicht nur haben sie nicht danach gesucht, sie hätten gar nicht gewusst, wonach sie da suchen sollten. Sie hatten keine *Vorstellung* von Naturgesetzen, der Begriff, der Gedanke von solchen Gesetzen war ihnen unbekannt, ja mehr noch, er hätte sich mit ihrer Vorstellung von der Natur nicht einmal vertragen, hätte ihr widersprochen, wäre ihr zufolge nur absurd gewesen: Er war in einem strengen Sinne *undenkbar*. *So* tief scheidet der Begriff des Gesetzes die europäische Neuzeit von allen anderen Zeiten und Kulturen.

Das *Wort* ist selbstverständlich alt, als »Gesetz«, νόμος, *lex* ist es so alt wie das Rechtswesen, dem es ursprünglich zugehört. Aber:

Man darf den juristischen Terminus »Naturgesetz« nicht mit demselben Terminus im naturwissenschaftlichen Gebrauch durcheinanderbringen. Bekanntlich bezeichnet der juristische Begriff (ius naturale, lex naturalis) moralische Gebote, die nicht auf gesetztes Recht, sondern auf Vernunft, göttliches Gebot und moralischen Instinkt begründet sind und die allen Völkern gemeinsam sind. Er stellt fest, wie vernünftige

Wesen sich verhalten sollen, wohingegen Naturgesetze, die von modernen Naturwissenschaftlern erforscht werden, lediglich feststellen und beschreiben, wie physikalische Prozesse tatsächlich ablaufen.[146]

Selbst die Übertragung des juristischen Begriffs auf die äußere Natur ist zwar alt, doch behält das »Gesetz der Natur«, wie es damals verstanden wird, seine ethische Bedeutung: dass Natur und in ihr die Gottheiten vorgeben, was sein *soll*, wie es *richtig*, wie es in der Ordnung ist – und dass *deswegen* alles so ist, wie es ist. Wenn es bei Heraklit heißt: »Die Sonne wird die (ihr gegebenen) Maße nicht überschreiten«, dann folgt zur Erklärung: »sonst werden sie die Erinnyen, die Helferinnen der Dike, ausfindig machen«.[147] Von ihrer Bahn abzuweichen, wäre der Sonne wohl möglich, aber es wäre falsch, wäre Unrecht und riefe unweigerlich Dike, die Göttin des Rechts auf den Plan; *deshalb* lässt es die Sonne besser bleiben und hält sich schön an ihre vorgeschriebene Bahn.

Auch der antike Stein, der auf die Erde fällt, folgt seiner *Natur*, nach unten zu fallen, weil es anders *wider* seine Natur wäre. Der Antike musste es folglich zum Problem werden, weshalb ein Stein, wenn er geworfen wird, auch *nach oben* fliegt. Die Erklärung musste sein, dass ihm beim Wurf eine *künstliche*, eben *nicht* natürliche und eben *nicht* mit dem Gesetz seiner Natur in Einklang stehende Bewegung *aufgezwungen* wird. Sein Fallen entspricht, sein Steigen widerspricht dem Gesetz der Natur; gleichwohl gibt es beides, das eine natürlich, künstlich das andere. Und wenn umgekehrt Rauch und Feuer natürlicherweise nach oben streben und nur durch besonderes Einwirken von Menschen oder von Göttern – als böses Omen! – nach unten gezwungen werden können, dann liegt das eben an *ihrer*, an der Natur von Rauch und Feuer, und also an einer *anderen* Natur als der des Steines. Jedem die seine, und jedem sagt sie, wo es hingehört, an welcher Stelle des Kosmos es seinen Platz hat und was ihm also *gebührt*.

Ein »Gesetz der Natur«, wie es die Antike auffasste, galt anders als die Naturgesetze moderner Wissenschaft nicht universal für alles gleich, ob nun für Stein oder Rauchpartikel. Gleichwohl suchten auch die Naturphilosophen – nicht nur der Antike, sondern bis hin zum Anbruch der Neuzeit – durchaus nach etwas *universal Gültigem*, aber das hatte nicht deswegen auch schon die Form von Naturgesetzen. Man suchte nach »Wahrheit« und dachte sie in der dauernden, sich gleich bleibenden Wirklichkeit hinter den veränderlichen, durch die Sinnesorgane wahrnehmbaren Dinge. Deren im Wechsel sich erhaltende Identität wurde als »Substanz« gedacht und als ihre – so Platon – überindividuelle »Form«. Erkenntnis der Natur war Erkenntnis solcher »substantieller Formen«, und was auch immer sich mit einem Ding zutrug und an ihm festzustellen war, Farbe, Größe und Gestalt, seine Beziehung zu anderen Dingen, die Wirkungen, die es hatte oder denen es unterlag, es musste sich aus seiner Substanz herleiten und als deren Attribut auffassen lassen. Dieses *Bleibende* in den Dingen *jenseits* ihrer Veränderlichkeit – und damit alle Möglichkeit zur Veränderung erst begründend –, diese gedachte *Substanz* war es, wonach Antike und Mittelalter suchten. Die Gesetze, nach denen die moderne Wissenschaft forscht, könnten dazu in keinem krasseren Widerspruch stehen. Denn sie – so fremd dem älteren Denken wie nur irgend möglich – gelten nicht dem Gleichbleibenden in den Dingen, sondern gerade ihrer *Veränderung*.

Für uns formulieren Gesetze den zwingenden *Verlauf* einer Bewegung, eines Prozesses, eines Kontinuums. Die Fallgesetze, die Galileo findet, handeln nicht davon, dass ein Stein natürlicherweise auf der Erde *ruht* und, falls ihm das verwehrt wird, diesen natürlichen Zustand der Ruhe zu erreichen *strebt*, also fallen will; sie geben an, wie ein solcher Fall *verläuft*. Was einem antiken Stein nur *gegen* seine Natur aufgezwungen werden konnte, Wurf und Fall, das eben macht die Neuzeit zum Gegenstand ihrer *Natur*gesetze: was ehemals Zwang und Widernatur war, zum Inbegriff des Natürlichen.

Wenn Archimedes die Hebelwirkungen studiert und daraus eine der nicht mehr als drei antiken Erkenntnisse gewinnt, die sich wenigstens nachträglich als Naturgesetze deuten ließen, jedenfalls als solche gedeutet worden *sind*, wenn Archimedes also die später zu Unrecht so genannten Hebel-»Gesetze« beschreibt, so gibt er lediglich Proportionen an, Größenverhältnis und Achsabstände der Gewichte, die bei *ruhendem* Hebelarm gelten. Was er behandelt, fällt also unter die *Statik*, dieselbe Kunst, die man beispielsweise auch aufbieten muss, damit ein Haus nicht einstürzt. Und die Statik *unterliegt* zwar – nach moderner Auffassung – genauso wie alles andere den universal gültigen Naturgesetzen, aber sie *ist* nicht selber ein Naturgesetz. Diese sind allein dort zur Stelle, wo sich etwas rührt. Wo sich nichts bewegt, solange sich nichts verändert, greift auch kein Gesetz.

Naturgesetze sind *Verlaufsgesetze*. Und dieser Begriff, diese Vorstellung, diese *Denkform* entsteht erst mit dem 17. Jahrhundert. Aber seitdem hat sie sich mit solchem Erfolg durchgesetzt, hat sie sich so gründlich verbreitet, dass der gängige Sprachgebrauch längst mit »Gesetzen« umgeht, auch wo von sehr viel weniger die Rede ist als von dem, was der Begriff spezifisch meint. Jede Regelmäßigkeit wird inzwischen »Naturgesetz« genannt, jede beliebige Wenn-dann-Beziehung heißt inzwischen »gesetzmäßig«, und der einmal eminent neue Begriff wurde schließlich ermäßigt bis zu Murphys *Unnatural laws*: Die Warteschlange, in der du anstehst, ist mit Sicherheit die langsamste. Aber dieses Aufweichen des Begriffs belegt nur, wie geläufig er verwendet wird, wie präsent er also ist. Seine Unschärfe durch ›Zersingen‹ ändert nichts an seiner genuinen, jener strengen Bedeutung, die er zu Beginn der Neuzeit erhält.

Es sind also zwei Denkformen, die des *Gesetzes* und die des *Fortschritts*, die Vorstellung feststehender Verläufe und die Vorstellung von Entwicklung *als* eines solchen Verlaufs, die das *Experiment* umrahmen als ein Verfahren, mit dem jene Gesetze gesucht werden und diesem Fortschritt gedient wird. So weit erweisen sich die drei »Kennzeichen der Wissenschaft« bereits als zusammengehörig. Zwar ist jedes auch für sich genommen neu zu jener Zeit, aber doch jedes als eines der *gemeinsamen* Kennzeichen der Wissenschaft, jenes einheitlich Neuen, das der Revolution der 1620er Jahre ihren Namen gibt. Zugleich aber sind sie *nur* dessen »Kennzeichen«, sie sind dieses Neue noch nicht *selbst*. Sie zeugen von ihm, es selbst jedoch bleibt noch immer zu suchen. Noch immer steht aus, was das Neue an der Wissenschaft *ist*.

II

WAS IST REVOLUTIONÄR?

Wir aber haben es längst in Händen. Wir befinden uns ja in der paradoxen Situation, für eine bereits gefundene Lösung erst noch das dazugehörige Problem gesucht zu haben. Wir haben es nun mit den Naturwissenschaften ausfindig gemacht, mit der Frage ihres Entstehens und des spezifisch Neuen an ihnen, und müssen jetzt lediglich die Lösung einsetzen – und sie allerdings auch bestätigen können –, von der wir ausgegangen waren: die Synthesis am Geld.

Ich weiß, es mag scheinen, nicht nur dass sie die unwahrscheinlichste aller denkbaren Erklärungen sei, sondern dass sie als Erklärung auch grundsätzlich zu kurz greifen müsse. Das unüberblickbar weite Feld der Naturwissenschaften mit ihren Myriaden von Erkenntnissen, Ergebnissen, Theorien, Messungen und technischen Erfolgen, all das zurückzuführen auf diesen einen kleinen Reflex, scheint ein Missverhältnis von Wirkung und Ursache, wie es krasser nicht ausfallen kann. Und man droht damit vor allem den schlimmsten Fehler zu begehen, der sich heutzutage einer Erklärung nachsagen lässt, den Fehler der Monokausalität: Aus diesem *einen* Grund sollen sich die Naturwissenschaften erheben?

Die Synthesis am Geld ist aber so wenig eine einzeln isolierte Ursache wie das Geld einzeln isolierbares Ding. Dass es mit dem Übergang in die Neuzeit zum bestimmenden Moment gesellschaftlicher Vermittlung wird, macht das Geld nicht nur zu dem wichtigen, aber einfachen Ding, als das es stets erscheinen mag, sondern macht es zu einem außerordentlich weit gedehnten *Zusammenhang* innerhalb dieser Gesellschaft, ja über die einzelnen Gesellschaften hinaus bis zu jener Welt, deren Wirtschaft es begründet und bestimmt. Das Geld ist derjenige Zusammenhang, der in dieser Welt *am weitesten* reicht, der dort nicht nur jenen unscheinbaren Reflex gebiert, sondern alle Lebensbedingungen der Menschen ergreift und in einer Weise von Grund auf umwälzt, die bis dahin ohne Beispiel war. Es wird dem Feudalismus sein Ende bereiten, es begründet zum ersten Mal eine »Ökonomie«, Wohl und Wehe der Menschen bindet es an *deren* Wohlergehen, an eine gesunde oder krankende Wirtschaft, es erhebt diese Wirtschaft zur öffentlichen Sache, zur Sache von Staaten, bedingt so den Übergang zu den modernen Nationalstaaten, regelt deren Verhalten nach innen und gegeneinander alsbald nach der Doktrin des Merkantilismus und muss es beispielsweise auch zu deren Interesse machen, Technologie und Wissenschaft gedeihlich voranzubringen. Die Bedeutung, die das Geld in der Neuzeit gewinnt, begründet damit also genausogut »externalistische« Gründe für den Erfolg der neuen Wissenschaft, und dass auch sie ihre Wirkungen haben können, ist mit der Behauptung, entscheidend sei hier das Geld, keineswegs bestritten. Im Gegenteil birgt gerade diese Umwälzung der Gesellschaft zu einer geldvermittelten eine Reihe von Umständen, deretwegen der Gesellschaft daran gelegen sein musste, das Entstehen der Wissenschaften zu befördern. Die Gründung etwa von Akademien wie der *Royal Society* zeugt sichtbar für dies offiziell gewordene *Interesse* an der Wissenschaft. Nur dass dieses Interesse nicht an deren *Anfang* liegt und die Wissenschaft nicht *begründet* haben kann.

Da die Synthesis am Geld der geldvermittelten Gesellschaft entstammt, ist sie also nicht bloß die isolierte Denkleistung, die sich vor dem weiten Feld der Wissenschaften recht verloren und ohnmächtig ausmachen müsste, sondern ist sie bestimmendes Moment jenes gesellschaftlichen Gesamtzusammenhangs, dem selbst die inzwischen so übermächtige Wissenschaft nur als ein Bereich unter anderen zugehört. Andererseits ist auch die Wissenschaft nicht erst dies weitgedehnte Feld von Forschungen, Kenntnissen und Institutionen, sondern hat sie einen bestimmenden Kern: die spezifisch neue *Denkleistung*, eben jenes verändertes Denken, das ihren Forschungen zugrunde liegt, zu jenen Kenntnissen führt und sich schließlich entsprechende Institutionen schafft. Allein *diese* Verbindung gilt es denn auch herzustellen, nur sie wird von mir urgiert: von der Synthesis, einer Denkleistung, die dem gesellschaftlichen Zusammenhang entspringt, zu einer Denkleistung, die sich ausdehnt zum wissenschaftlichen Zusammenhang. Auf keiner von beiden Seiten ist damit die breite und wie auch immer »extern« zu verstehende Mächtigkeit der Gesamtbereiche geleugnet, und ebensowenig, dass sie noch auf vielfältige andere Weise auf einander einwirken. Und doch, unter all dem, wirkt darin auf der einen Seite jenes veränderte Denken, das *bedingt* ist durch den einen Gesamtbereich, »Gesellschaft«, und auf der anderen ein Denken, das *Bedingung* wird für den zweiten, »Wissenschaft«.

Wenn man so will, verschränken sich damit externalistische und internalistische Deutung. Soziologisch – und also externalistisch – erklärt der Umschlag in die Markt*gesellschaft* das Entstehen einer neuen – bislang rein internalistisch zu deutenden – *kognitiven* Leistung. Kognition ist hier *in sich* gesellschaftlich vermittelt, nämlich *als* internalistisches Moment externalistisch hergeleitet; *in sich* kognitiv vermittelt dagegen das gesellschaftliche Phänomen Wissenschaft, nämlich *als* die soziologisch wirkmächtige Einrichtung hergeleitet aus einem Innen des Denkens, ohne das sie nicht bestünde. Durch dieses Nadelöhr – *auch* durch dieses Nadelöhr – läuft die Verbindung zwischen Wissenschaft und Gesellschaft, wie weit sie sich sonst immer erstrecken und wie vielfältig sie sonst noch immer verbunden sein mögen. Es scheint nur ein dünner Faden zu sein, was dort hindurchläuft, etwas, das kaum einen Bruchteil des Gewichts zu halten vermag, welches da auf beiden Seiten an ihm lastet. Und doch ist es ein Ding von solch stählerner Kraft, dass es dieses Gewicht nicht nur hält, sondern es als ganzes *trägt*.

PROGRAMM: EMPIRIE

Es muss sich bereits *am Anfang* der Wissenschaft finden lassen.

Und an diesem Anfang steht Francis Bacon, der die Wissenschaft als Projekt verkündet und einfordert, als ginge es wirklich nur darum, ein Reformprogramm aufzustellen. Er trägt selber nichts weiter zur Wissenschaft bei und doch hat er bereits vollständig ihren *Begriff* geprägt. Er findet ihr den Namen, *una scientia universalis*, die *eine* und *universale* Wissenschaft. Er propagiert den gezielt *experimentellen* Zugang zu den Naturphänomenen und soll sich bei einem beiläufig gemachten Experiment bekanntlich gar den Schnupfen geholt haben, der seinem Leben eine Ende setzte. Bacon geht bereits mit der Vorstellung von *Naturgesetzen* um. Und er ist berühmt und berüchtigt dafür, wie entschieden er den *Fortschritt* zum Ziel erhebt.

Francis Bacon tritt als jener nachdrückliche Gegner der scholastischen Tradition auf, als den man die Wissenschaft zuweilen insgesamt hat erkennen wollen. Seine Verachtung gilt dem veralteten Menschenschlag derer, die

zuerst glauben, dass andere wissen, was sie nicht wissen; und nachher, dass sie selbst wissen, was sie nicht wissen. Leichtgläubigkeit jedoch, Widerwille gegen den Zweifel, Unbesonnenheit im Antworten, Prahlerei mit Bildung, Scheu zu widersprechen, Interessiertheit, Lässigkeit in eigener Forschung, Wortfetischismus, Stehenbleiben bei bloßen Teilerkenntnissen: dies und Ähnliches hat die glückliche Ehe des menschlichen Verstandes mit der Natur der Dinge verhindert, und ihn statt dessen an eitle Begriffe und planlose Experimente verkuppelt: die Frucht und Nachkommenschaft einer so rühmlichen Verbindung kann man sich leicht vorstellen. Die Druckerpresse, eine grobe Erfindung; die Kanone, eine die schon nahe lag; der Kompass, in gewissem Grad bereits früher bekannt: welche Veränderung haben nicht diese drei hervorgebracht – die eine im Zustand der Wissenschaft, die andere in dem des Krieges, die dritte in dem der Finanzen, des Handels und der Schiffahrt! Und auf diese, sage ich, ist man nur zufällig gestolpert und gestoßen. Also die Überlegenheit des Menschen liegt im Wissen, das duldet keinen Zweifel. Darin sind viele Dinge aufbewahrt, welche Könige mit all ihren Schätzen nicht kaufen können, über die ihr Befehl nicht gebietet, von denen ihre Kundschafter und Zuträger keine Nachricht bringen, zu deren Ursprungsländern ihre Seefahrer und Entdecker nicht segeln können. Heute beherrschen wir die Natur in unserer bloßen Meinung und sind ihrem Zwange unterworfen; ließen wir uns jedoch von ihr in der Erfindung leiten, so würden wir ihr in der Praxis gebieten.[148]

Der Fortschritt in der Naturbeherrschung – er, der bei Bacon bloß vorgedacht ist, hat sich später mit einer Gewalt vollzogen, dass dieselbe Menschheit, der ihn Bacon zugedacht hat, nur tief davor erschrecken konnte. Eine Naturbeherrschung, die der Natur allenthalben planvoll den Garaus macht, ein Fortschritt, der es ebenso planvoll riskiert, all das Leben, das ihn doch vollziehen soll, ganz einfach zu vernichten, sie gehören heute auf eine so banal anerkannte Weise unter die Leistungen der Wissenschaft, wie es für Bacons Zeiten *neu* war, überhaupt in »Fortschritt« und einer nicht magischen »Naturbeherrschung« zu denken. Damals, an diesem Anfang, ist es *nur* das Projekt, ist es der *Gedanke* des Fortschritts, und zu Unrecht hat eine Moderne, die über die Art seiner Verwirklichung erschrak, sie denen zum Vorwurf gemacht, die jenen Gedanken als erste gefasst haben.

Gleichwohl ist der Vorwurf verständlich, denn wahrhaftig sieht es aus, als hätte Bacon ein Programm aufgestellt, das nur deshalb, weil es einmal aufgestellt wurde, auch verfolgt worden wäre. Der über alle Vorstellung gehende Erfolg, mit dem man es heute eingelöst sieht, fügt sich so passgenau zu Bacons Worten, dass scheinen muss, es wäre *ihr* Erfolg gewesen. Da Wissenschaft als *Projekt* auftritt, tritt sie notwendig auch *programmatisch* auf, und deshalb scheint für ihre Verwirklichung nichts anderes nötig, als dass jemand das Programm aufstellt und andere diesem Programm folgen. Bacon nennt das Ziel: *hujus ipsius veri mundi naturam introspicere et velut dissecare* – die Natur dieser wirklichen Welt selbst zu durchschauen und gleichsam zu zerschneiden; und: *omnia a rebus ipsis petenda sunt* – alles ist den Dingen selbst zu entnehmen: das Programm einer Ausrichtung auf Empirie.[149] Und damit scheint erst recht eine Richtung vorgegeben, der man ganz einfach nur nachgehen müsse, um ans Ziel zu kommen, an ein Ziel, das nämlich ganz einfach *da* und *gegeben* sei und zu dem man aufbrechen könne mit keiner anderen Voraussetzung ausgerüstet als derjenigen des Ziels selbst, den wirklichen Dingen. Sie liegen vor uns, und wir bewegen uns auf sie zu: so das Programm der Naturwissenschaften, so ist es bei Bacon formuliert, und so scheint für das Entstehen der Wissenschaften nichts weiter vonnöten zu sein als diese »Dinge selbst« und Bacons gute Idee; sie müsse nur genug Anhänger finden.

Doch um Wissenschaft zu begründen, bedarf es bedeutend mehr als nur ein genaueres Hinschauen auf die Dinge, wie sie sind. Man mag wohl in der Neuzeit auf manches auch genauer hinschauen, tatsächlich einmal nachzählen und dann feststellen, dass eine Fliege nicht laut Aristoteles acht, sondern nur sechs Beine aufweist, oder dass die Nerven vom Gehirn ausgehen und nicht vom Herzen. Solche Beobachtungen mögen auf der Linie von Wissenschaft liegen, mögen in sie eingehen, aus ihnen aber setzt sich Wissenschaft nicht zusammen. Keine bloße Beobachtung ergibt schon von sich aus, was Galileo oder Newton Neues zu *leisten* hatten. Keine empirische Beobachtung allein, und sollte sie selbst ein Galileo oder ein Newton anstellen, wäre in der Lage, die Wissenschaftliche Revolution auszulösen.

Beides nämlich ist voll der seltsamsten Voraussetzung, sowohl Bacons »Idee«, das empirische Programm, als auch Empirie selbst, die »Dinge«. Uns klingt das Programm einleuchtend selbstverständlich und hatte doch bis dahin keinem Menschen einleuchten wollen. Was uns so wenig erklärungsbedürftig erscheint, als würde da alles auf der Hand liegen, es steht in scharfem Widerspruch zu jedem früheren Denken und ist unverträglich mit allem, was sich für die Menschen bis dahin von selbst verstand. Und das heißt, es bedurfte auch hier des verändernden, eines neuen und bestimmenden Moments im Denken, damit sich die empirischen Dinge in genau der Weise von selbst verstehen konnten, wie Bacon sie dachte, wie Wissenschaft sie weiterhin denken sollte und wie sie nun eben *uns* selbstverständlich sind.

Bacon erkannte sich hellsichtig als bloßen *Vorläufer* von Leistungen, die sich später auf Grund richtig gefasster *axiomata* einmal in »ganzen Heereszügen« einstellen sollten, und erklärte den eigenen Verzicht auf vorschnelle Ergebnisse mit der Absicht, »die Erntezeit« abzuwarten; er wolle nicht versuchen, »Moos und Unkraut oder die grüne Saat abzumähen«, also vor der Reifezeit zu ernten. Gleichwohl hielt er es für geraten, »die Wege nicht nur anzuzeigen und zu befestigen, sondern sie auch zu betreten«. Und er widmet den Teil seines *Novum Organum*, in dem er dies tut, in dem er seine Zurückhaltung aufgibt und wenigstens vorläufig bereits eigene wissenschaftliche Erkenntnisse darbietet, den *Phaenomena Universi*: »das sind Erfahrungen aller

Art und eine solche Naturgeschichte, wie sie zum Fundament einer Neubegründung der Philosophie dienen kann«. Die »Phänomene«, die Erscheinungen der Welt, man wollte meinen, eine Naturgeschichte – der alte Name für das, was später Naturwissenschaft hieß – könne gar nichts anderes untersuchen als sie. Und doch war die Untersuchung der *Phänomene* für alles ältere Denken etwas, womit sich *Wissen* gerade *nicht* befassen konnte. Die Phänomene hatten bis dahin nicht einmal für einen *möglichen* Gegenstand von Wissen gegolten, sondern für etwas, worüber man bloß *Meinungen* hegen konnte. Die Phänomene, die Bacon jetzt zum Gegenstand der Untersuchung wählt, zählten bis dahin also genau zum Gegenstand jener »Leichtgläubigkeit« und »Lässigkeit«, an der sich Bacon so sehr stört.

Wissen oder, wenn man es da bereits so nennen möchte, Wissenschaft, *episteme*, war auf die Erkenntnis des sich gleichbleibend Seienden gerichtet, der ewigen Dinge *hinter* den wechselnden Erscheinungen. Diese, die *phainomena*, galten für nichts als den zufälligen und unzuverlässigen Niederschlag, bei Platon bekanntlich den bloßen Schatten dessen, was wahrhaft *ist*. Die Phänomene konnten deshalb kein Wissen von der Welt begründen, sondern allenfalls darauf hindeuten oder aber davon ablenken. Wollte man zu diesem Wissen vordringen, musste man sich vielmehr von den Phänomenen abwenden und versuchen, zurückzugelangen zu dem, was hinter ihnen verborgen war und was in ihnen lediglich seinen schwachen und schwankenden Widerschein fand. Dies bleibend Seiende, *nicht* die Phänomene waren bis dahin: »die Dinge selbst«.

Wissen und Philosophie galten dementsprechend der Betrachtung ewiger Wahrheiten, der empirische Umgang mit den Erscheinungen dagegen war bloßes Handwerk, »Kunst«, *ars*, *techne*. Diese vermochte nichts über das wahre der Wesen der Dinge und verhalf nicht dazu, etwas über sie auszusagen. Sie konnte mit deren Erscheinungen wohl umgehen, sie konnte die Natur auch allenfalls nachahmen, aber was diese »Kunst« hervorbrachte, war notwendig selbst nur »künstlich«, es *entfernte* sich von »Natur« und Wesen der Dinge, geradeso wie der nach oben geworfene Stein von der seinen *abwich*, die ihm gebot zu ruhen. Der empirische Umgang mit den *erscheinenden* Dingen, den Phänomenen, nicht den *damals* so gedachten »Dingen selbst«, war das *Gegenteil* von wahrer Erkenntnis.

Und in dieses Gegenteil also wird die Vorstellung von Wissen erst *verkehrt*, wenn *Wissenschaft* nun von den *Phaenomena Universi* handeln soll. Philosophie, die einmal nach den Gründen jenseits der Phänomene suchte, soll sich nun gerade auf diese Phänomene gründen. Die Unterscheidung zwischen Natur und Wissen auf der einen, Technik und Empirie auf der anderen Seite, zwischen dem gültig Wahren hier und dem davon nur Abhängigen dort, sie wird gegen ihren alten Sinn gewendet, indem das Abgeleitete nunmehr selber das zuletzt gültig und wahr Erkannte sein soll, während umgekehrt die einmal vorgängig gedachten ewigen Wahrheiten absinken und verstoßen werden ins Reich bloßen Meinens und Glaubens. Der technische und damit künstliche Umgang mit Natur soll ihr nun nicht mehr entgegengesetzt, sondern im Gegenteil insbesondere angemessen sein. Experimente, »die zum Zweck dessen, was gesucht wird, geschickt und kunstvoll – *secundum artem* – ausgedacht und tauglich sind«,[150] sollen nicht mehr Künstliches schaffen, sondern Natur gerade in ihrem Kern treffen, dort, wo ihre Wahrheit sitzt: »Das Verborgene der Natur offenbart sich mehr mit Hilfe künstlich-technischer Torturen – *per vexationes artium* –, als wenn es seinen natürlichen Lauf nimmt«.[151] Der künstlich ausgeübte Zwang, bis dahin notwendiger Widerspruch zur Natur, soll sie nun nicht mehr in ihr Gegenteil *verdrehen* – der Stein, der nach oben fliegt –, sondern sein Gegenteil, Natur, gerade offenbaren.

Eine solche Umwälzung aller Begriffe vom Wissen macht sich nicht von allein, sie bedarf mehr als eines unbefangenen Blicks auf die Dinge, wie sie nun einmal sind. Die »Dinge selbst«, sie sind es eben nicht von selbst. Sie müssen dazu *gemacht* werden.

EIN APRIORI FÜR DIE DINGE SELBST

»Aphorismen über die Interpretation der Natur oder die Herrschaft des Menschen«, so überschreibt Bacon den Teil seines *Novum Organum*, der sich den Phänomenen und ihrer Erforschung widmet: Die Natur soll sich ihrer *Interpretation* ergeben, und interpretiert werde sie, um sie zu *beherrschen*. Werk und Ziel der menschlichen *Macht*, so heißt es dann weiter, sei es, eine neue Natur oder neue Naturen – *novam naturam sive novas naturas* – an einem gegebenen Körper hervorzurufen: eine *neue*, von Menschen *erzeugte* und gleichwohl *Natur*, das hätte sich nach allem älteren Denken bisher widersprochen und ausgeschlossen. Werk und Ziel der menschlichen *Wissenschaft* aber sei es nun, die sogenannte »Form« einer gegebenen Natur aufzufinden: Bacon gebraucht hier noch das *alte*, platonische Wort für alles Bleibende an den Dingen und gerät damit aber bereits in die Verlegenheit, wie er das, was er jetzt neu damit meint, anders und besser benennen könne: *Formam, sive differentiam veram, sive naturam naturantem, sive fontem emanationis (ista enim vocabula habemus quae ad indicationem rei proxime accedunt)*[152] – »diese Wörter nämlich haben wir, die am nächsten an die Bezeichnung der Sache herankommen«: lauter alte Formeln, die sich dem Gemeinten wohl nähern, ohne es offenbar zu treffen.

Diese »Form« jedenfalls aufzufinden – schwer zu sagen, was sie sei –, wird insgesamt zur Aufgabe von Wissenschaft erklärt; eine Aufgabe, die sich allein dadurch genauer bestimmen lässt, dass man sie *in genau zwei* weitere unterteile:

das Auffinden des verborgenen Prozesses *in jeder Hervorbringung und Bewegung, der sich zusammenhängend von dem offenbar Wirkenden und der offenbaren Materie bis zu der angegebenen »Form« vollzieht; und entsprechend die Auffindung des* verborgenen Schematismus *der ruhenden und nicht in Bewegung befindlichen Körper.*[153]

Die Natur wird also zu allererst – vor allem anderen, was weiterhin noch mit ihr geschehen und was an ihr erkannt werden soll – interpretiert als *aufgespalten*, und zwar aufgespalten in genau *zwei* Elemente, *processus* und *schematismus*. Von ihnen soll gelten:

- Beide sind sie *verborgen*. Man hat sie nicht schon in Händen, sie werden nicht einfach sichtbar, sobald man nur genauer hinschauen wollte, nein, sie *entziehen* sich dem Blick, müssen aufgesucht werden, sie werden als das Aufzufindende allein *vorausgesetzt*.

- Beide sind strikt voneinander *getrennt*, aber beide *entsprechen* auch einander. Allein in der *Verbindung* beider ist Natur *vollständig* erkannt, ja, Natur *ist* in letzter Instanz ausschließlich und vollständig die Verbindung dieser zwei Elemente, der unbewegten Körperschematismen und der Bewegung, die sich an ihnen vollzieht: »In der Natur existiert nichts wahrhaft außer unteilbaren Körpern, die reine, unteilbare Akte nach dem Gesetz vollziehen« – *corpora individua edentia actus puros individuos ex lege*.

Hier also tritt zum ersten Mal das *Naturgesetz* auf, als der reine Akt, der sich an ebenso reinen Körpern vollziehen soll.

In den Wissenschaften ist eben dieses Gesetz, seine Erforschung, Auffindung und Erklärung die Grundlage des Wissens wie des Wirkens. Dieses Gesetz aber und seine Bestimmungen verstehe ich unter den »Formen«, da dieses Wort nun einmal Geltung erlangt hat und geläufig ist.[154]

Mit dem alten Terminus der »Form« bedenkt Francis Bacon also *dieses Neue*: das *Gesetz* – den verborgenen *processus*; der sich vollzieht an den Körpern; nicht jedoch an den Körpern in ihrer vollen, gegebenen Gestalt, sondern allein in jener geheimnisvollen reinen, unteilbaren Form – dem *schematismus*.

Entsprechend ist die Erforschung und Auffindung des verborgenen Schematismus *in den Körpern etwas ebenso Neues wie die Auffindung des* verborgenen Prozesses.[155]

Entsprechend schwer aber fällt es Bacon auch, ihre gedachte Bestimmung genauer in Worte zu fassen.

Der *schematismus* zum einen, verborgen, wie er nun einmal ist, soll sich erst durch eine Zergliederung der Körper ergeben, aber keine Zergliederung »mittels Destillation und anderer Arten der Auflösung«, »nicht mittels Feuer, sondern *mittels des Verstandes* und *der wahren Induktion* – in Verbindung mit hilfreichen Experimenten«. Bacon hat den *schematismus* noch nicht in Händen und sieht noch nicht einmal ab, was er einmal mit ihm in Händen halten werde; gleichwohl setzt er ihn voraus als *gedachte*, mittels *denkenden Verstands* einzuholende *Voraussetzung*. Und zwar setzt er ihn voraus in der Form von *corpora individua*, an denen die Gesetze ansetzen sollen, unteilbare Körper, körperlich Unteilbares, doch nicht Atome in einem Sinn, der

»das Vakuum und eine unwandelbare Materie voraussetzt (was beides falsch wäre)«.[156] Sondern der *schematismus* soll »wandelbare Materie« sein, *materia fluxa* – und nichts als sie. Er soll tatsächlich keinerlei Bestimmung enthalten außer der einen, dasjenige zu sein, *woran sich*, indem sie es wandeln, *die reinen Akte des Gesetzes vollziehen*.

Was zum anderen dies Gesetz sei – uns ist sein Begriff so vertraut, dass wir erst gar nicht vermeinen nach seiner Bestimmung suchen zu müssen –, was es also mit »reinen Akten« und *processus latens* auf sich habe, fällt Bacon nicht leichter zu sagen.

Der verborgene Prozess aber, wie ich ihn nenne, ist etwas bei weitem anderes, als es den Menschen in ihrer gegenwärtigen Beschränktheit leicht vorkommen kann. Denn ich verstehe darunter nicht gewisse Maßverhältnisse oder Zeichen oder sichtbare Stufen eines Vorgangs in Körpern, sondern ganz nur den fortgesetzten Prozess, der größtenteils nicht sinnlich wahrnehmbar ist.[157]

Und zwar mit der Einschränkung »größtenteils« nur deshalb, weil auch die sinnlich wahrnehmbaren Veränderungen irgendwie auf diesen verborgenen *processus* zurückgehen sollen und insofern sein wahrnehmbarer »Teil« wären. Er als solcher *ist* verborgen, *nicht* sinnlich wahrnehmbar.

Er soll sich vollziehen »in der Erzeugung oder Umformung der Körper«, aber nicht nur dort, »auch in allen anderen Veränderungen und Bewegungen«. Er also ist *jede* Form der Veränderung und Bewegung, und *jede* Veränderung und Bewegung ist umgekehrt zuletzt *processus latens*. Aber dies eben nicht, soweit sie nur sichtbar und sinnlich wahrnehmbar sind, sondern *rein als solche*: Veränderung und Bewegung als *actus purus*. Nur dies, nichts sonst als *reiner* Akt zu sein, ist die Bestimmung von Gesetz und *processus*: Sie sind, was sich an den Körperschematismen als Wandlung vollzieht, sie sind *Wandlung als solche*. Sie bestimmen sich einzig darin, dass sie wandelnd an dem ansetzen, was sich einzig darin bestimmt, zu sein, woran sie wandelnd ansetzen. Auf der einen Seite also das Veränderliche *rein unter Ausschluss* der Veränderung; und auf der anderen Seite die Veränderung *rein unter Ausschluss* des Veränderlichen; jede Seite aber, als einer der genau zwei notwendigen Bestandteile der einen Gesamtheit »Natur«, auf die andere angewiesen, um nur sie selbst zu sein: das Veränderliche, um veränderlich zu sein, angewiesen auf Veränderung; und die Veränderung, um Veränderung zu sein, angewiesen auf das, woran sie etwas verändert. Und das heißt: *processus* und *schematismus* sind gedacht als *reine, einander ausschließende Verhältnisbestimmungen.*

Noch einmal: Die *gesamte* Natur soll »wahrhaft« in genau nur diesen *zwei* gedachten Elementen bestehen. Beide beziehen sich als *reine* Einheiten aufeinander, nämlich im *reinen Ausschließungsverhältnis*, da sich ihrer beider Bestimmungen einzig aus dem wechselseitigen und die jeweils andere Einheit ausschließenden Bezug aufeinander ergeben sollen: Jede Einheit ist genau das, was die andere nicht ist, und zwar dadurch, dass die andere in dieser Weise von ihr ausgeschlossen und zugleich auf sie angewiesen ist, um eben als sie selbst bestimmt zu sein; und nach diesem Verhältnis aufgespalten also wird hier Natur als die eine Gesamtheit gedacht. Der »verborgene *schematismus*« ist danach auf der einen Seite dasjenige an der Natur, was gleichsam übrigbliebe, wenn man alle Wandlung auf die andere Seite verlegt; was allein *dadurch* übrigbliebe und bestimmt würde, *dass* alle Wandlung von ihm abgezogen wird, die reine Restbestimmung »der ruhenden und *nicht in Bewegung befindlichen* Körper«; Körper ohne Bewegung, aber eben nicht Körper, wie man sie sichtbar vorfände, sondern *materia fluxa* ohne *fluxus* und insofern *nichts sonst* als Absenz und Ausschluss von Veränderung und Bewegung, ihr leeres Substrat, das nichts als Wandelbare ohne Wandlung, dasjenige, was sich *allein* durch seinen *Bezug auf* Wandlung bestimmt und das sich in diesem Bezug allein dadurch bestimmt, dass es Wandlung negiert, dass es von ihr ausgeschlossen, dass sie von ihm abgezogen ist.

Wandlung *und* Wandelbares sind in dieser Art der Aufspaltung nicht anders zu bestimmen als in Bezug auf einander, und zwar in einem Bezug, der jedes für sich einzig durch den Ausschluss des anderen bestimmt. Der *schematismus* hat nicht wie die Körper, denen er zugrunde liegen soll, eine bestimmte Gestalt, ein bestimmtes Maß, er hat keine Merkmale, er soll nur all dem zugrunde liegen als das selbst Gestaltlose, die Nicht-Größe, das Ding jenseits aller Merkmale. Er hat allein seinen Bezug auf den *processus*, mit dem verbunden er – auf durchaus unbekannte, unabsehbare Weise – die selber *nicht-inhaltliche* Grundlage all dieser *inhaltlichen* Bestimmungen der wirklichen, körperlichen Welt werden soll. Auch der *processus* ist nicht selber Merkmal und trägt keines an sich, auch er ist als solcher *jenseits allen Inhalts*, er soll nur – auf wiederum unerfindliche Weise –, indem er an dem seinerseits nicht-inhaltlichen *schematismus* ansetzt, sämtliche Inhalte bewerkstelligen und so der »wahrhafte« Grund aller Inhalte, nämlich der gegebenen Natur werden – jenes Gegenstands der Wissenschaft. Wenn Natur für Bacon in nichts bestehen soll als *schematismus* und *processus*, führt er also Natur, allen Inhalt dieser Welt, auf zwei als solche *nicht-inhaltlich* gedachte Einheiten zurück, die sich wechselseitig im *reinen Verhältnis der Ausschließung* bestimmen: auf der einen Seite das wandelbare, für sich genommen aber starre Substrat der Wandlung, und auf der anderen Seite eben diese Wandlung selbst als ein für sich genommenes, für sich bestehendes und festes Element.

Und nun: Wie kommt Bacon auf sie? Wie kommt er darauf, Natur auf *sie* zu bringen? Was bringt ihn dazu, die Existenz solcher seltsamen Wesenheiten und sie als das einzig wahrhaft Existente zu behaupten?

Wohlgemerkt: Bacon findet sie ja nicht vor. Sie sind ihm weder durch eine begriffliche Tradition vorgegeben, weder durch scholastische »Analysen« oder irgendeinen Diskurs, noch etwa durch die Natur, die Dinge selbst. Nein, auch ihm sind *processus* und *schematismus* ja ausdrücklich *verborgen*, er muss sie *voraussetzen* – und weiß dann weiter nichts davon zu sagen, als dass er sich dazu offenbar *gezwungen* sieht, sie vorauszusetzen. An keiner Stelle seines Werkes vermag er ihre Annahme plausibel zu machen, sie zu *begründen*, an keiner Stelle gelingt es ihm, sie *anzuwenden*, nirgends, sie mittels eines schönen Ergebnisses als brauchbar oder gar als notwendig, richtig und wahr zu *bestätigen*. *Noch* gibt es diejenige Wissenschaft nicht, die Bacon irgendeine Bestätigung geben könnte, und als es sie dann gibt, denkt sie nicht daran, ihm die Existenz von *processus* und *schematismus* zu versichern. Er selbst untersucht im *Novum Organum* zwar exemplarisch das Phänomen Wärme und kommt zum

Ergebnis, eben sie sei reine Bewegung, *processus*, aber nicht etwa, wie man aus heutiger Sicht vielleicht nachträglich anerkennen wollte, Bewegung von Molekülen oder von etwas dieser Art, sondern Bewegung eben *als solche*, nichts anderes folglich als eben die *Voraussetzung*, mit welcher Bacon die Untersuchung begonnen hatte, durchaus nicht deren Bestätigung. Bacon weiß nicht, was ihn dazu drängt, *processus* und *schematismus* vorauszusetzen, er weiß nicht, wozu sie nützen sollten, und weiß nicht, ob sie je mit der Natur in Verbindung zu bringen sind. Er setzt sie vollständig *blind* voraus. Warum also – die Frage, die er selbst nicht zu beantworten vermochte –, warum tut er es?

Das Apriori, das er seiner Interpretation der Natur vorgibt, hat er folglich apriorisch in sich selber vorfinden müssen. Unwillkürlich und unhintergehbar hatte er einer Denkform zu folgen, die im reinen Ausschließungsverhältnis zwei nicht-inhaltliche Einheiten aufeinander bezieht. Er hat also einfach damit beginnen müssen, unwillkürlich und zwingend nach der Synthesis am Geld zu denken.

MATHEMATIK ALS APRIORI

Dass *sie* es ist, die sich in dem Zweierlei von *processus* und *schematismus* abbildet – man muss an dieser Stelle noch nicht davon überzeugt sein, sondern mag immer seine Zweifel hegen, ob schon das reine und damit asymmetrische Ausschließungsverhältnis genügt, um die Synthesis mit Bacons Apriori kurzzuschließen. Deshalb will ich es noch weiter beweisen und, was in diesem Fall möglich ist, auch anschaulich machen – jedoch an einem *anderen* Apriori, das der Wissenschaft vorgegeben wurde, und zwar mit Galileos berühmter Formel: »Die Natur ist in der Sprache der Mathematik geschrieben.«

Die Formel findet sich 1623 in Galileos Il Saggiatore. *Eine einzigartig revolutionäre Formel. Sie ist es, die – zumindest für den Wissenschaftler – die antike Natur, jenen geordneten Aufbau aus Substanz, Formen und Qualitäten, verschwinden und eine neue Natur sich erheben lässt, das einheitliche Nebeneinander quantitativer Phänomene.*[158]

Galileos Formel darf heißen: das *mathematische Apriori*. Und auch dies – man mag mir das alte Starenlied verzeihen – ist nicht so alt wie die Mathematik selbst, entstammt nicht der Antike, nicht dem Mittelalter, nicht der Renaissance. Nein, selbst in der Neuzeit, als es mit einem Mal *da* ist, tritt es in dem Sinn apriorisch auf, dass es allein *im Vorgriff* gefasst wird.

Die Formel, revolutionär zum einen, war zu ihrer Zeit auch einzigartig gewagt. Sicher studierte Galileo bereits seit zwanzig Jahren den Fall der Körper, zufriedenstellende Formeln jedoch veröffentlichte er nicht vor 1632 im Dialogo*. Im Jahr 1623 hatte man für die Behauptung, die Natur sei mathematisch, in Wirklichkeit nur die alten Feststellungen zur Länge schwingender Saiten, Keplers ungenaue Brechungsregel, das Hebelprinzip des Archimedes und seit 1609 die sogenannten Keplerschen »Gesetze«, sicherlich eine wunderbare Errungenschaft, aber man weiß, wie reserviert sich Galileo gegenüber Keplers Entdeckungen gezeigt hat. In jedem Fall liegt ein Abgrund zwischen der Feststellung einiger konstanter numerischer Beziehungen und der Formel des* Saggiatore. *Nicht weniger eindrücklich ist der Fall Descartes'. Vor aller Erfahrung träumte er davon, »auf den so starken und soliden Fundamenten der Mathematik« eine gesicherte Erkenntnis aufzubauen. [...] Die Idee, die Natur zu mathematisieren, allen Gelehrten der ersten Generation gemeinsam, war in keiner Weise die* Feststellung einer Tatsache, *sie war ein Wunsch des Geistes, ein großartiges* Apriori.[159]

Ja – ein großartiges »*vor aller Erfahrung*«. Und dass es neu ist, daran ändert auch nichts der tatsächlich *alte* Streit, der um das Verhältnis von Mathematik und Wirklichkeit geführt wurde. Zur Zeit Galileos besteht er wie erwähnt in der Gegnerschaft zwischen »Aristotelikern« und »Platonikern«, zwischen denen, die bezweifelten, und denen, die behaupteten, dass »der Gebrauch der Mathematik in der *scientia physica* als Prüfstein und vermittelnde Beweisinstanz von Nutzen sei«.[160] Die Astronomie kannte den Streit längst bereits als die Frage, ob mit den errechneten Planetenbahnen mathematisch eine *Realität* beschrieben oder lediglich ein mathematisches Modell zur *Rettung der Phänomene* geliefert werde. Copernicus etwa, der sich 1542 in *De revolu-*

tionibus orbium coelestium zu Ersterem bekannte, wurde durch ein anonym hinzugefügtes Vorwort, von dem er keine Kenntnis hatte und dessen wahre Autorschaft erst Kepler aufdeckte, rasch noch ins Gegenteil umgedeutet: Die Mittelpunktstellung der Sonne etwa sei eine Hypothese, die nicht notwendig wahr, ja nicht einmal wahrscheinlich sein müsse, bei der es vielmehr hinreiche, wenn sie eine mit der Beobachtung übereinstimmende Rechnung ergebe. Dieses Vorwort und sein Bekenntnis hat das Buch des Copernicus seinerzeit vermutlich vor dem Schicksal bewahrt, welches die Christenheit dann über Galileo verhängte. Der Streit selbst, außerhalb solcher Gefährdung durch ein rechtsmächtiges Dogma, ist älter – *er* ist antik. In ihm aber kommt das mathematische Apriori auch nicht vor.

Wer es dort vorzufinden glaubt, schreibt es in aller Regel Platon oder den Pythagoräern zu, bei denen man etwa liest:
Und in der Tat hat Alles, was man erkennen kann, Zahl. Denn es ist nicht möglich, irgend etwas mit dem Gedanken zu erfassen oder zu erkennen ohne diese.[161]
Die Prinzipien der Zahlen als Prinzipien alles Seienden, so lautet die Lehre der Pythagoräer, und Platon stimmt in diesem Punkt mit ihnen überein. Jene erhoben die Zahlen zu rechten Gottheiten, für Platon standen sie annähernd – nur durch ihre Vielheit von diesen unterschieden – auf gleicher Stufe mit den Ideen, *seinen* höchsten Wesenheiten. Doch eben dadurch waren sie der Welt der Erscheinungen jeweils *entrückt*, zwar deren Grundlage, ihr Urbild vielleicht oder eine Wahrheit, die allen Lug »des Unbegrenzten und Unsinnigen und Unvernünftigen« ausschloss, in jedem Fall jedoch eine Wirklichkeit *jenseits* der Dinge. Die Verbindung zwischen empirischer Wirklichkeit und der Welt der Zahlen war nicht die ihrer Berechenbarkeit, sondern ein Verhältnis wie das zwischen Gleichnis und Abbild, kraft »Nachahmung« bei den Pythagoräern, kraft »Teilhabe« bei Platon. Die Übereinstimmung der mathematischen Begriffe *in sich* war ihnen Offenbarung einer Harmonie, welche das gesamte Weltall regiere. Aristoteles schreibt von den Pythagoräern:
Weil nun in der Mathematik die Zahlen von Natur aus das Erste sind und sie in den Zahlen für alles, was ist und wird, Gleichnisse zu erkennen glaubten, mehr als im Feuer, in der

Erde und im Wasser – wonach ihnen [z. B.] *die eine Eigenschaft der Zahlen Gerechtigkeit bedeutet, jene dagegen Seele und Vernunft, eine weitere den rechten Augenblick und so jedes einzelne, auch erblickten sie ja die Bestimmungen und Verhältnisse der Harmonien in den Zahlen –, weil ihnen also schien, als gleiche sich alles Übrige seiner Natur nach den Zahlen an, als seien also die Zahlen in allem Wesen das Erste, so nahmen sie an, dass die Elemente der Zahlen auch die Elemente aller anderen Dinge seien und also der ganze Himmel Harmonie sei und Zahl.*[162]

Die Zahlen dienten ihnen gerade zu *inhaltlicher* Deutung der geordneten Welt, nicht zur quantitativen Erfassung der für gleichwertig erklärten Phänomene. Und wenn man bei Platon das Bekenntnis zu einer mathematischen Verfasstheit der Welt sucht, dann liest es sich dort so: Der aus gleichseitigen Dreiecken gebildete Vierflächner, das Tetraeder, sei Grundform des *Feuerstoffs*, das Oktaeder Grundform des *Luftstoffs*, das Ikosaeder die des *Wasser-*, das Hexaeder des *Erdstoffs* und das aus dem regelmäßigen Fünfeck gebildete Dodekaeder schließlich gebe die Grundform des *Weltganzen* ab. Mit dieser Art von Mathematik, das wird man absehen, lässt sich die Welt nicht berechnen, sondern ist sie statt in anderen nun eben in *geometrischen* Bildern gefasst. So lautet kein mathematisches Apriori, sondern sein schieres Gegenteil: nicht die Welt als Inbegriff von Mathematik, sondern Mathematik als Inbegriff von Welt.

Platons Deutungsweise schließt keineswegs etwa die Berechnung der Sternenbahnen aus, die dankt nicht mit Platon oder den Pythagoräern ab, sondern bestimmt noch den Platonismus in Galileos Tagen. Kepler beispielsweise macht sich unbeschreibliche Mühe, für seine *Harmonia mundi* des Jahres 1619 die genannten »platonischen Körper« durch einbeschriebene und umschließende Kugeln und alles sauber ineinander verschachtelt zum idealen Maß der Planetenabstände zu machen – und kommt annähernd damit hin. Und doch ist Keplers durchgeführte Berechnung dieser Abstände natürlich unabhängig von solcher Ideenlehre und hat mit solcherart Grundlagenmathematik nichts weiter zu tun, als dass sie sich in ihr eine harmonische Deutung verschafft. Nach Platons mathematischem Bekenntnis

kann sie auch gar nichts weiter damit zu tun haben; Sokrates etwa sagt in einem der platonischen Dialoge:
Man wird zwar die Gestirne, diese Zierden des Himmels, für das Schönste und Regelrechteste halten unter allem Sichtbaren, aber da sie nun einmal im Sichtbaren gebildet sind, so wird man zugeben, dass sie weit hinter dem Wahrhaften zurückbleiben, nämlich hinter den Bewegungen, in welchen sich die wahre Schnelligkeit und die wahre Langsamkeit nach der wahren Zahl [manche Übersetzungen wählen hier für »Zahl« das denkbar falscheste Wort: »Takt«] *und nach durchgängig wahren Figuren gegeneinander bewegen und, was zu ihnen gehört, mit sich führen. Dies ist denn nur durch den Verstand und durch Denken zu erfassen, nicht durch das Gesicht. Oder meinst du?
Nimmermehr.
Diesen himmlischen Sternenteppich also darf man nur als Fundstätte für Beispiele benutzen, um daran jene ewig wahren Schönheiten zu studieren, so ähnlich, wie wenn jemand geometrische Modelle und Figuren zu sehen bekäme, die von Daidalos oder einem anderen Meister oder Maler vorzüglich gezeichnet und ausgearbeitet worden wären. [...] In derselben Lage nun wird ein wahrhaft Sternkundiger sein, wenn er die Bewegungen der Sterne betrachtet: er wird zwar anerkennen, dass der Himmel und was zu ihm gehört von dem Weltbildner so herrlich gestaltet worden sei als es bei dergleichen Gebilden nur immer möglich ist; was aber das Maßverhältnis der Nacht zum Tage und dieser zum Monat und des Monats zum Jahr und der übrigen Sterne zu diesen und zueinander betrifft, glaubst du, er werde den nicht für einen Einfaltspinsel halten, der da annähme, diese Dinge erfolgten immer in genau der gleichen Weise und es komme nicht die geringste Abweichung vor, während es sich doch um körperliche und sichtbare Gebilde handelt, und wird er es nicht für törichtes Bemühen erklären, daraus auf alle Weise die Wahrheit zu erfassen?*[163]
Was Platon hier abkanzelt als die törichte Annahme eines Einfaltspinsels, genau das wird Galileos Apriori sein; aber Galileos Wahrheit deshalb auch eine andere als diejenige Platons und des Platonismus. Das mathematische Apriori, bis dahin wäre es der

Gedanke eines Toren gewesen. Mit einer Mathematik der Phänomene das Buch der Natur lesen oder nachschreiben zu wollen, konnte nur dumm, es musste absurd erscheinen – geradeso, wie es für Antike und alle Zeiten bis hinauf zur Renaissance *absurde Zahlen* gab. Erst mit der Neuzeit kommt der Moment, da es diese *nicht mehr* gibt. Und den historischen Schritt dorthin haben wir nun nachzuvollziehen.

REINE ZAHLEN

Das mathematische Apriori könnte man, geradeso wie das empirische Apriori Bacons, unschwer für den Auslöser und Ursprung der Wissenschaftlichen Revolution halten. Die überragende Bedeutung, die der Mathematik in den Naturwissenschaften zukommt, scheint ihr notwendig auch die entscheidende Rolle bei deren Aufkommen zuzusprechen. Es hätte nur jemand auf die Idee kommen müssen, die Natur insgesamt für berechenbar und solche Berechenbarkeit für ihre wahre Natur zu halten, programmgemäß hätte man sich daran gemacht, die Natur zu berechnen – und fertig wäre die Revolution gewesen. Wieder hätte sich verschiedenes Altes, das es längst gab, lediglich verbinden müssen, um das Neue zu entbinden: auf der einen Seite die ungeordnete, nicht messende Naturerfahrung frühester Zeiten und auf der anderen Seite eine Rechenkunst nicht minder ehrwürdigen Alters. Doch auch diese Erklärung griffe entschieden zu kurz. Denn nicht allein die Empirie musste sich, da sie zum Apriori der »Dinge selbst« wurde, erst vollständig verkehren – unter jener Voraussetzung, die den früheren Zeiten unverständlich geblieben wäre: einer genauen Aufspaltung der Naturphänomene in *processus* und *schematismus*. Nein, auch die Mathematik, da sie nun das Gegenstück zur Empirie werden soll, die *Mathematik selbst* musste sich dafür von Grund auf verändern.

Sie, auf »so starken und soliden Fundamenten« errichtet, dass sie unwandelbar ganz in sich zu ruhen scheint, ewig wahr und ewig sich selbst gleich; sie, die eben deshalb zu einer zweiten Ideenwelt vergottet werden konnte, weil ihre und *nur* ihre Bestimmungen unveränderlich bestehen; sie, Inbegriff einer Wissenschaft, die nur ihre innere Entwicklung kennen soll, von ewig unveränderlichen Grundlagen ausgehend zu immer weiter führenden Verästelungen, die zwar aufsprießen von solch unerschütterlichem Stamm, doch nimmermehr an seinem starken Wurzelwerk zu rütteln vermögen: auch diese Mathematik hat sich, um jenes neue Apriori zu erfüllen, *in ihren Grundlagen* erst *verkehren* müssen – und ebenfalls unter einer Voraussetzung, die allen früheren Zeiten nur absurd erschienen wäre. Auch dieser Umsturz vollzieht sich apriorisch, im Vorgriff, vor aller Erfahrung, was damit werden könne und werden sollte. Diese Verkehrung der Mathematik hat sich vollzogen, bevor irgendeine Möglichkeit absehbar war, naturwissenschaftlichen Gebrauch von ihr zu machen; derjenige, der sie als erster vollzieht, hegt keinen Gedanken, sie einem solchen, durchaus eben unabsehbaren Gebrauch zuzuführen; und als die Naturwissenschaften dann schließlich ihren Gebrauch davon machen, so tun sie es noch immer apriorisch, ohne Rekurs auf jenen ersten ›Umstürzler‹ und ohne alles Wissen, dass es dort etwas gab, worauf sie hätten rekurrieren können. Niemand *bemerkt* damals etwas von dem Umsturz, niemand wird sich bewusst, dass es einer ist – also noch nicht einmal derjenige, der ihn als erster vollzieht.

Und das ist Simon Stevin, uns inzwischen wohl bekannt. Es war Stevin, der um 1600 erstmals die Wissenschaft als das gesellschaftsweite Projekt des Fortschritts benannt hat. Er war es, der den veränderten Geldverhältnissen dadurch Rechnung trug, dass er die moderne Buchhaltung entwarf. Und er war es unter anderem auch, der auf das veränderte Hören reagierte – nämlich auf die funktionale Harmonik des neuen, tonikabezogenen Hörens –, indem er die temperierte Stimmung entwickelte: Er als erster teilte die Oktave in zwölf gleichgroße Halbtöne – die bis heute gültige moderne Stimmung. Weshalb er dergleichen tat, wusste Stevin damals so wenig zu begründen wie Opitz, und wie dieser vermochte er sich einzig auf die Nötigung zu berufen, die er da empfand: In diesen temperierten Tonhöhen singe man doch ganz *natürlich* – auch wenn es bis dahin kein Mensch getan hatte. Auf Natur beruft sich Stevin auch dort, wo er die Grundbausteine der *Mathematik* revolutioniert, *die Zahlen selbst*.

Und wieder ergibt sich ein bekanntes Muster: Stevin weiß, dass die Zahlen zu allen früheren Zeiten *anders* aufgefasst und behandelt wurden, als er es *jetzt*, in einem arithmetischen Werk des Jahres 1585, für notwendig erklärt. Aber dass niemand vor ihm darauf kam, kann ihn nur wieder *verwundern* – glaubt er doch bloß die ewig gleiche *Natur* der Zahlen zu beschreiben. Unverständlich ist ihm, wie selbst die großen und bewunderten Mathematiker der Antike in diesem Punkt hätten *irren* können, den die Natur *ihm* doch so klar und einfach vor Augen lege. Denn dass es sich wirklich und natürlich mit den Zahlen so verhalte, wie *er* es jetzt erkennt, und nicht, wie *sie* es einst erkannten, davon ist Stevin so zwingend überzeugt, »*comme si la Nature mesme me l'eust dict de sa propre bouche*« – als hätte es ihm die Natur mit eigenem Munde gesagt.[164] Nur seltsam, dass die Natur bisher zu den Menschen *anders* gesprochen hatte.

Was sie *nunmehr* sagt, es scheint auch für uns nur eine geringfügige Verrückung gegenüber dem Alten, und doch ist es ein Einschnitt so tief, wie ihn die Mathematik noch niemals zuvor erfahren hatte. Wenn bisher galt: Die Zahl ist Einheit; so setzt Stevin dagegen: Die Einheit ist Zahl. Wer mit Mathematik nur den üblichen Umgang pflegt, wird schwerlich einsehen wollen, dass daran etwas liegen könne. Stevin jedoch weiß, mit welchem Nachdruck, mit welch großen Lettern er es behaupten muss: »*QUE L'VNITÉ EST NOMBRE*«. Denn eben dass Einheit Zahl sei, so weiß er, war bisher entschieden bestritten worden, mehr noch, es war ausgeschlossen, es war – man verzeihe mir die Wiederholung – undenkbar gewesen.

Die Zahl ist Einheit, so hatte es bis dahin geheißen – »O Grund der Schwierigkeit und Dunkelheit dessen, was in der NATUR einfach und klar ist!«[165] Die Zahl als Einheit bedeutete: Jede Zahl zählt *Ein*-heiten, ist Teil oder Vielfaches der *Eins*. Und umgekehrt also war diese *Eins* oder *Einheit* nicht selber Zahl, sondern Grundlage und Ausgangspunkt alles Zählens und aller Zahlen:

Es ist bekannt, dass man üblicherweise sagt, dass die Einheit keinesfalls Zahl ist, sondern nur Prinzip oder Anfang der Zahlen.[166]

Selbst wenn man nicht ganz so streng formulieren und auch die Eins Zahl nennen wollte, so war sie tatsächlich jeder älteren Auffassung nach nicht Zahl wie jede andere, sondern *die eine* Zahl, an der alle anderen ihr *Prinzip* haben. Sie alle *bestehen* aus der Eins, aus einem *Vielfachen* oder einem *Teil* ihrer Einheit, und insofern *beginnen* die Zahlen mit ihr, die Eins ist ihr »Anfang«, *le commencement*, wie Stevin das Wort »Prinzip« hier deutet. Zu den Zahlen kommt es also dadurch, dass man zuerst *ein* Ding nimmt und danach andere ihm gleichordnet als *mehrere desgleichen*, als die *gezählten* mehreren, oder aber als *Teile* des gleichen Dings, in angebbarer Teilgröße *von* der Eins. Von ihr gehen die Zahlen aus, auf sie gehen die Zahlen zurück.

Man wird diese alte Auffassung nicht eben naturwidrig finden können, sondern durchaus dem entsprechend, wie man nun einmal zu zählen beginnt, wie man beginnt, Zahlen zu gebrauchen, in Zahlen zu denken. Und doch widerspricht etwas daran jener *anderen* Natur, die sich Stevin jetzt *neu* aufgedrängt hat und durch die er die alte Auffassung ersetzen will. Diese neue, veränderte Natur, die nun zu Stevin spricht – *de sa propre bouche* –, muss folglich an die allgemeinste Grundlage der Zahlen rühren.

Die Zahl als Einheit, nach der alten Vorstellung, das hatte geheißen: Die Zahl besteht *aus etwas*, sie ist stets gleichsam *körperlich* gedacht, bestehend aus körperlich aufgefassten Gliedern. Sie setzt sich zusammen aus Einheiten oder aber zerbricht eine Einheit in ihre Teile. Sie ist durchweg gebunden an die Einheit als ihren Körper, wie ideal-körperlos diese Einheit auch immer gedacht sein mag. Sie muss nicht als buchstäblich greifbare Materie vorliegen, gleichwohl wird sie *material* gedacht, von einer wie immer auch immateriell vorgestellten *Substanz*. »Zahl ist Einheit« – diese ältere Natur der Zahl bedeutet: Zahl ist *Etwas*, ist *Körper*, ist eine *Größe*. Und man fragt sich: Wie sollte es anders sein? Die Zahl, wie wäre sie noch Zahl, wenn sie nicht Größe wäre, nicht Körper und stattdessen also – nichts? Die »alte« Vorstellung, sie will uns noch immer einleuchten; und doch hat sie Konsequenzen, die uns heute durchaus *nicht mehr* einleuchten wollen, selbst wenn sie der gesamten Menschheit bis zu Stevins Auftreten eingeleuchtet *haben*.

Die alte, materiale Auffassung nimmt die Zahlen als Körper und soweit auch zerbrechlich und teilbar. Wurden sie gebrochen, so blieben ihre Teile weiterhin Körper und waren als Teile der Eins daher nur wiederum Eins und Einheit, darstellbar allein in *Proportionen* zwischen Einheiten. Der Bruch »zwei Drittel« etwa war nur darstellbar und denkbar als das Verhältnis zwischen zwei und drei Einheiten, bezogen also auf die Eins: *zwei* Einheiten von *dreien*, die sich auf *eine*, oder *eine* Einheit von *dreien*, die sich auf *zwei* Einheiten bezogen und verteilten; und so bei sämtlichen Brüchen. Nun kommt es aber empirisch allenthalben zu Verhältnissen, in der Geometrie etwa, die sich nicht in dieser Form proportionaler Brüche darstellen lassen, und zwar schon bei so regelmäßigen Figuren wie einem Quadrat der Seitenlänge 1. Dessen Diagonale hat die Länge $\sqrt{2}$, ein Wert, der sich durch keinen Bruch, durch kein Zahlenverhältnis wie 2/3 oder 5/8 angeben lässt – und der folglich als unvernünftig galt und gelten musste, gegen Sinn und Verstand verstoßend: als *absurd*.

Und das will nun *uns* nicht mehr einleuchten. Denn *wir* denken die Zahlen inzwischen *nicht* mehr nur material gebunden, sondern noch auf jene andere, neuzeitlich veränderte Weise, *auf die Weise* nämlich, *die Stevin nur als erster dokumentiert*. Wir denken uns die Zahlen ohne weiteres *kontinuierlich* teilbar, anstelle der Verhältniszahlen denken wir uns Brüche in beliebig immer noch kleineren Stufen, als *Dezimalbruch*. Wenn sich der Bruch von drei Halben nicht als 1 und nicht als 2 darstellen lässt, schreiben wir ihn eben in Zehnteln hinter dem Komma: 1,5. Wenn sieben Viertel mehr sind als 1,7 und weniger als 1,8, schreiben wir einfach Hundertstel: 1,75. Bei neun zu acht geht es in die Tausendstel: 1,125. Und wenn wir schließlich $\sqrt{2}$ bestimmen wollen, schreiben wir notfalls: 1,4142135623730950 und so immer weiter. Auf diese Weise mögen $\sqrt{2}$ oder $\sqrt{8}$ zwar unbequeme Zahlen sein, aber sie sind nicht mehr *absurd*, was sie einmal waren, sondern Zahl und Dezimalbruch wie jede andere. Es ist Simon Stevin, der die Dezimalbrüche einführt.

Für uns haben sie nichts Verwunderliches mehr; und doch haben sie zur Voraussetzung, dass die Zahlen nun in genau jener Weise *anders* gedacht werden: nicht mehr Zahl als Einheit, sondern Einheit als Zahl: *que l'vnité est nombre*. Was wie eine einfache und nachgerade sinnlos-tautologische Umkehrung klingt, ist der Sturz in ein bis dahin tatsächlich undenkbares Gegenteil: in die Welt der Zahlen als *Nicht-Körper, Nicht-Größen*, als *Nichts*. Wenn nun die Einheit, und also die Eins, Zahl sein soll, so heißt das zunächst bloß: Die Eins sei Zahl wie jede andere. Aber damit *bestehen* die Zahlen nicht mehr aus Einheit, aus *Etwas*, sie sind an keine Substanz mehr gebunden, werden nicht mehr körperlich, nicht mehr als Größe gedacht. Ihr *Prinzip* ist nicht länger die Eins, sondern – wie jetzt Stevin mit Nachdruck feststellt – Prinzip der Zahlen wird die *Null*.

Die Zahlen ziehen sich zusammen auf einen Nullpunkt, und nur deshalb, weil sie überhaupt nicht mehr *Größen* sind, können sie auch keine *absurden* Größen mehr ergeben. Jede Zahl ist nunmehr nichts als ein unausgedehnter *Punkt*, sei es als die Zahl 1, die Wurzel aus 2 oder als die Zahl π. Auch das vermag uns inzwischen einzuleuchten, sowenig es sich mit der älteren Auffassung der Zahlen vertrug, und es leuchtet uns eben deshalb ein, weil wir ebenso verändert denken wie damals bereits Stevin.

Aber *wie* ist es denkbar, dass eine Zahl, nein, *jede* Zahl Null und Nicht-Größe sei? Dafür bedarf es nunmehr genau *Zweierlei*: Es bedarf nicht mehr nur der Zahlen, die ja ohne etwas, *woraus* sie bestehend gedacht würde, auch nicht mehr *für sich* bestehen können; sondern es bedarf zusätzlich zu ihnen, zu den Zahl-*Punkten* auf der anderen Seite nun eines *Kontinuums*, auf welchem sie gleichsam angetragen werden. Inzwischen kennen wir beides ganz geläufig als das Verhältnis von *Zahl* und *Zahlenstrahl*. Voraussetzung dafür, dass Zahlen zum Punkt werden, ist dieses *zusätzlich* gedachte Kontinuum, dem die Zahlen *als* Punkte zugehören: eine Art »fertiges aber neutrales, gleichmäßiges Maschensystem als Punktnetz«; so lautete die Formulierung, die Georgiades dafür gefunden hatte – beim *Taktrhythmus*. Und so wie dessen Gesetz aus *reinen Verhältnisbestimmungen* besteht, ist auch das Verhältnis von Zahl und Zahlenstrahl *reines Verhältnis*. In ihm hat sich die Zahl gleichsam »von der besonderen, sichtbaren«, ihrer *materialen* »Gestalt freigemacht und in unsichtbare, ›entmaterialisierte‹ Gesetzmäßigkeit verwandelt« – so wiederum Georgiades zum Taktrhythmus.[167] Wie aber das?

So vertraut uns die Vorstellung vom Zahlenstrahl inzwischen auch ist, so große Mühe macht es Stevin, sie erstmals zu begründen, und so seltsam ist in Wahrheit ihr Gehalt. Die Zahlen, nicht mehr Einheiten und Größen, sondern Punkte auf dem Strang des Kontinuums, sind gedacht als ausdehnungslos – der Punkt π irgendwo in der Nähe von 3,14 ebenso ausdehnungslos wie der Punkt √2 oder der Punkt 1, einer so ausdehnungslos wie der andere. Zugleich aber sollen sie sich allesamt sehr wohl *ausdehnen*: zu der unendlichen Linie des Zahlenstrahls. Dieser »Ausdehnung« bedarf es, damit die Zahl-Punkte überhaupt in irgendeine Art von Abstand zueinander geraten, denn da sie selbst, ausdehnungslos, keine Größen mehr sind, bedürfen sie dieses Abstands – zunächst vor allem des Abstands zum Nullpunkt und »Anfang«, *commencement*, des Zahlenstrahls –, um überhaupt von einander unterschieden und nur irgendetwas zu sein außer Null und nichtiger Punkt. Andererseits aber soll ja der Zahlenstrahl selbst aus nichts als den Zahl-Punkten bestehen: Er ist dasjenige, ohne was sie nicht zu Zahlen werden; und ist selbst nicht ohne sie, die es durch ihn werden. Keines von beiden hat für sich Bestand, sondern besteht allein *vermittelt durch das andere*. Selbst die letzte anschaulich-quantitative Bestimmung, nämlich »inhaltlich« überhaupt *Größe* zu sein, ist an ihnen negiert, Größe sind weder die ausdehnungslosen Zahl-Punkte, noch kann es das Gesamt all dieser Nicht-Größen sein, der Zahlenstrahl. Worin also *bestehen* sie in ihrer Fähigkeit zu quantitativer Bestimmung?

Der Zahlenstrahl macht die *Nicht*-Größen der Zahl-*Punkte* zu quantitativen Bestimmungen allein dadurch, dass er sie *zueinander in Beziehung setzt*. Der bloße Punkt 3 oder der bloße Punkt 195,7 etwa weisen für sich keinerlei Bestimmung oder Unterschied gegeneinander auf als ihre *Lage* auf dem Zahlenstrahl. Das heißt, sie werden gegeneinander allein *in Bezug* auf die jeweils anderen Zahl-Punkte unterschieden, und zwar auf virtuell *sämtliche anderen* Zahl-Punkte. Denn einzelne Punkte nur, wie etwa die 3, die √2, die 10,7 oder eben die 0, sie würden für sich genommen noch nicht das Kontinuum ausmachen, dessen es bedarf, damit nicht die 3 unmittelbar zwischen 0 und 195,7 zu liegen käme und folglich keinesfalls zur erwünschten »Größe« 3 würde. Damit die 3 in Bezug auf die 0 zur 3 wird und eine 1000 zur 1000, müssen *alle* übrigen Punkte zwischen ihnen liegend *gedacht* werden, auch wenn sie niemals alle einzeln angegeben werden können. Das Gesamt *aller* dieser gedachten Punkte aber ist das *Kontinuum*. Und dies also ist gedacht als der *für sich bestehende Bezug sämtlicher Punkte aufeinander*.

Das Bild des Zahlenstrahls macht dies anschaulich: Das Kontinuum formt eine Art Raster, auf dem sämtliche Zahl-Punkte zu liegen kommen oder eingetragen werden können. Dies Raster selbst aber *besteht* in nichts als eben diesen Zahl-Punkten, die da ausschließlich *in Bezug zueinander* angetragen sind. Und insofern ist auch das gerasterte Kontinuum selbst nichts anderes als dieser Bezug-aller-Punkte-aufeinander *für sich genommen*: als eigene, *für sich bestehende Einheit*. Wie leicht es uns auch immer fallen mag, den Zahlenstrahl zu denken und die Zahlen auf ihm zu plazieren – was wir dabei denken, und was auch Stevin dabei hat denken müssen, es formt dies seltsame Zweierlei: Punkte, die nichts als aufeinander bezogen werden, und diesen Strahl, der nichts als den Bezug dieser Punkte aufeinander darstellt. Wir mögen die Zahlen, die wir auf diese Weise denken, sonst noch immer mit Inhalten verbinden, mit Äpfeln, Birnen und irgendwelchen anderen Einheiten – auch wiederum mit der Eins. Sofern wir sie jedoch außerdem in der Form des Zahlenstrahls vor uns sehen, denken wir sie tatsächlich in jenem *Verhältnis von rein Bezogenem und reinem Beziehen*.

Und das ist wieder das *reine Verhältnis*, das Verhältnis der Synthesis am Geld.

Aber damit sind wir auch hier nicht weiter gekommen als bis zu einer Übereinstimmung in eben diesem Verhältnis. Es wird also noch einmal weitergehen müssen. Dennoch will ich für einen kurzen Moment verweilen und festhalten, was bis hierher erreicht ist.

Wir lernen am Geldverhältnis, in der Form *nicht-inhaltlicher* »Werte« zu denken und diese notwendig im *nicht-inhaltlichen, reinen* Verhältnis aufeinander zu beziehen. Daher liegt nichts näher, als dass wir die Rechnerei, die der Umgang mit Geld verlangt, und also die *Zahlen*, mit denen wir da umzugehen haben, in der Form dieses Verhältnisses denken: Wir denken die *Zah-*

len nicht-inhaltlich. Und eben damit *sind* sie bereits als Stevins ausdehnungslose Nullpunkte, als die *Nicht-Größen* gedacht; werden sie noch ihrer *Größe* beraubt, einer ohnehin schon recht inhaltsleeren, bloß quantitativen Bestimmung, gleichwohl einer Bestimmung, die – man erinnere sich an die *quantitative* Metrik der Antike – *Merkmal* und also *inhaltlich* ist. Geradeso wie Wert, auf dem historischen Stand *absoluten Werts*, nicht mehr als Größe *von etwas* gedacht wird, sondern als rein für sich bestehend, so auch die nicht-inhaltliche Zahl nicht mehr als Quantum einer Substanz, sondern als *reines* Quantum, bloßer Bezugspunkt. Reflektiert wird diese Verwandlung ein erstes Mal durch Simon Stevin, mit all der Mühe, die es ihm macht, sie zu begründen – nämlich mit Gründen zu stützen, *die es nicht gibt*, eben weil ja die Verwandlung auf einem *Apriori* beruht, der veränderten, neuen Denkform. Indem er, ohne davon zu wissen, die Synthesis am Geld auf die Zahlen anwendet, vollzieht Stevin deren Verwandlung in *reine Zahlen*: in die Zahl-Punkte auf dem Zahlenstrahl. Und mit den reinen Zahlen erst beginnt das Zeitalter der *reinen Mathematik* – nicht eher.

URSPRUNG EINER REINEN WELT

Dieser *reinen* Mathematik bedürfen die Naturwissenschaften – und bedarf Galileos mathematisches Apriori. Doch um bis dahin vorzudringen, bedarf es für uns noch immer – und endlich – des Nachweises, dass Zahlenstrahl und Zahlenpunkte und dass ebenso *processus* und *schematismus* wirklich zurückgehen auf die Synthesis am Geld. Bisher war es mir nur gelungen, hier wie dort die Form nicht-inhaltlicher Abstraktion, des reinen Verhältnisses festzustellen; dass aber diese Feststellung hinreicht, um den *genetischen* Zusammenhang zwischen dieser Synthesis und jenem zweifachen Apriori herzustellen, dafür fehlt noch die Evidenz.

Es muss sein: Wir haben dafür noch einmal am »Ursprung« dieser Synthesis anzusetzen.

In ihr verbinden wir Warenwert und Geldwert. Beide treten sich dort zunächst als die zwei *Elemente* gegenüber, einander äquivalent, beide gleich-»groß«, beide »Wert«, beide nicht-inhaltliche Einheit. Und doch verhalten sie sich unterschiedlich. Der Warenwert ist stets gebunden an die Ware, tritt jeweils nur als ein bestimmtes *Quantum* auf, nämlich als dasjenige Quantum Wert, das der Ware nun einmal zugedacht wird. Der Geldwert dagegen tritt ihm im einzelnen Kaufakt zwar ebenfalls als bestimmtes Quantum Wert gegenüber, aber er besteht nicht wie der Warenwert *nur* in solchen einzeln bestimmten Quanta – und zwar genau von dem historischen Moment an nicht mehr, da er *absolut* gedacht wird. Dann nämlich haftet er nicht mehr allein an einem Ding, an wiederum einer Ware, und wäre sie die schönste Goldmünze, besteht also nicht mehr nur quantenweise, sondern löst sich davon und wird – nun, zu *was*?

Abgelöst von den einzelnen Warenquanta, wird er zu ihrer virtuellen *Gesamtheit*, er wird zu einem *Gesamt von Wert*. Als dieses aber hat er für sich *keine bestimmte Größe*, hat er keine quantitative Schranke, ist er selbst *kein Quantum*. All die einzelnen »Werte«, die von Menschen besessen werden und über die sie verfügen, ob nun in Form von Bargeld, Bankeinlagen oder von anderem geldwerten Vermögen, sie lassen sich wohl zusammenzählen und in ihrem Gesamt-Quantum beziffern, aber sie sind doch immer nur ein Quantum *von* diesem Wert – dieser Wert selbst dagegen die bloß virtuelle Substanz, *von* welcher sie eben Quanta darstellen. Von ihm, dieser real zwar höchst wirksamen, nicht aber real gegebenen, sondern ausschließlich ja *gedachten* »Substanz«, ließe sich niemals sagen, *wieviel* es von ihr geben kann. Keine Menge, wie groß sie immer ausfiele, würde den absoluten Wert je *erschöpfen*: eben weil er nicht mehr material gebunden existiert und gedacht wird.

Deshalb ist er auch nicht mehr substantiell, nicht mehr Substanz. Wenn die einzelnen »Werte« jeweils als ein Quantum *von* ihm auftreten, so ist er doch nicht der Stoff, *aus* welchem sie bestehen würden. Das »*von*«, das ihn mit den einzelnen Wertquanta verbindet, die sie »*von*« ihm sind, ist *rein partitiv*. Spielen wir es an einem Beispiel durch. Da soll etwa eine Ware mit dem Quantum von 2,17 Einheiten Geldwert zu bezahlen sein – Einheiten also *wovon*? Uns fällt sogleich ein: Einheiten einer nationalen Währung, sagen wir von Dollars. Und doch müssten es keine Dollars sein; auch wenn sich jenes Quantum in 2,17 Dollar bemisst, ließe es sich ebensogut in 2,623478354 Euro bemessen oder in glatten 13 671 Einheiten einer beliebigen anderen Währung, und selbst das kann sich von Tag zu Tag ändern, derselben Menge Dollar mag zu einer Zeit nur noch ein einziger Euro entsprechen oder aber zehn Euros zu einer andern. Die Einheiten von absolutem Wert sind keine festen Einheiten, da er selbst nicht fest und substantiell besteht wie eine Menge Gold etwa, die Menge einer Substanz. Trotzdem ist seine Menge alles andere als beliebig variabel, sie wird als solche ja sehr wohl festgehalten. Die angenommenen 2,17 Einheiten – und so *sämtliche* möglichen Quanta – sind gleichwohl Teil einer *Gesamteinheit* »Wert«, sie gelten, sie werden gedacht, sie werden aufs genaueste berechnet als Quantum *von* Wert. Er ist als diese Gesamteinheit gleichsam der in sich feste Maßstab, an welchem die 2,17 Einheiten angetragen werden und auf den sie bezogen werden, ohne dass er selbst in *irgendetwas* bestünde und ohne dass auch nur die aktuelle Rastergröße seiner Maßeinheiten – Dollar, Euro oder Yen – je verbindlich wäre. Hauptsache, er *ist* gerastert. Die 2,17 oder 2,623478354 oder 13 671 Einheiten, welche die eine Ware wert ist und an Wert erlöst, gelten in jedem Fall als Einheiten *von demselben* Wert, *von dem* eine *andere* Ware vielleicht 4,3 Einheiten kostet oder 27 oder 100 000. Indem die Waren als Wert allesamt auf diesen einen Maßstab bezogen werden, werden sie zuletzt also nur wechselseitig *aufeinander* bezogen. Dieser eine und derselbe Wert, der sich für alle Waren durchhalten soll, gleichgültig in welcher Währung er gerade auftritt, wird insofern zwar als absolut und an sich bestehend gedacht, als gleichsam festeste aller Substanzen. Dennoch fungiert und besteht er gerade nicht substantiell, sondern allein als jener Astralleib von einem Maßstab, an dem sämtliche möglichen Quanta von Warenwert ausschließlich im Verhältnis *zueinander* festgehalten werden. Er *ist* genau nur diese *Funktion*, ist dieses *Aufeinander-Beziehen* virtuell aller nur möglichen Quanta *für sich genommen*, nämlich als *absolut gedacht*.

So stehen sich also Geldwert und Warenwert nicht nur als jeweils äquivalente Elemente gegenüber, sondern, auf dem historischen Stand *absoluten* Werts, *zugleich* als der *reine, für sich festgehaltene Bezug* – der Geldwert – *von reinen Bezugspunkten*

– den Warenwerten. Ohne ihren für sich festgehaltenen Bezug aufeinander, nämlich ohne die Vorstellung, dass sie alle Quanta *vom selben »Etwas«* sind, wären die Warenwerte keine Werte, *wären* sie also nicht, und ohne die Warenwerte, die er auf diese Weise zueinander ins Beziehung setzt, wäre nicht der Bezug. Er: *rein an sich bestehende Einheit*; sie: *rein nur bezogene Einheiten*. Dort: *das Beziehen rein abgetrennt von dem aufeinander Bezogenen*; hier: *das aufeinander Bezogene rein abgetrennt von seinem Beziehen*.

Man sieht: Das Verhältnis von Geldwert und einzelnen Warenwerten ist *aufs genaueste* dasjenige von Zahlenstrahl und Zahlen-Punkten. Der *Geldwert als Zahlenstrahl*, das ist jeweils das virtuelle und virtuell unendliche Gesamt aller nur möglichen Quanta, das Kontinuum, auf welchem sie bemessen sind, und doch nicht der Stoff, aus dem sie wären. Die *Warenwerte als Zahlen-Punkte*, sie sind entsprechend Quanta *von* diesem Gesamt, bemessen sich auf diesem Kontinuum, und sind doch selbst von keiner Substanz, sowenig wie ihr Kontinuum.

Und dies selbe Verhältnis ist nun aufs genaueste auch das von *processus* und *schematismus* – mit dem einzigen Unterschied, dass Bacon dort von keiner Quantifizierung spricht. *Processus* waren für ihn: reine Akte; *schematismus*: das reine Substrat, an dem sie ansetzen. Wandelbar, *materia fluxa*, hieß es deshalb, *weil* diese Akte – als Wandlung – daran ansetzen sollten, und doch sollte es abgetrennt sein von ihnen, vom *processus*, und hieß deshalb als solches »ruhend und nicht in Bewegung befindlich«. Die Wandlung, *processus*, greift also nicht in den einzelnen *schematismus* ein, verändert nicht ihn – sonst wäre er als solcher »in Bewegung«. Sondern, da es doch »wahrhaft« nichts außer *processus* und *schematismus* geben soll, kann der *processus* jeden *schematismus* nur verändern und bewegen *in Bezug auf die anderen*. Bacons *processus* ist in der Ausschließlichkeit dieser zwei »wahrhaften« Einheiten also genau dies *Zueinander-in-Beziehung-Setzen* der Schematismen, und zwar ihr Aufeinander-Beziehen *rein für sich genommen*. Natürlich büßt der *processus* damit alles Anschauliche von Bewegung und Veränderung ein, aber anschaulich soll er laut Bacon ja auch nicht sein: als der *verborgene*, der *processus latens*. Und also sind mit *schematismus* tatsächlich nur die Bezugspunkte gedacht und mit *processus* genau nur die Bezüge in ihrer virtuellen Gesamtheit, die zwischen ihnen herzustellen sind.

DIE WELT AUS 0 UND 1

Und nun noch einmal weiter.

Die Waren werden, *als Quanta absoluten Werts gedacht*, zu Stevins *Nullpunkten*: als Warenwerte sind sie *reine* Quanta, *reine* Zahlen geworden. Und damit wird die Welt der Waren und also die Welt virtuell *sämtlicher Inhalte* – nicht nur der *corpora individua* von Bacons *schematismus*, sondern aller Dinge, die sich als Inhalt denken lassen und die nun einmal diese Welt hier ausmachen –, diese Welt der Inhalte wird damit zugleich als eine große Gesamtheit aus *Nullen* gedacht, aus den bloßen, nicht-inhaltlichen Bezugspunkten. Ihnen *gegenüber* erhebt sich nurmehr diese große, diese neue *Eins*, nicht mehr die substantielle, aus der die Zahlen und das Gezählte bis dahin bestanden hatten, sondern die funktionale Einheit ihres Bezugs aufeinander, jenes Gesamt, welches sie überhaupt erst aufspannt zu *Etwas*, der Zahlenstrahl, mit dem die Zahlen-Punkte nun erst zu *Größen*, der absolute Wert, mit dem die Waren nun erst zu *Wert* werden.

So also bestünde die Welt nur noch aus *Null* und *Eins*.

Ein grauenhafter, ein geradezu blasphemischer Gedanke. Aber, vielleicht ist er ja nur *mein* Hirn-Gespinst? Entsprungen einer manischen Phantasterei über unsere normalste Wirklichkeit? Gewaltsam konstruiert mit vielen Missdeutungen und in leerer Abstraktion? Haltlos zurechtgesponnen in spekulativem Übermut? Angeheftet an Geschichte, aber ungeschichtlich ausgedacht? Eine Schimäre nur und ohne historischen Grund?

Nein, diesen Gedanken, *die Welt aus 0 und 1*, ihn hat ganz genau das 17. Jahrhundert nicht nur explizit gefasst, es hat ihn mit Begeisterung *gefeiert*. Kein Geringerer als Gottfried Wilhelm Leibniz erhebt das reine Verhältnis von 0 und 1 zum Urgrund, zum Inbegriff der ganzen geschaffenen Welt – und ihres göttlichen Schöpfers. Die Dyadik, eine alte mathematische Schreibweise, deutet er, wie Bacon seinen *processus-schematismus*, als wahrhafte Form dieser gesamten erfahrbaren und unerfahrbaren Welt.

0 und 1, er sieht in ihnen den Gedanken, nein, die Erkenntnis einer »*Schöpfung aus dem Nichts*«. Deren erste Voraussetzung ist auch für Leibniz das *mathematische Apriori*, welches in seinen Worten lautet: *Cuncta Deus Numeris,* »Alles ist Gott (und: Gott ist Alles) durch Zahlen«. Dann ergibt sich ihm weiter: »Wunderbarer Ursprung aller Zahlen aus 1 und 0«, nämlich mit Hilfe der dyadischen Notation, die statt mit zehn nur mit genau zwei Ziffern umgeht und damit sämtliche Zahlenwerte darstellt, die 2 etwa in der Form 10, die 7 als 111 oder die Zahl 9 als 1001. Aber es bleibt nicht bescheiden bei der Dyadik als einer anderen Schreibweise, denn sie, dieser wunderbare »Ursprung aller Zahlen aus 1 und 0«, soll es zugleich sein, »welcher ein schöhnes Vorbild gibet des Geheimnißes der Schöpfung, da alles von Gott und sonst aus Nichts, entstehet«. Anders: »Man siehet auch bey diesem Vorbild, dass in *allen Dingen der ganzen Welt* eine schöhne ordnung sey, wenn man nur auf deren rechten Ursprung komt, nehmlich 0 und 1. Eins und sonst Nichts.«[168]

Eins und sonst Nichts: *das Verhältnis von 0 und 1 als Ursprung aller Dinge* – so, buchstäblich so denkt Leibniz diese ganze Welt. Die Antike und alle Zeiten vor dieser neuen hätten nichts dergleichen denken können, sie hätten dies »geheimniß der Schöpfung«, wie Leibniz weiß, erst gar nicht begriffen:

inmaßen bekand, dass das geheimniß der Schöpfung, ob es wohl in der vernunfft gegründet, dennoch denen Weltweisen Heiden unbekand gewesen, als welche die materi gleichsam Gott an die Seite gesezet, weil sie nicht begreiffen können, wie müglich, dass aus einem allein alles entstehe.[169]

In der Vernunft, wenn schon nicht in der Natur, soll gründen, dass »die materi« eben nicht »Gott an die Seite gesezet« sei, sondern mit ihm, der großen Eins, als *0* und »Nichts« recht eigentlich zusammenfalle, da sie ja, als ein *Nichts*, auch *nichts* außer ihm, außerhalb von ihm wäre.

Die alte, die *substantielle* Eins dagegen, die sich nicht nur im Denken von »denen Weltweisen Heiden« gefunden hatte, sondern bis Simon Stevin auch in dem sämtlicher Christen, Brahmanen, Buddhisten oder Moslems, sie verträgt keine Null neben sich – ausgerechnet ihre *Negation* –, um das zu ergeben, was sie *selber* ist: *Etwas*. An Versuchen, die Welt aus den Zahlen herzuleiten oder ihre Schöpfung jedenfalls in Zahlen darzustellen, hat es auch in den älteren Zeiten nicht gefehlt, und da wurde Gott oder das jeweilige Schöpfungsprinzip sehr wohl auch als große Eins gefasst, als allumfassende Einheit. Doch um von ihr zur *Schöpfung* zu gelangen und zu erklären, wie sich diese göttliche Eins in die Schöpfung auslegte, war ihr nicht die Null und das Nichts beizugesellen, sondern ganz im Gegenteil: die *Vielheit*. So erzählen alle Schöpfungsgeschichten, solange sie nicht neuzeitlich umgedeutet werden: Wie aus dem großen Einen das *Viele* entsteht; wie die *eine* Substanz, die substantielle Eins, sich auslegt zur Substanz *vieler*. Platon, tiefer Verehrer der Mathematik auch er, setzte deshalb zwar als höchste Idee diejenige der Einheit; um aber von ihr aus weiterzukommen, musste er ihr die *Aoristos Dyas* an die Seite setzen, die unbestimmte *Zwei*. Das ergab nicht die Dyadik aus 0 und 1, sondern die *weitergezählte* Eins, die Zwei *aus* der Eins – die Zahl als Einheit und Materie.

Nun aber soll die »materi«, soll »alles«, soll diese gesamte Schöpfung Null sein und Nichts – genauer: soll sie das »*und sonst* Nichts« sein, das Nichts *außer* der Eins. So nämlich wird es *bezogen* auf die Eins, so bilden Eins und Null, im reinen Ausschließungsverhältnis, *zwei* Einheiten, und Leibniz' große *Eins* bleibt durchaus nicht etwa allein, auch wenn diese zweite Einheit nun *Null* oder *Nichts* heißen muss. Damit »aus einem allein alles entstehe«, damit die Eins also aus dem Nichts »alles« entstehen lassen kann, bedarf sie sehr wohl »und sonst« noch dieses »Nichts«: 1 *und* 0 sind vonnöten. Nur so ist die Form *reiner Einheit* denkbar, jene Vorstellung von Gott »als dem Vollkommensten und Einfältigsten Eins«; nur so, im reinen, zweiwertigen Verhältnis zu *rein bezogener Einheit*, zu den Bezugs- und Nullpunkten; nur so: wenn diese zwei Einheiten im reinen asymmetrischen Ausschließungsverhältnis gedacht werden, im Verhältnis von bestimmt gegen nicht-bestimmt, von *Ja* gegen *Nein*, von 1 gegen 0.

Und umgekehrt also: Wenn in diesem Verhältnis gedacht wird, dann muss die Welt *so* gedacht werden.

Wir wissen inzwischen, wie es dazu kommt.

III

CALCULUS, ANALYSIS, FUNKTION

Was hinzukommt, ist diese seltsame Absolution: die Loslösung von der Substanz. Dass alle Dinge, Merkmale, Eigenschaften und noch die abstraktesten aller Einheiten, Zahl und höchste Idee, *an Substanz gebunden* sind, davon war alles Denken vor dem Anbruch der Neuzeit bestimmt gewesen. Das unauflösliche Ineinander von jederlei Form mit ihrer Substanz, jetzt aber wird es *aufgelöst* durch eine Abstraktion, die paradoxerweise einer *Synthesis* entspringt, eine Abstraktion, die das sonst nur material geschlossen Gedachte aufspaltet in zwei synthetisch verbundene *und* getrennte Momente, beide bis dahin weder als getrennt, noch überhaupt *als solche* zu denken.

In der Taktwahrnehmung spaltet sie die ehemals körperlich aufgefassten Zeitgrößen auf: in die Takte als leeres, zeit*gliederndes* Raster und in die Zeitdauern der Töne, die als Zeit*füllung* in es eingefügt werden. Die Zahlen, ehemals substantielle Einheiten, spaltet sie auf: in das leere, gerasterte Bezugssystem des Zahlenstrahls und in die Zahl-Punkte, die es aufeinander bezieht. Bacons empirische Natur spaltet sie auf: in reine Bewegung und in, für sich rein unbewegt, deren Objekt.

Versteht sich: *Für uns* ist diese Art der Aufspaltung die selbstverständlichste, unwillkürlichste, die ganz natürlich einleuchtende Art des Denkens. Für uns also ist unvorstellbar und allenfalls *kurios*, wie Menschen jemals *nicht* nach ihr hätten denken können. *Wir* können uns *dies* nicht vorstellen und wollen es deshalb einfach nicht glauben. Und doch war es historische Wirklichkeit bis in die äußersten Feinheiten einer Entwicklung, die nicht etwa selbsttätigen Fortschritt, sondern strikte *Schranken* kennt. Nichts aufschlussreicher deshalb, als was Alexandre Koyré über die hoch entwickelte Mathematik der Renaissance berichtet, jener Zeit also, die von der *neuen* unmittelbar abgelöst wird.

Die Algebra der Renaissance hat in sehr kurzer Zeit eine erstaunliche Bereicherung des algebraischen Wissens erbracht. Sie hat sich parallel dazu eine sehr kompakte und keineswegs unbequeme Notationsweise erarbeitet […]. Aber sie war unfähig, sich zum abstrakten Begriff der algebraischen Operation *zu erheben und diese zum Zentrum ihrer Überlegungen zu machen.*

Seltsam – chose curieuse *–: Nichts scheint uns einfacher als der Begriff der Operation (in Algebra oder Arithmetik), und die mittelalterlichen und modernen Lehrbücher zum* Algorismus *bieten allesamt Listen dieser Operationen und geben die operativen Regeln an, die man befolgen muss, um eine Multiplikation oder eine Division durchzuführen, um eine Wurzel zu ziehen oder eine Gleichung zu lösen. Und dennoch, trotz des sporadischen Gebrauchs von Symbolen (Buchstaben) schon durch Aristoteles (in der Logik), durch Leonhard von Pisa und Jordanus Nemorarius (in der Proportionenlehre), scheinen die Operation und das Objekt (die »Sache«), woran man sie vollzieht, eine* derart unauflösliche Einheit *zu bilden, dass es* dem Denken nicht gelingt, *beides auseinander zu reißen und zu trennen.* Res, radix, census *bedeuten die Unbekannte, die Wurzel, das Quadrat, aber die Wurzel wird nicht gewissermaßen als die Wurzel* von etwas *aufgefasst, obwohl man sie daraus zieht, noch das Quadrat als das Quadrat* von etwas, *obwohl man es dorthin erhebt; sie sind als Wurzel und Quadrat sozusagen Größen eigenen Rechts. Dies, und nicht weil man allgemein nur mit einer einzigen Unbekannten operiert, ist auch der Grund, weshalb diese Unbekannte – unser* x *– niemals in dieser Weise ausgedrückt wird.*

So tief reicht die materiale Gebundenheit des Denkens. Und so wenig also ist es einfach die Mathematik, die jene *neue* Abstraktion in sich geborgen und hervorgebracht hätte. Die Mathematik, all die Jahrhunderte hindurch, in denen sie bis dahin hatte glänzen und sich entfalten können, hatte dieser Abstraktion nicht bedurft und war zu ihr nicht fähig – sowenig eben die Menschen sie hatten leisten müssen und leisten können.

Was dagegen könnte *uns* leichter fallen, als bei einer $\sqrt{2}$ das Wurzelziehen als die Operation $\sqrt{}$ von jener 2 zu trennen, an der wir sie vollziehen? Und wer wollte deshalb ernsthaft glauben, dass es Geistesriesen wie Copernicus und Platon oder selbst einem Archimedes und Euklid auch nur schwergefallen wäre, geschweige denn: *unmöglich* war? Ja, wer käme auch nur eine Sekunde lang auf die Idee, sich diese *Frage* zu stellen?

Und doch *war* es unmöglich! Es ist dem großartig genauen Blick Koyrés zu danken, dass er hier erkennt, was sich stets am schwersten ausmachen lässt: was einmal *nicht* da war, was früher einmal *fehlte*, und gerade etwas, das für uns zur größten Selbstverständlichkeit geworden ist. Und Koyré ist die Einsicht zu danken, was damals aus dessen Fehlen folgt:

Als Folge davon zeigt uns die Algebra der Renaissance niemals Formeln, sondern gibt sie Regeln und bietet sie Beispiele. Genauso wie in der Grammatik, die uns ebenfalls Regeln gibt, denen wir folgen müssen, und Beispiele, nach denen wir uns zu richten haben, wenn wir Substantive deklinieren oder Verben konjugieren. Durch geschickte Wahl und Klassifikation werden diese Beispiele – in Arithmetik und Algebra ebenso wie in der Grammatik – zu Paradigmen [nicht denen Kuhns]. *Niemals jedoch verwandeln sie sich in Formeln. Das Denken des Arithmetikers und Algebraisten der Renaissance bleibt auf dem Niveau des Grammatikers, es bleibt halb-konkret: Man folgt der allgemeinen Regel, aber man operiert in konkreten Fällen – Wörtern oder Zahlen.*

Deshalb markiert die explizite Notation der Unbekannten in algebraischen Ausdrücken, von Viète eingeführt und von Descartes vervollkommnet, eine entscheidende Etappe in der Geschichte nicht bloß der Notation, sondern des algebraischen Denkens selbst. Sie spiegelt den Übergang vom Abstraktionsgrad des Grammatikers zu demjenigen des reinen Logikers: Eben dadurch wird die Abkürzung zum Symbol, und die logistica numerosa, *um Viètes Ausdruck zu gebrauchen, erhebt sich auf das Niveau der* logistica speciosa.[170]

Den Übergang des Denkens von der *materialen*, grammatischen Abstraktion zu einer neuen, zur *reinen*: ihn *spiegelt* die Entwicklung der Mathematik.

Auch dafür ist Koyré zu danken, für sein glücklich anschauliches Beispiel materialer, substantieller Abstraktion: die Grammatik. Heutige Sprachwissenschaft bringt zwar inzwischen auch die Sprache auf Formeln – unsachgemäß, wie man hier kurz sagen darf –, aber jeder, der eine fremde Sprache lernt, kennt Grammatik so, wie Koyré sie beschreibt, in Regeln und Beispielen. Die Beispiele *sind* sprachliche Substanz: »*laudo, laudas, laudat* –«; und die Regeln denken *in* ihr: »*Nach* postquam *steht das Verb im Indikativ Perfekt.*« Diesem substantiellen Wesen wird mit den *Formeln* ein Ende gesetzt: $a + b = b + a$.

Was uns so harmlos scheint wie nur irgend möglich, die Formeln als eine *bloße Schreibweise*, sie setzen bereits das veränderte, das *nicht*-materiale Denken voraus. Und jedesmal also, wenn heute ältere Mathematik *in Formeln* wiedergegeben wird – was sich nachträglich *immer* machen lässt –, ist es schon nicht mehr die ältere Mathematik, die da wiedergegeben wird, sondern eine *grundsätzlich veränderte*. Genausowenig ist mittelalterliche Musik noch sie selbst, wenn sie in einem modernen Notenbild mit Takten abgedruckt wird, das sie selbstverständlich in keiner einzigen Überlieferung aufgewiesen hatte. Die Veränderung in der Notation ist nicht bloß die formale, als die sie uns erscheint, sondern eine im Grundsätzlichsten – von der wir eben deshalb nichts ahnen, weil wir ihr als einer historischen selbst unterliegen und sie unwillkürlich-aktiv vollziehen und vorwegnehmen.

Eben diese Veränderung vollzieht sich auch im Übergang zur *reinen* Logik. Von ihr hatten Antike und Mittelalter trotz Aristoteles noch nie – und so weiter. Erst wiederum Leibniz hat entwickelt, was man zu Zeiten als »Logistik« bezeichnete, heute üblicherweise »formale« Logik nennt und was damals *neu* ist.

Aber ist diese Idee denn wirklich so neu? Ist sie uns nicht schon bei Galenos begegnet? Nein; auch bei Galenos nicht! Und deshalb nicht, weil diese Idee eine Mathematik zur Voraussetzung hat, die für die Alten noch gar nicht existiert hat.[171]

Ja – nur dass die »Idee« der reinen Logik diese neue Mathematik weniger zur *Voraussetzung* hat, als dass sie mit ihr *übereinstimmt* in derselben neuen Art von Abstraktion, in ihrem nicht-inhaltlichen Denken, dem, das heute »formales« heißt.

Formales Denken – so können wir Leibnizens Einsicht zusammenfassen – beruht auf der Möglichkeit, das Operieren

mit Gedanken zu ersetzen durch das Operieren mit Zeichenmustern, so dass die Regeln, nach denen der Aufbau und die Veränderung der Zeichenmuster sich vollzieht, keinen Bezug mehr nehmen auf den Inhalt *der Gedanken, sondern nur noch auf die Strukturen der Muster selbst.*[172]
Nicht-*Inhaltlichkeit* macht die Logik zu der *reinen.*

Es wäre folglich sinnvoll und reizvoll, der veränderten Denkform auch in diesem Bereich nachzugehen, in der reinen Logik, die bis heute so große Bedeutung gewonnen hat. Doch sind wir ja auf der anderen Spur noch lange nicht zu einem Ende gekommen, der Herleitung der Naturwissenschaften, und deshalb kehre ich mit der entscheidenden Frage zurück zur Mathematik selbst: Was außer den reinen Zahlen hat sie damals Neues erfahren, um damit *Werkzeug* zu werden für die Naturwissenschaften?

Sucht man nach einem allgemeinen Charakteristikum, durch das man die neuere abendländische Mathematik von der antiken und der vermittelnden arabischen unterscheiden kann, so ist es doch wohl der Infinitesimalkalkül, der im Verlauf des 17. Jahrhunderts den methodischen Bruch mit der antiken Tradition am deutlichsten manifestiert und zugleich das mächtigste Instrument der neuen Naturwissenschaft wird. Der »Calculus«, wie es kurz im 17. Jahrhundert heißt, setzt aber Mehreres voraus. Zunächst die mathematische Formel, *die ja Antike und Mittelalter nicht kannten. Zweitens die* analytische Geometrie, *die, nach Vorarbeiten Fermats, wesentlich Descartes verdankt wird. Drittens die* Theorie der Funktion.[173]

Calculus, Analysis, Funktion – um diese drei Dinge einzubetten in die Geschichte des neuzeitlichen Denkens, bedarf es inzwischen keiner großen Anstrengung mehr.

Geschichtlich beginnt es mit der *analytischen Geometrie.* Descartes legt sie 1637 vor als Bestandteil der auf langes Drängen von Freunden hin veröffentlichten ›Philosophischen Essays‹, zu denen außer dem berühmten *Discours de la méthode* noch die *Dioptrique* und *Météorologie* zählen. »Analytisch« wird diese Geometrie, indem sie Strecken, Flächen und Körper in die nach ihrem Erfinder genannten Cartesischen Koordinaten einspannt und mit den Koordinaten*werten* dann algebraisch umgeht, also in Form von Zahlen mit ihnen rechnet. Die Koordinatenachsen, das Mittel zur Umwandlung der ausgedehnt-geometrischen Größen in bloße Zahlen, sind jede für sich ein *Zahlenstrahl*, lediglich dass Descartes nun *mehrere* von ihnen verwendet, zwei, um beispielsweise eine Kurve und diese dann als Gleichung darzustellen, drei, um die Sache in die dritte Dimension auszudehnen. Aber das heißt lediglich, dass jeder Punkt also nicht bloß auf *einen* Zahlenstrahl, sondern zu gleicher Zeit auf mehrere bezogen wird, dass also mehrere solcher Punktwerte noch einander koordiniert werden. Entscheidend ist die Verwandlung von Größen in Nicht-Größen durch das getrennt von ihnen gedachte und festgehaltene Bezugssystem, die Achsen: eine Verwandlung in *reine Zahlen*. Dazu Crombie:

[Descartes'] *analytische Geometrie beruhte auf der Annahme, dass eine Strecke einer Zahl gleichzusetzen sei; das hätte kein Grieche akzeptiert.*[174]

Er hätte es nicht einmal verstanden.

Die *Infinitesimalrechnung* – »ging von einer ähnlichen pragmatischen Unlogik aus«, so heißt es; genauer muss es heißen: von *derselben*. Um Größen als Nicht-Größen zu denken, gilt es einen an sich unüberwindlichen Abgrund dennoch zu überwinden: dass Größen niemals zu Nicht-Größen werden können und umgekehrt. Keine Größe, auch wenn man sie noch so klein denkt, ist je so klein zu wählen, dass sie schließlich *nicht* mehr Größe wäre; und die Nicht-Größe, Nullpunkt, der sie ist, vermag ja nicht einmal größ*er* zu werden, sie *bleibt* entweder Null oder wäre, größer geworden, bereits *Größe*. Diese unaufhebbare Differenz zwischen Größe und Nicht-Größe wird von der Infinitesimalrechnung in einem Gewaltstreich aufgehoben, der eben deshalb nötig wird, *weil* nunmehr Größen *als* Nicht-Größen gedacht werden. Der *Calculus* besteht in dem Trick, an einer geeigneten Stelle der Rechnung einen Wert, der eben noch als Größe – ungleich Null – in die Rechnung eingegangen war, unter der Hand gleich Null zu setzen. Leibniz und Newton haben unabhängig voneinander ein solches Verfahren entwickelt und später heftig darum gestritten, wer als erster darauf gekommen sei. Draufkommen aber *mussten* sie – das gab ihnen die neue Abstraktion vor. Beide haben sie lediglich mit einer unterschiedlichen Anschauung verbunden. Leibniz sah die Differenz oder den »Abstand« zweier Punkte auf dem bekannten Kontinuum unendlich klein und also *gegen Null gehen* – so dass man dort, wo es mathematisch tunlich war, mit nur sehr *geringer* Ungenauigkeit diese Nicht-Null gleich Null setzen konnte. Newton dagegen dachte sich seinen Fluxionenkalkül als Punkte in *Bewegung* – man erinnere sich an Bacons *processus* und *schematismus*: Die Punkte würden, als solche zwar ausdehnungslos, über das Kontinuum *bewegt* und auf diese Weise zu Größen *aufgespannt*, durch die Differenz oder den »Abstand« zu ihrem gleichsam ersten Ort, dem Ausgangspunkt ihrer Bewegung. Die Sache bleibt bei Newton und Leibniz dieselbe, nur in jeweils unterschiedlicher Richtung gedeutet: Punkte werden durch das Kontinuum eines Bezugsystems zu Größen oder umgekehrt Größen durch dies Bezugssystem zu Punkten.

Bleibt das große Dritte der neuen Mathematik; es soll mir den Namen für diese so machtvoll neue Abstraktionsform prägen. Die Kurve im Koordinatensystem, von analytischer Geometrie gezeichnet und infinitesimal berechnet, sie selbst stellt ein Kontinuum von Punkten dar. Festgehalten wird sie in einem mathematischen Ausdruck, in dem reine Zahlen aufeinander bezogen werden, unser x und y und möglicherweise noch weitere:

$y = 3x^2 + 7x + 4$

Diese werden gedacht als unausgedehnt-kontinuierlich einer in den anderen übergehende Punkte: als *Variablen*. So ergeben sie, im Graph gleichsam aneinander gereiht, eine Kurve. Der mathematische Ausdruck selbst aber, der jeder solchen Variablen eine oder mehrere andere zuordnet, ist nach einem Wort, das Leibniz als erster dafür verwendet, ihre *Funktion*.

DIE WISSENSCHAFT UND DER ERSTE BEWEGER

Wie kommt es von hier zu den Naturwissenschaften? Sicher ist die Mathematik eine Wissenschaft und schwerlich kämen die anderen ohne sie aus. Sie dient ihnen wohl und beherrscht sie vielleicht, doch handelt sie nicht als solche von Natur. Und was umgekehrt Bacon fern aller Mathematik aufstellt, propagiert zwar Naturwissenschaft und kündigt sie an, gilt ausdrücklich dem Projekt einer Beherrschung von Natur, vermag jedoch selbst noch gar nichts darin zu leisten, keinerlei Berechnung zu tätigen. Trotzdem, was sich am empirischen und am mathematischen Apriori zeigen ließ, hat bereits so weit geführt, dass es von dort bis zum Ursprung der Naturwissenschaften nicht mehr weit ist. Er liegt bereits vor unseren Augen.

Das Neue im Denken der Neuzeit, ich nenne es die *funktionale Abstraktion*. Sie beruht auf der Synthesis am Geld, geht aus ihr hervor oder – so wäre am genauesten zu sagen – sie ist mit ihr identisch. Das reine Ausschließungsverhältnis, in dem Geld- und Warenwert gegeneinander zu denken sind, ergibt diese neue Art der Abstraktion – oder besteht in ihr. Ihre Kennzeichen sind die *Reinheit* des Negationsverhältnisses, des bloßen 0/1; die damit identische *Nicht-Inhaltlichkeit* beider in dieses Verhältnis gesetzten Seiten; und damit auch deren Form eines für sich bestehenden *reinen Beziehens*, reiner Einheit, und des *rein Bezogenen*, rein bezogener Einheiten, beide strikt getrennt und ausgeschlossen voneinander, aber beide zugleich strikt aufeinander angewiesen, jeweils als solche nur bestimmt in der Verbindung mit der anderen.

Ich weiß, ich wiederhole mich. Aber es ist nicht unnütz vorzuführen, wie knapp sich beschreiben lässt, was da Neues aufgekommen ist. Seine große Gewalt hat es nicht durch umfängliche Komplexität, sondern durch das äußerste Gegenteil davon, durch dieses allerkargste 0/1, durch den *Ausschluss* allen Inhalts. Er begründet wahrhaft die »Mutation« des Denkens, von der Koyré geschrieben hatte. Und wodurch auch immer das erste Auftreten der Philosophie, jenes »Griechische Wunder« bewirkt worden ist, zumindest seitdem hat das Denken der Menschen keinen tieferen Bruch erfahren als eben diesen: an Stelle einer bis dahin unauflöslichen Gebundenheit an Inhalt nun das nicht-inhaltliche Denken. Und dessen Nicht-Inhaltlichkeit wird von uns *aktiv* geleistet, *reflexhaft-unwillkürlich* wirken wir sie in den gesamten Bereich des Denkens, jenseits aller Reflexion und ohne Möglichkeit, dem auch nur zu wehren, mit der ganzen

Macht eines unhintergehbaren Apriori. Das Denken ist *in sich* verändert und weiß daher nichts davon, weiß nichts von dem, was es hinter sich lässt, nichts von der neuen Form. Aber es hat nun deren Möglichkeiten, unterliegt ihnen, verfügt über sie und – *findet ihnen Anwendung.*

Wie kommt es dadurch zur Naturwissenschaft? Bei jenen großen Ersten, die zur Bestimmung von Natur die funktionale Abstraktion aufwandten und so Wissenschaft begründeten, war dafür einiges an Genie verlangt. Für uns ist es nicht mehr als ein leicht getaner Dreischritt, ihre geniale Leistung nachzuvollziehen:

- *Mathematisch*, so zeigte sich an den Zahlen, dort, wo die funktionale Abstraktion am leichtesten und gleichsam unmittelbar anzuwenden ist, ergibt sie die Form einer *Linie*: den Zahlenstrahl als Kontinuum unausgedehnter Punkte.
- Auf *Empirie* gewandt, auf die so gedachte Gesamtnatur, ergibt sie den Gedanken vom reinen Prozess, reiner *Bewegung* am reinen, für sich genommen starren Objekt.
- Auf dieselbe *Empirie* aber zugleich *mathematisch* angewandt, ergibt sie das *Berechnen linearer Bewegung* – und das ist unmittelbar: die Wissenschaft der *Mechanik*.

Sie ist die *erste* Wissenschaft. Zum einen *historisch*: da Galileo *sie* als neue Wissenschaft inauguriert, Newton mit *ihr* das erste Paradigma von Wissenschaft aufstellt. Und zum anderen nun auch *logisch*, der Sache nach, und *deswegen* auch historisch: da die funktionale Abstraktion *sie* zu ihrem ersten Gegenstand reflektierter Anwendung machen muss. Andere Bereiche, die dieser Abstraktion *ferner* liegen und in denen sie deshalb *schwieriger* Anwendung findet, werden sukzessive erst später durch sie auf den Stand von Wissenschaften gehoben, bis dies im 19. Jahrhundert schließlich noch mit der Biologie und also mit dem Äußersten an inhaltlicher, quirliger Vielgestalt, mit den Lebewesen gelingt: in der Evolutionstheorie. Den Anfang jedoch muss sie mit derjenigen Spielart von Prozess und Veränderung machen, die selbst *ohne qualitative Bestimmung* ist: mit der *Bewegung* als solcher. So entstehen die Naturwissenschaften als Mechanik.

Dass es an Bewegung und Veränderung manches zu überlegen gibt, ist verständlicherweise nicht erst eine Erkenntnis der

Neuzeit, sondern hat bereits vorsokratisch etwa zu Zenons bekannten Paradoxen geführt. Aber als sich Galileo daran macht, Bewegung zu *berechnen*, da – große Überraschung – denkt er Bewegung auf eine gegenüber allen früheren Zeiten *grundsätzlich veränderte* Weise, die er erst mühsam durchsetzen muss gegen das, wie sich Antike und Mittelalter die Sache dachten. Was er da radikal Neues aufbietet, natürlich versteht es sich für uns wieder von selbst, und so, wie es dann zum ersten Mal laut Galileo zugehen soll, dass ein geworfener Stein fliegt oder eine angeschobene Kugel weiterrollt, *muss* es sich unserem Glauben nach ganz einfach verhalten:

Wir sehen auch wirklich nicht ein, aus welchem Grunde oder welcher Ursache es sich anders zutragen sollte. Das erscheint uns nicht bloß plausibel, es erscheint uns ganz natürlich. Doch es ist nichts weniger als das. Die natürliche, die handgreifliche Evidenz, die diese Auffassungen genießen, ist nämlich vergleichsweise jungen Datums: wir verdanken sie Galileo und Descartes. In der griechischen Antike ebenso wie im Mittelalter wären die gleichen Auffassungen als »offenkundig« falsch, ja absurd eingestuft worden.[175]

Mein altes Lied.

Man hat bemerkt, ich will diesmal nicht sogleich benennen, *welche* Auffassungen bei uns »handgreifliche Evidenz« genießen, wie also *wir* uns Bewegung inzwischen ganz *natürlich* erklären und wie Galileo sie seinerzeit ganz *revolutionär neu* erklärt hat; ich nenne also noch nicht jene *angewandte Denkform* funktionaler Abstraktion, mit der sie ein erstes Mal als neuzeitliche Wissenschaft auftritt. Das werde ich vielmehr so lange aussetzen, bis diejenigen *anderen* Denkweisen von Bewegung skizziert sind, die *davor* liegen und gegen die Galileo anzugehen hatte. So mag sich zeigen, wie sehr auch sie, jede für sich, einmal plausibel waren und alles andere als kindliche Irrungen vor dem Sonnenaufgang der einzig naturgemäßen Wahrheit. Grob eingeteilt, und wenn man von unterschiedlichen Ausformungen absieht, sind es nur zwei, die eine antik, die andere in der Hauptsache mittelalterlich.

Für Aristoteles etwa hat gegolten: So gewiss Natur ein Prinzip von Prozess und Veränderung sei, von *kinesis* und *metabole*, so nötig sei es, *deren* Wesen zu klären, wenn man überhaupt Natur untersuchen wolle. *Das* also ist nicht neu. Doch für Aristoteles galt auch mit aller Deutlichkeit: »Es gibt keinen Prozess *außerhalb* der Dinge«.[176] Der Prozess und das, woran er sich vollzieht, sind nicht voneinander zu lösen. Und ebensowenig sind voneinander zu lösen das Bewegte und das, wovon es bewegt wird.

Aristoteles erklärt Bewegung ausgehend von einer Definition, die dem Mittelalter in einer schlanken lateinischen Fassung geläufig war, in der Neuzeit aber mit einem Mal selbst einem großen Denker wie Descartes unverständlich blieb: *actus entis in potentia in quantum est in potentia*. Moderne Übersetzungen quälen sich mit Formulierungen herum wie: *das endliche Zur-Wirklichkeit-Kommen eines bloß der Möglichkeit nach Vorhandenen, insofern es eben ein solches ist*. Aber wer weiß, womöglich hat die originale Formulierung des Aristoteles in den Ohren seiner Zuhörer – die »Physik« ist als Vorlesung überliefert – schon genauso bemüht geklungen. Denn Aristoteles hat dafür ein eigenes Kunstwort geschaffen, das trotz seines späteren Erfolgs bis dahin nicht zur griechischen Sprache gehört hatte: *entelecheia*. Sein Gedanke ist der: Jede Bewegung und Veränderung hat ihre Richtung, auf ein Ziel hin, ihr *telos*, und solange sich ein Ding darauf zubewegt und verändert, hat es dies Ziel noch nicht erreicht, besteht aber gleichwohl das Ziel als *Möglichkeit* dieses Dings. Wenn etwa – das Beispiel bei Aristoteles – ein Haus gebaut wird, so ist es noch kein Haus, solange daran gebaut wird, und trotzdem ist das, was da gebaut wird, ein Haus und nicht etwa ein Käfer oder eine Bananenkiste. Man baut ein Haus, das während des Bauens noch nicht als Haus, jedoch als die angestrebte Möglichkeit besteht, deren Verwirklichung – *entelecheia* oder *actus* – der Prozess des Bauens ist.

Keine Bewegung aber, ob nun Ortsbewegung oder Veränderung, vermag sich von allein zu vollziehen; was sich bewegt, bewegt sich nicht selbst, sondern *wird* bewegt. Zu jedem bewegten Ding gehört ein anderes, das dieses erstere bewegt, und die Bewegung kommt beiden in gleichem Maße zu, dem Beweger ebenso wie dem Bewegten. Die Form etwa, die ein Bildhauer einem Stück Marmor verleiht, die Veränderung, die »Bewegung« des Marmors also, die er bewirkt, muss auch der Bildhauer vollziehen, er kann sie nicht bewirken, indem er selbst unbeweglich bliebe und nicht *eben diese* Bewegung vollzöge. Seine aktive Bewegung und die passive des Marmors sind in diesem Sinne also dieselbe, geradeso – ein Vergleich des Aristoteles – wie der Abstand von 1 zu 2 derselbe ist wie der von 2 zu 1, oder wie die Steigung, die ein Weg nimmt, identisch ist mit seinem Gefälle, auch wenn man beides, je nach Richtung, unterschiedlich bezeichnet. Auf Grund dieser Identität aber kann eine Bewegung nur durch unmittelbare *Berührung* von Bewegtem und Beweger verursacht, nämlich von diesem auf jenes *übertragen* werden.[177]

Die Ortsbewegung im besonderen hat nun jeweils einen bestimmten *Ort* zu ihrer Entelechie, den Ort, auf den sich etwas zubewegt. Für alles aber gibt es einen jeweils *natürlichen* Ort, also ist die Bewegung auf ihn hin ebenfalls natürlich, die Bewegung auf einen anderen Ort hin dagegen künstlich oder gewaltsam – ich habe es bereits erwähnt. Aber das heißt auch, dass nicht jeder Ort dem anderen gleich ist und dass also gleichgültig wäre, ob etwas nun hierhin oder dorthin strebt, sondern die Orte haben notwendig unterschiedliche *Kraft*, wie Aristoteles sagt, sie unterliegen einer festen Hierarchie. Aristoteles pocht darauf, dass Begriffe wie oben und unten nicht bloß relational gelten in Bezug auf den, der sie gerade verwendet, sondern dass sie auch absolute Bedeutung haben: Unten ist, wohin das Schwere fällt, und oben ist, wohin das Leichte steigt. Unten: Mittelpunkt des Kosmos; oben: seine äußerste Umhüllung. Man muss diese letzteren Annahmen nicht teilen, um gleichwohl anzuerkennen, dass auf Erden unten und oben triftig und erfahrbar voneinander geschieden sind. Und dadurch jedenfalls erfährt selbst eine bloße Bewegung von Ort zu Ort ihre *qualitative* Bestimmung.

An seinem natürlichen Ort angekommen findet ein Ding seine Ruhe, und solange es ihn nicht erreicht hat, strebt es danach, ihn *in natürlicher Bewegung* zu erreichen. Die Definition des Aristoteles sagt also nicht nur, jede Bewegung bedürfe eines unmittelbaren Bewegers, sie enthält noch etwas anderes: Angelangt an dem Ort, auf den eine Bewegung abzielt, ist sie nicht länger Bewegung, sondern eben das, worauf sie abzielt: Ruhe. Die *Verwirklichung* einer bestehenden Möglichkeit ist eben dieser *Zustand der Ruhe*, und Bewegung stattdessen der *Übergang* von einem solchen Zustand in einen anderen, *insofern* also dessen bloße Möglichkeit. Die Ruhe hört dort auf, wo die Bewegung einsetzt, und die Bewegung endet, wo sie zur Ruhe kommt. Auf diese einleuchtend anschauliche Weise bilden Bewegung und Ruhe nach aristotelischer Auffassung einen *Gegensatz*.

So weit wird man ihm ohne weiteres folgen können; oder, wie Koyré nach einer ausführlicheren Beschreibung trocken feststellt:

Somit bildet die aristotelische Physik eine bewundernswerte und in sich vollkommen schlüssige Theorie, die abgesehen davon, dass sie falsch ist, nur einen einzigen Mangel hat: die Alltagserfahrung des Werfens steht im Widerspruch zu ihr.[178]

Ein Mangel, der nicht allzu schwer wiegt. Der Kontakt zwischen Werfer und geworfenem Ding reißt zwar ab, sobald etwa der Stein die Hand verlässt, und wenn allein der Werfer die Bewegungsursache sein könnte, müsste im selben Moment auch die künstliche Bewegung abbrechen und der Stein in natürlicher Bewegung schnurstracks auf die Erde zurückfallen. Dass er es augenscheinlich nicht tut, erklärt Aristoteles aber gemeinsam mit anderen Philosophen unschwer damit, dass der Stein ja seinerseits die Luft in Bewegung versetzt hat, also das Medium, durch das er dann fliegt, und dass ihm dies Medium seine Bewegung für eine Weile jeweils wieder zurückzugeben vermöge, etwa indem es ihn umfließt. Für den Alltag reicht eine solche Erklärung aus.

Allerdings ergibt sich mit der Identität von aktiver und passiver Bewegung, weniger für die Alltagserfahrung als für den gründlichen Philosophen, der Aristoteles ist, zuletzt noch eine andere Schwierigkeit, der er mit etwas größerem Aufwand begegnen muss. Wenn jede Bewegung allein durch den Kontakt von Bewegendem und Bewegten weitergegeben wird, so bedarf jeder Beweger ›hinter sich‹ erneut eines Bewegenden und dieser noch einmal eines weiteren und so immer weiter; und so wird umgekehrt auch jedes Bewegte ›nach vorne‹ seinerseits zum Beweger eines weiteren Bewegten und auch das immer so weiter. Eine einzige Bewegung also würde genügen, um den Kosmos auf alle Zeiten in einen einzigen Verschiebebahnhof von Bewegungen zu verwandeln, die nie hätten anfangen dürfen und niemals ein Ende fänden. Also gäbe es niemals Ruhe – nach Aristoteles'

Definition aber die *Bedingung* von Bewegung. Damit es sie folglich geben könne, muss er einen ersten Beweger konstruieren, der selbst *unbewegt* sei, zum einen also nicht selbst bewegt *werde*, keines weiteren Bewegers bedarf, zum anderen aber Ruhe in Bewegung übergehen lasse und Bewegung in Ruhe auffangen könne ohne den unerträglichen *re-* und *progressus ad infinitum*.

Was leistet eine solche Lehre für die *rechnerische* Bestimmung, sei es der Bewegung, der Veränderung oder sei es allgemein der Natur? Nicht das Geringste. Nach Aristoteles sind beide von der Mathematik ausgeschlossen und schließen sie aus. Zu Recht hält er fest, dass Mathematik nicht mit Qualitäten umgehe – und tatsächlich, wenn Platon und andere die Mathematik dennoch mit Qualitäten verbinden, dann allein auf dem mystischen Wege der Zuschreibung –, und er hält fest, dass in der Mathematik Bewegung ausgeschlossen sei: Ein Dreieck oder ein Kegelschnitt, anders als die Natur, bewegen sich nicht. Selbst Euklids geometrischer und unendlich ausgedehnter Raum sei durchaus *ungleich* dem wirklichen, sei lediglich gedachter Raum und damit weder selbst ein Ort noch gar einen Ort enthaltend. Also fänden sich weder Orte, Qualitäten noch Bewegungen, von denen die Natur voll ist, in der Mathematik wieder.

Wie aber ist es dann möglich, was Aristoteles heute nachgesagt wird, dass er ein *Gesetz* der Fallgeschwindigkeit formuliert habe? Es ist *nicht* möglich, sondern *neuzeitliche* Um- und Missdeutung der antiken Quelle. Als es Aristoteles einmal darum zu tun ist, die Möglichkeit eines leeren Raums zu widerlegen – sie würde ihm einen Strich durch seine Rechnung mit der Kontaktkausalität der Bewegung machen –, sucht er dafür eine ganze Reihe von Argumenten zusammen. Unter anderem führt er an, dass sich ein Körper umso schneller bewegt, je weniger Widerstand das Medium bietet, das er durchläuft – dass ein solches Medium gerade eben noch statt hindernd im Gegenteil *befördernd* auf die Bewegung wirken sollte, hat Aristoteles hier ganz schnell vergessen.

Je körperloser, weniger hinderlich und besser teilbar das, wo hindurch die Bewegung verläuft, um so schneller wird die Bewegung sein.[179]

Was zweifellos zutrifft. Ein anderes Mal sagt Aristoteles ähnlich, ein Körper bewege sich umso schneller durch ein Medium, je stärker er angetrieben werde, und im übrigen könne auch seine äußere Gestalt etwas dazu tun, den Widerstand des Mediums besser zu überwinden; was wiederum ohne Zweifel zutrifft. Wollte man deshalb einen leeren Raum annehmen, so Aristoteles, so böte er einer Bewegung überhaupt keinen Widerstand, und das würde im letzteren Fall bedeuten, dass alle Bewegungen darin gleich schnell sein müssten – »aber das geht nicht« –, und im ersteren, dass die Geschwindigkeit einer Bewegung dann in Proportion zu einem »Nichts« an Widerstand stünde, also jedes denkbare Verhältnis überstiege und damit nach unserer Vorstellung *unendlich* schnell wäre. Beide Male also würden die von Aristoteles angenommenen Proportionen *im leeren Raum* zu einer Unmöglichkeit führen; und nur das, nicht mehr, sollten sie für ihn leisten: die Möglichkeit eines Vakuums ausschließen.

Bei Aristoteles stehen diese Annahmen logisch vollkommen unverbunden nebeneinander; er benutzt sie als fiktive, freilich empirisch nicht zu widerlegende Setzungen, aus denen sich ein Argument gegen die Behauptung der Existenz eines Leeren gewinnen lässt […]. Es ist daher unzulässig, Aristoteles die Auffassung zu unterstellen, es gelte ein Gesetz »V proportional P/R« (Mit »V« für Geschwindigkeit, »P« für bewegende Kraft, »R« für Widerstand), wie durchgängig von Wissenschaftshistorikern behauptet wird. So etwas wie ein Gesetz zu formulieren, liegt Aristoteles fern.[180]

Die Bewegung weckt in ihm allein das Anliegen, ihr *Wesen*, keinesfalls aber ihre veränderliche Größe zu bestimmen.

IMPETUS OHNE SKLAVEN

Nichts anderes auch will jene Bewegungstheorie, die sich später von der des Aristoteles absetzt und die in Geltung bleiben sollte bis unmittelbar zum Umschlag in die Neuzeit. Ein spätantiker Gelehrter, Verfasser grammatischer Traktate und Verteidiger der christlichen Lehre mit Hilfe aristotelischer Schriften, ein Johannes Grammatikos mit dem Beinamen *Philoponos*, der Müheliebende, der ihn als Mitglied einer christlich-monophysitischen Gruppierung Alexandriens ausweist, dieser Philoponos bezeugt jene veränderte Vorstellung bereits im 6. Jahrhundert. Sie besagt: Die Bewegung teilt sich dem Bewegten nicht allein durch unmittelbaren Kontakt mit, vielmehr wird dem bewegten Körper eine selber unkörperliche *Kraft* übertragen, die *in* diesem Körper *haftet* und die ihn, auch ohne Kontakt mit einem Beweger, weiterträgt. Diese Kraft allerdings *ermüdet* durch den Widerstand des Mediums, durch das sich der Körper bewegt – und von dem Aristoteles so widersprüchlichen Gebrauch gemacht hatte –, und mit Nachlassen dieser Kraft lässt naturgemäß auch die Bewegung nach, bis sie *deshalb* schließlich zur Ruhe kommt.

Statt Berührung und unmittelbarer Anwesenheit eines Bewegers nun also die *Übertragung einer Kraft* – des *impetus*, wie man sie später nannte. Damit scheint nicht viel verändert und gewonnen nur so viel, dass der Luft nicht länger nachgesagt werden muss, sie wäre es, die den geworfenen Stein beim Fliegen vorantreibe; das übernimmt jetzt der *impetus*. Aber an der neuen Vorstellung hängt doch mehr, und das hat in einer großartigen Arbeit, würdig eines Philoponos, Michael Wolff zu Tage gefördert.

Wolff hat bereits an diese frühe Theorie oder Denkform die Frage ihrer Genese gestellt und ist dabei auf den gleichen Zusammenhang gestoßen, nicht buchstäblich denselben, aber den zeitlich entsprechenden, auf den uns das spezifische Denken der *Neuzeit* geführt hat. Zunächst: Die Identität in der gemeinsamen Bewegung, die bei Aristoteles zwischen Beweger und Bewegtem besteht, liegt für Philoponos in dieser übertragenen Kraft. So viel an Kraft, wie der Beweger verliert, so viel nimmt das Bewegte auf, und diese Kraft selbst, die sich einmal *im* einen, einmal *im* anderen befindet, bleibt in der Übertragung identisch. Sprachlich zeigt sich die gegenüber Aristoteles veränderte Deutung darin, dass Philoponos dessen Begriff der »Möglichkeit«, *dynamis*, mit einer *neuen* Bedeutung belegt, mit derjenigen der übertragbaren »Kraft«. Philoponos reflektiert diese Umdeutung nicht, und doch ist sie kein bloßes Missverständnis, sondern die präzise Folge einer *grundsätzlichen* Veränderung in der Denkform.

Bedingt ist sie, das weist Michael Wolff nach, durch den sozialen Gegensatz zwischen Sklavenarbeit und der Arbeit freier

Handwerker. Philoponos nämlich wendet sich mit seiner neuen Vorstellung polemisch gegen einen Autor, der die Bewegungen der Gestirne mehr oder weniger gut aristotelisch so erklärt, Heerscharen von Engeln wären unablässig dabei, auf Befehl des Herrn Hand anzulegen und Stern für Stern in seiner Bahn voranzubewegen. Der Kontakt zwischen Beweger und Bewegtem also bliebe gewahrt, und wenn nur Gott der Herr die Mühe nicht selber hat, seine Engel darf sie nicht verdrießen. Philoponos, der Freund der Mühsal, wettert gegen solchen Sklavendienst der Himmlischen und weist auf die *Kraft*, die Gott der Welt als ihr Demiurg mitgeteilt habe und die genüge, um die Sterne in Bewegung zu erhalten. Dem Handwerker und Freien nämlich muss daran liegen, den Kraftaufwand, die Mühe und Arbeit – den *ponos* –, die er auf seine Produkte wendet, in ihnen *erhalten* und *enthalten* zu sehen. Und zwar aus diesem Grund, unter diesen geschichtlichen Bedingungen: dass im *Verkauf* des Produkts seine Mühe als *Wert* einen angemessenen *Preis* finde.

Michael Wolff zeigt, dass die Gruppe der *Philoponoi* in Auseinandersetzungen um das *iustum pretium* engagiert war und denselben Zusammenhang in der Form der sogenannten *oeconomia divina* auch theologisch verhandelte. Und zwar dort als die Frage nach der *einen* oder nach den *zwei* Naturen des Christus: entweder menschlich-göttlich *in einem* oder menschlich und *daneben* göttlich. Die dyophysitische Lehre trennt im Gottessohn ohne jede Vermischung *forma dei* und *forma servi*, sein Dasein als Gott und Herr von dem Dasein als Mensch und Knecht. Philoponos hält dem mit den Monophysiten entgegen, dass Gottvater auch der »Sklavengestalt« seines Sohnes unmittelbar göttliche Kraft verliehen habe. Nur so könne der Heilsplan der *oeconomia divina* überhaupt gelingen, nur durch die Einheit von *irdischem Körper* und *göttlicher*, in diesem irdischen Körper enthaltener *Kraft*. Und die meint zuerst und zuletzt seinen *Tauschwert*. Dass *er* es ist, von dem die Denkform des übertragbaren *impetus* genommen ist, findet man in der monophysitischen Lehre mit aller Deutlichkeit ausgesprochen.

Auch Severos stellt die Erlösung der Menschen durch Christus als Bezahlung eines Äquivalents für den Loskauf der Menschen von ihren Sünden dar. Der göttliche Käufer wird hier vorgestellt als einer, der zur Bezahlung sich seiner eigenen, in seinem dargebotenen Opfer enthaltenen Kraft entäußert, um etwas Anderes dafür zu bekommen. Christus wird nicht ausschließlich in seiner Eigenschaft als Menschensohn und Knechtsgestalt, sondern als Einheit eines irdischen Leibes und einer göttlichen Kraft geopfert. Das ist der tiefere Sinn, den die Monophysiten der als häretisch diskreditierten Formel vom »gekreuzigten Gott« beigemessen haben.[181]

Entsprechend Philoponos:

Um deutlicher zu bestimmen, was im Kauf-Verkauf veräußert wird, stellt Philoponos einen Vergleich an, der in der Tat naheliegt, wenn das Kernstück der »oeconomia divina«, die Erlösung, mit Geldgebrauch in Beziehung gesetzt wird. Philoponos vergleicht die Natur des Erlösers mit einem im spätantiken Ägypten gebräuchlichen Münzmetall, dem sogenannten Elektron. Die physische Eigenart dieses Metalles liegt darin, dass es in einer Gold-Silber-Legierung besteht. Philoponos interessiert nun nicht allein die physische *Eigenart des Metalls, sondern vor allem interessiert ihn die Frage, was es mit dem* Wert *des Goldes auf sich hat, das in die Legierung eingegangen ist. Deutlich ist, dass nach Philoponos' Intention das Gold in diesem Vergleich die* übertragene Kraft *symbolisieren soll, die von Gottvater dem irdischen Körper* [sc. Christi] *mitgeteilt worden ist und die diesen Körper zum Erlöser, also zum Tauschmittel qualifiziert.*

Das Gold als Träger des Werts, das Silber als sein Körper, und nur in dieser *Verbindung*, als *wertvolle Substanz*, soll die Münze – und Christus ebenso wie sie – den Tausch vollbringen können; bei Philoponos heißt es weiter:

Auch das Elektron, eine Legierung aus Gold und Silber, enthält Gold als einen Bestandteil. Unter diesem Aspekt ist das Gold etwas Unvollkommenes und steht unter dem Elektron, wenn wir in Betracht ziehen, dass die Legierung Elektron brauchbarer ist. Wenn man aber das Gold in sich selbst betrachtet, so ist es nicht Teil, sondern es ist in sich vollkommen und vornehmer als die Legierung. Unzählige andere Beispiele könnten wir hier noch anfügen. So muss man also auch von Christus, unserem Herrn denken. Mit Rücksicht auf die Heils-

ökonomie ist die Gottheit des Logos allerdings nur ein Teil des ganzen Christus, da ja unsere Erlösung nicht anders erreicht werden konnte

– allein nämlich durch die *Verbindung* der Gottheit als der göttlichen Kraft mit einem irdischen Körper: zum ganzen Christus. Mit ihrer Übertragung von der Gottheit auf den Körper verliert die göttliche Kraft zwar an Vollkommenheit, nach der einfachen Regel, dass »das Einfache vollkommener als das Zusammengesetzte« sei. Als Kraft jedoch und *Wert* bleibt sie in der unvollkommenen, aber notwendigen Verbindung mit einem Körper vollständig *erhalten*.

Jedes von dem, was sich vereinigt hat, ist unvollkommen geworden und Teil, um uns von der Sünde loszukaufen, da auf andere Weise unsere Erlösung nicht zu bewerkstelligen war. Wenn man aber die Gottheit in sich selbst betrachtet, so ist sie über alle Vollkommenheit erhaben und unvergleichlich mit allem, was ist. Wegen der Zusammensetzung hat sie [sc. die Gottheit] keineswegs an Wert eingebüßt, lehrt uns der Glaube, so wie auch das Gold durch die Legierung mit dem Silber nichts an Wert einbüßt.

Dazu noch einmal Michael Wolff:

Es geht Philoponos in diesen Bemerkungen offenbar darum, die monophysitische Auffassung zu präzisieren, wonach die besondere göttliche Kraft, die dem Erlöser mitgeteilt worden ist, nicht mit dem physischen Substrat verwechselt werden darf, dem die übertragene Kraft anhaftet auf dieselbe Weise wie der Goldwert einer Elektronmünze anhaftet. Die Kraftübertragung entspricht mit anderen Worten nicht einfach einer Vermischung physischer Körper, sondern einer Wertübertragung.

Interessant ist an diesen Erörterungen über Analogien zwischen Kraftübertragung und Werthaltigkeit, dass es sich nicht um bloße Analogien handelt, die man anderen Vergleichen gleichrangig zur Seite stellen könnte: Der theologische Sachverhalt kann mit einem ökonomischen Sachverhalt nicht nur verglichen werden, er wird vielmehr als *solcher – und der ökonomische* als *theologischer – verstanden und diskutiert.*

Und von diesen beiden Sachverhalten, so das Ergebnis einer ausführlichen Argumentation bei Wolff, kann allein der ökonomische die *Ursache* sein für die Vorstellung vom *impetus* in der Bewegung – einer selbst unkörperlichen, körperlich aber gebundenen Kraft, eines von Körper auf Körper übertragbaren und in dieser Übertragung aber sich identisch erhaltenden Werts.

Der damals geltende ökonomische Sachverhalt, Bedingung dieser Denkform, bezeichnet so den Stand des *material* gedachten, also material *gebundenen Werts*. Und er besteht in Verhältnissen, die nicht mehr – zumindest nicht mehr vollständig – auf Sklavenhaltung beruhen.[182] Solange diese ihren historischen Bestand haben, bleibt es auch bei der *impetus*-Vorstellung: im Mittelalter, in der Renaissance, bis zum frühen Galileo.[183]

DAS DREIECK DES ORESMIUS

So lange bleibt es bei der materialen Abstraktion. Sie, die Koyré so glücklich mit der eines grammatikalischen Regelwerks verglich, durchherrschte bis dahin ja notwendig auch die Mathematik. Und wenn in der Mathematik aber mit *dieser* Art von Abstraktion *quantitativ* umgegangen wird, so ergibt sich das, was ursprünglich nicht umsonst einmal Bedeutung von »Rhythmus« war: die *Proportion*.

Proportion ist *inhaltlich gedachtes Verhältnis*. Im antiken Rhythmus war es das Verhältnis zwischen den als kurz oder lang bestimmten, also inhaltlichen Größen, und dabei ist es bis zum mensuralen *tactus* geblieben, bevor ihm *unser* Takt den Garaus machte. In Proportionen muss denn auch Aristoteles sprechen, wenn er sich seine Gedanken zur Geschwindigkeit macht und dann eben *nicht* so formuliert: $V = P/R$, die Geschwindigkeit entspreche dem Verhältnis von Kraft zu Widerstand. Für uns hat es keinerlei Schwierigkeit, einen *Weg* durch eine *Zeit* zu teilen oder eine *Kraft* mit *Zeit* malzunehmen oder welche Inhalte auch immer mathematisch direkt aufeinander zu beziehen. Stundenkilometer als Kilometer *durch* Stunde oder Kilowattstunden als Kilowatt *mal* Stunde sind für uns das Normalste von der Welt. Für das *proportionale* Denken dagegen war dergleichen *unmög-*

lich. Es war *materiales, inhaltlich gebundenes* Denken und eben deshalb *konnte* es nicht den *einen* Inhalt unmittelbar durch einen *anderen* Inhalt dividieren, multiplizieren oder was auch immer; das hätte für dieses Denken bedeutet, den *einen* Inhalt zugleich *als einen anderen* zu behandeln, Weg *als* Zeit, Zeit *als* Kraft – was absurd ist. Tatsächlich wird dergleichen erst möglich, wenn das Denken den einen wie den anderen Inhalt als *nichtinhaltliche* Einheiten behandelt und insofern beide als »gleiche«, beide nämlich als *Nicht*-Inhalte.

So tun wir. Aristoteles und alle, die noch vor Aufkommen funktionaler Abstraktion gedacht haben, können nur *gleiche Inhalte* verbinden; und so finden sie diesen Weg, um verschiedene Inhalte quantitativ aufeinander zu beziehen: Sie setzen jeweils gleiche Inhalte zueinander in Proportion, also etwa eine schnellere zu einer langsameren Geschwindigkeit oder eine größere zu einer kleineren Kraft, und erst diese *Proportionen jeweils gleicher Inhalte* stellen sie einander gegenüber, so:

Proportion von V_1 *zu* V_2 *– entspricht – Proportion von* R_1 *zu* R_2

oder:

Proportion von P_1 *zu* P_2 *– entspricht – Proportion von* R_1 *zu* R_2

In Proportionen zu denken heißt, nicht unmittelbar die Größen unterschiedlicher Inhalte, sondern die *Proportionen* nur jeweils *gleichartiger Größen* einander gleichzusetzen. Die Größen V_1 und V_2 sind *beide* Geschwindigkeiten und können nur *untereinander* eine Proportion bilden, und so entsprechend die Größen R als Widerstände und die Größen P als Kräfte. Die *Inhalte* von V, R und P sind eben *nicht* die gleichen und sind deshalb nicht unmittelbar gegeneinander proportional zu setzen, Geschwindigkeit *ist nicht* Widerstand, und dieser *ist nicht* Kraft. Erst *als* diese Proportionen von jeweils inhaltsgleichen Größen werden sie, die Proportionen, einander quantitativ gleichgesetzt: als das Verhältnis zweier Geschwindigkeiten V_1 und V_2 dem Verhältnis zweier Widerstände R_1 und R_2. Daher ist es Aristoteles unmöglich, ein *Gesetz* zu formulieren: $V = P/R$.

Dass Aristoteles selber sein »*Gesetz*« *nicht so ausdrückte, bedeutet eine nicht unwichtige Begrenzung, die sich aus der griechischen Auffassung von Proportion [...] ergab. Nach griechischer Auffassung konnte eine Größe nur aus einer »echten« Proportion resultieren, d. h. aus einem Verhältnis zwischen »gleichen« Mengen, z. B. zwischen zwei Entfernungen oder zwischen zwei Zeiten. Ein Verhältnis zwischen zwei »ungleichen« Mengen, z. B. zwischen Entfernung (s) und Zeit (t) wurde nicht als Größe angesehen. Die Griechen gaben also in Wirklichkeit keine metrische Definition der Geschwindigkeit als einer Größe, die eine Proportion von Raum und Zeit darstellt, nämlich* $v = k \cdot s/t$.[184]

Denn eine solche Formel – metrisch und messbar – würde bereits *funktionale* Abstraktion voraussetzen: das *Absehen* vom Inhalt der aufeinander bezogenen Größen, die *deshalb*, als Variablen, *unterschiedlichen* Inhalt bedeuten könnten, ob nun von v, von s, von x oder y, von Äpfeln, Birnen oder wovon auch immer.

Das Entstehen der Naturwissenschaften muss demnach einhergehen mit dem *Übergang* von materialer zu funktionaler Denkabstraktion, oder vom Substanz- zum Funktionsbegriff, wie man sie auch genannt hat. Denn dass hier ein Zusammenhang besteht, darauf ist die Wissenschaftsgeschichte schon seit längerem gestoßen; die Arbeiten von Anneliese Maier haben da viel getan. Fragt sich also: *Wann* löst sich die inhaltliche Bindung der Proportionen auf, *wann* werden sie zu Funktionen? Eine gängige Antwort lautet: schon bei den scholastischen Mathematikern des 14. Jahrhunderts. Und das würde mir einen dicken Strich durch das historische Konzept machen; also werde ich noch einmal zusehen müssen.

Schon 1328 soll Thomas Bradwardine in seinem *Tractatus Proportionum* als erster erfolgreich versucht haben, »zur Beschreibung der Bewegung algebraische Funktionen zu benutzen, zu zeigen, in welcher Beziehung die abhängige Veränderliche v zu den beiden unabhängigen Veränderlichen p und r steht.« Das wäre eine *funktionale* Beziehung, da sie, nicht mehr gebunden an die Gleichartigkeit innerhalb der Proportionen, »ungleiche« Größen als Variablen unmittelbar aufeinander bezöge.

Das aristotelische »Bewegungsgesetz« metrisch als eine Funktion zu formulieren, so dass es rechnerisch zu prüfen war, ist eine Errungenschaft von allergrößter Bedeutung, wenn auch weder Bradwardine noch einer seiner Zeitgenossen den Tatsachen entsprechend formulierte oder einen einzigen empirischen Test wirklich ausführte.[185]

Aber nicht nur das nicht, sie haben auch jene »Errungenschaft von allergrößter Bedeutung« *nicht* errungen. Bradwardine definiert Proportion in aller wünschenswerten Deutlichkeit noch immer so:

Proportio est duarum quantitatum eiusdem generis unius ad alteram habitudo.[186]

»Proportion ist das Verhältnis zweier Quantitäten *derselben Art* der einen zur anderen.« Und den Zusammenhang zwischen *v, p* und *r*, von dem es heißt, er hätte ihn bereits als Funktion gefasst, formuliert er so:

Die Proportion von Geschwindigkeiten in der Bewegung folgt der Proportion der bewegenden Kräfte zu den widerstehenden Kräften.[187]

Auf der einen Seite steht wie eh und je eine Proportion zwischen Größen *gleichen* Inhalts, der Geschwindigkeiten, nur soll auf der anderen Seite wirklich die Proportion zwischen *unterschiedlichen* Kräften bestehen – aber natürlich sind beide noch immer *Kräfte*, »bewegende« die einen, »widerstehende« die anderen: Proportion und *inhaltlich gebunden* bleibt ihr Verhältnis also wie eh und je. Entsprechend sieht denn auch Bradwardines »rechnerische Prüfung« aus:

Es sei nämlich die bewegende Kraft A das Doppelte der widerstehenden Kraft B, und so die bewegende Kraft C das Doppelte von A. Dann ist die Proportion C zu B genau das Doppelte gegenüber der Proportion A zu B. C wird B folglich genau ums Doppelte schneller bewegen, als A B bewegt.

Etwas verwirrend: B tritt anfangs als *potentia resistiva* auf, die widerstehende Kraft, zum Schluss aber zugleich als das bewegte *Ding* selbst. Einem modernen Forscher, der bereits funktional denkt, mochte diese Unschärfe vielleicht den Gedanken eingeben, hier würden Größen unterschiedlicher Art aufeinander bezogen. Dieselbe Unschärfe aber belegt nur das genaue Gegenteil. Bradwardine formuliert strikt in Proportionen jeweils *gleichartiger* Größen, und er fasst das bewegte Ding selbst eben deshalb als

Kraft – er spricht an anderer Stelle gleichbedeutend von *potentia resistiva* und *potentia moti*, der Widerstandskraft und der Kraft des Bewegten, einer Kraft also *im* Bewegten –, *damit* ihm in die Proportionen nichts Andersartiges gerät: damit die Proportion auf der einen Seite allein eben zwischen Kräften besteht. Fast übertreibt er damit die pingelige Genauigkeit in den Inhalten, denn die Quantität von B kürzt sich in seinem Beispiel ohnehin heraus und könnte also welchen Inhalt auch immer haben.[188]

Auf solche Weise aber ist rechnerisch *gar nichts* zu prüfen. Was Bradwardine aufstellt, ist kein Mittel, um die Kräfte zu berechnen, sondern ist nicht mehr als ihre quantitative *Definition*. Bradwardine definiert: Diese Proportionen können bei Bewegungen bestehen – und *Schluss*. Ob es sich *in Wirklichkeit* oder gar *messbar* so verhält, steht gar nicht erst zur Debatte. Für Bradwardine sind die Proportionen mit ihrer *Definition* bereits *festgestellt*, sie sind bereits das *Ergebnis*, um das es geht, und nicht etwa das Mittel, um mit ihnen erst zu Ergebnissen und zu Erkenntnissen über eine Wirklichkeit zu gelangen. Von Bradwardines Proportionen zu einer rechnerischen Überprüfung *führt kein Weg*. Umgekehrt: Wollte und müsste man sie erst noch messen, so hätte man sie gar nicht erst aufgestellt, ja mehr noch, man hätte sie folglich nicht aufstellen *können*. Sie per Beweisverfahren aufzustellen, steht *an Stelle* der Messung und schließt sie aus. Dass »weder Bradwardine noch einer seiner Zeitgenossen den Tatsachen entsprechend formulierte oder einen einzigen empirischen Test wirklich ausführte«, ist kein Zufall, es gehört zur Sache.

So auch in dem anderen prominenten Fall, von dem es heißt, mit ihm seien Descartes und Galileo bereits vorweggenommen worden. Er verbindet sich mit dem Namen von Nicolaus Oresmius, unter anderem dem Verfasser der bedeutendsten mittelalterlichen Abhandlung zum Geld, *De origine, natura, jure et mutationibus monetarum*, aus dem Jahre 1355. Auf Wunsch des französischen Königs Karls V. wurde sie sogar in die Volkssprache übersetzt und formuliert Gedanken, die später entsprechend auch Cusanus und Copernicus vertreten haben: von der Schädlichkeit der Münzverschlechterungen, und dass »wahres Geld« nur eines sei, dessen nomineller Wert vom Wert seines Metallgehalts allein um die Prägekosten abweiche – unmissverständlich also der materialen Vorstellung von Wert gemäß, die »Auffassung des Geldes als einer realwertigen Ware«.[189]

Bewegung wird nun von Oresmius und anderen seiner Zeitgenossen auf eine Weise dargestellt, die auf den ersten Blick tatsächlich an Descartes' Koordinatensystem erinnert. Quantitativ veränderliche Qualitäten wie die Geschwindigkeit wurden in ein Verhältnis von *intensio* und *extensio* gebracht und diese geometrisch jeweils auf Linien unterschiedlicher Länge: als horizontale *longitudo* die extensive Größe und senkrecht dazu die intensive, *latitudo vel altitudo*. Damit ließ sich in einer geometrischen Figur darstellen, wie eine Qualität, also eine der alten »substantiellen Formen«, zu- oder abnahm, das heißt, so ließ sich ihr Zu- oder Abnehmen selbst noch einmal als Form gestalten. Stellte man auf diese Weise eine Bewegung dar, so war ihre »extensive« *longitudo* die Dauer und ihre »intensive« *altitudo* die Geschwindigkeit. Und folgende Formen konnte sie annehmen: Bei gleichbleibender Geschwindigkeit, »gleichförmiger Qualität«, ergab sich ein Rechteck von der Länge ihrer Bewegungsdauer und der Höhe ihrer Geschwindigkeit; bei gleichmäßig zunehmender oder abnehmender Geschwindigkeit, »gleichförmig ungleichförmiger Qualität«, ergab sich ein rechtwinkliges Dreieck, aufgespannt zwischen der *longitudo* der Dauer und der Höhe der maximalen End- oder Anfangsgeschwindigkeit; und bei wechselnder Beschleunigung oder Verzögerung, »ungleichförmig ungleichförmiger Qualität«, ergab sich ein Rechteck mit kurviger Oberlinie.

Dies waren für Oresmius die drei *definiert möglichen* Formen, in denen jede Qualität – nicht nur Bewegung – ihre Intensität wechseln konnte. Und mit ihrer Hilfe hat Oresmius tatsächlich ein paar Beweise geführt, etwa »dass jede beliebige gleichförmig ungleichförmige Qualität oder Geschwindigkeit gleichzusetzen ist einer gleichförmigen Qualität oder Geschwindigkeit«.[190] An der geometrischen Form beweist er es notwendig geometrisch: als *Kongruenz* der Fläche eines Dreiecks mit der Fläche eines Rechtecks von gleicher »Länge«, aber halber »Höhe«.

Wie geht es von hier aus weiter zur Berechnung von Geschwindigkeiten? Um keinen Fingerbreit geht es weiter, so wenig wie bei Bradwardine – und aus demselben Grund. Oresmius

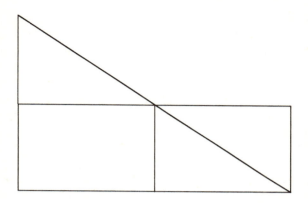

definiert sich Bewegungsarten zu *Formen* zurecht, und anstatt also Qualitatives auf reine Quanta zu bringen, erhebt er umgekehrt gerade die *quantitative*n Bestimmungen der Qualitäten noch einmal zu *Qualitäten* eigenen Rechts, zu den geometrischen Figuren. Und indem er *diese* festhält, *sind* sie ihm schon bestimmt, er hat sich seine Bestimmungen geschaffen, hat die Qualität gedeutet und dargestellt, und nun muss und kann nichts weiter damit geschehen.

Für ihn bedeuteten Eigenschaften der Darstellungsfigur Eigenschaften der Qualität selbst [...]. Die horizontale longitudo des Oresmius war darum nicht gleich der Abszisse in der Cartesischen analytischen Geometrie; er interessierte sich für die Figur als solche, nicht dafür, die Positionen eines Punktes in bezug auf geradlinige Koordinaten zu bestimmen.[191]

GALILEOS LINIEN

Oresmius, Bradwardine und ihre Zeitgenossen stehen also noch immer bei der materialen Abstraktion, noch immer hat der Umschlag in die neue Abstraktion *nicht* stattgefunden. Erst von Galileo, und auch erst im späteren Verlauf seines Lebens, wird Bewegung funktional gedacht. Und eben damit, indem er *dies* tut, begründet er die Wissenschaft der Mechanik und mit ihr zugleich die Naturwissenschaften.

Und wieder kommt es dazu: Der Neuerer, sobald er nur nach der bis dahin unbekannten und ihm selbst ja durchaus unbewussten Synthesis denkt, versteht das ältere Denken nicht mehr. Galileo hat dann nur noch abfällige Worte für Leute wie Oresmius, die sich da irgendwelche Bewegungsarten ausdacht haben, ohne zu überlegen, ob sie wirklich vorkommen oder wie gar eine Übereinstimmung mit wirklichen Bewegungen überprüft werden könnte. Galileo hat Recht: Oresmius und seine Zeitgenossen überlegen es tatsächlich nicht. Nach der materialen Abstraktion aber hatte eine solche Überlegung auch keinen Sinn.

Das mathematische Apriori – Galileo verschafft ihm zum ersten Mal Wirklichkeit und Anwendung in seinem berühmten *Dialogo*, dem *Dialog über die beiden hauptsächlichsten Weltsysteme, das ptolemäische und das kopernikanische*, den er in den ebenfalls berühmten 1620er Jahren ausarbeitet und dem 1630 das Imprimatur erteilt wird. Das mathematische Apriori behauptet ja, Natur ließe sich als solche berechnen und hätte ihre Berechenbarkeit gleichsam zum Wesen, durch Mathematik würde sie in ihrem Wesen getroffen und offenbart. Um dies gegen die entgegengesetzten Überzeugungen seiner Zeit zu verfechten, lässt sich Galileo von einem »Herrn Einfach«, *Signore Simplicio*, die alte *Trennung* von mathematisch und physikalisch vorhalten:

Denn im Grunde genommen, Signore Salviati, sind die mathematischen Spitzfindigkeiten in der Theorie wohl richtig, aber auf sinnliche und physische Materie angewendet, stimmen sie nicht.

Galileo hält, in Gestalt des *Signore Salviati*, dagegen:

Es wäre in der Tat etwas ganz Neues, wenn die Berechnungen und Operationen mit abstrakten Zahlen schließlich nicht stimmten, sobald man sie in concreto *auf Gold- und Silbermünzen und Waren anwendet. Wisst Ihr, wie die Sache liegt, Signore Simplicio? Gerade wie der Kalkulator, damit die Zucker-, Seide- und Wollerechnungen stimmen, seine Abzüge für das Gewicht der Kisten, der Verpackung und sonstigen Ballasts machen muss, so muss der Geometer, wenn er im Konkreten die Wirkungen erkennen will, die er im Abstrakten bewiesen hat, die störenden Einflüsse der Materie in Abrechnung bringen. Wenn er das versteht, so versichere ich Euch, alles wird accurat ebenso stimmen wie die zahlenmäßigen Berechnungen. Die Fehler liegen also weder an dem Abstrakten noch an dem Konkreten, weder an der Geometrie noch an der Physik, sondern an dem Rechner, der nicht richtig zu rechnen versteht.*[192]

Galileo aber, der richtig zu rechnen versteht, versteht noch nicht richtig diejenige Abstraktion, deren er sich dann zur Berechnung der Natur bedienen wird. *Geld und Ware* immerhin fallen ihm nicht umsonst ein, wenn er das neue Verhältnis zwischen Mathematik und Materie erklären will. Doch schwatzt er zunächst recht ungenau nur von bestimmten Gewichtsanteilen, die vom eigentlichen Warengewicht abgezogen werden. Schon die Abstraktion, die sein Geometer vornehmen muss, um die bloße geometrische Figur und nicht etwa einen konkret gegenständlichen Würfel mit seinen ungenauen Materiekanten zu berechnen, tut mehr: Sie muss absehen von der *bestimmten* Qualität des Dings oder der Ware, sei es nun Würfel, Zucker oder Wolle. Kalkulator und Geometer, wie sie Galileo hier anführt, rechnen beide mit *Materie überhaupt* – aber damit noch immer *material*.

Das aber genügt nicht zur Mathematisierung der Natur, der Galileo hier das Wort spricht, und wenn er sich an diese Mathematisierung macht, geht er darüber denn auch hinaus – ohne dass seine *Reflexion* dieses Schritts dem offensichtlich schon entsprechen würde. Er vollzieht den Schritt in die funktionale Abstraktion, ohne sie als solche reflektiert und verstanden zu haben; eben weil er nun einmal von ihr, als der *Voraussetzung* seines mathematischen Apriori, nichts weiß. Er vollzieht diesen hoch bedeutsamen Schritt auf die folgende Weise.

Recht zu Beginn des *Dialogo* strengt er den Beweis an, »dass ein schwerer Körper, der von der Ruhelage ausgeht, bei seinem Falle durch alle die Stufen der Langsamkeit hindurchgehen muss, welche einer später von ihm erreichten Stufe der Schnelligkeit vorangehen.«[193] Heute scheint ein solcher Beweis überflüssig und nicht der Mühe wert. Galileo jedoch führt ihn nicht nur mit aller Sorgfalt aus, sondern notiert später, nach Erscheinen des *Dialogo*, noch eigens eine zweite, einfachere Version, um nur ja damit durchzudringen. Der Gedanke, Geschwindigkeit in bestimmten Stufen und diese in striktem Kontinuum ineinander übergehen zu sehen, widersteht damals noch aller Selbstverständlichkeit und verlangt Galileo große Mühe ab, ihn denkbar zu machen. Was er dafür *auflösen* muss, klingt in seinen Formulierungen noch immer an: das inhaltliche Denken. So wie danach etwa »hell« und »dunkel« *qualitativ* geschieden und folglich *Gegensätze* sind, nicht bloß gleichgültige *Stufen* an Helligkeit, so unterscheidet auch Galileo noch »langsam« und »schnell«, indem er von Langsamkeit spricht, solange die Geschwindigkeit gleichsam der Ruhe nahesteht, und von Schnelligkeit, wenn einmal eine höhere Geschwindigkeit erreicht ist. Zugleich aber sollen beide über sämtliche Stufen von Geschwindigkeit untrennbar *kontinuierlich* ineinander übergehen, und das hebt nicht nur einen Gegensatz zwischen Langsamkeit und Schnelligkeit auf, sondern mehr noch: den Gegensatz von Ruhe und Bewegung.

Ihn aber aufzuheben, das *konnte* nur auf jenen Widerstand stoßen, gegen den Galileo hier die Mühe seines Beweises aufbieten muss. Dem Herrn Simplicio will zunächst nichts anderes einleuchten, als dass eine abgefeuerte Kanonenkugel ihre Geschwindigkeit selbstverständlich *auf einen Schlag* gewinnt, nicht erst nach Durchlaufen einer unendlichen Reihe kontinuierlich sämtlicher Geschwindigkeitsstufen von der Ruhe bis zur Austrittsgeschwindigkeit. Wie aber will es ihm Galileo anders beweisen? In die *black box* des Kanonenrohrs das Licht einer Messung fallen zu lassen, ist derzeit noch verwehrt; und selbst wenn er es vermöchte, Galileo bekäme in *keinem* Fall jene *sämtlichen* Geschwindigkeitsstufen zu fassen, die er voraussetzt. Also kann er gar nicht anders, als den Beweis zu führen, indem er das zu Beweisende eben – voraussetzt.

Dafür verwendet er dieses Dreieck, das dem des Oresmius durchaus gleicht. Von den zwei Seiten, die im rechten Winkel zueinander stehen, soll die eine, zwischen *A* und *C*, das Maß der Zeit, die andere, zwischen *A* und *M* beziehungsweise *C* und *B*, das Maß der Geschwindigkeit bedeuten, und also stellt die »schräge« Dreiecksseite den zeitlichen Verlauf einer beschleunigten Bewegung dar von der Ruhe bei *A* bis zu der zuletzt erreichten Geschwindigkeit *BC*. Bis hier ist die Übereinstimmung mit der »gleichförmig ungleichförmigen« Bewegungsform des

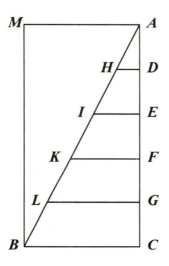

Oresmius recht vollständig. Galileo jedoch fasst sein Dreieck nun nicht mehr als diese Gesamtform auf, sondern als das Ergebnis einer unendlichen Zahl von Linien, zusammengesetzt aus den *kontinuierlich gedachten Stufen* der Geschwindigkeit.

Da aber die Beschleunigung stetig von Augenblick zu Augenblick vor sich geht und nicht ruckweise von einem Zeitintervall zum anderen, da ferner der Endpunkt A *als kleinster Geschwindigkeitsbetrag vorausgesetzt worden ist, d. h. als Zustand der Ruhe und als Anfangsmoment der darauffolgenden Frist* AD, *so muss offenbar vor Erreichen der Geschwindigkeitsstufe* DH *in der Zeit* AD *ein Durchgang durch unendlich viele andere kleinere und kleinere Stufen stattgefunden haben; diese wurden erreicht in den unendlich vielen in der Zeit* DA *enthaltenen Augenblicken, welche den unendlich vielen Punkten der Linie* DA *entsprechen. Um also die unendliche Anzahl der Geschwindigkeitsstufen zu versinnlichen, welche der Stufe* DH *vorangehen, muss man sich unendlich viele kleinere und immer kleinere Linien denken, welche man sich parallel zu* DH *von den unendlich vielen Punkten der Linie* DA *aus gezogen zu denken hat. Diese unendliche Anzahl von Linien stellt uns aber schließlich die Fläche des Dreiecks* AHD *dar. So können wir uns vorstellen, jede von dem Körper zurückgelegte Strecke, welche vom Ruhezustand aus in gleichförmig beschleunigter Bewegung passiert wird, habe unendlich viele Geschwindigkeitsstufen verbraucht und erforderlich gemacht, entsprechend den unendlich vielen Linien, welche man, vom Punkte A beginnend, parallel der Linie* HD *sich gezogen denkt und desgleichen parallel den Linien* IE, KF, LG, BC, *wobei die Bewegung beliebig weit fortgesetzt werden mag.*[194]

Dass »die Beschleunigung stetig von Augenblick zu Augenblick vor sich geht und nicht ruckweise von einem Zeitintervall zum anderen« – so lauten Voraussetzung und Beweisziel in einem. Es wird also nichts bewiesen, sondern alles Entscheidende ausschließlich vorausgesetzt. Was aber ist dieses Entscheidende?

Zwei Größen sind beteiligt: Zeit und Geschwindigkeit. Die eine wird vorgestellt als bestehend aus »unendlich vielen« in einer beliebigen Zeitspanne »enthaltenen Augenblicken«, die andere als bestehend aus unendlich vielen Stufen innerhalb eines beliebigen Abstands. Und das heißt nichts anderes, als dass beide, die einzelne Zeitdauer und die einzelne Geschwindigkeitsstufe, jeweils als *unendlich klein*, zuletzt also *ausdehnungslos* gedacht werden – und folglich die Linien, auf denen sie angetragen werden, als Zahlenstrahl, Koordinatenachse, *Bezugssystem*. Dieses Verhältnis ist uns inzwischen gut bekannt. Nur werden hier nicht mehr bloße Zahlen wie bei Stevin, sondern nunmehr Größen *eines beliebig hinzugedachten Inhalts* – hier der Zeit, dort der Geschwindigkeit – als die *Nicht-Größen* gedacht, als *reine* Quanta. Und das heißt auch: In ihnen, als den ausdehnungslosen Bezugspunkten, wird nicht nur von der einzeln bestimmten Qualität abgesehen, so dass sie lediglich zu »Substanz überhaupt« entleert wären, sondern abstrahiert wird noch von dieser, von Substanz und Materie überhaupt – und auf diese Weise die materiale Abstraktion verlassen zur funktionalen.[195]

Galileo selbst ist sich *dieses* Schritts nicht bewusst: Allenthalben noch formuliert er in materialer Gebundenheit, also in *Proportionen*, und nur wenige Seiten vor dem funktional aufgefassten Dreieck heißt es einmal: »Die zurückgelegten Strecken verhalten sich zueinander wie die Quadrate der Zeiten«.[196] Das hieße, zwei unterschiedliche Streckenabschnitte – Größen derselben Art – verhielten sich *zueinander* in der gleichen Proportion, in der sich die zwei dazugehörigen Zeitabschnitte *ihrerseits* zueinander verhalten; und nur Proportionen, nicht die ungleichartigen Größen würden demnach einander gleichgesetzt. Und doch ist diese Inhaltlichkeit hier bereits aufgegeben, denn als Proportionen müssten sie ja zwischen zwei *voneinander getrennten* Stufen desselben Inhalts bestehen. Gerade diese Stufen aber lässt Galileo nun so weit aneinanderrücken, ununterscheidbar nah, bis der Abstand von einer zur nächsten nur so viel betragen kann wie die Breitenausdehnung dieser Stufe selbst, nämlich *Null*. Die Proportion soll also zwischen zwei Stufen bestehen, die zuletzt *in eine* zusammenfallen, und so besteht sie nicht mehr *zwischen zwei* getrennten, sondern schrumpft sie zu etwas *innerhalb* nur *eines* Werts. Damit aber wird sie nicht mehr als Verhältnis zwischen diesen angebbar unterschiedenen Größen gedacht, sondern als *Verhältnis in einem einzigen, ausdehnungslosen Punkt*: Punkt und *trotzdem zugleich* Verhältnis. *Das* ist das Skandalon an den kontinuierlich ineinander übergehenden Stufen.

Galileo spricht es dort am deutlichsten aus, wo er vom Punkt des *Ruhezustands*, seinem Nullpunkt *A* sagt, dieser sei »als kleinster Geschwindigkeitsbetrag« – nun, was auch anderes – »vorausgesetzt«. An ihm ist Geschwindigkeit zwar lediglich negiert, als Ruhe-Punkt und Nullpunkt ist er Nicht-Geschwindigkeit; trotzdem soll er bereits so gut ein *Betrag* von Geschwindigkeit sein wie alle anderen Punkte der Bewegungslinie auch. Und er ist es und *muss* es nun sein: weil auch diese anderen, ohne Ausdehnung, Geschwindigkeits*punkte* sind, also selber *Ruhe* und *Nicht-Bewegung*. Jede der Stufen soll ja in einem Zeitraum *gleich Null* stattfinden: als Bewegung, die *keine* Zeit andauert und also *nicht Bewegung* ist. *Jede* Stufe, ob die der Ruhe oder die irgendeiner Geschwindigkeit, wird als ausdehnungslos gedacht, und so fasst eine jede von ihnen Bewegung in ihrem absoluten Widerspruch, in reiner Negation: als *Zustand*.

Bewegung als Nicht-Bewegung und damit Nicht-Bewegung als Bewegung: Dieser Widerspruch *muss* sich ergeben, wenn Größen als reine Quanta gedacht werden und reine Quanta als Größen. Bewegung als Zustand und Stillstand – das ist wohl in maßen absurd; aber es ist, was Galileo, und ist endlich auch das, was *wir* heute für die Natur der Bewegung halten.

Denn wenn wir Bewegung als *Zustand* denken, dann ist die *Fortdauer* der Bewegung – das Weiterrollen der angeschobenen Kugel – nichts als das *Beharren eines Zustands*, eines Bewegungszustands nämlich, *als wäre er Ruhe*. Folglich bedarf nun die Fortdauer einer *Bewegung* so wenig einer Erklärung wie sonst die Fortdauer eines *Stillstands*, der ruhenden Kugel, bisher des einzigen Zustands *anstelle* von Bewegung. *Jeder* Bewegungszustand *beharrt* nun wie einst nur die Ruhe selbst, und wie sie ist er nun *nicht-bewegt* und untätig – lateinisch: *iners*. Er setzt sich fort, indem er der Untätigkeit gehorcht, der *inertia*, und das ist: dem Prinzip der *Trägheit*.

Die neuzeitliche Physik, die in und mit den Arbeiten Galileis ihren Anfang und in denen Einsteins ihr Ende findet, betrachtet das Prinzip der Trägheit oder der geradlinig gleichförmigen Bewegung als ihr grundlegendes.[197]

Einstein wird das Prinzip zwar abwandeln, was Geradlinigkeit und Gleichförmigkeit anbelangt, aber er hat es nicht widerrufen: Es ist noch immer *unsere* Vorstellung davon, weshalb ein Stein weiterfliegt, wenn er die Hand des Werfers verlassen hat. Und Galileo hat dies Prinzip zwar nicht ausgesprochen, er hat es an keiner Stelle als solches reflektiert, aber er setzt es voraus, geht damit um, rechnet mit ihm, und all das so klar und unmissverständlich, dass ihn Newton später ohne Zögern zu dessen Urheber erklärt hat. Erst Newton, dessen gesamte Physik auf diesem Prinzip beruht, hat das Trägheitsprinzip explizit festgehalten – als *Erstes Gesetz* seiner *Philosophiae naturalis principia mathematica*:

Jeder Körper verharrt in seinem Zustand der Ruhe oder der gleichförmig-geradlinigen Bewegung, sofern er nicht durch eingedrückte Kräfte zur Änderung seines Zustands gezwungen wird.

Denn nunmehr bedarf allein dies der Erklärung: weshalb ein Körper *nicht* in seinem Bewegungszustand verharrt, sondern was ihn aus diesem Zustand vertreibt. Newton nennt es noch immer eine *vis impressa*, der alte Name auch für den *impetus*, die dem Körper mitgeteilte Kraft. Nun aber ist sie verstanden als der

Impuls, eine Kraft, die auf den Körper ausgeübt wird und ihm äußerlich bleibt, die nicht in ihn eingeht und also, solange sie auf ihn einwirkt, seinen Bewegungszustand nicht etwa aufrecht erhält, sondern im Gegenteil *verändert*.

Das Trägheitsprinzip ist sehr einfach. Es besagt, dass ein sich selbst überlassener Körper im Zustand der Ruhe oder Bewegung verbleibt, solange keine äußere Kraft auf ihn einwirkt. Anders gesagt, ein ruhender Körper bleibt also ewig in Ruhe, wenn er nicht »in Bewegung versetzt« wird; und ein bewegter Körper wird sich gleichförmig weiterbewegen, auf einer geradlinigen Bahn, solange ihn keine äußere Kraft daran hindert. Dieses Prinzip erscheint uns völlig klar, plausibel, ja es liegt praktisch auf der Hand. Es scheint uns offensichtlich, dass ein in Ruhe befindlicher Körper auch darin beharren wird – wo auch immer er sich befindet, er wird sich nicht aus freien Stücken wegbegeben. Und gerät er umgekehrt einmal in Bewegung, so wird er fortfahren sich zu bewegen, in ursprünglicher Richtung. Und mit immergleicher Geschwindigkeit. Wir sehen auch wirklich nicht ein, aus welchem Grunde oder welcher Ursache es sich anders zutragen sollte. Das erscheint uns nicht bloß plausibel, es erscheint uns ganz natürlich.

Die Fortsetzung des Zitats lautet: »Doch es ist nichts weniger als das.«[198] Wir verstehen inzwischen gut, weshalb.

FUNKTION UND VARIABLE

So also verläuft, so also *bricht* die Geschichte dessen, wie Bewegung gedacht wird: in dem geschichtlichen Moment, da die funktionale Abstraktion auftritt und sich über die materiale hinwegsetzt. Und so bricht an: die Geschichte der Wissenschaft, mit eben diesem Bruch, durch eben diese Abstraktion. Zunächst nur die Wissenschaft der Mechanik und Physik. Doch sie zum einen als Grundlage und Vorbild der übrigen, und zum anderen: alsbald nicht mehr nur sie. Das Trägheitsprinzip wird zum *physikalischen* Prinzip eines Denkens in funktionaler Abstraktion. Aber dieses Denken, wie wir wissen, ist damit nicht festgelegt auf die Physik.

Denn so allgemein und umfassend das Trägheitsprinzip auch sein mag, es ist bereits eine *spezifische Anwendung* jener Abstraktion. Um die Genese der Naturwissenschaften überhaupt zu erklären, nicht allein der physikalischen, bleibt noch jene allgemeinste Tätigkeit funktionaler Synthesis dingfest zu machen, die sie befähigt, die *gesamte* Natur, alles nur irgend Gegebene, zu berechnen. Genannt ist sie bereits, doch bedarf diese so entscheidende Leistung noch einmal eigener Aufmerksamkeit.

Zunächst: *Ein* Moment in Newtons Fassung des Trägheitsprinzips ist noch immer der Anschauung geschuldet, die gleichförmige Geradlinigkeit; Einstein und andere haben sie später nicht umsonst reklamiert. Die funktionale Abstraktion gibt der Bewegung nur dies vor: die Bezugspunkte – das ist: Bewegung als Zustand – und das Bezugssystem – das ist: Bewegung als Kontinuum und linear. Über die *Form* dieser Linearität, ob nun gerade, gekrümmt oder gezwirbelt, besagt sie nichts. Wenn sich also Newton für die *gerade* Linie entscheidet – Galileo zum Beispiel war von einer letztlich *kreisförmigen* Trägheitsbewegung überzeugt, die bloß für die verhältnismäßig kleinformatigen Bewegungen auf der Erde annähernd einer geradlinigen entspräche –, so stützt sich auch das auf keinen Nachweis. Die Naturwissenschaften wissen sehr wohl, dass das Trägheitsprinzip ein *Apriori* ist, niemals nachgewiesen werden kann, eine große, blinde Annahme und Voraussetzung, die ihre Dienste tut, aber der nichts anderes sonst den Dienst tut, sie von sich ableiten zu lassen. Wenn Newton auf die Geradlinigkeit verfällt, so nicht etwa gezwungen durch irgendeine Notwendigkeit innerhalb des Prinzips, der Mathematik oder der wirklichen Natur, sondern aus demselben einfachen Grund, weshalb wir uns auch den Zahlenstrahl fürs erste einmal *gerade* vorstellen weil der geraden Linie, anders als etwa einer gekrümmten, jede weitere Bestimmung außer der einsinnigen Ausdehnung abzugehen scheint. Wenn die funktionale Abstraktion das Verhältnis von Bezugssystem und Bezugspunkten vorgibt, so ist dessen einfachste bildliche Gestalt eben die des Zahlenstrahls – der Punkte, die in einer sonst bestimmungslosen Linie aufgereiht und in ihr aufeinander bezogen sind. Das Trägheitsprinzip in Newtons Fassung aber ist dann nichts anderes, als die Vorstellung des Zahlenstrahls zum Bild der Bewegung erhoben.

Nun ist ja die funktionale Abstraktion nicht darauf beschränkt, nur *einen* solchen Strahl zu fassen. Beliebig viele von ihnen lassen sich jeweils und gleichzeitig denken, die Bezugspunkte lassen sich auf jedem von ihnen antragen und also gleichzeitig als Bezugspunkte *eines jeden* von ihnen behandeln. Und damit vermag funktionale Abstraktion ohne weiteres auch gekrümmte Linien in Punkte aufzulösen – und weitaus mehr als nur sie.

Die Vorstellung, mit der dies geschieht, ist heute jedem geläufig:

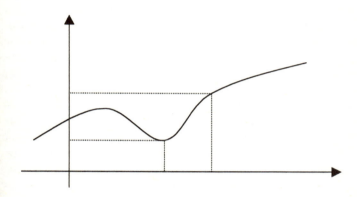

Das hat als Bild keine Schwierigkeiten, die Abstraktion jedoch, die dem zugrunde liegt, hat die bekannt seltsamen Implikationen. Zwei Achsen liegen vor. Jede hat ihre »Bedeutung«, hat ihren Inhalt, aber diesen trägt sie mitnichten an sich, sondern er muss jeweils erst hinzugedacht werden. Wenn man die horizontale Linie wie üblich als x-Achse und die vertikale als y-Achse bezeichnet, so mag die eine wie in Galileos Beispiel die Zeit bedeuten und die andere die Geschwindigkeit. Aber die x-Achse mag genausogut einmal für die Bevölkerungsdichte stehen und die y-Achse entsprechend für die Zahl der Dackelbesitzer, oder die eine steht für den Grad einer Rotfärbung und die andere für die Anfälligkeit, bei einem bestimmten Witz zu lachen, bedeutet einmal die Beliebtheit des Präsidenten, einmal die Größe privater Swimmingpools und ein weiteres Mal die Menge täglicher Kalorienaufnahme, unterhalb deren ein Mensch als Hungerleider gelten muss.

Aber sie können eben auch als Längen- und Breitenmaß einer Kurve gedeutet, mit *dieser* Bedeutung und *diesem* Inhalt belegt werden. Betrachten wir die je zwei vertikalen und horizontalen Bezugslinien, die auf der *x*-Achse die Werte x_1 und x_2 und auf der *y*-Achse die Werte y_1 und y_2 antragen mögen. Der Abstand zwischen den ersteren bedeute die Zeit, die vom einen zum anderen vergeht, der Abstand zwischen der letzteren den Unterschied, den die Geschwindigkeit in dieser Zeit erfahren habe. *Gemeinsam* aber, wenn man die Größenverhältnisse der beiden unterschiedlichen Inhalte *verbindet*, der zwei Zeiten und zwei Geschwindigkeiten, bedeuten sie eine Beschleunigung – im Sinne der Linie ausgedrückt: deren *Steigung*. Proportionen – in denen auch Galileo noch formuliert – würden demnach in dem Verhältnis von x_1 zu x_2 und von y_1 zu y_2 bestehen und den Grad der Steigung ausdrücken.

Nun werden diese Linien nach Galileo, geradeso wie in Newtons Fluxionenkalkül, aufeinander zubewegt, aufs engste sollen sie jeweils aneinander rücken, *unendlich* nah, die Proportion, die ihren Längen- oder Höhen*unterschied* angibt, hat gleichsam immer weniger Auflagefläche zwischen den immer noch näher beieinander liegenden Linien, bis diese Linien jeweils schließlich zu *einer* werden und der Unterschied und die Auflagefläche vollständig verschwinden. So aber verschwindet auch die Proportion – und *trotzdem* soll, was sie angibt, nun innerhalb dieser *einen* Linie bestehen, sozusagen auf ihrem ausdehnungslosen und unmöglicherweise dennoch angeschrägten Endpunkt: der bestimmte Grad an Steigung. Die Proportion zieht sich zusammen in einen Punkt und ist dann nicht mehr Proportion, nämlich Größenverhältnis, und soll gleichwohl eines sein.

Dass *zwischen* der Länge einer *einzelnen* Linie kein Unterschied und keine Proportion mehr bestehen kann, liegt so anschaulich auf der Hand wie in dem Witz: Was ist der Unterschied zwischen einem Krokodil?[199] Der Infinitesimalrechnung wurde der Einwand deshalb eine Zeit lang gemacht, und Newton hat darauf eine zwar wunderbar elegante Antwort gefunden, doch auch mit ihr den Widersinn nicht aufheben können. Gegen das entsprechende Verfahren seines Fluxionenkalküls wurde eingewandt, die Differenz zwischen den beiden Linien, solange sie noch auseinander liegen, weiche stets noch um ein Weniges von der »Steigung« ab, die am Endpunkt nur der einen Linie bestehen soll, und bestehe dann aber *gar nicht* mehr, wenn die Linien erst um *nichts* mehr auseinander lägen. Newton erwiderte mit dem schönen Gedanken, das Verhältnis, welches sein Kalkül festhalte, sei jenes, *mit dem* die Differenz *verschwinde*. Das Bild des Verschwindens, es überbrückt die beiden unüberbrückbar geschiedenen Momente: in welchem die Differenz gerade noch *besteht* und in welchem sie eben *verschwunden ist*. Ein gelungenes und doch allesverschleierndes Bild für den unaufhebbaren Widerspruch: einer Größe *als* Nicht-Größe.

Und damit ist nun alles verändert. Bislang waren quantitative Beziehungen nur inhaltlich zu fassen, in den Proportionen aus jeweils zwei geschiedenen Werten gleichen Inhalts. Jetzt fallen diese zwei getrennten Werte zusammen in den unausgedehnten, nicht-inhaltlichen *einen*. Wenn sich bis dahin also je zwei Werte als Proportion auf der einen und als Proportion auf der anderen Seite gegenüberstanden – zum Beispiel nach Galileos Satz: »Die zurückgelegten Strecken verhalten sich zueinander wie die Quadrate der Zeiten« auf diese Weise:

Strecke$_1$ *zu* Strecke$_2$ – *ist gleich* – (Zeit$_1$)^2 *zu* (Zeit$_2$)^2

– so kann es jetzt heißen:

Strecke – *ist gleich* – Zeit^2

Eine Strecke gleich einer Zeit, *ein* Inhalt gleich einem *anderen*: Das ist aufs höchste absurd und war es bis dahin auf undurchbrechliche Weise. Jetzt aber wird es real und möglich, weil jeder der Inhalte als *reine* Zahl gedacht wird, als nicht-inhaltliche Zahl. Er wird zur *Variablen*, zum ausdehnungslos nicht-inhaltlichen Punkt, und als dieser lässt er sich beziehen auf jede ebensolche Variable auch eines *anderen hinzugedachten Inhalts*. »Strecke« ist nicht mehr die substantielle Größe, eine Strecke *von* bestimmter Größe, sondern nurmehr die einzelnen Werte, die – mit der hinzugedacht inhaltlichen Bedeutung »Strecke« –

auf einem Bezugssystem angetragen, auf ihm liegend zu denken sind. Dieses System, im Bild sind es die Koordinatenachsen; rechnerisch aber ist es ihre *Funktion*. Und indem sich *jederlei Inhalt* nun *als Variable einer Funktion* unmittelbar auf *jeden anderen Inhalt* beziehen lässt, lässt sich *jeder Inhalt* nun ebenso berechnen, wie es die analytische Geometrie mit den einst material gedachten Größen von Linie, Fläche und Körper vorgemacht hat.

Keine Größe, kein Inhalt *ist* Variable, Nicht-Größe, reines Quantum; doch indem ein bestimmter, und zwar jeder beliebige Inhalt zur *Bedeutung* einer Variablen genommen werden kann oder umgekehrt die Variable ihm zur *Form* gemacht, *wird die gesamte Welt der Inhalte funktional denkbar und in Funktionen berechenbar.*

Was einmal die Proportion an Inhalten unterschiedlicher Größe ausgedrückt hat, wird auf diese Weise notwendig aufgespalten in Variable und Funktionsausdruck. Wenn das proportionale Verhältnis zwischen zwei geschiedenen Größen verschwindet in *eine*, so muss zu ihr, der Nicht-Größe, noch der Ausdruck hinzutreten, der dasjenige Verhältnis quantitativ festhält, in welchem sie zu jeder anderen Nicht-Größe steht. Dies Verhältnis besteht nicht mehr zwischen Größen, sondern zum einen in jedem einzelnen Punkt und zum anderen in dem Ausdruck, der jeden von ihnen rein quantitativ auf alle anderen bezieht. Punkt bezieht er auf Punkt, Variable auf Variable, und so wie diese reine Bezugspunkte sind, so der Funktionsausdruck deren reines Beziehen aufeinander, reines Beziehen als für sich bestehende Einheit. Durch sie allein trägt nun jeder Punkt, abgespalten als eigene Einheit des rein Bezogenen, das ehemals proportionale Verhältnis zu den anderen gleichsam in sich.

All das verbirgt sich hinter einem so harmlosen Ausdruck wie beispielsweise diesem:

$$v = s \cdot t^2$$

Und es verbirgt sich dahinter, wie er überhaupt *möglich* ist. Galileo verwendet ihn noch nicht, aber denkt bereits nach dem, was darin vorausgesetzt und was mit einem solchen Ausdruck später dann eingelöst wird. Für die Wissenschaftsgeschichte stellt sich das wieder einmal als *chose curieuse* dar: wie da Galileo seine Berechnungen des freien Falls noch immer nach der Regeldetri löst, wie ihm so gar nichts von Infinitesimalrechnung zu Gebote steht und – »erstaunlich« – »ein wie tiefes Verständnis für die fundamentalen Begriffe der Infinitesimalrechnung«[200] er *gleichwohl* beweise. Wieder also ist einer der Vorgriffe zu verzeichnen, den die apriorische Umbildung des Denkens ergibt, wieder hat die Geschichte von einer Vorwegnahme zu sprechen: von der »genialen Antizipation der Hauptideen der Infinitesimalrechnung im Falle der einen Funktion $f(x) = x^2$«,[201] und wieder ergibt sich Einblick darein, wie die Veränderung des Denkens den *Anfang* einer greifbaren anderen Veränderung macht. Die neue Denkform, die Galileo – und übrigens auch der späte Kepler – ein erstes Mal auf Bewegungsvorgänge anwendet, zu einem mathematisch handlichen Verfahren zu formen, das leistet erst die nachfolgende Zeit. Schon Galileo zwar drängt seinen Schüler Cavalieri, ein Verfahren mit den dort so genannten Indivisiblen weiter zu entwickeln, aber erst Leibniz und Newton, wie man weiß, haben es vermocht.

Galileo jedoch vermag es, die Fallbewegung funktional zu fassen; und das heißt, er formuliert das Fall-*Gesetz*.

DA CAPO: GESETZ, EXPERIMENT UND FORTSCHRITT

»Gesetz« hatte Bacon seinen *processus* genannt, *actus purus*, eine Veränderung jenseits des rein Veränderlichen, Veränderung an und getrennt von rein unteilbar gedachten Körpern. Stevin fasste die Zahlen als unteilbare Null, unausgedehnte Punkte, und den Zahlenstrahl als das Gesetz und Kontinuum, nach dem sie aufeinander bezogen werden. Galileo aber fasst nun die Körper als unteilbare, unausgedehnte Massepunkte, deren Bewegungen sich *nach einem Gesetz* vollziehen.

Jeder verwendet dieselbe Denkform, unabhängig jeweils vom andern, und ohne dass einer beim anderen hätte Anleihe nehmen müssen. Bacon hat sie der Natur unmittelbar vorgeschrieben, fern aller Mathematik; Stevin verwendet sie unmittelbar mathematisch und fern der Natur; durch Galileo schließlich wird sie zu mathematisch gefasster Natur. Gesetze dieser Natur, die *Naturgesetze*, wie Galileo sie als erster aufstellt und die aufzustellen das Programm der Wissenschaften werden sollte, sie sind jeweils genau dies: *Funktion, nach der Inhalte als Variablen aufeinander bezogen werden.*

Diese Gesetze liegen – so jeweils werden sie *gedacht* – nicht in den Dingen, gehören ihnen nicht als Eigenschaft und Merkmal an, sondern sind der selbst undingliche Ausdruck dessen, wonach sich die Dinge *verhalten*. Abgetrennt von allen Inhalten, sind Naturgesetze gedacht als etwas, das nicht selbst Inhalt ist, sondern sich an Inhalten rein nur vollzieht. Auch die Inhalte, von denen ein solches Gesetz handelt, vom fallenden Stein bis zum Raketenantrieb, werden dadurch *nicht*-inhaltlich gedacht: Nur an reinen Bezugspunkten, an Variablen vermag ein solches Gesetz als die Funktion anzusetzen. So wie Galileo den fallenden Stein zu einem Masse*punkt* abstrahieren muss, von dem das Fallgesetz überhaupt nur gelten würde – kein einziger realer Stein hat je dieses Gesetz genau eingehalten, und die Steine, die Galileo sicher *nicht* vom schiefen Turm geworfen hat, hätten ihm dies Gesetz nur immer widerlegt[202] –, genauso muss grundsätzlich alles, wovon ein Gesetz gelten soll, zuletzt als solcher Punkt gedacht werden, als reines Quantum.

Naturgesetze: Alles, was sich verändert, das soll *ihnen folgen*, und das Einzige, was unveränderlich besteht, das eben sollen die Gesetze selber sein. *Nichts sonst* mehr soll es und kann es dieser Denkform folgend »wahrhaft« geben: das rein *Veränderliche* – Bacons »wandelbare Materie« – und das, *wonach* es sich rein verändert. Die Gesetze werden zum fest für sich bestehenden Ausdruck solch reiner Veränderungen, und dadurch dass sie rein Veränderliches, merkmalslose Punkte, reine *Nichtse* also verändern, soll es zu all dem kommen, was *ist*. Nur so noch soll es bestehen – soll *alles* bestehen. In diese Art von Totalität übersetzt sich die Unbegrenztheit des Nicht-Inhaltlichen: des absoluter Werts.

Nicht mehr nach der Ursache oder dem Wesen der Dinge ist dann zu fragen, Fragen, die vielmehr der Metaphysik, der Religion, der Spekulation verfallen und auf die schon Galileo souveränen Verzicht bekundet. Zu fragen ist nunmehr allein nach den

Verlauf, dem Verhalten, der Veränderung, danach, wie sich etwas vollzieht. Ist dies festgestellt, so ist auch schon *alles* festgestellt. Die Frage nach dem Woher und Wohin, was Ursache war oder *telos* sei, ist abgeschnitten. Was immer in unserer Wirklichkeit besteht, jene Natur, von der die Wissenschaft ergeht, sie wird aufgelöst in den Verlauf – von etwas, das selber *nicht* besteht. Wenn der Stein fällt, dann nach einem Gesetz, nach dem, nein, eben nicht *er*, sondern der *Massepunkt* fällt – den es als solchen nicht gibt. Und so alles andere: Was immer besteht, es muss sich nun erklären aus dem Verhalten von Teilen, die immer nicht klein genug sind, um das zu sein, was sie sein müssten, reine Quanta. Erst wenn sie den Sprung gemeistert hätten zum bloßen Bezugspunkt, *vollständig* unausgedehnt wären und *vollständig* eigenschaftslos, wenn es sie also *so* gäbe, dass es sie *nicht* gibt, dann wäre erreicht, was unser Denken *voraussetzt*: dass sich die Dinge aufspalten ließen in ein bloßes Verhalten und etwas, das sich bloß verhält. Keine Bestimmung darf mehr in den Dingen ruhen, kein Merkmal, keine Qualität, kein Inhalt. Was besteht, als bestimmungslos nicht-inhaltlich gefasst, besteht nicht mehr für sich, sondern einzig im *Übergang* in anderes, in der *Bewegung* zu anderem, dem *Bezug* aufs nächste ebenso nicht-inhaltlich Bestimmungslose. Nur noch dieser »Verlauf«, *processus*, soll Tatsache sein – der Übergang des Massepunkts von dem einen Zeitwert, Streckenwert, Geschwindigkeitswert in den nächsten. Qualität und Inhalt sind aufgelöst in quantitative Veränderung, den Übergang eines reinen Quantums in ein anderes, Bezug der Punkte aufeinander.

Das funktionale Denken hat keine Gestalt mehr in Händen, und doch, auf die bestehende Natur und Welt angewandt, soll es die Erklärung aller Gestalt sein. Tatsächlich ist es auch strikt darauf angewiesen, auf Natur und Welt angewandt zu werden. So wie Kauf und Verkauf, so wie der Tausch von Werten nur trägt, wenn die Werte nicht allein Werte bleiben, sondern auf Güter bezogen, an Inhalte gebunden werden, so dass sie sich damit kaufen lassen, so ist das funktionale Denken mit seinen nicht-inhaltlichen Einheiten darauf angewiesen, dass auch diese angewandt und bezogen werden auf Inhalt, auf dieses *Außerhalb von ihnen*: auf Teile der empirisch-inhaltlichen Welt. Das funktionale Denken ist, auf radikal andere Weise als jedes andere zuvor, angewiesen auf das, wovon es sich vollständig abtrennt, die Inhalte: weil es *in dieser Abtrennung von ihnen* als *dem allgemeinsten Bezug auf sie besteht* und *entsteht*. So ist es verpflichtet auf Empirie.

Für Empirie aber bedarf das funktionale Denken des *Experiments*.

Das Experiment ist das Medium zur *Verwandlung* von Natur in Funktion. Der neuzeitlich veränderte Blick auf das empirisch Gegebene ist keiner der Betrachtung mehr, sondern dringt ein, um das darin zu finden, was er voraussetzen muss, das gesetzmäßige Verhalten. Dabei *beginnt* die Untersuchung durchaus nicht mit dem Experiment, sondern muss damit beginnen – so schon Galileo, der es mehrfach beschrieben hat –, das Gegebene *zuerst* in funktionaler Form zu fassen, zu der das Experiment dann die quantitativen Bestimmungen liefern soll, letztlich die mathematische Funktion. Das ist etwas anderes als das Zählen von Fliegenfüßen oder die Beschreibung eines Schmetterlings. Das *Ergebnis* des Experiments ist seiner Voraussetzung nach *nicht* empirisch: Es besteht in reinen Quanta, in den *rein* quantitativen Beziehungen einer Funktion. Und die sind nicht zu greifen, nicht zu sehen, sondern allein zu denken.

Diese Methode der Abstraktion aus der unmittelbaren und direkten Erfahrung und der Verbindung beobachteter Vorgänge durch mathematische Beziehungen, die ihrerseits der Beobachtung nicht zugänglich waren, brachte ihn [sc. Galileo] *zu Experimenten, auf die der alte Empirismus des gesunden Menschenverstandes nicht hätte kommen können.*[203]

Ein Experiment ist das Verfahren, jeden Inhalt in Variablen zu verwandeln. Kein Inhalt *ist* ja Variable oder könnte aus ihnen, den bloßen Bezugspunkten, auf irgendeine Weise wirklich bestehen. Im Experiment jedoch wird die Natur und alles Gegebene gezwungen, sich so weit wie möglich zu verhalten, *als ob* sie Variablen wären. Sie werden gezwungen, quantitative Bestimmungen zu liefern, und *diese* werden in Form von Variablen gedacht, in Form *rein* quantitativer Bestimmungen vorausgesetzt. Aus ihnen soll sich der untersuchte Inhalt dann umgekehrt also zusammensetzen. Wenn etwa Galileo die Fallgeschwindigkeit mit einem sehr einfachen Verfahren dadurch misst, dass er gleichsam im Takt festhält, wie weit eine Kugel auf der schiefen Ebene in je gleichen Zeiteinheiten rollt, so liefert ihm dies Experiment beispielsweise acht Werte, die Werte von acht zunehmend langen Strecken. Aus ihnen aber gewinnt er seinen Funktionsausdruck der Bewegung, die *Formel* seines Fallgesetzes nicht, indem er nur von diesen zählbar vielen, den acht oder mehr wirklich gemessenen Strecken ausginge, sondern indem er sie bereits als Teile eines Kontinuum von unendlich vielen *voraussetzt*, gemessen an acht von ebenso vorausgesetzt unendlich vielen Zeit*punkten*, eines Kontinuums von unendlich vielen zu unendlich vielen *Nicht*-Zeiten *nicht*-gemessenen Strecken und Geschwindigkeitsstufen. So wird die inhaltliche Welt der Größen verwandelt in die der Nicht-Größen. Deren Form wird vorausgesetzt, das Experiment gewinnt den Inhalten die Quanta ab, und diese werden in der vorausgesetzten Form *reiner* Quanta, nun aber in quantitativ spezifizierter Festlegung, auf eine *bestimmte* Formel, in den *bestimmten* Funktionsausdruck gebracht.

Das Experiment tritt als Medium zwischen Voraussetzung und Ergebnis, um die funktionale Abstraktion zu erfüllen. Die »pragmatische Unlogik«, wie sie Crombie nannte, dass dort in jedem Fall etwas ›Ausgedehntes‹, eine Größe eben, behandelt wird, als wäre sie ›unausgedehnte‹ Nicht-Größe, dieser unaufhebbare Widerspruch, der im Experiment übersprungen wird, er macht es nicht etwa unbrauchbar und untauglich zu einer Aussage über das Untersuchte. Er macht lediglich die Abstraktion, der er innewohnt, zu einer unwahren. Ob die Messung um ein μ vom unausgedehnten Nullpunkt abweicht, macht nichts aus, oder genauer, macht *so gut wie* nichts, macht eben nur ein solches μ aus. Wenn es gering genug gehalten wird, so fliegt die Apollo-Rakete trotzdem zum Mond und Voyager III funkt tatsächlich Bilder vom Mars zur Erde. Das Wirkliche *muss* abweichen vom funktional Gedachten, und trotzdem vermag dies zu erreichen, dass das Wirkliche wie gedacht funktioniert.

Dafür muss das Experiment den Inhalt, den es untersucht, der vorausgesetzten Form so weit wie möglich *annähern*. Im selben Verfahren, das nicht umsonst seinen mathematisch fundamentalen Kalkül ausmacht, hat funktionales Denken die Differenz zwischen Größe und Nicht-Größe *infinitesimal* klein werden zu lassen – ohne die Kluft zwischen beidem je real überspringen zu können. Das heißt zum einen: Das Experiment muss diesen Inhalt auf eine Weise festbannen, dass er sich so gut wie nicht mehr rührt. *Nur* die Variablen, die an ihm als Quanta aufgesucht werden, sollen variabel sein, sollen variieren, und dafür muss alles Übrige an ihm, ob veränderlich oder nicht, *ausgeschlossen* werden, im Experiment also sistiert und in Starre gehalten. An einem Ball, der hüpft, ist so lange nichts Gesetzmäßiges zu gewinnen, als er nicht reduziert wird auf *nur* sein Hüpfen oder *nur* die Elastizität seiner Außenhaut oder *nur* den Luftdruck in seinem Innern – möglicherweise: nur Elastizität *und* Luftdruck – und so weiter. Der Inhalt soll sich verhalten, als wäre er *nichts sonst* als die Variablen, die er liefern soll. Um zum Nicht-Inhalt zu werden, wird er festgebannt, als wäre er nicht Inhalt.

Und das heißt nun weiter: Kein Experiment kommt je zum Ende. Jede Annäherung der Größen an den Nullpunkt der Nicht-Größe ist unvollkommen, ist stets noch *endlich* und *nicht* infinitesimal. Die Annäherung, welche die Infinitesimalrechnung per Gewaltstreich, pragmatisch-unlogisch, für vollbracht erklärt, ist in Wirklichkeit niemals vollbracht und niemals zu vollbringen. So muss sie fortgesetzt werden ins immer Kleinere, immer noch feiner Unterschiedene, ins unendlich immer weiter Aufzuspaltende – eine unendliche, niemals endende Reduktion.

Und ein ebensolcher *Fortschritt*.

Dessen Projekt ist deshalb die Wissenschaft. Da ihr Ziel lautet: die Welt aus reinen Quanta, so ist sie das Verfahren einer nicht endenden Annäherung der wirklichen Welt an diese reine Welt, die es nicht gibt. Deshalb wird sie als dies stetige Fortschreiten gedacht, stetig jeweils voran, ohne Ende, hinunter und immer weiter. Aber nicht nur deshalb. Da nun alles zuletzt bloßer *Verlauf* sein soll, so muss alles deshalb auch als *Entwicklung* gedeutet werden, gesetzmäßiger Prozess. Die Wissenschaft selbst wird zum bloßen Bezugs- und Verlaufssystem, in dem keine Stufe des erlangten Wissens gilt und besteht, sondern nur die *Durchgangsstufe* darstellt zur nächsten, die wiederum nichts gelten wird, wenn sie abgelöst wird von der späteren – und wäre sie selbst eine der *großen* Stufen, der Paradigmen – und so immer fort. Nichts darf Bestand haben an ihr außer dem, *wie* sich ihre Bestandsstufen *verändern*: nichts als die *Struktur* der »wissenschaftlichen Revolutionen«.

So leiten sich die drei großen Kennzeichen von Wissenschaft her: »In der Wissenschaft werden *Gesetze* der Natur gesucht, die Suche geschieht *experimentell*, die Forschungsergebnisse gelten als *Fortschritte* gegenüber den bisherigen Kenntnissen«. Die Gesetze: Denkform des reinen Verlaufs, eines Bezugsystems von reinen Quanta; das Experiment: notwendiges Mittel, um Inhalte auf diese Form zu bringen; Fortschritt: diese Verlaufsform noch einmal selbst, als die der Wissenschaft, ihres infinitesimalen Verfahrens und von allem, allem sonst.

Denn ganz so wie es ihrer Genese am Geld entspricht, kann auch diese Denkform vor keinem Inhalt innehalten. Ihrer Form nach erkennt sie keine Beschränkung an und kennt sie keine Schranke. Wo nach ihr gedacht wird, muss zuletzt alles nach ihr gedacht werden. Nicht nur die Physik hat dann Gesetzen zu gehorchen, auch die Chemie muss es tun, und längst schon sind sogar die Lebewesen auf das *eine Gesetz* der Evolution gebracht worden. Wie sehr sich die Wissenschaften auch in die einzelnen Disziplinen aufspalten und wie tief sich die aufgespaltenen Disziplinen noch weiter in ihre ganz speziellen Probleme versenken – so dass schon der Fachmann der nächstverwandten Unterdisziplin nichts mehr davon versteht –, jede winzige Einzelheit steht doch unter der Annahme und dem Gebot, sie müsse sich mit *allen übrigen* Einzelheiten zusammenfügen zu dem *einen* gesetzmäßigen Zusammenhang.

Das aber ist – neuzeitlich auch sie – die gedachte *Einheit* der Wissenschaften, die systematische Einheit aller Wissensgebiete. Keines gilt für sich, und seine Abgrenzung von den anderen dient nur dazu, in der Spezialisierung dennoch und umso wirkungsvoller die tausendfältig *eine* Annäherung an das vorausgesetzte Ziel zu vollziehen und voranzutreiben. Was die anorganische Chemie leistet, es muss zusammenstimmen mit den Ergebnissen der organischen, was beide leisten, muss der Physik gehorchen, und von Physik und Chemie an muss alles zusammenpassen, bis schließlich auch jenes Denken selbst, das da systemisch denkt, auf dem selbstgeschaffenen System all dieser Gesetze beruhen soll. Nein: zuletzt notwendig auf einem *einzigen* Gesetz. Dessen Name ist die *große Feldtheorie*, nach der inzwischen gesucht wird – und die sich, *chose curieuse*, immer nicht will vollenden lassen.

Aber auch bei ihr dürfte es zu allerletzt oder zu allererst nicht bleiben. Welt und Natur werden funktional gedacht: das heißt – *solange die Genese der funktionalen Denkform unerkannt bleibt* –, sie werden gedacht, als wäre die funktional *gedachte* ihre *wirkliche* Form. Danach muss es die Naturgesetze wirklich so geben, wie wir sie denken und voraussetzen, wirklich in dieser Form funktionaler Nicht-Inhaltlichkeit. Wenn aber alles empirisch bestimmt Gegebene in diesem Kosmos wahrhaft nur in Gesetzen bestehen soll, die sich an etwas vollziehen, so müssen doch auch die Gesetze, und wäre es nur ein einziges, in irgendetwas *wirklich* bestehen, durch irgendetwas *ihre* Bestimmtheit haben. Doch wer oder was soll bestimmen, dass sie gerade so und nicht anders wirken? Dasjenige, woran die Gesetze wirken, darf es ja keinesfalls sein, sonst wäre es unweigerlich *für sich* bestimmt – das hieße: *inhaltlich* – und eben nicht nach Gesetzen. Nein, diese Gesetze dürfen ja an den merkmalslosen Bezugspunkten, von denen sie gelten, bloß *ansetzen*, und alles, was bestimmt ist und besteht, soll eben dadurch erst bestimmt *werden*, *dass* sie daran ansetzen und es damit – wie auch immer das vor sich gehen soll – in etwas *bestimmt inhaltlich* Bestehendes übergehen lassen. Nichts soll es geben außer den Gesetzen und ihren Ansatzpunkten: Nur in *beidem gemeinsam* bestünde ihre Bestimmtheit, aber in keinem von beidem kann sie – nach dem reinen Ausschließungsverhältnis – für sich bestehen, von keinem kann sie kommen. Woher aber käme sie sonst?

Es könnte, wenn denn die Wirklichkeit wirklich der funktionalen Denkform gehorchen soll, nicht anders sein: Man muss einen Moment der Indifferenz behaupten, einen Moment, *bevor* die Gesetze noch ihre Bezugspunkte gefunden hätten und *bevor* sie also überhaupt bestimmte Gesetze geworden wären, die an irgendwelchen durch sie bestimmten Dingen ansetzen könnten; einen Moment der ungezählten Singularitäten, *nach* dem erst die Gesetze ihre Objekte und mit ihnen zusammen zu irgendwelcher Bestimmtheit gefunden hätten und *nach* dem also jene einheitliche, gesetzmäßige, kosmische Entwicklung bis zu uns erst eingesetzt hätte, welche die Naturwissenschaften voraussetzen. Dies ist die offizielle Lehre vom *Urknall*.

Und die Wissenschaft berechnet auf Bruchteile von Sekunden genau, wie nahe sie an diesen Moment herangekommen sei.

VIERTES KAPITEL

Man sage darüber, was man will, es wird eine sehr wichtige Rolle in der neueren Philosophie spielen; denn Wiederholung *ist der entscheidende Ausdruck für das, was bei den Griechen »Erinnerung« war. So wie diese damals lehrten, dass alles Erkennen ein Erinnern ist, so will die neue Philosophie lehren, dass das ganze Leben eine Wiederholung ist. Der einzige neuere Philosoph, der hiervon eine Ahnung hatte, ist Leibniz.*

Sören Kierkegaard: Die Wiederholung

I

DIE WISSENSCHAFT IM PLURAL

Wir haben uns der Wissenschaft nicht bloß genähert, wir sind ihr bis in den Kern gedrungen. Der macht noch lange nicht die *ganze* Wissenschaft aus, doch ihn zu erkennen, klärt immerhin, wovon sie damals neu hervorgetrieben und wovon sie bis heute konstituiert wird – das, wovon sie bis heute am wenigsten weiß. Und es zeigt sich bereits oder hat sich jedenfalls angedeutet, wie diese Genese einer Denkform, die aller Wissenschaft zu Grunde liegt, auch deren Geltung trifft.

Und zwar, so *wird* sich zeigen, bis hinein in diese neueste Großtat der exakten Wissenschaften, die Quantentheorie. Man erschaudere nicht: Weder soll es dieses Kapitel belegen, noch überhaupt dieses Buch weiter berühren, ein nächstes wird sich dem annehmen müssen. Für jetzt sollen stattdessen – gleichsam zur Lockerung, bevor es strenger wieder in eine andere Richtung weitergeht – Gedanken anschließen, die nur vage skizzieren, was an dieser Stelle noch aussteht. Sie sollen für den Moment nicht weiterführen, sondern sich des bisher Erreichten lediglich ein wenig weiter versichern.

Einer »Mutation« des Denkens, so hieß es, verdankt sich die Wissenschaftliche Revolution; und nun sage ich: dem Aufkommen der funktionalen Abstraktion. Kann es so billig gehen? Droht da nicht die Dummheit, etwas so weitgespannt Komplexes wie die Wissenschaften »monokausal«, also weit unter Niveau zu interpretieren? *Ein* winziges Neues, und die ganze Wissenschaft wäre erklärt?

Nein – zum einen: Wenn gilt, dass diese Denkform aller Wissenschaft zu Grunde liegt, bedeutet das nicht, sie würde für alle Wissenschaft ausreichen. In jedem kleinsten wissenschaftlichen Fall bedarf es um einiges mehr als nur der funktionalen Abstraktion. Doch umgekehrt, wieviel damit das Denken auch sonst noch aufzubieten hat, all das würde niemals ausreichen, um unsere neuzeitliche Wissenschaft zu fundieren und ihr Hervortreten zu erzwingen.

Zum anderen: Dieses Neue ist nicht winzig. Es zieht sich zusammen in das geisterhafte Nichts einer synthetischen Leistung – das wohl; aber doch in allgemein *jedem* Einzelnen, als Folge und Bestandteil des *weitesten Zusammenhangs* zwischen Menschen, der die Menschen nicht nur untereinander, sondern ebenso mit der äußeren Natur vermittelt, mit dem Bereich ihrer Lebensnotwendigkeiten, und der sie zu einer nicht eben sanften Herrschaft über diese auch äußere Natur bestimmt. Nein, *diese* eine *causa*, die Geldvermittlung ganzer Gesellschaften, einer *Welt*wirtschaft, *global* schon lange bevor sie als die Globalisierung jenseits feindlicher Blöcke zum Schlagwort wurde, sie ist nicht winzig, nicht einseitig, nicht eng begrenzt. Sondern *so* weit, allgemein, allseitig ist sie, dass sie sich *sogar* in diesem ausdehnungslos Innersten niederschlägt, dem Denken funktionaler Abstraktion.

Und weiter: Wenn dies *Denken* nun Grund der Wissenschaft sein soll, heißt das nicht, sie kennte deshalb nichts als ihre schön internalistisch-kognitiv geschlossene Binnenentwicklung. Derselbe gesellschaftliche Zusammenhang, der seinerseits erst Grund dieses Denkens ist, ein scheinbares *Außerhalb* der Wissenschaft also, wirkt umfassend noch einmal *von außen* in sie hinein. Die Geldvermittlung kennzeichnet *kapitalistisch* wirtschaftende Gesellschaften, und die haben bekanntlich einiges *Interesse* an den Wissenschaften. Dies Interesse hatte nicht schon zum *Entstehen* der Wissenschaften führen können, die ersten Möglichkeiten, gesellschaftlichen Nutzen aus der Wissenschaft zu ziehen, beginnen sich erst im späteren 17. Jahrhundert abzuzeichnen, und nur langsam nimmt dann die öffentliche Betreuung der neuen Wissenschaft ihren Anfang. Heute aber kann niemand übersehen, mit welchem Nachdruck bestimmte Forschungen von staatlicher Seite gefördert werden, und zwar ganz offiziell im Interesse »der« Wirtschaft, immer fordernder und flächendeckend inzwischen bis in Bereiche, in denen wirtschaftliche Interessen absehbar nie werden einzulösen sein – so dass schließlich kein literaturwissenschaftliches Seminar mehr abgehalten wird ohne Evaluation des Dozenten. Kein Staat, keine

Nationalökonomie, die auf dem Weltmarkt mithalten will, kann es sich leisten, auf bestimmten Gebieten wissenschaftlich ins Hintertreffen zu geraten, und ginge es nur um die gleichgültig fernsten Fernen des Universums.

Aber die Wissenschaften sind noch anders von ihrem Außen bestimmt: durch den jeweiligen Gegenstand ihrer Forschungen. Nicht nur, dass sich Wissenschaft bestimmten Inhalten dieser Welt widmen muss und damit, wie willkürlich sie sich diese Inhalte auch zurechtlegen oder teils überhaupt erst schaffen mag, von ihnen abhängig ist. Die Unterschiedlichkeit dieser Inhalte – dass beispielsweise das Fallen eines Steins nicht ganz dasselbe ist wie die Psyche eines Menschen – bestimmt auch darüber, wie sich die funktionale Denkform auf sie *anwenden* lässt. Wie leicht oder wie schwer lässt sich der jeweilige wissenschaftliche Gegenstand funktional behandeln, auf die abstrakte Funktion reduzieren? Am leichtesten fällt es – und hat dann noch immer das Genie eines Galileo und Newton erfordert – bei den bloßen Ortsbewegungen. Hier ist die Reduktion der untersuchten Inhalte auf die nicht-inhaltliche Funktion, also die Reduktion von Bewegungen beliebig geformter Körper auf bloße, bewegte Massepunkte, vergleichsweise einfach zu vollziehen. Anders schon in der Chemie, die es stets auch mit den *Eigenschaften* ihrer Stoffe zu tun hat; anders etwa in der Geologie, die auf Chemie und Physik rekurrieren und immer diese *so* gestaltete Erde beachten muss; und so weiter durch alle Wissenschaftsgebiete hindurch bis hin zu den Lebewesen, für die erst im 19. Jahrhundert einem deswegen berühmten Mann ein *Gesetz* einfiel, um ihre unendliche Vielfalt auf die *eine* Funktion zurückzuführen: die Selektion, die sämtliche Lebewesen als in blindem Zufall entstandene Mutationen vorgesetzt bekommt, die schlechten ausscheidet, nämlich vorzeitig umkommen lässt, und so, rein negativ tätig, die guten zwar nicht hervorbringen und trotzdem aber ihre *Entwicklung* bewirken soll.

Wie etwa bei der Evolutionstheorie müssen Naturgesetze auch nicht stets in der buchstäblich mathematischen Form einer Funktion $f(x)$ auftreten, und entsprechend haben auch *Experimente* nicht alle mit der vollständigen Umwandlung ihres Gegenstands in eine solche Formel aufzuwarten. *Nichts* in der Natur *ist* ja einfach Funktion, und wenn etwas davon *als* Funktion ausgedrückt wird, *muss* dieser Ausdruck von der gedachten Realität *abweichen*, schon bei der Fallbewegung – wie minimal oder wie massiv auch immer. Alle bestimmten Inhalte müssen also ihrer Verwandlung in Funktionen *Widerstand* entgegensetzen, oder anders, ein jeweils unterschiedlich großer Abstand trennt sie von der Möglichkeit, funktional gefasst zu werden. Im Experiment, dem Ort, an dem funktionale Denkform und materialer Inhalt aufeinanderprallen und möglichst zur Deckung kommen sollen, *kann* es deshalb auch *am wenigsten* funktional zugehen, und es zählen auch Experimente zur Wissenschaft, die gerade nur die *inhaltlichen* Bestimmungen ihres Gegenstandes festhalten, ihn also bloß *beschreiben*. Wenn etwa Jean-Henri Fabre das Verhalten von Insekten so zart wie möglich nur beobachtet, so zählt auch das zur Wissenschaft, dringt aber vorläufig nicht weiter vor als bis zu eben diesem Verhalten. Funktionale Zusammenhänge werden da allenfalls in dem abgeschwächten Sinn einer kausalen Abhängigkeit festgehalten, zum Beispiel in der Frage, wodurch männliche Falter von einem Weibchen angelockt werden. Und doch führt auch eine solche Untersuchung bereits zu einer Art funktionaler Reduktion, wenn selbst ein Fabre den Faltermännchen die Fühler abschneidet, um festzustellen, ob sie dann noch immer zu dem Weibchen finden; oder wenn späterhin der Sexuallockstoff synthetisiert wird, um mit ihm die Schädlinge in eine Todesfalle zu locken.

Doch auch abgesehen von diesem allbekannten Vorgang, dass Wissenschaft ihre lebendigen Inhalte in tote Gegebenheiten, in Daten verwandelt –: Sie muss zwar an den Inhalten ansetzen und mag dafür erst einmal beginnen, sie zu beschreiben und folglich sehr weit inhaltlich zu bleiben; doch wie lange sich die Inhalte unter der wissenschaftlichen Behandlung auch in ihrer Unterschiedlichkeit erhalten mögen, nämlich *als* Inhalte, das Projekt Wissenschaft gibt ihnen zuletzt allen auf, als das zu enden, womit dies Projekt historisch beginnt: als reine Physik. Nichts etwa scheint dazu weniger geeignet und liegt weiter ab davon als etwa die Verhaltensweisen von Lebewesen oder sagen wir der menschlichen Psyche. Die gesamte Welt der Inhalte, nämlich die *Bewertung* der Welt *als* Inhalt und Qualität, die Bewertung eines Steins als Stein, eines Rots als Rot und milder Luft als milder Luft, alles Inhaltliche am Gegebenen bedarf der Vermittlung dieser Psyche, der Wahrnehmung, des Denkens. Deshalb kann sich Psychologie bis heute nicht völlig von der bloßen Beschreibung lösen. Und trotzdem kommt es historisch zu den Versuchen, Psychisches unmittelbar physikalisch-physiologisch zu deuten, in der Phrenologie etwa, der Lehre, an bestimmten Ausbuchtungen des Schädelknochens ließe sich die Veranlagung zum Mörder oder zum Genie erkennen; oder in Darwins Untersuchungen, wie sich durch Anlegen von elektrischem Strom auf dem Gesicht eines Probanden der Ausdruck verschiedener definierter Empfindungen *erzeugen* lässt, von Zorn, Erstaunen oder Zweifel. Wenn dann Freud tiefer in die Psyche einzudringen beginnt, so tut auch er es in der Überzeugung, alles, was er beschreibe, werde seinen Grund letztlich in der Physik neurologischer Vorgänge haben; nur sei sie bisher noch nicht erkannt. Heute sind diese neurologischen Vorgänge untersucht und werden tatsächlich verstanden als bloßer Austausch elektrischer Spannungen zwischen nervlichen Knotenpunkten. Weder diesen einzelnen Punkten noch den elektrischen Ladungen soll irgendwelcher Inhalt zukommen, und trotzdem aber soll – unerfindlich wie – alles Denken und Empfinden, Wahrnehmen und Wollen, Leiden und Erkennen allein dadurch zu seinem Inhalt kommen: durch die Verbindung der so verbundenen Nervenpunkte, rein physikalisch – und funktional.[204]

Die Reduktion der Inhalte auf Physik ist ihre Reduktion auf die nicht-inhaltlichen Kräfte, die an immer nicht ausreichend kleinen Teilchen der Wirklichkeit ansetzen sollen. Quarks, Strings, Gluonen, der berühmte Teilchenzoo ist niemals bereits reich genug bestückt, es müssen neue Teilchen gefunden werden, noch kleinere, die jeweils das Verhalten der nächstgrößeren erst zu ergeben hätten – und damit die Frage aufgeben, woraus sich wiederum ihr Verhalten ergeben soll. Die große Feldtheorie wäre erst dann erreicht, wenn sich zuletzt nur noch eine einzige Kraft weisen ließe, die auch keinesfalls von irgendwelchen irreduziblen Teilchen ausgehen dürfte, sondern wirklich nur noch ihre Bezugspunkte hätte und sonst, auf durchaus unerklärliche Weise, irgendwie ganz einfach für sich *da* wäre. Das ist der Sinn und die Richtung der Reduktion aller Inhalte auf Physik: dass sie zuletzt keine Inhalte mehr sind.

Der Widerspruch der funktionalen Abstraktion, Inhaltliches nicht-inhaltlich zu denken, es aufzulösen in ein Nichts, aus dem es gleichwohl als Inhalt bestehen soll, lässt sich an jeder naturgesetzlichen Formel weisen, auch an der berühmtesten:

$$E = mc^2$$

Da sich die funktionale Abstraktion vom materialen Denken löst und nicht mehr nur die Proportionen jeweils gleichartiger Größen, sondern Größen *unterschiedlichen* Inhalts einander gleichsetzt, *identifiziert* sie also diese unterschiedlichen Inhalte miteinander. In Einsteins Formel sind dies die Variablen E und m, einmal *Masse*, einmal *Energie*. Das kleine c ist lediglich Konstante, hoch bedeutsam zwar, aber nicht variabel, eine Zahl, die das quantitative Verhältnis angibt, *in dem* Energie und Masse einander gleich seien. Doch egal, in welchem Verhältnis, *Energie* und *Masse* sind damit als identisch gesetzt: $E = m$ (mal irgendwieviel). Zwei *unterschiedliche* Inhalte sollen das *Gleiche* sein – also muss sich fragen, weshalb sie überhaupt noch unterschieden sind. Wenn Energie gleich Masse ist, warum wäre Masse dann überhaupt noch *etwas Anderes* als Energie? Woher käme der Unterschied zwischen beidem, wenn doch Naturgesetze die letzte Erklärung für alles sein sollen, aber schon den inhaltlichen Unterschied zwischen ihren Variablen, den sie allenthalben antreffen, auf keine Weise erklären können? Was ließe Energie und Masse *inhaltlich* voneinander unterschieden sein, Energie *nicht* gleich Masse, wenn sie tatsächlich durch nichts als ein *rein quantitatives*, also *nicht-inhaltliches* Verhältnis bestimmt wären? Wären sie es, könnte kein Unterschied in den Inhalten sein.

Aber es gibt ihn, und dass es ihn gibt, ist ja mit der Wahl der zwei *unterschiedlichen* Variablen eingestanden, hingenommen und vorausgesetzt. Die funktionale Abstraktion, die ihn vorfindet, negiert den Unterschied der Inhalte zugleich, indem sie dazu zwingt, ihn in *reinen Quanta* zu denken. Und so verfehlt sie notwendig die Natur, auf die sie da angewandt wird. Sie lässt sich darauf anwenden, das sehr wohl – und außerordentlich erfolgreich und folgenreich. Und trotzdem ist *ihre* Natur nicht die der

Natur, sondern die eines bloß dem menschlichen Denken eigenen, gesellschaftlich realisierten Verhältnisses.

KLEINER KATALOG DER FORMEN

All das sei hier nur angedeutet. Es auszuführen, würde verlangen, die Geschichte der Wissenschaften und des funktionalen Denkens bis zu seiner heutigen Wirklichkeit zu verfolgen. Das wird nötig sein, fruchtbar, aber nicht mehr Sache dieses Buches. Der funktionalen Denkform will ich an dieser Stelle lediglich einen kleinen – durchaus noch unvollständigen – Katalog ihrer möglichen Formen geben, wiederholend und zusammenfassend.

- *Zwei Einheiten*, notwendig miteinander verbunden und strikt voneinander getrennt, stehen gleichsam am Anfang. Ich habe sie *reine Einheit* und *rein bezogene Einheit* genannt. Sie sind als solche bestimmungslos und haben ihre Bestimmung ausschließlich in der Beziehung aufeinander.
- Sie sind im *reinen Ausschließungsverhältnis* aufeinander bezogen, miteinander verbunden und voneinander geschieden. Dies ist das dyadische Verhältnis der Booleschen Konstanten, das Verhältnis von *0 und 1*. Seine beiden Seiten sind nicht für sich bestimmt, sondern allein gegeneinander, beide als Negation und Ausschließung der anderen.
- Die beiden Seiten dieses Verhältnisses verhalten sich außerdem aber als das Gegenüber von *Bezugssystem* und *Bezugspunkten*. Das System ist reines Beziehen als solches zur Einheit genommen, die Punkte aber das rein in diesem Beziehen aufeinander Bezogene. Graphisch gedeutet wird es im Zahlenstrahl und seinen Zahlenpunkten oder in den Koordinatenachsen und ihren Koordinaten.
- Dieses Gegenüber von Bezugssystem und Bezugspunkten hat seine mathematisch geläufige Form im Gegenüber von *Funktion* und *Variablen*. Funktion wird mathematisch definiert als die Verbindung von (mindestens) zwei variablen Werten. Der Funktionsausdruck quantifiziert diesen Bezug, indem er einem ersten Wert zumindest einen jeweils zweiten zuordnet. Von diesen, den Variablen, wird angenommen, dass sie virtu-

ell sämtliche möglichen Werte annehmen – bildlich gesprochen: durchlaufen –, in unendlich kleinen, virtuell unausgedehnten Schritten, so dass sie sich also wie unausgedehnte Punkte verhalten. Auf diese Weise wird der unaufhebbare Widerspruch zwischen dem ausgedehnten Kontinuum und dem unausgedehnt Diskreten übersprungen. Das »unausgedehnt« Bestimmungslose wird gedacht als übergehend ins »ausgedehnte« Bestimmte, die Nicht-Größe übergehend in Größe und so auch das Nicht-Inhaltliche übergehend in Inhalt: indem es nicht für sich genommen als ausgedehnt, Größe und Inhalt bestehen soll, sondern variabel in alle anderen Werte des ebenso bestimmungslos Nicht-Inhaltlichen übergehen; genauer: indem dieser Übergang getrennt von ihm festgehalten wird.

- Für reines Beziehen und rein Bezogenes ergibt sich damit die grundlegende Deutung als *Prozess* und das, woran er sich vollzieht, das erstarrt *Prozesshafte*. Andere Namen für dieselbe Deutung sind die Aufspaltungen in die *Operation* und das, woran sie vollzogen wird, in *Entwicklung* und das, was sich in ihr entwickelt, und damit insgesamt in *Veränderung* oder *Bewegung* und das, woran diese gleichsam ansetzen. Prozess, Operation, Entwicklung werden dabei als für sich bestehende Einheiten gedacht, abgetrennt von dem, was sich nach ihnen verändern soll. Zugleich werden sie für die *bestimmende* Einheit angesehen, demjenigen, woran sie sich vollziehen, eben dadurch Bestimmungen verleihend. Ihr Gegenstand selbst, dasjenige, woran sie sich vollziehen sollen, ist für sich genommen bestimmungslos, bloßer Statthalter eines jeden und jeweiligen Inhalts. Konsequent führt dies die formale Logik mit ihren etwa so genannten »Individuenvariablen« vor.

Es ergibt sich insgesamt ein Denken, das Inhalte auf nicht-inhaltliche Bestimmungen zurückführt. Und so muss es Inhalte, nicht-inhaltlich gefasst, allein nach dem *Verfahren* bestimmt sehen, nach der *Operation* oder der *Methode*, mit der man zu ihnen gelange. Das ist zum einen nur wiederum Bacons *processus*, der seinen *schematismus* überhaupt erst zum inhaltlich bestimmten Etwas machen soll. Es führt aber auch dazu, die Frage der *Methode* an den Anfang zu stellen, mit der dann erst zu den jeweiligen Inhalten zu gelangen sei. Oder es führt zu einer Denkfigur wie Kants kategorischem Imperativ, der berühmterweise *keinen Inhalt* hat: »Handle nur nach derjenigen Maxime, durch die du zugleich wollen kannst, dass sie ein allgemeines Gesetz werde«. Er gibt nicht vor, *was* man zu tun habe, sondern allein, dass es sich *nach einem allgemeinen Gesetz* richten müsse – selbst wenn sich dies Gesetz nirgends vorfände; der kategorische ist ein funktionaler Imperativ. Und dasselbe Denken führt beispielsweise zu Theorien wie der, dass aller Inhalt einer Gesellschaft – was sie befiehlt oder verbietet, was sie einrichtet, fördert oder ausschließt –, allein aus dem rein kommunikativen Handeln der Gesellschaftsinsassen hervorgehen soll, aus ihrer bloß verfahrensmäßigen Verbindung. Oder es führt zu einer Theorie, die dasselbe so erklärt, dass es in lauter eigengesetzlichen Systemen und Subsystemen funktioniere.

NOCH EINMAL: WOHIN?

Nun kennen wir zwei große Bereiche, in die sich die Synthesis am Geld überträgt, Rhythmuswahrnehmung und wissenschaftliches Denken. Beide liegen nicht weniger weit auseinander als der Bereich des Geldes und der des Rhythmus, ja sie bilden erneut gleichsam die äußersten Pole dessen, was im weitesten Sinne Denken heißen kann: Rhythmus als das vollständig unwillkürlich *Empfundene* und Wissenschaft als das vollständig kontrolliert *Reflektierte*. Und doch ist die synthetische Leistung, die beide fundiert, in beiden auch unwillkürlich und unbewusst aktiv. Von ihr, als der Grundlage und Bedingung ihres Denkens, weiß die Wissenschaft so wenig wie wir üblicherweise vom Taktreflex. Bis dorthin nämlich dringt bisher keine wissenschaftliche Reflexion vor, sondern was da Reflex ist, nimmt auch sie als Apriori hin, sie erkennt es bestenfalls als dies Apriori, und doch bleibt ihr verborgen, wodurch es ihr als solches vorgegeben wird: Es *bleibt* ihr vollständig apriorisch.

Gleichwohl verbindet es sich in der Wissenschaft notwendig *mit Reflexion*. Kein Wissenschaftler muss ja von jener synthetischen Leistung wissen und *auf* sie reflektieren, um gleichwohl nach ihr zu denken; aber er muss *nach* ihr *reflektieren*, um in dieser Form *wissenschaftlich* zu denken. Hier ist sie *reflektierte* Anwendung und führt zu reflektierten Formen des funktionalen Denkens, zum Verfahren der Infinitesimalrechnung etwa, der formalen Logik oder zu Descartes' Analysis. Taktrhythmus dagegen bedarf keiner solchen Reflexion, um gleichwohl empfunden zu werden, und genausowenig, damit Musiker trotzdem kunstvoll mit ihm umgehen können. Die *rhythmische* Anwendung der funktionalen Synthesis kommt ohne jeden bewussten Akt aus; um ihretwillen muss niemand etwas überlegen.

Rhythmus und Wissenschaft markieren folglich, will man diesen Grad der Reflektiertheit zum Maß nehmen, zwei extreme Möglichkeiten funktionaler Synthesis, zwischen denen, nun ja, ein weites Feld liegt – ein weites Feld absehbar oder unabsehbar weiterer, jedenfalls auch ganz alltäglicher Varianten. Da wäre etwa das *Fortschrittsdenken*. Es betrachtet nicht nur zum Beispiel die gesamte Geschichte unter der Form des Fortschritts, sondern sieht ihn allenthalben auch in Angelegenheiten geringeren Formats am Werk – oder schuldhaft verfehlt: Es sieht ihn vor allem für *notwendig* an. Überall wittert es böse Stagnation, wo sich nicht das ewige *Voran* weisen lässt, und kein Leben scheint ihm möglich, das nicht freudig dem Diktat der »Innovation« gehorcht. Oder da wäre das Schwarz-Weiß-Denken in der Form von *Ja* und *Nein*, von *0* und *1*. Nicht nur dass es im binären Code des Computers eine Bedeutung gewonnen hat, die kaum noch zu ermessen ist, auch ganz alltäglich will es, in welcher Frage auch immer, nichts anderes kennen als sein striktes *Entweder-Oder*: *entweder* das eine *oder* dessen genaues Gegenteil. Man hat es sehr gut auch abstrakte Negation genannt.

Diese geläufigen Formen genau zu erfassen und sie vor allem stringent als Ausformungen funktionalen Denkens zu erweisen, fällt schwerer als bei den exponierten der Wissenschaft. Es fällt schwerer, eben weil sie weniger klar reflektiert sind als unter den Anforderungen der Wissenschaft und weil sie sehr viel weniger darauf bedacht sein müssen, sich aus der Vermischung mit allerlei alltäglichen *Inhalten* zu *erheben*. Da ihm in diesem Alltag nur wenig Klarheit abverlangt wird, verwirrt sich funktionales Denken hier so gut wie unentwirrbar mit den Formen *inhaltlich-*

materialen Denkens. Dieses dankt ja mit dem Aufkommen des funktionalen keineswegs ab, nein, es bleibt jedem Denken *zugleich* unabdingbar und geht mit dem *nicht-inhaltlichen*, seiner Negation, alle nur denkbaren Verbindungen ein. In einer solchen Melange jedoch sind die beiden feindlichen Bestandteile, zumal sich der funktionale gleichsam von Berufs wegen jedem Inhalt angleicht und einbeschreibt, nur mühsam auseinander zu halten.

Doch es gibt noch einen dritten Bereich der *exponierten* Anwendung. Auch er erfüllt die bekannten sieben Bedingungen: historisch zur selben Zeit aufgetreten zu sein wie die anderen Auswirkungen der Synthesis und zunächst allein in den Gesellschaften des westlichen Europa, von dort aber später die ganze Welt überzogen zu haben, in Kraft zu sein bis heute, sich entschieden als zusammenhängend und einheitlich Neues von allen Zeiten vorher abzulösen, aber bis heute weder in seinem Entstehen erklärt, noch darin, was an ihm das spezifisch Neue ist, völlig erkannt worden zu sein. Kurz also: Es hat sich zeitgleich mit der Wissenschaftlichen eine entsprechende zweite Revolution des Denkens vollzogen.

Sie ist nicht schwer auszumachen. Nachdem einmal das historische Auftreten der Wissenschaft hergeleitet und der Schritt von Geld und Rhythmus bis zu *diesem* entlegenen Bereich getan ist, liegt jener andere nicht mehr fern. Wenn schon beim Auftreten des Taktrhythmus der Name Descartes gefallen ist und bei den Naturwissenschaften nun außerdem Leibniz zu nennen war, so liegt die Neuzeit einer weiteren Disziplin bereits unmittelbar vor unseren Augen.

DIE NEUZEIT DER PHILOSOPHIE

Philosophie: Das Wort geht genauso wie der »Rhythmus« auf die griechische Antike zurück. Bei den Griechen, zeitgleich mit der ersten Münzung von Geld, hat es mit der Philosophie seinen Anfang genommen. *Ihr* historisches Auftreten ist jenes *erste* große »Wunder«, das sogenannte »Griechische«, dem erst die Wissenschaftliche Revolution als zweites, als das »Wunder der 1620er

Jahre« ebenbürtig an die Seite tritt. Historisch also reicht die Philosophie weit hinter die Neuzeit zurück, und wenn schon nicht so weit wie der Rhythmus im allgemeinen, so immerhin, da sie noch heute betrieben und gelehrt wird, gut zwei Jahrtausende.

Trotzdem: Wenn *wir* »Philosophie« sagen, so greifen wir durchaus nicht zurück in jene ferne Vorvergangenheit. Denn wir denken Philosophie, auch wenn wir ohne historische Einschränkung zu sprechen glauben, notwendig *neuzeitlich*. Mit dem, was wir ganz allgemein unter Philosophie verstehen, nimmt es wiederum erst im 17. Jahrhundert seinen Anfang, durchaus nicht in der Antike oder zu irgendeiner anderen Zeit vorher. Wie aber das? Auch dies zu erklären fällt inzwischen leicht.

Im vorangegangenen Kapitel war von den Naturwissenschaften die Rede, und ganz selbstverständlich findet man *ihren* Gegenstandsbereich, die physikalische Natur, in der Antike durch die *Philosophen* behandelt. Um nur die bekanntesten Beispiele zu nennen: Platon diviniert im *Timaios* eine ganze Kosmologie, Lukrez umreißt die Lehre des Epikur in einem Gedicht *De rerum natura*, »Vom Wesen der Dinge«, Aristoteles behandelt in einer Vorlesung ausführlich die Physik – als *philosophisches* Thema. Heute ist Physik nicht mehr Philosophie und nicht mehr Sache der Philosophen. Die Philosophie hat sich abgespalten von der Wissenschaft, und als diesen *von Wissenschaft abgespaltenen Bereich* sehen *wir* sie heute an. Dazu aber wurde sie erst mit Beginn der Neuzeit.

Ein Naturwissenschaftler heißt heute nicht Philosoph, ein Philosoph nicht Naturwissenschaftler, und wenn Philosophie überhaupt noch einmal unter die Wissenschaften gezählt wird, dann gnaden- oder ehrenhalber und sicher nicht auf Grund ihrer aktuellen Erkenntnisse. Sie fungiert allein noch als Zutat zu den Wissenschaften, als gleichgültiges Rankenwerk, als Sonntagspredigt, und selbst wo sie noch vereinzelt, wenn schon *jenseits* der tauglichen Wissenschaften, so wenigstens *über* sie gesetzt wird, als deren ideale Lenker- und Leiterin, so ist es eine Erbaulichkeit und juckt keinen Gentechniker. Bei den Griechen dagegen hatte Philosophie *als Wissenschaft* begonnen, Philosophie *war* Wissen, und Wissen – im Gegensatz zur Kunstfertigkeit – *war* Philosophie. *Jedes* Gebiet, auf dem sich Kenntnis von etwas Dauerndem gewinnen ließ, und wäre es das Wissen vom ewigen Wandel, war *eo ipso* eines *ihrer* Gebiete, und philosophieren hieß ganz allgemein: auf einem Gebiet gründliche Kenntnis erlangen. Die *Meta*physik des Aristoteles folgte bekanntlich unmittelbar auf die Physik und behandelt das, was nach dieser noch ausstand, nicht etwa als das *eigentlich* Philosophische, sondern als ganz genauso philosophisch wie eben die Physik. Was sich im engeren Sinne mit Physik befasste, hieß demnach *philosophia naturalis*, und das nicht allein in der Antike, sondern das gesamte Mittelalter hindurch bis ins 17. Jahrhundert. Noch Newtons Hauptwerk trägt allem anderen voran die Philosophie in seinem Titel: *Philosophiae Naturalis Principia Mathematica*.

Und doch setzt zu eben dieser Zeit – und, wie sich zeigen wird, wieder in den 1620er Jahren – jene historische Abspaltung ein, mit der sich Philosophie in *unser* Verständnis von ihr verwandelt. Worin dies besteht, lässt sich erstaunlich wenig *genau* sagen. Anders als bei den wissenschaftlichen Disziplinen, die im allgemeinen der Differenzierung eines Gegenstandsbereiches *folgen*, ihren differenzierten Gegenstand also von Anfang an *haben*, bleibt er bei der Philosophie durchaus vage und zieht sich, wie es scheint, immer weiter ins Unbestimmte zurück. Nun, da Philosophie nicht mehr alle Bereiche umfasst, soll sie irgendwie das Allgemeine unmittelbar betreffen. Dem vermag sie nicht mehr in seine Einzelheiten zu folgen und beansprucht stattdessen, es grundsätzlich und direkt zu verhandeln. Alles Nähere muss sie den Wissenschaften überlassen und will doch selbst die letzte Auskunft darüber erteilen, was es damit ist und was es damit soll. Auf diese Weise aber ist es ihr längst aus den Händen geglitten; und kein Wunder also, sondern der inzwischen authentische Gebrauch ihres Namens, wenn heute jeder Friseur seine »Philosophie« hat und im Schaufenster zum Besten geben kann.

So allerdings *endet* bisher jene Abspaltung der Philosophie, so *beginnt* sie nicht. Zum einen zwar scheint die Philosophie von dem revolutionären Moment an, da die Wissenschaften aufkommen, bloß als etwas *übrig* zu bleiben, als jener Rest an Wissen, auf den die Naturwissenschaften, da sie alles weitere mit Beschlag belegen, keinen Anspruch mehr erheben. Nachdem Philosophie einmal der umfassende Begriff für gültiges Wissen war, sieht sie sich verwiesen auf ein Rückzugsgebiet des Allgemeinen, das für die Naturwissenschaften irrelevant wird und das aus deren Gebiet auf ähnliche Weise herausfällt wie etwa die Theologie. Und eben damit wird der Begriff der Philosophie eingeschränkt auf jene unprägnante, vage Bedeutung, die er für uns hat und in der er weder die Physik noch sonst irgendeine Einzelwissenschaft mehr umfasst. Gleichwohl vollzieht sich diese Beschränkung nicht nur als passive Folge der aktiv sich ausdehnenden Naturwissenschaften.

Wenn der ehemals einheitliche Bereich des Wissens nunmehr zerfällt in die Wissenschaften auf der einen und die Philosophie auf der anderen Seite, so ist dies nicht das Werk der Wissenschaften. Dass *sie* auftreten, ist ja seinerseits Werk und Wirkung des funktionalen, des neuzeitlich veränderten Denkens, und ineins mit *dieser* Wirkung bewirkt dasselbe Denken auch die *Aufspaltung* des ehemals einheitlichen Bereichs von Wissen: indem es *sowohl* den Naturwissenschaften *als auch* der Philosophie komplementär jeweils einen der zwei neuen, *aufgespaltenen* Teilbereiche zubestimmt. *So* erhält Philosophie den ihren. Diese paradoxe Wirkung der funktionalen Synthesis, zwei Einheiten zu verbinden, indem sie beide überhaupt erst in dieser Weise voneinander ausschließt und trennt, eine ältere Einheit also erst in diese zwei aufspaltet, wir kennen sie längst; und nunmehr also sehen wir den Bereich des Wissens aufgespalten, in Naturwissenschaft und Philosophie.

Zu dem älteren, noch einheitlichen Bereich des Wissens gehörte es vor allem, die Dinge zu *erklären*, dem, wie sie sich darboten, eine Erklärung und Herleitung zu geben – selbst wenn dies nur darin bestand, den Dingen ihren Platz in der kosmischen Ordnung zuzuweisen. Darauf verzichten nun die Naturwissenschaften und *müssen* sie verzichten. Sie werden durch die funktionale Abstraktion darauf verpflichtet, allein das *Verhalten* der Dinge zu verfolgen und es lediglich als solches zu beschreiben. Wenn Galileo die Fallgesetze aufstellt, so *erklärt* er nicht, *weshalb* etwas in dieser Weise fällt, er beansprucht allein beschrieben zu haben, *wie* es fällt; und wenn Newton dafür die Kräfte einführt, dann ergeben auch sie keine Erklärung der ihnen zugeschriebenen Wirkung, sondern haben sie allein die tautologische Bedeutung, das zu sein, was eben jene Wirkung tut.

Dieser Verzicht der neuzeitlichen Wissenschaft auf jede ursächliche Erklärung dessen, was sie in Form von Gesetzen beschreibt, wurde oft hervorgehoben, und Galileo bereits hat sich offen und offensiv zu ihm bekannt. Bedingt durch die Form funktionaler Abstraktion, hat er zur Folge, dass das Ausgesparte, nämlich eine solche ursächliche Erklärung der Welt, zum eigenen Bereich abgespalten wird. Wenn auf der einen Seite alle Inhalte funktional, also nicht-inhaltlich behandelt werden und der inhaltlichen Erklärung damit grundsätzlich *entbehren*, so fragt sich auf der anderen Seite, worin diese Erklärung *allgemein* und *grundsätzlich*, nicht mehr im wissenschaftlich behandelten Einzelfall, bestehen könnte. Es ist die Frage der neuzeitlichen Philosophie.

Parallel also zu den Naturwissenschaften und *gemeinsam* mit ihnen wird Philosophie zum Anwendungsgebiet des neuzeitlich veränderten Denkens. Ihr Gründungsdokument, Descartes' *Discours de la méthode*, firmiert bei seinem ersten Erscheinen nicht umsonst als Einleitungskapitel zu drei Abhandlungen, die wir heute keinesfalls mehr zur Philosophie rechnen würden: zur Optik, Meteorologie und analytischen Geometrie. Naturwissenschaft, Mathematik und Philosophie erscheinen im selben Band, vom selben Mann entwickelt und von ihm noch als zusammenhängend gedacht, als angewiesen das eine auf das andere. Ursprünglich treten Naturwissenschaften und neue Philosophie auch damals nicht gegeneinander an, sondern noch immer miteinander auf. Die Philosophie setzt sich nicht in Gegensatz zu den Wissenschaften, sondern umschreibt *ihren* neuen Gehalt *komplementär* zu dem, welchen die Wissenschaften annehmen. Was aber ist dieser Gehalt?

Eine bekannte Antwort des Philosophen und Mathematikers Alfred N. Whitehead lautet, alle jüngere Philosophie bestehe aus nichts als Fußnoten zu Platon. Eine gründlich verkehrte Auskunft. Die Grundlagen dessen, was die neuzeitliche Philosophie bedenkt, finden sich nicht bei Platon, und zu ihnen findet sich bei Platon noch nicht einmal irgendetwas Vorläufiges. Wie die Naturwissenschaft stellt auch die neue Philosophie ihre Fragen in einer vorher nicht gekannten und vorher *nicht möglichen* Form, von der Platon nichts vorweggenommen hat und nichts hat vorwegnehmen *können*. Derselbe tiefe Graben, den wir bereits mehrfach ausgemessen haben, trennt auch die Neuzeit der Philosophie von aller früheren Vergangenheit.

Solange Geld noch selbst Ware war, unter allen anderen zwar ausgezeichnet als die *allgemeine* Ware, aber doch wie alle anderen nur wertvoll gedachtes, mit Wert behaftetes Ding, so lange hatten die Menschen am Tausch nur diese Synthesis zu leisten: Synthesis aller *unterschiedlichen* Dinge als der Träger jeweils *gleichen Werts*. Es ist die Synthesis des Mannigfaltigen zu einer *Einheit* alles Mannigfaltigen. Auf diesem historischen Stand – dem Stand der griechischen Philosophie – war es das Werk der Philosophen, Antworten auf die Frage zu suchen: *Wie lässt sich die Welt erklären, wenn wir unwillkürlich – ohne zu wissen wodurch – gezwungen sind, alles Mannigfaltige zuletzt in einer einzigen Einheit zu denken?* Man konnte wie die Vorsokratiker eines der vier Elemente für diese Einheit halten, aus der letztlich alles bestehen soll, oder wie Platon die Einheit der Ideen – und manches andere mehr. Und es wird zum charakteristischen Problem, wie von dieser *Einheit* zum Mannigfaltigen, zur *Vielheit* zu gelangen sei; also bei Platon etwa von der Einheit zur unbestimmten Zwei.

Wenn aber Geld übergeht in den historischen Stand absoluten Werts, so lautet die Frage der Philosophie anders, nämlich: *Wie lässt sich die Welt erklären, wenn wir unwillkürlich – ohne zu wissen wodurch – gezwungen sind, alles zuletzt in der ausschließenden Form reiner Einheit und rein bezogener Einheit zu denken?* Das ist eine so sehr veränderte Frage gegenüber der älteren, wie eben funktionales und materiales Denken, nicht-inhaltliches und inhaltliches Denken voneinander geschieden sind. Aber: Die ältere Frage lässt sich in der Form der neueren *darstellen*; wie alles Inhaltliche lässt auch sie sich funktional deuten, nämlich *umdeuten*. Wer dies tut, der mag dann nachträglich auch des Glaubens sein, schon Platon hätte in derselben Form gefragt wie die neuere Philosophie. Dem muss entgehen, dass sich ihr ein charakteristisch und grundsätzlich *verändertes* Problem ergeben hat: der Übergang von der *Eins* zur *Null*.

MYSTIK

Wie lässt sich die Welt erklären, wenn wir unwillkürlich – ohne zu wissen wodurch – gezwungen sind, das Bestehen von Funktion und Inhalt anzusetzen? Die Philosophie der Neuzeit auf eine einzige solche Frage herunterzubringen, muss dreist erscheinen oder wiederum nur dumm. Es läge also nahe, mich rasch durch die Bemerkung zu salvieren, die Frage sei nur überspitzt formuliert, würde die Sache stark verkürzen und selbstverständlich müsse man im Einzelnen alles sehr viel differenzierter anschauen – und so weiter. Zu dieser Art Salvation besteht jedoch kein Anlass. Die neuzeitliche Philosophie ist zwar eine solche endlos-unendliche Differenzierung – aber doch: Differenzierung eben dieser Frage. Mit ihr wird die Philosophie nicht verkürzt wiedergegeben, sondern präzise gibt sie an, worauf sich dieser Philosophie die Welt verkürzt.

Sie gibt es *erschreckend* präzise an. In erschreckender Genauigkeit nämlich macht sich die Philosophie zum Ausleger von nichts als der funktionalen Denkform. Und damit von etwas, *wovon sie nichts weiß*. Dieses Nicht-Wissen liegt ja im Kern jener Frage: in dem *unwillkürlichen Zwang*, nach der Form von Funktion und Variablen zu denken. Diesem Zwang, von dem wir nichts wissen, eben *weil* er Zwang und unwillkürlich ist, folgt die Philosophie mit aller Schärfe ihres Denkens, reflektiert gar auf ihn als die zwingende Notwendigkeit, die er ist, reflektiert ihn als Denknotwendigkeit, erkennt und feiert ihn als ihr Apriori, als etwas Letztes, hinter das nicht mehr weiter zurückzugelangen sei; und – tatsächlich – sie gelangt nicht hinter ihn zurück. Sie erkennt ihn nicht als den bedingten Denkreflex und erkennt also noch weniger, wodurch er bedingt *wird*; und weiß deshalb nicht, wodurch *sie* da gezwungen wird.

Philosophen wissen so wenig wie jeder andere von jenem Reflex, sie so gut wie jeder andere unterliegen ihm, sie so zuverlässig wie alle anderen halten das, was er ihnen vorgibt, für natürlich und, weil zwingend, deshalb für wahr. Nur dass die Philosophen mit ihm noch die letzten Urgründe der Welt auszuformen streben und ihr anspruchsvolles, hochstrebendes

Werk also auf eben das *gründen*, wovon sie da nichts wissen: auf einen blinden, unerhellten Reflex.

Kann das sein? *Darf* man bewunderungswürdigen Geistern wie Descartes, wie Leibniz, wie Kant, Fichte oder Hegel, *darf* man ihnen dergleichen unterstellen? Muss vor ihrem großen Geist etwas so weit Nachgeordnetes wie ein Denkreflex nicht augenblicklich bedeutungslos verdampfen? Muss sich ihre bewusste Denkanstrengung diesem bloß Unwillkürlichen nicht allenthalben weit, weit überlegen zeigen?

Ein blinder, unerhellter Reflex – nichts scheint sich mit der Klarheit der Philosophie weniger zu vertragen. Abhängigkeit von der Geldlogik – nichts scheint der hehren oder gescholtenen Weltfremdheit der Philosophie gröber zu widersprechen. Fehlende Einsicht in die eigenen Grundlagen – kein böserer Vorwurf scheint sich gegen ihre angestrengte Selbstreflexion finden zu lassen. Es zu behaupten, heißt der Philosophie zuletzt dieselbe Verblendung gegen sich selbst zu attestieren wie dem dumpffesten Wahn. Es macht all diese Philosophie zur *Mystik*: in welcher der Sprechende nicht weiß, woher ihm sein Wissen kommt, und nach Worten ringt für eine Einsicht, deren Urgründe er immer nicht zu erreichen vermag.

Und tatsächlich, die Gleichung zwischen Mystik und neuzeitlicher Philosophie lässt sich unmittelbar weisen. Nicht mit der Systemphilosophie werde ich deshalb beginnen, die man als erstes und vor allem mit der Neuzeit verbindet, sondern mit deren unsystematischem Gegenstück. Schon Hegel hat in den Vorlesungen zur Philosophiegeschichte seine Darstellung der Neuzeit mit einem Abschnitt über zwei höchst gegensätzliche Denker eingeleitet, über zwei, wie er schreibt, »vollkommen disparate Inidividuen und Philosophien«: Francis Bacon und Jakob Böhme.[205]

Ein allerdings disparates Paar. Hier der Politiker in den höchsten Ämtern des weltläufigen Englands, dort der Schuster im engsten Umkreis von Görlitz; hier der Propagator eines gesellschaftsweiten Programms, dort der Verkünder seiner Innenschau; hier der planende Entwerfer wissenschaftlicher Methode und »Heerführer der Erfahrungsphilosophen«, wie Hegel ihn nennt, dort der »Barbar« ohne »Methode und Ordnung«,[206] der phantasierende Mystiker. Beide treten sie zwar im Bewusstsein eines Neubeginns auf, Francis Bacon mit seinem *Novum Organum*, Jakob Böhme mit seiner ersten Schrift *Aurora* oder *Die Morgenröte im Aufgang*; doch jener, um Natur mit seinem »neuen Werkzeug« verlässlich und nutzbringend zu erforschen, und dieser, um eine fertig offenbarte Weltordnung auszusprechen. Wie sehr aber der eine auch das gegensätzliche Extrem zum anderen ist, etwas haben sie außer ihrer Zeitgenossenschaft sehr wohl gemeinsam: Sie wissen *beide* nicht, woraus sie ihr neues Wissen und Denken ziehen. Bacon weiß nicht anzugeben, wie er darauf kommt, die Welt genau nur in *processus* und *schematismus* aufzuspalten, und ebensowenig weiß der Mystiker Böhme, woher ihm seine neuen Vorstellungen zufallen. Doch auch hier liegt noch ein Unterschied: Von Bacon könnte man einen solchen Aufschluss immerhin erwarten, könnte man erwarten, dass er *versucht*, seine Begriffe herzuleiten; bei Böhme wäre eine solche Erwartung hoffnungslos und von Anfang an verfehlt. Denn –

– und das ist ein Punkt, in dem alle übereinstimmen – es gibt nichts Diffuseres, Konfuseres, Unförmigeres und Formloseres als die Werke von Jakob Böhme. Niemand, außer Paracelsus, hat jemals mit einer geringeren Sorge um Klarheit geschrieben, niemand hat seiner Terminologie jemals weniger Aufmerksamkeit geschenkt, niemand hat sich weniger darum bemüht, seinen Behauptungen und Erklärungen einen klaren, deutlichen und genauen Sinn zu geben. Niemand, um es kurz zu sagen, war weniger fähig, vernünftig zu denken, hatte eine geringere Vorstellung davon, was ein Plan, eine Gliederung, eine logische Ordnung ist.[207]

So spricht jemand, der Böhme nicht etwa feindlich gesonnen war, sondern der ihn hochschätzt und ihm eine umfangreiche und achtungsvolle Studie gewidmet hat – wiederum Alexandre Koyré.

Nun aber mag man für einen Moment rätseln: In wessen Denken, des Lordkanzlers Sir Francis Bacon oder des Schuhmachermeisters Jakob Böhme, wird sich die geldbestimmte Abstraktion eher niedergeschlagen haben? Wo wird sie eher hervortreten, beim welterfahren klaren Denker oder beim wirren Medium seiner Eingebungen? Bedarf sie, um sichtbare Wirkung zu tun, eher des um Klarheit bemühten Denkens oder im Gegenteil eines Denkens »aus dem Bauch heraus«?

Man wird sehen: Ihre Wirkung ist hier wie dort *dieselbe* Mystik. Die des Francis Bacon kennen wir bereits: die Welt aus *processus* und *schematismus*. Die des Jakob Böhme lautet entsprechend: die Welt aus *0* und *1*.

In den *Theosophischen Fragen* aus dem Jahr 1624 – die frühe *Aurora* erscheint bereits 1612, *Von den drei Principien Göttlichen Wissens* folgt 1619, alle anderen Werke entstehen in den zwanziger Jahren – spricht er es in aller wünschenswerten Deutlichkeit aus. Wenn es bei Bacon heißt, in der Natur existiere nichts außer den reinen Körpern und ihren gesetzmäßigen Akten, so bei Böhme:

Der Leser soll wissen, dass in Ja und Nein alle Dinge bestehen, es sei göttlich, teuflisch, irdisch, oder was genannt mag werden.

Und können doch nicht sagen, dass das Ja vom Nein abgesondert und zwei Ding nebeneinander sind, sondern sie sind nur ein Ding, scheiden sich aber selber in zwei Anfänge und machen zwei Centra, da ein jedes in sich selber wirket und will.[208]

Das *Ja* und *Nein* als *Einheit*, das nur *eine* »Ding«, welches sie untrennbar sein sollen und in dem sie dennoch als seine zwei Seiten, als zwei »Centra« voneinander geschieden und einander entgegengesetzt werden: Dies ist das *reine Verhältnis*, das asymmetrische Ausschließungsverhältnis, so genau, wie man es nur benennen kann. In dieser Weise werden *Ja* und *Nein* hier *zum historisch ersten Mal* bestimmt – und sollen sie der gesamten Welt zugrundeliegen, sie begründen und sie erzeugen. Jakob Böhme spricht, als wäre er Francis Bacon:

Außer diesen beiden, welche doch in stetem Streite stehen, wären alle Dinge ein Nichts und stünden still ohne Bewegnis.

Nichts solle bestehen »außer diesen beiden«; *durch* sie aber sollen bestehen: dort die Dinge und hier die Bewegung, der *processus* hier und da die sonst starren Körper. Was diesen an Inhaltlichkeit und qualitativen Bestimmungen fehlt, soll und muss ihnen durch ihr Gegenstück zukommen, durch die Bewegung als solche, den *processus*. So bei Bacon und so auch bei Böhme: »Qualität ist die Beweglichkeit, Quallen oder Treiben eines Dinges« – das »Quallen«, einer von Böhmes frei gewählten Termini, meint dabei sowohl die »Qual« der *Negation* als auch das »Quellen« des *Hervorbringens*, deutet also das *Negations*verhältnis so explizit wie nur möglich als dasjenige, was die qualitativen Bestimmungen *schaffe*. Für die reine Bewegung, für das »Quallen oder Treiben eines Dinges« findet Böhme das folgende Beispiel: »als da ist die *Hitze*, die brennet, verzehret und treibet alles, das in sie kommt, das nicht ihrer Eigenschaft ist.«[209] Das Beispiel, welches Bacon für die Bewegung als solche findet, ist dasselbe: die Wärme.

Bei Bacon jedoch hat es an dieser Stelle ein Ende. Weder vermag er über *processus* und *schematismus* genauer zu werden, noch vermöchte er ein weiteres Beispiel reiner Bewegung auszumachen. Außer dass er seine Voraussetzungen *macht* – ohne zu wissen, was ihn dazu zwingt –, außer dass er eben die einzig »wahrhafte« Existenz von *processus* und *schematismus* behauptet, vermag er sie in der Natur, von welcher er sie behauptet, nirgends *auszumachen*; denn tatsächlich, dort finden sie sich ja nicht vor. Um die Natur trotzdem auf ihre Form zu *bringen*, bedarf es der Mathematik, und zwar einer selbst funktional gewordenen Mathematik, über die zwar Galileo, nicht jedoch Bacon verfügte. Also vermochte dieser das Vorausgesetzte, die beiden funktionalen Einheiten, nicht selbst, wie er es forderte, zur Beobachtung und Beherrschung der Natur *anzuwenden*. Also musste er sich auch versagen, *processus* und *schematismus* für sich genommen weiter auszukonstruieren.

Anders der Mystiker. Er kann die Voraussetzungen, die sich ihm aufdrängen, gar nicht grundsätzlich genug *als solche* durchdenken. Was für Bacon das *Verborgene* ist und bleibt, eben das versucht der Mystiker zu offenbaren, und zwar gerade von einem gedachten, allein durch mystische Eingebung zu erhellenden *Anfang* her. Er versucht, die Welt so *prinzipiell* wie möglich auf ihre – also notwendig: *seine* – Voraussetzungen zu bringen. Bei Böhme sind es drei:

Die Quahl der Finsterniss ist das erste Principium und die Kraft *des Lichtes ist das ander Principium, und die Ausgeburt aus der Finsterniss durch Lichtes* Kraft *ist das dritte Principium.*[210]

Diese drei Prinzipien verbindet Böhme noch hingebungsvoll mit der Dreifaltigkeit des christlichen Glaubens, doch aus ihr können sie sich ihm nicht ergeben haben. Er muss sie aufstellen und *voraussetzen*, um die Dreifaltigkeit *nach* ihnen zu deuten, nicht umgekehrt. Und auch sie nun gehorchen der Form funktionaler Synthesis.

Finsternis und *Licht* wären zunächst zwar einfache Gegensätze, jedes für sich und beide also noch *inhaltlich* bestimmt. Das dritte Prinzip jedoch ist gedacht als die *Verbindung* beider, in der sie *beide* vorkommen und damit *notwendig* – eben: prinzipiell – aufeinander bezogen sind. Das eine ist nicht ohne das andere: »und ist auch kein abtrennlich Wesen«, beide *sind* nicht außerhalb ihrer Verbindung. Damit aber tragen sie ihre Bestimmungen nicht mehr in sich, sondern *ausschließlich* in dieser Verbindung, in ihrem Verhältnis gegeneinander: »Nur ein Principium scheidet das, dass eines im andern als ein Nichts ist, *und ist doch*«.[211] Sie *sind* nur dieses, also das *reine* Verhältnis von *0* und *1*, und sind *für sich genommen* also *nichts* – auch nicht Finsternis oder Licht.

So finden wir nun, dass die drey von Ewigkeit ein unanfänglich u. unauflöslich Band sind, als Sehnen, Wollen und Begehren: und gebieret eines das ander; und so eines nicht wäre, so wäre das ander auch nicht, davon Niemand weiss was das ist. Denn es ist in sich selber nichts als ein Geist, der ist in sich selber in Finsterniss und da es doch nicht Finsterniss ist; sondern ein Nichts, weder Finsterniss noch Licht.[212]

Denn es hat weder den Inhalt des einen noch den des anderen, sondern die reine Bedeutung ihres *Widerspruchs*; ist nicht bestehendes *Etwas*, sondern das reine Ausschließungsverhältnis und *insofern* Nichts. »Finsterniss« und »Kraft des Lichts« stehen einander nicht wie Nichts und Etwas gegenüber, sondern sind beide die prinzipielle *Einheit* von Nichts und Etwas: »ein Nichts, das Eins ist«.[213]

Es bedarf der bewundernswerten Kühnheit des Mystikers, dieses Unding ungemildert in all seiner Unvorstellbarkeit auszusprechen: die Denkform reiner Einheit – und das heißt ja: absoluten Werts. *Er* ist in aller Wirklichkeit jenes geisterhafte Nichts und dennoch zugleich Eines, er ist es allein im Bezug auf das von ihm rein Ausgeschlossene und Negierte, den Warenwert, der seinerseits nur er selbst, nämlich Wert und jene Negation ist, im Bezug auf dies erste geisterhafte Nichts. *Beide* sind insofern Nichts, zugleich aber gelangen beide, Geldwert und Warenwert, indem Geld über den Warenwert auf die Waren selbst bezogen wird, zu *Inhalt*. Diese beiden »Nichtse«, die für sich genommen allein das reine 0/1-Verhältnis formen, kommen so dennoch zu *Etwas*. Und das heißt, sie kommen, auf Grund der inhaltlichen Nicht-Begrenztheit der Warenwelt, zu unbestimmt *jedem* Etwas, zu *Allem*; sie also sind: »Nichts und doch Alles.«[214]

Und nun lausche man dem Mystiker, wie er unbeirrt all dies umschreibt: reine Einheit; reines Beziehen, das von ihr ausgeht und das sie zugleich ist; und wie schließlich beides ineins zu Etwas gelangt, also dazu führt, dass es etwas *gibt*.

Der Ungrund ist ein ewig Nichts und machet aber einen ewigen Anfang, als eine Sucht. Dan das Nichts ist eine Sucht nach dem Etwas. Und da auch nichts ist, das Etwas gebe; sondern die Sucht ist selber das Geben dessen, das doch auch nichts ist als bloss eine begehrende Sucht. [...] Sie machet aus Nichts Etwas, und das nur in sich selber, und da doch dieselbe Sucht auch ein Nichts ist, als nur bloss ein Wille; er hat nichts und ist auch nichts.[215]

Man bewundere die kühne Folgerichtigkeit, mit der Böhme das *Nichts* zum *Anfang* alles anderen macht und nicht etwa mit einem allumfassenden *Etwas* als Urgrund beginnt, dem er dann erst die Verneinung entgegensetzen würde. Nein, dem Ausschließungsverhältnis entsprechend bestimmt er die reine Einheit als *Negation* und *beginnt* er deshalb mit ihr. »*Un*grund« – das musste ihm Ärger mit der Christenheit eintragen –, mit diesem glücklich gefundenen Namen bedenkt Böhme jenen so gedachten Ursprung und Grund seiner selbst und alles anderen, mit diesem Namen bedenkt er folglich das Absolute und also Gott:

Gott ist Nichts, gegen die Creatur zu rechnen und ist der Ungrund und Alles – Er ist das Eine gegen die Creatur als ein Ewig Nichts; er hat weder Grund, noch Anfang, noch Stäte, und besitzet nichts als nur sich selber – das unmessliche einige Gut das nichts hinter noch vor sich hat, das ihme möge etwas geben oder eintragen, oder das ihn möge bewegen; ohne alle Neiglichkeiten und Eigenschaften, welches ohne Ursprung der Zeit in sich selber nur eines ist als eine eitel Lauterkeit, ohne Berührung, welches nirgend keinen Ort noch Stelle hat, noch bedarf zu seiner Wohnung.[216]

»Creatur« ist all jenes dinglich Bestehende, »*gegen*« das Gott als Nichts und Geldwert »zu rechnen« steht. Sie ist jene inhaltliche Welt, der er im Ausschließungsverhältnis gegenübertritt als dieses Nichts: ohne alle Eigenschaften, nicht-inhaltlich, ohne Berührung mit ihr, ohne Ort und Zeit, also absolut.

So genau wird Jakob Böhme, wenn er da der Geldabstraktion entsprechend überlegt, wie jene seltsame reine Einheit, die sie ihm vorgibt, zu denken sei. So genau trifft er sie, ohne doch übers Geld nachzudenken. Nicht umsonst steht zwar das Geld im Mittelpunkt zweier früher Erweckungserlebnisse, die von ihm überliefert sind: Einmal hat er in einer Höhle die Vision einer Bütte voll Gold, die er angstvoll flieht, das andere Mal verlangt er in Abwesenheit seines Meisters einen überhöhten Preis von einem Käufer, der klaglos zahlt, der Böhme jedoch anschließend aus dem Laden ruft und ihm die große Zukunft als Mystiker prophezeit. Trotzdem: Es gibt keine *Reflexion* Böhmes *auf* das Geld. Und dennoch wird für lange Zeit niemand genauere Rechenschaft von den abstrakten Verhältnissen geben, die das Geld schafft, als er, dieser sonst so ungeordnet wild in seinen Gedanken und Worten umherschweifende Mystiker, und zwar gerade indem er ungehindert auch den seltsamsten Konsequenzen jener Denkform nachgibt, die sich ihm nun aufzwingt.

Böhme war es denn auch vorbehalten, den beiden Seiten des funktionalen Verhältnisses authentische Namen zu finden, sie zu prägen, *neue* Namen, die besser als *Ja* und *Nein*, als 0/1 oder »Nichts« und »Etwas« von der im reinen Verhältnis *notwendigen* Bezogenheit beider einander rein nur negierenden Seiten zeugen. Ein Etwas als reine Negation seiner Negation, des Nichts, und dies Nichts als Negation seiner reinen Negation, des Etwas, aber mit der Asymmetrie, dass dies Etwas rein für sich bestehende und jenes Nichts rein nur bezogene Einheit ist – Böhme vermag es, er formt für sie die Sprache neu und findet ihnen die Namen:

Nichts und *Ichts*

Der Mystiker, nur er verfügt über die kraftvolle Freiheit, der Sprache unmittelbar den neuen Ausdruck abzugewinnen für etwas, das sie bisher noch nicht auszudrücken hatte – weil es noch nicht bestand.

SUBJEKT-OBJEKT

Nichts-Ichts: Hegel hat Böhme herzlich um diese Freiheit der neuen Wortwahl beneidet und bedauerte sehr, »dass wir diesen und so manchen anderen treffenden Ausdruck nicht gebrauchen dürfen«.[217] Es ist in der Tat bedauerlich. Ein Gegenstand, der sich der Anschaulichkeit so grundsätzlich entzieht, dass die Sprache ebenso grundsätzlich davor scheint kapitulieren zu müssen, unfähig, es in einen Namen zu fassen anstatt es nur diskursiv zu umschreiben, Böhme hat für sie den Namen bereits in der gleichsam ersten Stunde ihres geschichtlichen Auftretens gefunden. Aber eine offenbar undurchdringliche Sprachkonvention, die zwar mystische Wortschöpfungen wie das »Gewissen« oder die »Wesenheit« passieren ließ, hat Böhmes radikaleren Funden von Anfang an die Aufnahme verweigert, so dass auch der sprachlich nicht eben zimperliche Hegel sie später nicht hat »gebrauchen dürfen«. Dennoch: Böhme hat diesen Namen gefunden, er hat wirklich nach der funktionalen Abstraktionsform der Geld-Synthesis gedacht; und er hat sie, wie Bacon, zur Grundlage der Welt, ja, zur Welt selbst, zur *wahrhaften* Welt erhoben.

Dies tut die neuzeitliche Philosophie insgesamt. Ihren Beginn aber verbindet man nicht so sehr mit Francis Bacon oder Jakob Böhme, nicht mit dem Anwalt der Wissenschaft oder dem Deuter Gottes, sondern mit Descartes. Und zwar genauer mit etwas, das beide ebenso wie Descartes, was er jedoch sehr viel deutlicher formuliert hat: mit der *Aufspaltung der Welt nach Subjekt und Objekt*.

Sie ist es, wodurch sich die westliche Philosophie seitdem sichtbar abtrennt von allem, was vorher philosophisch gedacht wurde. Jedem früheren Denken ist sie fremd, doch keine Philosophie kann sich ihr später mehr entziehen. So unüberwindlich gibt sich diese Trennung dem Denken der europäischen Neuzeit vor, so anerkannt ist ihre objektive Geltung bis heute, dass es inzwischen gar üblich wurde, ihr Aufkommen zu *beklagen*, die Neuzeit dafür *anzuklagen*, dass sie dergleichen aufgebracht hat: So wenig gibt es daraus offenbar ein Zurück. An der Subjekt-Objekt-Spaltung und daran, sie zu schließen, arbeitet sich alle Philosophie der Neuzeit ab, sie erkennt diese Trennung mitsamt der Form der so getrennten zwei Seiten als gegeben an, auch wo sie die heftigste Kritik an ihr übt oder im Gegenzug die notwendige *Einheit* von Subjekt und Objekt beschwört. Während Descartes lange Zeit dafür *gerühmt* worden war, mit der Subjekt-Objekt-Spaltung die neuzeitliche Philosophie inauguriert, ja ein erstes Mal Philosophie in ihrem eigentlichen Sinn betrieben zu haben – ein Sinn, der für diese nachträglichen Beurteiler natürlich kein anderer ist als der genannte *neuzeitliche* Sinn von Philosophie –, wird ihm mittlerweile durch eine nicht eben tief greifende Kulturkritik *vorgeworfen*, er hätte die Subjekt-Objekt-Spaltung in die Welt gebracht. Als wäre sie dem Denken nur deshalb vorgegeben, weil Descartes mit ihr den Anfang machte, wird ihm angelastet, ihr Urheber zu sein. Ginge es aber wirklich um nichts weiter, als Descartes in einer Idee, die er aufgebracht hat, zu folgen oder eben nicht, so wäre ihm nichts vorzuwerfen. Man müsste einfach nur aufhören, nach der Trennung von Subjekt und Objekt zu denken, und es gäbe sie nicht länger.

Doch es gibt sie, unhintergehbar, und eben dafür, dass sie sich nicht mehr abschütteln lässt, sucht man nun den Schuldigen. Unabhängig davon, ob sich Philosophen dezidiert zu ihr bekennen oder sie leugnen, ist sie dem Denken nunmehr vorgegeben. Ob einer in dieser Form einer Trennung denkt, die es vor Descartes' Zeiten nicht gegeben hatte, hängt nicht davon ab, ob sie ihm sympathisch ist oder umgekehrt für den Sündenfall der Neuzeit gilt. Es hängt soweit auch nicht mehr ab von der Frage, ob es *wahr* sei, Subjekt und Objekt getrennt zu denken. Die Frage nach der Wahrheit selbst unterliegt seitdem einer Form, in der die Trennung bereits vorausgesetzt ist: Diese wurde zur Voraussetzung jeder Frage nach wahr und falsch, die sogenannte Wahrheitsfrage hat den neuzeitlichen Begriff von Subjekt und Objekt und eben damit notwendig deren Spaltung zu ihrer allerersten

Grundlage. So wurde diese Spaltung zum Urgrund aller neuzeitlichen Philosophie.

Und nun, wie leicht vorauszusehen, stehe ich nicht an zu behaupten, dass auch sie, auf die alle neuzeitliche Philosophie gründet, dass auch die Subjekt-Objekt-Spaltung jener Denkform entspringt, nach der zu denken um den Beginn des 17. Jahrhunderts zum Reflex wird.

Und wie jedesmal muss sich auch hier der unvermeidliche Einwand erheben, Subjekt und Objekt, die gäbe es doch nicht erst in der Neuzeit, sondern selbstverständlich schon immer, seit Menschengedenken. Denn: Es *gibt* doch Subjekte und *gibt* doch Objekte, ganz egal, zu welchen Zeiten und an welchem Ort. Jeder Mensch, womöglich jedes Lebewesen sei doch Subjekt, und wo jemand Subjekt ist, da sei folglich alles um ihn herum auch Objekt. Was ist dazu zu sagen? Natürlich hat es, seit es Menschen gibt, Menschen gegeben – oder Lebewesen, seit es Lebewesen gibt; aber sie wurden nicht *als Subjekte* gedacht. Und ebenso gibt es Dinge, seit es sie nun einmal gibt; aber deshalb waren sie nicht von Anfang an *Objekte*. Nicht nur, dass die *Begriffe* »Subjekt« und »Objekt« bis zur Neuzeit etwas durchaus *Anderes* bedeutet haben als das, was sie nun selbstverständlicherweise *für uns* bedeuten: *Subiectum* hieß für lange Zeit nur der äußere Gegenstand als solcher, auf den sich das Denken richtet, und *obiectum* der gleiche Gegenstand als Vorstellung innerhalb des Denkens. Nach *neuzeitlicher* Vorstellung läge das alte *subiectum* also gerade im Bereich unserer Objekte, und das *obiectum* im Bereich unseres Subjekts. Ihre neuzeitliche Bedeutung bekommen beide Begriffe erst in dem Moment, da die Welt insgesamt in sie aufgespalten wird, beiden liegt in unserer Vorstellung das ausschließende *Verhältnis* von Subjekt und Objekt und damit ihrer beider Trennung zugrunde. Und die sagt mehr, als dass es Menschen und Dinge gibt.

Nun könnte ich es mir damit recht einfach machen. Dass das Denken bei Descartes eine Wendung vom Substanz- zum Funktionsbegriff nimmt, dass er nämlich die *res cogitans* noch als *res* und damit als *Substanz* bezeichnet, jedoch als *Funktion* denkt und behandelt, ist nicht erst meine Entdeckung und Behauptung, sondern wohlbekannt in der Philosophiegeschichte. Die Form der Funktion aber habe ich bereits aus der Synthesis am Geld hergeleitet, und also wäre mit einem Schlag bewiesen, dass auch das *philosophische* Denken der Neuzeit von jenem Reflex bestimmt ist, der so fern aller Reflexion und Bewusstheit ist wie das Tippen mit dem Fuß zum Takt eines Schlagers.

Diese Vorstellung aber widerspricht dem Verständnis und Selbstverständnis jeder Philosophie auf eine so brutale Weise, dass ich es dabei nicht bewenden lassen kann. Empfindlicher noch als die Naturwissenschaften, denen es zuletzt gleichgültig sein kann, woher die Denkform stammt, mit der sie zu ihren Ergebnissen gelangen, muss es die Philosophie im Innersten treffen, dass ihr diese Denkform blind reflexhaft vorgegeben sei. Denn während sich die Naturwissenschaften mit dem befassen, was als *Objekt* des Denkens gilt, befasst sich die Philosophie der Neuzeit gerade vornehmlich mit dem Gegenstück, das sie das *Subjekt* nennt: mit diesem *Denken selbst* – also dem, worin jener Reflex wirkt. Die neuzeitliche Philosophie beginnt ihr Interesse gezielt gerade auf die Denkformen zu richten, mit ihr setzt ein, was später Erkenntnistheorie genannt wird, mit ihr entwickelt sich Philosophie in einem prägnanten Sinn insgesamt zu einer Theorie der Erkenntnis: Sie fragt der *Erkenntnisfunktion* nach, und wie diese zu ihren Gegenständen gelange – das heißt: wie Subjekt und Objekte zusammenkämen. Die funktionale Denkform, deren Auftreten ich für den historischen Umschlag zur neuzeitlichen Philosophie verantwortlich mache, wäre demnach nicht allein *Mittel* der neueren philosophischen Erkenntnis, sondern zugleich ihr vornehmster *Gegenstand*.

Auch das werde ich zu zeigen haben. Doch ein ausführlicherer Nachweis ist auch aus anderen Gründen vonnöten. Denn weder mag der bloße *Begriff* der »Funktion« schon für eindeutig genug gelten, um ihn allein das Gewicht meiner Behauptung tragen zu lassen; dafür wird er zu allgemein und in zu vielen unscharfen Varianten gebraucht. Noch hat das Wissen, dass die Subjekt-Objekt-Spaltung zum erstenmal bei Descartes formuliert ist, die Philosophen vor der üblichen Retrojektion bewahrt. Auch sie haben ihr funktionales Denken allenthalben wieder auf die ältesten Zeiten übertragen, so als würde es der Welt allgemein-ewiger Wahrheit zugehören und eben nicht strikt erst der

Neuzeit. Folglich hätte ich trotz der weitverbreiteten Erkenntnis, dass mit Descartes etwas Neues einsetzt und dass dies mit dem Funktionsbegriff zumindest in Zusammenhang steht, damit zu rechnen, dass dieselbe Erkenntnis geleugnet würde, sobald ich auf sie pochen wollte. Also poche ich nicht auf sie, sondern führe den Nachweis noch einmal selbst.

DESCARTES' *REGULAE*, DESCARTES' *DISCOURS*

Das Neue im philosophischen Denken ist bei Descartes noch durchsetzt von jenem Älteren, dem er gleichwohl das Ende zu bereiten beginnt. In seinem Gottesbeweis argumentiert er mit verschiedenen Graden von Realität, noch gibt es bei ihm eine Hierarchie von Substanz, Akzidenz und Modus, und eine ganze Reihe seiner Termini – was nicht anders sein kann – sind eben dem Substanzdenken verpflichtet, von welchem er sich lösen wird. Descartes' Übernahmen aus der älteren Philosophie reichen in Einzelheiten so weit, dass man inzwischen auch bestritten hat, es würde sich *irgendetwas* Neues bei ihm finden, und vieles von dem, was an Descartes' Schriften später widerlegt wurde – denn nicht seine gesamte Philosophie, sondern das Denken nach der Subjekt-Objekt-Spaltung setzt sich undurchbrochen fort bis heute –, verdankt sich tatsächlich dem unverträglichen Neben- und Ineinander von neu und alt.

Dennoch setzt bei Descartes das Neue, das Neuzeitliche der Philosophie klar bestimmbar ein. Da gibt es einmal nichts zu rätseln: Er selbst ist sich dessen sehr genau bewusst geworden, und der Moment, da dies geschieht, setzt in seiner Arbeit eine deutliche Zäsur. Descartes erkennt mit einem Mal, dass sich ihm etwas außerordentlich Neues ergeben hat, etwas, wodurch sich alles, was er noch bis zu diesem Moment gedacht und niedergeschrieben hatte, grundsätzlich verändert zeigt. Im Jahr 1628, zu Beginn seines Aufenthalts in Holland, arbeitet er an der Niederschrift der *Regulae ad directionem ingenii*, »Regeln zur Leitung des Geistes«. Der Gesamtplan des Werkes ist aufgestellt und zu weiten Teilen bereits ausgeführt, als Descartes die Arbeit daran plötzlich abbricht. Denn wie er später bemerkt, haben sich ihm

»Meinungen« ergeben, die »ganz außerordentlich von denjenigen abweichen, die ich früher über dieselben Gegenstände hatte.«[218] Er lässt die *Regulae* liegen und macht sich daran, dieses Neue vorläufig in einem kleinen *Traité de Métaphysique* zu skizzieren, veröffentlicht ihn allerdings nicht, und die Abhandlung geht verloren. Noch bangt Descartes vor dem Neuen. Auf Drängen seines Verlegers erst wiederholt er die Niederschrift – erneut nur sehr knapp – in seinem berühmten *Discours de la Méthode pour bien conduire sa raison*, der 1637 den Band mit *Optik*, *Meteorologie* und *Geometrie* einleiten wird. Mit den vorsichtig zurückhaltenden Formulierungen des *Discours* ist Descartes bald abermals unzufrieden und er führt das Neue deshalb in einem weiteren und diesmal eigenständigen Werk aus, in den *Meditationes de prima philosophia*. Vor der Neuheit seiner »Meinungen« aber erfüllt ihn noch immer so tiefer Respekt, dass er zunächst die großen Gelehrten Europas um ihre Stellungnahmen bittet, dass er sammelt, was sie kommentieren und einwenden, und dies mitsamt den eigenen Erwiderungen wiederum darauf den *Meditationes* als Anhang mitgibt. Als sie im Jahr 1641 erscheinen, sind sie also die gültige Fassung des Neuen und dadurch – wie es heute zu Recht heißt – »*das* klassische Werk der Philosophie der Neuzeit«.[219] Zuletzt hat Descartes seine Gedanken kursorisch noch einmal den 1644 gedruckten *Principia philosophiae* vorangestellt, zur Einleitung in seine neue Physik.

Das Neue tritt also für Descartes selbst so klar und zwingend auf, dass er deshalb ältere Arbeiten aufgibt und ganz neu ansetzt. In einem Brief äußert er sich zwar recht bescheiden über den Grund, der ihn die *Regulae* abbrechen ließ: »Als ich nämlich daran arbeitete, erwarb ich ein wenig mehr Erkenntnis, als ich zu Beginn besaß, und da ich dieser entsprechen wollte, war ich gezwungen, einen neuen Plan zu machen«.[220] Wie *viel* ihm aber dies »ein wenig mehr Erkenntnis« war, das spricht er 1638 im Rückblick auf jenes Jahr 1628 aus, in welchem er seine Arbeit an den *Regulae* abgebrochen hatte: »Es ist erst zehn Jahre her, dass ich selbst nicht hätte glauben wollen, dass der menschliche Geist sich zu solchen Erkenntnissen erheben könnte, wenn jemand anders es geschrieben hätte.«[221]

Bis dahin war es unabsehbar gewesen. Es ist noch nicht in den *Regulae* enthalten, aber niedergelegt im *Discours* – ein besonderer Glücksfall: Das neue *und* das alte Denken liegen uns in einer Darstellung vor, die einer verfasst hat, zu dessen Lebzeiten, ja, unmittelbar in dessen Denken sich der historische Umschlag ins Neue vollzieht. Vollzogen hat er sich in der Spanne zwischen *Regulae* und *Discours* – was also trennt die beiden?

Die Titel deuten es bereits an. Da stehen sich also *Regulae ad directionem ingenii* und die *Méthode pour bien conduire sa raison* gegenüber. Nur auf den ersten Blick könnten sie ein und dasselbe Werk überschreiben: eine Anweisung, wie Vernunft oder wie Verstand – zu Descartes' Zeiten wird zwischen beiden noch nicht scharf unterschieden – richtig zu leiten seien. Aber es sind einmal »Regeln«, einmal die »Methode«. Die *Regeln* – das hat Koyré so treffend an der Grammatik beschrieben – bleiben im Bereich materialer Abstraktion. Descartes' *Regulae* sollen zwar für *alle* Gegenstände gelten, die einem unterkommen: »de iis omnibus quae occurrunt«,[222] sehen also von jedem *einzeln* bestimmten Inhalt der Gegenstände ab, und doch gelten sie eben diesem Inhalt, arbeiten sie an diesem Inhalt und sehen sie nicht von Inhalt überhaupt ab. Sie beschreiben Denkoperationen, die man zu vollziehen habe, aber sie trennen diese Operationen nirgends als solche von dem, woran sie vollzogen werden sollen. Nirgends kommt es in den *Regulae* zu einem Begriff der Operation oder des Vorgehens *als solchem*. Und das heißt hier: Es kommt in ihnen nicht zum Begriff der reinen *Methode*.

Nicht, dass die *Regulae* dieses Wort nicht kennen würden, nein, sie sagen ausdrücklich: »Methode ist notwendig für die Suche nach Wahrheit.«[223] Doch ist *methodus* hier nur ein anderes Wort für eben die Regeln, in denen die *Regulae* nun einmal bestehen: »Unter Methode aber verstehe ich sichere und einfache Regeln«, und die leisten allein die *Ordnung* und *Aufteilung* dessen, worauf man bei der Suche nach einer wahren Erkenntnis sein Augenmerk zu richten habe.[224] Die *Regulae* also *sind* Regeln und verlangen Methode *nach* diesen Regeln. Das ändert sich mit dem *Discours*: Er stellt Methode als die *eine* auf, nicht als Bestandteil von Regeln und nicht aus Regeln sich ergebend, sondern *vor* alle Regeln gesetzt.

Trotzdem muss zunächst auffallen, wie vieles sich zwischen den beiden Werken *nicht* verändert. Von den bekannten Motiven, an denen sich der *Discours* und damit insgesamt Descartes' spätere Metaphysik entwickelt, wird so gut wie jedes schon in den *Regulae* genannt. Da ist etwa die berühmte Verpflichtung auf eine klare und distinkte Erkenntnis von Ideen – schon die *Regulae* kennen sie. Sie lassen zwei *operationes intellectus* zu, Intuition und Deduktion, und die erstere soll sein, was beim späteren Descartes terminologisch auf das Erkennen *clare et distincte* festgelegt wird: »clare et evidenter intueri«.[225] Der Deduktion soll dann die Aufgabe zukommen, ausgehend von solchem klar und distinkt Erkannten in lückenloser Folge alles weitere abzuleiten – in den *Regulae* ebenso wie im *Discours*.

Dieser ist außerdem bekannt für das Motiv des Zweifels, den alle Erkenntnis zu überwinden habe; mit demselben Motiv setzen auch die *Regulae* ein. Ziel der Erkenntnis seien dort »wahre und verlässliche Urteile«, zu denen *Regula II* ausführt: »Wir weisen alle bloß wahrscheinlichen Gedanken zurück und legen fest, dass nur dem, was vollständig erkannt ist und worüber nicht gezweifelt werden kann, Glauben zu schenken ist«.[226] Alle bloß wahrscheinlichen Gedanken zurückzuweisen, nur dem vollständig Erkannten Glauben zu schenken und nur dem, woran nicht gezweifelt werden kann, so lautet grob zusammengefasst auch das Programm, welches der *Discours* aufstellt. Noch einmal der Descartes der *Regulae*:

Unter Intuition verstehe ich nicht das Vertrauen auf die schwankenden Sinne oder das trügerische Urteil einer schlecht zusammenfügenden Einbildungskraft, sondern die Erkenntnis eines reinen und aufmerksamen Geistes, die so einfach und deutlich ist, dass über das, was wir erkennen, gar kein Zweifel übrig gelassen wird.[227]

Kein Zweifel soll übrig gelassen werden; später wird es nur leicht verändert heißen, gelten solle einzig das, was der Zweifel übriglässt.

Die Übereinstimmung im Programm besteht jedoch nicht bloß in dessen Einsatzpunkt. Der *Discours* lässt sich in seinem Programm einer unbezweifelbar sicheren Erkenntnis von der Mathematisierung der Denkgegenstände leiten;[228] doch schon

Regula II rät, unsere Erkenntnis solle sich nur mit solchen Objekten beschäftigen, die entweder zur Arithmetik oder Geometrie gehören oder über die sie die gleiche Art von Sicherheit erreichen könne wie in arithmetischen und geometrischen Beweisen. Im Programm des *Discours* folgt darauf als jene erste sichere Erkenntnis, von der auszugehen sei, das berühmte »je pense, donc je suis«; dasselbe fällt Descartes aber schon in den *Regulae* ein, als er zwei intuitive Erkenntnisse nennt, die jeder ohne allen Zweifel haben könne: nämlich dass er existiere und dass er denke.[229] Selbst der Zusammenhang zwischen Zweifeln einerseits und der Unbezweifelbarkeit desselben Zweifels andererseits wird ausgeführt:

Wenn Sokrates sagt, er zweifle an allem, folgt daraus notwendig: also sieht er wenigstens dies ein, dass er zweifelt; und gleichfalls: also erkennt er, dass etwas wahr oder falsch sein kann, und so weiter; das ist nämlich mit der Natur des Zweifels notwendig verbunden.[230]

Denken und Sein als etwas intuitiv Sicherstes stehen also schon in den *Regulae* fest. Und so ist auch die Zweiteilung der Welt in das, was heute Subjekt und Objekt genannt wird, durch die *Regulae* so weit vorweggenommen, als es dort heißt:

In der vorliegenden Frage teilen wir zuerst alles, was zu ihr gehört, in zwei Teile: Es muss nämlich bezogen werden entweder auf uns, die wir der Erkenntnis fähig sind, oder auf die Dinge selbst, die erkannt werden können.[231]

Prägnanter noch:

Was die Erkenntnis betrifft, so gibt es nur zweierlei zu betrachten, und zwar uns, die wir erkennen, und die zu erkennenden Dinge.«[232]

Und nicht erst im *Discours*, schon in den *Regulae* ist der *erste* dieser beiden Erkenntnisgegenstände der ›subjektive‹: »Aber nichts Nützlicheres gibt es hier zu untersuchen, als was die menschliche Erkenntnis sei und wie weit sie sich erstrecke.«[233] Nachdrücklich wird das Denken bereits vom Körper unterschieden: »Man hat zu erkennen, dass jene Kraft, durch die wir die Dinge im eigentlichen Sinne erkennen, rein geistig ist und vom ganzen Körper nicht weniger unterschieden als das Blut vom Knochen oder die Hand vom Ohr«.[234] Der *Discours* wird die

Trennung von Körper und Geist aus der sicheren Erkenntnis ableiten, dass das Ich denkt; die *Regulae* sagen es schon fast genauso: »Ich erkenne, also habe ich einen vom Körper unterschiedenen Geist«. Der spätere Descartes wird dies erst durch seinen Gottesbeweis gesichert glauben, den er seinerseits fußen lässt auf dem *cogito ergo sum*; schon die *Regulae* aber setzen unmittelbar vor die eben zitierte *propositio* diese andere: »Ich bin, also ist Gott.«[235]

Vieles also, es scheint: alles Entscheidende von dem, was Descartes' Denken seit dem *Discours* ausmacht, erscheint bereits in den *Regulae*, die Bestandteile und Stationen des gesamten Programms, welches der *Discours* durchläuft: der Zweifel, die Sicherheit in der Mathematisierung des Gegenstands, die Verpflichtung auf klares und distinktes Erkennen, die sichere Erkenntnis eines jeden, dass er denkt und dass er ist, die Zweiteilung der Welt in Erkenntnis und Erkenntnisgegenstand, die Zweiteilung nach geistig und körperlich und schließlich der Gottesbeweis, der sich an die Erkenntnis des »ich bin« knüpft. All das ist dem Descartes der *Regulae* geläufig und dem Descartes des *Discours* also *nicht* neu. In all dem kann das Neue nicht liegen, dessentwegen er die *Regulae* abbricht. Aber mehr noch, es ist nicht nur für Descartes nicht neu, es gehört schon lange vor ihm zum Bestand der Philosophie. Einer der Gelehrten, die Descartes um Einwände gebeten hatte, weist ihn darauf hin, der Zweifel in Verbindung mit der Erkenntnis des *cogito ergo sum* finde sich bereits bei Augustinus. Der Zweifel findet sich, wie Descartes selbst anführt, außerdem zum Beispiel bei Sokrates, das Streben nach sicherer Erkenntnis und klarer Unterscheidung ist der griechischen Philosophie nun auch nicht gerade fremd, die philosophische Wendung zur Mathematik wurde nicht erst von Platon und nach ihm nicht erst von Descartes vollzogen, sondern vorher von Denkern wie Abaelard, Thierry, Cusanus. Die Unterscheidung von Denken und Gedachtem und nicht minder diejenige von Körper und Geist gehört zur griechischen, gehört zur christlichen Philosophie, und Descartes' Gottesbeweis ist kein anderer als der ontologische des Anselm von Canterbury. *Insofern* also findet man bei Descartes und in seiner Metaphysik nichts, was nicht alt, was nicht schon in früheren Zeiten gedacht worden wäre.

Und doch muss etwas Neues in dieses Alte gefahren sein, muss im *Discours* etwas auftreten, das sich von allem Älteren »ganz außerordentlich« unterscheidet.

II

DER METHODISCHE ZWEIFEL

Was sich verändert, das Neue im *Discours*, ist sichtbar zunächst die Rolle des Zweifels. Bis zu den *Regulae* konnte das Zweifeln philosophisch nur die Bedeutung haben, allgemein auf Sicherheit im Denken zu drängen oder schlimmstenfalls dazu, den Glauben an sichere Erkenntnis skeptisch aufzugeben. Noch die *Regulae* verpflichten zu ihrer Methode *aus* solchem Zweifel, verpflichten zu Ordnung und Disposition als dem Mittel, die Denkinhalte von drohendem Zweifel möglichst freizuhalten. Dies der alte Zusammenhang von Methode und Zweifel. Als das Neue hinzutritt, verändert er sich zu dem, was in der Philosophie inzwischen der »methodische Zweifel« heißt: Mit dem *Discours* verkehrt sich die Methode *aus* dem Zweifel in den Zweifel *als* Methode.

Das ist fürs erste ein recht widersprüchliches Unterfangen: Der Zweifel, der Sicherheit negiert, soll das *Mittel* werden, Sicherheit zu erlangen. Der »radikale« Zweifel, wie er auch heißt, soll nicht etwa alle Sicherheit auflösen, sondern alle Sicherheit *begründen*. Er soll nicht die Skepsis aufs äußerste treiben, sondern sie vernichten. Descartes sieht sich mit seinem methodischen Zweifel nicht etwa als strengster der Skeptiker, sondern spricht von ihnen nie anders als mit der ungefährdetsten Distanz. Der Zweifel als Methode, *er* ist die Methode *vor* allen Regeln, aus denen sie sonst bestehen mochte; er ist der Zweifel, *nach* dem überhaupt irgendwelchen Regeln zu trauen ist; der Zweifel als Begründung dafür, dass an Dingen kein Zweifel sei.

Unter diesem Widerspruch kann es zum Zweifel als Methode nur kommen, sofern er einem großen »Als ob« unterliegt. Der methodische Zweifel ist eine *Fiktion*, eine *dezidierte Setzung*; so führt ihn Descartes von Anfang an ein. Der methodische Zweifel ist keiner, dem jemand unterliegt und der an jemandem nagt, weil ihm in irgendeiner Frage die Sicherheit fehlen würde. Descartes sucht ihn gezielt auf, er baut ihn sich, Descartes *will* zweifeln, er *tut so, als ob* er zweifelte: um dann *nicht* mehr zu zweifeln. Damit wird der Zweifel nicht etwa falsch oder zur Lüge, aber so hat es doch eine ganz eigene Bewandtnis mit ihm.

Der methodische Zweifel tut, als wolle er an allem zweifeln, woran nur irgend gezweifelt werden kann, um schließlich das *übrig zu behalten*, woran nicht mehr gezweifelt werden könne:

Da ich mich aber damals nur auf die Suche nach der Wahrheit begeben wollte, glaubte ich, ich müsse [...] all das als völlig falsch verwerfen, wofür ich mir nur den geringsten Zweifel ausdenken könnte, um zu sehen, ob danach nicht irgendeine Überzeugung zurückbliebe, die gänzlich unbezweifelbar wäre.[236]

Der Zweifel als Methode, um aufzufinden, was keinem Zweifel unterliegt. Das Unterfangen hat also zwei Seiten: dasjenige, woran gezweifelt wird, auf der einen, und dasjenige, woran nicht gezweifelt werden kann, auf der anderen. Beide Seiten sind erstens die schiere *Negation* der jeweils anderen. Außerdem aber sind sie durch eben dies Verhältnis der Negation miteinander *verbunden*: Durch den Zweifel auf der einen Seite soll sich dessen schiere Negation auf der anderen Seite *ergeben*. Und dafür verwandelt Descartes den Zweifel in etwas, das kaum eigentlich Zweifel zu nennen ist: in die *behauptete* Negation. Denn Descartes *zweifelt* nicht, *ob* etwas sei, sondern *setzt, dass* es *nicht* sei: Er *schließt es aus.* Der »methodische Zweifel« besteht darin, alles, dem überhaupt Zweifel gelten kann, auszuschließen, um zu dem zu gelangen, wovon dann umgekehrt all dieser Zweifel, nämlich das vorgeblich Bezweifelte, ausgeschlossen ist. *Methode* kann das heißen, insofern es von dem einen zum anderen hinüberführen soll; und *Zweifel* nur, insofern es einzig in Negation und Ausschließung bestehen soll.

Endlich erwog ich, dass uns genau die gleichen Vorstellungen, die wir im Wachen haben, auch im Schlafe kommen können, ohne dass in diesem Falle eine davon wahr wäre, und entschloss mich daher zu der Fiktion, dass nichts, was mir jemals in den Kopf gekommen, wahrer wäre als die Trugbilder meiner Träume.[237]

Dies also die gezielte *Fiktion* des methodischen Zweifels, der gedachte *Ausschluss* alles dessen, »was mir jemals in den Kopf gekommen«: aller Denkinhalte. Der methodische Zweifel schließt aber nicht nur das aus, was je *wirklich* und *individuell* dem Herrn Descartes in den Kopf gekommen war, und Descartes versucht es auch nicht *Stück für Stück* auszuschließen, schließt nicht zunächst einmal aus, dass es Pferde, dann dass es Bären, weiter dass es Dreiecke, Gänsehaut oder Darmgrimmen gebe und so fort. Er schließt nicht bestimmte einzelne Inhalte aus, an denen er zweifeln will, sondern auf einen Schlag, indem er noch das ausschließt, worauf sich die Annahme solcher Inhalte gestützt hatte, alle Inhalte insgesamt.

Ich werde sie deshalb nicht einzeln durchgehen, was eine endlose Arbeit wäre; sondern [...] werde den Angriff sofort auf die Prinzipien selbst richten, auf die sich all jenes stützte, was ich einst geglaubt habe.[238]

Der methodische Zweifel besteht darin, alle nur *überhaupt* möglichen Inhalte auszuschließen, er ist der *Ausschluss*, ist die *Abstraktion von Inhalt überhaupt*.

Descartes fragt gerade nicht nach dem Bezweifelbaren oder Unbezweifelbaren *an* oder *in* all diesen Inhalten, er fragt nicht nach ihrer Einheit, ihrem Inbegriff oder höchsten Allgemeinen. Einer solchen Frage war die Untersuchung etwa bei Platon gefolgt, und die endet auf dem Weg über die Ideen und die Idee der Ideen schließlich abstrakt genug bei der obersten, inhaltsleeren Eins: als *Inbegriff* allen Inhalts. Descartes dagegen fragt nicht nach dem Unbezweifelbaren *an* den Inhalten, sondern nach dem Unbezweifelbaren *getrennt* von allen Inhalten, er sucht das Unbezweifelbare als das Ergebnis von deren *Ausschluss*. Descartes' methodischer Zweifel setzt nicht die positive Einheit aller Inhalte, sondern setzt ein bestimmtes *Verhältnis* zu Inhalt überhaupt, und zwar das der *Ausschließung* und *Negation*.

Dies die eine Seite des Zweifels als Methode, diejenige, mit welcher Descartes ansetzt. Bei ihr aber will er ja nicht verharren, sie wäre noch kein Ergebnis und soll kein Ergebnis sein – sonst wäre sie leere Skepsis –, sondern soll zu einem Ergebnis führen. Descartes setzt und fingiert auf der einen Seite den Ausschluss allen Inhalts, um dadurch auf eine andere Seite zu *gelangen*: zu dem Unbezweifelbaren. Und »unbezweifelbar« heißt im genauen Zusammenhang des methodischen Zweifels nun dasjenige, was *durch* den Ausschluss allen Inhalts *nicht* ausgeschlossen wird. Diesen *Zusammenhang* von Ausschluss und dem durch ihn bestimmten nicht Ausgeschlossenen *setzt* der methodische Zweifel. Mit ihm stellt Descartes die Frage: Wenn ich nichts als die Ausschließung von Inhalt überhaupt zulasse, was bleibt? Was bleibt ausgeschlossen von der Ausschließung allen Inhalts?

Eine Frage, die sich ihre Antwort in einem strengen Sinn selber vorgibt, eine Frage, die nichts *ist* als die *Setzung* eben dieser Antwort. Wenn aller Inhalt ausgeschlossen wird, dann bleibt kein Inhalt, sondern – nur eben *diese Ausschließung selbst*. Wenn die Ausschließung von Inhalt überhaupt gesetzt ist, ist *gesetzt, dass* kein Inhalt bleibe, sondern allein das Ausschließen von Inhalt als solches: reine Negation, das nicht-inhaltliche Verhältnis. Dies die Antwort, auf die Descartes' methodischer Zweifel nicht etwa erst leitet, sondern die er setzt: *in der er von vornherein besteht*.

Descartes aber – und nun wird es schwieriger – findet zunächst eine *andere* Antwort.

Die ist zwar berühmt, aber sie ist nicht neu. Neu müsste sie jedoch sein, wenn sie zum »ganz außerordentlich« Neuen des methodischen Zweifels wirklich *passen* sollte, wenn sie zu ihm gehören und Antwort auf *ihn* sein sollte. Das aber tut sie nicht: Auf den methodischen Zweifel ist Descartes' Antwort die falsche Antwort. Denn auf seiner Suche nach dem Unbezweifelbaren verfällt Descartes mit einem Mal nur wieder auf die alte sichere Erkenntnis: dass er denke und dass er folglich sei, »*je pense, donc je suis*«, »*cogito ergo sum*«. Und das mag so unbezweifelbar sein, wie es will, es taugt nicht zu dem Unbezweifelbaren des methodischen Zweifels. Denn erstens: Wozu hätte das ganze aufwendige Ausschließen von allem Inhalt gedient, da man *diese* Gewissheit einfach dadurch erlangt, dass man über *sie* nachdenkt, nicht dadurch, dass man alles andere weggedacht hat? Die Gewissheit, dass er, da er denkt, ist, hat Descartes nicht durch Abziehen alles Ungewissen erlangt, er kommt, wie schon in den *Regulae*, ganz einfach so darauf:

Alsbald aber fiel mir auf, dass, während ich auf diese Weise zu denken versuchte, alles sei falsch, doch notwendig ich, der es dachte, etwas sei. Und indem ich erkannte, dass diese Wahrheit: »*ich denke, also bin ich*« *so fest und sicher ist, dass die ausgefallensten Unterstellungen der Skeptiker sie nicht zu erschüttern vermöchten, so entschied ich, dass ich sie ohne Bedenken als ersten Grundsatz der Philosophie, die ich suchte, ansetzen könnte.*[239]

Es ist eine *intuitiv*, nicht *methodisch* gewonnene Einsicht, und – wie der Descartes der *Regulae* wusste – nur *eine unter vielen*; damals hieß es völlig zu recht: »So kann jeder mit dem Geist einsehen, dass er ist, dass er denkt, dass ein Dreieck nur von drei Linien begrenzt wird, eine Kugel von einer einzigen Oberfläche, und ähnliches mehr«.[240] Wie alle diese anderen Gewissheiten ist auch diejenige, zu denken und folglich zu sein, *ohne* den methodischen Zweifel zugänglich. Neu – und damit auf den methodischen Zweifel angewiesen – ist auch nicht etwa, dass Descartes nun das eine aus dem anderen *folgern* würde: »cogito, *ergo* sum«. Denn Descartes hatte gegenüber Kritikern alsbald einzuräumen, dass es sich bei diesem *ergo* durchaus nicht um einen streng schließendes handele, sondern dass das *cogito* zugleich und in eins mit dem *sum* einsichtig sei. Denken und Sein stehen in Descartes' neu entwickelter Metaphysik also genauso evident nur nebeneinander wie in der Formulierung der *Regulae*.

Des methodischen Zweifels *bedarf* es also nicht, um auf ein unbezweifelbares *cogito* und *sum* zu kommen; und umgekehrt *vermöchte* er auch nicht darauf zu leiten. Doch das *cogito ergo sum* ist noch in einem entscheidenden anderen Sinn die falsche Antwort auf Descartes' Untersuchung. Die bestand darin, alles auszuschließen, was einem nur überhaupt in den Kopf kommen könne – und das heißt: nur überhaupt ins Denken. Und nun soll einzig dies, Denken und denkendes Ich, von dieser Ausschließung nicht betroffen sein. Denken jedoch *ist* nicht ohne Inhalte. Das Denken ist ja gerade das Reich jener Inhalte, die der methodische Zweifel ausschließen soll. Die Gewissheit, *dass* man denkt, ist nicht von der Gewissheit zu lösen, dass man *etwas* denkt, einen bestimmten oder viele bestimmte oder auch nur viele unbestimmte Inhalte, Inhalte jedoch gleichwohl. Keiner, der darauf kommt, dass er denkt, kommt dadurch darauf, dass er leer denkt; sonst käme er weder *da*rauf, noch auf sonst irgendetwas, sondern würde, da er *nichts* denkt, *nicht* denken – und folglich nicht *sein*? Die Gewissheit des *cogito* ist stets und notwendig die Gewissheit auch von *Inhalten* des Denkens, und dieser Inhalt, und dass man *ihn* denkt, ist um nichts weniger gewiss, als dass man überhaupt denkt: *cogito*. Wenn also *diese* Gewissheit das einzige Unbezweifelbare am Ende des methodischen Zweifels sein soll, so enthält sie bereits all jene *Inhalte* des denkenden Ich, die Descartes im selben Moment, um Gewissheit zu haben, ausgeschlossen hatte. Das Ausschließen aller Denkinhalte schließt entweder das Denken selbst mit aus oder es schließt die Denkinhalte mitsamt dem Denken wieder ein – und also gar nicht erst aus. Es gäbe nichts Müßigeres als den methodischen Zweifel, wenn er nur auf die alte Gewissheit des *cogito ergo sum* hinausliefe.

Daher fährt Descartes nach seinem methodischen Zweifel tatsächlich ganz im Sinne dieser Überlegung fort, sowenig auch dem methodischen Zweifeln damit sein vorgeblicher Sinn gelassen wird. Jenes unbezweifelbar gegebene Denken, das *cogito*, unterteilt Descartes anschließend nämlich in einzelne Denkakte wie: Zweifeln, Einsehen, Behaupten, Verneinen, Wollen, nicht Wollen, bildlich Vorstellen und sinnlich Wahrnehmen.[241] Das ist das Denken *in all seiner Inhaltlichkeit*, hier hat es notwendig seine Gegenstände und seinen Inhalt – grammatikalisch: sein Objekt.

Bin ich es denn nicht selbst, der ich nunmehr an fast allem zweifle, der ich dennoch einiges einsehe, der ich behaupte, dies eine sei wahr, das übrige verneine, wünsche, mehr zu wissen, nicht getäuscht werden will, mir vieles sogar gegen meinen Willen bildlich vorstelle und vieles auch so, als käme es von den Sinnen, wahrnehme? [242]

Da einmal Denken stets in derlei Inhalt besteht, dem Behaupten, Negieren, Wünschen, Vorstellen oder Wahrnehmen, bestimmt Descartes richtig, dass diese Denk*inhalte* als solche ebenso gewiss seien wie die *Tatsache* des Denkens – insofern sie eben Denken sind.

Zwar sehe ich gerade eben Licht, höre Lärm, spüre Wärme; doch nein, das ist falsch, ich schlafe nämlich. Aber sicherlich scheine ich zu sehen, zu hören, zu erwarmen. Das kann nicht falsch sein, das ist es eigentlich, was in mir Wahrnehmen heißt; und das ist in dieser Weise genau genommen nichts anderes als das Denken.[243]
Damit sind die Denkinhalte also nicht mehr bezweifelt und methodisch ausgeschlossen, sondern mitsamt dem Denken anerkannt. Deshalb wendet sich Descartes sogleich jener Welt zu, die diesen Denkinhalten möglicherweise noch außerhalb des Denkens entsprechen könnte, der Welt der Körper. Aber das verfolgt mit einem Mal nicht mehr die Frage des methodischen Zweifels, sondern eine ganz andere. Dieser hatte gefragt: Was bleibt, wenn ich an allem zweifle? Jetzt lautet die Frage: Wie kann ich wissen, ob das, was ich zu wissen glaube, auch wirklich ist? Wie kann ich wissen, ob etwas in der Wirklichkeit so ist, wie ich es denke? Das ist nicht mehr der methodische Zweifel, sondern damit hat er vollständig ausgedient. Denn diese Frage setzt mit allen Inhalten an, setzt schon alle Inhalte als gegeben voraus, wogegen der methodische Zweifel damit ansetzte, dass er alle Inhalte ausschloss, als *nicht* gegeben zu setzen. Jene Frage geht von den Inhalten aus und sucht das Sichere in ihnen: ob sie in der Form wie gedacht auch wirklich sind. Der methodische Zweifel geht von der Negation aller Inhalte aus und sucht das Sichere jenseits von ihnen: dasjenige, was ohne sie zu denken ist. Kurz: Descartes ist, nachdem er mit dem methodischen Zweifel angesetzt hatte, von dort wieder zur alten Frage der *Regulae* zurückgekehrt.

Warum das?

Wenn der methodische Zweifel mittels *cogito ergo sum* schon im zweiten Schritt ganz einfach in eine Frage übergehen soll, die ihm widerstreitet und ihn nichtig macht, dann hätte er gar nicht erst in Dienst genommen werden müssen. Er wäre leere Spielerei und ein Umweg, kompliziert und mit viel Tamtam eingerichtet, nur um dann doch auf die Inhalte geradezu loszugehen. Alles Inhaltliche auszuschließen, nur um darauf zu kommen, dass kein Grund besteht, es auszuschließen, wäre eine leere Bewegung, die Descartes sich hätte sparen können – und sich gespart hätte, wenn es nur darum zu tun gewesen wäre. Descartes hätte unmittelbar beginnen können: Ich denke bestimmte Inhalte, und dass ich sie denke, ist sicher; was also entspricht ihnen in der Wirklichkeit? Diese Frage verfolgt Descartes *nach* seinem *cogito ergo sum*, knapp im *Discours*, ausführlich in den *Meditationes*, und wird sie dahin beantworten, dass wir – durch Gottes Einwirken – dasjenige, was wir *clare et distincte* erkennen, auch richtig erkennen und dass es demnach auch wirklich, in der äußeren Welt so gegeben ist. Aber das kann nicht die Antwort auf den methodischen Zweifel sein, sondern ist fürs erste sein Widerruf.

Das Resümee der *Meditationes* lautet denn auch so:
Wenn mir aber Dinge begegnen, von denen ich deutlich bemerke, woher, wo und wann sie mir zukommen, und ich ihre Wahrnehmung ohne jede Unterbrechung mit dem gesamten übrigen Leben verknüpfe, bin ich ganz gewiss, dass sie mir nicht im Traum, sondern im Wachen begegnen. Auch brauche ich an ihrer Wahrheit nicht im mindesten zu zweifeln, wenn mir, nachdem ich alle Sinne, das Gedächtnis und den Verstand zu ihrer Prüfung versammelt habe, von keinem unter ihnen irgend etwas gemeldet wird, das dem übrigen widerstritte.[244]

Eben: Den Zweifel braucht es »nicht im mindesten« mehr; und für dieses Ergebnis kann es ihn keinen Moment lang gebraucht haben. Descartes verfolgt mit seiner metaphysischen Untersuchung zuletzt also eine Frage und findet eine Antwort auf sie, die beide noch ganz dem Stand der *Regulae* zugehören. Die Frage, was an dem, was wir denken und wahrnehmen, wirklich und wahr ist und wie wir dahin gelangen können, dies zu erkennen, ist nicht erst dem Descartes des *Discours* beigefallen – und auch nicht überhaupt erst Descartes, sie gehört ja insgesamt einem älteren Denken an. Das ist auch daran abzulesen, dass für sie Subjekt und Objekt noch den älteren Begriffen gehorchen: Sie fragt danach, wie der Denkinhalt, das *obiectum*, mit dem übereinstimme, was ihm als wirklicher Gegenstand zugrunde liegt, mit dem *subiectum*. Wenn Descartes also nach Aufbieten des methodischen Zweifels zurückkommt auf diese ältere Frage, dann nicht, weil sie sich ihm aus dem methodischen Zweifel ergeben würde oder ergeben könnte, sondern indem er ihn mit ihr verlässt.

REGULÄRE ERKENNTNIS

Wozu also den methodischen Zweifel? Und weshalb dann seine Aufgabe? Für die Suche nach regulärer Erkenntnis, ob des *Discours*, der *Meditationes* oder der *Principia*, braucht es ihn nicht und hat er nichts erbracht – warum also musste Descartes seinetwegen die *Regulae* abbrechen und neu ansetzen?

Das Neue, um dessentwillen er es tat, war eine *metaphysische* Wendung, beschrieben deshalb zunächst in einem *Traité de Métaphysique*. Vielleicht also, so wäre zu überlegen, war *dies* der Grund, mit dem methodischen Zweifel neu anzusetzen: die metaphysische Absicherung der regulären, der klaren und distinkten Erkenntnis. Deren Verlässlichkeit – Verlässlichkeit einer Erkenntnis ganz im Sinne der *Regulae* – führt Descartes seit dem *Discours* tatsächlich ja auf Gott zurück.

Denn erstens ist sogar das, was ich gerade als Regel angenommen habe, dass nämlich die Dinge, die wir uns sehr klar und sehr deutlich vorstellen, alle wahr sind, nur gesichert, weil Gott ist oder existiert und weil er ein vollkommenes Wesen ist und alles in uns von ihm herkommt. Woraus folgt, dass unsere Vorstellungen oder Begriffe, die wirkliche Gegenstände sind und von Gott stammen, in allem, worin sie klar und deutlich sind, nur wahr sein können.[245]

Ist möglicherweise diese *Metaphysik* der regulären Erkenntnis auf den methodischen Zweifel angewiesen?

Nach den *Meditationes* soll Gott knapp gefasst so die Wahrheit unserer klaren und deutlichen Einsichten verbürgen: »Daraus, dass Gott nicht betrügerisch ist, folgt, dass ich mich in dergleichen grundsätzlich nicht täusche.«[246] Er betrügt uns zwar unablässig, wann immer wir uns täuschen, aber wir müssen von unseren Geistesfähigkeiten, müssen von Sinnen, Einbildungskraft, Gedächtnis und Verstand nur den richtigen, von Gott vorgesehenen Gebrauch machen – kurz: wir müssen uns nur an die *Regulae ad directionem ingenii* halten –, und Täuschung und Betrug haben ein Ende. Weil es Gott gibt, führt ein Denken unter Beachtung der *Regulae* auf die Wahrheit; dafür hat er gesorgt. Wodurch aber seien wir gewiss, dass es Gott gibt? Durch den unhaltbaren ontologischen Gottesbeweis, nämlich durch den *Be-*

griff, den wir von Gott haben. Und wodurch ist dieser Begriff gewiss? Dadurch, dass wir ihn in unserem Denken vorfinden, dass er Inhalt unseres Denkens ist. Das Denken wiederum ist gewiss dank des unbezweifelbaren *cogito*, und dieses soll ja zuletzt aus nichts anderem unbezweifelbar hervorgetreten sein als aus dem methodischen Zweifel. Auf ihm *würde* die Verlässlichkeit des *clare et distincte* auf diese Weise zu guter Letzt gründen und dadurch wäre auch seine Verwendung endlich begründet.

Aber so, wie es sich Descartes wünscht und wie er es behauptet, geht die Sache ja leider nicht aus. Zum einen besteht das Unbezweifelbare des *cogito*, wie festgestellt, unabhängig vom methodischen Zweifel, also durchaus *ohne* ihn. *Mit* ihm dagegen war *ausgeschlossen*, dass die *Inhalte* unseres Denkens irgendeine Gültigkeit außerhalb ihrer selbst hätten, also hätte auch unser Begriff von Gott keine Gültigkeit. Und folglich stützt der methodische Zweifel diese metaphysische Absicherung unserer Erkenntnis nicht etwa, sondern *verhindert* sie geradezu. Er stürzt sie, er schließt sie aus.

Noch einmal: Auf den Begriff Gottes, den wir laut Descartes ebenso *clare et distincte* in unserem Denken vorfinden wie die Erkenntnis des *cogito ergo sum*, dürften wir uns nur dann verlassen, wenn wir uns dank dieser Erkenntnis sofort auch auf *sämtliche* klaren und distinkten Inhalte unseres Denkens verlassen dürften – nicht nur auf die Tatsache, *dass* wir denken, sondern auch auf alles das, *was* wir da klar und deutlich erkennen. Doch wenn das wäre, so bräuchte es dazu keinen Gott. Wenn die Existenz Gottes durch die Gültigkeit unserer Begriffe gewährleistet sein soll, die Gültigkeit unserer Begriffe aber durch die Existenz Gottes, – dann beißt sich die Sache offensichtlich in den Schwanz. Und der methodische Zweifel bleibt weiterhin überflüssig wie ein Kropf. Der Gottesbeweis und damit die metaphysische Absicherung der regulären Erkenntnis hebt notwendig mit der Gültigkeit unserer Begriffe an und damit *jenseits* des methodischen Zweifels. Der Gottesbeweis bleibt so transzendent wie eh und je, mit dem methodischen Zweifel hat er nichts zu tun und muss ihn vielmehr ausschließen, um die eigene Geltung *gegen* ihn zu bewahren, da er umgekehrt notwendig selbst durch ihn ausgeschlossen und für ungültig erklärt wird.

Es bleibt dabei: Der methodische Zweifel sichert die Wahrheit klarer und deutlicher Erkenntnis auch metaphysisch nicht, ist nicht zu ihr erfordert und trägt nichts zu ihr bei.

DENKEN IN ZWEIERLEI FORM

Welch anspruchsvollen Umweg Descartes auch immer dazwischenschieben mag: Der methodische Zweifel kann nicht selbst die notwendige Begründung dafür sein, dass es zuletzt seiner »nicht im mindesten« bedarf. Er kann nicht darin, dass er begründet, nicht notwendig zu sein, seine Notwendigkeit haben und findet also nicht darin, dass er es begründen würde, seine eigene Begründung: die Nötigung, ihn und mit ihm anzusetzen.

Es muss anders sein: Er ist *da* – begründungslos, apriorisch, unhintergehbar zwingend. Und Descartes hat nun damit zu kämpfen, wie sich dieses Neue mit dem älteren Projekt, der regulären Erkenntnis, zusammenführen lasse. Descartes' gesamte neue Metaphysik ringt mit der Schwierigkeit, den methodischen Zweifel, nachdem er einmal da ist, mit der Geltung regulärer Erkenntnis zu verbinden und auf diese Weise an *beidem* festzuhalten: am zwingenden *Ausschluss aller Inhalte* und am notwendigen *Ansetzen aller Inhalte*. Jener Ausschluss hat sich ihm neu ergeben; und auf die Inhalte ist hienieden nun einmal nicht zu verzichten. Beides jedoch ergänzt sich nicht wechselseitig, sondern schließt sich gegenseitig aus – und soll doch aber zusammengezwungen werden.

Die Stelle, an der beide aufeinanderprallen und an der sie Descartes zwingt ineinander überzugehen, ist das *cogito ergo sum*; und *darin* besteht nun dessen zentrale Bedeutung – die es weder bei Augustinus noch bis zuletzt in den *Regulae* haben konnte.

Das *Denken*, das unbezweifelbar sicher bestehende *cogitare*:
– Darauf wendet Descartes zum einen nun den *methodischen Zweifel* an und präsentiert es als dessen *Ergebnis*. Das heißt, er erklärt es zu einer der zwei Seiten, die mit dem methodischen Zweifel gesetzt sind, und zwar zu jener, die durch den Ausschluss aller Inhalte »übrig« bleibe. So erklärt er das Den-

ken zur *nicht-inhaltlichen*, zur *reinen Einheit* – zur bloßen Denk*funktion*.
- Zum anderen aber muss Denken noch immer das Reich seiner Inhalte bleiben, das ja, wie Descartes weiß, *als solches* unbezweifelbar ist und dies gerade *nicht* erst durch den Ausschluss dessen, *was* es denkt. Also sollen die Inhalte wiederum in so positiver Gültigkeit gegeben sein, als wäre da nie etwas ausgeschlossen worden, und so unbezweifelbar, dass sich ihnen gar die Existenz Gottes entnehmen lässt.

Der methodische Zweifel und seine Verbindung mit dem *cogito ergo sum* dienen Descartes also dazu, das *inhaltliche* Denken zugleich *nicht-inhaltlich* zu fassen.

Der Begriff des Denkens hat damit zwei strikt getrennte und einander vollständig ausschließende Bedeutungen zu tragen: die Denkfunktion unter *Ausschluss* alles Inhaltlichen und das Denken als *Inbegriff* aller Inhalte. In diesem *einen* Begriff »Denken« zwingt Descartes zusammen, was sich nicht verbindet, Funktion und Inhalt. Und das zwingt ihn, den Begriff in sich selbst aufzuspalten.

Einbekennen darf Descartes diese Aufspaltung nicht, denn das hieße seine gesamte metaphysische Konstruktion aufgeben, in welcher er den methodischen Zweifel mittels *cogito ergo sum* und Gottesbeweis mit der regulären Erkenntnis verbindet. Den *Bruch* in dieser Verbindung, wenn alle Mühe dem gilt, die *Verbindung* herzustellen, darf es nicht geben. Deshalb verlegt ihn Descartes in den Begriff des Denkens und macht ihn dort unsichtbar – auch vor sich selbst. Denn auch Descartes, redlicher Denker, der er ist, darf nichts von dem Bruch erkannt haben, wenn er das Gegenteil von Bruch konstruieren will. Allein wider Willen bezeugt er ihn, wo er »Denken« einmal in der einen und einmal in der anderen Fassung braucht und notwendig gebrauchen muss, *um von dieser zu jener zu gelangen*.

In den *Meditationes* ist es die folgende Passage, in welcher der methodische Zweifel schließlich auf das *cogito ergo sum* leiten soll – oder vielmehr nach einigem fingierten Herumstochern auf es stößt:

Kann ich behaupten, auch nur das mindeste von all dem zu besitzen, was, wie schon gesagt, zur Natur des Körpers gehört?

Ich konzentriere mich, denke nach und überlege noch einmal, nichts fällt mir ein; ich werde es nur müde, vergeblich immer dasselbe zu wiederholen. Was aber von dem, was ich der Seele zuschrieb, oder die Nahrungsaufnahme oder das Gehen? Nun, da ich keinen Körper mehr habe, sind auch das nichts als Erfindungen. Das sinnliche Wahrnehmen [sentire]? Aber auch das kommt nicht ohne Körper zustande, und ich schien mir sehr vieles im Traum wahrzunehmen, von dem ich hernach bemerkte, dass ich es nicht wahrgenommen hatte. Denken [cogitare]? Hier werde ich fündig: Das Denken ist es, es allein kann nicht von mir abgetrennt werden; ich bin, ich existiere, das ist gewiss.[247]

Sentire, das sinnliche Wahrnehmen und Empfinden, also das notwendig inhaltlich gefüllte Denken, wird von Descartes hier *ausgeschlossen* – auf Grund des methodischen Zweifels und hier insbesondere mit Hilfe des Kriteriums, dass *sentire* nicht ohne den Körper zustande kommt und deshalb aber, körperlich und material gebunden, »von mir abgetrennt werden« könne wie der Körper selbst. Nicht abgetrennt dagegen, als *Einziges* nicht ausgeschlossen wird: *cogitare*, das Denken. Was demnach vom *sentire* gilt, soll ganz genau *nicht* gelten vom *cogitare*: material an den Körper gebunden zu sein und damit – seltsam genug – abtrennbar zu sein vom Ich. Dieses Ich erklärt Descartes deshalb zur *res cogitans*:

Ich bin folglich genau nur ein denkendes Ding [res cogitans], das heißt Geist, Seele, Einsicht oder Verstand, lauter Wörter von einer Bedeutung, die mir früher unbekannt war.[248]

Wörter, deren Bedeutung ihm früher deshalb unbekannt war, weil er sie hier *neu definiert* – zur *res cogitans*. Sie ist das endlich erreichte Ziel des methodischen Zweifels und seiner Anwendung auf das Denken. Hier ist die Stelle, an der Descartes endlich dessen Ergebnis in Händen hält: *reines* Denken.

Von hier aus aber soll es nun weitergehen zur Frage der regulären Erkenntnis, und deshalb setzt Descartes, nach kurzem Innehalten, erneut an:

Aber was bin ich folglich? Ein denkendes Ding [res cogitans]; was ist das? Offensichtlich ein zweifelndes, einsehendes, behauptendes, verneinendes, wollendes, nicht wollendes, auch bildlich sich vorstellendes und sinnlich wahrnehmendes [sentiens].²⁴⁹

Und »sinnlich wahrnehmendes«? Die *res cogitans* nun doch als *res sentiens*? *Cogitare* nun doch zugleich ein *sentire*, genau das also, was das Ich, um ausschließlich *res cogitans* zu sein, zu sein gerade eben noch *ausschloss*? Ja, es heißt nun wörtlich vom *sentire*: »nihil aliud est quam cogitare«, es sei »nichts anderes als Denken«, und war doch vorher etwas vom Denken vollständig Geschiedenes. Wider Willen muss Descartes die zwei unterschiedlichen Verwendungen, die er vom Begriff des Denkens macht, einbekennen, *indem* er sie macht, indem er das Denken aufspaltet nach zwei einander ausschließenden Begriffen. Den Sprung zwischen beiden, einen Sprung, den Descartes innerhalb der schließlich erreichten *res cogitans* vollzieht, reflektiert er an keiner Stelle, sondern *macht* ihn lediglich, gedeckt von dem beibehalten gleichen Wort »Denken«, als wäre er keiner.

Nun fehlt nur noch eines: Die *Fiktion*, die der methodische Zweifel macht, für *gegebene Wirklichkeit* zu erklären; die *Setzung*, in der jener Zweifel besteht, als *Erkenntnis von Wirklichkeit* auszugeben. Das kann nur in Form einer Subreption, einer Erschleichung gelingen. Und zwar so:

Im methodischen Zweifel *setzt* und *fingiert* Descartes, alle nur denkbaren Inhalte gäbe es nicht wirklich. Also fingiert er unter anderem, er habe keinen Körper, findet aber, dass er *nicht* fingieren kann – *cogito ergo sum* –, er würde nicht denken. Und nun kehrt er den Beweisgang abrupt und gewaltsam um: Weil er *nicht fingieren* kann, er sei kein Denken, wäre umgekehrt die Annahme, er sei kein Körper, *nicht fingiert* – sondern wirklich: Das Denken würde nicht nur *als solches* unbezweifelbar wirklich bestehen, sondern unbezweifelbar wirklich *ohne Körper* – nicht material gebunden. Der fiktive, gesetzte Ausschluss wird zu einer Aussage über die Wirklichkeit erhoben: Das Denken soll *wirklich* jenseits des in Wahrheit nur *fiktiv* Ausgeschlossenen bestehen. Die Fiktion wird unmittelbar umgedeutet zu purer Wirklichkeit – ein brutaler Verstoß gegen jede Art auch nur regulären Denkens. Descartes erhebt bloße, *ausdrücklich nur fingierte* Gedankenbestimmungen zu Existenzbestimmungen der Sachen selbst – etwas, das zu *vermeiden* die groß angekündigte

Aufgabe des methodischen Zweifels war und das zu tun eben dieser Zweifel nun *verwendet* wird.

Auch das bürdet Descartes nun dem *cogito ergo sum* auf: zu belegen, dass das Denken *in genau dieser Form* auch *wirklich* bestehe. Erster Schritt: Der methodische Zweifel stellt als Fiktion die Denkform einer nicht-inhaltlichen Einheit auf. Zweiter Schritt: Das *cogitare* wird zu dieser Einheit erklärt, zur *res cogitans*. Dritter Schritt: Das *ergo sum* wird dazu missbraucht, das *wirkliche Bestehen* des Denkens zu einem wirklichen Bestehen *der vorher nur fingierten Form reiner Einheit* zu erschleichen. Mit dem *Discours* verkehrt Descartes das alte *cogito ergo sum* zu der Behauptung: *est res cogitans* – es gibt die *res cogitans*, es gibt das Denken als reine, nicht-inhaltliche und *rein für sich bestehende* Einheit.

Res cogitans nennt sie Descartes – mit einer gewissen Unschärfe: Denn er konstruiert mit dem methodischen Zweifel ja gerade nicht ein denkendes *Etwas*, ein Ding, das *ist* und außerdem noch *denkt*. Sondern er konstruiert ein Denken, das *ausschließlich* dies Denken *ist*, der Denkvorgang als solcher, ohne Körper und ohne alles, was da noch sein mag, die reine *Operation* des Denkens, ein Denken, das rein in diesem *Tun* und in nichts sonst *bestehen* soll. Das Denken als reiner Vorgang und dieser als reine Einheit: das eben ist das Denken nicht als Substanz und *res*, sondern als bloße *Funktion*.

DENKEN UND SEIN

Diese Form aufzustellen und vorzugeben, *dazu* diente der methodische Zweifel – zu so viel und zu nichts sonst. Bis zu dem Punkt, da schließlich dem *Denken* diese Form gegeben wird, hat der methodische Zweifel einzutreten. Sobald er diese seine Schuldigkeit getan hat, kann er abtreten, ist er »nicht im mindesten« mehr vonnöten, und das Denken, eben noch nicht-inhaltlich, reiner Vorgang und Funktion, wird für Descartes auch wieder das körperlich gebundene, sinnlich vermittelte und also inhaltliche Denken.

Doch damit dankt die neu eingeführte Form nicht einfach wieder ab. Sondern sie wird eingeführt, um fürderhin *neben* und *als* die der anderen fortzubestehen, und je nach Bedarf ist das Denken nun in dieser oder in jener Form zu fassen, als Denkfunktion oder als das inhaltliche, sinnliche, das wirklich erfahrene Denken.

Für einen Moment will ich innehalten und rekapitulieren. Der methodische Zweifel ist Descartes' Mittel, um *diese Form* vorzugeben, um sie zu setzen. Er ist *nicht* das Mittel, als welches ihn Descartes präsentiert, um in einer Art von Subtraktion schließlich auf das allein übrig bleibende, einzig sichere *cogito ergo sum* zu leiten. In der schönen erzählenden Darstellung der *Meditationes* stellt sich Descartes zwar dar, wie er mit dem Winterrock angetan am Kamin sitzt und vor seinem Stück Papier beginnt, methodisch zu zweifeln und gleichsam einfach ins Leere hinein zu suchen. Da sitzt er, schließt auf der einen Seite alle Inhalte aus und tut ganz so, als wüsste er nicht, ob sich auf der anderen Seite je etwas Entsprechendes finden werde. Demnach dürfte er beispielsweise auch nicht wissen, ob es dieserart nur *Eines* zu finden gibt und nicht unzählig Vieles. Aber vor allem: Wäre es ihm ernst mit dieser Suche, die einfach hinnehmen will und es darauf ankommen ließe, was sie findet, dann hätte er das Denken, auf das er dank des steinalten *cogito ergo sum* dann stößt, als das zu belassen, *als was* er es findet: als das inhaltliche und so überaus voraussetzungsreiche, eben nicht einfach körperlos so ganz für sich bestehende Denken. Descartes aber *macht* etwas daraus, als was er es *nicht* findet; er macht aus dem Denken eben jene rein allen Inhalt von sich ausschließende Einheit, nach der er vorgeblich gesucht, deren Form er mit jener Suche in Wahrheit jedoch aufgestellt und vorausgesetzt hatte. Dies die einzige Leistung dieser Suche, die insofern eben keine Suche ist, sondern Vorgabe, Descartes' *Apriori* an das, was er dann antrifft.

Und das sei nun das Denken. Dessen Fassung *als* jene Einheit war mit dem methodischen Zweifel vorgegeben – nicht aber, dass es das *Denken* ist, dem diese Fassung zuteil werde. *Dafür* hat vielmehr das *cogito ergo sum* einzutreten: um dem methodischen Zweifel seinen Gegenstand gleichsam von außen erst zuzuspielen. Also wird das Denken der erste *Gegenstand* des methodischen Zweifels und der durch ihn gesetzten Form; nicht sein Ergebnis, nicht das, worauf er führt, sondern etwas, worauf er *angewandt wird*.

Weshalb aber das Denken und nichts sonst? Zur Zeit der *Regulae* hatte Descartes ja noch *mehrere* intuitiv unbezweifelbare Einsichten gekannt, nicht nur das *cogito ergo sum*. Jetzt wird deren Reihe verkürzt auf diese *eine*, nur sie *will* Descartes noch finden. Dass Gott existiert, dass ein Dreieck drei Seiten hat und eine Kugel eine einzige Oberfläche, das und dergleichen ist dem Descartes des *Discours* und der *Meditationes* zwar noch ebenso unzweifelhaft wie dem der *Regulae*, doch nur die *eine* Einsicht daraus soll nun zählen, sie allein wird *vor* alle anderen gesetzt. Nicht, dass sie mit einem Mal noch sicherer geworden wäre als jene anderen. Doch sie und tatsächlich nur sie enthält, wessen die neue Form bedarf, um daran ihre Anwendung zu finden: *zwei Einheiten*; zwei Einheiten, die miteinander notwendig *verbunden* sind; und schließlich zwei Einheiten, mit denen sich die *gesamte inhaltliche Welt* umfassen lässt.

Zwei Einheiten enthält Descartes' *cogito ergo sum*, das Denken und das Sein; und zwei Einheiten erfordert die neue Form, erfordert Descartes' neues Apriori – man hat es längst erkannt: das Apriori der Synthesis am Geld. Mit dem methodischen Zweifel führt Descartes ja so anschaulich wie nur möglich vor, was es mit deren Form und spezifischer Abstraktion auf sich hat. Auf der einen Seite versammelt er alle nur denkbaren Inhalte – die Warenwelt. Diese aber bezieht er auf genau nur eine andere Seite, und zwar im Verhältnis der Ausschließung, das zwischen beiden Seiten bestehen soll: Durch Ausschluss der einen Seite, also aller Inhalte, bestimmt sich jene andere, und dadurch, dass diese umgekehrt von allen Inhalten ausgeschlossen wird, bestimmt sich auch jene erste überhaupt zu einer Einheit – zur Einheit aller, unbestimmt welcher Inhalte, also wie bekannt: zu Inhalt überhaupt. Beide Seiten also bestimmen sich als die Einheiten, die sie sind, einzig und allein durch diesen negativen Bezug auf die jeweils andere, und diejenige, die der Welt allen Inhalts gleichsam gegenüberliegt und allein durch deren Ausschluss bestimmt ist – das Geld –, wird damit zur reinen Einheit.

Diese zwei Einheiten gibt die funktionale Abstraktion vor; und für sie findet Descartes mit dem *cogito ergo sum* nun aus der inhaltlich gegebenen Welt zwei Einheiten zur Anwendung. Für die *Regulae* lagen Denken und Sein noch unverbunden parallel, intuitiv sicher war: *se cogitare, se existere* – dass man denkt, dass man existiert. Jetzt kommt es Descartes auf die *Verbindung* beider an: cogito *ergo* sum. Deshalb wird das *ergo* nun so wichtig, *obwohl* Descartes doch eingestehen muss, dass er hier nicht wirklich von einem aufs andere schließen kann, dass also die Schlussformel *ergo* durchaus *falsch* gesetzt ist. Aber Descartes *braucht* beide Einheiten *als notwendig verbundene*, wenn sie sich nach dem neuen Apriori sollen denken lassen, und in dieser Not stellt er die Verbindung eben mit Gewalt her; Hauptsache, sie ist irgendwie hergestellt und lässt sich so als notwendig behaupten. Sie ist erfordert als Entsprechung dazu, dass die beiden Seiten des reinen Ausschließungsverhältnisses notwendig aufeinander bezogen, also bei allem gegenseitigen Ausschluss gleichwohl miteinander verbunden sind.

Zu dessen einer Seite, derjenigen reiner Einheit oder Funktion, hat Descartes als erstes nun das *Denken* erhoben. Jetzt muss die andere, die des Inhalts überhaupt, noch zum *Sein* erklärt werden. Zwar *ist* auch das Denken, *ist* die *res cogitans* – schon das hatte ja das *cogito ergo sum* zu belegen. Doch das Ausschließungsverhältnis verlangt noch die zweite *Einheit*; und nun muss das *esse* diese außerdem abgeben. Aber das heißt mehr, als dass Descartes alle Inhalte dieser Welt, so wie er sie aus seiner reinen Einheit »Denken« ausgeschlossen hatte, weiterhin ganz einfach die Inhalte sein ließe, die sie nun einmal sind. Nein: Die funktionale Abstraktion, wenn sie denn am Werk sein soll, erfordert, dass auch die Inhalte *negativ* auf das von ihnen Ausgeschlossene *bezogen* werden.

Descartes kommt dieser Erfordernis nach.

DIE ANDERE SEITE

Es ist kein Geheimnis, was bei ihm als diese andere Einheit fungiert: die *res extensa*.

Wie er ursprünglich auf sie gestoßen sei, das berichtet er einmal im Anhang der *Meditationes*. Dort sind all die Einwände abgedruckt, die er sich von anderen Gelehrten erbeten hatte, jeweils mit den eigenen teils triftigen Erwiderungen, teils windigen Ausflüchten versehen, die Descartes darauf findet. In seiner Antwort auf die »sechsten Einwände«, nachdem er die gewichtigeren abgearbeitet hat, fasst er die restlichen mit den Worten zusammen, sie seien weniger Einwand als vielmehr Hinweis auf bestimmte Schwierigkeiten, und wenn die selbst für »sehr viele scharfsinnige Gelehrte« unlösbar geblieben seien, so wolle auch er nicht wagen, sie als gelöst zu behaupten.

Um jedoch zu tun, was ich kann, und es hierin an nichts fehlen zu lassen, will ich frei heraussagen, wie es mir geglückt ist, mich selbst von den gleichen Zweifeln vollkommen zu befreien: wenn es vielleicht andern von Nutzen ist, soll es mich freuen; wenn nicht, brauche ich mir wenigstens keinen Leichtsinn vorzuwerfen.

Und dann beginnt er zu erzählen, wie er zuerst auf die Fassung der *res cogitans* gekommen sei:

Als ich zum erstenmal [1628/29] *aus den in den obigen Meditationen dargelegten Gründen den Schluss gezogen hatte, dass der menschliche Geist real vom Körper verschieden, dass er leichter zu erkennen ist als dieser und das übrige, da sah ich mich allerdings zur Zustimmung gezwungen, da ich nichts darin bemerkte, was nicht in sich zusammenhängend und aus evidenten Prinzipien gemäß den Regeln der Logik geschlossen war; ich gestehe aber, dass ich darum nicht vollständig überzeugt gewesen bin und es mir fast ebenso erging wie den Astronomen, die, nachdem sie durch ihre Berechnungen herausgebracht haben, dass die Sonne viel größer ist als die Erde, doch nicht umhin können, sie für kleiner zu halten, wenn sie sie mit den Augen betrachten. Nachdem ich aber weiter fortgeschritten, und, auf dieselben Grundlagen gestützt, zur Betrachtung der physischen Dinge übergegangen war* [1629/33],

> *wobei ich erstlich auf die Ideen oder Begriffe achtete, die ich von einer jeden Sache bei mir vorfand und sodann sie voneinander sorgfältig unterschied, damit alle meine Urteile mit ihnen übereinstimmten, bemerkte ich, dass gar nichts anderes zum Begriffe des Körpers gehört, als dass er eine lange, breite und tiefe Sache ist, die eine Mannigfaltigkeit von Gestalten und Bewegungen in sich aufnehmen kann, und dass seine Gestalten und Bewegungen nur Modi sind, die durch keine Macht ohne ihn existieren können.*[250]

In dieser langen, breiten und tiefen Sache, die alles sonst an Gestalten und Bewegungen in sich soll aufnehmen können, ist unschwer der – nicht umsonst: cartesische – Raum der drei Koordinatenachsen erkennen; und darin unmittelbar bereits die funktionale Abstraktion.

Und nun beachte man: Über die zu Anfang gefasste *res cogitans* wird sich Descartes erst *in dem Moment* »vollständig« sicher, als sich ihm diese *zweite Einheit* ergibt, die äußere, körperliche Welt als *res extensa*, als reine Ausdehnung. Erst dann tatsächlich hängt das Ausschließungsverhältnis der funktionalen Synthesis nicht mehr halb in der Luft, erst dann vermag es seine *vollständige Anwendung* zu finden: wenn neben die reine Einheit – Descartes' *res cogitans* – die andere tritt – Descartes' *res extensa*. Dies ihre wechselseitige Bestimmung im reinen Ausschließungsverhältnis:

> *Auf der einen Seite habe ich einen klaren und deutlichen Begriff meiner selbst, insofern ich ausschließlich* res cogitans *bin und nicht* extensa, *auf der anderen Seite einen klaren und deutlichen Begriff des Körpers, insofern er ausschließlich* res extensa *ist und nicht* cogitans.[251]

Beide Seiten sind nur jeweils als sie selbst bestimmt, *insofern sie* jeweils *nicht die andere* sind. Mit Fassung der *res extensa* also wird die Anwendung der funktionalen Synthesis in Descartes' Metaphysik vollständig. Und vollständig wird damit auch Descartes' Metaphysik, die darin besteht – und eben darin so außerordentlich neu ist –, dass sie diese neue Denkform zur Form der gesamten Welt erhebt.

> *Ich erkenne aber nur zwei oberste Gattungen von Dingen an: die der geistigen oder denkenden Dinge, das heißt die, welche*

zum Geiste oder zur res cogitans *gehören, und die der körperlichen Dinge oder der zur* res extensa, *das heißt zum Körper gehörenden.*[252]

Mit diesen beiden Einheiten ist die Welt komplett, so komplett, wie sie es für Bacon mit *processus* und *schematismus* war, und so komplett, dass sie aus *nichts als* diesen zwei »obersten« Einheiten bestehen soll. Für Descartes gibt es die Welt nur als *res cogitans* und *res extensa*, gibt es in der Welt also nur noch das, was zu *ihnen* gehört und was *sie* insofern sind. Auch diese *Totalität* der Einheiten ergibt sich aus ihrem Ursprung am Geld und wird durch dessen Synthesis vorgegeben. Denn das Geld kennt nichts außerhalb seiner selbst und der auf ihn bezogenen Warenwelt, es kennt kein Beziehen auf etwas, das davon außerhalb läge. Und wenn also die Welt nach seiner Form gedacht wird, dann muss sich diesem Denken *alles* in ihr Gegebene – wie auch immer – auf nur diese beiden Einheiten verteilen und ihnen zuteilen lassen.

Nun also hatte Descartes das Denken dazu auserkoren, von diesen beiden die *reine* Einheit zu sein: Funktion und reines Beziehen. Soll die *res extensa* ihr funktionales Gegenstück werden, so muss sie es folglich als *rein bezogene* Einheit. Und Descartes macht sie dazu – auf zweierlei Weise. Zum einen, das hatte der methodische Zweifel erbracht, ist ihm die *res extensa* ja der Inbegriff jener inhaltlich-körperlichen Welt, die der von ihr geschiedenen *res cogitans* gegenübersteht. Das heißt, sie ist jener vom Denken ausgeschlossene Inhalt, *auf den sich das Denken als sein Objekt beziehen muss*, um von der leeren Denk*funktion* zum Denken *von etwas* zu werden – und damit überhaupt zu Denken. Schon in diesem Sinn also besteht ein notwendiger Bezug zwischen *res cogitans* und *res extensa*, der Bezug einer Funktion auf ihren Inhalt.

Genau darüber aber muss auch die *res extensa*, obgleich der Inbegriff von Inhalt, außerdem nicht-inhaltlich werden. Die inhaltliche Welt selbst muss sich, als *res extensa* gefasst, in Nicht-Inhalt verwandeln: dieselbe widersprüchliche Doppelung, die sich für Descartes aus der nicht-inhaltlichen Fassung des inhaltlichen *Denkens* ergab, muss sich ihm bei der *res extensa* wiederholen. Und zwar so, dass sie ihm einmal *Größe* ist: ausdrücklich ja Ausdehnung; und das andere Mal *Nicht-Größe*: das Ensemble unausgedehnter Bezugspunkte.

Descartes hatte geschrieben, »dass gar nichts anderes zum Begriffe des Körpers gehört, als dass er eine lange, breite und tiefe Sache ist, die eine Mannigfaltigkeit von Gestalten und Bewegungen in sich aufnehmen kann«. Dazu führt er in den *Principia* aus, die »Natur« der Körper, ihre letzte begriffliche Bestimmung, sei Ausdehnung *als solche*; also nicht etwa bloß ihre Ausdehnung *im* Raum, sondern die Ausdehnung *des* Raums, gleichgültig nun als Ausdehnung eines massiven, materialen Körpers im geläufigen Sinn oder aber als diejenige des leeren Raums – der eben deshalb für Descartes keinesfalls *leerer* Raum sein darf.

Denn auch der Sache nach ist der Raum oder innere Ort und die in ihm enthaltene körperliche Substanz nur verschieden nach der Art, wie wir sie uns vorstellen; in Wahrheit ist die Ausdehnung in die Länge, Breite und Tiefe, welche den Raum ausmacht, identisch mit der, welche den Körper ausmacht.[253]

Ausdehnung des leer nur scheinenden Raums und Ausdehnung eines Körpers sind nicht verschieden, sondern beide nichts als Ausdehnung. Körper *ist* Raum, und Raum, der gesamte Raum, *ist* Körper. Also nur *ein* Körper und damit auch nur *eine* Materie:

In der ganzen Welt gibt es also nur ein und dieselbe Materie, die allein daran erkannt wird, dass sie ausgedehnt ist.[254]

Eine solche Gleichsetzung von Körper und Materie – *res extensa*, »die wir Körper oder Materie nennen«[255] – beraubt also Materie ihres materialen Daseins und macht sie zu einem zwar lückenlos gefüllten Materieraum, aber diesen eben zu reiner Ausdehnung, zum reinen cartesischen Bezugsraum.

Wie aber kommt es darin zu den einzeln bestimmten Körpern, zu einem Stein etwa, zu dem, was man so üblicherweise einen Körper nennt? Laut Descartes ja dadurch, dass jener einzige massive Raumkörper »eine Mannigfaltigkeit von Gestalten und Bewegungen in sich aufnehmen kann«. Die einzelnen Körper sind also *innerhalb* des Gesamtraums nur bestimmt durch ihren spezifischen *Ort*; sie sind *von ein und derselben Materie wie dieser Gesamtbezugsraum* und nicht also material von ihm geschieden, sondern nichts als ein jeweiliger Ort in ihm.

So nehmen wir mithin den Raum immer als die Ausdehnung nach Länge, Breite und Tiefe; aber den Ort fassen wir bald als ein Innerliches der darin befindlichen Sache, bald als ein ihr Äußerliches auf. Der innerliche ist dasselbe wie der Raum, der äußere dagegen ist gleich der Oberfläche, welche sich um das in dem Ort Befindliche herumzieht. Unter Oberfläche ist hier nicht ein Teil des umgebenden Körpers zu verstehen, sondern nur die Grenze zwischen dem umgebenden Körper und dem, was umgeben wird.[256]

Sie ist die *ausdehnungslos* gedachte Membran, die den einzelnen Körper umschließt; und die *einzige* Bestimmung, die einem Einzelkörper zukommen soll. So gilt von der *res extensa*: Als *einzelner Körper* ist sie allein diese *ausdehnungslose Fläche* um seine Gestalt, *als Gesamtraum* und *-körper* aber ist sie die unendliche Gesamtheit jener sämtlichen *ausdehnungslosen Punkte*, aus denen sich solche Flächen jeweils müssen formen lassen. Auf diese Weise entspricht die *res extensa* also *genau* dem durch seine Koordinaten in die Länge, Breite und Tiefe aufgespannten Bezugsraum von Descartes' analytischer Geometrie – und damit der durch die funktionale Synthesis vorgegebenen Einheit des rein Bezogenen. Sie ist das unendlich unterteilbare Kontinuum von Bezugspunkten, aus denen sich Strecken, Flächen und schließlich auch Körper sollen formen und bestimmen lassen.

Beides, die Unterteilung als Kontinuum und die Bezogenheit seiner Bestandteile, nennt Descartes; das eine so, »dass die Materie in allen Körpern der Welt ein und dieselbe ist, dass sie beliebig teilbar und schon von selbst in viele Teile geteilt ist«;[257] das andere in der Definition, Bewegung sei »die Überführung eines Teiles der Materie oder eines Körpers aus der Nachbarschaft der Körper, die ihn unmittelbar berühren, und die als ruhend angesehen werden, in die Nachbarschaft anderer«.[258] »Bewegung« aber muss Descartes hier als diesen reinen Beziehungsbegriff eintreten lassen, nicht nur um später auch die Bewegung von Körpern behandeln zu können, sondern um die Körper überhaupt nur *Gestalt* gewinnen zu lassen. Denn da ihm die *res extensa*, dieser bloße Bezugsraum, zugleich der kompakte Block der einen Materie sein soll, muss jede *Veränderung*, jede Differenzierung innerhalb dieses Blocks eine *Bewegung* der Materie sein, und das heißt Bewegung der Materieteilchen gegeneinander. *Jede* Differenzierung muss *Bewegung* und *kann* zugleich nichts sonst als *Bewegung der Materieteilchen* sein, da jede *qualitative* Veränderung der immer und grundsätzlich nur *einen*, nichts sonst als ausgedehnten Materie ausgeschlossen ist.

Und da müssen sich die bekannten, unüberwindlichen Schwierigkeiten einstellen. Dadurch, dass Körper und Materie in die Form der *res extensa* gebracht werden, ergibt sich das unlösbare Problem, dass Materie und Körper durch eben diese Form *ausgeschlossen* sind. Es macht Descartes gerade das zu schaffen, wozu er die *res extensa* doch *ausschließlich* erklärt: die reine Ausdehnung.

Als geschlossene Materiekonzentration muss sie bei jeder Bewegung, einer Bewegung notwendig *innerhalb* ihres Kontinuums, absolut lückenlos bleiben, so lückenlos wie das Kontinuum selbst. Körper jedoch, welcher Form, wie klein und wie gut ineinander gepasst sie immer sein mögen, lassen, sobald sie sich gegeneinander bewegen, Leerräume entstehen, die sie von den anderen trennen; man stelle sich Kügelchen vor, Tetraeder, irgendwelche Kristalle, niemals können sie lückenlos aneinander schließen *und* sich dabei gegeneinander bewegen. Reine, ausdehnungslose Bezugspunkte ließen es gedachterweise natürlich geschehen, ausgedehnte Materieteilchen dagegen in keinem Fall. Sollen sich also – der Widerspruch jedes nicht-inhaltlich gedachten Inhaltlichen – die ausgedehnten Teilchen so bewegen, wie mit der Form der *res extensa* vorausgesetzt, als wären sie die reinen Bezugspunkte eines Kontinuums, so müssten sie zuletzt ebenso aktuell unendlich klein zerteilt sein wie diese Punkte, nämlich *ohne* Ausdehnung als Nicht-Größen existieren. Descartes täuscht sich nicht über das unlösbare Problem, das er sich hier bereitet:

> *Indes muss man gestehen, dass diese Bewegung etwas enthält, dessen Wahrheit der Geist zwar erkennt, während er die Art, wie es geschieht, nicht begreift, nämlich die Teilung einzelner Teilchen der Materie ins Unendliche oder Endlose, oder in so viel Teile, dass man in Gedanken sich keinen so klein vorstellen kann, ohne einzusehen, dass er in der Tat in noch kleinere geteilt wird.*[259]

Descartes erkennt den Widerspruch – und lässt ihn, mit einer denkwürdigen Erklärung, stehen:
Und wenngleich man die Art, wie diese Teilung ins Endlose geschieht, nicht begreifen kann, so darf man doch an ihrer Wirklichkeit nicht zweifeln, da sie eine klare Folge aus der uns genau bekannten Natur der Materie ist.[260]
»Uns genau bekannt« ist aber nicht die Natur der Materie, sondern ist »uns« allein die Form der *res extensa*, die »wir« da der Materie zugeschrieben haben. Und wenn diese Zuschreibung zu offensichtlichem Unsinn führt – um so schlimmer für die Materie; die Zuschreibung bleibt unerschütterlich stehen. Denn die muss sein, zu ihr zwingt ein Apriori, das auch Descartes – gegen allen Unsinn – nur hinnehmen, nicht hintergehen kann. Vor dem Denkzwang, die Wirklichkeit unausgedehnter Bezugspunkte anzunehmen, hat für Descartes jeder Zweifel zu schweigen. Der Widerspruch, den ihm das Apriori funktionaler Abstraktion aufzwingt, bringt den methodisch mit dem Zweifel zu einem Ende gekommenen Descartes nicht wieder ins Zweifeln. Der Denkzwang, dem er folgt, ist mächtiger als die Denkfehler, zu denen er sichtbar zwingt.

Descartes bekennt den Widerspruch ein, lässt ihn bestehen und schleppt ihn deshalb weiter fort bis in eine unhaltbare Erklärung zur elementaren Teilung von Materie. Dort muss sich der Widerspruch in einer zweifachen Fassung der Materieteilchen niederschlagen: einmal ausgedehnt, einmal nicht-ausgedehnt – der Widerspruch als zweierlei Gestalt. Descartes verfolgt die Sache schön apriorisch zurück bis zum Anfang der Welt, über den er, dank seiner Einsicht in – wohlgemerkt – die *Naturgesetze*, die es inzwischen geben muss, folgenden Bescheid zu geben weiß.

Um nun mit der Darlegung der Wirksamkeit der Naturgesetze bei dieser Hypothese zu beginnen, so bedenke man, dass die Teilchen, in die die ganze Materie der Welt im Anfange geteilt angenommen worden, damals Kugelgestalt nicht gehabt haben können, weil mehrere Kugeln nebeneinander den Raum nicht ausfüllen. Welcher Gestalt sie aber auch gewesen sind, so mussten sie doch im Laufe der Zeit rund werden, da sie mannigfache in sich zurücklaufende Bewegungen hat-

ten. Wenn sie nämlich im Beginn mit genügend starker Kraft bewegt worden sind, so dass das eine sich von dem anderen trennte und diese Kraft anhielt, so war sie unzweifelhaft auch stark genug, um alle ihre Ecken bei ihrer späteren gegenseitigen Begegnung abzuschleifen; denn dazu gehörte nicht so viel Kraft wie zu jener. Und aus dieser Abreibung der Ecken allein sieht man leicht, wie der Körper endlich rund werden musste, weil hier unter Ecke alles über die Kugelgestalt an einem solchen Körper Hervorstehende zu verstehen ist.

Da es aber keine durchaus leeren Räume geben kann und diese runden Stoffteilchen miteinander verbunden waren, so werden sie keine Zwischenräume behalten haben, und diese mussten also von anderen, ganz kleinen Abgängen des Stoffes, welche die zur Ausfüllung nötige Gestalt hatten und diese nach Verhältnis der auszufüllenden Raumstelle fortwährend wechselten, ausgefüllt werden. Während nämlich die Stoffteilchen, welche rund werden, ihre Ecken allmählich abreiben, ist das davon Abgeriebene so klein und erlangt eine solche Geschwindigkeit, dass es durch die bloße Kraft der Bewegung in unzählige Stückchen sich trennt und so alle Lücken ausfüllt, wohin die anderen Stoffteilchen nicht eindringen können.[261]

Die Materieteilchen reiben aneinander und schleifen sich gegenseitig ab. Das gibt Schleifmehl: winzige Materieteilchen, die alle Zwischenräume zwischen den im Lauf der Zeit rund werdenden größeren Teilchen kontinuierlich ausfüllen – ausfüllen müssen! Im reinen Bezugskontinuum *darf* ja kein Zwischenraum bleiben. Und damit gibt es zweierlei Materie: ausgedehnte und unausgedehnte.

So haben wir bereits zwei sehr verschiedene Arten der Materie, welche die zwei ersten Elemente dieser sichtbaren Welt genannt werden können; die erste Art ist die, welche solche Stärke der Bewegung hat, dass sie bei der Begegnung mit anderen Körpern in Stückchen von endloser Kleinheit zerspringt und ihre Gestalt der Enge der von jenen freigelassenen Lücken anpasst. Die andere Art ist die, welche in kugelige, und zwar im Vergleich mit den sichtbaren Körpern in sehr kleine Teilchen

*geteilt ist. Diese Teile haben aber doch eine feste und bestimmte Größe und sind in viel kleinere teilbar.*²⁶²
Diese *haben* eine bestimmte Größe, jene anderen haben *keine*: sind »von endloser Kleinheit«, sind also die *Nicht*-Größen.

Natürlich aber können sie *aus Materie* niemals in der Weise entstehen, wie es Descartes da so schön erzählt, und können sie als Nicht-Größen natürlich überhaupt nicht aus Materie *beste*hen. Denn, zum ersten, auch die Teilchen des Schleifmehls könnten so klein geschliffen werden wie nur immer möglich, das Problem ihrer *Gestalt*, egal bei welcher Größe, bliebe jeweils exakt dasselbe: dass sich *keine* starre Gestalt, ohne Zwischenräume und Lücken zu ergeben, gegen andere verschieben und bewegen lässt. Keine Kugel, kein Zylinder, keine Linse und kein Würfel tut Descartes den Gefallen. Jede Bewegung eines festen Körpers gegenüber anderen, welcher Gestalt sie immer seien und wie lückenlos sie sich für einen Augenblick auch immer zusammenfügen mögen, muss einen Zwischenraum entstehen lassen – jenen Zwischenraum, den Descartes' zweite Art Materie genau deshalb auch auszufüllen hat, jedoch aus demselben Grund nicht ausfüllen kann, ohne an allen Ecken und Kanten erneut und unvermeidlich das vollständig unveränderte Problem der Lückenfüllung zu ergeben – *ad infinitum*. Zum zweiten aber könnten Teilchen, wenn sie denn unendlich klein und schließlich also Nicht-Größen wären, *eo ipso* nicht ausgedehnt sein und damit auch keine Materie. Als lückenloses Füllmaterial müssten sie ausdehnungslose Punkte sein, mit ausdehnungslosen Punkten aber lässt sich schwerlich etwas füllen.

Trotzdem müssen sie beides sein und beides leisten. Sie als *unausgedehnt* zu fassen, ist erzwungen durch die funktionale Denkform der rein bezogenen Einheit, bloßer Bezugspunkte. Sie zur *Ausdehnung* zu erklären, ist notwendig, um die inhaltliche Welt gleichwohl in diese Form zu fassen. Den Widerspruch einer Ausdehnung aus Nicht-Ausgedehntem trennt Descartes in seine widersprüchlichen Momente auf, ohne etwas an dem Widerspruch zu retten, aber so, dass er einer unscharfen Anschauung nicht mehr ins Auge sticht. Descartes verlegt ihn in zwei getrennte Bereiche: hie das Ausgedehnte, hie das Nicht-Ausgedehnte, als stünde es dadurch, dass es nunmehr getrennt und unterschieden wird, nicht mehr gegenseitig im Widerspruch. Und so wird die *res extensa*, der starre, leere und lichtlose Bezugsraum der Koordinatenachsen, zur Welt erklärt.

WACHS OHNE MERKMAL

Nun behaupte ich also, dass sich *res cogitans* und *res extensa* aus der Denkform der funktionalen Synthesis ergeben und dass Descartes diese beiden seltsamen *res* deshalb konzipiert, ihre Existenz behauptet und die Welt in ihnen und nichts als ihnen bestehen lässt, weil er neuerdings unwillkürlich und reflexhaft in dieser Synthesis denkt. Sie ist das radikal Neue, das ihn zu einer neuen Metaphysik zwingt, und sie bringt ihn auf diese Weise auch dazu, mit *res cogitans* und *res extensa* den Grundstein für die neuzeitliche Philosophie zu legen. Die Synthesis am Geld ist das Apriori, dem sich Descartes dabei beugt.

Aber das heißt auch, dasjenige, was Descartes nach jener Synthesis denkt, bleibt ihm selber apriorisch: unerklärlich und unbegründbar. Wenn meine genetische Herleitung dieser Denkform zutrifft, dann dürfte Descartes keinen Grund anzugeben wissen, *weshalb* er nun in diesen Einheiten denkt, jedenfalls keinen Grund, der trägt. Denn Begründungen führt Descartes ja sehr wohl und sehr gewissenhaft vor. Doch wie anschaulich er da immer sitzen mag und in die Gegend zweifeln, bislang konnte er damit *nichts* begründen; und so wird es ihm auch mit der *res extensa* ergehen.

Weshalb er sie aufstellt, das begründet er in den *Meditationes*. Dort hat er gerade die Bestimmung der *res cogitans* erreicht, kommt nun vorerst vage auf deren Inhalte zu sprechen und nimmt sich dann aus diesen Denkinhalten just die Körper zu weiterer Betrachtung vor.

Wir wollen diejenigen Gegenstände betrachten, von denen man für gewöhnlich annimmt, sie von allen würden am deutlichsten begriffen, nämlich die Körper, die wir berühren und die wir sehen.[263]

Da greift er – *exempli causa* – zu seinem berühmten Stück Wachs. Er beschreibt es nach seinem Duft, seinem Honiggeschmack, nennt Farbe, Gestalt, Größe, erwähnt, wie kühl es sich anfühle, wie leicht es sich in der Hand halten lasse, und spricht zuletzt gar von dem Klang, den es von sich gibt, wenn man mit dem Knöchel darauf schlägt. Was er auf diese Weise bestimmt, ist also ein Körper, ist das Stück Wachs in all seinen Merkmalen, allen *inhaltlichen* Bestimmungen, die man an ihm wahrnimmt und nach denen man es als solches erkennt. Dann aber vollführt Descartes ein kleines Experiment und nähert das Wachs dem Feuer. Es wird flüssig, und nichts bleibt, wie es war. Das Wachs verliert seinen Geschmack und Duft, verändert Farbe, Gestalt, Größe, Temperatur und Handlichkeit; »und wenn man darauf klopft, so wird es keinen Ton mehr von sich geben« – zumindest nicht den von vorher, sondern allenfalls ein leises »pitsch«. Es ist noch dasselbe Wachs, aber ist nicht mehr das gleiche. Und Descartes fragt: Was ist dann dieses selbe Wachs?

»Vielleicht«, antwortet er sich, »ein Körper, der mir kurz zuvor mit jenen Eigenschaften ausgezeichnet erschien, jetzt mit anderen?«[264] Ganz zweifellos. Aber ein Körper mit *wechselnden* Eigenschaften, mit diesem Ergebnis ist Descartes noch nicht gedient. Was ihm sein kleines Experiment an die Hand gibt, taugt ihm so noch nicht, er gedenkt es vielmehr zu einer Abstraktion zu nutzen, zu der ihm das Experiment durchaus *nichts* an die Hand gibt. Ein Körper mit wechselnden Eigenschaften, was ist das genau, so fragt Descartes weiter; und er gibt sich die Antwort: ein Körper *ohne* Eigenschaften. Das aber ist ganz zweifellos falsch.

Wenn sich die inhaltlichen Bestimmungen des Körpers *ändern*, heißt das ja nicht, dass er sie insgesamt *verlöre*. Der Körper steht nicht plötzlich *ohne* all seine Inhalte da, sondern lediglich mit *anderen*. Er *bleibt* inhaltlich bestimmt, auch wenn keine einzige seiner inhaltlichen Bestimmungen die gleiche bleiben sollte. Selbst wenn also das Experiment nahelegt, um das Wachs *als solches* zu erkennen, müsse man von den einzeln *bestimmten* Inhalten seiner Wahrnehmung absehen, heißt das nicht, man habe von allem Inhalt überhaupt abzusehen. Das aber tut Descartes. Er vollzieht an den Körpern dieselbe Ausschließung, die er aufwendiger bereits in seinem methodischen Zweifel vollzogen hatte; nur diesmal mit einer rigorosen Knappheit, die sich bereits auf das vorher Eingeübte verlässt. Diesmal sagt er es passenderweise in einem *Ablativus absolutus*, so knapp wie möglich: »remotis iis, quae ad ceram non pertinent« – »wenn man entfernt, was nicht zum Wachs gehört«. Und wieder: »Dann wollen wir sehen, was übrigbleibt«. Und behauptet dann, keinerlei inhaltliche Bestimmungen des Wachses mehr zu sehen, keine Farbe, keine Gestalt, keinen Schimmer, sondern »nichts anderes als etwas Ausgedehntes, Biegsames, Veränderliches«[265] – seine Fassung der *res extensa*.

Weshalb Körper nur so zu denken seien, versucht Descartes, aber vermag er nicht anders zu begründen, als dass er immer und immer wieder beteuert, es bliebe gar nichts, so und nur so *müsse* man sie denken. Doch damit pocht Descartes nun nicht mehr auf das Wachs, sondern ganz einfach und offen auf einen *Denkzwang* – und keinen, der sich aus der Sache ergäbe. Es ergibt sich nicht etwa aus der Natur der Körper, ergibt sich nicht aus genauem Nachdenken über die Körperwelt, und ergibt sich vor allem nicht aus einer anschaulichen Szene ihrer Wandelbarkeit. Die Form reiner Ausdehnung ist notwendig reine *Denk*bestimmung, in diesem Sinn: Sie wird an keinem Gegenstand erkannt, wird keinem Gegenstand abstrahierend entnommen, sondern wird ihm ausschließlich zugeschrieben.

Diese Denkbestimmung ergibt sich Descartes neu. Er führt sie ein und kann nicht sagen, wie er auf sie kommt, er kann nur noch konstatieren, dass er nunmehr nach ihr denkt – und es deshalb überhaupt für zwingend ansieht, nach ihr zu denken. Und damit führt er zugleich eine neue Art der Begründung ein. Seine ganze aufwendige Bemühung um Gottesbeweis und metaphysische Absicherung der regulären Erkenntnis gilt dem: dass unsere Denkbestimmungen dann wahr seien und Wahrheit träfen, wenn sie sich uns klar und deutlich ergeben; und das heißt: wenn sie sich uns *zwingend* vorgeben. Ausdrücklich erklärt Descartes das reale Bestehen von *res cogitans* und *res extensa* in ihrer neu bestimmten Form durch nichts als dadurch für bewiesen, dass er sie in dieser Form denken *müsse*. Ausdrücklich und reflektiert also beruft er sich auf seine Denkform als den unhintergehbar letzten Grund, die Welt nach ihr zu erkennen und sie in der Welt als real gegeben anzuerkennen.

Descartes hat auf diese Weise mit einer Art der Begründung, wie die Welt zu erkennen sei, den Anfang gemacht, die später transzendental heißen wird. Bei ihm ist sie zwar noch einmal hinterfangen von der puren Transzendenz, von einem Gott, der kein Betrüger sein könne und es daher so eingerichtet habe, dass Denkbestimmungen, die sich uns zwingend vorgeben, mit den Bestimmungen der Realität übereinstimmen. Aber dieser Gott hat damit nur zu gewährleisten, dass Descartes' Berufung auf die Denkformen *zu Recht* erfolgt; er *dient* dieser Berufung, auch wenn sie sich auf Gott als ihren *Herrn* beruft. Das Denken in den zwingenden Formen, nach denen es Bestimmungen und Unterscheidungen trifft, wird bei Descartes zur letzten Berufungsinstanz einer wahren Erkenntnis der Welt; und damit werden es eben diese Denkformen, für deren Unhintergehbarkeit man später den Begriff des Transzendentalen findet.

Etwas erkennt Descartes damit zu Recht: dass es wirklich eine Denkform ist, die ihn dazu zwingt, und dass sie der wahre Grund dafür ist, die Welt nach *res cogitans* und *res extensa* getrennt zu denken. Er erkennt, dass ihm *res cogitans* und *res extensa* in dieser Form zwingend durch sein Denken und in seinem Denken vorgegeben sind, aber er erkennt nicht diese Form selbst und weiß noch weniger von ihrer geschichtlichen Bedingtheit, erkennt weder, *wodurch* sie in ihm bedingt wird, noch *dass* sie bedingt ist; und so *bleibt* sie seinem Denken das *unhintergehbar* Zwingende – das, worauf er sich berufen muss.

Das aber hat noch etwas anderes zur Folge. Es wird ja zwingend, das Denken selbst, auch das wirkliche, geschichtlich vorgefundene Denken der einzelnen Menschen, in denen jene Denkform wirksam *geworden ist*, nach eben der Form zu reflektieren, die da in ihnen wirksam wurde. Das Denken nach der funktionalen Abstraktion wirft deren Form nicht nur über die gesamte übrige Welt, sondern vor allem auch über *sich selbst*. Es selbst, das die Form vorgibt, gibt sie auch *sich* vor und hält sie auch für *seine* Wirklichkeit: denkt sich als *res cogitans*, als reine Denkfunktion. Und darüber muss sich das Denken für *rein* halten: hält es sich für das Reich des Unbedingten, der Geschichte enthoben, hält es sich für transzendental gültig. Das geschichtlich Bedingte verleiht sich die Fassung seiner eigenen Unbedingtheit.

Und damit schließt sich ein Zirkel, den Descartes mit allen Kräften und durch sein allfälliges Springen zwischen dem inhaltlich bestimmten und dem reinen Denken geschlossen zu halten sich müht; ein Zirkel, zu dessen Festigung die Philosophie seitdem noch unendlich viel größere Mühe aufgewandt hat; und ein Zirkel, den aufzubrechen bis heute nicht gelingen sollte. Bis jetzt.

EINHEIT DER NEUZEITLICHEN PHILOSOPHIE

Was auf diese Weise bei Descartes seinen Anfang nimmt, dem hat Philosophie nicht wieder ein Ende setzen können, es bestimmt sie seitdem. Was bei ihm seinen Anfang nimmt, ist die Anwendung der funktionalen Denkform auf die philosophische Reflexion – ohne alle Reflexion auf diese Denkform selbst. Deren Genese aber, der geldvermittelte *gesellschaftliche* Zusammenhang, hat notwendig ja das Moment des Allgemeinen. Er hat sein Wesen daran, dass bestimmend alle, die in dieser Art von Gesellschaft leben, alle auch diese Art von Synthesis zu leisten haben, unwillkürlich und reflexhaft. Deshalb kann Descartes, der mit ihr philosophisch umzugehen beginnt, damit nicht alleine bleiben. Deshalb muss es allgemein bestimmend werden, müssen ihm spätere philosophische Denker darin nachfolgen – von da an und bis heute: solange dies Bestimmende währt.

Die Kontinuität und Einheit der neuzeitlichen Philosophie wurde von ihren Historikern vielfach beschrieben, aber ohne Kenntnis vom Ursprung und von den Bedingungen des Neuen musste sie als Descartes' *Wirkung* erscheinen: Er hätte da etwas neu in die Welt der Philosophie eingeführt, und *deshalb* hätte es sich der Philosophie von da an als Problem gestellt. Wenn die Philosophiegeschichte dieses Neue schon nicht kurzerhand für etwas vom ewig platonischen Alten erklärt, dann scheint ihr, als hätte Descartes da nicht nur etwas geschafft, sondern etwas geschaffen. Er wäre der Schöpfer einer Idee, die, neu durch ihn in die Welt gekommen, fortan die neuzeitliche Philosophie leiten sollte. So schreibt etwa Johannes Hirschberger in seiner *Geschichte der Philosophie*:

> *Descartes schuf nämlich nicht weniger als die Problemstellung, die der neuzeitlichen Philosophie das Gesetz des Handelns vorschrieb; auch dort noch, wo man ihn bekämpft. »Die gesamte neuzeitliche Metaphysik, Nietzsche eingeschlossen, hält sich in der von Descartes angebahnten Auslegung des Seienden und der Wahrheit... Die wesentlichen Verwandlungen der Grundstellung Descartes', die seit Leibniz im deutschen Denken erreicht wurden, überwinden diese Grundstellung keineswegs. Sie entfalten erst ihre metaphysische Tragweite und schaffen die Voraussetzungen des 19. Jahrhundert«* (Heidegger). *Descartes heißt mit vollem Recht der Vater der Philosophie der Neuzeit.*[266]

Der fruchtbare Mann! Aber nein – wie genial auch immer, er hat nicht gezeugt und »schuf« nicht, was mit ihm in der Philosophie beginnt und sie seitdem bestimmt hat. Was bei Descartes seinen Anfang nimmt, bestimmt die Philosophie seitdem nicht deshalb, weil es bei Descartes seinen Anfang genommen hat, sondern *aus demselben Grund*, aus dem es bei ihm seinen Anfang nahm, *nach demselben Zwang*, der schon Descartes nötigte, auf diese Weise neu zu denken. Es ist nicht Descartes' Erfolg, sondern Erfolg desselben, was bereits zur Wirkung hatte, dass auch Descartes *so* zu denken begann.

Natürlich gibt es *daneben* auch die direkt von Descartes abhängige ideengeschichtliche Überlieferung: Descartes *Spielart* neuzeitlicher Philosophie, *seine* Varianten an Behauptungen, Begründungen, Beweisen, die hat tatsächlich, wer sich späterhin philosophisch äußern will, zur Kenntnis zu nehmen, und insofern wird Descartes' Philosophie sehr wohl zum weitergereichten Gegenstand einer Tradition, in der jeder Nachgeborene angehalten ist zu schauen, was vor ihm ein weiser Mann gedacht, und wie wir's dann zuletzt so herrlich weit gebracht. Gerade Descartes' *spezifische* Fassung des Neuen jedoch war bereits in jenem frühen Moment, als er sie in den *Meditationes* vorlegt, so gründlich kritisiert und widerlegt, dass so gut wie nichts mehr von ihr übrig blieb. Schon die Einwendungen nämlich, die Descartes sammelte und in einer Redlichkeit, die man nur bewundern kann, den *Meditationes* beigab, haben – teils mit einem Scharfsinn, um den man diese Zeit nur wiederum beneiden kann – recht schonungslos aufgedeckt, dass Descartes da keineswegs schlüssig folgert, sondern alles entscheidend Neue bloß behauptet; Georg Büchner hat sich später zu Recht gewundert, wie der Autor der so vernichteten *Meditationes* sie überhaupt noch hat veröffentlichen wollen. Und das war nur der Anfang: Was seitdem gegen Descartes' philosophische Darlegungen vorgebracht wurde, hat ihre Vernichtung vollständig gemacht. Von *res cogitans* und *res extensa*, so wie Descartes sie aufstellt, hat schon wenige Zeit nach ihm nichts mehr Bestand. Man braucht nur einmal zu hören, mit welch freundlicher Herablassung – und durchaus imstande, sie zu begründen – bereits Leibniz davon spricht.

In unserer Zeit haben einige hervorragende Männer ihren Geist auch auf die erste Philosophie gerichtet, jedoch bisher ohne großen Erfolg. Es kann nicht geleugnet werden, dass Descartes dazu Ausgezeichnetes beigetragen hat, dass er in richtiger Weise besonders Platons Bestreben, die Abkehrung des Geistes von den Sinnendingen, wiedererweckt und dass er von den akademischen Zweifeln einen nützlichen Gebrauch gemacht hat; aber bald hat er durch eine gewisse Inkonsequenz oder durch Zügellosigkeit im Behaupten das Ziel verfehlt, das Gewisse vom Ungewissen nicht unterschieden und demgemäß das Wesen der Körpersubstanzen fälschlicherweise in die Ausdehnung gelegt; auch über die Vereinigung von Seele und Körper hatte er falsche Ansichten: der Grund lag darin, dass er das Wesen der Substanz insgesamt nicht erkannt hatte. Denn er war gewissermaßen nur sprungweise zu den Lösungen der schwierigen Fragen vorgeschritten, ohne die darin enthaltenen Begriffe geklärt zu haben.[267]

Nur »sprungweise« – o ja, das sieht Leibniz sehr richtig, auch wenn er sich darüber täuscht, dass es *ohne* diese Sprünge abgehen *könnte*; dazu werden wir noch kommen.

Und trotzdem also, obwohl Descartes' Philosophie sofort auf gediegene Widerlegung stößt, vermag ihn nichts von der Notwendigkeit des Neuen und von dessen Veröffentlichung abzubringen; und trotz der Herablassung eines Leibniz, und obwohl schon er Descartes den Erfolg absprechen kann, den ihm spätere Philosophen noch entschiedener bestreiten werden, trotz alledem wird es schon für die Denker jener frühen Zeit unabdingbar, an Descartes anzusetzen und auf irgendeine Weise weiter mit der *Denkform* seiner beiden *res* umzugehen; und trotz alledem erhält sich *das Neue* an Descartes so unvernichtet bis heute, dass man eben deshalb Anlass sieht, etwas Grundlegendes wie die Subjekt-Objekt-Trennung noch immer *ihm* zur Last zu legen.

Was sich von Descartes' neuem Denken bis heute erhält, ist also nicht das, was Descartes dort im Einzelnen denkt und sich zurecht legt, sind nicht die tradierten, so bald widerlegten bestimmten Behauptungen, die er aufstellt, sondern ist jene spezifische Form, *nach der* er zu ihnen kommt – und nach der andere auch zu *anderen* Behauptungen kommen können. Was Descartes als erster leistet und dem er insofern Bahn bricht, das ist in Wahrheit nur dies: die funktionale Denkform anzuwenden zur metaphysischen Konstruktion der Welt. Diese Anwendung kommt durch Descartes in die Welt, aber mitsamt ihren widerleglichen Ergebnissen wäre sie wirkungslos sogleich wieder untergegangen, wenn nicht von so allgemeiner und verbindlicher Kraft gewesen wäre, was da zur Anwendung kam. Nicht, was Descartes' Anwendung der funktionalen Abstraktion auf die Welt ergab, hält sich bis heute, sondern das Zwingende dessen, wozu er als erster in der Lage war, ihre Anwendung selbst.

Dies Descartes' philosophische Leistung, nur *dieses* Tor stößt er damit auf. Und das heißt ja nicht wenig: Es ist immerhin das Tor zur Neuzeit. Doch heißt es zugleich noch etwas anderes. Mit Descartes' *res cogitans* und *res extensa*, also der philosophischen Anwendung der funktionalen Abstraktion, *wird nichts erklärt*, sondern das, worauf es seine Anwendung findet, wird eben dadurch – im strengen Sinn – *problematisch*.

Das war bei Descartes zu erkennen, hat aber entscheidende Bedeutung auch für alle nun nachfolgende Philosophie. Descartes, das zeigte der Verlauf seiner neuen metaphysischen Konstruktion, löst mit ihr nichts ein, was der Philosophie schon früher wäre aufgegeben gewesen, erbringt nicht die Lösung von Problemen, die bis dahin bestanden hätten und die sich jetzt auch nur irgendwie besser behandeln ließen. Das alte Projekt der regulären Erkenntnis *bleibt* vollständig das alte; genauso der Gottesbeweis, der dieses alte Projekt jetzt nur neu zu verbürgen hat; über die Körper hört man von Descartes baren Unsinn und über die menschliche Erkenntnistätigkeit, über das Denken hat man nach allen Mühen auch keinen verlässlicheren Aufschluss erhalten als den: Es ist eine *res*. In seiner Anwendung auf die metaphysische Konstruktion der Welt ergibt das Funktionsverhältnis keine Lösungen von bestehenden Problemen. Vielmehr umgekehrt: Es *setzt* Probleme – Probleme, die es vorher nicht gab und die nun erst nach einer Lösung verlangen.

Aber sie unterliegen einem Verdikt, das sich nach der Einsicht in die Genese jener Abstraktion recht knapp und eindeutig bestimmen lässt: Sie sind nicht lösbar. Denn in wie vielfältiger Gestalt sich diese Probleme auch an den einzelnen Gegenständen ergeben mögen, die funktionale Abstraktion stellt mit ihnen jeweils nur immer wieder vor das eine selbe Problem: das Problem, welches sie *ist*. Sie arbeitet mit dem reinen Ausschließungsverhältnis, und das ist zugleich ja das reine Verhältnis des Widerspruchs. Es besteht genau nur darin, den Widerspruch zu setzen, und einen Widerspruch folglich, der innerhalb dieser Setzung, das heißt: *als er selbst*, nicht aufzuheben ist. Im Bereich seiner Genese, dort, wo dies Verhältnis entsteht, im gesellschaftsweiten Zusammenhang von Kaufhandlungen, hat es damit keine denkerische Not. Der Ausschluss, der sich zum reinen Negationsverhältnis der beiden Einheiten Geldwert und Warenwert formt, liegt dort allein in den Handlungen – Kauf und Verkauf –, in denen das Geld sich als solches bewährt, nämlich als das von allen Waren ausgeschlossene Etwas fungiert. Sobald er sich jedoch von diesem Handlungszusammenhang emanzipiert und jenseits davon als Denkform angewandt wird auf die bestehende Welt, müssten die gedachten funktionalen Einheiten in dem absoluten Widerspruch *wirklich* bestehen, den ihre Synthesis mit dem Ausschließungsverhältnis vorgibt. Der Übergang der einen Einheit in die andere, den bei Kauf und Verkauf die Tauschhandlungen herstellen, wird in der davon gelösten Denkform zur unerklärlich reinen Bezogenheit beider Einheiten aufeinander, während sie doch zugleich vollständig voneinander getrennt sein sollen, unverbunden und absolut. So stehen nicht nur beide Seiten im Verhältnis des reinen Widerspruchs gegeneinander und schließen sich, indem es sie als diese geben soll, gegenseitig aus, sondern es widersprechen sich noch dieses Ausschließen und seine Negation, das Verbundensein. Und mehr noch: Sobald diese Denkform auf die inhaltliche Welt angewandt wird, wenn also *sie* sich danach verhalten soll, wird sie dem Widerspruch unterworfen, als Inhaltliches zugleich rein nicht-inhaltlich, gerade in ihren Inhalten nicht-inhaltlich bestimmt zu sein.

Das Funktionsverhältnis stellt seine Anwendung unabdingbar vor diese zwei Formen eines jeweils nicht zu lösenden Problems: den durch das asymmetrische Ausschließungsverhältnis gesetzten und damit innerhalb des Verhältnisses unaufhebbaren Widerspruch; und die Anwendung auf Inhalt, der in eben dieser Anwendung zu etwas Nicht-Inhaltlichem werden soll. Das erstere Problem, das gesetzte Widerspruchsverhältnis, ergibt sich jeweils *zwischen* den beiden Seiten; bei Descartes zwischen *res cogitans* und *res extensa* in Gestalt des Problems, wie beide, strikt voneinander getrennt, zugleich noch irgendwie zusammenkommen sollen. Das Problem der Anwendung auf Inhaltliches ergibt sich dagegen jeweils auf *jeder* der beiden Seiten; bei Descartes auf Seiten der *res cogitans* in dem Widerspruch zwischen dem wirklichen, inhaltlichen Denken und dem Denken als nicht-inhaltlicher Denkfunktion, auf Seiten der *res extensa* als der Widerspruch von Nicht-Größe und Größe, von kontinuierlich und diskret.

Descartes reagiert jeweils unterschiedlich auf das Problem. Auf Seiten der *res extensa* versucht er ihm dadurch beizukommen, dass er die kleinsten Körperbestandteile immer noch einmal unterteilt, also indem er das Problem ins immer Kleinere verschiebt, um es, wenn schon ungelöst, doch wenigstens unsichtbar zu machen. Auf Seiten der *res cogitans* entzieht er sich dem Problem ganz einfach und springt unvermerkt zwischen der inhaltlichen und der nicht-inhaltlichen Fassung des Denkens hin und her, löst also das Problem, indem er es nicht beachtet.

Beide Verfahren, das Verschwindenmachen im Kleinen und das stillschweigende Ineinssetzen des Unvereinbaren, sind Fehler, sind Tricks, sind dort, wo es doch um unbezweifelbar sichere Erkenntnis gehen soll, gerade das, was auf keinen Fall sein dürfte. Und doch ist es nicht Descartes' Fehler, dass er die Fehler begeht und zu den Tricks greift: um die funktionale Abstraktion jenseits ihres genetischen Bereichs anzuwenden, *muss* er es tun. Wer immer zu lösen unternimmt, was ihm eine solche Anwendung der funktionalen Denkform aufgibt, muss die Fehler begehen. Nachfolgende Denker sind dann vielleicht dankbar in der Lage, diese Fehler als solche zu erkennen, werden aber, wenn sie sich an eine andere Lösung machen, andere Fehler begehen, an denen die erneut Nachfolgenden ihrerseits erfreut die Mängel feststellen werden, um nur wiederum neue oder auch bloß wieder die alten an deren Stelle zu setzen, und so immer weiter fort – *usque ad mala*.

Die funktionale Abstraktion, solange *sie* die Probleme vorgibt und eben als die *per se* unlösbaren, ergibt so jene »Problemstellung«, wie Hirschberger sagte, an der sich die Philosophie damals ohne Ende abzuarbeiten beginnt, ohne bis heute zu einer Lösung zu kommen. Die *kann* es nicht geben. Die funktionale Abstraktion gibt aller nachfolgenden Philosophie ihre zentralen Probleme vor, aber mit dem Fluch, die Lösung, nach der sie zu suchen zwingt und mit deren Absehbarkeit sie lockt, auf ewig zu verweigern.

III

EINEN SCHRITT WEITER: SPINOZA

Wie also geht es mit der Philosophie voran?

Ihre gesamte Neuzeit auf die funktionale Synthesis zurückzuführen, diesem Anspruch ist noch nicht Genüge getan, wenn es bei Descartes' Philosophie gelungen ist. Noch einmal heißt es deshalb tief Luft holen und Atem schöpfen für ein – zunächst einmal – letztes Stück Weg. Es wird nicht ganz leicht werden. Aber es führt auf ein erstes Hochplateau, von dem aus die Mühen des Aufstiegs gering erscheinen werden dank des weiten Blicks, den es gewährt, nicht nur über das 17. Jahrhundert mit den Gewittern und Stürmen dieser anbrechenden Neuzeit, sondern damit zugleich auf die Urgeschichte unserer unmittelbaren Gegenwart. Und wir sind inzwischen gut gerüstet.

Doch um nun weiter zu kommen, werde ich mein Verfahren einmal umkehren. Von Descartes hatte ich mir die philosophische Lehre vorgeben lassen, um sie dann erst durchsichtig zu machen auf das funktionale Denken als ihre Bedingung. Aber da ich behaupte, eben dies Denken gebe Probleme vor, denen sich die Philosophie *folglich* zu stellen hat, muss es auch möglich sein, andersherum vorzugehen. Ich werde also mit den Anforderungen beginnen, die von der funktionalen Abstraktion an das Denken ergehen, um dann zu prüfen, wie ihnen die Philosophen nachkommen – falls sie es denn tun. Es gilt also den Versuch, vielleicht nicht buchstäblich, als rückwärts gewandter Prophet, *vorherzusehen*, was auf Descartes folgen musste, aber es doch *abzusehen*.

Und noch einmal vorweg: Den Anforderungen dieser neuen Abstraktion ist in keinem Fall Genüge zu leisten, sobald sie inhaltlich angewandt wird. Nur um den Preis ihrer Anwendbarkeit jedoch wäre umgekehrt diesen Anforderungen die Mühe zu verweigern, sie zu erfüllen. Also muss das Unmögliche sein.

Es geht, um auch das zu wiederholen, um diese drei Momente:

- Das Funktionsverhältnis setzt die beiden Einheiten in ihrer bestimmten Form, als Funktion und als Funktionsinhalt; das ist die erste Erfordernis, diejenige der *asymmetrischen Ausschließung* als Bestimmung der zwei Einzelseiten.
- Zweitens setzt das Funktionsverhältnis die notwendige *Verbindung* der beiden Seiten, als *ihrer beider* Einheit; das ist die Erfordernis ihrer Bestimmung als reines *Verhältnis*.
- Und drittens setzt das Funktionsverhältnis, dass die beiden Seiten als solche *ausschließlich* in dieser Einheit bestimmt seien; das ist die Erfordernis als *reiner* Verhältnisbestimmung. Nach dem Funktionsverhältnis darf nichts außerhalb von dem liegen, was nach diesem Verhältnis bestimmt gedacht wird, nichts zumindest, was in die Bestimmung des so Gedachten noch eingehen würde.

Was hat Descartes von diesen Erfordernissen in seiner metaphysischen Konstruktion erfüllt? Er bestimmte das *Denken* als Funktion, *Raum* und *Körper* als Ausdehnung in einem Kontinuum reiner Bezugspunkte und benannte beide, Denken und Ausdehnung, als sich in ihren Bestimmungen wechselseitig ausschließend. Descartes erfüllt damit die erste und sicher zunächst schwierigste der Erfordernisse, die sich einer Anwendung der funktionalen Abstraktion stellen; er hat die gesamte Welt auf die Form der Funktion gebracht, das heißt, sie aufgeteilt nach deren zwei Formen.

Aber wie steht es um die *Verbindung* beider? *Res cogitans* und *res extensa* stehen sich bei Descartes *nur* getrennt gegenüber, jede gleichsam für sich vorgefunden. Zwar wird jede in sich bestimmt nach ihrem Verhältnis zur anderen, aber nicht beide in diesem Verhältnis als ihrer zwingenden gemeinsamen *Einheit*. Die Verbindung besteht bei Descartes nur darin, dass das Denken die Existenz der wahrgenommenen Körperwelt *zu Recht* für wahr halten soll. Doch liegt genau das nicht an einer *notwendigen* Verbindung von Denken und Körpern. Das *Recht* und also die *Möglichkeit* dazu, nicht mehr als das bemüht sich Descartes zu verbürgen und dafür eben spannt er die Existenz Gottes ein. Und die läge nun einmal, wenn sie denn etwas verbürgen soll, *außerhalb* des Verbürgten, außerhalb also von *res cogitans* und *res extensa*. Die notwendige Verbindung der beiden Seiten ergibt sich für Descartes nicht *in* ihrem Verhältnis, und insofern verfehlt er jene zweite Erfordernis funktionaler Abstraktion.

Gleichwohl nimmt er sie als die Erfordernis wahr, die Verbindung wenigstens überhaupt herzustellen; genau deshalb stellt er sie wenigstens *außerhalb* des Verhältnisses her. Eben dadurch aber verfehlt er noch die dritte Erfordernis, die ein solches Außerhalb ausschließt. Indem Descartes der Erfordernis der Einheit nicht genügt, muss er auch gegen die Erfordernis der Ausschließlichkeit verstoßen; denn wenn er die Einheit seiner beiden *res* nicht bei ihnen selbst findet, muss er sie *jenseits* von ihnen gegeben sehen, bei Gott. Oder umgekehrt, weil er mit Gott gegen die Erfordernis der Ausschließlichkeit verstößt, braucht er die Erfordernis der Einheit nicht mehr zu beachten. Weder also ist bei Descartes die Einheit von Funktion und Inhalt, von *res cogitans* und *res extensa* bestimmt – zwar gefordert, aber nicht als solche gefasst. Noch ist die Ausschließlichkeit dieser Funktionseinheit eingehalten – beachtet zwar, aber mit einem Loch versehen.

Das sind Mängel in Descartes' metaphysischer Konstruktion – gemessen an den Anforderungen funktionaler Abstraktion. Mängel also sind sie nicht etwa deshalb, weil man das, was da erfordert wäre und was Descartes nicht einlöst, für wahr und richtig anzuerkennen hätte. Was die funktionale Abstraktion unserem Denken an Formung der wirklichen Welt abverlangt, ist ja im Gegenteil zuverlässig falsch. Mängel sind sie allein insofern, als dieselbe Abstraktion, nach der Descartes da seine ganze metaphysische Konstruktion formt, etwas verlangt, was Descartes in eben dieser Konstruktion nicht einlöst. Nur insofern – wenn man so will: nur gemessen am eigenen Vorhaben – trägt Descartes' Konstruktion Mängel. Seine Anwendung der funktionalen Abstraktion auf die Metaphysik, immerhin die historisch erste, bleibt insofern hinter deren Erfordernissen zurück.

Damit aber muss ein Denken, in welchem diese selbe Abstraktion bestimmend wirksam ist, früher oder später auf die Lücken aufmerksam werden und versuchen, sie zu schließen. Und das geschieht bei Spinoza.

Von ihm erscheint im Jahr 1663, als Gelegenheitsarbeit für einen Schüler abgefasst, eine Darstellung der ersten beiden Teile von Descartes' *Principia*. Spinoza ist also wohl vertraut mit der dort *more geometrico* demonstrierten – und das heißt damals: mathematisch bewiesenen – Philosophie. Und doch will Spinoza seine Darstellung durchaus nicht als Bekenntnis zu Descartes verstanden wissen. Um die gleiche Zeit nämlich arbeitet er an der ebenfalls *ordine geometrico* abgefassten Darstellung einer eigenen Philosophie, seiner großen *Ethica*: ein unüberblickbar weit verzweigtes System von Definitionen, Axiomen, Lehrsätzen, Beweisen, Scholien und Corollarien, das bewundernswert ausdauernd geknüpfte Netz einer Welterklärung, in dem sich, aufgehängt an dem nur immer unbezweifelbar Einfachsten und Sichersten, schließlich die Welt so fangen soll, wie sie alles in allem ist. Doch *wie* Spinoza dies Netz aufspannt, zeigt, *woran* er dort vor allem webt: daran, Descartes' Metaphysik um das zu ergänzen, was diese an den Erfordernissen funktionaler Abstraktion verfehlt hatte.

Drei Lehrsätze der *Ethica* umfassen sehr genau den zentralen Gehalt von Spinozas Philosophie:

> Propositio I: *Denken ist ein Attribut Gottes, oder Gott ist* res cogitans.
> Propositio II: *Ausdehnung ist ein Attribut Gottes, oder Gott ist* res extensa.

Und drittens:
> *Außer Gott kann es weder eine Substanz geben, noch kann eine begriffen werden.*[268]

Gott *ist* die *res cogitans*, Gott *ist* die *res extensa* und Gott *ist* die Substanz, außerhalb deren es nichts gibt und nichts denkbar ist. Spinoza bestimmt also die *Einheit* oder *notwendige Verbindung* der beiden Seiten; und er vermeidet zugleich, Gott *außerhalb* dieser Einheit zu setzen: indem er Gott selbst *als* diese Einheit bestimmt. So gehorcht Spinoza den Erfordernissen funktionaler Abstraktion, auch wo Descartes sie noch verfehlt hatte.

Gott als die-*Eine*-Substanz, und *res cogitans* und *res extensa* als deren zwei Attribute: Das sind bekanntlich die Momente, die über Spinozas gesamte philosophische Konstruktion entscheiden, sie ergeben seinen berühmten Pantheismus, haben ihm deshalb manches Ungemach durch die Christenheit eingetragen, aber späterhin auch die Bewunderung und die Zuneigung etwas freier gesonnener Geister. Gott ist Alles, Alles ist Gott, das mag ein kühner Gedanke gewesen sein, und für solche Kühnheit wurde Spinoza immerhin auch gestraft. Aber was er da kühn vollbracht hatte, diese große Tat einer pantheistischen Lehre inmitten der sonst getreulich christlichen, es war nichts als der Gehorsam gegen diese karge Anforderung einer reinen Abstraktion: dass die beiden funktionalen Einheiten notwendig selbst eine Einheit bilden. So formt das Geld zum erstenmal unmittelbar den Begriff von Gott.

Res cogitans und *res extensa* als die zwei Attribute der-Einen-Substanz Gott, damit sind die *drei* Momente im Funktionsverhältnis nun vollständig gefasst: reine Einheit und rein bezogene Einheit als die zwei Seiten dieses Verhältnisses und reines Beziehen als dieses Verhältnis selbst und damit dasjenige, was beide Seiten verbindet und worin sie zugleich auch nur als solche bestehen. Bei Spinoza *schließt* sich das Funktionsverhältnis, er als erster erreicht in der Metaphysik eine geschlossene Konstruktion dieses Verhältnisses. Und er also ist der erste, bei dem die funktionale Abstraktion, und das heißt die Synthesis am Geld, *vollständig* zur Form der Welt erhoben wird.

Das hat Folgen. Die erste ist der neuzeitlich veränderte und nunmehr zum ersten Mal reflektiert aufgestellte Begriff des *Objekts*. Die *res cogitans* soll sich nunmehr *notwendig* und damit auch *ausschließlich* auf die *res extensa* beziehen. Und damit wird sie, wird also die so gedachte Körperwelt zum einzigen »Inhalt«, zum einzigen Gegenstand des Denkens: wird sie zu dem, was seitdem »Objekt« heißt.

Das Objekt der Idee, die den menschlichen Geist ausmacht, ist der Körper oder ein bestimmter Modus der Ausdehnung, der wirklich existiert, und nichts anderes.[269]

»Und nichts anderes«: *ausschließlich* die Körperwelt wird zum *Objekt* des *Denkens*, wird zu der Einheit »Objekt« – so der *neu* gefasste Begriff des alten Wortes, das getrennte Gegenüber zur Denkfunktion. Die Verbindung also, die Spinoza zwischen *res cogitans* und *res extensa* herstellt und die noch bei Descartes gefehlt hatte, ist zum erstenmal die genau bestimmte des Subjekt-Objekt-Verhältnisses.

Um es als solches zu bestimmen und so den Erfordernissen funktionaler Abstraktion zu genügen, riskiert Spinoza sogar den offenen Widerspruch zu Descartes. Dieser hatte das Denken selbst zum vorzüglichen Gegenstand unserer Erkenntnis erklärt, in der Absicht, das Denken als das erste Unbezweifelbare zu beglaubigen. Nach Spinoza dagegen erkennt der menschliche Geist *nicht* unmittelbar sich selbst, sondern bedarf auch dafür seines *einzigen* Objekts, des Körpers.

Der Geist erkennt sich selbst nur, insofern er die Ideen der Affektionen des Körpers erfasst.[270]

Objekt des Geistes bleibt der Körper: So streng nimmt es Spinoza damit, was ihm die anspruchsvolle Form des Subjekt-Objekt-Verhältnisses vorgibt. Vom Objekt spricht er zwar, ebenfalls streng genommen, erst auf der Ebene des *menschlichen* Geistes, also nicht ausdrücklich auf der allgemeinsten Ebene der *res cogitans*. Doch mit dieser *res* ist der menschliche Geist auch für Spinoza ja stets identisch und soll ihr gegenüber nur gerade insofern herabgestuft sein, als er auf irgendeine unerklärte Weise nicht ins letzte identisch sei mit Gott.

Eine zweite Folge davon, dass sich in Spinozas Anwendung das Funktionsverhältnis schließt: Ihm klärt sich auch der neuzeitlich veränderte Begriff von *Methode*. Descartes hatte noch behauptet, er würde sich von seiner neuen Methode, dem methodischen Zweifel, auf etwas Gesuchtes hinleiten lassen, so, als wäre sie noch immer das Erkenntnisverfahren der *Regulae*. Doch der Sache nach war Methode dort schon nicht mehr dies reguläre Verfahren, um eines aus dem anderen zu folgern, sondern war sie die *Setzung* der nicht-inhaltlichen Form, von der aus dann alles weitere Folgern seinen Ausgangspunkt nehmen sollte, Vorgabe der Funktionsform, unter die nun alles regelrechte Schließen gestellt wurde. Spinoza spricht das aus:

Die Methode ist nicht das Folgern selbst, um die Ursachen der Dinge zu erkennen, geschweige denn das Erkennen der Ursachen der Dinge. Sie ist vielmehr nur das Erkennen dessen, was die wahre Idee ist, indem sie diese von den übrigen Vorstellungen unterscheidet und ihre Natur erforscht, damit wir dann unser Erkenntnisvermögen kennen und den Geist dazu anhalten, dass er nach jener Norm alles erkennt, was zu er-

kennen ist, indem sie als Hilfsmittel gewisse Regeln gibt und auch dafür sorgt, dass der Geist nicht durch unnütze Dinge ermüdet wird.[271]

Es soll also eine »wahre Idee« geben, *nach der*, nach deren Vorgaben der Geist zu erkennen habe: *Sie* zu kennen, soll nun Methode heißen. Worin aber »wahre Idee« und Methode bestehen, dürfte keine Frage sein: Es sind *res cogitans* und *res extensa* selbst in ihrer ausschließlichen, alles umfassenden Einheit. Von der Erkenntnis jener »wahren Idee« sagt Spinoza ausdrücklich, »dass es die *Erkenntnis der Einheit* sei, *die den Geist mit der gesamten Natur verbindet*«, also *res cogitans* mit *res extensa*. »Geist« und »gesamte Natur«, so heißen die zwei funktionalen Einheiten in einer Formulierung, die sie so gut es nur geht inhaltlich fasst. Und ihre Einheit, die Einheit von *res cogitans* und *res extensa*, um deren Erkenntnis es bei der Erkenntnis der »wahren Idee« gehen soll, ist selbst also diese »wahre Idee«, ist die *Methode*.

Ein Drittes: Dass sich das *Funktionsverhältnis* in Spinozas Philosophie zum erstenmal schließt, heißt auch, dass sich Philosophie hier ein erstes Mal zum *System* schließt. Auch dieses Wort ist antik, auch dieses Wort aber erfährt mit dem Begriff, in welchem es heute verwendet wird, eine neuzeitliche Umdeutung, die es von all seinen früheren Bedeutungen strikt abtrennt: die Bedeutung eines in sich geschlossenen funktionalen Zusammenhangs. Als einen solchen denkt Spinoza die Welt. Denn alles soll nun zu dem gehören, was entweder *res cogitans* oder *res extensa* ist, und so, wie diese beiden notwendig Eines und damit notwendig auch aufeinander bezogen sind, muss alles auch mit allem übrigen in Beziehung stehen.

Ein System aber ist *in sich* aufgeteilt in das, was da bezogen wird, und das, was da bezieht: Gesetze. Durch sie, durch Beziehungen oder Verläufe, die als solche feststehen, *nach denen* sich die Einzelteile des systemischen Zusammenhangs bestimmen, indem sie miteinander in Verbindung stehen, werden diese Einzelteile erst verbunden zum System im modernen Sinn. Dagegen war das antike *systema* nichts weiter als ein Haufen aus Einzelteilen, ihre bloße Zusammenfügung. Nun galten Gesetze bei Descartes als Naturgesetze nur innerhalb der äußeren Natur, also innerhalb der *res extensa*. Spinoza geht weiter und lässt auch das Gegenstück, die *res cogitans*, wie bei Descartes als Seele aufgefasst, von Gesetzen bestimmt sein.

Es kann in der Natur nichts geben, das ihren Gesetzen widerstreitet, alles geschieht nach ihren bestimmten Gesetzen, derart, dass alles nach bestimmten Gesetzen seine bestimmten Wirkungen in unzerreißbarer Verkettung hervorbringt; daraus folgt, dass die Seele, wenn sie ein Ding wahrhaft begreift, nur fortfährt, objektiv dieselben Wirkungen zu bilden.[272]

Beide Einheiten sind also nach Gesetzen bestimmt, und auch das nutzt Spinoza dazu, um sie *notwendig* miteinander zu verbinden. Denn das Denken soll die Dinge *subjektiv*, in sich, nach *denselben* Gesetzen denken, nach denen sie sich *objektiv*, außerhalb des Denkens, *verhalten*. Die *res extensa* soll sich nach bestimmten Gesetzen verhalten; und wenn das Denken, die *res cogitans*, »wahrhaft begreift«, begreife es sie deshalb nach diesen selben Gesetzen, denke es die *res extensa* lediglich ihrem objektiv gesetzmäßigen Verhalten entsprechend weiter. Durch Übereinstimmung in ihren Gesetzen denkt das Subjekt sein Objekt *richtig*, stimmen Denken und Gedachtes überein. Und darin genau sollen Methode und »wahre Idee« bestehen:

Wir haben aber gezeigt, dass die wahre Idee einfach oder aus einfachen zusammengesetzt ist, dass sie zeigt, wie und warum etwas ist oder geschehen ist, und dass ihre objektiven Wirkungen in der Seele vor sich gehen, nach dem Verhältnis der Formalität des Objektes selbst. Das ist dasselbe, was die Alten sagten, dass die wahre Wissenschaft von der Ursache zu den Wirkungen fortschreite; nur haben sie, soviel ich weiß, nie so wie wir angenommen, dass die Seele nach bestimmten Gesetzen handele und sozusagen ein geistiger Automat sei.[273]

In der Tat, das hatten die Alten nicht angenommen, und wir wissen, warum. Durch denjenigen Gedanken aber, den sie nicht kannten, wird die ganze Welt zum Automaten: die Philosophie als *System*, die Welt als funktionale Einheit von *res cogitans* und *res extensa*.

Und nun: *Aus all dem*, was man dazu braucht, um das Bestehen einer solchen Einheit *more geometrico* für bewiesen anzusehen, und was man daraus folgern muss, wenn das so Bewiesene wiederum irgendetwas mit jener Welt zu tun haben soll, die auch Spinoza nicht erst aus dem Bewiesenen kennt, *aus all dem* ist der Faden zu den zahllosen Maschen gesponnen, aus denen sich Spinoza dies System nunmehr knüpft. Aber aus all dem kann es sich nicht als dieses System *beweisen*, kann Spinoza nicht beweisen, dass sich all das wie ein System verhalten müsse. Dass Spinoza beispielsweise die Form, mit der das Systemische gesetzt ist, nämlich Gott als die-Eine-Substanz mit ihren zwei unendlichen Attributen, aus nichts ableitet, obwohl seine *Ethica* beinahe aus nichts als solchen Ableitungen besteht, ist längst festgestellt worden. Spinoza leitet sie nicht wirklich aus seinen Definitionen und Axiomen ab, sondern umgekehrt: Er setzt voraus, dass es eine Substanz dieser Form geben müsse, und bastelt sich danach seine Definitionen und Axiome zurecht, auf dass sie ihn danach zur Ableitung das längst Vorausgesetzten zwingen mögen.

Das Zwingende, womit er sie deshalb vollpackt, *damit* er ihm anschließend gehorsamen darf, ist ihnen als dieser Zwang einbeschrieben und entstellt sie bis zur Sinnlosigkeit. Ihren Sinn erhalten die Definitionen und Axiome, mit denen Spinoza beginnt, jeweils erst durch das, was später aus ihnen gefolgert werden soll und auf das hin sie formuliert sind. Vorher, für sich genommen und ohne diese Deutung, stehen sie nur als die leere Verwindung da, die Spinoza einem Gedanken um dieses Nachfolgenden willen antun muss. Schon Leibniz hat erstaunt festgestellt, dass man sich zum Beispiel bei einem der allerersten Sätze durchaus nichts vorstellen könne, was ihm einen Sinn geben würde. Der Satz lautet: »Ein Denken wird durch ein anderes Denken begrenzt«.[274] Dergleichen ist nicht etwa falsch, es hat nicht bloß einen verkehrten Sinn, sondern überhaupt keinen. Den gewinnt es allein in der Verwendung, in der sich nachfolgende Beweise seiner bedienen. Insofern aber geben ihm diese Beweise erst nachträglich und ihrerseits den Sinn, dessen sie sich dabei bedienen, und dürften sich aber genau deshalb auch nicht auf das stützen, aus dem sie sich da vorgeblich ableiten. Nicht Spinozas axiomatische Sätze geben den Sinn vor, in dem sich die Beweise dann auf sie stützen könnten, sondern erhalten umgekehrt ihren Sinn erst durch Verwendung in den Beweisen, die sich auf ihn stützen – ohne dass er vorher dagewesen wäre. Und so verweist nur eines leer aufs andere, die Beweise leiten sich aus einem Sinn ab, der nicht besteht, und verleihen einen Sinn, den sie von jenem nicht erhalten haben. Spinozas geometrisches Beweisgebäude stützt sich insgesamt leer in sich selbst: Kennzeichen eines Systems.

So formt die Denkform des Systemischen auch Spinozas *Darstellung*. Diese wird selber zum System, zu einem in sich geschlossenen Verweiszusammenhang und verliert gerade dadurch ihren Halt, den sie sonst allein aus ihrer einen großen Voraussetzung gewinnt: der »wahren Idee«, der ausschließlich einen und alles umfassenden Einheit jener zwei Einheiten. Sie ist das Apriori des Systemischen und ist erkennbar auch dem System des Spinoza *a priori*, seinem System und ihm selbst: eine Denkform, die sich ihm aus nichts von dem ergibt, worüber er dort nachdenkt, die sich ihm nicht aus der Sache und die sich ihm dennoch so zwingend *vorgibt*, wie er sie durch sein System von Ableitungen dann zwingend zu *machen* versucht. Der Zwang, den er in seiner geometrischen Methode nachbildet, ist unmittelbar der unserer reflexhaft zwingenden Denkform.

UND VOLLENDET: LEIBNIZ

Spinoza also geht über Descartes hinaus, er »verbessert« ihn. Das heißt nicht, dass er die Welt damit besser verstanden hätte, dass er mehr *erkannt* hätte als Descartes. Es heißt lediglich, dass auch er die neue Denkform auskonstruiert und dass er nur *dies* besser tut: Er kommt ihren formalen Anforderungen genauer nach.

Aber deshalb geht die Konstruktion noch immer nicht auf. Dass Spinoza das so Gefasste nun *als* geschlossen denkt, bedeutet weder, dass er es geschlossen halten könnte und nicht doch zahllose Daten von außerhalb heranziehen müsste – allerlei Wissen über die Körper etwa, das sich ihm auf keine Weise aus der »wahren Idee« der-Einen-Substanz ergeben haben kann, in das vielmehr einiges an Anschauung eingehen musste. Noch bedeutet es, dass ihm die geschlossene Einheit von Subjekt und Objekt auch nur als solche recht gelingen würde.

Wo liegen die Mängel bei Spinoza?

Die Einheit des reinen Beziehens tritt nicht bloß an *einer* Stelle seiner Konstruktion auf. Zum einen figuriert sie als *res cogitans*, die sich als Denkfunktion – anders als bei Descartes – explizit auf die Außenwelt als ihr Objekt bezieht, indem sie deren Gesetze nachvollzieht. Zum andern aber soll auch dies Objekt des Denkens, soll ja die Körperwelt *in sich* durch *Gesetze* bestimmt sein, Gesetze also, die ihrerseits funktional als reines Beziehen an der Körperwelt ansetzen und sie zu *ihrem* Objekt machen. Es gäbe bei Spinoza also zweierlei *Subjekte*: die Denkfunktion *und* die Naturgesetze; *beider* Objekt wäre die Körperwelt der *res extensa*.

Aber damit ist es dann notwendig noch nicht genug. Denn Gesetze sollen nicht nur die *res extensa*, sondern sollen auch die Seele bestimmen, die *res cogitans*, und zwar so, »dass die Seele, wenn sie ein Ding wahrhaft begreift, fortfährt, objektiv dieselben Wirkungen zu bilden«. Insofern also *hat* die Denkfunktion nicht bloß ein Objekt, die Körperwelt, sondern *ist* sie zugleich *in sich* Objekt – das Objekt eben der Gesetze, nach denen sie in sich die Wirkungen des Körperobjekts fortdenkt. Spinoza lässt das Funktionsverhältnis nicht bloß *zwischen* den zwei Seiten *res cogitans* und *res extensa* bestehen, sondern außerdem noch *innerhalb* von *jeder* der zwei Seiten. So zeigt sich jene Besonderheit der funktionalen Synthesis wirksam, von der schon seit längerem nicht mehr die Rede war, nämlich dass sie nicht nur auf *einer* Ebene wirkt, sondern *potenziert* in den zwei Einheiten einer Ebene noch einmal.

Bei Spinoza aber wird dadurch die *Einheit* von *res cogitans* und *res extensa* wiederum zerstört. Zu ihr, der entscheidenden und von Spinoza explizit gemachten Subjekt-Objekt-Verbindung, soll es ja dadurch kommen, dass die Seele ein Körperding »wahrhaft begreift«, um fortan in sich »objektiv dieselben Wirkungen zu bilden« wie diejenigen, die dieses Ding außerhalb von ihr bildet. Die Seele würde sich *ihre* Denk-Gesetze demnach von der Körperwelt und *deren* Gesetzen *abschauen*, würde sie also *von außen* übernehmen. Das aber bedeutet nach der funktionalen Abstraktion, dass die geschlossene *Einheit* von Gesetz und gesetzmäßig Bestimmtem durch die Verdopplung und *Potenzierung* derselben Einheit aufgebrochen wird mit einer Bestimmung von außen. Es hieße, wenn man dasselbe nach Spinozas System und Sprachregelungen formuliert, dass eines der zwei unendlichen Attribute Gottes durch das andere *begrenzt* würde, es wäre nicht mehr unendlich, nicht eines jener Attribute Gottes, und die gesamte Konstruktion mit der geschlossenen Einheit der beiden so bestimmten Seiten ist beim Teufel.

Unter der Hand wird so Spinozas mühsam konstruierte, vorweg in Gott bestehende Verbindung von *res cogitans* und *res extensa* unmöglich. Da beide *res* noch jeweils in sich aufgespalten werden in die Gesetze und das nach ihnen Bestimmte, in Funktion und Variable, Subjekt und Objekt, wird entweder ihre erste und entscheidende Verbindung, diejenige *zwischen* ihnen als Subjekt und als Objekt – die Aufspaltung Gottes in diese seine zwei unendlichen Attribute –, aufgehoben, da nunmehr beide *in sich*, also *unabhängig voneinander* bestimmt wären; oder umgekehrt, da sie beide bereits in sich funktionale Einheiten sind, dürfte die eine nicht noch außerdem durch die andere bestimmt werden. Ihre Verbindung wird von Spinoza also auf einer Ebene behauptet, auf einer zweiten Ebene aber – *nach Erfordernissen derselben Abstraktion, auf Grund deren er die Verbindung behauptet* – implizit wieder ausgeschlossen.

Indem er diesen Fehler vermeidet, wird Leibniz zum ersten Vollender der neuzeitlichen, funktional denkenden Philosophie. Nicht, dass er die Potenzierung wieder zurücknehmen würde, nein, er treibt sie im Gegenteil bis zum Äußersten. Keiner geht radikaler daran als er, die Erfordernisse funktionalen Denkens unmittelbar zur Formung der Welt zu erklären, und hinaufgeschraubt bis zu einer Vollkommenheit, vor der einen schließlich das Entsetzen packt.

Leibniz' Dreiheit der funktionalen Einheiten lautet in aller Klarheit so: Zunächst ist da wieder die »höchste Substanz, welche einzig, allgemein und notwendig ist« und welche, »der Schranken unfähig«, daher »nichts außer sich hat, was von ihr unabhängig wäre«. Und innerhalb dieser alles umschließenden Einen »Substanz« mit Namen Gott gibt es nun wieder genau die zwei Einheiten, Seele und Körper benannt. Dass sie sich im reinen Ausschließungsverhältnis zueinander verhalten, wird man erwarten; Leibniz allerdings spricht es mit einer so schauerlichen

Schärfe aus, dass einem langsam angst und bange werden kann. Er schreibt:
> *dass sich die Körper so verhalten, als ob es (das Unmögliche angenommen) keine Seelen gäbe, und die Seelen so, als ob es keine Körper gäbe.*

Nichts da von Verbindung, nein, nur reine Ausschließung. Trotzdem *muss* es die Verbindung geben, das Verhältnis der gegeneinander ausgeschlossenen Einheiten. Also fährt Leibniz fort:
> *dass sich beide zusammen aber so verhalten, als ob eins auf das andere Einfluss ausübte.*[275]

Dieser Einfluss ist keiner und ist *doch* da: in der Form eines großen, großen »*als ob*«. Das Unverbundene in wechselseitiger Verbindung, das Verbundene als strikt getrennt, so löst Leibniz die widersprüchliche Erfordernis, vor die das reine Ausschließungsverhältnis stellt. Er löst sie, indem er das wissentlich Unmögliche schlicht behauptet: Ausschließung *und* Verhältnis.

Wie aber soll es zu diesem *Als ob* kommen, zu diesem Ineinander von Affirmation und Negation?
> *Die Seele folgt ihren eigenen Gesetzen und ebenso der Leib den seinigen; sie treffen sich kraft der* prästabilierten Harmonie *zwischen allen Substanzen.*[276]

Also: *keine* Einwirkung der einen auf die andere, kein Abschauen der Gesetze von einer durch die andere. Wie bei Spinoza werden Seele und Körper in sich aufgespalten in die Gesetze, denen sie gehorchen, und in das, als was sie diesen Gesetzen gehorchen, in Funktion und Variable. Anders jedoch als bei Spinoza wird dies Verhältnis nicht an einer anderen Stelle des Systems so wiederholt, dass es sich hier und dort wechselseitig behindert. Es soll keinerlei Verbindung zwischen Seele und Körper geben, durch die er ihr Objekt würde, die Seele seine Gesetze daher zu den ihren machte und insofern umgekehrt auch sein Objekt wäre. Beide, Körper und Seele, sind so vollständig abgetrennt für sich, als gäbe es das andere nicht, und daher sollen sie ausdrücklich ihre jeweils *eigenen* Gesetze haben, die Seele die ihren, der Körper die seinigen. Auch die Gesetze also sind hier und dort jeweils vollständig von denen der anderen Substanz abgetrennt, geradeso wie diese Substanzen voneinander. Trotzdem müssen sie verbunden sein; und da jede der Substanzen allein von den je eigenen

Gesetzen bestimmt werde, verlegt Leibniz ihre Verbindung in eben diese voneinander getrennten Gesetze selbst: Diese sollen *je für sich* ihre Substanz so bestimmen, dass deren Verhalten mit dem der anderen vollkommen *übereinstimmt*, harmoniert. Und da das nicht in der Form einer jeweils *aktuellen* Einwirkung und Abstimmung geschehen darf, muss die Übereinstimmung *von vornherein* bestehen: *préétablie*, prästabiliert.

Mit diesem Gewaltstreich packt Leibniz das Problem, das die funktionale Abstraktion hier aufgibt: dass das, was strikt voneinander *ausgeschlossen* ist, dennoch zugleich *zusammenhängen* muss – die Trennung und Ausschließung *als* Verbindung und Verhältnis. Die *prästabilierte Harmonie* ist der genial gefasste Begriff, den Leibniz für genau dieses widersprüchliche Muss findet: Es *muss* verbunden sein und *muss* dabei unverbunden sein. Beides gibt die funktionale Denkform vor, und Leibniz zwingt es zusammen, indem er das *Verbundensein* zur Übereinstimmung und *Harmonie* erklärt und indem er das *Getrenntsein* dazu münzt, diese Harmonie würde nicht aktuell hergestellt, sondern bestünde *vorgegeben* zwischen *aktuell* vollständig *getrennten*, in sich geschlossenen Einheiten. Die prästabilierte Harmonie, die *nicht-verbundene Verbindung*, ist der beeindruckend genaue Begriff für das reine Ausschließungsverhältnis. Mit ihm vermeidet Leibniz geschickt die Negation »nicht-verbunden« und münzt sie zu genau derjenigen Affirmation um, in der sie sich ihm wirklich, in seinem wirklichen Denken vorgibt: als die prästabilierte, die *a priori* gegebene Denkform der funktionalen *Synthesis*.

Sie ist das wahrhaft *vorweg*, reflexhaft, blind und unhintergehbar Gegebene, *sie* liefert ihm wahrhaft das undurchbrechliche *prae*; *stabiliert* ist ihm seine Philosophie durch eben sie. Jene Synthesis nur hat er nach außen verlegt, wenn er sich die zwei Einheiten denkt, verbunden durch Gesetze, denen jede ganz nur für sich folge, »ohne dass die eine die Gesetze der anderen stört«; und wenn er diese Gesetze vorweg so aufeinander abgestimmt glaubt, dass durch sie jede der Einheiten jeweils ganz von sich aus »alles das der Ordnung nach hervorbrächte, was ihr begegnen wird«. Zugehen soll es »wie in einem *geistigen oder formalen Automaten*«,[277] also nach einem Zwang wie dem, dem Leibniz selber folgt, indem er nach diesem Zwang denkt.

Jubelnd und glücklich folgt er ihm. Offen bekennt er ihn ein, als er darlegt, wie sich ihm die Konstruktion der prästabilierten Harmonie ergab, was er für sie als zwingend voraussetzte und wie alles daraus Folgende *trotz* seiner Unmöglichkeit gedacht werden *müsse*. Ich gebe ein längeres Zitat aus der Schrift *Système nouveau de la nature et de la communication des substances, aussi bien que de l'union, qu'il y a entre l'âme et le corps.* Der Titel spricht schon deutlich genug: *Neues System des Wesens und der Verbindung der Substanzen als auch der Einheit, die zwischen Seele und Körper besteht.*

Bevor Leibniz auf seine Lösung des Problems zu sprechen kommt, erwähnt er dort zunächst Descartes und anschließend noch die Lehre Malbranches und anderer, die das Problem des unverbunden Verbundenen mit dem sogenannten Okkasionalismus zu lösen versuchten.

Nachdem ich dies alles festgestellt hatte, glaubte ich, in den Hafen einzulaufen; als ich nun aber anfing, über die Vereinigung der Seele mit dem Körper nachzudenken, war es mir, als wäre ich wieder ins offene Meer zurückgeworfen; ich fand nämlich kein Mittel, zu erklären, wie der Körper irgendetwas in der Seele geschehen lasse oder umgekehrt, noch wie überhaupt eine Substanz mit einer anderen erschaffenen Substanz in Verbindung stehen kann. Herr Descartes hatte an dieser Stelle das Spiel aufgegeben, soviel man wenigstens aus seinen Schriften erkennen kann; seine Schüler aber, die einsahen, dass die gewöhnliche Meinung darüber unbegreiflich sei, urteilten, dass wir die Eigenschaften der Körper deshalb wahrnehmen, weil Gott bei Gelegenheit der Bewegungen der Materie in der Seele Gedanken entstehen lasse; und wenn unsere Seele von sich aus den Körper bewegen will, so urteilten sie, sei es Gott, der ihn statt ihrer bewege. Da ihnen nun die Übertragung der Bewegung noch immer unbegreiflich schien, glaubten sie, dass Gott bei Bewegung eines Körpers einem anderen Bewegung verleihe. Das ist es, was sie das System der Gelegenheitsursachen *nennen, das durch die schönen Reflexionen des Verfassers der* Recherche de la vérité *sehr in Mode gekommen ist.*

Es ist zuzugeben, dass man dadurch gut in die Schwierigkeit eingedrungen ist, und zwar soweit man angab, was nicht sein kann; doch scheint es nicht, dass man sie behoben hat, indem man erklärt hätte, was sich tatsächlich begibt. Es ist sehr wohl wahr, dass es, streng metaphysisch gesprochen, keinen wirklichen Einfluss einer geschaffenen Substanz auf eine andere gibt, und dass alle Dinge mit all ihren Wirklichkeiten fortwährend durch Gottes Kraft hervorgebracht werden; um aber Probleme zu lösen, genügt es nicht, sich der allgemeinen Ursache zu bedienen und das herbeizurufen, was man einen Deus ex machina *nennt. Denn tut man das ohne eine andere Erklärung, die sich aus der Ordnung der sekundären Ursachen herleitet, heißt das eigentlich auf ein Wunder zurückgreifen.*[278]

Und nun folgt, womit Leibniz auf Wunder und *Deus ex machina* zu verzichten glaubt; eingeleitet durch das schöne Bekenntnis, wie *zwingend* unvermeidbar das, »*was nicht sein kann*«, *trotzdem* irgendwie gedacht werden muss.

Da ich so gezwungen war, dem zuzustimmen, dass es für die Seele oder eine andere wahre Substanz unmöglich sei, etwas von außen zu empfangen, wenn nicht durch die göttliche Allmacht, wurde ich, ohne etwas davon zu merken, zu einer Ansicht geführt, die mich überraschte, die aber unvermeidbar schien und in der Tat sehr große Vorzüge und beträchtliche Schönheiten hat. Und zwar, man müsse sagen, dass Gott von Anbeginn die Seele oder jede andere wirkliche Einheit dieser Art so erschaffen hat, dass alles aus ihrem eigenen Grunde hervorgeht, durch eine vollkommene Spontaneität *in Bezug auf sich selbst und dennoch in vollkommener* Übereinstimmung *mit den Dingen außerhalb.*[279]

»*Unvermeidbar*« und »*ohne etwas davon zu merken*«, auf diese Weise kommt Leibniz, ausdrücklich also einem ihm selbst apriorischen Denkzwang folgend, zu entsprechend brutalen Annahmen. Die einzelne Seele, wahre Substanz oder wirkliche Einheit, soll ganz in sich verbleiben, und für die Übereinstimmung sei zwar wiederum von außen – von Gott – gesorgt, aber zugleich inhäriere diese Übereinstimmung getrennt jeder Substanz für sich als ihr *eigenes* zwingendes Bewegungsgesetz. Welch herrliche Spontaneität: von nichts als dem ganz eigenen Zwangsgesetz abzuhängen!

Jede einzelne Substanz ist bei Leibniz vollständig in sich abgeschlossen und jeweils vollständiges Funktionsverhältnis: Jede ist ausschließlich das *Gesetz*, nach dem sie sich bestimmt, *und* zugleich das, *als was* sie sich nach diesem Gesetz bestimmt. Das ist, was Leibniz da als erster – viele werden es ihm nachmachen – als »vollkommene Spontaneität in Bezug auf sich selbst« deutet. Die »wahre Substanz« ist sowohl das Beziehen als auch das, was es bezieht – und dies »vollkommen«: *reines* Beziehen und *rein* Bezogenes, das meint »Substanz« bei Leibniz in aller Deutlichkeit und Radikalität.

So ist vorgezeichnet, dass Leibniz nicht nur, mit der »prästabilierten Harmonie«, einen genauen Begriff für jene *Einheit* der einander ausschließenden Seiten findet, welcher Spinoza lediglich den Namen Gottes gegeben hatte. Sondern dass er diese beiden Seiten noch jede für sich auf den genauen Begriff ihrer funktional-abstrakten Form bringen wird. Das aber tut er mit seinem berühmten Begriff der *Monas* oder, französisch, der *Monade*.

MONADE

Die *Monadologie*, wie sie ein späterer Herausgeber genannt hat, ist das Herzstück von Leibniz' Philosophie. Doch nicht nur das; die Monadologie ist es auch, wodurch seine Philosophie bis heute – wie soll man sagen – in Geltung ist? Ihre Beachtung findet? Oder stärker noch: ihre Aktualität hat? Ja, nicht weniger als das: *Wir deuteten an, dass Leibniz heute in hohem Maße »aktuell« ist. Das kann kein historischer Zufall, keine entfernte Wahlverwandtschaft sein. »Jetztzeitlichkeit« eines Denkens im präzisen geschichtsphilosophischen Sinne (den Walter Benjamin dem Terminus gegeben hat) findet ihren Grund in der Geschichte selbst. Das gilt in besonderem Maße von dem Teil der Leibnizschen Philosophie, der gerade durch Kant überholt zu sein schien: von dem monadologischen System.*
So schreibt Hans Heinz Holz im Vorwort einer neueren Auswahlausgabe von Leibniz' Werken. Und er fährt fort:

Bei Leibniz nimmt eine Denkbewegung ihren Ausgang, die erst in der Gegenwart in ihrer geschichtsbestimmenden Wirkung erkannt werden kann: die Determination des individuell Seienden als eine bloß innerweltliche, über die hinaus eine »Begründung« nicht weitergeführt werden kann.[280]
– »über die hinaus eine Begründung nicht weitergeführt werden kann«? Sollte diese Determination also, wie man so sagt, *unhintergehbar* sein? Und steht sie dann also *bis heute* da als dies felsenfeste *Apriori*, nichts vermag an ihr zu rütteln, nichts und niemand vermag dahinter zu kommen, worin diese »Determination des individuell Seienden als eine bloß innerweltliche« gründet?

Wir wollen einmal sehen. Monsieur Leibniz, bitte, übernehmen Sie das Wort. Was hat es mit den Monaden auf sich?

1. Die Monade, von der wir hier sprechen werden, ist nichts anderes als eine einfache Substanz, die in die zusammengesetzten eingeht; einfach, das heißt ohne Teile.

Wie kommen Sie darauf, dass er dergleichen gäbe?

2. Es muss einfache Substanzen geben, weil es zusammengesetzte gibt; denn das Zusammengesetzte ist nichts anderes als eine Anhäufung oder ein Aggregat von Einfachen.

Also wenn man Einfaches voraussetzt, gibt es Zusammengesetztes, und wenn man auf Grund dessen weiß, dass es Zusammengesetztes gibt, muss es auch Einfaches geben. Na gut: ein schöner Zirkel und eine Frage der Wörter und Definitionen. Aber wie denken Sie sich dieses Einfache genau, in welcher Form leiten Sie es aus der Existenz von Zusammengesetztem ab?

3. Da aber, wo es keine Teile gibt, gibt es weder Ausdehnung, noch Gestalt, noch mögliche Teilbarkeit. Und diese Monaden sind die wahren Atome der Natur und mit einem Wort die Elemente der Dinge.

Monsieur, vielen Dank für die außerordentlich klaren Worte. So also denken Sie sich die deswegen »einfach« genannten Substanzen: keine Ausdehnung, keine Gestalt, keine weitere Teilbarkeit möglich – es sind offensichtlich bloße Punkte, Nullpunkte, bloße Nichtse, wovon Sie da sprechen. Atome zwar, aber nicht in dem Sinn, dass da noch *irgendetwas* Körperlich-Ausgedehntes wäre, *irgendetwas* von Materie, *irgendetwas* von Eigenschaft, Merkmal, Größe, sondern einfach nur Atome in dem

Wortsinn des »Unteilbaren«. Immerhin, ein eigentümlicher Wortsinn, den Sie diesem Wort geben. Denn wenn ich mich recht erinnere – ich spreche von der Antike und von anderen, Ihnen nicht gar so sehr fern liegenden Zeiten –, wurde bis dato das Einfache und Unteilbare, wenn von ihm die Rede war, keineswegs als unausgedehnt und gestaltlos, sondern sehr wohl als ausgedehnt und gestalthaft vorgestellt. Das stört Sie nicht? Unteilbar ist für Sie nur der bloße, gedachte Punkt aus Nichts? Gut, wie Sie denken – und wie Sie, genau betrachtet, ganz *ohne* Begründung behaupten: Denn aus der Existenz von Zusammengesetztem, Sie mögen verzeihen, folgt keineswegs, dass es aus lauter Nichts zusammengesetzt sein müsste. Im Gegenteil: *Könnte* es denn daraus zusammengesetzt sein?

Doch erzählen Sie ein wenig weiter. Aus diesen Punkten, so sagen Sie, soll ja die *Natur* bestehen, die wirklichen Dinge sollen zuletzt wirklich nur Zusammensetzungen von eben diesen Monaden sein. Wie aber werden bloße Punkte zusammengesetzt, was lässt sie zusammenhalten, wodurch sollen sie, sobald sie zusammengesetzt wären, Ausdehnung oder Gestalt gewinnen? Wodurch könnten sie denn noch irgendetwas anderes sein als bloße, sture, unempfindliche Punkte, in die nichts eingehen, von denen nichts ausgehen kann, lauter Nichtse ohne die mindeste Fähigkeit zu *irgendetwas*? Wie bitte, Monsieur, das wissen Sie vorerst auch nicht? Um Himmels willen, erklären Sie sich!

7. Es gibt auch kein Mittel zu erklären, wie eine Monade in ihrem Inneren von irgendeinem anderen Geschöpfe verändert oder gewandelt werden könnte, da man in sie nichts übertragen noch sich irgendeine innere Bewegung in ihr vorstellen kann, die dort in ihrem Innern hervorgerufen, gesteuert, vermehrt oder vermindert werden könnte, wie das bei den zusammengesetzten Dingen möglich ist, wo es Veränderungen zwischen den Teilen gibt. Die Monaden haben keine Fenster, durch die irgendetwas in sie hinein- oder aus ihnen heraustreten könnte. Die Akzidentien können sich nicht von den Substanzen lösen noch außerhalb von ihnen herumspazieren, wie es früher die species sensibiles *der Scholastiker taten. So kann weder Substanz noch Akzidenz von außen in eine Monade eingehen.*

Und *dieses* Zeug aber soll sehr wohl herumspazieren und *etwas* sein? Es hat nichts an sich, nichts in sich, nimmt nichts wahr und gibt nichts von sich, was man wahrnehmen könnte – aber die Welt, die so sehr wahrnehmbare Welt soll ganz aus solchem Nichts bestehen? Wahrlich, Monsieur, eine rechte Zumutung, die Sie einem da bereiten!

Doch wie – Sie stimmen mir auch noch zu? Finden die Zumutung genauso unerträglich? Widerrufen zwar nicht, aber behaupten trotzdem schnurstracks das Gegenteil?

8. Indessen müssen die Monaden irgendwelche Eigenschaften haben, sonst wären sie überhaupt keine Seienden.

Denn: weil Sie behaupten, es gäbe sie, muss es sie geben. Und wenn es sie geben muss, dürfen sie keinesfalls das Nichts sein, das sie nach Ihren Worten gleichwohl sind. Vermochte diesen Sinneswandel ein Blick auf die Welt, die Sie da um sich herum wahrnehmen und in der Sie von Monaden, von Unausgedehntheit, Eigenschaftslosigkeit und so weiter nun einmal so gar nichts wahrzunehmen finden? Warum dann aber dergleichen behaupten? Doch verzeihen Sie, ich vergaß, davon wissen Sie ja selber nichts. Bitte also, wir wollen Ihnen weiter lauschen.

Und wenn die einfachen Substanzen nicht durch ihre Eigenschaften voneinander verschieden wären, so gäbe es kein Mittel, irgendeine Veränderung in den Dingen wahrzunehmen, weil das, was im Zusammengesetzten ist, nur aus einfachen Bestandteilen herkommen kann; und da die Monaden ohne Eigenschaften voneinander ununterscheidbar wären, weil sie ebensowenig hinsichtlich der Quantität verschieden sind, so würde folglich, unter der Voraussetzung eines gefüllten Raums, in der Bewegung jeder Ort nur das Äquivalent dessen, was er vorher hatte, und kein Zustand der Dinge wäre von dem anderen zu unterscheiden.

Weil also Veränderung in den wirklichen Dingen wahrzunehmen ist, muss es Veränderung auch in den Monaden geben, die noch nie jemand wahrgenommen hat – und die sonst ja nur das stureste Äquivalent ihrer selbst sein können, wie Sie sehr richtig bemerken! Weil an den wirklichen Dingen nun einmal manches wirklich zu unterscheiden ist, muss es auch an den unterschiedslosen Monaden etwas zu unterscheiden geben, selbst wenn nach

Ihren eigenen Worten *absolut nichts* an und in ihnen Anlass, ja bloß die Möglichkeit dazu böte.

Das heißt, um einmal fortzufahren, Sie setzen mit Ihren Monaden die Existenz von Zweierlei an: Zum einen sind sie diese eigenschaftslos-nichtigen Punkte, zum anderen jedoch soll es da etwas Zweites geben, dessen diese Punkte notwendig bedürften, nämlich irgendeine Art von Eigenschaft, irgendetwas, das ihnen sonst noch eignet. Wollen Sie uns bitte sagen, was dies sei? Oder, Moment, lassen Sie mich zunächst eine Vermutung äußern: Den Monaden müsste auf der einen Seite etwas eignen, das die Veränderung rein als solche bewirkt, also – gestatten Sie die Formulierung – *reines Verändern*, gleichsam als Prinzip; und auf der anderen Seite wären die Monaden damit zugleich dasjenige, was durch eben diese reine Veränderung verändert *wird*, nämlich die ebenso reinen Punkte, an denen dies Verändern ansetzt. Aber bitte, ich will nicht vorgreifen.

11. Wie wir gesagt haben, folgt daraus, dass die natürlichen Veränderungen der Monaden aus einem inneren Prinzip *hervorgehen, weil ein äußerer Grund in ihr Inneres nicht einströmen könnte.*

12. Außer diesem Prinzip der Veränderung muss es aber auch eine Besonderheit dessen, was sich verändert, *geben, die sozusagen die Besonderung und die Mannigfaltigkeit der einfachen Substanzen abgibt.*

Das aber heißt: *Durch* die Veränderung als »inneres Prinzip« werden die Monaden »besondert«, werden sie überhaupt bestimmt, erhalten sie eine Bestimmung – sie, die bislang ja vollständig bestimmungslos waren. Ihre Bestimmung *ist* folglich diese »Veränderung«, die an ihnen ansetzt, und nur sie; deshalb, Monsieur Leibniz, wussten Sie sich bei einem nachfolgenden Satz auch nicht recht zu entscheiden, ob Sie schreiben sollten: Die Monade könne nicht bestehen ohne »*Veränderung*« – so schrieben Sie zunächst –, oder sie bestehe nicht ohne »*Bestimmung*« – so entschieden Sie sich zuletzt.[281] Die Veränderung, oder vielmehr ihr *Prinzip*, die *reine Veränderung*, soll zwar an der Bestimmung und Besonderheit der einzelnen Monade nur ansetzen, aber, da sie damit an den sonst bestimmungslosen

Punkten ansetzt, *ist* sie zugleich diese einzige, reine Bestimmung.

Also haben wir jetzt diese zwei Dinge: die Monaden als Nullpunkte und die Monaden als die »Bestimmung« oder »Veränderung«, die an ihnen ansetzt. Und nun lassen Sie mich noch einmal weiterraten, was kommen wird. Sollte ich es damit treffen, dann allerdings, Monsieur Leibniz, müsste ich Ihnen eröffnen, dass sich sehr wohl angeben lässt, worauf Ihre seltsam geformten Annahmen über das, was die Welt im Innersten zusammenhält, zurückgehen – und dass sie unhaltbar falsch sind. Ich vermute einmal so: dass sämtliche Monaden durch jene »Bestimmung« wechselseitig aufeinander bezogen werden und so die Welt, die ja aus nichts als den Monaden bestehen soll, in einem einzigen großen Bezugssystem von Beziehungspunkten bestünde. Was meinen Sie?

56. Dieses Verknüpfen nun, oder diese Anpassung, aller geschaffenen Dinge an jedes einzelne von ihnen und jedes einzelnen an alle anderen bewirkt, dass jede einfache Substanz Beziehungen hat, die alle anderen ausdrücken und dass sie folglich ein dauernder lebendiger Spiegel des Universums ist.

Mir scheint, ich habe es getroffen. Vielen Dank für das aufschlussreiche Gespräch!

KONTINUUM UND POTENZIERUNG

Man sieht die Radikalität, mit der sich Leibniz daran macht, der funktionalen Abstraktion zur usurpierten Macht zu verhelfen. Er doktert nicht lange herum mit Materiekügelchen, die irgendwie immer noch einmal kleiner sein sollen als irgendwelche anderen schon winzigkleinen und doch nie klein genug werden können, um jene Form ausdehnungsloser Punkte zu erfüllen. Er erklärt seine Substanzen einfach direkt und umstandslos zu eben diesen Punkten. Aber er weiß auch, dass er es nicht einfach bei diesen Nichtsen belassen darf, »von denen feststeht, dass aus ihnen das Kontinuum nicht zusammengesetzt sein kann«;[282] noch würde ihnen die »Kraft« fehlen, wie er sagt, sich zu diesem Kontinuum zu *verbinden*. Das *Kontinuum* also setzt Leibniz außerdem voraus, die Verbindung und wechselseitige *Beziehung* der Punkte, oder vielmehr, er *hat* dies Kontinuum bereits mit der Annahme seiner »Atom«-Monaden vorausgesetzt. Und damit ist die funktionale Zweiheit, so eindeutig wie nur möglich, komplett.

Aus ihr aber soll sich die Welt zusammensetzen, diese *metaphysische* Qualität soll ihr eignen – und darin genau besteht die noch heute »aktuelle« *philosophische* Leistung der Monadologie. Die Monaden müssen zu *metaphysischen* Punkten werden: zu bloßen Bezugspunkten zum einen, zum anderen aber zu dem, woraus die wirkliche, materiale, »substantiale« Welt bestehen soll. An einer anderen Stelle lautet Leibniz' Herleitung der Monaden deshalb so:

Wenn es indessen keine wahren substantialen Einheiten *gäbe, so wäre auch nichts Substantiales noch Reales in der Ansammlung. Dies hatte Herrn Cordemoy genötigt, sich von Descartes abzuwenden und die Atomlehre Demokrits anzunehmen, um eine wahre Einheit zu finden. Aber die* materialen Atome *widerstreiten der Vernunft, abgesehen davon, dass sie noch aus Teilen zusammengesetzt sind, da das unüberwindliche Haften eines Teiles an dem anderen (wenn man es denn begreifen oder vernünftigerweise voraussetzen könnte) ihre Verschiedenheit nicht aufheben würde. Es gibt nur die* substantialen Atome, *das heißt die wirklichen und völlig teillosen Einheiten, die die Quellen der Aktionen sind und die ersten absoluten Prinzipien der Zusammensetzung der Dinge und gleichsam die letzten Elemente der Analyse der substantialen Dinge. Man könnte sie* metaphysische Punkte *nennen: Sie haben* etwas Lebendiges *und eine Art* Perzeption, *und die* mathematischen Punkte *sind ihre* Gesichtspunkte, *um das Universum auszudrücken. Wenn körperliche Substanzen zusammengedrängt werden, dann bilden alle ihre Organe für uns doch nur einen* physischen Punkt. *Also sind die physischen Punkte nur scheinbar unteilbar; die mathematischen sind im genauen Sinn Punkte, aber bloße modale Bestimmungen. Nur die metaphysischen oder substantialen Punkte (die durch die Formen oder Seelen gebildet werden) sind im genauen Sinn und real Punkte, und ohne sie gäbe es nichts Reales, da es ja ohne wahre Einheiten keine Vielheit gäbe.*[283]

So muss es sein – unter der einen bestimmenden Voraussetzung, dass alles, was es gibt, zuletzt in der Form von Funktionsvariablen vorliegen soll. Körperliche, »physische« Substanzen können es nicht sein, denn die sind zwar wirklich und material, aber eben deshalb niemals nur Punkt. Mathematische Punkte können es nicht sein, denn die sind zwar nur Punkt, aber eben deshalb niemals material und wirklich. Folglich zwingen wir beides *trotzdem* zusammen und sagen, sie seien Punkte *und* material: also »substantiale Punkte«.

Ihr Beziehen aufeinander, jene »Kraft«, durch die sie von bloß isolierten zu aufeinander bezogenen Punkten, also zu Bestandteilen des Kontinuums und »substantial« werden sollen, deutet und benennt Leibniz deshalb ohne Scheu als »*etwas Lebendiges*«, als »Seele« – von ausdehnungslosen Punkten! Nach der zirkelschlüssigen Analogiebildung, dass sich mit jener aktiven »Kraft« etwas »der Empfindung und dem Begehren Analoges ergibt; und dass man sie also in Nachahmung des Begriffes verstehen muss, den wir von den *Seelen* haben«[284] – die Analogie wird aufgestellt und daraus für nötig abgeleitet –, deutet Leibniz das Nicht-inhaltliche inhaltlich.

So war ich gezwungen, um diese wirklichen Einheiten zu finden, auf einen wirklichen und sozusagen beseelten Punkt zurückzugehen, das heißt auf ein substantiales Atom, das irgendetwas Formales oder Aktives einschließen muss, um ein vollständiges Seiendes zu bilden.[285]

Welch durch und durch reine Seele! Vollständig, ein »vollständiges Seiendes« wird sie, indem sie dies *beides* umfassen soll: Punkt zu sein und »irgendetwas Aktives«, eine *vis activa* – das reine funktionale Beziehen jedes Punkts auf alle anderen.

Es ist diese in jeder Substanz des Universums im voraus geregelte wechselseitige Beziehung, die das hervorbringt, was wir deren Verbindung *nennen.*[286]

Jede Substanz, jeder Punkt, jede Monade ein Bezugspunkt, bezogen eine jede auf jede andere und, wechselseitig, jede andere auf sie: das Universum als Kontinuum des Beziehens, als geschlossenes Bezugssystem – die funktionale Abstraktion zur Metaphysik erhoben. Wie aber soll dieses nichtige Universum zu seiner Materialität gelangen? Wie zu irgendeinem Inhalt?

Leibniz hatte erklärt, »dass jede einfache Substanz Beziehungen hat, die alle übrigen ausdrücken, und dass sie infolgedessen ein lebendiger, immerwährender Spiegel des Universums ist.« Also: Da sie selber nichts enthält und in nichts besteht als ihrem Bezug auf alle anderen, die sämtlich wiederum aus nichts anderem bestehen sollen als diesem selben Gesamt an Bezügen, geben sie allesamt nur jeweils alle diese Bezüge auf alle anderen wieder – und werden so jede zum Spiegel dieses ganzen Universums. Eine Welt aus nichts als Spiegeln, aus Spiegeln, die jedoch nichts sonst wiederzugeben haben als das, was alle anderen Spiegel auch wiedergeben, nämlich das Wiedergeben selbst, und die also *keiner irgendetwas* wiederzugeben haben, als dass die anderen auch nichts wiederzugeben finden, und die nur *überhaupt* spiegeln, ohne Inhalt, den sie spiegeln könnten, die also, da es nichts zu Spiegelndes gibt, nicht einmal spiegeln, sondern leer aufeinander verweisend bloß abwarten – diese lichtlos grauenvolle Vision, die dem Kopf eines Paranoikers entsprungen scheint, sie endlich ist, von einem genialen Kopf auskonstruiert, die Welt vollständig funktional gefasst.

Daran ist *nichts* »Lebendiges«, wenn man nicht tut wie Leibniz und gerade dieses leere Beziehen wie zum Hohn noch »Seele« nennt und »Leben«. Auch das allerdings *muss* sein. *Wenn* dieses leer in sich verspiegelte Bezugssystem zugleich diejenige Welt sein soll, in welcher unter anderem auch Gottfried Wilhelm Leibniz wirklich gelebt hat, dann *muss* es auf irgendeine Weise auch das enthalten, was es gerade *ausschließt*, Leben und Inhalt.

Doch bevor es dazu kommt, gilt es noch etwas anderes auszukonstruieren. Das Beziehen einer jeden Monade auf alle übrigen darf ja keinesfalls eine Verbindung in dem Sinn herstellen, dass eine Monade auf die andere *einwirken* würde. Es kann »nur ein *idealer* Einfluss der einen Monade auf die andere« stattfinden, derjenige nämlich der prästabilierten Harmonie, der darin besteht, dass jede Monade »von Anbeginn der Dinge« *in sich* in Übereinstimmung gebracht ist mit allen anderen.[287] Das heißt, all dies unendliche Beziehen auf sämtliche Punkte des Universums, welches eine jede Monade sein soll, darf gar nicht aus ihr heraustreten, darf sich nicht nach draußen zum Universum weiten, sondern bleibt ins *Innere* des monadischen Punkts gebannt.

»Die Monaden haben keine Fenster, durch die irgendetwas in sie hinein- oder aus ihnen heraustreten könnte.«

Um dieses In-sich-Verbleiben der Bezugspunkte zu erläutern, findet Leibniz ein Bild aus der neuen, infinitesimal gedachten Mathematik. Man habe sich vorzustellen, dass eine Monade »die Dinge, die außerhalb von ihr sind, wie eine Art Mittelpunkt darstellt«.

Es verhält sich dies ebenso, wie sich in einem Zentrum *oder Punkt, so vollständig einfach er ist, eine Unendlichkeit von Winkeln findet, die von Linien gebildet werden, die darin zusammenlaufen.*[288]

Der Punkt sendet gleichsam alle die Radien aus, die ihn zum *Mittelpunkt* all seiner Bezüge auf sämtliche anderen Punkte machen. Er bleibt bloßer Bezugspunkt und ausdehnungslos, wieviele Bezüge man auch immer herstellen wollte, und er besteht nur darin, *dass* solche Bezüge hergestellt werden – gleichsam als ihr Schnittpunkt. Dass er als Punkt allein also *in* diesen Bezügen besteht, das jedoch kehrt Leibniz hier geschickt noch einmal um, indem er erklärt, der Punkt würde all diese möglichen Bezüge für sich genommen *enthalten*. Und *so*, wird man sehen, konstruiert und denkt Leibniz seinen Monaden den *Inhalt* an, den sie ausdrücklich nicht haben können. Das muss bedeutsame Folgen haben.

Jede Monade, in die ja nichts hinein- und aus der nichts heraustritt, muss in dieser Weise also das Universum ihrer Bezüge vollständig schon *in sich* tragen – und so das Kontinuum von Monaden, welches sie umgibt und dem sie als einzelner Bezugspunkt unter unendlich vielen angehören soll, in sich *verdoppeln*; eine jede wird selbst *noch einmal* dies Universum. Das heißt, sie tritt wiederum *in sich* auseinander in ihr Beziehen selbst und in das, worauf es sich bezieht, in jenes »innere Prinzip« der »Veränderung« oder »Bestimmung« auf der einen Seite, und dasjenige, was durch dies Prinzip »verändert« und »bestimmt« wird, auf der anderen. Jede Monade wird noch einmal aufgespalten in das *aktive Subjekt*, jene *vis activa*, und in dessen *passiven Objekte*, die davon bestimmt *werden*. Für beide findet Leibniz, in umgekehrter Reihenfolge, jeweils einen schönen Namen – den er noch anderweitig zu nutzen gedenkt.

14. Der vorübergehende Zustand, der eine Vielheit in der Einheit oder in der einfachen Substanz einschließt und darstellt, ist nichts anderes als das, was man die Wahrnehmung [Perception] *nennt.*
15. Die Tätigkeit des inneren Prinzips, die die Veränderung oder den Übergang von einer Perzeption zur anderen bewirkt, kann Bestreben [Appetition] *genannt werden.*[289]

Na, wenn sie so genannt werden kann, dann wollen wir nicht so sein, und nennen sie ganz einfach so. »Wahrnehmung« und »Bestreben«, das sind anständig *inhaltliche* Namen für etwas, was sich da in ausdehnungs- und bestimmungslosen Punkten vorfinden soll. Sie sind das von Leibniz gezielt gewählte Mittel, um seinen funktionalen Einheiten den Inhalt zu erschleichen, den sie nun einmal nicht haben; den sie zum einen ausschließen und dennoch zugleich darstellen sollen – genau das nämlich, sie sollen ihn »*darstellen*«:

Jede geschaffene Monade stellt das ganze Universum dar.[290]

Nun hatte es geheißen, jede Monade »folgt ihren eigenen Gesetzen«; also heißt jetzt »Wahrnehmung« oder »Perzeption« dasjenige, *was* da in ihr den Gesetzen folgt, und »Begehren« oder »Appetition« heißen diese Gesetze selbst: »Die Perzeptionen in den Monaden entstehen eine aus der anderen nach den Gesetzen des Begehrens«.[291] Die Monade, selbst bloßer Bezugspunkt plus reines Beziehen, ist damit in sich aufgespalten in Beziehen und Bezugspunkte, in bestimmendes Gesetz und gesetzmäßig Bestimmtes, in Funktion und Variable.

Diese Verdopplung des Funktionsverhältnisses entspricht also zum einen sehr wohl derjenigen bei Spinoza; und doch ist dessen Fehler hier – gewaltsam – vermieden. Bei Leibniz ist die Verdopplung eingepasst in die Konstruktion der prästabilierten Harmonie. Irgendwelchen Einfluss einer Substanz auf die andere – bei Spinoza: des einen *Attributs* der Substanz auf das andere – darf es ja nach Leibniz gerade nicht geben, anders als für Spinoza, der das eine Attribut ausdrücklich zum Objekt der anderen erklärt. Und während das Subjekt-Objekt-Verhältnis *zwischen* den beiden *res* deshalb bei Spinoza demjenigen Subjekt-Objekt-Verhältnis in die Quere kommt, welches jeweils noch *innerhalb* von ihnen bestehen soll, soll es bei Leibniz nun *allein in diesem*

Innerhalb herrschen. Daher kann es nichts von dem ins Gehege kommen, was außerhalb liegen soll: Dort draußen soll es nach Leibniz ja ganz unverbunden zugehen, soll keine Monade Subjekt oder Objekt der anderen werden. Und verbunden, nämlich in Übereinstimmung miteinander, sollen sie nur durch das sein, was abgeschlossen jeweils ganz innerhalb einer jeden liegt.

Dadurch aber muss sich die Verdopplung nun auch fortsetzen.

Die *Perzeptionen* einer Monade können, indem sie das Universum aus all den anderen Monaden »darstellen«, nur wiederum diese *Monaden* »darstellen« und damit nichts anderes sein als in sich die Wiederholung sämtlicher Monaden dieses dargestellt-»äußeren« Universums. Die »innerweltlich« dargestellten Monaden, die »Perzeptionen« *innerhalb* einer jeden einzelnen, werden durch die »Appetitions«-Gesetze ihrer jeweiligen Monade aufs Haar ganz genauso bestimmt, wie die gesetzmäßigen Vorgänge, Bewegungen und Veränderungen der Monaden in dem Universum *außerhalb* dieser einen Monade ablaufen sollen. Innerhalb der Monaden sind ihre Perzeptionen nur Wiederholung aller Monaden des gleichsam äußeren Universums und ihre Appetitionen Wiederholung derselben Gesetze, die in diesem äußeren Universum gelten. Trotzdem soll zwischen beiden Universen eine entscheidende Differenz liegen, und eben dafür schwächt Leibniz ihrer beider Identität so weit ab, dass die einzelne Monade das Universum lediglich »*darstellen*« soll, es repräsentieren. Dieser Unterschied nämlich ist die Klausel dafür, dass im ›zweiten‹ Universum, dem innermonadischen Universum der Perzeptionen, genau derjenige Einfluss auf die innermonadisch dargestellten ›äußeren‹ Monaden statthaben darf, der im ›ersten‹ Universum ausgeschlossen ist. Dort musste jede ganz »spontan« für sich verbleiben, hier dagegen, im *innerweltlichen* Universum, dürfen die Appetitionen sozusagen nach Herzenslust an ihren Perzeptionen herumbestimmen und dürfen sie das Beziehungssystem als eines, worin jeder Bezugspunkt auf jeden bezogen *wird*, so recht ungehindert ausleben. *Dafür* denkt Leibniz das Universum in jeder einzelnen seiner Monaden verdoppelt: Im äußeren Universum soll die Verbindung *nicht*, in allen inneren Universen dagegen muss und darf sie *sehr wohl* bestehen – damit die Verbindung *trotz* ihrer Ausschließung besteht.

Aber damit wird das Universum unter der Hand nicht mehr bloß verdoppelt, sondern vervielfacht ins Unendliche. Da sich *jede* der unendlich vielen Monaden in sich wiederum zum kompletten Universum aus Monaden weiten soll, liegt das Universum zum einen also in einer *unendlichen* Zahl von Verdopplungen vor. Doch nicht nur das, sondern es geht ja notwendig weiter, und die Monaden all dieser innermonadisch ›zweiten‹ Universen müssen auch ihrerseits, *als Monaden* zugleich solche *Universen aus Monaden* sein, Perzeptionen weiterer Monadenuniversen, und diese ihrerseits noch einmal, und so immer fort bis zum unendlich-vielten Universum: Das Funktionsverhältnis wird bei Leibniz nicht bloß verdoppelt, sondern *ins Unendliche potenziert*.

Und so tritt noch einmal jenes andere Charakteristikum funktionalen Denkens in den Blick, das »*Prinzip der Kontinuität*«, wie es Leibniz selbst genannt hat.

Die innermonadischen Perzeptionen, eine aus der anderen entstehend nach den Gesetzen der Appetition, hatte Leibniz ausdrücklich als »vorübergehenden Zustand« definiert, einen Zustand im steten Übergehen zum nächsten. Was es damit, einem solchen *Zustand* in der *Bewegung* auf sich hat, kennen wir von Galileo: Es ist jene funktionale Negation einer Größe zur Nicht-Größe, in der etwa die Bewegung zur Ruhe wird oder umgekehrt Ruhe identisch mit einem Zustand der Bewegung. Davon spricht Leibniz unter anderem in einer *Justification du calcul des infinitesimales*, da sein Differentialkalkül genau diese Denkform der variablen Nicht-Größe zur Voraussetzung hat und aus ihr lediglich die mathematischen Konsequenzen zieht. »Die Gleichheit als einen Sonderfall der Ungleichheit« anzusehen, »die Ruhe als Sonderfall der Bewegung, den Parallelismus als Fall der Konvergenz zweier Geraden usw.«, das heiße, alle Größen so aufzufassen, dass sie »durch eine stetige Veränderung im Zustande des Verschwindens schließlich in jene übergehen«, in die Nicht-Größen; es heißt Größen als Nicht-Größen auffassen, das Diskrete als Kontinuum. Dieses Überspringen der Differenz zur Identität, vom physisch ausgedehnten Punkt zum mathematisch reinen

Punkt, das Leibniz in der Konstruktion seiner Monaden vollführt hat, solle man sich so vorstellen, »dass die Differenz der Größen, die gleich werden, nicht schon null *ist*, sondern erst im Begriff ist, zu verschwinden«. Sie sei also Null und zugleich nicht Null, nämlich *noch* Differenz – »wenngleich es indessen nicht in aller Strenge richtig ist, dass die Ruhe eine Abart der Bewegung, oder die Gleichheit eine Art Ungleichheit ist«.[292] Auf genau diese Weise aber muss die Monade mathematischer *und* physischer Punkt sein, also, da sie beides zugleich sein soll, metaphysischer Punkt – »*wenngleich es indessen nicht in aller Strenge richtig ist*«.

Auch die Perzeptionen wären nun solche Zustände der Ausdehnung Null, Variablen, die nach den Gesetzen der Appetition eine kontinuierlich in die nächste übergehen. So umfasst eine Monade ihr Universum jeden ausdehnungslosen Augenblick lang nur jeweils in einem Zustand, der unablässig dabei ist, im nächsten zu verschwinden, und doch enthält sie es zugleich in seinen *sämtlichen* Zuständen, die es je durchlaufen hat und die es je noch durchlaufen wird: da es diese Zustände doch *prästabiliert nach Gesetzen* durchlaufen soll.

Die Gegenwart geht schwanger mit der Zukunft, die Zukunft lässt sich in der Vergangenheit lesen, das Entfernte wird im Nahen ausgedrückt. Man könnte die Schönheit des Alls in jeder Seele erkennen, wenn man all ihre Falten, die sich wahrnehmbar nur mit der Zeit auseinanderwickeln, entfalten könnte.[293]

Jeder dieser ausdehnungslosen Zustände ist nach Bewegungsgesetzen in einem Kontinuum gebunden an alle übrigen, und diese Bewegungsgesetze enthält die Monade ebenso wie das von ihnen variabel Bestimmte, unter den Namen von Appetition und Perzeption. Und so ergibt sich aus der funktionalen Form der Monade, »*dass jede Substanz in ihrem jetzigen Zustande alle ihre zukünftigen Zustände zum Ausdruck bringen muss*«.[294]

FÜLLE DES INHALTS

Perzeption und Appetition sind so aufs genaueste funktional gefasst, nicht-inhaltlich – und *heißen* doch inhaltlich, Wahrnehmung und Begehren. Ausdrücklich will Leibniz sie nach Analogie der Seele verstanden wissen, und nicht in bloßer Analogie, sondern die Seele *sei* buchstäblich Monade, die einfache Substanz mit Appetition und Perzeptionen *sei* buchstäblich eine Seele mit ihrem Wollen und ihren Wahrnehmungen. Die reinen, ausdehnungslosen Bezugspunkte sollen dennoch zugleich die erfüllte Seele sein, das Denken in all seiner Inhaltlichkeit, mit seinen Wahrnehmungen, seinem Wollen, Leiden.

Wie Descartes muss Leibniz dafür hin und her springen zwischen der nicht-inhaltlichen Fassung des Denkens, der Denkfunktion, und dem Denken als Inbegriff all jener Inhalte, die doch gerade um seiner funktionalen Fassung willen ausgeschlossen waren. Es ist dieselbe *unvermeidliche* Subreption von Inhalt ins nicht-inhaltlich gedachte Verhältnis bei Leibniz wie bei Descartes – nur dass sich Leibniz keine Mühe gibt, daran irgendetwas zu kaschieren. Er gibt dem, was sich da in der Monade finden soll, den denkbar anstößigsten Namen, der sich seiner metaphysischen Konstruktion nach dafür finden lässt: »Perzeption«. Dass die berühmterweise fensterlose Monade nichts aufnehmen könne, darauf besteht Leibniz mit aller Schärfe, und nennt doch, was sich in ihr finde, geradezu ein »Aufnehmen«. Er sagt: Wahrnehmungen kann eine Monade keinesfalls haben; was sie aber haben muss, das nenne ich Wahrnehmungen.

Den Sprung ins Inhaltliche vollzieht Leibniz – nun, indem er ihn einfach macht. Für das Rätsel, wie die vollständig unausgedehnte, gestalt- und teillose Monade überhaupt etwas enthalten soll, und gar außer ihrer Appetitionskraft gleich noch das gesamte Universum in Gestalt der Perzeptionsmonaden, dafür hatte Leibniz das mathematische Bild des Kreismittelpunkts gefunden, der alle die Linien, die ihn konstruieren, auch ohne die Konstruktion der Linien »enthalte«. Auch das tut ein Kreismittelpunkt natürlich nicht von sich aus, aber es lässt sich ihm mathematisch, indem man es so voraussetzt, andefinieren. Dasselbe Rätsel, wie sich in der absoluten Einheit der Monade eine Vielheit finden soll, erläutert Leibniz aber nicht bloß mathematisch, sondern eben auch inhaltlich: indem er voraussetzt, ein solcher Punkt, wie er sich mathematisch zurechtdefinieren lässt, würde außerdem unmittelbar der Welt unserer Erfahrung angehören und schön empirisch *denken*. Was wir denken, fühlen, sehen, wünschen, leiden, das wäre insgesamt das »Aktive« eines solchen Punkts, einer Monade, der »einfachen Substanz«.

Im Traktat über die *Monadologie* lautet der Paragraph 16:
Wir erfahren an uns selbst eine Vielheit in der einfachen Substanz, wenn wir finden, dass der geringste Gedanke, dessen wir uns bewusst werden, eine Mannigfaltigkeit in seinem Gegenstand einschließt. Daher müssten alle diejenigen, die anerkennen, dass die Seele eine einfache Substanz ist, diese Vielheit in der Monade anerkennen, und Bayle dürfte darin keine Schwierigkeit finden, wie er es in seinem Wörterbuch, Artikel Rosarius, getan hat.[295]

Nein, eine Schwierigkeit *darf* man darin nicht finden – wenn man nur voraussetzt, dass ein Punkt denken kann, dass alle unsere Wahrnehmungen und Empfindungen sich in einem ausdehnungslosen Nullpunkt abspielen, dass alles, was wir unserer Seele zuschreiben wollten, einem bloßen Bezugspunkt zugehört, vollständig von ihm hervorgebracht werde und ausschließlich in dessen Innerem stattfinde, welches er zwar gar nicht haben kann und das aber nebenbei noch das gesamte übrige Universum enthalten soll. Nein, wenn man *damit* keine Schwierigkeiten hat, also keine Schwierigkeiten damit, die Seele mit all ihren Inhalten einer Monade gleichzusetzen, dann sollte man sich wirklich nicht so haben und wie Herr Bayle an der Möglichkeit einer Vielheit in der teillosen Einheit herumproblematisieren.

Diejenige Schwierigkeit, die Leibniz nun also wirklich nicht hat und die zu haben er nicht einmal auf die Idee kommt, ist: vorauszusetzen, dass seine Konstruktion einer funktionalen Welt rein nur aufeinander bezogener Punkte identisch wäre mit der Welt unserer Erfahrung, in der jeder Gedanke *etwas* denkt, in der wir *etwas* sehen, *etwas* hören, in der es Menschen gibt, Tiere, Pflanzen, Farben und Gerüche. Und warum bereitet diese Identität Leibniz keine Schwierigkeiten? Weil er mit ihr *ansetzt*, weil sie ihm *a priori* ist, weil seiner *Reflexion auf die Welt* universal die *Denkform* vorgegeben und einbeschrieben ist, welche auskonstruiert eine Welt rein nur aufeinander bezogener Punkte ergibt. Da Leibniz ebensowenig wie jeder andere auf die Idee kommen kann, dass er damit zwanghaft und leer einer historisch *bedingten* Denkform folgt, muss er glauben, unmittelbar die ihn umgebende, erfahrbare und inhaltlich gegebene Welt zu reflektieren, muss er diese Welt dann wiederzufinden glauben in seinem Monadenuniversum, muss er diese Welt mit dem universalen Bezugskontinuum zur Deckung bringen, muss ihm diese Welt das universale Bezugskontinuum *sein*.

Und wenn sie das nicht sein *kann*, wenn Nicht-Inhaltliches nicht inhaltlich werden *kann* und wenn alles Mögliche dabei nur blank unmöglich ist, dann darf Leibniz sich und darf er andern sagen: Es *muss* sein! Es *muss* sein! Allem, was Leibniz in der einen Welt vorfindet, dem muss er einen Ort in der anderen zuweisen und zugleich die dort zwingend herrschende Form zusprechen. Wir denken, fühlen, haben eine Seele? – Die Seele muss eine Monade sein. Es gibt körperhafte Dinge? – Sie müssen aus Monaden zusammengesetzt sein. Es gibt unzählige verschiedene Gestalten? – Ihre Unterschiede müssen die kontinuierlichen, ins Unendliche teilbaren Unterschiede von Monaden sein. Weil es etwas in der einen Welt gibt, muss es dasselbe in der Form der anderen Welt und muss es dasselbe also in dieser anderen Welt geben. Die Identität der einen Welt mit der anderen ist *vorausgesetzt*, und ist *blind* vorausgesetzt, da unerkannt bleibt, wonach – und wodurch bedingt – man diese andere Welt formt und wonach geformt man also die erste denkt.

Und das immerhin führt beim Identifizieren von Wahrnehmungen der einen Welt mit Bestimmungen der anderen zu Schwierigkeiten, die dann selbst ein Leibniz hat.

Wenn sich in der funktional konstruierten Welt nichts vorfinden kann als Monaden und in den Monaden wiederum nichts als reines Beziehen und rein Bezogenes; wenn man diese zwei Einheiten dann mit Bestimmungen aus der inhaltlichen Welt belegt und sie der Seele oder dem Denken analog als Appetition und Perzeptionen fasst; wenn diese Perzeptionen aber, da sie nichts von außen auffassen und wahrnehmen dürfen, nur die nach den Appetitionsgesetzen hergestellten Vorstellungen eines solchen Außen sein können, so gibt es, da sie das *Einzige* an Bestimmung der Monaden sind, folglich nichts sonst in dieser Welt als Wille, die Appetition, und Perzeption, die Vorstellung. (*Oh, what a coincidence!*)

Woher dann aber das Übrige? Zum Beispiel: Wenn Appetition und Perzeption Bestimmungen der Seele sein sollen und zugleich die einzigen, also vollständigen Bestimmungen der Monaden, so ist also jede Monade Seele, gibt es keine Monade ohne Seele – wie aber dann die Unterscheidung zu den Körpern? Hat denn jeder Stein seine Seele? Dergleichen wird Leibniz eingewandt, und er bequemt sich dazu, die Seele, die er jeder Monade zusprechen muss, da diese sonst ihrer einzigen Bestimmung entraten würden, gleichwohl einigen Monaden *mehr oder weniger* abzusprechen. Er erklärt sich großzügig dazu bereit, dieses Problem seiner Metaphysik durch eine bloß terminologische Unterscheidung auf sich beruhen zu lassen.

Wenn wir alles Seele nennen wollen, was Perzeptionen *und* Appetitionen *in dem allgemeinen Sinne besitzt, den ich eben erklärt habe, könnten alle einfachen Substanzen oder geschaffenen Monaden Seelen genannt werden; aber da Empfindung etwas mehr ist als eine einfache Perzeption, so bin ich einverstanden, dass für einfache Substanzen, die nur das haben, der allgemeine Name Monaden oder Entelechien ausreicht und dass man allein diejenigen Seelen nennt, deren Perzeption deutlicher und von Erinnerung begleitet ist.*[296]

Es gibt also Monaden mit mehr und Monaden mit weniger Seele, Seelen im weiteren und Seelen im engeren Sinn. Wie es aber zu diesem *mehr oder weniger* kommen soll, zur »Empfindung« etwa, diesem »etwas mehr als eine einfache Perzeption« – wie sollte eine solche Monaden-Perzeption je *mehr* als »einfach« sein? –, nun, das darf uns nicht kümmern. Es gibt jedenfalls, wie es zwar weiter heißen muss, aber schon nicht mehr zu jener Zwei-Schubladen-Lehre passt, Seelen in sämtlichen unendlichen Abstufungen eines gedachten *Kontinuums* von der Voll- und-Ganz-Seele bis zum Seelen-Null – welches letztere jedoch, dank Infinitesimalität, natürlich niemals wirklich erreicht werden dürfte, da sonst die Monade mit ohne Seele buchstäblich nichts wäre.

Leibniz jedenfalls fasst die Seelen als »aktive Wesen« und setzt dann wieder sein Kontinuitätsprinzip in Gang:

Man weiß auch, dass es in allen Dingen Gradunterschiede gibt. So gibt es unendlich viele Abstufungen zwischen einer beliebigen Bewegung und der völligen Ruhe, zwischen der Härte und dem völlig Flüssigen, das ohne jeden Widerstand wäre, zwischen Gott und dem Nichts. So gibt es auch eine Unendlichkeit von Abstufungen zwischen einem aktiven Wesen und dem gänzlich Passiven. Folglich ist es nicht vernünftig, nur ein einziges Tätiges – nämlich den allumfassenden Geist – mit einem einzigen Leidenden – nämlich der Materie – zuzulassen.[297]

Sondern vernünftig ist es, sämtliche Zwischenstufen zuzulassen, mehr noch, ihre Existenz für sicher zu behaupten, die Existenz sämtlicher Zwischenstufen von gänzlich »unbeseelt« bis gänzlich nur »beseelt«. Halt: »*gänzlich*« unbeseelt und passiv dürfte selbst die Materie-Monade nicht sein – wie kann das Leibniz entgehen? –, sonst fehlte ihr auch nur die »einfache Perzeption«, und ohne die wäre sie doch nicht komplett und nicht Monade.

Weiter: Ein Lebewesen ist nicht nur *eine* Monade, einfache Substanz, sondern ist zusammengesetzte Substanz, zusammengesetzt aus unendlich vielen Monaden. Wenn nun jede Monade, sei es auch nur mehr oder weniger, ihre Seele hat, hat dann ein Lebewesen wie du und ich, zusammengesetzt aus unendlich vielen Monaden, folglich auch unendlich viele Seelen in seiner Brust, na, was sage ich, in der Brust!, noch im äußersten Ende jeder seiner Haarspitzen? Aber ja! Denn es gibt nicht nur überall, in jeder Monade solches Leben, »sondern es gibt davon sogar unendlich viele Abstufungen in den Monaden, von denen die einen mehr oder weniger über die anderen herrschen.«[298] Neben dem Kontinuum ihrer Seelenhaltigkeit soll also noch das Kontinuum einer unendlich fein abgestuften Herrschaftshierarchie unter all den Seelchen gelten, und wenn es mit dem Beherrschen dann mehr oder weniger gut klappt, sollte es in einem Lebewesen seelisch nicht gar zu sehr kreuz und quer gehen.

Trotzdem will es mit den vielen Seelen irgendwie nicht passen. Denn die Seele von unsereinem, an der Leibniz doch die Vielheit in der monadischen *Einheit* exemplifiziert hat – ich erinnere an den Satz, den er dem Herrn Bayle ins Stammbuch geschrieben hat: »Wir erfahren an uns selbst eine Vielheit in der einfachen Substanz, wenn wir finden, dass der geringste Gedanke, dessen wir uns bewusst werden, eine Mannigfaltigkeit in seinem Gegenstand einschließt« –, unsere Seele muss also pro Mensch oder Tier eine *Einheit* sein, »einfache Substanz«, nämlich: *eine* Monade. Folglich muss Leibniz die Seele, die er meint, tatsächlich zu einer *Zentral*monade erheben, einer Monade, »die das Zentrum einer zusammengesetzten Substanz (wie zum Beispiel eines Tieres) und das Prinzip seiner Einzigkeit bildet«.[299] Falls diese Zentralmonade dann auch noch zu jenen seelenvollen zählt, »deren Perzeption deutlicher und von Erinnerung begleitet ist« und die also Empfindung haben, so ist die um sie versammelte zusammengesetzte Substanz glücklich ein Lebewesen »und ein solches Lebewesen heißt *Tier*, wie seine Monade eine *Seele* genannt wird.«[300] Moment! Was heißt da: »seine Monade«? Hat das Wesen denn plötzlich nur noch diese *eine* und keine sonst? Ist es denn mit einem Mal nicht mehr aus unendlich vielen Monaden zusammengesetzt, sondern stattdessen nur noch ein Konglomerat aus einem Ich-weiß-nicht-was *plus* einer einzigen Monade, die ihm zur Seele dient? Es muss wohl so sein: Da das Lebewesen nur *eine* Seele haben kann, haben folglich nicht bloß all seine übrigen Monaden keine Seele mehr, sondern sind sie *eo ipso*, da ohne Seele, also ohne alle Bestimmung, auch keine Monaden mehr. Oh ja, das ist konsequent – aber so will es einfach nicht aufgehen: entweder nur *eine* Seele und sonst ringsherum keine Monaden, oder doch Monaden, aber dann Seelen *partout*.

Weiter: Alle Monaden *müssen* Seelen sein, aber nicht alle Monaden *dürfen* Seelen sein; die Körper mit ihrer Materie, »dem gänzlich Passiven«, müssen schließlich auch noch irgendwo herkommen. Wie aber das? Die Körper sollen ausgedehnt sein, ja sie sollen schließlich das ganze Universum ausfüllen, und das mit nichts anderem als den Monaden, die nicht bloß unendlich klein, sondern absolut ausdehnungslos sein sollen. Und Ausdehnung Null plus Ausdehnung Null ergibt, wie unendlich oft auch wiederholt, nur immer wieder Ausdehnung Null. Nur – darf diese alte Selbstverständlichkeit ein Einwand sein, wenn die erfahrene Welt doch offensichtlich ausgedehnt ist? Niemals.

In der Natur ist alles angefüllt. Es gibt überall einfache Substanzen, die wirklich durch eigene Handlungen voneinander geschieden sind und die dauernd ihre Beziehungen zueinander ändern. Und jede einfache Substanz oder unterschiedene

Monade, die das Zentrum einer zusammengesetzten Substanz (wie zum Beispiel eines Tieres) und das Prinzip seiner Einzigkeit bildet, wird von einer Masse *umgeben, zusammengesetzt aus einer unendlichen Zahl anderer Monaden, welche den eigentlichen Körper dieser Zentralmonade bilden, gemäß dessen Erregungen sie, wie in einer Art Mittelpunkt, die Dinge darstellt, die außer ihr sind.*[301]

Die Zusammensetzung von Monaden ergibt plötzlich eine Masse? Physisch und Massepunkte sollen sie sein, während sie doch ausdrücklich und systemnotwendig masselos und nicht-physisch sein mussten? Wie aber sollen die Monaden wenigstens zu einer Masse zusammenhalten? Nun, da hatte Leibniz doch definiert, die Monaden seien zwar mathematische Punkte, hätten zugleich jedoch die Kraft, mit anderen zusammenzuhängen und sich so zu einem Kontinuum aufzuspannen. Dies Kontinuum soll jetzt also *Ausdehnung* sein und, damit's körperlich wird, außerdem gleich noch *Masse* – gut. Doch die *vis activa*, mit der die Monaden diese Verbindung, das Kontinuum und hier also ihre Zusammensetzung zur Masse bewerkstelligen sollen, sie wirkt doch ausdrücklich nicht nach außen, auf die anderen Monaden gerichtet, sondern ausschließlich nach innen auf die Perzeptionen, die bloßen Wiederspiegelungen der äußeren Monaden. Also kann die *vis activa* einer Monade auch nur diese inneren Wiederspiegelungen aufspannen und zusammensetzen, keinesfalls aber die übrigen Monaden um sie herum – dies war die eherne Beschränkung, der das ›erste‹ Universum unterliegt. Also spiegeln die Monaden zwar allenfalls *in sich* eine Masse wieder, aber eine Masse, die es *draußen* gar nicht gibt. Und also stimmt das Spiegelbild nicht mit dem überein, was es spiegelt, die Perzeptionen nicht mit dem, womit sie prästabiliert aber unbedingt übereinstimmen müssten, damit – nun, damit es funktional aufgeht.

UND IMMER WEITER

Weil es aber aufgehen muss, weil das funktional gedachte Kontinuum die erfahrene Welt sein soll, soll sich einfach trotzdem, was nur *in* den Monaden vorgehen darf, auch *zwischen* den Monaden abspielen – auch wenn Leibniz genau das aufs ausdrücklichste ausgeschlossen hatte.

Weiter: Es gibt also jeweils eine Zentralmonade und darum herum Monaden, die eine Masse bilden. Jene muss sein, damit es eine Seele, diese müssen sein, damit es Körper, Masse und Materie gibt. Der Seele wird untersagt, ihre *vis* zur Massenbildung zu verwenden und selber Masseteilchen zu werden, und diesen wird dafür die Seele abgesprochen. Wie aber kommt das so Getrennte wieder zusammen? Wie haftet die Seele an ihrem Körper? Wie bekommt sie mit, was er mitbekommt? Bekanntlich durch prästabilierte Harmonie; und die soll hier heißen, dass die Massemonaden »den eigentlichen Körper dieser Zentralmonade bilden« und dass dann »gemäß dessen Erregungen« die seelische Zentralmonade »die Dinge, die außer ihr sind, darstellt«. Den Erregungen des Körpers soll entsprechen, was die Seele an Perzeptionen in sich selber herstellt, den Erregungen der Augenmonaden etwa das, was sie sieht, den Erregungen der Hautmonaden, was sie spürt. Aber hatten wir nicht gelernt, dass die Seelenmonade wie jede andere ihre Perzeptionen ausschließlich nach den jeweils *eigenen Gesetzen* herstellt? Wozu braucht es dann noch die Erregungen des Körpers, nein, mehr noch, wie *kann* es sie überhaupt geben? Vorsicht, Monsieur Leibniz, Sie meinen nun also doch, der Körper *werde* erregt, es gäbe also eine *Einwirkung* von Massemonaden auf Massemonaden? Nein, gibt es nicht, ist nur ein großes *Als ob*? Was aber schreiben Sie dann von *Organen* einer Monade und dass sie Eindrücke *empfangen* und *vermitteln*? Zum Beispiel so:

Wenn aber die Monade Organe besitzt, die so eingerichtet sind, dass durch ihre Vermittlung ein deutlicheres Relief in den Eindrücken ist, die sie empfangen, und folglich in den Perzeptionen, die diese Eindrücke darstellen (wie wenn zum Beispiel vermittels der Gestalt der Augenflüssigkeiten die Lichtstrahlen gesammelt werden und mit größerer Stärke wirken), so kann dies bis zur Empfindung *gehen.*[302]

Monsieur, wirklich, so weit wollen Sie gehen – dass alles zugeht wie im richtigen Leben? Die Monade soll keine Fenster haben, aber Augen? Soll nichts aufnehmen, aber empfangen? Soll nichts weitergeben, aber vermitteln? Nichts kann in sie übertragen werden, und dafür hat sie Organe? Von nichts werden ihr Eindrücke beigebracht, aber ihre Perzeptionen stellen – »folglich«, notwendig – Eindrücke dar? Monsieur Leibniz, Sie spaßen: Wenn die Monade ihre Perzeptionen selber herstellt und ineinander übergehen lässt, kann sie keine Organe brauchen – ja mehr noch, durch Organe würde sie vernichtet. Denn gleichgültig, ob die Organe nun schon der einzelnen Monade zugehören sollen oder erst einem ganzen Lebewesen, einer Zusammensetzung also von Monaden, in jedem Fall würden die Eindrücke, welche die Organe empfangen, zuletzt von *Monaden* empfangen, und die Erregungen, die sie hervorriefen, würden von *Monaden* weitergegeben an *Monaden*. In einer Welt also, die nichts wäre als Monaden, könnte es nichts Verkehrteres geben als Organe, könnte es Organe überhaupt nicht geben. Es gibt sie aber, rufen Sie entsetzt, es gibt doch Augen, es gibt Eindrücke, es gibt Erregungen des Körpers. O ja, die gibt es! Nur, so mögen Sie bitte *sich* einwenden: In Ihrer Welt der Monaden *könnte* es sie nicht geben!

Was folgt daraus? Dass die Welt *nicht* aus reinen Bezugspunkten bestehen kann? Nein, im Gegenteil: dass es noch immer weiter gehen muss.

Leibniz belegt einen Teil der Monaden also mit der Eigenschaft und Fähigkeit einer Seele, Vorstellungen zu haben und zu denken, und den anderen Teil mit den Eigenschaften von Materieteilchen, die nun doch wieder mechanisch aufeinander einwirken. Und deren Einwirken aufeinander, wie sie sich bewegen und wie sie sich zusammenfügen, soll all die bunte wirkliche Welt der Erfahrung aufbauen, die von den Seelenmonaden dann, ohne hinzuschauen, vorgestellt wird. Wo aber fangen diese Materieteilchen und doch eigentlich Nicht-Materieteilchen an, beispielsweise bunt zu werden? Wie käme es denn mit ihnen zu der Welt unserer Wahrnehmung? Der funktionalen Abstraktion entsprechend, der er folgt, muss sie Leibniz notwendig aus denselben zwei Einheiten aufbauen und bestehen lassen wie schon Francis Bacon, aus *processus* und *schematismus*, aus infinitesimal kleinen, also *reinen* Bewegungen und *rein* veränderlichen Gestalten.

Wenn wir Farben oder Gerüche wahrnehmen, so haben wir damit jedenfalls keine andere Wahrnehmung als die von Gestalten und Bewegungen, die aber so vielfältig und winzig sind, dass unser Geist in seinem gegenwärtigen Zustande nicht ausreicht, sie einzeln und deutlich zu betrachten, und daher nicht bemerkt, dass seine Wahrnehmung einzig aus den Wahrnehmungen von kleinsten Gestalten und kleinsten Bewegungen zusammengesetzt ist. So empfinden wir, wenn wir eine grüne Farbe wahrnehmen, die aus der Mischung von gelben und blauen Pulverteilchen entstanden ist, nichts anderes als die innigste Vermischung von Gelb und Blau, auch wenn wir dessen nicht gewahr sind und uns statt dessen einbilden, es sei etwas Neues.[303]

Ein schönes Beispiel – nur sagt es etwas ganz Anderes, als es soll. Denn wenn sich unsere Wahrnehmung grüner Farbe aus der Wahrnehmung gelber und blauer Teilchen zusammensetzt, sind auch diese gelben und blauen Teilchen zuletzt wiederum *farbig*. In der hier nötigen Abstraktion gesagt: Die inhaltlich bestimmte Wahrnehmung, hier von Farben, ergibt sich dem Beispiel zufolge eben nicht an dem vorausgesetzt Nicht-Inhaltlichen, an reinen Gestalten und ihrer Bewegung, sondern an etwas wiederum schon inhaltlich Bestimmtem. Inhaltliches kann nicht aus Nicht-Inhaltlichem hervorgehen, und Nicht-Inhalt nicht übergehen in Inhalt, das weiß Leibniz sehr wohl. Deshalb muss er ansetzen, in seinen nicht-inhaltlichen Monaden wäre Inhalt *von Anfang an* gegeben. Zu den Monaden, wenn sich die gesamte inhaltliche Welt aus ihnen erklären soll, darf der Inhalt nicht irgendwann erst dazukommen müssen, er muss schon immer darin sein – und zwar außerdem, wir wissen warum, *vollständig*, in Gestalt *sämtlicher* Inhalte, in Gestalt von *Inhalt überhaupt*. Ebenso, wie schon die Übereinstimmung zwischen den unverbundenen Monaden *von Anfang an* bestehen, nämlich *prae*-stabiliert sein musste, muss es jetzt heißen: Die Monaden sind *von Anfang an* nicht allein farbig, sondern *all*-inhaltlich bis hinunter ins sonst doch gestaltlos Unausgedehnte ihres unendlich teilbaren Kontinuums. Noch einmal staune man über Leibniz' unbeirrbare Konsequenz – es heißt in der *Monadologie*:

65. Und der Urheber der Natur hat dieses göttliche und unendlich bewundernswerte Kunstwerk ausführen können, weil jeder Materieabschnitt nicht nur bis ins Unendliche teilbar ist, wie die Alten erkannt haben, sondern tatsächlich auch ohne Ende unterteilt ist, jeder Teil wieder in Teile, von denen jeder seine eigene Bewegung hat: sonst wäre es unmöglich, dass jeder Materieabschnitt das ganze Universum ausdrücken könnte.
66. Daraus sieht man, dass es in dem kleinsten Materieabschnitt eine Welt von Geschöpfen, Lebewesen, Tieren, Entelechien, Seelen gibt.
67. Jeder Materieabschnitt kann als ein Garten voll von Pflanzen verstanden werden; und als ein Teich voll von Fischen. Aber jeder Zweig der Pflanze, jedes Glied des Tieres, jeder Tropfen seiner Säfte ist ein solcher Garten oder ein solcher Teich.
68. Und obwohl die Erde und die Luft, die zwischen den Pflanzen des Gartens sind, oder das Wasser, das zwischen den Fischen des Teiches ist, weder Pflanze noch Fisch sind, enthalten sie dennoch wiederum Pflanzen und Fische, aber meistens von einer für uns nicht mehr wahrnehmbaren Feinheit.
70. Man sieht daraus, dass jeder lebendige Körper eine beherrschende Entelechie besitzt, die im Tier die Seele ist; aber die Glieder des lebendigen Körpers sind voll von anderen Lebewesen, Pflanzen, Tieren, deren jedes wiederum seine beherrschende Entelechie oder Seele besitzt.

So schließlich muss es sein: Wenn das Universum aus Monaden bestehen soll, es käme niemals zu Inhalt und es gäbe nicht Fisch, nicht Pflanze, nicht Teich, wenn diese nicht sämtlich in jeder einzelnen Monade fertig enthalten wären. Die Existenz der rein nicht-inhaltlichen Monaden ist vorausgesetzt als das, was einzig wirklich sein soll; aber da Leibniz auch Teich und Fisch und Pflanze wirklich vorfindet und ihnen die Existenz nicht ernsthaft bestreiten will – spätere Philosophen haben notwendig auch diesen Schritt getan –, und da also sein Universum aus nicht-inhaltlichen Punkten zugleich dasjenige sein muss, in welchem es diese Teiche, Pflanzen und Fische gibt, so müssen die Monaden, obwohl nicht-inhaltlich, *zugleich* schon alle Inhalte sein – und jeder Inhalt muss sich umgekehrt so verhalten wie die Monaden. Ins Unendliche potenziert muss auch er sich *wiederholen*: in jedem Inhalt noch einmal das Universum aller übrigen Inhalte und immer noch einmal in jedem von diesen bis ins Unendliche. Leibniz konstruiert die Potenzierung des Funktionsverhältnisses direkt aus zur Potenzierung der inhaltlichen Welt.

Und noch einmal weiter: Auch die *Unterschiede* zwischen den Inhalten, zwischen einem Fisch und einem Teich und zwischen einem Zweig und einem Vogel, sie müssen, auf die funktionale Form von Monaden gebracht, die infinitesimalen Stufen eines Kontinuums von Monaden sein, nämlich kontinuierlich einer in sämtliche anderen übergehen. Jedes inhaltlich Bestimmte kann nur wieder *ausdehnungsloser Zustand* sein im kontinuierlichen Übergang zu dem eines jeden anderen inhaltlich Bestimmten. Zu jedem Menschen etwa muss es ein nahezu identisches Doppel geben, das nur um ein unendlich Geringes von ihm abweicht – aber dies in *jeder* Richtung auf *jedes* inhaltlich anders Bestimmte hin und von dort aus immer weiter. Es muss jeden Menschen also in unendlicher Doppelung geben, jeweils in einer, die sich auf einen beliebigen anderen Menschen hinbewegt, in einer, die ihn langsam seinem Hut annähert, in einer, die ihn in seinen sämtlichen Bestimmungen einem Stein angleicht. Alle Inhalte sollen schließlich die unausgedehnten Bezugspunkte einer in jeder Richtung gezogenen Kurve sein, und auf einer von ihnen geht denn auch ein Mensch über in jeden unbelebten Mist.

Ich glaube, ich habe gute Gründe für die Annahme, dass alle die vielen verschiedenen Arten von Wesen, die zusammen das Universum bilden, im Denken Gottes, der ihre Wesensabstufungen genau kennt, nur wie die Ordinaten einer einzigen Kurve enthalten sind, die so nahe beieinander liegen, dass keine weitere dazwischen liegen kann, weil dies Unordnung und Unvollkommenheit bedeuten würde. So sind auch die Menschen mit den Tieren verbunden, diese mit den Pflanzen und diese wieder mit den Fossilien, welche ihrerseits sich an die Körper anschließen, die unsere Sinne und unsere Vorstellung uns als tot und unbelebt darbieten. Da nun nach dem Gesetz der Kontinuität dann, wenn die Wesensmerkmale eines Dinges sich einem anderen annähern, alle anderen Eigenschaften des ersteren sich denen des letzteren ebenfalls annähern müssen, so müssen alle Ordnungen der natürlichen Dinge eine einzige Kette bilden, deren einzelne Arten gleichsam wie die Kettenglieder so eng miteinander verbunden sind, dass es den Sinnen und der Vorstellung unmöglich ist, den genauen Punkt auszumachen, wo eines beginnt oder wo es endet: da ja alle Arten, die sozusagen in diesen Grenzbereichen liegen, zweideutig und mit Merkmalen ausgestattet sind, die ebenso gut den beiden benachbarten Arten angehören könnten.[304]

Dieses Universum der Schrecken, in dem es sämtliche lachhaften und grauenvollen Übergangsformen geben muss zwischen tot und lebendig, zwischen Fisch und Fleisch, Fliege und Giftpilz, Löffel und Speise, Panzer und Affenpfote, Leibniz siedelt es immerhin nur dort an, wo der Dichter Morgenstern auch Auftakteule und Vierviertelschwein miteinander tanzen lässt, nämlich »im Geiste ihres Schöpfers«.[305] Aber dasselbe Gesetz der Kontinuität, das den Schöpfer zwingen soll, sich dieses Schreckenskabinett auszumalen, wird auf Erden noch einmal verhängt über alle Veränderung. Das gesamte Universum ist gebannt in den steten – und man erinnere sich: neuen – *Fortschritt*:

Es muss im Ganzen auch ein gewisser stetiger und durchaus freier Fortschritt des ganzen Universums zur Schönheit und Vollkommenheit aller göttlichen Werke anerkannt werden, so dass die Kultur immer höher wird, wie ja in unserer Zeit ein großer Teil unserer Erde Kultur erhalten hat und mehr und mehr erhalten wird. Und wenn es auch wahr ist, dass mitunter manches wieder ins Holz wächst und wieder zerstört und unterdrückt wird, so muss man dies doch so auffassen, wie wir wenig vorher die Schicksalsschläge gedeutet haben, dass nämlich diese Zerstörung und Unterdrückung zur Erreichung eines Höheren führt, so dass wir auf gewisse Weise selbst aus dem Schaden Nutzen ziehen.

Wenn man aber einwenden könnte, auf diese Weise müsste die Welt offenbar schon längst ein Paradies geworden sein, so ist darauf die Antwort zu geben: Wenn auch viele Substanzen schon zu großer Vollkommenheit gelangt sind, so sind doch –

wegen der unendlichen Teilbarkeit des Kontinuums – die im Abgrunde der Dinge noch schlafenden Teile zu erwecken und zu etwas Größerem und Besserem, mit einem Worte: zu einer besseren Kultur hinzuführen. Folglich wird der Fortschritt niemals zu einem Ende gelangen.[306]

Spricht da nicht schon *unsere* Gegenwart? Spricht nicht Leibniz *ihr* schon aus dem Herzen? Die unerschütterliche Überzeugung: *Wir sind auf dem richtigen Weg*; und: Selbst 800 Millionen *hungernde* Menschen – zum Beispiel – können nicht dagegen sprechen; denn: Ein Paradies, sei's ohne Hunger, sei's ohne allgemeinen Mangel, ist als solches nicht erreichbar – und wer sonst hungert, ist nur noch nicht weit genug vorangeschritten auf dem Weg, auf welchem manche von uns doch schon zu großer Vollkommenheit gelangt sind, oder nicht? Also: *auf unserem richtigen Weg voran*. All das muss so sein – und all das »*wegen der unendlichen Teilbarkeit des Kontinuums*«.

VON ABSOLUTER ERKENNTNIS

Leibniz hat die Welt nach der funktionalen Abstraktion auskonstruiert, und siehe, es erhebt sich eine Welt des Wahns. Die Erde mit Tälern weit und Höhen, mit Mensch und Tier und Mann und Maus gebannt in einen ausdehnungslosen Koordinatenpunkt – Universen ohne Zahl größenlos eins neben dem anderen – jedem Frosch und Strauch und Hauch auferlegt, er müsse sich ins Unendliche nach oben und ins Unendliche nach unten wiederholen und immerfort wiederholen – keine Stufe des Leidens, der Zerstörung und Beschränkung darf ausgelassen werden, nur damit im Gesamten ein Kontinuum der Entwicklung sei und kontinuierliche Entwicklung zum Vollkommenen, welches doch auf immer versagt bleibt – verhängt über uns und über alle Wesen, lebendig oder nicht, das Dasein gesetzmäßig abschnurrender Automaten, deren Freiheit es heißen soll, »in völliger Unabhängigkeit von dem Einfluss aller anderen Kreaturen«,[307] also ganz spontan von sich aus und doch zwangsläufig exakt so zu handeln, dass ihr Verhalten aufs unfreieste mit dem aller anderen Spontaneitäten millimetergenau zusammenstimmt, ja, dass noch ihre kleinsten spontanen Regungen und Empfindungen von Anbeginn der Zeiten allesamt vorauszusehen waren – allem Wahrnehmen, Denken und Tun der Status autistischer Einbildung aufgeherrscht, da niemand und nichts mit irgendetwas außerhalb seiner selbst in Verbindung stehen soll, aber nichts und niemand auch in irgendetwas sonst bestehen soll als einer solchen Vorstellung nur alles dessen außerhalb seiner selbst – eine solche Welt hat die wahnhaften Züge eines schweren Zwangs.

Wir kennen ihn – und hier erkennen wir *seine ganze Kraft*.

Als ihm Leibniz im Vollbesitz seiner Geisteskräfte folgt, übermannt den Denker keine Paranoia, keine Verwirrung hat seine Sinne umnebelt, nicht Aberwitz, sondern klarste Überlegung, schärfster Verstand, bewundernswerte Konsequenz leiten ihn dabei, eine solche Welt zu behaupten. Schwerlich dürfte sich zu welcher Zeit auch immer ein Geist gefunden haben, schärfer und umfassender gebildet als der des Gottfried Wilhelm Leibniz, und ohne Zweifel hat dieser Geist alles, was er hier gedacht hat, bewusst und aufs genaueste durchdacht. Aufs genaueste durchdenkt er die Welt *nach der funktionalen Abstraktion* und von konsequent allem, was sich ihm daraus ergibt, legt er durch und durch reflektierte Rechenschaft ab – außer von den Bedingungen dieser Abstraktion: Von ihnen weiß er nichts. Ihnen *unterliegt* er. Dinge der absurdesten Unmöglichkeit, er sieht sich deshalb *gezwungen* sie zu denken, weil er einem Denkzwang folgt, stärker als aller Scharfsinn und bestimmender als alle absurden Unmöglichkeiten, die gegen diesen Zwang sprechen müssten. Durch nichts lässt sich Leibniz von ihm abbringen, weil ihn nichts mehr davon abbringen kann, diesem unwillkürlichen Zwang *nicht* zu erliegen, einem Zwang, der über sein gesamtes Denken und das Denken aller geworfen ist, nein, den dieses Denken aktiv und mit allergrößter Kraft noch über sich selbst verhängt, in einer tief reflexhaft-unwillkürlichen, einer unhintergehbaren, einer apriorischen *Leistung*.

Vermag man sich nunmehr vorzustellen, dass diese Leistung auch ins unwillkürlichste Wahrnehmen fahren kann, eingreifen kann in die tiefe Empfindung des Rhythmus?

In modernen Zeiten hat man Leibniz nachgerühmt, er habe mit seiner Monadologie die genaue philosophische Beschreibung unserer inzwischen spätkapitalistischen Gesellschaft gefunden. Die Menschen, monadisch jeder für sich, alle fensterlos und ohne Verbindung zu den anderen in ihr Einzelinteresse gebannt, welches sie verfolgen, als gäbe es nur jeweils sie auf der Welt, stimmen doch genau darin mit allen anderen überein und fügen sich so, im blinden Verfolg des je nur Eigenen, insgesamt zum Universum der Marktbeziehungen und der Marktgesellschaft: So schien es Leibniz nun mit den Monaden gemeint und so schien er es verblüffend genau getroffen zu haben. Der Markt, der sich zusammensetzt aus den monadisch verfolgten Einzelinteressen und der Jedem genau diese Vereinzelung seines Interesses *gegen* alle anderen *ebenso wie* allen anderen aufherrscht, er macht tatsächlich Jeden als »Marktteilnehmer« zum Konkurrenten virtuell aller und zugleich, als virtuellen Kunden, Auftraggeber, Arbeitnehmer, zu deren eng verbundenem »Partner«. Auf dem Markt, dieser Gesamtheit der Geld-Ware-Beziehungen, agieren die Menschen tatsächlich jeder virtuell als separater Bezugspunkt eines jeden anderen. Als der *Geld*-Eigentümer, als welcher er auf dem Markt fungiert, als Käufer und Verkäufer, Geldgeber und -nehmer, wird jeder für sich zum Bezugspunkt virtuell sämtlicher übrigen Geldhandlungen und Geldinteressen. Er selbst fungiert als Träger von Wert, von Geldwert, und damit, wie dieser, als reiner, monadischer Bezugspunkt.

Hat der große Monadologe *daran* gedacht, als er philosophierte? Hat er seine Monaden auf *diese* Verhältnisse gemünzt? Hat er diese Verhältnisse *gemeint*?

Er hat sie jedenfalls getroffen. Aber er hat nicht über sie geschrieben, nicht über sie nachgedacht, keinen Gedanken auf *sie* gewandt. Hätte Leibniz gesellschaftliche Verhältnisse, wie er sie erlebte oder vielleicht nur für die Zukunft abzusehen begann, in dieser monadischen Verfassung *erkannt*, nichts hätte ihn abgehalten, es auszusprechen. Er, der noch jeden Frosch auf diese Form brachte, welches Bedenken hätte er getragen, auch hier zu sagen, was er sah – wenn er es denn gesehen hätte? Hier aber hat er nichts gesehen. Und hat doch etwas getroffen. Wenn man in sehr viel späteren Zeiten verblüfft festzustellen hat, schon im 17. Jahrhundert habe Leibniz die Form beschrieben, nach der sich die menschlichen Verhältnisse jetzt so offensichtlich modeln, verdankt sich diese Übereinstimmung keiner adäquaten Erkenntnis des frühen Denkers. Leibniz hat nicht *über* diese Verhältnisse nachgedacht, er hat *nach* ihnen gedacht. Sie sind es, die ihm jene Form vorgeben, aber nicht als Gegenstand, sondern als Modus der Erkenntnis. Sie sind es, die *zugleich* jene äußere Gesellschaft formen – damals zu formen begannen und weiter geformt haben bis heute – und die dem Denken eben damit, wir wissen wie, jenen Erkenntnismodus vorgeben. Es sind die *Geldverhältnisse*, die sich in unserer monadisch verfassten Gesellschaft niederschlagen und diese *nach derselben Form* bestimmen, welche sie dem Denken *mittels eben dieser Formung der Gesellschaft* abverlangen und einbeschreiben. Dies die historische Realität einer prästabilierten Harmonie. Indem Leibniz nichts weiter tut, als die Welt nach der funktionalen Abstraktion des Geldes zu durchdenken, trifft er die Formung einer Gesellschaft, die nach dieser selben Abstraktion eingerichtet ist: indem er ihr blind, ohne etwas *davon* zu erkennen, folgt. So bildet er Gesellschaft ab. Und so – noch einmal – zeigt sich dies Denken im Innersten bestimmt durchs Geld.

Seine gesellschaftlich bestimmende Form aber wird auf diese Weise zugleich *zur neuzeitlichen Philosophie*.

Zunächst: Philosophie ist es, als Leibniz seine Metaphysik konstruiert, rege sich verständigend mit den gelehrtesten Köpfen Europas; Philosophie ist es, als Christian Wolff unter großer gedanklicher Anstrengung diese Konstruktion zum System ausbaut; und Philosophie ist es noch immer, wenn heute im gleichen kontrollierten Bewusstsein ein Philosoph zu dem Schluss gelangt, die Welt sei tatsächlich am besten nach Leibniz' Monadensystem – natürlich: nachdem man es erst selbst wieder in Richtung Vollkommenheit weiterentwickelt hat – zu denken.[308] Alle Philosophie ist nun darauf festgelegt zu tun, was Leibniz, was Descartes, was Spinoza getan haben, jedoch nicht aus Nähe zu Leibniz oder einem der anderen, sondern indem sie vorgeht wie er und indem sie *eben damit* zur neuzeitlichen Philosophie wird. Das genau ist nun Philosophie: *allgemeine Reflexion auf die Welt nach der funktionalen Abstraktion*. Philosophieren heißt nun gehorsam und zwingend genau diese beiden Schritte vollziehen: die Welt aufzuteilen nach dem Funktionsverhältnis und dessen zwei Seiten, reine und rein bezogene Einheit, Funktion und Variable, mit Inhalt zu belegen – oder Inhalt mit ihnen. Descartes hat damit begonnen, sie als Denken und Materieraum zu deuten, andere belegen sie anders, für alle Philosphien der Neuzeit aber, für ihre sämtlichen Systeme, Ansätze und Entwürfe gilt genau nur diese Erfordernis:

Jedes System in dem Verlauf der Geschichte der neuern Philosophie muss enthalten die beiden oben deducirten, sich entgegengesetzten Momente, die man mit den Worten Bewusstseyn und Daseyn bezeichnen kann, und den Versuch ihrer Vermittlung.

Und weiter:

Da es hier auf das Wort nicht ankommt, und die Bezeichnung um so besser ist, je unbestimmter sie ist, und in je verschiedenern Weisen sie darum bestimmt werden kann, so wollen wir diese beiden Momente mit den Worten Bewusstseyn *und* Daseyn *bezeichnen, in dem Sinne, dass unter* Bewusstseyn *dasjenige* (x) *verstanden wird, das, je nachdem es in concreterer und tieferer Bedeutung gefasst (in niederer Potenz genommen) wird, sich als Denken, Wissen, Ich, Ideales, Geist u. s. w. geltend macht, unter* Daseyn *dasjenige* (y)*, was in seinen concreten Entfaltungen – Ausdehnung, Ding an sich, Nicht Ich, Reales, Natur u. s. w. nicht nur genannt wird, sondern* ist*. Kann nun freilich, und muss, wie sich im Verlauf der Darstellung ergeben wird, je nachdem das System verschieden ist, es eine oder die andere dieser Seiten vor der andern geltend machen, wie das etwa im Materialismus und im subjectiven Idealismus geschieht, so kann dennoch kein System, das nicht* beide *Momente enthält, und* beide *als berechtigt darlegt, auf den Namen Philosophie Anspruch machen.*[309]

So erkennt im 19. Jahrhundert der große Philosoph und Philosophiehistoriker Johann Eduard Erdmann. Man hat genau diese beiden Einheiten oder Momente im Kopf – natürlich hat man sie »deduziert«, also streng aus der bloßen Denkform gewonnen, als einander entgegengesetzte, zugleich aber auf Verbindung und Vermittlung angewiesene Einheiten – und schaut dann in die Runde, *was* sie passenderweise *sein* könnten. Denn eine Antwort auf die Frage, mit *welchem Inhalt* sich also dieses x und jenes *y* belegen lassen, geben diese Einheiten, so streng man auch gezwungen ist, *in ihnen* zu denken, eben *nicht* vor. Da aber alles, was berechtigt auf den Namen Philosophie soll Anspruch machen können, systematisch erstens mit diesen Einheiten umgehen und ihnen zweitens passenden Inhalt finden muss, ist er insgesamt nur so *unbestimmt* wie möglich zu benennen, »je unbestimmter« nämlich, »um so besser«: *auf dass kein Inhalt dem entkomme*. In dem großen philosophischen »*u. s. w.*« muss sich schließlich ein jeder fangen. Ihrer Denkform entsprechend müssen sich die beiden Einheiten *x* und *y* ja zu einer *Totalität* schließen, und nichts darf draußen bleiben. Soll demnach die Welt in diesen Einheiten gefasst sein, darf zuletzt auch kein Inhalt herausfallen, der noch sagen könnte: Mich schließt ihr nicht mit ein. Für *x* und *y* inhaltliche Begriffe zu finden, erfordert es also, die *ganze Welt* zu ihrem Inhalt zu machen. So zwingt das Funktionsverhältnis zur neuzeitlichen Metaphysik.

Und wird darüber zur Erkenntnistheorie – was Philosophie einmal so nennt. Die allgemeinsten Namen für ihr *x* und *y* sind die bekannten *Subjekt* und *Objekt*: einmal das, was sich auf Objekte und diese Objekte aufeinander bezieht, und einmal das, worauf sich jenes Subjekt bezieht und was so auch eins aufs andere bezogen wird. Die unbestimmt allgemeinsten inhaltlichen Belegungen von Subjekt und Objekt aber bleiben die von Descartes gefundenen, *Denken* auf Seiten des *x* und Subjekts, *Materie* auf Seiten des *y* und Objekts. Nun sind beide »Momente« aber gedacht als dadurch in sich bestimmt, dass sie strikt das jeweils andere ausschließen, in diesem Ausschluss zugleich aber strikt aneinander gebunden, also miteinander »vermittelt« sein müssen. Im *genuinen Bereich* dieser Abstraktionsform, im geldvermittelten Marktgeschehen, hat das seinen Grund und keine Schwierigkeit. Aber zur Unmöglichkeit wird es, wenn *nach* dieser Abstraktion die inhaltliche Welt nicht nur *gehandelt* werden, sondern als solche *verfasst* sein soll. Dann wird die Verbindung dessen, dessen Trennung vorausgesetzt ist, zur Unmöglichkeit – und Descartes etwa verfällt auf die Zirbeldrüse, um in der albernsten und eben unmöglichsten Weise die Denkfunktion der *res cogitans* mit dem toten Mechanismus der *res extensa* zu verbinden, nämlich das Denken eines Menschen auf seinen Körper einwirken zu lassen, das absolut vom Körper Getrennte auf das absolut von ihm Getrennte. Es wird zum unlösbaren *Problem*, wie Denken und Gedachtes, wie Materie und die Möglichkeit, sie zu erkennen, je noch zusammenkommen sollen – das Wasser, das *sie* trennt, es ist nicht nur zu tief, es ist *unendlich* tief.

So schließlich wird »Erkenntnistheorie« zum *Schicksal* der neuzeitlichen Philosophie –

die moderne Erkenntnistheorie mit ihren Fragen nach der Bedeutung der Sinneswahrnehmung, dem Ursprung unserer Begriffe, dem Wesen der Wissenschaft und Wahrheit und besonders der Frage nach der richtigen Methode. Seit Descartes das Erkennen in Zweifel gezogen hat, hören in der Philosophie der Neuzeit die Untersuchungen über die Begründung des Wissens nicht mehr auf. Alle Großen schreiben dazu ihre Beiträge und erhalten danach ihre Charakterisierung, ein Locke, Hume, Kant, und im Neukantianismus ist Philosophie fast nur noch Erkenntnis- und Methodenlehre. Von dieser Problematik aus scheiden sich die Geister und entstehen die Schulrichtungen. Was im Mittelalter die Metaphysik war, ist jetzt die Erkenntnistheorie. Eine solche gab es damals auch; doch stand sie mehr am Rande, setzte die Metaphysik voraus und erläuterte von diesem Boden aus Bedingungen und Konsequenzen. Jetzt wird sie zur alles entscheidenden Wissenschaft. Die ganze Philosophie hängt davon ab, besonders die Metaphysik.[310]

Eine Philosophie, die bis in die Metaphysik hinein ganz von der Erkenntnistheorie abhängt, *ist* Erkenntnistheorie – und diese nicht mehr die des Mittelalters. Die funktionale Abstraktion stellt ihre anspruchsvollen Forderungen ans Denken, und so wollen die philosophischen »Fragen nach der Bedeutung der Sinneswahrnehmung«, so inhaltlich ihr Interesse klingt, nicht etwa klären, wie die Sinne real wahrnehmen, sondern wollen konstruieren, wie dieses x, das Denken, überhaupt zu jenem y soll kommen können, zu jener Dingwelt, von der unsere Wahrnehmungen voll sind und die aber, als y, so vollständig von ihnen getrennt sein müsste, dass sich eben unlösbar immer weiter fragt, wie das eine in das andere vermittelt werden kann.

Aber nicht nur die unaufhebbare Trennung von x und y, von Subjekt und Objekt, wird durch die funktionale Abstraktion gesetzt, sie setzt auch, das x als Seite reiner Einheit sei die *bestimmende* gegenüber der Seite nur des rein Bezogenen, des y: im Verhältnis *bestimmt* gegen *nicht-bestimmt*. So muss das Subjekt den *Primat* erhalten über das Objekt.

Seit Descartes haben wir einen Primat des Subjektes gegenüber dem Objekt, des Innen gegenüber dem Außen, des Bewusstseins gegenüber dem Sein, der Immanenz gegenüber der Transzendenz. Für die Antike und das Mittelalter war das Objektive und Reale, besonders die Außenwelt, das zuerst Gegebene. Von jetzt ab ist das umgekehrt, das Objektive wird verdrängt durch das Subjektive. Descartes ermöglicht damit den Psychologismus der Engländer, die Immanenzphilosophie der Deutschen und die allgemeine moderne philosophische Anthropologie.

Nein, wir wissen, »ermöglicht« hat dergleichen nicht Descartes, er mag es – Ehre genug – inauguriert haben, erzwungen aber hat es die funktionale Abstraktion. Descartes führte ein erstes Mal aus, was andere nach ihm weit ausführlicher explizieren und alsbald so, dass es kaum noch Ähnlichkeit hat mit Descartes' Entwurf. Und doch bleibt es stets dasselbe wie bei ihm: die inhaltliche Belegung der Funktionsseite im asymmetrischen Ausschließungsverhältnis.

Humes' »Bündel von Wahrnehmungen«, Kants transzendentales Ich, das demiurgische Ich Fichtes, das »übermenschliche« Nietzsches und das ebenso mächtige Ich der Kollektive entfernen sich weit von der cartesischen res cogitans, die immer noch im Stil der Scholastik eine Substanz ist und ein verbindliches Urbild besitzt. Immerhin, wie verschiedene Wege die neuzeitliche philosophische Anthropologie auch gehen wird, Descartes hat sie eröffnet mit seiner zweiten Meditation: »Über die Natur des menschlichen Geistes, dass er leichter erkennbar ist als der Körper«.

Was aber Descartes dort eröffnet, so hat sich gezeigt, ist nichts als die *Setzung*, Denken wäre Funktion, unter der zwingenden *Voraussetzung* der funktionalen Formeinheiten. Mit dem also, was der menschliche Geist auf solche Weise denkt, ist ausschließlich etwas *gesetzt*, nichts aber *erkannt*, vom Denken nicht und nicht von dem, was Menschen denken. Nicht bei Hume, nicht bei Kant, nicht bei Fichte. Philosophie als Erkenntnistheorie ist eine Theorie, die nichts erkennt.

Zum Schluss

kommt dieses Buch nicht anders, als indem es sich öffnet zu dem, was folgen muss, was nachgefolgt ist: da bis heute nicht zum Abschluss kam, wovon es handelt.

Ich habe von dessen Anfängen im 17. Jahrhundert geschrieben. Heute schreiben wir das 21. Jahrhundert, und noch immer gilt und wirkt, was damals begann. Aber mehr noch, es überspannt nun diese ganze Welt, hat sie in einem unvorstellbaren Maß in seine Gewalt gebracht und hat sich eingerichtet darin zu einer Ewigkeit, als wollte es selbst erst mitsamt dieser Welt wieder zu Ende gehen. Die Geldvermittlung alles dessen, wovon wir leben, worin wir leben und woraufhin wir leben, sie ist unsere genaue Gegenwart, und nichts, buchstäblich nichts gibt es darin, das nicht von ihr durchdrungen, von ihr abhängig, das ihr nicht unterworfen oder das nicht – wie oft! – durch sie auch verwehrt wäre.

Was für ein Vermögen ihr da zukommt, darein hat dieses Buch eine Einsicht eröffnet, die sehr lange unabsehbar war, und nun, so neu, so ausgeschlossen und fern aller Denkbarkeit sie bis jetzt gewesen ist, muss sie auf ein Staunen und ungläubiges Kopfschütteln treffen, das möglicherweise nicht weiter reicht als bis zu der schönen Frage des Ambrose Bierce:

Can such things be?

Meine Bitte an den Leser wäre es, bei dieser Frage nicht stehen zu bleiben. Das nötige Material, um zu urteilen, gibt ihm dieses Buch an die Hand. Fruchtbar – oder gerade wieder verstörend – ist danach eher vielleicht die andere Frage: Wie kann es sein, dass all dies so lange nicht erkannt wurde? Gute vier Jahrhunderte hätte jenes Konstituens der gesamten Neuzeit im Verborgenen gewirkt? Und die schärfsten Geister und ihre genaueste Reflexion wären blind dafür geblieben? Hätten zwar mit und nach ihm gedacht, doch nicht gewusst, was sie da taten? Ja, so muss es sein und es ist kein Wunder. Kein Philosoph konnte und kann, indem er noch so durchdringend auf seine Gegenstände blickt, in den Blick bekommen, was schon seinen Blick bestimmt, dasjenige, durch das hindurch er seine Gegenstände sieht. Niemand vermöchte gleichsam die Färbung der Gläser zu erkennen, durch die sich ihm die Welt so gefärbt zeigt, wie sie es sind, allein indem er auf diese Welt schaut. Kein Philosoph, keine Größe der Naturwissenschaft und auch niemand sonst könnte auf diese Weise zu einem anderen Urteil kommen als zu dem: Weit und breit von Färbung nichts zu sehen! Kein Begriff und keine Reflexion gelangt noch hinter das, was vor aller Reflexion und vor allen Begriffen liegt und sie eben dadurch immer schon formt.

Dorthin zu gelangen, das konnte nur gelingen, wo sich dies Formende in seiner Wirkung geradeso begriffslos und unreflektiert zeigt, wie es dies in sich ist. Der einzige Ort solcher Wirkung aber ist der Rhythmus, der neuzeitliche, der Taktrhythmus. Auch er hat sein Geheimnis über die Jahrhunderte hinweg wohl bewahrt, eben weil es in ihm ohne Begriffe und Reflexion zugeht, und hat es noch jetzt sich nicht ganz leicht entreißen lassen. Dennoch, hier war es endlich zu entdecken – und damit allein geriet uns in die Hand, worauf auch der schärfste Blick nicht plan reflektierend geraten konnte. Die Kraft, mit der es wirkt, ist dieselbe Kraft, mit der es sich verbirgt: eine Kraft des unwillkürlichen, wenn auch bedingten Zwangs.

Diesen übt es auf ein Denken, das noch weit, weit vor Reflexion und Begrifflichkeit einsetzt. Die Philosophen freuten sich des Zwangs und suchten ihn mit großem Nachdruck auf, weil sie hier endlich etwas weisen konnten, was so und so gedacht werden musste – und was ihnen damit für Wahrheit galt. Ebenso kam er den Naturwissenschaften zupass, denen er so treffliche Dienste leistet – unter anderem den, dass es sie überhaupt gibt. Hier wie dort also konnte kein Interesse bestehen, sich des Zwangs durch seine Entdeckung womöglich zu entledigen. Falls es denn möglich ist: Er reicht ja nicht nur hinab in Tiefen des Gemüts, die uns sonst vom Denken ganz getrennt erschienen und wo keine Entdeckung etwas aufrühren wird; er stammt außerdem von einem machtvollen Außen und von dort gewinnt er seine übergroße Kraft: vom Zwang des Geldes. Solange dieser währt, wird jener wirken.

Es sind die Menschen, die ihn eingerichtet haben, durch nichts sonst auf ihn verpflichtet als durch sich selbst. Aber sie haben ihn eingerichtet zu dem, was ihre Welt im Innersten zusammen hält; und glauben nun doppelt gezwungen – durch ihn, den sie eingerichtet haben, und ihn, den sie fest schon in sich tragen –, nicht sie hätten mehr über ihn, sondern er allein über sie zu entscheiden. Und fast will mir scheinen, am empfindlichsten seien sie gegen alles, was sie mahnt, dass sie darin irren.

Literaturverzeichnis

Im Folgenden werden allein die Titel angeführt, die in diesem Buch mehrfach zitiert wurden und deshalb nach der ersten Zitation mit Kurztitel notiert sind.
Alfred Sohn-Rethel, den mancher Leser vielleicht erwartete in diesem Buch erwähnt zu finden, fehlt hier. Er war Anfang des 20. Jahrhunderts tatsächlich der Erste, der einen genetischen Zusammenhang zwischen „Warenform und Denkform" – so der Titel einer seiner Arbeiten – behauptet hat. Seine Theorie allerdings blieb von den frühesten Exposés bis zu ihrem späten Bekanntwerden in den siebziger Jahren so unzureichend, dass ich sie hier nur hätte ehren können, indem ich alles Entscheidende an ihr zugleich widerlegte. Die ausführliche Auseinandersetzung mit Sohn-Rethel habe ich in einem Aufsatz geführt, der bald ebenfalls erscheinen wird.

Johann August Apel: Metrik. Zwei Bände. Leipzig 1814/16.
Leonhard Bauer, Herbert Matis: Geburt der Neuzeit. Vom Feudalsystem zur Marktgesellschaft. München 1988.
Heinrich Besseler: Singstil und Instrumentalstil in der europäischen Musik. In: Bericht über den Internationalen Musikwissenschaftlichen Kongreß Bamberg 1953, S. 223–240.
Heinrich Besseler: Das musikalische Hören der Neuzeit. Berlin 1959.
Eske Bockelmann: Propädeutik einer endlich gültigen Theorie von den deutschen Versen. Tübingen 1991.
Christian Braun: Vom Wucherverbot zur Zinsanalyse, 1150–1700. Winterthur 1994.
Alfred Bürgin: Merkantilismus: Eine neue Lehre von der Wirtschaft und der Anfang der politischen Ökonomie. In: Fritz Neumark (Hg.): Studien zur Entwicklung der ökonomischen Theorie II. Berlin 1982, S. 9–61.
Alistair C. Crombie: Von Augustinus bis Galilei. Die Emanzipation der Naturwissenschaft. München 1977, S. 354. [Augustine to Galileo, 1959]
Carl Dahlhaus: Zur Theorie des Tactus im 16. Jahrhundert. In: Archiv für Musikwissenschaft 17 (1960), S. 22–39.
Georg Dietze: Untersuchungen über den Umfang des Bewusstseins bei regelmässig auf einander folgenden Schalleindrücken. In: Philosophische Studien 1885, Heft 2, S. 362–393.
Moses I. Finley: Die antike Wirtschaft. München 1984. [The Ancient Economy, 1973, erweitert 1984]
Thrasybulos Georgiades: Der griechische Rhythmus. Hamburg 1949 (Nachdruck Tutzing 1977).
Harald Heckmann: Der Takt in der Musiklehre des siebzehnten Jahrhunderts. In: Archiv für Musikwissenschaft 10 (1953), S. 116–139.

Gottfried Hermann: Elementa doctrinae metricae. Zwei Bände. Leipzig 1816.

Johannes Hirschberger: Geschichte der Philosophie. Neuzeit und Gegenwart. Elfte, verbesserte Auflage. Freiburg, Basel, Wien 1981.

Robert Jourdain: Das wohltemperierte Gehirn. Wie Musik im Kopf entsteht und wirkt. Darmstadt 1998.

Alexandre Koyré: La philosophie de Jacob Boehme. Paris 1929.

Alexandre Koyré: Galilei. Die Anfänge der neuzeitlichen Wissenschaft. Berlin 1988. [Aufsätze im Original: 1937–1955]

Wolfgang Krohn: Zur soziologischen Interpretation der neuzeitlichen Wissenschaft. Vorwort zu Edgar Zilsel: Die sozialen Ursprünge der neuzeitlichen Wissenschaft. Frankfurt am Main 1976, S. 7–43.

Thomas S. Kuhn: Die Struktur wissenschaftlicher Revolutionen. Zweite revidierte und um das Postskriptum von 1969 ergänzte Auflage. Frankfurt am Main 1976.

Thomas S. Kuhn: Die Entstehung des Neuen. Studien zur Struktur der Wissenschaftsgeschichte. Hg. von Lorenz Krüger. Frankfurt am Main 1997.

Craig Muldrew: The Economy of Obligation. The Culture of Credit an Social Relations in Early Modern England. London, New York u.a. 1998. Zitiert nach den Auszügen: Zur Anthropologie des Kapitalismus. Kredit, Vertrauen, Tausch und die Geschichte des Marktes in England 1500–1700. In: Historische Anthropologie 6 (1998), S. 167–199.

Michael North: Das Geld und seine Geschichte. Vom Mittelalter bis zur Gegenwart. München 1994

Erich Reimer: Johannes de Garlandia, De mensurabili musica. Kritische Edition mit Kommentar und Interpretation der Notationslehre. Wiesbaden 1972.

Georg Schünemann: Geschichte des Dirigierens. Leipzig 1913 (Nachdruck 1987).

René Taton (Hg.), Histoire générale des sciences. Tome II: La science moderne (de 1450 à 1800). Paris 1958.

Michael Wolff: Geschichte der Impetustheorie. Untersuchungen zum Ursprung der klassischen Mechanik. Frankfurt am Main 1978.

Herbert Woodrow: Time Perception. In: Stanley Smith Stevens (Hg.): Handbook of Experimental Psychology. New York 1951, S. 1224–1236.

Hans J. Zacher: Die Hauptschriften zur Dyadik von G. W. Leibniz. Ein Beitrag zur Geschichte des binären Zahlensystems. Frankfurt am Main 1973.

Arthur Zajonc: Die gemeinsame Geschichte von Licht und Bewußtsein. Reinbek bei Hamburg 1997.

Edgar Zilsel: Die sozialen Ursprünge der neuzeitlichen Wissenschaft. Hg. und übersetzt von Wolfgang Krohn. Frankfurt am Main 1976.

Die Quellen aus dem 17. Jahrhundert habe ich zumeist in gängigen Ausgaben benutzt: Bacon in der Ausgabe der Philosophischen Bibliothek bei Meiner, herausgegeben von Wolfgang Krohn; Jakob Böhme in der Peuckertschen Ausgabe; Bradwardine wie angeführt nach H. Lamar Crosby; Descartes nach Adam und Tannery, den Ausgaben der Meinerschen Bibliothek und das *Compendium musicae* im Nachdruck der Ausgabe von 1656, herausgegeben von Johannes Brockt; Galileo im Nachdruck der Ausgabe von Emil Strauss; Leibniz in den „Philosophischen Schriften", die Hans Heinz Holz herausgegeben hat, den „Hauptschriften" in der Meinerschen Philosophischen Bibliothek und den „Fünf Schriften zur Logik und Metaphysik" bei Reclam (RUB), herausgegeben von Herbert Herring; Opitz in der Reclam-Ausgabe von Cornelius Sommer, Spinoza in der von Jakob Stern; Stevin schließlich im Original der *Arithmetique*, Leyden 1585.

Übersetzungen habe ich entweder selbst angefertigt oder nach den genannten deutschen Ausgaben benutzt. In jedem Fall aber habe ich mir vorbehalten, im Rekurs auf das Original einzugreifen, wo immer es mir geboten schien. In den wichtigeren Fällen gibt eine Anmerkung ohnehin den originalen Wortlaut wieder.

Anmerkungen

1 Wilhelm Seidel: Rhythmus. Eine Begriffsbestimmung. Darmstadt 1976, S. 5.
2 Gerold Baier: Rhythmus. Tanz in Körper und Gehirn. Reinbek bei Hamburg 2001, S. 11.
3 Elias Canetti: Masse und Macht. Hamburg 1960, S. 30.
4 Auch die Handbücher allerdings werden selten ausreichend klar; man lese etwa die unsicheren Formulierungen bei Karl H. Wörner: Geschichte der Musik. Ein Studien- und Nachschlagebuch. Achte Auflage, neu bearbeitet von Wolfgang Gratzer, Susanna Großmann-Vendrey, Horst Leuchtmann, Siegfried Mauser, Lenz Meierott und Bernhold Schmid, herausgegeben von Lenz Meierott, Göttingen 1993, S. 195.
5 So Richard L. Crocker: *Musica Rhythmica* and *Musica Metrica* in Antique and Medieval Theory. In: Journal of Music Theory 2 (1958), S. 2–23. Zur Überlieferung allgemein Annemarie J. Neubecker: Altgriechische Musik. Eine Einführung, Darmstadt ²1994.
6 »Es salbten die Mütter Trojas ihn, der schon bestimmt war den wilden / Vögeln und Hunden, den männermordenden Hektor, / nachdem – verlassen hatte er die Stadt – der König sich niedergeworfen hatte / ach, zu Füßen des unerbittlichen Achilleus.« Horaz, Epode 17, 11–14.
7 Wo die Iamben dipodisch aufgefasst werden, also die hier beschriebene Arsis und Thesis jede für sich schon als ganzer Fuß, ergeben sich in ihnen entsprechend die Proportionen 2:2 und 1:2; so auch beim iambischen Senar, der im Lateinischen geläufigeren Version des Trimeters.
8 Friedrich Nietzsche: Die fröhliche Wissenschaft, II 84; daraus auch die folgenden Zitate.
9 Davon schreibt Nietzsche in seinen Aufzeichnungen: Zur Theorie der quantitirenden Rhythmik. In: Philologica. Herausgegeben von Otto Crusius. Leipzig 1912, Band II, S. 281–292.
10 Hegel, *Theorie Werkausgabe* Band 15, S. 163.
11 Thomas Assheuer: Ekstase, Befreiung, Glück. In: ZEITmagazin Nr. 46, 1997, S. 32–37, hier S. 33.
12 Johann August Apel: Metrik. Leipzig 1814/16, Band I, S. 6. Die folgenden Zitate S. 9, 5 f. und 16.
13 Die beste und abschließende Widerlegung durch Wilfried Stroh: Arsis und Thesis – oder: Wie hat man lateinische Verse gesprochen? In: Michael von Albrecht, Werner Schubert (Hg.): Musik und Dichtung. Frankfurt a. M. (u. a.) 1990, S. 87–119. Den Indizienbeweis, dass die iktierende Leseweise antiker Verse im 17. Jahrhundert einsetzt, führt Stroh in dem Aufsatz: Der deutsche Vers und die Lateinschule. In: Antike und Abendland 25 (1979), S. 1–19. Die Irrlehre von einem antiken

Iktus ist damit aber noch lange nicht aus der Welt. Wenn eine Handvoll klassischer Philologen von ihrer Widerlegung weiß, ja, selbst wenn der entsprechende Kenntnisstand bereits in neuere Schulbücher vorgedrungen ist, so beruhigen sich gemütliche Altphilologen und schon gar die Gelehrten anderer Philologien noch immer mit ihrem *alten* Schulwissen und tradieren dies: Ikten in antiken Versen.

[14] So zum Beispiel bei den mittelalterlichen lateinischen und griechischen nicht-metrischen Versen. Die Widerlegung gehört zum Lebenswerk des großen Wilhelm Meyer und ist nachzulesen in seinen Gesammelten Abhandlungen zur mittellateinischen Rythmik (sic). Drei Bände. Berlin 1905, 1936. Den Rückfall in die akzentrhythmische Auffassung dieser Verse findet man etwa bei Paul Klopsch: Einführung in die mittellateinische Verslehre. Darmstadt 1972.

[15] Herbert Woodrow: Time Perception. In: Stanley Smith Stevens (Hg.): Handbook of Experimental Psychology. New York 1951, S. 1224–1236; darin das Kapitel »Rhythm« S. 1232.

[16] Georg Dietze: Untersuchungen über den Umfang des Bewusstseins bei regelmässig auf einander folgenden Schalleindrücken. In: Philosophische Studien 1885, Heft 2, S. 362–393; hier S. 362. Dort und auf der folgenden Seite auch die unmittelbar folgenden Zitate.

[17] Dietze, S. 392.

[18] Woodrow, S. 1233.

[19] Dietze, S. 369; *meine Hervorhebung.*

[20] Dietze, S. 389.

[21] Den Begriff der »Synthesis« hat schon Heinrich Besseler dafür verwandt, in: Das musikalische Hören der Neuzeit. Berlin 1959, S. 48.

[22] Dietze, S. 389.

[23] Dietze, S. 389.

[24] Dietze, S. 393.

[25] Woodrow, S. 1232. Dort und auf der folgenden Seite auch die weiteren Zitate.

[26] Dass ein Takt jeweils mit betontem Taktteil *beginnt*, ist lediglich eine Konvention in der Schreibweise. Setzt ein Stück oder Thema auf unbetontem Taktteil ein, wird er als Auftakt *vor* dem Taktstrich notiert.

[27] Die Abbildung auf S. 84 gibt eine Illustration dieses Rasters.

[28] Zwei betonte Elemente können nur in dem Fall aufeinander folgen, dass die kontinuierliche Folge aus betont und unbetont mit dem einen *ab-* und mit dem zweiten erst wieder neu *einsetzt*; oder dass gerade das *Nebeneinander* von *sprachlicher* und *synthetischer* Betonung genutzt wird, vor allem von Johann Heinrich Voss; dazu meine »Propädeutik einer endlich gültigen Theorie von den deutschen Versen« (Tübingen 1991), S. 79 f. Alle anderen Versuche mancher Dichter, die Gesetzmäßigkeit der Zweier- oder Dreier-Gruppe zu durchbrechen und etwa drei Unbetonte zu setzen, führen dazu, dass das gewollte Versmaß aus betont/unbetont nicht mehr unwillkürlich wahrgenommen wird, sondern dass sich der Dichter, wie beispielsweise Klopstock, gezwungen sieht, das

Versmaß, das er gelesen haben *will*, dem Gedicht eigens in abstrakter Strich-Haken-Notation voranzusetzen.

In den Metrikbüchern aber liest man auch sonst noch von allerhand Dingen, die da zum »akzentuierenden« Versbau gehören sollen und die in meinen angeführten zwei Punkten ausgeschlossen sind – was hat es damit auf sich? Was etwa mit Senkungen, in denen sich nicht bloß bis zu zwei, sondern gar bis zu fünf unbetonte Silben zu tummeln hätten? Was mit den »beschwerten Hebungen«, für die eine *einzelne* Silbe gleich *zwei* Elemente, nämlich betontes *und* unbetontes nacheinander, umfassen soll? Was mit Silben, die bis zu vier Taktschläge lang, was mit denen, die schließlich nur ein Sechzehntel Taktschlag dauern dürfen? Und was endlich mit der Behauptung eines Systems von im Kopf hinzuzudichtenden Pausen, das dazu dient, Verse auch dann auf volle Takte zu bringen, wenn es mit den Silben noch immer nicht passen will? Nun, dies bunte Allerlei an metrischem Unsinn ergibt sich niemals an Versen, die belegbar nach Akzenten gedichtet wurden. Es ergibt sich ausschließlich dann, wenn man Akzentmetrik und Taktwesen zwangsweise auf irgendwelche Verse *früherer Zeiten* anwendet – solchen, denen Takt und Betonungswechsel also fremd waren und deshalb als Fremdkörper nur nachträglich und, teils leicht, teils aber nur mit einiger Gewalt, aufoktroyiert werden können.

[29] Allerdings wirkt unser Rhythmusreflex auch darauf hin, dass wir selbst nicht-isochrone Elemente als zeitgleich empfinden, sofern ihre Dauer nicht *zu sehr* unterschiedlich ist. Auf dieser Wirkung beruht die linguistische Irrlehre von der Isochronie der Sprachen, ein rechtes Gegenstück zur Iktustheorie in der klassischen Philologie. Sie ist durch Experimente aufs gründlichste widerlegt, aber das hindert auch diese Wissenschaft nicht, sie weiterhin eifrig zu verwenden.

[30] In meiner »Propädeutik«, S. 88–91 (die leider statt von dieser Synthesis von einem »alternierenden Muster« spricht und damit die Sache verzeichnet).

[31] Robert Jourdain: Das wohltemperierte Gehirn. Wie Musik im Kopf entsteht und wirkt. Darmstadt 1998, S. 159–161; das Zitat ist eingangs um wenige Sätze gekürzt. Jourdains Wiedergabe der afrikanischen Rhythmen ist durch den Verzicht auf Notenschrift notwendig sehr vereinfacht. Eine ausführliche Studie zum Thema, mit Hörbeispielen auf einer beiliegenden CD, bietet John Miller Chernoff: Rhythmen der Gemeinschaft. Musik und Sensibilität im afrikanischen Leben. Wuppertal 1999.

[32] Jourdain, S. 161 f. Jourdains Unsicherheit, die im weiteren Verlauf des Kapitels zu einer durchaus unbrauchbaren Erklärung der beiden Rhythmiken führt, lässt sich mit einer vielsagenden anderen Tatsache erklären: Er, der sein gesamtes Buch über das Hören sonst ausführlich den Gehirnleistungen widmet, kennt nur gerade hier, beim Rhythmus, *keine* solche Leistung. Der taktrhythmische Reflex und alle Literatur zu ihm ist Jourdain – wie üblich bei Musik- und Rhythmuswissenschaftlern – unbekannt.

[33] Thrasybulos Georgiades: Der griechische Rhythmus. Hamburg 1949 (Tutzing 1977). Dieses und die folgenden Zitate finden sich dort auf den Seiten 25–29 und 35–38.
[34] Gottfried Hermann: Elementa doctrinae metricae. Zwei Bände, Leipzig 1816. Die folgenden Zitate und referierten Überlegungen finden sich in den ersten beiden Kapiteln, S. 1–12.
[35] Ich verkürze und »kläre« insofern Hermanns etwas verschlungene Beweisführung.
[36] Bedarf es noch der Erwähnung, dass all dem nachgesagt wurde und teils weiterhin nachgesagt wird, es wäre nach Takten gegangen? Inzwischen jedoch lässt sich das Meiste solcher Musik zuweilen auch in der originalen Rhythmik hören, ausgenommen nur alles, was irgendwie Spielmannsmusik heißen kann. Da ergibt die Einfühlung auch heftig mittelalterbegeisterter moderner Interpreten noch immer den – und zwar den allerdrögesten – Taktschlag.
[37] Man vergleiche Erich Reimer: Johannes de Garlandia, *De mensurabili musica*. Kritische Edition mit Kommentar und Interpretation der Notationslehre. Wiesbaden 1972.
[38] Nur eines der vielen finsteren Beispiele, wo sich Wissenschaft selbst durch die genaueste Überlieferung nicht hindern lässt, die älteren Verhältnisse nach den neuzeitlichen zu fälschen: Christian Kaden: Gotische Musik. In: Des Lebens wilder Kreis. Musik im Zivilisationsprozeß. Kassel 1993, S. 104–139. Kaden notiert die *Modi* nach Johannes schön in langen und kurzen Noten – und setzt ihnen dann, ohne alle Begründung, unsere reflexhaften Akzente auf (S. 114). Es hilft nichts, dass Johannes, der sonst von jeder Kleinigkeit berichtet, von solchen Akzenten – man möchte fast sagen: ausdrücklich – schweigt. Es gab sie nicht; Kaden aber fügt sie taktisch hinzu.
[39] Beim dritten Muster, B B B, muss dagegen keine der *breves* alteriert werden, da sich diese *drei* nach der Proportion 1 zu 2 *ungleich* aufeinander beziehen lassen.
[40] Carl Dahlhaus: Zur Theorie des Tactus im 16. Jahrhundert. In: Archiv für Musikwissenschaft 17 (1960), S. 22–39, hier S. 25.
[41] Georg Schünemann: Geschichte des Dirigierens. Leipzig 1913 (Nachdruck 1987), S. 38.
[42] Dahlhaus: Zur Theorie des Tactus, S. 25.
[43] Nach Johannes Wolf: Geschichte der Mensuralnotation von 1250–1460. Leipzig 1904 (Hildesheim 1965), S. 69.
[44] Apel I, S. 14 f.
[45] Heinrich Besseler: Singstil und Instrumentalstil in der europäischen Musik. In: Bericht über den Internationalen Musikwissenschaftlichen Kongreß Bamberg 1953, S. 223–240; hier S. 233 f.
[46] Besseler: Das musikalische Hören der Neuzeit, S. 29.
[47] Schünemann, S. 116 f.
[48] Besseler: Singstil und Instrumentalstil, S. 239.
[49] Besseler: Das musikalische Hören der Neuzeit, S. 48, 49, 51.

[50] Besseler: Das musikalische Hören der Neuzeit, S. 48. Er zitiert Joseph Riepel: Anfangsgründe zur musicalischen Satzkunst. Regensburg und Wien 1752 (2. Aufl. 1754), S. 23.

[51] Band X der Descartes-Gesamtausgabe (Adam/Tannery) gibt die postume Erstausgabe von 1650 wieder, eine Ausgabe aus dem Jahre 1656 wurde als Nachdruck herausgegeben, (recht fehlerhaft) ins Deutsche übertragen und mit Anmerkungen versehen von Johannes Brockt, Darmstadt ²1992. Die folgenden Zitate stammen, in meiner Übersetzung, aus den Kapiteln »Praenotanda« und »De Numero vel Tempore in Sonis observando«.

[52] Vgl. Carl Dahlhaus: Zur Entstehung des modernen Taktsystems. In: Archiv für Musikwissenschaft 18 (1961), S. 223–240.

[53] Es sind die *praenotata* 4, 5 und 6.

[54] Ich weiß, jeder Leser wird es besser wissen, wird es anders gelernt haben und kann es überall anders nachlesen: Verse nach betont/unbetont gäbe es nicht erst seit Opitz, sondern schon immer. Er wird auch beim Lesen vor-neuzeitlicher Verse zuverlässig in das gewohnte betont/unbetont verfallen. Trotzdem gehört es nicht hinein. Der Leser mag bedenken: Natürlich *lassen* sich alle möglichen Verse nach »unserem« Rhythmus lesen, auch wenn er ihnen fremd war. Unser Reflex legt das betont/unbetont ja *aktiv* auf die Verse, er legt sie sich *aktiv* dafür zurecht. Als Beispiel eine mittelalterliche Strophe:

> Deorum immortalitas
> est omnibus colenda,
> eorum et pluralitas
> ubique metuenda.

Natürlich liest »man« unwillkürlich nach betont/unbetont, so: x **X** x **X** x **X** x (**X**) – und damit historisch unweigerlich falsch. Das ist kein moralischer Fehler, es ist nur unser rhythmischer Reflex. Dass wir dafür nämlich in der ersten Zeile die Silben »im-« und »-tas«, in der zweiten Zeile das »-bus«, in der dritten und vierten Zeile die Silben »et«, »-tas« und »-me« mit Akzenten belegen, die *sprachlich nicht* gegeben sind, die wir also nicht etwa vorfinden, sondern unmissverständlich *hineinlegen* – immerhin sechs der insgesamt vierzehn Akzente, die wir dort als Versmaß hören –, das muss und wird niemandem auffallen: In unseren Akzentversen verhält es sich ja ebenso. Und wenn man erst einmal in Schwung ist und daraufhin die folgende Strophe liest:

> stulti sunt et vere fatui,
> qui deum unum dicunt
> et antiquitatis ritui
> proterve contradicunt.

so wird man vielleicht kurz stutzen, dass hier der erste und dritte Vers Schwierigkeiten machen, wird sich aber keinesfalls bereden wollen, dies könne etwas gegen das betont/unbetont besagen; denn an den übrigen Stellen, dort, wo es klappt, klappt es doch, oder nicht? Wenn beides, die Akzentfolge, die wir darauflegen, und die Akzente, die in der Sprache liegen, nicht zusammenpassen, wer wird das *uns* anlasten? Der Dichter hat's verbockt! Wenn wir statt »stúlti sunt et vére fátui« im Vers »stul**ti** sunt **et** ve**re** fa**tui**« betonen müssen, ist das *unsere* Schuld? Nein, keine Schuld. Aber die Tatsache, dass es *geht*, mag man auch bitte nicht als Beweis ansehen, so müsse es gegangen sein. Genauere Kenntnis der Versgeschichte könnte im Gegenteil erklären, welche Eigenheiten im Bau mancher älterer Verse es bedingen müssen, dass es dort *in der Regel* mit unserem nachträglichen betont/unbetont klappt.

55 Martin Opitz: Buch von der Deutschen Poeterey (1624). Herausgegeben von Cornelius Sommer. Stuttgart 1970, S. 49. Dort auch die folgenden Zitate.

56 Dass ein solcher Wandel des Sprachklangs zu Opitz' »Reform« geführt hätte, wird von Linguisten natürlich trotzdem behauptet. Nur müssen sie dafür – versteckt im Kleingedruckten einer Fußnote – einräumen, dass zwischen dem prosodischen Wandel des Deutschen, den sie dafür verantwortlich machen, und Opitz gerade mal 300 Jahre liegen. Aber auch ohne das: *Kein* prosodischer Wandel der Sprache könnte die Wirklichkeit der Akzentverse, wie ich sie beschrieben habe, begründen.

57 Georg Rudolf Weckherlin: Gedichte. Ausgewählt und herausgegeben von Christian Wagenknecht. Stuttgart 1972, S. 74.

58 Auch rein silbenzählende Verse *lassen* sich stellenweise nach dem Wechsel von betont und unbetont lesen. Das aber hat seinen Grund nicht darin, dass sie nach diesem Wechsel gedichtet wären, sondern darin, dass die sprachlichen Betonungen bei der Engmaschigkeit des synthetischen Akzenterasters gar nicht anders können, als immer wieder ihm entsprechend zu fallen, und dass dies sowohl durch die Kürze der Versperiode als auch durch die Festlegung des Reimklangs und *seines* Akzentfalls begünstigt wird. Trotzdem zeigen selbst seltene Verstöße gegen das betont/unbetont, dass diese Verse – wie es auch die expliziten Zeugnisse belegen – nicht danach gedichtet sind. Vgl. Jörg-Ulrich Fechner: Opitz auf dem Weg zu seiner Reform. In: Daphnis 11 (1982), S. 439–462.

59 August Buchner: Anleitung Zur Deutschen Poeterey. Wittenberg 1665. Eine Erstfassung war bereits Anfang der 1630er Jahre abgeschlossen.

60 Postuliert und untersucht, aber ausdrücklich ohne den Versuch, es auf seine historischen Gründe zurückzuführen; Michel Foucault: Die Ordnung der Dinge. Das zitierte Stichwort fällt im Vorwort zur deutschen Ausgabe, Frankfurt am Main 1971, S. 11.

61 Ein solches Erwarten machen zum Beispiel Linguisten allen Ernstes dafür verantwortlich, dass wir in Versen Betonungen auf Silben hören, die sprachlich unbetont sind.

62 Leonhard Bauer, Herbert Matis: Geburt der Neuzeit. Vom Feudalsystem zur Marktgesellschaft. München 1988, S. 189.

63 Bauer/Matis, S. 249.

64 Besseler: Musikalisches Hören der Neuzeit, S. 25.

⁶⁵ »Solche Theater, deren Türen man nur gegen ein Eintrittsgeld passieren durfte, wurden von 1576 an in London, in Madrid seit den achtziger Jahren und in Paris im Jahre 1599 eröffnet.« John Rigby Hale: Die Kultur der Renaissance in Europa. München 1994, S. 326.

⁶⁶ Die Einzelheiten zu diesem Problem entnehme man einem gängigen Musiklexikon.

⁶⁷ So bereits bei Harald Heckmann: Der Takt in der Musiklehre des siebzehnten Jahrhunderts. In: Archiv für Musikwissenschaft 10 (1953), S. 116–139, hier S. 125.

⁶⁸ Arthur Zajonc: Die gemeinsame Geschichte von Licht und Bewusstsein. Reinbek bei Hamburg 1997, S. 78.

⁶⁹ Zajonc, S. 78 f.

⁷⁰ Es gibt eine ganze Reihe von Wissenschaften, die ein *inhaltlich*-zweiwertiges Verhältnis wie das von »lang« und »kurz« bedenkenlos mit dem rein-zweiwertigen, Bouleschen Verhältnis von »wahr« und »unwahr« in einen Topf werfen und so eine stattliche Menge fehlerhafter Theorien zusammenrühren.

⁷¹ »Augen rechts!« in Oliver Sacks: Der Mann, der seine Frau mit einem Hut verwechselte. Reinbek bei Hamburg 1990.

⁷² Einen Einwand nur muss ich bereits an dieser Stelle vorwegnehmen, bevor ihm das folgende Kapitel ausführlicher entgegnen wird, den Einwand nämlich, dass wir auch in der Mathematik allenthalben und ohne Schwierigkeiten nicht-inhaltlich denken, ja dass es uns dort schon von dem relativ einfachen Niveau an, das mit Funktionsgleichungen erreicht ist, geläufig abgefordert wird. Warum also sollten reine Verhältnisbestimmungen nicht etwa durch die Mathematik in jene Welt kommen, die ich da als Reich der Inhalte gezeichnet habe? Oder warum sollten uns nicht-inhaltliche Bestimmungen ohne Geld undenkbar sein, wenn wir sie doch in diesem uralten Reich des Quantitativen, eben der Mathematik, zu leisten in der Lage sind? Das wäre also ein Einwand entweder gegen meine Behauptung der ursprünglich weltumspannenden Inhaltlichkeit oder aber gegen meine Behauptung, diese würde allein durch das Geld durchbrochen. Aber man lasse sich auch hier nicht zu dem stets naheliegenden Fehler verleiten, das, was *uns* selbstverständlich ist, deshalb für menschheitsgeschichtlich ewig zu halten. Wenn für uns, dank einer *erworbenen* Fähigkeit, nicht-inhaltliche Verhältnisse zu denken, die Welt inzwischen voll davon ist – und um den *Erwerb* dieser Fähigkeit geht es hier –, so heißt das nicht, dass es die Welt, und selbst die Mathematik, *schon immer* gewesen wäre.

⁷³ Marcel Mauss: Die Gabe. Form und Funktion des Austauschs in archaischen Gesellschaften [1959]. Frankfurt am Main, 1984.

⁷⁴ [Pseudo-Aristoteles:] Oeconomica, II 23 a.

⁷⁵ Karl Polanyi: Aristotle Discovers the Economy. In: Karl Polanyi, Conrad M. Arensberg, Harry W. Pearson: Trade and Market in the Early Empires. Economies in History and Theory. Glencoe, Illinois 1957, S. 64–94.

[76] Moses I. Finley: Die antike Wirtschaft. München 1984, S. 9.
[77] Finley, S. 110 f.
[78] Alle Zitate sind von Finley unmittelbar in diesem Zusammenhang aufgeführt, S. 29.
[79] Finley, S. 29–31.
[80] Finley, S. 80.
[81] Finley, S. 91.
[82] Finley, S. 171.
[83] Finley, S. 165 f.
[84] Die voranstehenden Zitate aus Finley, S. 235–238.
[85] Michael North: Das Geld und seine Geschichte. Vom Mittelalter bis zur Gegenwart. München 1994, S. 10.
[86] North, S. 13 f.
[87] North, S. 14.
[88] Rodney Hilton: Ein Kommentar. In: Paul Sweezy u.a. (Hg.): Der Übergang vom Feudalismus zum Kapitalismus. Frankfurt am Main 1984, S. 147–159, hier S. 152 f.
[89] Hilton, S. 154 f.
[90] North, S. 66; *meine Hervorhebung*.
[91] Immanuel Wallerstein: Das moderne Weltsystem. Kapitalistische Landwirtschaft und die Entstehung der europäischen Weltwirtschaft im 16. Jahrhundert. Frankfurt am Main 1986, S. 27.
[92] North S. 95; *meine Hervorhebungen*.
[93] Edward Misselden: The Circle of Commerce. London 1623, S. 94.
[94] Alfred Bürgin: Merkantilismus. Eine neue Lehre von der Wirtschaft und der Anfang der politischen Ökonomie. In: Fritz Neumark (Hg.): Studien zur Entwicklung der ökonomischen Theorie II. Berlin 1982, S. 9–61; hier S. 17.
[95] Werner Sombart: Der moderne Kapitalismus. Historisch-systematische Darstellung des gesamteuropäischen Wirtschaftslebens von seinen Anfängen bis zur Gegenwart. Zweite, neu gearbeitete Auflage, München 1916–1917, Band II, S. 112 ff.
[96] Bauer/Matis, S. 218.
[97] Bauer/Matis, S. 218 f.; *meine Hervorhebung*.
[98] Bürgin, S. 21 und 31. Die Zitate aus Montchrétien in meiner Übersetzung.
[99] Christian Braun: Vom Wucherverbot zur Zinsanalyse, 1150–1700. Winterthur 1994, S. 4 f.
[100] Braun, S. 81.
[101] Braun, S. 109.
[102] Braun, S. 110 f.
[103] Braun, S. 113.
[104] Craig Muldrew: The Economy of Obligation. The Culture of Credit an Social Relations in Early Modern England. London, New York u.a. 1998. Ich zitiere die deutsch übersetzten Auszüge in: Historische Anthropologie 6 (1998), S. 167–199; hier S. 167.

105 Muldrew, S. 181 f.
106 Dieses und das folgende kurze Zitat bei Muldrew, S. 182–184.
107 Muldrew, S. 188.
108 Fernand Braudel: Sozialgeschichte des 15.–18. Jahrhunderts. München 1990, Band II, S. 527.
109 »And *Money*, though it be in *nature* and *time* after *Merchandize*; yet forasmuch as it is now in vse become the chief, I will take leaue of Method, to handle it in the first place«. Edward Misselden: Free Trade or the Meanes to make Trade florish. London 1622, S. 7; *meine Hervorhebungen*.
110 Muldrew, S. 195, 191 f.
111 Robert Lenoble: La révolution scientifique du XVIIe siècle. In: René Taton (Hg.), Histoire générale des sciences. Tome II: La science moderne (de 1450 à 1800). Paris 1958, S. 185–206, hier S. 186.
112 Alexandre Koyré: Galilei. Die Anfänge der neuzeitlichen Wissenschaft. Berlin 1988, S. 29.
113 Lenoble in Taton, S. 186; *meine Hervorhebungen*.
114 Wolfgang Krohn: Zur soziologischen Interpretation der neuzeitlichen Wissenschaft. Vorwort zu Edgar Zilsel: Die sozialen Ursprünge der neuzeitlichen Wissenschaft. Frankfurt am Main 1976, S. 7–43, hier S. 18 f. Bibliographische Hinweise sind aus dem Zitat fortgelassen worden.
115 Alistair C. Crombie: Von Augustinus bis Galilei. Die Emanzipation der Naturwissenschaft. München 1977, S. 354.
116 Crombie, S. 354 f.
117 Koyré: Galilei, S. 30.
118 Koyré: Galilei, S. 30.
119 Crombie, S. 355.
120 So beispielsweise Krohn, S. 31.
121 Krohn, S. 42.
122 Krohn, S. 32.
123 Zilsel, S. 50.
124 Krohn, S. 34.
125 In dieser Version hat zuletzt Wolfgang Krohn die Entwicklungspsychologie Piagets zu einem Versuch gewendet, die Wissenschaftliche Revolution zu erklären; Wolfgang Krohn: Die »Neue Wissenschaft« der Renaissance. In: Gernot Böhme, Wolfgang van den Daele, Wolfgang Krohn: Experimentelle Philosophie. Ursprünge autonomer Wissenschaftsentwicklung. Frankfurt am Main 1977, S. 13–128.
126 Thomas S. Kuhn: Mathematische versus experimentelle Traditionen in der Entwicklung der physikalischen Wissenschaften (3. Kapitel: Die Ursprünge der modernen Naturwissenschaft). In Kuhn: Die Entstehung des Neuen. Studien zur Struktur der Wissenschaftsgeschichte. Frankfurt am Main 1997, S. 106.
127 Koyré: Galilei, S. 29.
128 Edgar Zilsel: The Sociological Roots of Science (1942). In Zilsel, S. 49–65.
129 Crombie, S. 355 ff. Dort auch das folgende Zitat.

130 Krohn, S. 25.
131 Krohn, S. 34.
132 Kuhn: Die Entstehung des Neuen, S. 105.
133 Thomas S. Kuhn: Die Wissenschaftsgeschichte, in Kuhn: Die Entstehung des Neuen, S. 169-193; hier S. 185 f.
134 Kuhn: Die Entstehung des Neuen, S. 184. Zu Kuhns Wissen, dass die Antike nur Statik kennt, vgl. S. 90 f. Auf den Fehler und seine stillschweigende Bereinigung – beide, Fehler und Bereinigung, stehen zwar in getrennten Aufsätzen – aber verbunden, als gäbe es keinen Fehler, in einem Band nebeneinander – hat Michael Wolff hingewiesen: Geschichte der Impetustheorie. Untersuchungen zum Ursprung der klassischen Mechanik. Frankfurt am Main 1978, S. 50, Anmerkung 19.
135 Kuhn, S. 101 ff. Er windet sich heftig dabei, indem er zunächst sagt, sie seien »scheinbare« Ausnahmen, deshalb eine gewundene Ausnahmeregelung für Galileos Ausnahmestatus erfindet und dann für Newton aber *doch* einräumt, er sei wirklich und, allerdings »mit teilweiser Ausnahme seiner kontinentalen Zeitgenossen Huyghens und Mariotte«, als Einziger eine Ausnahme.
136 Krohn, S. 39.
137 Krohn, S. 8. Die Aufsätze, die Zilsel jedem dieser Kennzeichen widmet, tragen im Einzelnen die Titel: »Die Entstehung des Begriffs des physikalischen Gesetzes« (S. 66-97), »Die Ursprünge der wissenschaftlichen Methode William Gilberts« (S. 98-126) und »Die Entstehung des Begriffes des wissenschaftlichen Fortschritts« (S. 127-150).
138 Zilsel, S. 127.
139 Albrecht Dürer: Unterweisung der Messung mit dem Zirkel und Richtscheit (1525); nach Zilsel, S. 136.
140 In seinen *Hypomnemata mathematica, Mémoires Mathematiques* (1605-1608); Zilsel, S. 141.
141 »Wo immer im 17. Jahrhundert der Gedanke des wissenschaftlichen Fortschritts durch Kooperation erscheint, wird auch die Anwendung von Wissenschaft und Technologie hervorgehoben.« Zilsel, S. 149.
142 Thomas S. Kuhn: Die Struktur wissenschaftlicher Revolutionen. Zweite revidierte und um das Postskriptum von 1969 ergänzte Auflage. Frankfurt am Main 1976, S. 25.
143 Kuhn: Die Struktur wissenschaftlicher Revolutionen, S. 37 f.; *meine Hervorhebungen*.
144 Unter anderem in dem oben zitierten Abschnitt – an der Stelle des Auslassungszeichens –, der alle Kriterien nennt, auf Grund deren diese Werke eben *nicht* Paradigmata zu nennen sind.
145 Ein solcher Lapsus unterläuft selbst Crombie, hier S. 355.
146 Zilsel, S. 66.
147 DK 22 B 94.
148 Francis Bacon: In Praise of Knowledge. In: The Works of Francis Bacon. Band I, Miscellaneous Tracts Upon Human Philosophy. London 1825, S. 254 f. Zitiert nach Max Horkheimer, Theodor W. Adorno: Dialektik der Aufklärung. Amsterdam 1947, S. 13 f.

[149] Francis Bacon: Novum Organum, *Distributio Operis*. Daraus auch die nächsten Zitate.
[150] Bacon: Novum Organum, *Distributio Operis*.
[151] Bacon: Novum Organum, Erstes Buch, Aphorismus 98 (im folgenden zitiert in der Form: I, 98).
[152] Bacon: Novum Organum II, 1.
[153] Bacon: Novum Organum II, 1: »inventio in omni generatione et motu *latentis processus*, continuati ab Efficiente manifesto et materia manifesta usque ad Formam inditam; et inventio similiter *latentis schematismi* corporum quiescentium et non in motu.«
[154] Bacon: Novum Organum II, 2: »in natura nihil vere existat praeter corpora individua edentia actus puros individuos ex lege; in doctrinis tamen, illa ipsa lex, ejusque inquisitio et inventio atque explicatio, pro fundamento est tam ad sciendum quam ad operandum. Eam autem legem, ejusque paragraphos, Formarum nomine intelligimus; praesertim cum hoc vocabulum invaluerit et familiariter occurrat.«
[155] Bacon: Novum Organum II, 7. Dort auch das folgende Zitat – mit meinen Hervorhebungen.
[156] Bacon: Novum Organum II, 8.
[157] Bacon: Novum Organum II, 6: »*Latens* autem *Processus*, de quo loquimur, longe alia res est quam animis hominum (qualiter nunc obsidentur) facile possit occurrere. Neque enim intellegimus mensuras quasdam aut signa aut scalas processus in corporibus spectabiles; sed plane processum continuatum, qui maxima ex parte sensum fugit.« Dort anschließend auch die folgenden kurzen Zitate.
[158] Lenoble in Taton, S. 191.
[159] Lenoble in Taton, S. 191 f.
[160] So Galileos Zeitgenosse Jacopo Mazzoni; nach Koyré: Galilei, S. 45.
[161] Philolaos, Fragment B 4 (Diels).
[162] Aristoteles, Metaphysik I 5.
[163] Platon, Staat VII, 529c–e.
[164] L'Arithmetique de Simon Stevin de Bruges. Leyden 1585, 2r.
[165] »O cause de difficulté et d'obscurité de ce qui en la Nature est facile clair!« Stevin, 3r.
[166] Stevin, 2r.
[167] Georgiades, S. 28 und 37.
[168] Hans J. Zacher: Die Hauptschriften zur Dyadik von G. W. Leibniz. Ein Beitrag zur Geschichte des binären Zahlensystems. Frankfurt am Main 1973, S. 232; *meine Hervorhebung*.
[169] Zacher, S. 234.
[170] Alexandre Koyré: Les Sciences exactes [de la Renaissance], in Taton, S. 50 f.; *meine Hervorhebung*.
[171] Heinrich Scholz: Abriss der Geschichte der Logik. 3. Auflage Freiburg, München 1967, S. 48.
[172] Sibylle Krämer: Symbolische Maschinen. Die Idee der Formalisierung in geschichtlichem Abriß. Darmstadt 1988, S. 102; *meine Hervorhebung*.

173 Oskar Becker: Grundlagen der Mathematik in geschichtlicher Entwicklung. Freiburg, München 1964, S. 130. Auslassungen habe ich in diesem Fall nicht notiert.
174 Crombie, S. 362. Dort auch der nachfolgend zitierte Halbsatz.
175 Koyré: Galilei, S. 15.
176 Aristoteles, Physik III, 1; *meine Hervorhebung*.
177 Denn ohne die unmittelbare Anwesenheit einer Ursache bliebe als ihre Wirkung auch die Bewegung aus, oder wenn das Bewegte bereits selbst Verwirklichung einer bestehenden Möglichkeit wäre, ohne dass etwas sie noch bewirken müsste, so wäre auch diese Möglichkeit bereits wirklich und die Bewegung ohne Bewegung vollzogen: was nach dieser Vorstellung absurd ist.
178 Koyré: Galilei, S. 37.
179 Aristoteles, Physik IV, 8. Im selben Kapitel auch das folgende Argument.
180 Wolff, S. 152 f.
181 Wolff, S. 125. Auf den anschließenden Seiten auch die folgenden Zitate.
182 Wolff erkennt die Impetusvorstellung zwar als Folge des ökonomischen Sachverhalts (S. 131), sieht sie jedoch durch das *Interesse* einer sozialen Gruppe bedingt, nicht als eine Denkform, die sich an jenem ökonomischen Sachverhalt *objektiv* ergibt.
183 Wolff kann außerdem zeigen, dass sämtliche Ausführungen, die seit dem 13. Jahrhundert eingehender vom *impetus* handeln, jeweils eng mit geldtheoretischen Überlegungen zusammenhängen. Der Provençale Petrus Johannis Olivi etwa, den eine moderne Übertreibung gar »einen der artikuliertesten Verteidiger des italienischen Kapitalismus« nennt, schreibt in seinen »Quaestiones de contractibus usurariis« über die Zinsnahme nach dem Prinzip des *lucrum cessans*, ausführlich auch über den Begriff des Geldes und verfolgt dann in anderen *Quaestiones* ganz entsprechende Gedankengänge über Kraft und Bewegung. Der Italiener Franciscus de Marchia, zu Beginn des 14. Jahrhunderts am sogenannten Armutsstreit der Franziskaner beteiligt, und zwar auf Seiten der »Spiritualen«, die den Gebrauch von Geld innerhalb des Ordens verbieten und ihn nur außerhalb befördert sehen wollten, schreibt in einem Sentenzenkommentar zu Petrus Lombardus auch vom *impetus*. Jean Buridan und Nicole Oresme nehmen beide entschieden Stellung in monetären Fragen, jener in seinen bedeutenden *Quaestiones* zu Aristoteles, dieser in einem Traktat, der vom französischen König Karl V. politisch unmittelbar umgesetzt wird; und beide äußern sich detailliert auch zur Bewegung im Sinne der übertragenen Kraft. Nicolai de Cusa, ein wahrer Meister im Umgang mit Finanzen, behandelt in einer und derselben Schrift, »De ludo globi«, ausführlich *impetus* und Geldwert. Copernicus gebraucht das Impetusprinzip zur Erklärung der Erddrehung und wendet es an in seiner »Dissertatio de optima monetae cudendae ratione«.
184 Crombie, S. 284 f. Das folgende kurze Zitat schließt hier unmittelbar an.

[185] Crombie, S. 292.
[186] Thomas of Bradwardine: His Tractatus de Proportionibus. Its Significance for the Developement of Mathematical Physics. Edited and Translated by H. Lamar Crosby, jr. Madison, Wisconsin 1955, S. 66. Vorsicht: Der Übersetzung Crosbys ist leider nicht zu trauen.
[187] Bradwardine, S. 112: »Proportio velocitatum in motibus sequitur proportionem moventium ad potentias resistivas«. Dort im folgenden auch das nächste Zitat.
[188] So entsprechend auch in einem weiteren Beispiel, wenn Bradwardine zwei Quantitäten der *potentia moti* in Proportion setzt zu zwei Geschwindigkeiten; dort kürzt sich die *potentia movens* heraus.
[189] Wolff, S. 210.
[190] Zitiert nach Crombie, S. 330.
[191] Crombie, S. 327. Er schreibt allerdings, anders als zitiert, »nicht *genau* gleich« und »nicht *so sehr* dafür«, obwohl sich ein solches Mehr oder Weniger mit seinen Ausführungen durchaus nicht verträgt.
[192] Galileo Galilei: Dialog über die beiden hauptsächlichsten Weltsysteme, das ptolemäische und das kopernikanische. Leipzig 1891, S. 220.
[193] Galileo: Dialog, S. 29.
[194] Galileo: Dialog, S. 244.
[195] Descartes ist sich dieser neuen Art von Abstraktion durchaus bewusst. Im *Discours* (II, 11) schreibt er: »Da ich sah, dass diese [sc. die mathematischen Einzelwissenschaften] trotz der Verschiedenheit ihrer Objekte doch alle darin übereinstimmen, dass sie nur die verschiedenen Beziehungen oder Proportionen betrachten, die sich in ihren Objekten finden, hielt ich es für besser, wenn ich nur diese Proportionen im allgemeinen betrachtete, und ohne sie Gegenständen zu unterlegen außer solchen, die helfen konnten, mir ihre Erkenntnis zu erleichtern; ja sogar ohne sie überhaupt an Gegenstände zu binden« – »même aussi sans les y astreindre aucunement«.
[196] Galileo: Dialog, S. 236.
[197] Koyré: Galilei, S. 14.
[198] Koyré: Galilei, S. 14 f.; vgl. die Fortsetzung oben, S. 321. Koyré führt in diesem Aufsatz (S. 13–28) insgesamt die eigenartigen Voraussetzungen vor, die mit dem Trägheitsprinzip gemacht sind.
[199] Falls jemand die Antwort nicht kennt, sie lautet: »Je größer, desto schwimmt's«.
[200] Emil Strauss in den Anmerkungen zu Galileos Dialog, S. 530, Anm. 77.
[201] Otto Toeplitz: Die Entwicklung der Infinitesimalrechnung. Eine Einleitung in die Infinitesimalrechnung nach der genetischen Methode. Berlin, Göttingen, Heidelberg 1949, Band I, S. 142.
[202] Dazu Koyrés schöner Aufsatz: Das Experiment von Pisa. Fall-Studie einer Legende; in Koyré: Galilei, S. 59–69.
[203] Crombie, S. 375.
[204] So z. B. Francis Crick: Was die Seele wirklich ist. Die naturwissenschaftliche Erforschung des Bewusstseins. München, Zürich 1994.

[205] Hegel, Bd. 20, S. 74.
[206] Hegel, Bd. 20, S. 74 und S. 92.
[207] Alexandre Koyré: La philosophie de Jacob Boehme. Paris 1929, S. X f.
[208] Böhme: *Von 177 Theosophischen Fragen* III, 2; dort auch das folgende Zitat.
[209] Böhme: *Aurora* I, 3.
[210] Böhme: *Von den drei Principien Göttlichen Wesens* VII, 24.
[211] Böhme: *Von wahrer Gelassenheit* II, 10.
[212] Böhme: *Von den drei Principien Göttlichen Wesens* XIV, 62.
[213] Koyré: Jacob Boehme, S. 322.
[214] Böhme: *De Electione Gratiae* I, 4.
[215] Böhme: *Vom Himmlischen und Irrdischen Mysterio* I. (Komma vor »das Etwas gebe« eingefügt)
[216] Böhme: *Mysterium Magnum* I, 2; *Clavis Specialis* 1; *Von 177 Theosophischen Fragen* I, 1.
[217] Hegel, Bd. 20, S. 106; hier bezogen auf Böhmes »Urstand« für den Begriff der Substanz.
[218] Descartes VII 238 f.
[219] Lüder Gäbe in der Einleitung zu seiner Ausgabe der *Meditationen*, 3. Auflage, Hamburg 1992, S. VII, Anm. 1.
[220] Brief an Mersenne vom 15. April 1630; Descartes I, S. 137 f.
[221] Brief an den P. Vatier vom 22. Februar 1638; Descartes I, S. 561.
[222] Regula I.
[223] Regula IV: »Necessaria est methodus ad veritatem investigandam.«
[224] Regula IV, 1: »Per methodum autem intelligo regulas certas et faciles«. Regula V: »Tota methodus consistit in ordine et dispositione eorum, ad quae mentis acies est convertenda, ut aliquam veritatem inveniamus.«
[225] Regula III.
[226] Regula II, 1: »rejicimus illas omnes probabiles tantum cognitiones, nec nisi perfecte cognitis, et de quibus dubitari non potest, statuimus esse credendum«.
[227] Regulae III, 5: »Per intuitum intelligo, non fluctuantem sensuum fidem, vel male componentis imaginationis judicium fallax, sed mentis purae et attentae tam facilem distinctumque conceptum, ut de eo, quod intelligimus, nulla prorsus dubitatio relinquatur«.
[228] Discours II, 11.
[229] Regula III, 5.
[230] Regulae XII, 17: »si Socrates dicit se dubitare de omnibus, hinc necessario sequitur: ergo hoc saltem intelligit, quod dubitat; item, ergo cognoscit aliquid esse posse verum vel falsum, etc.: ista enim naturae dubitationis necessario annexa sunt.«
[231] Regulae VIII, 5: »in quaestione proposita primo, quidquid ad illam pertinet, in duo membra dividimus: referri enim debet, vel ad nos, qui cognitionis sumus capaces, vel ad res ipsas, quae cognosci possunt; quae duo separatim discutimus.«
[232] Regulae XII, 2: »Ad rerum cognitionem duo tantum spectanda sunt, nos scilicet qui cognoscimus, et res ipsae cognoscendae.«

[233] Regulae VIII, 5: »At vero nihil hic utilius quaeri potest, quam quid sit humana cognitio et quousque extendatur.«

[234] Regulae XII, 10: »concipiendum est, vim illam, per quam res proprie cognoscimus, esse pure spiritualem, atque a toto corpore non minus distinctam, quam sit sanguis ab osse, vel manus ab oculo«.

[235] Regulae XII, 17: »Atque etiam multa saepe necessario inter se conjuncta sunt, [...] ut haec propositio: sum, ergo Deus est; item, intelligo, ergo mentem habeo a corpore distinctam, etc.«

[236] Discours IV, 1: »mais, pource qu'alors je désirais vaquer seulement à la recherche de la vérité, je pensai qu'il fallait [...] que je rejetasse, comme absolument faux, tout ce en quoi je pourrais imaginer le moindre doute, afin de voir s'il ne resterait point, après cela, quelque chose en ma créance, qui fût entièrement indubitable.«

[237] Discours IV, 1.

[238] Meditationes I, 2: »Nec ideo etiam singulae erunt percurrendae, quod operis esset infiniti; sed [...] aggrediar statim ipsa principia, quibus illud omne quod olim credidi nitebatur.«

[239] Discours IV, 1.

[240] Regulae III, 5: »Ita unusquisque animo potest intueri se existere, se cogitare, triangulum terminari tribus lineis tantum, globum unica superficie, et similia«.

[241] Meditationes II, 8.

[242] Meditationes II, 9: »nonne ego ipse sum, qui iam dubito fere de omnibus, qui nonnihil tamen intelligo, qui hoc unum verum esse affirmo, nego cetera, cupio plura nosse, nolo decipi, multa vel invitus imaginor, multa etiam tamquam a sensibus venientia animadverto?«

[243] Meditationes II, 9: »Videlicet iam lucem video, strepitum audio, calorem sentio; falsa haec sunt, dormio enim. At certe videre videor, audire, calescere. Hoc falsum esse non potest, hoc est proprie, quod in me sentire appellatur; atque hoc praecise sic sumptum nihil aliud est quam cogitare.«

[244] Meditationes VI, 24.

[245] Discours IV, 7.

[246] Meditationes VI, 24: »Ex eo enim, quod Deus non sit fallax, sequitur omnino in talibus me non falli.«

[247] Meditationes II, 6: »Possumne affirmare me habere vel minimum quid ex iis omnibus, quae iam dixi ad naturam corporis pertinere? Attendo, cogito, revolvo, nihil occurrit; fatigor eadem frustra repetere. Quid vero ex iis, quae animae tribuebam, nutriri, vel incedere? Quandoquidem iam corpus non habeo, haec quoque nihil sunt nisi figmenta. Sentire? nempe etiam hoc non fit sine corpore, et permulta sentire visus sum in somnis, quae deinde animadverti me non sensisse. Cogitare? hic invenio: cogitatio est, haec sola a me divelli nequit; ego sum, ego existo, certum est.«

[248] Meditationes II, 6: »sum igitur praecise tantum res cogitans, id est mens, sive animus, sive intellectus, sive ratio, voces mihi prius significationis ignotae.«

[249] Meditationes II, 8: »Sed quid igitur sum? res cogitans; quid est hoc? nempe dubitans, intelligens, affirmans, negans, volens, nolens, imaginans quoque et sentiens.«
[250] Meditationes, Antwort des Verfassers auf die sechsten Einwände, 10; S. 381. Zu den ergänzten Jahresangaben vgl. Lüder Gäbes Einleitung zu den *Regulae*, insbesondere S. XXVIII f.
[251] Meditationes VI, 9: »ex una parte claram et distinctam habeo ideam mei ipsius, quatenus sum tantum res cogitans, non extensa, et ex alia parte distinctam ideam corporis, quatenus est tantum res extensa, non cogitans«.
[252] Principia I, 48.
[253] Principia II, 10.
[254] Principia II, 23.
[255] Principia II, 1.
[256] Principia II, 15.
[257] Principia III, 46.
[258] Principia II, 25.
[259] Principia II, 34.
[260] Principia II, 35.
[261] Principia III, 48 f.
[262] Principia III, 52.
[263] Meditationes II, 11: »Consideremus res illas, quae vulgo putantur omnium distinctissime comprehendi: corpora scilicet, quae tangimus, quae videmus«.
[264] Meditationes II, 12: »Fortassis illud erat, quod nunc cogito, nempe [...] corpus, quod mihi apparebat paulo ante modis istis conspicuum, nunc diversis«.
[265] Meditationes II, 12: »Attendamus et remotis iis, quae ad ceram non pertinent, videamus, quid supersit: nempe nihil aliud quam extensum quid, flexibile, mutabile.«
[266] Johannes Hirschberger: Geschichte der Philosophie. Neuzeit und Gegenwart. Elfte, verbesserte Auflage. Freiburg, Basel, Wien 1981, S. 89.
[267] Leibniz: De primae philosophiae emendatione, et de notione substantiae. (S. 18/I 194f)
[268] Spinoza: Ethices Pars I, Propositio XIV; die beiden erstgenannten Propositiones in Pars II.
[269] Spinoza: Ethices Pars II, Propositio XIII: »Objectum ideae, humanam Mentem constituentis, est Corpus, sive certus Extensionis modus actu existens, & nihil aliud.«
[270] Spinoza: Ethices Pars II, Propositio XXIII: »Mens se ipsam non cognoscit, nisi quatenus Corporis affectionum ideas percipit.«
[271] Spinoza: De emendatione intellectus, § 37.
[272] Spinoza: De emendatione intellectus, § 61, Anmerkung.
[273] Spinoza: De emendatione intellectus, § 85.
[274] Spinoza: Ethices Pars I, Definitio II: »Sic cogitatio alia cogitatione terminatur.«

275 Leibniz: Les principes de la philosophie ou la Monadologie, § 81: »Ce systeme fait, que les corps agissent comme si (par impossible) il n'y avoit point d'Ames, et que les Ames agissent comme s'il n'y avoit point de corps, et que tous deux agissent comme si l'un influoit sur l'autre.« Die vorangegangenen Zitate § 40: »cette Substance Supreme qui est unique, universelle et necessaire, n'ayant rien hors d'elle qui en soit independant«, »incapable de limites«.

276 Leibniz: Monadologie, § 78: »L'ame suit ses propres loix, et le corps aussi les siennes, et ils se rencontrent en vertu de *l'harmonie préétablie* entre toutes les substances«.

277 Leibniz: Système nouveau de la nature et de la communication des substances, aussi bien que de l'union, qu'il y a entre l'âme et le corps, § 14: »sans que l'un trouble les loix de l'autre«; § 15: »donner d'abord à la substance une nature ou force interne qui luy puisse produire par ordre (comme dans un *Automate spirituel ou formel, mais libre* en celle qui a la raison en partage) tout ce qui luy arrivera«.

278 Leibniz: Système nouveau, §§ 12 und 13.

279 Leibniz: Système nouveau, § 14: »estant donc obligé d'accorder qu'il n'est pas possible que l'ame ou quelque autre veritable substance puisse recevoir quelque chose par dehors, si ce n'est par la toutepuissance divine, je fus conduit insensiblement à un sentiment qui me surprit, mais qui paroist inevitable, et qui en effect a des avantages tres grands et des beautés bien considerables. C'est qu'il faut donc dire que Dieu a creé d'abord l'ame, ou toute autre unité reelle de telle sorte, que tout luy doit naistre de son propre fonds, par une parfaite *spontaneité* à l'égard d'elle-même, et pourtant avec une parfaite *conformité* aux choses de dehors.«

280 Hans Heinz Holz: Vorwort des Herausgebers. In: Gottfried Wilhelm Leibniz: Philosophische Schriften. Frankfurt am Main 1996, Band 1, S. XII f.

281 Leibniz: Monadologie, § 21.

282 Leibniz: Système nouveau, § 3.

283 Leibniz: Système nouveau, § 11; der letzte Teil lautet im Original: »On les pourroit appeller *points metaphysiques*: ils ont *quelque chose de vital* et une espece de *perception*, et les *points mathematiques* sont leur *points de veue*, pour exprimer l'univers. Mais quand les substances corporelles sont resserrées, tous leur organes ensemble ne font qu'un *point physique* à nostre égard. Ainsi les points physiques ne sont indivisibles qu'en apparence; les point mathematiques sont exacts, mais ne sont que des modalités: il n'y a que les points metaphysiques ou de substance (constitués par les formes ou ames) qui soyent exacts et reels, et sans eux il n'y auroit rien de reel, puisque sans les veritables unités il n'y auroit point de multitude.«

284 Leibniz: Système nouveau, § 3.

285 Leibniz: Système nouveau, § 3.

286 Leibniz: Système nouveau, § 14: »c'est ce rapport mutuel reglé par avance dans chaque substance de l'univers, qui produit ce que nous appellons leur *communication*«.
287 Leibniz: Monadologie, § 51.
288 Leibniz: Principes de la nature et de la grace, § 3: »elle represente, comme dans une maniere de *centre*, les choses qui sont hors d'elle«; § 2: »C'est comme dans un *centre* ou point, tout simple qu'il est, se trouvent une infinité d'angles formés par les lignes qui y concourent.«
289 Leibniz: Monadologie: »14. L'état passager qui enveloppe et represente une multitude dans l'unité ou dans la substance simple n'est autre chose que ce qu'on appelle la *Perception*«; »15. L'action du principe interne, qui fait le changement ou le passage d'une perception à une autre, peut être appellé *Appetition*«.
290 Leibniz: Monadologie, § 62: »chaque Monade creée represente tout l'univers«.
291 Leibniz: Principes de la nature et de la grâce, fondés en raison, § 3: »Et les perceptions dans la Monade naissent les unes des autres par les loix des Appetits«.
292 Leibniz: Justification du calcul des infinitesimales par celuy de l'algèbre ordinaire [Math. IV, 104–106], Hauptschriften (PhB 496/7), S. 78 f.
293 Leibniz: Principes, § 13.
294 Leibniz: Réponse aux réflexions contenues dans la seconde édition du Dictionnaire critique de M. Bayle, article Rorarius, sur le système de l'harmonie préétablie (1702), Hauptschriften (PhB 496/7), S. 577.
295 Leibniz: Monadologie, § 16: »Nous experimentons nous mêmes une multitude dans la substance simple, lorsque nous trouvons que la moindre pensée dont nous nous appercevons enveloppe une varieté dans l'objet. Ainsi tous ceux, qui reconoissent que l'Ame est une substance simple, doivent reconnoitre cette multitude dans la Monade, et Monsieur Bayle ne devoit point y trouver de la difficulté, comme il fait dans son Dictionnaire, article Rosarius.«
296 Leibniz: Monadologie, § 19.
297 Leibniz: Considérations sur la doctrine d'un esprit universel unique, S. 57 (RUB 1898). Der letzte Einwand richtet sich insbesondere gegen Spinoza.
298 Leibniz: Principes, § 4: »Ainsi il n'y a pas seulement de la vie par tout, jointe aux membres ou organes, mais meme il y en a une infinité de degrés dans les Monades, les unes dominant plus ou moins sur les autres.«
299 Leibniz: Principes, § 3: »qui fait le centre d'une substance composée (comme par exemple, d'un animal) et le principe de son Unicité«.
300 Leibniz: Principes, § 4: »et un tel vivant est appellé *Animal*, comme sa Monade est appellé une *Ame*.«
301 Leibniz: Principes, § 3: »Tout est plein dans la nature. Il y a des substances simples par tout, séparées effectivement les unes des autres par des actions propres, que changent continuellement leur rapports; et chaque substance simple ou Monade distinguée, qui fait le centre [...], est envi-

ronnée d'une *Masse* composée par une infinité d'autres Monades, qui constituent le corps propre de cette Monade centrale, suivant les affections duquel elle represente, comme dans une maniere de *centre*, les choses qui sont hors d'elle.«

[302] Leibniz: Principes, § 4: »Mais quand la Monade a des organes si ajustés, que par leur moyen il y a du relief et du distingué dans les impressions qu'ils reçoivent, et par consequent dans les perceptions qui les representent (comme par exemple, lorsque par le moyen de la figure des humeurs des yeux, les rayons de la lumiere sont concentrés et agissent avec plus de force) cela peut aller jusqu'au *sentiment*.«

[303] Leibniz: Meditationes de cognitione, veritate et ideis, S. 44 f: »Caeterum cum colores aut odores percipimus, utique nullam aliam habemus quam figurarum et motuum perceptionem, sed tam multiplicium et exiguorum, ut mens nostra singulis distincte considerandis in hoc praesenti suo statu non sufficiat, et proinde non animadvertat perceptionem suam ex solis figurarum et motuum minutissimorum perceptionibus compositam esse, quemadmodum confusis flavi et caerulei pulvisculis viridem colorem percipiendo, nil nisi flavum et caeruleum minutissime mixta sentimus, licet non animadvertentes et potius novum aliquod ens nobis fingentes.«

[304] Leibniz: Brief, Hauptschriften (PhB 496/7) S. 556–559; zitiert nach Arthur O. Lovejoy: Die große Kette der Wesen. Geschichte eines Gedankens. Frankfurt am Main 1993, S. 177.

[305] *Der Tanz*:   Ein Vierviertelschwein und eine Auftakteule
trafen sich im Schatten einer Säule,
die im Geiste ihres Schöpfers stand. [...]

[306] Leibniz: De rerum originatione radicali, (RUB 1898) S. 44 f.

[307] Leibniz: Système nouveau, § 16: »dans une parfaite independance à l'égard de l'influence de toutes les autres creatures«.

[308] Als explizites Programm bei Hans Heinz Holz: Gegensatz und Reflexion. Zum Grundmuster einer materialistischen Dialektik. In: Dialektik 1992/1, S. 11–34; insbesondere S. 27.

[309] Johann Eduard Erdmann: Versuch einer wissenschaftlichen Darstellung der Geschichte der neuern Philosophie. Faksimile-Neudruck Stuttgart 1932, S. I 121 und 123 f.

[310] Dieses und die folgenden Zitate aus Hirschberger, S. 99–101.